3., vollständig überarbeitete Auflage

Reiseziele

Traveltipps von A bis Z

Land und Leute

Phom Penh und Umgebung

Battambang und der Nordwesten

Siem Reap und die Tempel von Angkor

Zentralkambodscha

Der Nordosten

Sihanoukville und der Süden

Anhang

Beverley Palmer, Steven Martin

KAMBODSCHA

STEFAN LOOSE
TRAVEL HANDBÜCHER

Kambodscha

1 Phnom Penh

Neben großen Sehenswürdigkeiten bietet die Metropole authentisches Großstadtleben und tolle Märkte. S. 117

Die Highlights

2 Battambang
Stolze Kolonialgebäude zeugen von der einstigen Pracht dieser entspannten und gemütlichen Stadt. S. 181

3 | Apsara-Tanz in Siem Reap

Anmutige Tänzerinnen in prachtvollen Gewändern erwecken mit ihrer Kunst Angkors Reliefs zum Leben. S. 214

4 | Angkor
Der mystische Zauber der alten Khmer-Tempel ist berauschend und zieht jeden in den Bann. S. 220

5 Tonle Sap

Wie am Rande eines kleinen Meers sitzen schwimmende Dörfer an den Ufern des riesigen Tonle Sap, der durch eine Laune der Natur jedes Jahr gigantische Ausmaße annimmt. S. 252

6 | Sambor Prei Kuk

Verschwenderischer Schmuck ziert dieses jahrhundertealte Juwel der Khmer-Baukunst, das auch schon einmal Hauptstadt eines Königreichs war. S. 264

7 | Preah Vihear

Hoch oben in den Bergen an Thailands Grenze thront die ungewöhnliche Tempelanlage mit prachtvollen Reliefs. S. 269

8 Kampie

In den Stromschnellen bei Kampie leben die seltene Irrawaddy-Delfine. S. 286

9 Yeak Laom

Der traumhafte Vulkansee mitten im Urwald ist der wohl malerischste Badeplatz im ganzen Land. S. 299

10 Bou-Sraa-Wasserfälle

Von Urwald umgeben stürzen die herrlichen Bou-Sraa-Wasserfälle unter großem Getöse 30 m in die Tiefe. S. 304

11 Sihanoukville

An den Stränden von Sihanoukville lässt sich nach anstrengendem Tourprogramm prächtig entspannen. S. 317

12 Ream-Nationalpark

In dem Naturparadies kann man tief in den Dschungel vordringen und unberührte Küstenlandschaft erkunden.
S. 332

13 Bokor-Nationalpark

Eine gespenstische Atmosphäre umgibt jenseits der Dschungelhänge eine alte verfallene Feriensiedlung aus der französischen Kolonialzeit. S. 340

Highlights

14 Kep

Das Meer liefert die Leckerbissen, für die das alte Seebad berühmt ist und die viele Gourmets anlocken. S. 343

Inhalt

Highlights	2
Reiseziele und Routen	21
Klima und Reisezeit	29
Reisekosten	30

Traveltipps von A bis Z — 37

Anreise	32
Botschaften und Konsulate	34
Einkaufen	35
Elektrizität	39
Essen und Trinken	40
Feste und Feiertage	48
Fotografieren	50
Frauen unterwegs	50
Geld	51
Gepäck	53
Gesundheit	53
Informationen	56
Internet und E-Mail	58
Jobben	58
Kinder	59
Medien	61
Öffnungszeiten	62
Post	62
Reisende mit Behinderungen	63
Schwule und Lesben	63
Sicherheit	64
Telefon	66
Transport	67
Übernachtung	75
Verhaltenstipps	77
Versicherungen	78
Visa	79
Zeit	80
Zoll	80

Land und Leute — 81

Geschichte	82
Frühgeschichte	82
Funan	82
Zhenla	83
Das Großreich Khmer (Angkor)	84
Lovek und Oudong	86
Vorgeschichte des französischen Protektorats	87
Das französische Protektorat	88
Die Ära Sihanouk	90
Die Schreckensherrschaft der Roten Khmer	93
Die vietnamesische Herrschaft	95
Die jüngere Entwicklung	97
Kambodscha im neuen Jahrtausend	99
Tempelarchitektur und Kunst	101
Typische Merkmale von Khmer-Tempeln	101
Tempelbau	102
Materialien	104
Epochen	104
Prä-Angkor-Epoche (540–802)	105
Angkor-Epoche (802–1219)	106
Religion	111
Die historische Rolle des Hinduismus	111
Buddhismus	111
Islam und Christentum	115
Animismus, Ahnenverehrung und Aberglaube	116

Phnom Penh und Umgebung — 117

Königspalast und Silberpagode	125
Nationalmuseum	131
Das Flussufer	134
Unabhängigkeitsdenkmal und Umgebung	135
Südwestlich des Zentrums	137
Wat Phnom	138
Rund um die Chroy-Chung-Va-Brücke	140
Die Umgebung von Phnom Penh	163

Battambang und der Nordwesten 173

Kompong Chhnang	174
Die Umgebung von Kompong Chhnang	178
Pursat	178
Die Umgebung von Pursat	180
Battambang	181
Die Umgebung von Battambang	188
Pailin	192
Die Umgebung von Pailin	194
Sisophon	195
Die Umgebung von Sisophon	197
Poipet	199

Siem Reap und die Tempel von Angkor 201

Siem Reap	204
Die Stadt	205
Die Tempel von Angkor	220
Angkor Wat	227
Phnom Bakheng und Prasat Baksei Chamkrong	232
Angkor Thom	233
Thomannon und Chau Say Tevoda	240
Ta Keo	240
Ta Prohm	241
Banteay Kdei	243
Srah Srang und Prasat Kravan	243
Pre Rup	243
Östlicher Mebon	245
Ta Som	245
Neak Pean	246
Preah Khan	246
Westliches Baray und Westlicher Mebon	248
Roluos-Gruppe	248
Banteay Samre	249
Banteay Srei und Kbal Spean	249
Abseits von Angkor	252
Tonle Sap	252
Phnom Kulen	254
Beng Mealea	255
Anlong Veng	255

Zentralkambodscha 257

Von Phnom Penh nach Kompong Thom	258
Kompong Thom	261
Die Umgebung von Kompong Thom	263
Der Norden	267
Tbeng Meanchey	267
Koh Ker	268
Preah Vihear	269

Der Nordosten 273

Kompong Cham	274
Die Umgebung von Kompong Cham	281
Kratie	283
Die Umgebung von Kratie	286
Stung Treng	288
Die Umgebung von Stung Treng	291

Rattanakiri	292
Banlung	294
Die Umgebung von Banlung	298
Mondulkiri	300
Sen Monorom	302
Die Umgebung von Sen Monorom	304

Sihanoukville	317
Die Umgebung von Sihanoukville	332
Kampot	334
Die Umgebung von Kampot	339
Bokor-Nationalpark	340
Kep	343
Die Umgebung von Kep	347
Der Südosten	347
Takeo	347
Die Umgebung von Takeo	349
Neak Leung und Prey Veng	350
Svay Rieng	351
Bavet	352

Sihanoukville und der Süden 305

Der Südwesten	310
Kirirom-Nationalpark	310
Koh S'dach	312
Koh Kong	313
Der zentrale Süden	316
Von Kirirom nach Sihanoukville	316

Anhang 353

Sprache	354
Reisemedizin zum Nachschlagen	361
Glossar	366
Bücher	369
Index	374
Bildnachweis	382
Impressum	383
Kartenverzeichnis	384

Themen

Feste und Zeremonien	22/23
Beer Girls und Taxi Girls	48
Pol Pot	94/95
Die Roten Khmer vor Gericht	100
Der Symbolismus der Khmer-Tempel	106
König Sihamoni	127
Das Ramayana	130
Hello, what-is-your-name?	139
Preah Vessandaa	166
Die Legende um Lovek	168
Vietnamesen in Kambodscha	177
Kolonialarchitektur	182
Die Zuckerpalme	187
Landminen – Kambodschas trauriges Erbe	189
Illegaler Holzeinschlag	195
Apsara-Tanz	214
Schattenpuppen	216
Der Kult der Gott-Könige	222
Erhaltung und Pflege von Angkor	223
Das Kirnen des Milchozeans	231
Chunchiet	278/279
Die Cham	282
Entwicklungshilfe auf dem Land	286
Irrawaddy-Delfine	287
Edelsteinminen in Rattanakiri	294
Kambodschas Naturschutz-Misere	312/313
Verlorenes Paradies?	327
Chinesen in Kambodscha	338

Reiseziele und Routen

Reiseziele

Fast alle Touristen verbringen während ihres Kambodscha-Aufenthalts einige Tage in der kosmopolitischen Hauptstadt **Phnom Penh**, deren niedrige Silhouette und begrünte Boulevardstraßen eine angenehme Atmosphäre versprühen. Besonders sehenswert sind die extravagante Pracht des **Königspalastes** und der **Silberpagode** sowie die nur einen Steinwurf entfernt im **Nationalmuseum** ausgestellten herausragenden Schaustücke der antiken Khmer-Kunst.

Am Flussufer hat sich eine lebendige Szene mit zahlreichen Cafés und Bars gebildet, und außerdem bietet die Hauptstadt die besten **Einkaufsmöglichkeiten** des Landes – auf den bunten Märkten finden sich leuchtende Seidenstoffe und schöne kunsthandwerkliche Gegenstände.

Die meisten Besucher kommen jedoch wegen der berühmten Tempelanlagen von **Angkor** nach Kambodscha – unmittelbar vor den Toren der einnehmenden Stadt Siem Reap gelegen. Das bedeutendste dieser großartigen Bauwerke ist der majestätische **Angkor Wat**, doch in der Nähe gibt es noch viel mehr Tempel zu entdecken: Der kompakte **Banteay Srei** mit seinen entzückenden Reliefs sittsamer Göttinnen, der scheinbar aus einer anderen Welt entrückte und im würgenden Griff gigantischer Baumwurzeln ächzende **Ta Prohm** und der überwältigende Tempelkomplex des **Bayon** wetteifern allesamt um die Aufmerksamkeit der Besucher. Wer den Menschenmengen in Angkor entkommen möchte, kann einige abgelegenere Orte des Landes besuchen, beispielsweise den ausgedehnten Tempelbezirk **Banteay Chhmar** im Nordwesten und die Tempel von **Preah Vihear**, die im fernen Norden direkt an der Grenze zu Thailand in spektakulärer Weise an einem Kliff zu kleben scheinen.

Faulenzen an unberührten weißen Sandstränden, die von den Fluten des Golfs von Siam umspült werden, steht in **Sihanoukville** auf dem Programm. Dicht vor den Toren Sihanoukvilles lassen sich im **Ream-Nationalpark** bei einer gemächlichen Fahrt flussabwärts Affen beim Spiel im Mangrovendickicht beobachten, während oben am Himmel Fischadler ihre Kreise ziehen.

Bedeutende Khmer-Ruinen

Wer meint, die steinernen Zeugnisse des untergegangenen Khmer-Reiches beschränken sich nur auf Angkor, irrt sich. Sie sind im ganzen Land verstreut. Viele Ruinenstätten in der Provinz stehen bezüglich ihrer Qualität und Schönheit den Heiligtümern Angkors in nichts nach. Zur besseren Orientierung sind sie hier nach ihrer Bedeutung mit einem Sternesystem *–*** versehen:

Angkor Borei mit Phnom Da*: S. 349
Banteay Chhmar**: S 197
Beng Mealea***: S. 255
Koh Ker***: S. 268
Phnom Chisor**: S 171
Preah Khan bei Kompong Thom**: S. 266
Preah Vihear***: S. 269
Sambor Prei Kuk***: S. 264
Ta Prohm bei Tonle Bati*: S. 169
Wat Banan bei Battambang*: S. 191
Wat Ek Phnom bei Battambang*: S. 192
Wat Hat Nokor*: S. 260
Wat Nokor bei Kompong Cham*: S. 281

Feste und Zeremonien

In Kambodscha gibt es immer etwas zu feiern und es wird mit Sicherheit nicht lange dauern, bis man einem rauschenden Fest oder einer lautstarken religiösen Zeremonie über den Weg läuft. Die meisten Kambodschaner tun nichts lieber, als sich in Schale zu werfen, ein Picknick zu packen und eine Pagode anzusteuern, wo sie zuerst ein paar Räucherstäbchen anzünden und dem Buddha Blumen oder Essbares darbringen und dann eine Spontanparty veranstalten. Da sich der Theravada-Buddhismus nach dem Mondkalender richtet, variieren die Daten der meisten Feste und Zeremonien je nach den Mondphasen.

Bonn Chaul Chhnam

Bonn Chaul Chhnam, das **Neujahrsfest** der Khmer, wird im April gefeiert. Die normalerweise einwöchigen Festivitäten geben den jungen Leuten Gelegenheit, zusammenzukommen und verschiedene Spiele zu spielen, die vor allem als Vorwand dienen, um potenzielle Ehepartner zu beäugen. Zu diesen Spielen gehört eine Art Kegelspiel mit den großen scheibenförmigen Samen einer Schlingpflanze namens *angkunh*. Der Gewinner darf den Verlierer mit zwei *angkunh*-Samen, die er wie Kastagnetten in einer Hand hält, vors Knie schlagen. Bleibt das angestrebte Klackgeräusch aus, darf sich der „Verlierer" bei ihm auf gleiche Weise revanchieren. In den Provinzen ist es bei diesen Festen üblich, Passanten mit Talkumpuder und Wasser zu bewerfen – also aufgepasst.

Bonn Pchum Ben

Bonn Pchum Ben, das **„Fest der hungrigen Geister"**, findet zwischen Mitte September und Anfang Oktober statt. Familien sollen sieben verschiedene Pagoden besuchen, um ihre Ahnen zu ehren, sonst droht ihnen ein Unglücksjahr. Die Kambodschaner glauben, dass sich in dieser Zeit die Tore der Hölle öffnen und die „hungrigen Geister" – die ohne Familien, die sie mit Opfergaben nähren – herauskommen, um nach Nahrung zu suchen. Für sie wird Reis in die dunklen Ecken der Pagode gestreut.

Bonn Om Tuk

Während der Regenzeit (Juni–Oktober) führt der Mekong so viel Wasser, dass dieses sich in den Tonle-Sap-Fluss zurückstaut und den riesigen Tonle-Sap-See bildet. Im Oktober oder November fließt das Wasser dann wieder ab, was mit Bonn Om Tuk, dem **Wasserfest**, begangen wird. Mannschaften aus dem ganzen Land tragen auf dem Fluss bei Phnom Penh drei Tage lang Bootswettfahrten aus, und die Bevölkerung aus den Provinzen reist an, um ihre jeweiligen Teams auf der Regattastrecke von der Chroy-Chungvar-Brücke zum Königspalast anzufeuern.

Bonn Chroat Preah Nongkoal

Zu Beginn der Pflanzzeit im Mai wird im Lean-Preah-Sre-Park in Phnom Penh die **Königliche Pflügezeremonie**, Bonn Chroat Preah Nongkoal, abgehalten, eine Kombination aus Animismus, Buddhismus und jeder Menge Pomp. Zuerst bittet ein Mönchschor die Erdgeister um die Erlaubnis zum Pflügen. Dann werden zeremonielle Furchen gezogen, Reis verstreut und Opfergaben für die Gottheiten dargebracht. Am wichtigsten ist aber die Frage, wofür sich der königliche Bulle entscheidet, dem Reis, Getreide, Gras, Wasser und Wein angeboten werden. Reis oder Getreide verheißen Gutes, Wasser bedeutet Regen, Gras ist ein Zeichen, dass die Ernte von Insekten verheert wird, und Wein kündigt eine Dürre an.

Hochzeiten

Ehen werden in Kambodscha meist arrangiert. Das Paar bekommt aber Gelegenheit, sich bei mehreren Begegnungen kennenzulernen, bevor der Ehebund geschlossen wird. Dann wird ein Glück verheißender Tag für die Hochzeit ausgesucht, in der Regel mithilfe eines Wahrsagers. Der Tag beginnt mit dem Zug des Bräutigams und seines Anhangs durch die Straßen zum Haus der Braut. Sie bringen Geschenke und Tabletts mit Essen, wobei der Schweinskopf keinesfalls fehlen darf.

Die meisten Bräute haben für den großen Tag mindestens sechs Outfits zum Wechseln, von

zeremoniellen seidenen Sampots bis zum Brautkleid im westlichen Stil – allerdings oft grellbunt. Die Hochzeitsfeier beansprucht oft die ganze Straße, da jedes Familienmitglied seinen kompletten Bekanntenkreis einlädt. Früher diente das als Gelegenheit, Ehepartner für unverheiratete Söhne und Tochter zu finden, heute geht es mehr um den finanziellen Gewinn: Die Gäste sind angehalten, statt Geschenken Bargeld mitzubringen.

Opfertage
Der Buddhismus hat einen hohen Stellenwert im Leben der Khmer, und die Tage des Vollmonds, Neumonds und der beiden Halbmonde sind für die **Buddhisten** Tage der religiösen Besinnung. Dann besuchen alte Damen schon frühmorgens die Pagode, und alle anderen bemühen sich, zumindest zu Hause Blumen oder Früchte als Opfergaben darzubringen, sodass Bananenbüschel und Blumensträuße auf dem Markt reißenden Absatz finden. Lotosblüten, das traditionelle Blumenopfer für den Buddha, werden kunstvoll gefaltet, um die blassrosa Innenblätter freizulegen, Jasminblüten auf Stöcke und Schnüre gefädelt und andere Blumen zu farbenprächtigen Sträußchen gebunden, um die Pagoden oder den heimischen Schrein zu schmücken.

Betel
Betel spielt eine zentrale Rolle in vielen kambodschanischen **Zeremonien**. Auch bei **Hochzeiten** steht er im Mittelpunkt der religiösen Riten: Ein Teller mit Blättern und reich verzierte Behälter mit Nussstückchen und Paste nehmen den wichtigsten Platz unter den Opfergaben ein. Betel, der leicht berauschend wirkt und süchtig macht, wird heute hauptsächlich noch von alten Frauen gekaut, die man leicht an ihren rot gefärbten Zähnen und Lippen erkennt. Ein Betel-Kaupfropf besteht aus einem großen flachen Blatt des sogenannten Betelpfeffers, das mit einer Löschkalkpaste bestrichen und um ein Stück Betelnuss gewickelt wird. Beim Kauen entsteht eine Menge roter Saft, der ausgespuckt wird.

Gipfelstürmer: Touristen erobern alte Khmer-Stätten

Östlich von Sihanoukville befindet sich die reizende Stadt **Kampot**, in der sich französische und chinesische Einflüsse mischen. Kampot ist das Sprungbrett für Ausflüge zum **Bokor-Nationalpark**, der sich wegen eines stimmungsvollen, verlassenen Bergortes und seiner mit Dschungel überzogenen Hänge großer Beliebtheit erfreut. Ein anderer Ausflug führt von Kampot ins kleine Seebad **Kep**, das noch immer verblichene Noblesse ausstrahlt und dessen winziger Strand zum Picknick und Ausspannen einlädt. Tiefer im Landesinneren liegt **Angkor Borei**, Kambodschas Hauptstadt des 3. Jhs., die ebenso wie die Bergruinen von **Phnom Da** aus dem 6. Jh. oft nur auf dem Wasserweg zugänglich ist.

Nordöstlich der Hauptstadt sorgen nahe der Stadt **Kratie** am Mekong **Irrawaddy-Delfine** für spektakuläre Erlebnisse. Wesentlich zeitraubender und anstrengender ist die Reise zu den nordöstlichen Provinzhauptstädten **Banlung** und **Sen Monorom**, doch die natürliche Schönheit dieses Landesteils sucht in ganz Kambodscha ihresgleichen. Das von Dschungel überzogene Hügelland mit versteckten romantischen Wasserfällen beherbergt eine vielfältige Tier- und Pflanzenwelt und ist die angestammte Heimat einer ethnischen Minderheit, der **Chunchiet**.

Im Nordwesten genießt die Grenzstadt **Poipet** zunehmende Beliebtheit als Einreiseort aus Thailand. Auf dem direkten Weg von Poipet nach Phnom Penh oder bei einem Umweg von Siem Reap dorthin bietet sich ein Zwischenaufenthalt im nahen **Battambang** an, wo die attraktivste Kolonialarchitektur des Landes zu bewundern ist.

Reisen mit Herz

Es wäre fatal, das Land nur über seine Travellerbars und Baudenkmäler kennenlernen zu wollen. Hier einige Ideen, wie die Kambodscha-Reise zu einer wirklich runden Sache werden kann:

Lecker essen und Gutes tun: Mehrere Restaurants in Phnom Penh, darunter das Romdeng, geben ehemaligen Straßenkindern durch eine Ausbildung zum Koch oder Kellner eine neue Lebensperspektive (S. 148).

Kambodscha museal

Wer sich intensiver mit der Kultur und Geschichte des Landes beschäftigen möchte, dem seien drei eindrucksvolle Museen empfohlen. Als die bedeutendste Sammlung für Khmer-Kunst gilt das **Nationalmuseum** in Phnom Penh (S. 131). Das 2007 eröffnete **Angkor National Museum** in Siem Reap (S. 205) legt seinen Schwerpunkt auf die visuelle Beleuchtung der Khmer-Geschichte. Dem grausamsten Kapitel der Geschichte Kambodschas ist das **Tuol-Sleng-Museum** (S. 137) gewidmet. Die Gedenkstätte in der Hauptstadt ist jedoch nichts für zarte Gemüter, denn es veranschaulicht sehr eindrücklich die Brutalität des drei Jahre, acht Monate und 20 Tage herrschenden Pol-Pot-Regimes.

Dunkle Schatten, betörende Schönheiten: Das Sovanna Phum in Phnom Penh präsentiert freitags und samstags traditionelle Tänze und Schattentheater. Bitte vorher Termin erfragen (S. 152). Mehrere Hotels in Siem Reap bieten zum Dinner ein Programm mit wunderschönen Khmer-Tänzen (S. 214).

Mit dem Bambuszug: Von Battambang aus fahren die „Bamboo Trains" auf maroden Gleisen ins Umland. Die Passagiere (darunter zuweilen auch Hühner und Schweine) sitzen auf dem Boden kleiner Eisenbahnwagen aus Bambus und Holz (S. 188).

Dem Rauschen der Wildgänse lauschen: Im Vogelschutzgebiet Prek Toal am Nordwestufer des Tonle Sap Sees kann man zahlreiche Wasservögel beobachten, etwa die gefährdeten Graupelikane und Malaienenten (S. 252).

Irrawaddy-Delfine sichten: Im kambodschanischen Teil des Mekong gibt es noch eine relativ große Population an Irrawaddy-Delfinen. Am besten sind sie in der Trockenzeit zwischen Kratie und Stung Treng zu sehen (S. 287).

Laufend helfen: Jedes Jahr Anfang Dezember findet der Angkor Halbmarathon statt. Damit soll auf die Lage der vielen Minenopfer aufmerksam gemacht werden. Wer die offiziellen 21,0975 km nicht schafft, kann sich auch mit kürzeren Strecken begnügen. Schweiß und Spaß sind in jedem Fall garantiert. Weitere Infos unter 🖥 www.angkormarathon.org.

Einfach schön: Im Mekong-Dorf Prei Chung Kran, 20 km südlich von Kompong Cham, produzieren Frauen in Heimarbeit wertvolle Seidenstoffe in der schwierigen Ikattechnik, bei der verschieden gefärbte Fäden verwoben werden (S. 276).

Kramar kaufen: Der karierte Baumwollschal (s. S. 37) gehört zur Standardausstattung der kambodschanischen Kleidung, weil er so vielseitig einsetzbar ist. Man kann ihn als Sonnenschutz verwenden und als Schweißtuch, als Tragetuch oder als Tischdecke. Zur Not lässt er sich auch als Windel einsetzen oder als Badehose – dann sollte man allerdings die Reihenfolge beachten …

Grolan vernaschen: Am Straßenrand werden häufig geschälte Bambusrohre feilgeboten. Darin befindet sich eine leckere Mischung aus Klebreis, Kokosmilch und schwarzen Bohnen, in Khmer *grolan* genannt (s. S. 43). Der Snack ist nicht nur lecker und nahrhaft, sondern lässt sich auch einfach transportieren – sogar mit einem *kramar*.

Kambodscha für Aktive

Trekking

Kambodscha eine Wanderdestination zu nennen, wäre reichlich übertrieben. Verglichen mit den Nachbarländern gibt es hier noch wenige Angebote. Das ändert sich jetzt langsam, aber stetig. So werden im **Virachey-Nationalpark** bei Banlung (S. 299) mehrtägige Trekkingtouren angeboten. Auch **Sen Monorom** (S. 302) in der Provinz Mondulkiri eignet sich für Erkundungen per pedes. Im Süden hat sich der 100 km südwestlich von Phnom Penh gelegene **Kirirom-Nationalpark** (S. 310), ein Hügelland mit vielen Kiefern und Wasserfällen, zu einem interessanten Wanderziel entwickelt.

Elefantenreiten

Wer will, kann auf dem Rücken eines Dickhäuters durch die Tempellandschaft von **Angkor** schaukeln (S. 232 und 234). Interessanter sind jedoch die Möglichkeiten in Rattanakiris Provinzhauptstadt **Banlung**. Dort offerieren mehrere Veranstalter Elefantensafaris (s. S. 297). Noch besser sind die Angebote in **Sen Monorom**, in der Provinz Mondulkiri, wo Gästehäuser abwechslungsreiche Elefanten-Trekkingtouren vermitteln. Empfehlenswert sind die dortigen Aktivitäten der NGO „Elephants Livelihood Initiative Environment" (s. S. 303).

Bootstouren

Die schwimmenden Dörfer auf dem Tonle Sap zählen zu den klassischen Zielen einschlägiger Touranbieter. Anstelle der recht kommerzialisierten Fahrten von Siem Reap aus (S. 253) sollte man die Dörfer auf dem See ab **Kompong Chhnang**, nur 80 km nördlich von Phnom Penh, erkunden (S. 174). Interessant ist zudem die Fahrt mit dem öffentlichen Boot zwischen **Battambang** und **Siem Reap** (S. 188). Auch der Mekong bietet sich für eine Reihe schöne Touren ein. Während die Schnellboote von **Phnom Penh** ins vietnamesische **Chau Doc** im Mekong-Delta (S. 350) eher der zügigen Weiterreise dienen, hinterlassen die Bootsfahrten rund um **Kompong Cham** (S. 274), **Kratie** (S. 283) und **Stung Treng** (S. 288) bleibende Eindrücke. Schließlich bieten sich an der Südküste von **Sihanoukville** (S. 317) und **Kep** aus (S. 343) Bootstouren zu vorgelagerten Inseln an. Im östlich von Sihanoukville gelegenen **Ream-Nationalpark** werden Naturfreunde bei einer Flussfahrt auf dem von Mangroven gesäumten Prek Toeuk Sap voll auf ihre Kosten kommen (S. 332).

Tauchen

Kambodscha und Tauchen? Bislang kamen nur wenige auf diese Idee. Doch einige Schulen in **Sihanoukville** bieten die Möglichkeit, bei den küstennahen Inseln die Unterwasserwelt zu erkunden (S. 333).

Motorradfahren

Kambodschas viele Staubpisten schreien nahezu nach Easy Ridern und Dirt-Road-Enthusiasten. Wer ein erfahrener Motorradfahrer ist, kann sich ein Zweirad mieten und alleine oder in einer Gruppe auch entlegene Gebiete erkunden. In Phnom Penh (S. 159) und Siem Reap (S. 218) gibt es kompetente Spezialveranstalter.

Reiserouten

Die folgenden Routenvorschläge richten sich an Reisende, die so viel wie möglich von Kambodscha sehen möchten. Es spricht natürlich nichts dagegen, sich längere Zeit an einem Ort aufzuhalten. Allein in Siem Reap mit seinen Tempeln oder auch an den Stränden von Sihanoukville kann man problemlos mehrere Tage verbringen, ohne dass Langeweile aufkommt. Die meisten Touristen gelangen über die Flughäfen in Siem Reap oder Phnom Penh ins Land. Es gibt außerdem mehrere Grenzübergänge mit Vietnam, Laos und Thailand (s. S. 33), die verschiedene Varianten der Ein- oder Weiterreise ermöglichen.

Kambodscha klassisch: eine Woche

Die einwöchige Rundtour beginnt in der Hauptstadt **Phnom Penh** (S. 117), von wo sich verschiedene Tagesausflüge anbieten, etwa nach **Angkor Borei** (S. 349) bei Takeo oder nach **Oudong** (S. 166). Entlang der RN 5 geht es per Bus ins 280 km entfernte **Battambang** (S. 181), das mit seinem kolonialen Flair und einigen Tempeln in der Umgebung ein durchaus lohnenswertes Ziel ist. Von der sympathischen Provinzhauptstadt kann man in 3 Stunden mit dem Bus – oder länger, aber um einiges reizvoller über den Sangkar-Fluss und Tonle Sap per Boot – nach **Siem Reap** (170 km, S. 204) weiterreisen, um

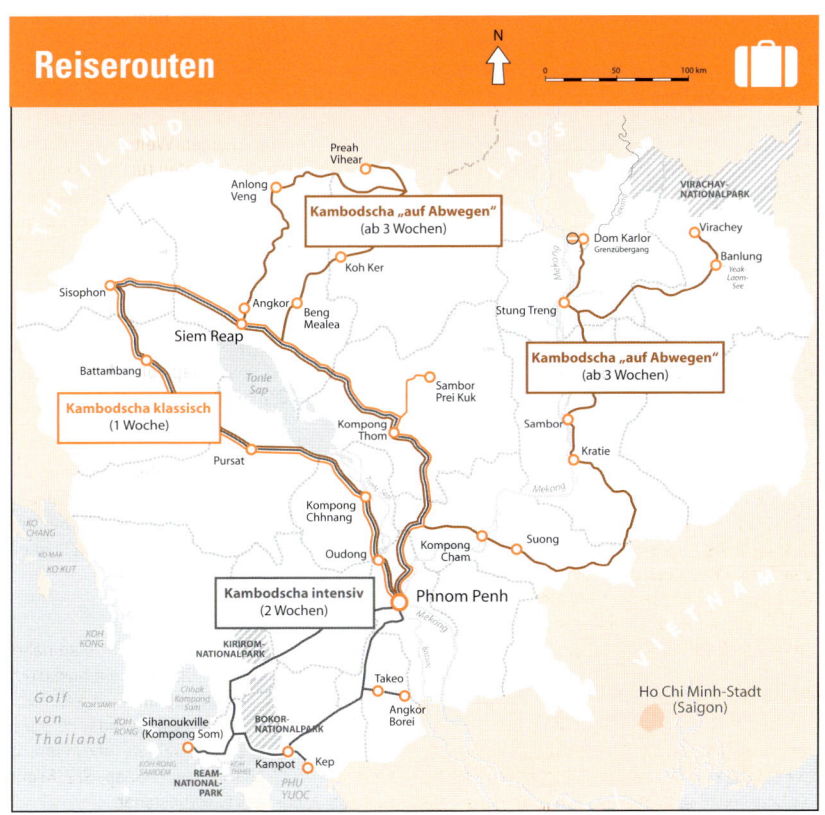

sich dort den Tempeln von Angkor zu widmen. Zwar sind die 310 Kilometer von Siem Reap nach Phnom Penh entlang der RN 6 in nur 5–6 Stunden zu bewältigen, doch lohnt sich in **Kompong Thom** (S. 261) ein weiterer Übernachtungsstopp zum Besuch der Ruinenstätte **Sambor Prei Kuk** (S. 264). Mit Privatwagen ist der Trip auch an einem Tag zu schaffen.

Kambodscha intensiv: zwei Wochen

Bei einer 14-tägigen Tour liegt der Schwerpunkt der ersten Hälfte auf der Kultur des Landes, während die zweite Hälfte der wunderschönen Landschaft an Kambodschas Küste gewidmet ist. Wieder empfiehlt sich die Hauptstadt **Phnom Penh** als Ausgangspunkt. Nachdem man die erste Woche mit einer Rundreise über **Battambang** und **Siem Reap** ausgefüllt hat (s. erste Route), geht es danach von Phnom Penh weiter in Richtung Süden nach **Kampot** (S. 334) und das seit geraumer Zeit wieder belebte Seebad **Kep** (S. 343). Über die Küstenstraße RN 3 kann man anschließend ins 105 km entfernte **Sihanoukville** (S. 317) fahren, um dort nach Lust und Laune die Reise am Strand ausklingen zu lassen.

Kambodscha „auf Abwegen": ab drei Wochen

Falls noch eine dritte Woche Zeit bleibt, bieten sich im Anschluss an die beschriebene zweiwöchige Rundtour je nach Interesse Fahrten in den Norden oder Nordosten an. Allerdings ist die touristische Infrastruktur dort erst im Aufbau.

Nordosten: Das rund 140 km nordöstlich von Phnom Penh gelegene **Kompong Cham** (S. 274) gilt als Tor des Nordostens. Mit dem Bus kann man von der lebendigen Stadt am Mekong entlang der gut ausgebauten RN 7 über Snuol nach **Kratie** (S. 283) und **Stung Treng** (S. 288) weiterfahren, wo sich Bootstouren samt Beobachtung von Irrawaddy-Delfinen anbieten. Zudem besteht die Möglichkeit, über die fast 60 km weiter nördlich gelegene Grenze bei **Dom Kralor** (S. 292) nach Laos auszureisen. Stung Treng ist aber auch ein guter Startpunkt für einen Trip in Kambodschas nordöstliche Provinz Rattanakiri. Die 150 km und vier Fahrstunden entfernte Provinzhauptstadt **Banlung** (S. 294) eignet sich dafür als Ausgangsbasis, denn in der Umgebung liegen interessante Ziele: der **Virachey-Nationalpark** (S. 299) mit seinen Wanderwegen, der traumhaft schön gelegene **Yeak-Laom-See** (S. 299) und einige Wasserfälle.

Flüsse und Seen: Lebensader und Transportwege in Kambodscha

Klima und Reisezeiten

Als tropisches Land hat Kambodscha ganzjährig hohe Temperaturen, allerdings lassen sich mehrere Jahreszeiten voneinander unterscheiden.

In der **Trockenzeit** von November bis Mai regnet es nur selten. Diese Periode teilt sich wiederum in zwei unterschiedliche Phasen: Die kühle Zeit (Nov–Feb) ist die touristische Hauptsaison, denn die Tage sind kühl genug für eine entspannte Erkundung der Tempelanlagen, aber auch ausreichend warm, um an der Küste in der Sonne zu liegen. Die Temperaturen erreichen in diesen Wochen Werte von 25–30 °C. Die folgende heiße Phase dauert von März bis Mai. Bei hoher Luftfeuchtigkeit verzeichnen Phnom Penh und Battambang in diesen Monaten durchschnittliche Tageshöchstwerte von 33–35 °C. Um die körperliche Belastung zu minimieren, folgt man am besten den Gepflogenheiten der Einheimischen: Früh aufstehen und früh aufbrechen, mittags eine Pause einlegen und erst am späteren Nachmittag wieder aktiv werden. In der heißen Jahreszeit sind Reisen auf den unbefestigten Landstraßen am beschwerlichsten und unweigerlich mit jeder Menge Staub verbunden. Die unbarmherzig vom Himmel sengende Sonne und das Fehlen jeglicher Luftbewegung machen die Besichtigung von Angkors Tempelanlagen zu einem anstrengenden Unterfangen, doch an der Küste lässt es sich in jenen Wochen gut aushalten.

In der **Regenzeit** von Juni bis Oktober beschert der über den Golf von Siam kommende Südwestmonsun dem gesamten Land ergiebige Niederschläge. Über Monate schwillt der Wasserstand der Flüsse dramatisch an, und im September bzw. Oktober wird die Infrastruktur des Landes auf ihre härteste Probe gestellt, wenn sich die unbefestigten Straßen in tiefe Matschwege verwandeln und vor allem in den Provinzen ständig Überschwemmungsgefahr droht. Da es jedoch vorwiegend nachmittags regnet, eignen sich diese Monate durchaus für einen Besuch des Landes, sofern keine Reisen in Gebiete abseits der gängigen Pfade auf dem Programm stehen und Besichtigungen vornehmlich auf den Vormittag gelegt werden. Es ist die mit großem Abstand ruhigste Touristensaison – in Angkor hat man die Tempel fast für sich allein. Und natürlich schillert das Land zu jener Zeit in den sattesten Grüntönen.

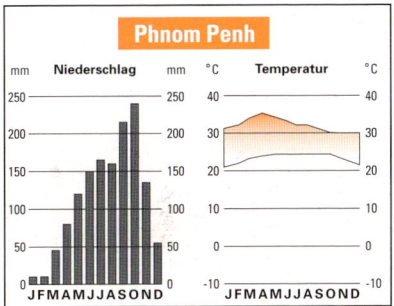
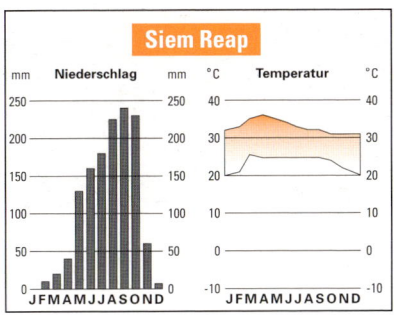

Reisekosten

Kambodscha ist insgesamt ein kostengünstiges Reiseland und im unteren Marktsegment sind die Preise in den letzten 15 Jahren nahezu unverändert geblieben. Außer in den teuren Hotels werden Trinkgelder nicht erwartet, aber ein paar hundert Riel nach einer Mahlzeit oder einer Motofahrt werden dankbar angenommen.

Wer in einfachen Gästehäusern übernachtet, Nudelküchen und billige Restaurants sowie öffentliche Transportmittel nutzt, kann mit einem **Tagesbudget** von US$10–12 auskommen. Mit US$75 pro Tag lassen sich Übernachtungen in Mittelklassehotels, drei westliche Mahlzeiten pro Tag und Fahrten mit Mietwagen bestreiten. Für Nächte in Luxushotels inkl. Mahlzeiten und den Komfort eines Mietwagens mit Fahrer sind US$200–300 pro Tag zu veranschlagen.

In Mittelklassehotels werden oft 10% **Steuern** und 10% **Serviceentgelt** erhoben. Wo dies praktiziert wird, sollte ein englisches Schild an der Rezeption darauf hinweisen.

Mitunter müssen Ausländer **höhere Preise** als Einheimische zahlen, doch nicht in dem Maße wie im benachbarten Vietnam. Einheimische zahlen z. B. für das Express-Boot von Phnom Penh nach Siem Reap US$10 weniger, und vor allem an **Sehenswürdigkeiten** werden Ausländer stärker zur Kasse gebeten – besonders in Angkor, wo Kambodschaner freien Eintritt genießen und Ausländer für eine Tageskarte US$20 zahlen müssen.

Die billigste Art des **Transports** sind Rüttelfahrten auf der Ladefläche von Pick-ups, deren Preise von der Entfernung und vom Straßenzustand abhängen. In der Regenzeit (Juni–Okt) und zu öffentlichen Feiertagen (vor allem zum Khmer-Neujahr) steigen die Preise um rund 20%. Die strapaziöse Fahrt von Phnom Penh nach Sen Monorom in Mondulkiri, die gut 14 Stunden dauert, kostet 30 000 Riel auf der Ladefläche eines Pick-ups, 50 000 Riel in der Fahrerkabine. Geschwindigkeit und Komfort haben dagegen ihren Preis: Die Strecke Phnom Penh–Siem Reap kostet mit dem Flugzeug $75 (US$6 mit dem Bus), aber solche Alternativen gibt es nur auf wenigen Strecken. Auch Zugfahrten sind sehr billig: Phnom Penh–Battambang kostet z. B. 6500 Riel.

Luxushotels, Geschäfte und alle Imbissbuden, Nudelküchen und Restaurants haben **Festpreise**. Dies gilt auch für Flüge, Zugfahrten, Busreisen und Fähren. Auf Märkten, bei Fahrten mit Motos, Tuk-Tuks oder Cyclos oder bei Mietwagen gehört **Handeln** zum Alltag. Während in Mittelklassehotels durchaus Ermäßigungen ausgehandelt werden können, neigen die Betreiber der Budget-Gästehäuser eher dazu, einen Raum leer stehen zu lassen, als Nachlässe einzuräumen.

Was kostet wie viel?

Budgetzimmer	US$5
Mittelklassezimmer	US$15–80
Nudelfrühstück	US$1–2
Mittag- oder Abendessen (2 Gerichte mit Reis)	US$1–2
Mahlzeit in einem westlichen Restaurant	US$4–5
Flasche Trinkwasser	600 Riel
große Flasche Angkor-Bier	US$2,50
Stadtfahrt mit dem Moto	2000–4000 Riel
Tagesmiete Moto	US$6–10
Busfahrt Phnom Penh–Siem Reap	US$6
Tagesmiete Wagen mit Fahrer	US$25–60

Traveltipps von A bis Z

Anreise S. 32
Botschaften und Konsulate S. 34
Einkaufen S. 35
Elektrizität S. 39
Essen und Trinken S. 40
Feste und Feiertage S. 48
Fotografieren S. 50
Frauen unterwegs S. 50
Geld S. 51
Gepäck S. 53
Gesundheit S. 53
Informationen S. 56
Internet und E-Mail S. 58
Jobben S. 58
Kinder S. 59

Medien S. 61
Öffnungszeiten S. 62
Post S. 62
Reisende mit Behinderungen S. 63
Schwule und Lesben S. 63
Sicherheit S. 64
Telefon S. 66
Transport S. 67
Übernachtung S. 75
Verhaltenstipps S. 77
Versicherungen S. 78
Visa S. 79
Zeit S. 80
Zoll S. 80

Anreise

Mit dem Flugzeug

Da es keine direkten Flüge aus Europa gibt, ist Kambodscha nur über andere Länder Südostasiens zu erreichen. Von mehreren Städten dieser Region bestehen inzwischen regelmäßige Verbindungen nach Phnom Penh und Siem Reap, darunter von Bangkok, Hanoi, Ho-Chi-Minh-Stadt, Kuala Lumpur, Seoul, Singapore, Taipei und Vientiane.

Mit Abstand am teuersten sind die Flugpreise in der Hauptsaison (Juli, August sowie in der zweiten Dezemberhälfte), wenn mit rund 1100–1200 € zu rechnen ist, am niedrigsten in der Nebensaison von Mitte April bis Ende Mai mit Preisen um 900 €.

Die Flugzeiten hängen von der jeweiligen Route ab. Ein Nonstop-Flug von Frankfurt nach Bangkok dauert zehn bis elf Stunden, der Anschlussflug von Bangkok nach Phnom Penh noch einmal eine Stunde.

Flüge online buchen

Die Zahl der Flug-Anbieter im Internet ist inzwischen kaum noch überschaubar. Folgende sind etabliert:

Reisen und Klimawandel

Der Klimawandel ist eine ernste Bedrohung der Ökosysteme, von denen der Mensch abhängt, und Flugreisen sind in zunehmendem Maß für eine Verschärfung des Problems verantwortlich. Obwohl wir das Reisen insgesamt positiv sehen und der Überzeugung sind, dass es einen bedeutenden Beitrag sowohl für sich entwickelnde Ökonomien als auch für die Völkerverständigung leistet, ist jeder Einzelne dazu aufgerufen, sich seiner Verantwortung bewusst zu werden und die Einflüsse auf die globale Erwärmung so gering wie möglich zu halten. Dazu gehört, darüber nachzudenken, wie oft wir fliegen und was wir tun können, um die Umweltschäden auszugleichen, die wir mit unseren Reisen verursachen.

Fliegen und Klimawandel

Praktisch jede Form des motorisierten Reisens ist mit dem Ausstoß von Kohlendioxid (CO_2) verbunden, das der Hauptgrund für den vom Menschen verursachten Klimawandel ist. Die weitaus größte Belastung geht dabei von Flugzeugen aus, nicht weil sie ihre Schadstoffe über weite Strecken verteilen, sondern vor allem weil sie Treibhausgase weit oben in der Atmosphäre abgeben. Die Statistiken lesen sich erschreckend: Zwei Personen, die von Europa in die USA und wieder zurück fliegen, tragen zum Klimawandel so viel bei wie der gesamte Jahresverbrauch an Gas und Strom eines durchschnittlichen Haushalts.

Vielleicht wird es irgendwann Flugzeuge mit Brennstoffzellen oder anderen weniger umweltschädigenden Antriebssystemen geben. Aber bis es so weit ist, haben verantwortungsbewusste Traveller nur zwei Möglichkeiten: Entweder die Zahl der Flüge zu reduzieren (also weniger fliegen und länger bleiben) oder die unternommenen Flüge durch ein Ausgleichsprogramm für das Klima zu „neutralisieren".

Ausgleichsprogramme

Kompensationsprogramme von Organisationen wie www.atmosfair.de, www.myclimate.ch oder www.climatecare.org bieten die Möglichkeit, eine sinnvolle Entschädigung zumindest für einen Teil der Treibhausgase zu leisten, die man durch das eigene Reisen verursacht. Dabei wird zunächst anhand eines CO_2-Rechners der Anteil eines bestimmten Fluges an der globalen Erwärmung ermittelt, anschließend werden Optionen aufgezeigt, wie mit einem zusätzlichen Beitrag ausgleichende umwelterhaltende Projekte unterstützt werden können. Dazu gehören die Aufforstung des Regenwalds und anderer ursprünglicher Wälder sowie Initiativen zur Senkung des Energiebedarfs in der Zukunft. Häufig sind diese Projekte an Maßnahmen für eine nachhaltige Entwicklung gekoppelt.

Preisvergleich
Billiger reisen 🖵 www.billiger-reisen.de
Travel Jungle 🖵 www.traveljungle.de

Flugdatenbanken
Billigflüge 🖵 www.billigfluege.de
Flug.de 🖵 www.flug.de
Flugbörse 🖵 www.flugboerse.de
McFlight 🖵 www.mcflight.de
Opodo 🖵 www.opodo.de
Travel Overland 🖵 www.traveloverland.de
Traveltopia 🖵 www.traveltopia.de

Last-Minute-Anbieter
AVIGO 🖵 www.avigo.de
Expedia 🖵 www.expedia.de
L´Tur 🖵 www.ltur.de

Auf dem Landweg

Auf dem Landweg sind inzwischen einige Grenzübergängen für Ausländer geöffnet – sechs aus Thailand, fünf aus Vietnam und einer aus Laos.

Aus Thailand

In Bangkok gibt es viele Angebote für Reisen nach Kambodscha auf dem Landweg, besonders in der Khao San Road. Dort werben Reisebüros für ihre Touren Bangkok–Siem Reap mit dem Argument, dass Individualreisende Probleme mit kambodschanischen Grenzbeamten und der Organisation von Transportmitteln hätten. In Wirklichkeit ist die Fahrt mit öffentlichen Verkehrsmitteln unkompliziert, während es bei Privattouren zu langen Wartezeiten (4–8 Std.) kommen kann, bis die erforderliche Anzahl an Passagieren erreicht ist. Mitunter wird auch versucht, Reisende übers Ohr zu hauen: „Wir besorgen das Visum" (für 1200 Baht); „Die Grenze ist geschlossen, deshalb müssen wir eine andere Strecke wählen" oder „Es ist zu spät, Sie müssen in diesem Gästehaus übernachten" und so weiter. Individualreisende kostet die rund zehnstündige Fahrt von Bangkok nach Siem Reap zwischen US$8 (Zug nach Aranyaprathet, dann per Pick-up weiter) und US$35 (Bus bis zur Grenze, von dort weiter im Taxi). Mit den Pauschalanbietern in der Khao San Road (US$15–25) kann die Reise erheblich länger dauern – 17 Stunden oder mehr sind keine Seltenheit. Wer eines dieser Pakete buchen möchte, sollte sich bei anderen Travellern oder in Gästehäusern über die Zuverlässigkeit der Anbieter erkundigen.

Alle Grenzübergänge zwischen Thailand und Kambodscha sind tgl. von 7–20 Uhr geöffnet und stellen vor Ort Visa aus; e-Visa (s. S. 79) werden allerdings nur in Koh Kong akzeptiert. Der Übergang **Aranyaprathet / Poipet** eignet sich gut für Reisen in den Norden nach Siem Reap und Battambang. Aranyaprathet ist von Bangkok mit dem Zug (1x tgl., 7 Std.) und mit klimatisierten Bussen (häufige Abfahrten vom Nördlichen Busbahnhof ab 4 Uhr, Fahrtdauer 4 Std.) erreichbar. Auf kambodschanischer Seite stehen in Poipet etliche Transportmittel für die Weiterfahrt nach Sisophon, Siem Reap, Battambang und Phnom Penh bereit (s. S. 199). Im Widerspruch zu manchen Landkarten gibt es keine Eisenbahnverbindung nach Poipet, der erste Bahnhof hinter der Grenze befindet sich in Battambang (s. S. 181).

Der weiter südlich gelegene Grenzübergang **Trat / Koh Kong** bietet sich für Reisen nach Sihanoukville und Phnom Penh an. Vom Busbahnhof im Osten Bangkoks fahren klimatisierte Busse nach Trat (12x tgl., 5 Std.). Auf der kambodschanischen Seite der Grenze gibt es jetzt eine Straße, die Koh Kong über Sre Ambel mit der Nationalstraße 4 verbindet. Somit besteht je nach Ankunftszeit in Koh Kong die Möglichkeit, über Land oder mit dem Schiff weiterzufahren. Ein Expressboot legt am frühen Morgen von Koh Kong nach Sihanoukville ab (Einzelheiten s. S. 316).

Die anderen Übergänge sind **Ban Paakard / Pailin (Psar Prom)** und **Ban Leam / Daun Lem** im Westen, die in praktischer Entfernung zu Battambang liegen, sowie **Surin / O'Smach** und **Chong Sa-Ngam / Anlong Veng** – jeweils 150 km nördlich von Siem Reap. Diese beiden Grenzübergänge werden nicht sehr stark genutzt, entsprechend gering ist die Auswahl an Transportmitteln für die Weiterfahrt auf kambodschanischer Seite.

Aus Vietnam

Ausländer können von Vietnman derzeit an fünf Grenzübergängen einreisen: **Moc Bai / Bavet**, 200 km südöstlich von Phnom Penh, **Chau Doc /**

K'am Samnar am Fluss Bassac, **Tinh Bien / Phnom Den** nahe Takeo, **Hat Tien / Prek Chak** östlich von Kep und seit kurzem auch über **Trapeang Phlong** östlich von Kompong Cham. An allen Grenzübergängen wird bei der Einreise ein kambodschanisches Visum ausgestellt.

In Bavet stehen Sammeltaxis für die Fahrt auf der Nationalstraße 1 nach Phnom Penh (rund 3 Std.) bereit. Die Phnom Penh Sorya Transport Company verkehrt 2x tgl. mit einem Bus zwischen Ho-Chi-Minh-Stadt und Phnom Penh. Von Chau Doc fährt morgens ein Expressboot (1x tgl., ca. 5 Std.) auf dem Mekong direkt nach Phnom Penh. Das Sinh Café in Ho-Chi-Minh-Stadt organisiert tgl. den Transport per Minibus und Boot nach Phnom Penh (das Capitol Hotel in Phnom Penh vermittelt die Fahrt in der Gegenrichtung).

Von den anderen Übergängen sind die Transportmöglichkeiten derzeit noch relativ eingeschränkt: Von Phnom Den fahren Taxis nach Takeo und Phnom Penh, von Hat Tien ist meist nur ein Moto für den Weg nach Kep oder Kampot zu bekommen.

Aus Laos

Der Grenzübergang **Voen Kham / Dom Kralor** liegt rund 50 km nördlich der kambodschanischen Stadt Stung Treng. Das Visum für Kambodscha wird bei der Einreise ausgestellt. Für die Weiterfahrt von der Grenze gibt es Busse und Taxis nach Stung Treng und Phnom Penh. Alternativ dazu kann man ein Boot chartern und die Strecke bis nach Stung Treng auf dem Mekong zurücklegen, was etwa zwei Stunden dauert und bis zu $50 kosten kann.

Botschaften und Konsulate

Kambodschanische Vertretungen im Ausland

Deutschland
Benjamin-Vogelsdorff-Str. 2
13187 Berlin
030/48637901, 48637972
www.kambodscha-botschaft.de
Mo–Do 8.30–12 und 13.30–16.30 Uhr, Fr 8.30–13 Uhr

Österreich
Avenue deTervuren 264A
B–1150 Brüssel
+322/7720372, 7720376
amcambel@skynet.be
Mo–Fr 9–13 und 14–17 Uhr

Schweiz
Case postale 213, Chemin Taverney 3
1218 Le Grand-Saconnex
022/7887773, 7887774
cambodge@bluewin.ch

Thailand
185 Rajdamri Rd, Lumphini Patumwan
Bangkok 10330
02/254 66 30
recbkk@hotmail.com

Vietnam
71 Tran Hang Dao
Hanoi
04/942 4788
ach@fpt.vn
Konsulat
41 Phung Khac Khoan
Ho-Chi-Minh-Stadt
08/829 2751
cambocg@hcm.unn.vn.

Laos
Thadeua Rd, KM 2
Vientiane, BP 34
02/131 4950, 314 951
recamlao@laotel.com

Malaysia
83/JKR 2809 Lingkungan U-Thant
55000 Kuala Lumpur
03/4257 1150
reck@tm.net.my

Singapore
152 Beach Rd, #11-05 Gateway East
Singapore 189721

299 3028
cambodiaembassy@pacific.net.sg

Ausländische Vertretungen in Kambodscha

Viele Länder haben inzwischen Botschaften und Konsulate in Phnom Penh, die nächstgelegene Vertretung mancher Länder, darunter Österreich, befindet sich aber in Bangkok.

Die Botschaften informieren ihre Staatsangehörigen normalerweise bereitwillig über die aktuelle Sicherheitslage in Kambodscha und besorgen einen neuen Pass, falls er gestohlen oder verloren wurde. Geld für die Heimreise bekommt man dort jedoch nicht, höchstens die Möglichkeit, sich mit Angehörigen im Heimatland in Verbindung zu setzen, damit sie Geld schicken können.

Deutschland
76-78, Ph 214, Phnom Penh
023/216193, in Notfällen außerhalb der Bürozeiten 012/818202, 427746
www.phnom-penh.diplo.de

Österreich
14, Soi Nandha, Sathorn Tai Rd
Bangkok 10120
+662/3036057, 2873925
bangkok-ob@bmeia.gv.at

Schweiz
Generalkonsulat 53D, Ph 242, Phnom Penh
023/219045, 213375
swissconsulate@online.com.kh
Zuständige Botschaft in Bangkok:
35 North Wireless, Bangkok 10330,
+662/2530156, 2554481,
www.eda.admin.ch/bangkok

Laos
15-17 Mao Tse Toung Blvd, Phnom Penh
023/982632, 720907

Thailand
196 Norodom Blvd, Phnom Penh
023/726306

Für die Einreise nach Thailand ist kein Visum erforderlich, sofern man nicht länger als einen Monat im Land bleiben will.

Vietnam
436 Monivong Blvd, Phnom Penh
023/362531, 427385
Vietnamesische Konsulate gibt es in Sihanoukville und Battambang.
Ein einmonatiges Visum zur einmaligen Einreise für Vietnam kostet US$50 und wird in fünf Arbeitstagen ausgestellt. Je mehr man bezahlt, desto schneller geht es – bis maximal US$80 bei einem Tag Bearbeitungszeit. Für den Einreiseort Moc Bai wird keine Sondergebühr erhoben.

Einkaufen

Kambodscha hat eine Vielfalt an Souvenirs und Kunsthandwerk zu bieten. Dazu gehören bunte Textilien aus traditionell gemusterten Seidenstoffen, gröbere Chunchiet-Stoffe, Antiquitäten und Raritäten (wie spezielle Schachteln für den Betelnussverzehr) oder auf präparierte Palmblätter geschriebene religiöse Texte. Nachdem das lokale Kunsthandwerk durch verschiedene Ausbildungsprogramme gefördert wurde, um den vielen körperlich versehrten Kambodschanern neue Chancen zu eröffnen, ist nun eine Fülle von Qualitätsprodukten im Angebot. In Kambodscha gilt das metrische Maßsystem, beim Kauf von Waren nach Länge oder Gewicht muss man sich also keine Gedanken um die Umrechnung von Maßeinheiten machen.

Erste Adresse zum Einkaufen sind die **Märkte**, eine gute Auswahl bieten die in Phnom Penh und Siem Reap. In der Hauptstadt gibt es daneben eine Reihe spezialisierter Märkte, allen voran der Russenmarkt **Psar Toul Tom Poung**, der die bekannteste Adresse für den Kauf von Souvenirs ist – und auch von Moped-Ersatzteilen.

An Angkors Tempeln verkaufen Kinder für ein paar tausend Riel Armreife und Haarspangen aus Kokosnuss-Schalen oder handgefertigte Bambusflöten, die in bunte gewobene Strohhüllen eingewickelt sind. Phnom Penh ist stolz auf seine neuen Shopping Malls, die Sorya Mall und

Altes Handwerk neu belebt: In vielen Dörfern wird wieder die Seidenraupenzucht und Seidenweberei betrieben

die Paragon Mall, die in Kaufhausatmosphäre eine riesige Auswahl zu Festpreisen anbieten. In Phnom Penh und Siem Reap haben inzwischen auch einige Spezialgeschäfte, Galerien und Hotelboutiquen eröffnet, die teure, aber in der Regel qualitativ sehr gute Produkte verkaufen.

Die Faustregel lautet: Einkaufen, was gefällt! Ausgefallene Dinge, die man in den Provinzen entdeckt, sind in Phnom Penh oder Siem Reap nicht unbedingt zu finden. So werden beispielsweise die traditionellen Trommeln *skor dae* von Kunsthandwerkern in Kompong Thom hergestellt und auch nur dort verkauft.

Bedenken von Umweltschützern gegen den unkontrollierten Abbau von Rattan verhallen bis dato ungehört, sollte der Raubbau in den Wäldern aber in unverändertem Tempo voranschreiten, wird es in Kambodscha bald kaum noch einen Wald geben, um den man sich sorgen könnte.

Kleidung und Stoffe

Kramar

Karierte Schals namens *kramar,* die Erwachsene und Kinder beiderlei Geschlechts tragen, sind auf allen Märkten leicht zu finden und dürften das am häufigsten verkaufte kambodschanische Souvenir sein. Viele *kramar,* die Touristen angeboten werden, sind aus synthetischem Gewebe gefertigt. Obwohl sich diese Stoffe weich anfühlen, erhitzen sie die Haut und trocknen nur langsam, wenn sie als Handtuch benutzt werden. Die besten *kramar* sind aus Baumwolle *(umbok)* und werden vor allem von Markthändlerinnen angeboten. Ein großer *kramar* kostet 5000–7000 Riel.

Ein *kramar* aus Baumwolle fühlt sich anfangs steif und dünn an, doch mehrmaliges Waschen in kaltem Wasser macht ihn weich und verdichtet das Gewebe. Solche *kramar* halten jahrelang, werden durch häufige Benutzung schöner und sind je nach Situation ein angenehm kühlendes, wärmendes oder Staub absorbierendes Gewebe.

Seide

Auch Seidenstoffe mit traditionellen Mustern und Farben sind fast überall erhältlich, und vor allem auf Phnom Penhs Märkten sind auch moderne Muster zu finden.

Die kambodschanische Seidenweberei lässt sich bis in die Angkor-Epoche zurückverfolgen, als die Khmer importierte Stoffe aus Indien zu imitieren begannen. Die über viele Generationen vererbten Webtechniken gingen unter den Roten Khmer verloren, doch in den 90er Jahren lebte die Seidenweberei in vielen Dörfern wieder auf. Das Seidengarn wird meist aus Vietnam importiert, aber auch einige kambodschanische Dörfer haben die Seidenraupenzucht wieder aufgenommen. Da Stoffe meist nur auf Bestellung der Händler und Seidenverkäufer Phnom Penhs produziert werden, darf es nicht überraschen, wenn beim Besuch eines Seidenweberdorfs keine Seidenstoffe zum Verkauf angeboten werden. Ungemusterte Seidenstoffe sind zuweilen als Meterware erhältlich.

Seide wird in festen Breiten (in der Regel 80 cm) produziert und in zwei Längen verkauft: Ein *kabun* (3,60 m) reicht für einen langen glatten Rock oder eine kurzärmelige Bluse; ein *sampot* entspricht einem halben *kabun.* Die Preise für ein *sampot* beginnen bei US$15, können sich aber je nach Qualität und Muster leicht verdoppeln. Bereits vorgewaschene Seide wirkt in Textur und Färbung weicher und ist etwas teurer. Für US$4–5 sind überall Seidenschals in diversen Farben erhältlich, die meist vorgewaschen sind und Ränder aus handgeknüpften Knoten haben.

Dein Preis, mein Preis

Geschäfte haben Festpreise, auf Märkten und bei Straßenhändlern jedoch gehört das **Feilschen** zum Alltag. Handeln ist eine Art Spiel unter Freunden, das beide Parteien gewinnen wollen. Der Anbieter nennt für gewöhnlich zunächst einen maßvoll erhöhten Preis. Für preiswerte Artikel unter US$10 ist oft ein Nachlass von rund 30% realistisch, während bei teuren Antiquitäten und Raritäten eine Ermäßigung von 5% schon viel sein kann. Um beim Handeln das Maß einschätzen zu können, sollte man sich vor Augen führen, dass dem Verkäufer bei Waren wie einem T-Shirt oder *kramar* bestenfalls ein magerer Spielraum von 500–1000 Riel bleibt, also 0,10–0,20 Cent.

Es gibt unterschiedliche Stile, da sich bestimmte Dörfer auf besondere Webtechniken spezialisiert haben. *Hol*, ein traditioneller Stoff mit kleinen Motiven, die Blumen, Schmetterlinge und Diamanten symbolisieren, wird aus Fäden mit fünf Grundfarben produziert – Gelb, Rot, Schwarz, Grün und Blau (moderne Variationen verwenden Pastelltöne). Der glänzende Zeremonienstoff *parmoong* entsteht durch Aufweben eines Motivs oder einer Borte aus Gold- oder Silberfäden auf die reine Seide. Manche *parmoong* werden ausschließlich für Männer in karierten oder gestreiften Mustern und den Farben beige, grün oder rot gewoben und werden von ihnen als Hüfttuch getragen. Ungemusterte Seidenstoffe sind zuweilen als Meterware in dunklen und pastellenen Farbtönen erhältlich.

Traditionelle **Wandbehänge** (*pedan*) mit klassischen Motiven wie stilisierten Tempeln oder Tieren sind für US$5–10 zu haben und leicht zu transportieren.

Chunchiet-Textilien

Die Bergvölker in Rattanakiri weben verschiedene eigene Stoffe, meist einfache Streifenmuster mit einem eingewebten Vogel- oder Tiermotiv – mitunter kann es auch schon mal ein Hubschrauber sein. Traditionell wurden Farbstoffe aus der Natur verwendet, um die Fasern schwarz, dunkelblau, rot oder cremefarben einzufärben und zu einem lockeren, vergleichsweise groben, aber recht robusten Gewebe zu verarbeiten. Heute werden zunehmend Mischfasern eingesetzt, was eine größe Farbenvielfalt erlaubt und die Stoffe farbecht macht.

Holzschnitzereien und Marmorarbeiten

Das Spektrum der Holzschnitzereien reicht von kleinen Köpfen Jayavarmans VII., die dem berühmten Modell im Nationalmuseum nachgestaltet sind und nur wenige Dollars kosten, bis hin zu nahezu lebensgroßen Apsaras für US$50 und mehr. Eine gute Auswahl steht in Phnom Penh an Phlauv 178 nahe dem Nationalmuseum und auf dem Psar Toul Tom Poung bereit, doch vielen Stücken fehlt wegen der Massenproduktion das gewisse Etwas. Wer wirklich etwas Erlesenes sucht, wird in der Werkstatt der Chantiers École in Siem Reap fündig.

Glänzend geschliffene Marmorarbeiten kauft man am besten in Phnom Penh, Siem Reap oder den Werkstätten in Pursat, wo sie hergestellt werden. Die Nachbildungen von Angkor Wats Türmen erscheinen mitunter protzig, doch es gibt viele kunstfertige Stücke wie Buddhastatuen oder Tierfiguren.

Antiquitäten und Mitbringsel

Einzige Adresse für Antiquitäten und Raritäten ist Phnom Penh, wo sich vor allem ein Streifzug durch die Spezialgeschäfte des Psar Toul Tom Poung und Umgebung lohnt.

In Fächer unterteilte Holzschachteln werden als Aufbewahrung für das Zubehör zum Betelkauen (s. S. 23) verwendet. In eleganten Silberschachteln werden die Nüsse aufbewahrt, in anderen Behältern die Blätter und Paste, und ein scherenähnliches Werkzeug dient zum Zerkleinern der Betelnuss.

Gelegentlich sind traditionelle **Musikinstrumente** im Angebot. Die *Chapei* ist ein Saiteninstrument mit langem Hals und rundem Resonanzkörper. Die zimbelähnliche *Chhing* besteht aus zwei kleinen Messingscheiben, die ähnlich wie Kastagnetten angeordnet sind und sacht gegeneinander geschlagen werden.

Nur wenige Dollars kosten die mit kniffligen Aufschriften versehene **Kompasse**, die bei der Ausübung der klassischen chinesischen Kunst der Geomantik verwendet werden. Diese Instrumente setzen die Himmelsrichtungen in Beziehung zu den fünf Elementen Holz, Feuer, Erde, Metall und Wasser.

Auch **Opiumgewichte** sind zu finden, die zum Abwiegen der Droge verwendet wurden und oft die Form kleiner Menschen- oder Tiergestalten haben.

Man sollte wissen, dass die Kambodschaner wahre Meister darin sind, Gegenstände künstlich auf alt zu trimmen. Einkäufer sollten derartige Objekte eher um ihrer selbst willen erwerben und nicht unbedingt auf ihre Authentizität und ihr Alter vertrauen. Kambodschas alte Tempel haben schwer unter Plünderungen gelitten, es ist aber unwahrscheinlich, auf Phnom Penhs Märkten antike Figurinen zu finden, weil der Schwarzmarkt eher auf Bangkok und Singapur ausgerichtet ist. Doch andere gestohlene Kunstwerke, wie etwa Begräbnisstatuen der Bergvölker aus Rattanakiri, finden durchaus noch ihren Weg in die Hauptstadt. Um den Plünderern keinen weiteren Anreiz zu geben, sollte man auf den Kauf von Dingen verzichten, die als antik angepriesen werden.

Körbe, Rattan- und Bambusartikel

Das vielseitige Material Rattan wird zur Produktion von Möbeln verwendet, die in Phnom Penh auf den Markt gelangen und bei Ausländern sehr beliebt sind. Darüber hinaus dient es zur Herstellung der Körbe, Schalen und Platzdeckchen, die auf Phnom Penhs und Siem Reaps Märkten angeboten werden. Schwieriger zu finden sind kleine hübsche Körbe aus der Umgebung von Oudong, die aus einer Pflanze mit dem Namen *kunung* geflochten werden. Im Herstellungsgebiet stehen sie in großer Auswahl für nur wenige 1000 Riel zum Verkauf.

Typisch für Rattanakiri sind tiefe konische Körbe aus einem Rattan- und Bambusgeflecht namens *khapa,* die mit Schulterriemen versehen sind und von Angehörigen der Bergstämme noch immer benutzt werden, um Produkte zum Markt zu tragen. Ihr Preis liegt bei US$6–10.

Die auf Märkten angebotene Rattan- und Bambusartikel für den täglichen Gebrauch eignen sich ebenfalls als hübsche Souvenirs, etwa Kellen und geflochtene Becher zum Abmessen der Reisportionen sowie Schalen für Obst und Gemüse.

Gold und Silber

Das größte Angebot an Silberwaren findet man in Phnom Penh. Unter den nahe gelegenen Dörfern gehört Kompong Luong, das bequem in einen Ausflug nach Oudong integriert werden kann, zu den bekanntesten Produktionsstätten. Die geforderten Preise lassen erkennen, ob es sich um massives Silber oder um versilbertes Kupfer handelt – versilberte Gegenstände kosten ein paar Dollar, ein vergleichbares Objekt aus massivem Silber das Doppelte.

Kleine Silber- oder versilberte Behältnisse in Form von Früchten oder Tieren sind ein schönes Mitbringsel oder Geschenk und erstaunlich preiswert zu bekommen. Wesentlich teurer sind Zeremonienteller und Opferschalen, die meist aus solidem Silber bestehen und mit kunstvollen Blattmotiven verziert sind. Preiswerte silberne Halsketten, Armreife und Ohrringe stammen meist aus Indonesien und werden nur auf dem Touristenmarkt angeboten – die Khmer schätzen Silberschmuck nicht. NGO-Läden und Hotelboutiquen in Phnom Penh und Siem Reap bieten modernen Designerschmuck aus Silber an.

Die Vorliebe der Khmer für Goldschmuck ist weder ästhetisch noch emotional begründet. Gold ist schlicht als Form der Geldanlage betrachten. Dies erklärt die hohe Zahl der Goldhändler auf den Märkten des gesamten Landes, bei denen Einheimische hocken, um alten Schmuck mit Zuzahlung gegen noch teurere Stücke einzutauschen. Sofern man sich auskennt, sind die Goldpreise verlockend niedrig, und Schmuck kann zügig und preiswert nach eigenen Wünschen angefertigt werden – auch mit eingefassten Edelsteinen aus den Minen von Pailin und Rattanakiri.

Elektrizität

Die Stromspannung beträgt 220 V, 50 Hz. Kambodschanische Steckdosen sind auf zweipolige flachzinkige Stecker ausgerichtet. In den Städten ist die Versorgung mittlerweile recht zuverlässig, obwohl sich manche Hotels über Nacht auf Generatoren verlassen, die recht laut sein können. In manchen Orten ist mit gelegentlichen Stromausfällen zu rechnen, in kleineren Orten wird die Versorgung auch schon mal ab 21 oder 22 Uhr unterbrochen. Beim Kauf von Elektroartikeln ist darauf zu achten, dass im Ausland womöglich ein Transformator oder Spannungswandler benötigt wird.

Essen und Trinken

Kambodschanische Mahlzeiten sind nicht besonders scharf, dafür jedoch oft mit aromatischen Kräutern wie Zitronengras oder Koriander verfeinert. Viele Gerichte sind Variationen von Speisen aus anderen asiatischen Ländern, vor allem aus China. Gekocht wird meist im Wok auf einem mit Holzkohle befeuerten Herd, doch zunehmend werden in den Städten auch Gasbrenner eingesetzt – viele Einheimische schwören auf den rauchigen Geschmack der auf Holzkohle zubereiteten Speisen.

Viele Gerichte werden in Palmöl gebraten, und da man sie vor dem Servieren nicht abtropfen lässt, kommen sie recht ölig auf den Tisch. Vegetarier sollten wissen, dass der Wok zwischen der Zubereitung von Fleisch- und Gemüsegerichten nur selten ausgewaschen wird. Nur wenige Kambodschaner besitzen einen Kühlschrank, und selbst wenn sie einen haben, kaufen sie lieber auf dem Markt Frischwaren nach aktuellem Bedarf ein.

Wie in vielen Ländern, in denen Reis das Grundnahrungsmittel darstellt, ist er auch in Kambodscha praktisch zum Synonym für Essen geworden. Die geläufige Vokabel für essen ist *nyam bye*, wörtlich übersetzt: „Reis essen".

Wo essen?

Das billigste Essen bieten **Straßenhändler** an, die ihre Spezialitäten in Handkarren oder Körben feilbieten – egal ob gebratene Nudeln oder Baguettes, frisches Obst oder Speiseeis.

Eine weitere Adresse für preiswertes Essen sind die **Märkte** des Landes. An Essenständen wird eine bunte Vielfalt von Gerichten und Nachspeisen verkauft, geringfügig teurer als bei den Straßenhändlern. Hier kann man von früh bis spät essen, wobei die Nachtmärkte oft an einer anderen Stelle zu finden sind als die Tagesmärkte. Die einzelnen Stände bieten jeweils eigene Spezialitäten an, doch es kann von jedem Stand bestellt werden – egal wo man gerade sitzt. Am Ende der Mahlzeit zahlt man an dem Stand, an dem man gesessen hat. Die Betreiber rechnen dann untereinander ab.

Überall in den Städten und besonders in der Nähe von Märkten und Haltestellen gibt es **Nudelküchen** und **preiswerte Restaurants**. Nudelküchen, *haang geautieuv* genannt, öffnen gegen 5.30 Uhr und bieten zum Frühstück diverse Nudelsuppen, Dampfbrötchen und Reis-Porridge an. Gegen 9 oder 10 Uhr verwandeln sie sich in Kaffeestuben, die heißen und kalten Tee und Kaffee sowie Softdrinks und junge Kokosnüsse anbieten, bis sie zwischen 16 und 17 Uhr schließen.

Preiswerte Restaurants *(haang bye)* sind an einer Reihe von Töpfen zu erkennen, in denen sich die Gerichte des Tages befinden. Hier wird ähnlich gekocht wie bei Kambodschanern zu Hause, Topfgucken ist erlaubt und die gewünschten Speisen werden in separaten Schalen zusammen mit einem Teller Reis zum Tisch gebracht. Das Essen in diesen kleinen Küchen schmeckt sehr gut und ist mit 2000 Riel pro Portion preislich vergleichbar mit einer Mahlzeit an einem Marktstand – inklusive Reis und Eistee.

Die **internationale Küche** ist mit einer enormen Vielfalt sowohl in Phnom Penh als auch in Siem Reap vertreten: französische und japanische Küche, Pizza, Burger und sogar Braten gibt es. Sihanoukville hat ebenfalls eine gute, wenn auch nicht ganz so abwechslungsreiche Auswahl. Hingegen kann das Angebot in ländlichen Gebieten und Dörfern so begrenzt sein, dass abends bestenfalls eine Schüssel Fertignudeln aufzutreiben ist. In einigen Städten finden sich ein paar Chinesen mit umfangreicher Speisekarte.

Fast alle Restaurants sind **täglich geöffnet**. Nur manche westlich orientierte Lokale haben an einem Tag in der Woche geschlossen. Die Khmer speisen gemessen am westlichem Standard früh: Das Frühstück ist um 8 Uhr gewöhnlich beendet, zu Mittag gegessen wird gegen 12.30 Uhr und das Abendessen ist eine recht ruhige und kurze Angelegenheit, da die Menschen (vor allem in den Provinzen) ihr Essen lieber mit nach Hause nehmen. Khmer-Restaurants sind in den Provinzen gewöhnlich ca. 6 Uhr bis 19 oder 20 Uhr geöffnet, in Phnom Penh, Siem Reap und Sihanoukville bis 21 oder 22 Uhr. Es ist normalerweise selbst in teuren Restaurants nicht nötig zu reservieren. Dieses Buch gibt daher eine Telefonnummer nur für solche Lokale an, die ihre Mahlzeiten mit einem Kulturprogramm verknüpfen – wie beispielsweise in Siem Reap – oder sich für besondere Feierlichkeiten eignen.

Mahlzeiten und Tischetikette

Grundlage der meisten kambodschanischen Mahlzeiten ist polierter weißer Reis, der entweder in einer großen Schüssel, aus der man sich selbst bedient, oder in kleinen individuellen Portionen auf den Tisch kommt. Der Reis wird mit Gabel und Löffel – Kambodschaner benutzen keine Messer – aus einer flachen Schale gegessen, die einem Suppenteller ähnelt. Man führt den Löffel mit der rechten Hand und benutzt die Gabel, um das Essen zu zerkleinern und auf den Löffel zu schieben.

Weitverbreitet sind Nudeln, die man mit Hilfe von Stäbchen und einem chinesischen Suppenlöffel verzehrt, doch man isst sie eher als Snack denn als eigenständige Mahlzeit. Chinesische Restaurants servieren Reis und Nudeln in kleinen Porzellanschalen und legen Essstäbchen dazu.

Eine Tischgesellschaft bestellt je nach Personenzahl mehrere Gerichte – Fisch oder Fleisch, Gemüse und vielleicht eine Suppe –, die mitten auf den Tisch gestellt werden, so dass sich jeder bedienen kann. Wird die Suppe nicht zusammen mit den anderen Speisen serviert, bildet sie den Abschluss des Mahls (in chinesischen Lokalen ist sie aber meist der erste Gang) und wird aus einer großen Schüssel in die Portionsschalen gelöffelt.

Es ist üblich, vor dem Essen Schalen, Bestecke und Gläser mit den bereitliegenden Papiertüchern zu putzen. Obwohl Kambodschaner normalerweise nicht mit den Fingern essen, darf man Fleischbrocken oder Hühnerteile durchaus mit der rechten Hand greifen – nicht aber mit der linken, denn diese ist unrein, da sie nach dem Toilettengang zur Reinigung dient.

Kambodschanisches Essen

Viele kambodschanische Speisen sind Variationen chinesischer Gerichte, die im Wok gebraten werden. Jede denkbare Kombination von Zutaten ist möglich: Huhn und Schwein oder Froschschenkel können mit Ingwer, Frühlingszwiebeln und Knoblauch gebraten werden, und Basilikum ist eine passende Abrundung zu Garnelen oder Hühnerfleisch. Zu den beliebten Kombinationen gehören Reis und Nudeln mit Schweinefleisch, Rindfleisch, Krabben und Gemüse, alles zusammen kurz angebraten und serviert mit untergerührtem Ei oder obenauf liegendem Spiegelei.

Süßsaure Gerichte sind ebenfalls erhältlich, in der Regel mit Fisch, Huhn oder einfach nur Gemüse, die kurz angebraten und unter anderem mit Ananas, Zwiebeln und grünen oder roten Tomaten zubereitet werden.

Marktstände und preiswerte Restaurants bieten zahlreiche Eintopf- und Currygerichte an. Kambodschanischer Eintopf wird meist auf der Grundlage einer leichten Brühe (mit Rindfleisch oder Fisch) zubereitet, und oft gehört auch ein hart gekochtes Ei dazu. Currygerichte, meist mit Rindfleisch, sind nur mäßig scharf und für den europäischen Gaumen im Allgemeinen etwas trocken.

Überall führen Straßenstände und Restaurants Huhn und Fisch im Angebot, die auf Holzkohle gegrillt werden und deshalb etwas rauchig schmecken. Fisch wird mit einer Sauce aus geriebener grüner Mango, Chili, Knoblauch und Fischsauce serviert, während zu Hühnergerichten Salatgarnierungen und eine süße Chilisauce gereicht werden.

Die Khmer-Küche kennt zwei verschiedene Suppenarten: *Sumlar* wird auf Bestellung frisch zubereitet und unter großer Hitze rasch aufgekocht, während *sop* auf einer Brühe basiert und in der Regel schon länger köchelt. Auf praktisch jeder Speisekarten steht *sumlar sngouw jerooet* mit Hühnerfleisch oder Fisch, die mit Zwiebeln, Zitrone und Schnittlauch zubereitet wird.

Frühstück

Zum Frühstück essen Kambodschaner gerne Reis mit gebratenem Hühner- oder Schweinefleisch, der mit Gurkenstreifen, eingelegtem Gemüse und einer Schale klarer Suppe gereicht wird. Ebenfalls großer Beliebtheit erfreut sich *geautieuv sop*, eine klare Brühe mit Reisnudeln sowie Hühner-, Schweine- oder Rindfleischstreifen: Die anderen üblichen Zutaten sprechen den westlichen Gaumen etwas weniger an, denn es handelt sich um Dinge wie zerkleinerte Gedärme, Magenwände und geronnenes Blut, die Kambodschaner mit Hingabe schlürfen, da sie den Körper stärken sollen. Auf dem Tisch stehen gewöhnlich Bohnensprossen und Limonenscheiben bereit.

Gästehäuser, Hotels, Cafés und Restaurants in den touristischen Zentren führen westliches Frühstück im Angebot. In den Provinzen bewirten mitunter bestimmte Restaurants die Mitarbeiter von NGOs zum Frühstück mit Spiegeleiern oder Omelettes mit Brot, ansonsten ist es allerdings schwierig, zum Tagesbeginn etwas anderes als Khmer-Kost aufzutreiben.

Snacks

Zum Frühstück oder als Snack am Nachmittag locken zahlreiche Straßenhändler und Restaurants mit *noam bpaow* – Dampfbrötchen oder -nudeln, die der chinesischen Küche entlehnt sind. Der weiße Teig enthält eine Füllung aus einer Mischung aus Schweinehackfleisch, Rüben, Ei und Schnittlauch. Seltener zu finden ist eine kleinere süße Variante, die mit grüner Mungbohnenpaste gefüllt ist.

Am Nachmittag und abends bieten Straßenhändler für ca. 2000 Riel knusprige Baguettes an, die mit Hackfleisch, Sardinen oder eingelegtem Gemüse belegt werden. In den Bierlokalen der Nachtmärkte werden zu alkoholischen Getränken *grueng klaim* gereicht, herzhafte getrocknete Rind- oder Schweinefleischstreifen mit eingelegten Gemüsesorten.

Bany chaev, im Wok zubereitete Pfannkuchen, sind an zahlreichen Marktbuden erhältlich. Sie werden aus Reismehl hergestellt, mit Schnittlauch versetzt und durch den Zusatz von Kurkuma grellgelb. Ihre Füllung besteht aus gebratenem Schweinehackfleisch, Zwiebeln, Krabben und Bohnensprossen, und man isst sie häppchenweise, indem man sie in Kopfsalatblätter wickelt und vor dem Verzehr in ein Gemisch aus Fischsauce, Knoblauch, Zitrone und zerstoßenen Erdnüssen tunkt.

Unglaublich beliebt als Snack sind Eier in allen Variationen. Sie sind einfach überall erhältlich – bei Straßenhändlern, auf Nachtmärkten oder an Verkehrshaltestellen. Besonders gefragt sind happengroße Wachteleier. Die schwarzen Eier, die überall auf Märkten und in Garküchen

Kambodschanische Delikatessen

Kambodschaner essen fast alles, denn nichts entgeht der Genussfreude eines wahren Gourmets, nicht einmal Insekten. Auf den Märkten stehen große Auslagekästen mit Käfern und Grillen, die geröstet, tütenweise verkauft und als Naschwerk verspeist werden. Spinnen sind eine Spezialität der Stadt Skone zwischen Phnom Penh und Kompong Cham – dort werden große schwarze und haarige Taranteln aufgespießt und geröstet.

In Phnom Penh bieten gehobene chinesische Restaurants und auf Meeresfrüchte spezialisierte Lokale neben zahlreichen Gerichten mit Schalentieren und Fischen auch Schlangen, Schildkröten und wilde Tierarten wie Rotwild, Wildschwein, Hase und **Eidechsen** an.

Manche Lokale führen mitunter auch illegal gefangene Tiere wie Palmenroller oder Bären im Angebot, doch eine scharfe Kampagne hat diese üble Sitte in der jüngeren Vergangenheit stark zurückgedrängt. Hingegen werden in vielen Khmer-Restaurants gebratene **Spatzen** (*jarb jeyan*) und andere kleine Vögel zum Verzehr angeboten.

angeboten werden, sind die sogenannten „Tausendjährigen Eier" – Enteneier, die in Gläsern mit Salzlake gelagert werden, bis die Schale fast schwarz und das Eiweiß und Eigelb zu einer gallertartigen Masse geronnen sind, die an die Konsistenz weich gekochter Eier erinnert.

Vor allem auf Nachtmärkten werden zum Bier *pong dteer gowne* angeboten, wörtlich: Enteneier mit Entchen. Diese Eier mit angebrüteten Küken sollen kräftigend und gesundheitsfördernd sein. Sie werden gekocht und mit Kräutern und einer Sauce aus Salz, Pfeffer und Zitronensaft serviert – schmeckt nicht schlecht, solange man nicht zu genau hinschaut, was man isst.

Zu den beliebtesten Snacks gehören Kochbananen, die mit Salz gewürzt und entweder über Holzkohle gegrillt oder im Wok zusammen mit Sesamsamen gebraten werden. Letztere schmecken dampfend heiß am besten. Ebenfalls auf allen Märkten zu finden ist *noam ensaum jayk*, süßer Klebreis in verschiedenen Formen wie etwa Pyramiden oder Rollen, in dem ein Stück Banane steckt und der in Bananenblättern verpackt wird.

Zu den ungewöhnlichen Snacks gehört das äußerst beliebte *grolan*, eine köstliche Füllung aus Klebreis, Kokosmilch und dunklen Bohnen, die im Bambusrohr über Holzkohle gegart und von Straßenhändlern vor allem in den Provinzen bündelweise verkauft wird. Der Bambus wird nach dem Kochen bis auf die letzte dünne Hülle entfernt, die man vor dem Verzehr abschälen muss, um an den Inhalt zu gelangen. Je nach Saison erhältlich sind *chook*, die kegelförmigen grünen Samen der Lotosblume, die ebenfalls bündelweise zu drei oder fünf Stücken verkauft werden. Man muss die Samen aus den grünen gummiartigen Hülsen lösen, die Außenhaut abziehen und nur den innersten Kern essen, der ähnlich wie Erbsen schmeckt.

Beilagen

Keine kambodschanische Mahlzeit wäre ohne diverse Beilagen komplett. Zu den beliebtesten gehört *prohok*, eine gesalzene fermentierte Fischpaste, die wie rosafarbene Pastete aussieht und einen unglaublich intensiven Geschmack hat, der an Sardellen erinnert. Ein Klecks dieser Paste wird auf einem Beistellteller zusammen mit rohem Gemüse, *gee* und essbaren Blumen serviert. Man tupft entweder eine kleine Menge mit dem bereitstehenden Gemüse auf oder schöpft ein Häppchen mit einem Löffel Reis ab. Auf den Speisekarten von Restaurants der gehobenen Klasse ist *prohok* nicht unbedingt zu finden, doch allgegenwärtig ist es an Ständen, in Marktbuden und in kambodschanischen Privathäusern.

Die im Geschmack weniger dominante Fischsauce *dtuk trei* riecht ebenfalls recht penetrant. Sie dient als Tunke für alle Sorten von Speisen und wird aus Salz- und Süßwasserfischen hergestellt, die schichtweise mit Salz in großen Fässern eingelagert werden. Während des Fermentierens wird der Saft unten am Fass in Flaschen abgezapft.

Weitere Beilagen sind Chilisauce und Sojasauce, die nach individuellem Geschmack mit Chilis und Knoblauch angereichert werden, die entweder schon in Gefäßen auf dem Tisch bereitstehen oder jederzeit nachbestellt werden können.

Reis und Nudeln

Abgesehen von gekochtem Reis essen Kambodschaner gerne einen Reisbrei namens *borbor*, der als Frühstück oder Nachtmahl an Marktständen, auf Nachtmärkten und in preiswerten Restaurants angeboten wird. *Borbor* wird entweder ungewürzt aufgetragen, so dass man ihn nach eigenem Geschmack mit Trockenfisch, gesalzenen Eiern oder gebratenem Gemüse anreichern kann, oder er wurde bereits vorher in einer Brühe gekocht und mit Fisch-, Hühnerfleisch- oder Schweinefleischbrocken verlängert. Zum Nachwürzen eignen sich zerkleinerter frischer Ingwer, einige Spritzer Limonensaft oder scharfe Sojabohnenpaste, die allesamt auf den Tischen der Restaurants bereitstehen.

Geautieuv (ausgesprochen „goi tiel"), weiße Nudeln aus Reismehl, gibt es in verschiedenen Formen und Größen – als dünne Fäden für Nudelsuppe oder breit und dick für *nom bany jowk,* das Straßenverkäuferinnen aus Körben verkaufen, die sie an Tragstangen geschultert zum Markt bringen; das Gericht besteht aus kalten Nudeln mit einer lauwarmen Currysoße. Gelbe Eiernudeln *(mee)* werden aus Weizenmehl hergestellt und für Suppen verwendet oder angebraten serviert. Frisch zubereitete *mee* (genannt *mee kilo,* da sie nach Gewicht verkauft werden) sind in größeren Städten zu bekommen. In der Provinz essen die Einheimischen eher Fertignudelgerichte, die abgepackt aus Thailand und Vietnam importiert werden. *Loat chat,* den Makkaroni ähnelnde Hohlnudeln, werden von Straßenhändlern, die mit Handkarren und Kohleöfen ausgestattet sind, frisch gebraten. Eine solche Mahlzeit mit Spiegelei kostet 1000–1500 Riel.

Fleisch

Fleisch ist relativ teuer, wird unweigerlich in kleine Stücke oder Streifen geschnitten und mit viel Gemüse aufgetragen. Schweinefleisch ist fast überall erhältlich, was die zahlreichen Schweine bezeugen, die selbst in den kleinsten Dörfern umherstreifen, doch Rindfleisch ist seltener im Angebot, da Kühe als Arbeitstiere eingesetzt werden und nicht unbedingt zur Fleischgewinnung dienen. Das beste Rindfleisch gibt es in großen Städten, während es andernorts oft zäh und sehnig ist.

Sop chhnang day ist eine Art Brühe-Fondue: Ein Tontopf mit heißer Brühe und Fleischbällchen wird auf eine in der Tischmitte von unten befeuerte Pfanne gestellt. Sobald die Suppe kocht, gibt man nach und nach die Zutaten, die auf Serviertellern auf dem Tisch stehen, in den Topf. Rohes Rindfleisch oder Wildbret wird bei vielen Gerichten vor dem Kochen mit rohen Eiern vermengt; dazu kommen Kräuterzweige, diverse Gemüsesorten, gelbe und weiße Nudeln, Tofu, Pilze und getrocknete Plättchen aus Sojabohnen, die entfernt an Hühnerhaut erinnern. Brühe und Zutaten werden nachbestellt, bis der Hunger gestillt ist, und am Ende der Mahlzeit wird nach der Anzahl der auf dem Tisch stehenden Teller abgerechnet. Restaurants, die *sop chhnang day* als Spezialität anbieten, machen in der Regel durch ein Schild mit einer dampfenden Pfanne über einem Brenner auf sich aufmerksam.

Sehr beliebt als abendlicher Snack zu Getränken ist *sait gow ang*: Rindfleisch, das am Tisch auf einem kleinen Kohlebrenner zubereitet und mit eingelegtem Gemüse und frischen Kräutern gegessen wird. Das in ähnlichem Stil zubereitete Gericht *chhnang phnom pleung* – der Name spielt auf die Form des Brenners an und bedeutet so viel wie „Vulkantopf" – ist eher eine Hauptmahlzeit: Das in Streifen angerichtete Rindfleisch oder Wildbret wird vor dem Kochen mit einem rohen Ei vermischt; dazu werden rohe Gemüse wie grüne Tomaten, Paprika oder grüne Salate gereicht. Nachdem Fleisch und Gemüse nach individuellem Geschmack gegrillt worden sind, werden sie in Salatblätter gewickelt und vor dem Verzehr in eine Sauce getunkt.

Eine Spezialität preiswerter Restaurants ist *kaar*, ein gedämpftes Gericht aus Schweinefüßen und grünem Kohl oder aus Fisch und Bambussprossen; dazu wird ungewürzter Reisbrei *(borbor)* gereicht. Kambodschanische Frühlingsrollen sind gewöhnlich mit Schweinefleisch gefüllt (besonders vietnamesische Restaurants reichen sie aber auch als Appetithappen in vegetarischer Form). Sie werden entweder gedämpft oder frittiert, mit Gurkenscheiben, Bohnensprossen und Kräutern in Salatblätter gewickelt und vor dem Essen in eine süße Chilisauce getunkt. Insbesondere vietnamesische Restaurants bieten auch vegetarische Versionen an.

Geflügel

Hühner- und Entengerichte beinhalten in Kambodscha oft mehr Knochen als Fleisch. Außerhalb der Touristenrestaurants werden die Tiere samt Knochen kleingehackt, so dass man bei jedem Bissen Knochenstücke aussortieren muss.

Eine erfrischende Alternative ist *sumlar ngam ngouw*, eine klare Hühnerbrühe mit Limonen und Kräutern. Sehr gut sind auch die eher selten angebotenen Brathühnchen, die in einem Metalltopf auf mit Holz befeuerten Öfen zubereitet werden und wirklich lecker sind. Da sie gewöhnlich nur auf besondere Bestellung zubereitet werden, sind längere Wartezeiten die Regel.

Fisch

Fisch gibt es überall, und für die meisten Kambodschaner ist er die wichtigste Proteinquelle. In der Nähe des Tonle Sap ist die Auswahl an Süßwasserfischen besonders groß, während überall an der Küste reichlich Meeresfische angeboten werden, die im Landesinneren wiederum nur in Phnom Penhs Spezialitätenrestaurants erhältlich und dort entsprechend teuer sind.

Fisch wird in allen möglichen Zubereitungsarten serviert: gegrillt, gebraten, gedämpft oder in Suppen. In touristischen Gegenden gibt es inzwischen vermehrt das köstliche *amok*, ein mildes Fischcurry nach kambodschanischer Art – der Fisch wird mit Kokosmilch und Gewürzen versetzt, in Bananenblätter gewickelt und gebraten. Einige Restaurants in Siem Reap kochen ihn als interessante Variante in der Schale einer jungen Kokosnuss.

Sehr beliebt ist Trockenfisch. Besonders geeignet zum Trocknen in der Sonne sind große Süßwasserfische aus dem Tonle Sap, die wie Lachs längsseitig aufgeschnitten, über Holzkohle gegrillt und mit Reis gegessen werden. Bei günstigen Marktpreisen tragen die Einheimischen diese Fische körbeweise heim, um sie vor der eigenen Haustür zu trocknen.

Gemüse

Kambodschas Märkte bieten eine reiche Vielfalt an Gemüsesorten, darunter auch etliche, die Ausländern unbekannt sind. Alle Gemüsesorten kommen täglich frisch auf den Markt, doch viele von ihnen sind auf den Speisekarten der Restaurants nicht zu finden. Beliebt ist das exotische Gemüse *trokooen*, ein Windengewächs – es handelt sich um eine Wasserpflanze mit dickem hohlem Stiel und länglichen herzförmigen Blättern, die vor dem Kochen sorgfältig entfernt werden müssen. Dieses Gemüse wird meist zusammen mit Knoblauch und Austernsauce unter Rühren gebraten und erinnert im Geschmack an Spinat.

Jedes Khmer-Restaurant bietet gemischtes gebratenes Gemüse an. Die Zutaten wechseln je nach Saison, und in manchen Lokalen können die Gäste ihr Gericht aus dem Tagesangebot selbst zusammenstellen. Zu dieser und anderen Speisen werden häufig grüne Tomaten gereicht, die herzhaft und erfrischend sind. Rote Tomaten sind nur beschränkt erhältlich und gehören zu den eher ausgefallenen Rezepten.

Wer eine größere Auswahl an vegetarischen Gerichten sucht, ist in chinesischen Restaurants gut aufgehoben. An Straßenständen und auf Märkten werden *noam gachiey* angeboten, eine Art Burger, die aus Reismehl, Schnittlauch und Kräutern hergestellt und gedämpft oder gebraten werden; dazu wird eine süße Sauce auf Basis von Fischsauce gereicht oder auch einfach nur Sojasauce. Viele Restaurants bieten inzwischen sogar Pommes frites an, die Kambodschaner eher selten essen und die mit verschiedenen Gewürzen und Zutaten wie Zitronensaft mit Pfeffer oder süßer orangefarbener Chilisauce aufgetragen werden.

Das kambodschanische Wort *gee* bezeichnet alle Kräuterarten, die beim Kochen verwendet, als Nebengericht gereicht oder zu medizinischen Zwecken eingenommen werden. Nur die wenigsten von ihnen – etwa Minze und Koriander – sind leicht zu identifizieren. Zu den exotischeren Arten gehören Wassergras, Rebsorten und junge Baumblätter.

In Salzlake eingepökelte Gemüsesorten werden gerne als Appetithappen, Beilage oder Füllung für Baguettes serviert. Es gibt eine Vielzahl an Kombinationen von Kohl, Gurken, Ingwer, weißen Rüben, Bambussprossen, Zwiebeln und Bohnensprossen, die nicht selten als Blickfang kunstfertig arrangiert werden. Salat aus grüner Papaya, getrockneten Shrimps, Fischpaste und zerstoßenen Erdnüssen wird in Restaurants als Vorspeise oder Snack gereicht.

Vegetarier und Veganer

Obwohl gläubige Buddhisten alle zwei Wochen mindestens einmal vegetarisch essen sollen, können Kambodschaner im Allgemeinen nicht verstehen, warum Leute auf Fleisch und Fisch verzichten, wenn sie sich diese Nahrungsmittel leisten können. Selbst Mönche leben heutzutage nicht unbedingt strikt vegetarisch.

Wer vegetarisch essen möchte, sollte bei der Bestellung verdeutlichen, dass die Mahlzeit ohne Fleisch *(ot dak sait)* oder Fisch *(ot dak trei)* zubereitet werden soll. Bei den meisten gebratenen Gerichten und Suppen ist dies problemlos möglich. Eventuell aber muss man sich belehren lassen, dass ein Gericht ohne Fleisch „nicht schmeckt", und womöglich kommt der Kellner mehrmals zurück, um sich zu vergewissern, dass er die Bestellung richtig verstanden hat. Um sicher zu sein, dass weder Krabben noch Huhn, Ente oder Innereien hinzugefügt werden und keine Fleischbrühe zum Einsatz kommt, muss man eine umfangreiche Verbotsliste aufstellen. Daher ist ein gewisses Maß an Flexibilität hilfreich. Veganer müssen unbedingt darauf hinweisen, dass keine Eier verwendet werden sollen (dazu sagt man *ot yoh pong mawn* bzw. *pong dteer*), denn Eier gehören für Kambodschaner zu vielen Gerichten einfach dazu. Hingegen sind Probleme mit Milchprodukten kaum zu erwarten, da diese außerhalb westlicher Restaurants kaum angeboten werden.

Desserts und Süßigkeiten

Desserts in einer breiten Farben- und Formenvielfalt gibt es um die Mittagszeit an Marktständen oder am späten Nachmittag und Abend am Straßenrand. Auf großen Tabletts liegen Süßwaren aus Vanillepudding, Grütze oder Klebreis, die zu mundgerechten Stücken geschnitten und in Schalen mit geraspeltem Eis und einem Schuss Kondensmilch aufgetischt werden. Eine Variante bilden getrocknete und kandierte Früchte, Bohnen und Nüsse mit geraspeltem Eis und Sirup. Zu den weiteren Süßspeisen gehören süßer Klebreis mit Getreidekörnern, Mungbohnen oder Lotossamen sowie pochierter Kürbis oder auch Palmfrüchte mit Sirup, die allesamt an Marktständen aus großen Schüsseln geschöpft und in kleinen Portionen aufgetischt werden.

Khmer-Restaurants servieren hingegen nur selten andere Nachspeisen als frisches Obst, inzwischen reichen aber einige bessere Lokale dazu auch importiertes Speiseeis. In größeren Städten bieten eine Hand voll Bäckereien Kuchen und Backwaren an. In Phnom Penh, Siem Reap und Sihanoukville gibt es auch Kuchen und Gebäck nach westlichem Geschmack.

Obst

Überall in Kambodscha gibt es bunte Obststände mit einer großen Auswahl an frischen Produkten. Die Verkäufer lassen neugierige Kunden vor dem Einkauf gerne probieren. Importierte Äpfel, Birnen und Trauben sind relativ teuer.

Es gibt viele unterschiedliche Bananensorten, die im Westen zum Teil unbekannt sind. Sie wachsen nahezu überall, sind mit rund 1000 Riel pro Kamm sehr billig und werden in großen Mengen als Snack, zum Kochen oder auch als Opfer für die Pagode verkauft. Fast überall zu finden ist die schlanke Sorte *jayk oumvong*, die auch in reifem Zustand grün bleibt. Die mittelgroße, drall wirkende gelbe Banane *jayk numvar* soll kühlend auf den Körper wirken, während die sehr süße und etwas teurere *jayk pong mowan* wärmen soll. Die großen roten oder grünen Bananen mit trockenem und faserigem Fruchtfleisch werden zum Kochen verwendet.

Die stachelige Durian hat die Größe einer Kokosnuss. Während die Khmer diese Frucht sehr schätzen, müssen sich Ausländer erst an sie gewöhnen, denn sie stinkt fürchterlich. Innen hat sie mehrere Segmente mit zwei oder drei Kernen, die von bleichgelbem Fruchtfleisch mit cremiger Konsistenz umgeben sind. Das Fruchtfleisch kann durchaus süchtig machen, wenn man den Gestank erst einmal überwunden hat.

Longan, auch als Drachenaugen bekannt, wachsen fast das ganze Jahr über und werden meist büschelweise am Zweig verkauft. Das Fleisch der kirschgroßen Früchte mit harter brauner Schale ähnelt in Konsistenz und Geschmack der Lychee. Die hellgrüne stachelige Sirsak, englisch *soursop* genannt, hat weißes, herbsüßes Fruchtfleisch. Die harte, runde und an einen grünlich-gelben Tennisball erinnernde Guava hat festes und trockenes Fruchtfleisch – etwa wie eine harte Birne.

Die flachen braunen Schoten der Tamarinde sind einfach zu essen: aufspalten, das faserige Innere entfernen, das dunkelbraune würzige Fleisch heraussaugen und auf die harten Kerne achten. Die exotischste Frucht aber ist die rosafarbene Drachenfrucht, die an einer kaktusartigen Kletterpflanze wächst – ihr delikates weißes Fruchtfleisch unter der wächsern wirkenden Schale ist mit vielen kleinen schwarzen Samen durchsetzt, die mitgegessen werden können.

Getränke

Kambodschas **Leitungswasser** ist kein sicheres Trinkwasser; aus diesem Grund gibt es überall in Flaschen abgefülltes Trinkwasser. Auch das Eis, das überall zu kalten Getränken gereicht wird, ist nicht unbedingt hygienisch sauber – im Zweifel besser ohne Eis bestellen. Eine Ausnahme bildet das Eis in den meisten westlich orientierten Restaurants (s. auch S. 56).

Tee und Kaffee

Kambodschaner trinken sehr viel grünen **Tee**, der überall in Cafés und an Marktständen ausge-

---

> **Toiletten**
>
> Abseits touristischer Stätten sind Hocktoiletten die Regel. Es gibt praktisch keine öffentlichen Toiletten, doch an manchen Sehenswürdigkeiten und Haltestellen haben unternehmerische Einzelpersonen Privattoiletten eingerichtet, die man für wenige Hundert Riel benutzen kann. Ohne weiteres kann man in Restaurants um Erlaubnis bitten, die Örtlichkeiten zu benutzen, die jedoch oft schmutzig sind. Toilettenpapier wird auf Märkten verkauft und kann im Handgepäck nützlich sein. In ländlichen Gebieten hat man kaum eine andere Wahl, als sich dem Beispiel der Einheimischen folgend in die Büsche zu schlagen – man sollte jedoch niemals die Wege verlassen, denn abseits können noch Minen versteckt liegen!

schenkt wird – normalerweise kostenlos zum Essen. Wer den Tee gerne stark mag, trifft mit *tdai grolab* eine gute Wahl: Man gibt eine bestimmte Menge Teeblätter in ein kleines Glas, gießt heißes Wasser darüber, setzt eine Untertasse darauf und schüttelt das Ganze, bis der Tee dunkel genug geworden ist. Dann gießt man ihn in eine Tasse und gibt viel Zucker, jedoch keine Milch hinzu. Zitronentee aus chinesischem rotem Tee und Limettensaft erfrischt als heißes und kaltes Getränk und wird gewöhnlich mit Zucker angeboten. Indischer Tee, der unter der Marke Lipton gehandelt wird, ist nur in Hotels und Restaurants erhältlich, die auf Ausländer eingestellt sind.

Nudelküchen, Kaffeestuben und Restaurants servieren vom frühen Morgen bis zum Nachmittag **Kaffee**, der abends fast nur noch in Restaurants für Ausländer zu haben ist. Die Kaffeebohnen stammen meist aus Laos und Vietnam, wesentlich seltener aus den heimischen Anbauregionen Rattanakiri und Mondulkiri. Alle Lokale vermischen ihren Kaffee nach eigenen Rezepten mit Wein, Butter oder Schokoladenpulver. Das Resultat ist immer eine dickes, starkes Gebräu. Weißer Kaffee wird mit gesüßter Kondensmilch serviert, die sich beim Eingießen bereits als Bodensatz im Glas befindet – also nicht umrühren, wenn man das Getränk nicht zu süß mag. Schwarzer Kaffee wird mit viel Zucker serviert, wenn nicht anders bestellt.

Selbst zum Frühstück trinken Kambodschaner ihren Kaffee oder Tee gerne mit Eis. Wer ihn heiß trinken will, muss ihn *ot dak tuk kork* bestellen, ohne Eis. Milch wird entweder in sterilisierter und konservierter oder aber in gesüßter und kondensierter Form angeboten; außer im Kaffee oder Tee wird Milch manchmal mit Eis und einem roten oder grünen Sirup getrunken.

Säfte und Limonaden

Weitaus weniger süß als allgemein vermutet und dafür herrlich erfrischend ist **Zuckerrohrsaft**, *tuk umpow,* der mit Eis für 500–1000 Riel pro Glas angeboten wird. Überall sieht man die Verkäufer mit ihren gelben Karren, die mit einer Zuckerrohrpresse ausgestattet sind. Zur Verfeinerung kann der frisch gepresste Saft mit einem Stück Orange angereichert werden. Ebenso erfrischend ist das Wasser der jungen Kokosnuss (800–1500 Riel), die oben aufgeschlagen wird, so dass man den Saft direkt aus der Frucht trinken kann. Wer anschließend auch noch das dünne weiche Fruchtfleisch essen möchte, kann die Schale aufspalten lassen.

Fruchtsäfte, *tuk krolok,* gehören landesweit zu jeder abendlichen Unterhaltungsrunde. Die Verkaufsstände, die in der Regel ab dem späteren Nachmittag öffnen, sind sehr leicht an ihrem ausgestellten Obstsortiment und den Mixgeräten zu erkennen. Die Kunden können die gewünschte Mischung der Obstsorten selbst bestimmen, bevor Kokosmilch, Zuckersirup, Kondensmilch, geraspeltes Eis und vielleicht sogar ein rohes Ei hinzugefügt werden – wer dies nicht wünscht, sage *ot pong mowan.*

Morgens verkaufen Straßenhändler frische **Sojamilch**, deren grüne Variante gesüßt und dickflüssiger ist als das ungesüßte weiße Getränk. Sojamilch gibt es auch in Dosen, ebenso wie den eigentümlich süßen, fast erdig schmeckenden Wintermelonentee.

Limonaden wie Coca Cola, 7-Up und Sprite stehen in vielen Läden in Flaschen oder Dosen zum Verkauf, und vielerorts umfasst das Angebot auch Tonic und Sodawasser.

Alkohol

Jede kambodschanische Stadt besitzt (mindestens) eine Karaoke-Bar, traditionell eine Männerdomäne. Alkohol ist hier ebenso zu bekommen wie in den vielen Nachtclubs und Diskotheken von Phnom Penh, Siem Reap und Sihanoukville.

Außer Nachtclubs und Bars bieten auch die meisten Restaurants und Nachtmärkte **Bier**. Das einheimische Angkor wird in einem australisch-kambodschanischen Joint Venture in Sihanoukville gebraut und in Dosen, großen Flaschen und mitunter auch vom Fass angeboten. Die Preise bewegen sich zwischen rund 4000 Riel für eine Dose und 6000–8000 Riel für eine große Flasche Bier. Vielerorts angeboten werden außerdem die Marken Tiger, VB, Beer Lao und ABC Stout sowie zahlreiche lokale Sorten. Selbst kaltes Bier wird oft zusätzlich mit Eis serviert.

Nur größere Restaurants, Nachtclubs und westliche Bars schenken **Spirituosen** aus. Schickere Restaurants und westlich orientierten Bars bieten inzwischen immer häufiger impor-

Beer Girls und Taxi Girls

Der im Restaurant eintreffende Gast hat meist schon ein Biermädchen an seiner Seite, bevor er überhaupt Platz genommen hat. Die Mädchen tragen Uniformen, deren Farben die Biersorte erkennen lassen, die sie vertreten, und sie beziehen Provisionen nach der Menge der Getränke, die sie verkaufen. Sie öffnen deshalb eifrig neue Flaschen oder Büchsen und füllen beständig die Gläser der Gäste nach, um den Umsatz an ihrem Tisch in die Höhe zu treiben. Die Kosten erscheinen am Ende durch Nachzählen der geleerten Flaschen und Büchsen auf der Rechnung. Nicht selten trinken die Mädchen mit kambodschanischen Männern mit, um den Umsatz zu steigern, doch weiter geschieht nichts, da die Bierfirmen dafür sorgen, dass die Frauen sicher nach Hause kommen.

„Anständige" kambodschanische Frauen gehen weder in Bars noch trinken sie Alkohol. Selbst in Restaurants wagen sie sich erst seit wenigen Jahren vor. Man schaut auf die Biermädchen deshalb ein wenig herab – doch Taximädchen, die sich in Karaoke-Bars und Nachtclubs herumtreiben, stehen im Ansehen noch weiter unten. Diese Mädchen stammen gewöhnlich aus sehr armen Familien und agieren als Gesellschafterinnen, Tanzpartnerinnen und zum Teil auch als Callgirls. Die Kosten für Einladungen an den Tisch oder zum Tanz erscheinen am Ende des Abends zusammen mit den Kosten für die Getränke auf der Rechnung.

tierte **Weine** an; zu kaufen gibt es sie auch in Supermärkten und Minimärkten, die in größeren Städten an manchen Tankstellen wie Caltex zu finden sind. Viele Einheimische halten sich lieber an lokale Reisweine, denen eine medizinische Wirkung nachgesagt wird und die in kleinen Läden mit der Schöpfkelle aus großen Behältern gelöffelt werden, in denen Pflanzen- und Tierteile herumschwimmen. Diese Gebräue sind recht süß, stark und für den westlichen Gaumen kaum zu genießen, doch mit nur wenigen hundert Riel pro Glas sind sie ausgesprochen billig.

Zu den lokalen Getränken gehört ferner rasch gärender **Zuckerpalmsaft**, der bereits kurz nach dem Zapfvorgang in denselben Bambusbehältern verkauft wird, in denen er aufgefangen wurde (s. S. 187). Dieser erfrischende Saft mit rasch steigendem Alkoholgehalt ist überall in den Städten und Dörfern zu bekommen.

Feste und Feiertage

Kambodschaner haben immer irgendetwas zu feiern. An Feiertagen ziehen Familien und Freunde zu bekannten Pagoden oder unternehmen Ausflüge in die Provinzen. Es überrascht nicht, dass die Feste besonders gerne fürs Einkaufen und Reisen genutzt werden.

Die wichtigsten Feste des Jahres sind **Bonn Chaul Chhnam** (Khmer-Neujahrstag Mitte April) und **Bonn Pchum Ben** (Ahnenfest; Mitte September / Anfang Oktober), bei denen die ganze Familie sich zu Festmahlen trifft und gemeinsam zur Pagode geht. Ein weiteres großes Fest ist **Bonn Om Tuk** (Wasserfest; Mitte Oktober / Ende November), das auf die Zeit fällt, wenn der Fluss Tonle Sap seine Fließrichtung umkehrt. Die Aktivitäten konzentrieren sich hauptsächlich auf Phnom Penh, wo Drachenboote aus allen Landesteilen vor einer riesigen Zuschauermenge in einem Rennen gegeneinander antreten.

Die buddhistischen **Opfertage** (die genauen Daten variieren von Monat zu Monat nach dem Mondkalender) sind ebenfalls farbenprächtige Angelegenheiten: Haufenweise werden dann Blumen zur Pagode gebracht oder zur Ausschmückung der Schreine zu Hause verwendet. Lotosknospen – die traditionelle Opferblumen für Buddha – werden kunstvoll gefaltet, um die blassrosafarbenen inneren Blätter ins Blickfeld zu stellen, und Jasminblüten werden als duftende Opfergaben an Stöcken und Schnüren befestigt.

Weitere Feiertage s. u., mehr zu Festen im Kasten auf S. 22.

Kambodschas Feiertage

Die Termine religiöser Feiertage richten sich nach dem buddhistischen Mondkalender, wodurch sie sich jedes Jahr verschieben. Fällt ein

Bopha Lokey: Der „Tanz der Blumen der Welt" wird speziell von Kindern vorgeführt

öffentlicher Feiertag auf einen Samstag oder Sonntag, wird er am darauffolgenden Montag begangen.

Januar
Neujahrstag (1.1.)
Siegestag über das Völkermord-Regime. Feierlichkeiten zur Befreiung Phnom Penhs von den Roten Khmer im Jahre 1979 (7.1.).

Februar
Meak Bochea. Buddhistischer Gedenktag zu Ehren des Dhamma.

März
Internationaler Frauentag (8.3.)

April
Bonn Chaul Chhnam, das Khmer-Neujahrsfest (13.–15.4.)

Mai
Tag der Arbeit (1.5.)
Geburstag von König Norodom Sihamoni (13.–15.5.)
Visakha Bochea, Gedenken an Buddhas Geburt, Erleuchtung und Tod.
Bonn Chroat Preah Nongkoal, Königliche Pflügezeremonie. Feierlichkeiten vor Beginn der Regenzeit zum Anfang der Reisaussaat; Pflügen einer zeremoniellen Furche vor dem Nationalmuseum in Phnom Penh.

Juni
Geburtstag der Königmutter, Norodom Monineath Sihanouk (18.6.)

September
Tag der Verfassungsgebung (24.9.)
Bonn Pchum Ben, das Ahnenfest. 2–3-tägige Feierlichkeiten am Neumondtag im September oder Oktober, an dem die Familien in den Pagoden ihren verstorbenen Vorfahren opfern.

Oktober
Krönungstag von König Norodom Shiamoni (29.10.)
Geburtstag von Königvater Norodom Sihanouk (31.10.)

Bonn Om Tuk, das Fest der Wasserwende. Markiert zwischen Ende Oktober und Mitte November das Ende der Regenfälle und die Zeit, an dem das Wasser wieder aus dem Tonle Sap herausfließt. Lebendiges und farbenprächtiges dreitägiges Ereignis mit Bootsrennen auf dem Fluss in der Nähe des Königspalastes und auf dem Graben um Angkor Wat.

November
Unabhängigkeitstag. Gedenken an die Unabhängigkeit von Frankreich im Jahre 1953 (9.11.)

Dezember
Internationaler Menschenrechtstag (10.12.)

Fotografieren

Obwohl sich die meisten Kambodschaner (mit Ausnahme der Chunchiet) gern fotografieren lassen, sollte man aus Höflichkeit immer erst um Erlaubnis fragen. Die Kambodschaner sind auch ihrerseits passionierte Hobbyfotografen und bitten auch schon mal Ausländer, für ein Foto zu posieren. Vom Fotografieren militärischer Objekte ist abzuraten.

Obwohl inzwischen fast jeder mit einer Digitalkamera fotografiert, sind Filme noch problemlos zu bekommen. Einen 36er-Printfilm gibt es für rund $2,50, einen Diafilm für $5–6. Für die Entwicklung und Abzüge eines Films mit 36 Fotos zahlt man ca. $4, die gelieferte Qualität ist allerdings unterschiedlich.

Die meisten Fotoläden in Phnom Penh und Siem Reap können Digitalaufnahmen auf CD brennen oder Abzüge machen, aber auch hier ist die Qualität der Abzüge nicht immer die beste.

Frauen unterwegs

Kambodschaner respektieren und beschützen ihre Frauen, so dass auch ausländische Touristinnen in der Regel keine Probleme zu befürchten haben. Wie überall sonst sollten sie sich dennoch dezent kleiden und übermäßige Vertraulichkeiten vermeiden, die besonders von alkoholisierten Männern missgedeutet werden könnten. Wenn jemand die Grenzen des Anstands überschreitet, genügt gewöhnlich ein resolutes „No", um die Situation zu klären. Khmer-Frauen bringen sich auf geschickte Weise in eine gesicherte, respektable Position, indem sie sich „ältere Schwester" *(bpong serey)* oder „Tante" *(ming)* nennen und den Mann als „Neffen" *(kmaoy bprohs)* bezeichnen. In Ermangelung anderer Möglichkeiten hilft es normalerweise, einen gehörigen Aufstand zu verursachen, so dass alle Leute ringsum begreifen, was vor sich geht – dies beschämt und vertreibt in der Regel jeden aufdringlichen Störenfried.

Geld

Währung

Neben der Landeswährung, dem Riel, hat sich der US-Dollar in der kambodschanischen Wirtschaft etabliert. Diese Situation hat ihre Wurzeln im Einsatz der UNTAC Anfang der 90er Jahre, als gut verdienende Einsatzkräfte im Land stationiert wurden, die ihre in Dollar ausgezahlten Gehälter ausgaben.

Es gibt keine Riel-Münzen und amerikanische Cent- oder Dollarmünzen werden nicht akzeptiert. Riel-Banknoten gibt es in folgenden Notierungen: 100, 500, 1000, 2000, 5000, 10 000, 20 000, 50 000 und 100 000. Obowhl 2002 neue, kleinere Geldscheine eingeführt wurden, sind auch die alten Scheine noch gültig; mitunter sind noch alte 200er-Noten im Umlauf, die aber nicht mehr neu gedruckt werden. Der **Wechselkurs** liegt stabil bei rund 4000 Riel für einen US-Dollar. Die besten Kurse werden in Phnom Penh geboten, vor allem in der Umgebung des Psar Thmei.

Das meiste kann in Dollar, Riel oder in einer Mischung aus beiden Währungen bezahlt werden. Höhere Beträge werden überwiegend in Dollar gezahlt, ebenso Übernachtungen, Einkäufe in Supermärkten, Essen in westlichen Restaurants, Flugtickets und manche Schiffspassagen. Es ist zu beachten, dass bei Leistungen, die in Dollar ausgepreist, aber in Riel gezahlt werden, der Wechselkurs um 2–3% niedriger als die offiziellen Kurse der Wechselstuben liegt. Preise auf Märkten, in Nudel- und Garküchen sowie für öffentliche Transportmittel (Motos, Tuk-Tuks, Busse und Pick-ups) werden in Riel genannt (nur Tagestouren werden gewöhnlich in US$ angeboten). Noch etwas komplizierter werden die Dinge nahe der thailändischen Grenze, wo der Baht bevorzugt wird, oder in Bavet, dem Grenzübergang nach Vietnam, wo die Preise mitunter in Dong angeben werden. Wer keine Baht in der Tasche hat, kann in der Regel auch in US-Dollar oder Riel zahlen, wobei der Preis aber ein wenig höher liegen kann. Riel und Dollars können bei lokalen Geldwechslern in Baht umgetauscht werden. Das vorliegende Buch nennt die Preise in der jeweils wahrscheinlichsten Währung.

Für Reisen in die Provinzen empfiehlt sich die Mitnahme von Dollarnoten in kleiner Stückelung, um Dienstleistungen vor Ort und Einkäufe auf Märkten leichter abwickeln zu können. Wechselgeld wird bei größeren Beträgen meistens in Dollar herausgegeben, bei kleineren Summen gibt es dagegen Riel zurück.

Die Reisekasse

Bargeld

Es empfiehlt sich vor allem bei der Einreise auf dem Landweg ein paar US-Dollar in bar mit sich zu führen. In den Flughäfen von Phnom Penh und Siem Reap gibt es Geldautomaten, sodass man sich gleich nach Ankunft Dollar besorgen kann. Reiseschecks werden nur in einer der Banken in den Flughäfen von Phnom Penh und Siem Reap gewechselt. Wer sich das kambodschanische Visum nicht bereits vorab besorgt hat, muss hierfür bei der Einreise US$20 in bar zahlen.

Reiseschecks

Sicherheit bieten US$-**Travellerschecks** von American Express oder Thomas Cook, die beide in Kambodscha bekannt sind. Schecks von anderen Unternehmen werden kaum akzeptiert. Reiseschecks sind gegen eine geringe Provision bei jeder Bank erhältlich. Da die Gebühr beim Einlösen pro Scheck berechnet wird, sollte man lieber weniger Schecks mit einem höheren Wert mitnehmen. Bei Verlust oder Diebstahl werden sie im nächsten Vertragsbüro ersetzt. Wichtig ist, dass für den Nachweis die Kaufabrechnung an einer anderen Stelle aufbewahrt wird als die eigentlichen Schecks. Außerdem hilft eine Aufstellung aller bereits eingelösten Schecks, denn diese werden nicht ersetzt.

American Express und Thomas Cook haben keine Repräsentanz in Kambodscha, Thomas Cook ersetzt jedoch verlorene Schecks auf dem Weg einer Überweisung via Moneygram oder Western Union.

Die meisten Banken lösen US$-Travellerschecks gegen eine Gebühr von zwei Prozent ein (Auszahlung nur in US-Dollar). Reiseschecks anderer Währungen werden mitunter nicht angenommen. Nur selten werden Travellerschecks als Zahlungsmittel angenommen oder in anderen Einrichtungen als Banken eingelöst.

Bei der Foreign Trade Bank of Cambodia in Phnom Penh bezahlt man nur ein Prozent Gebühr, muss aber Reisepass und Kaufbelege der Schecks vorlegen.

Kreditkarten und Geldautomaten

Immer mehr Einrichtungen, in erster Linie Mittelklasse- und Luxushotels sowie westlich orientierte Restaurants und Geschäfte in Phnom Penh, Siem Reap und Sihanoukville akzeptieren inzwischen Kreditkarten. Die Zahlung mit Kreditkarte ist aber längst nicht so verbreitet wie im Westen. Bei Kartenzahlung werden außerdem mitunter 4% Zuschlag auf den Betrag erhoben.

Auszahlungen auf Visa oder MasterCard sind bei Banken in Phnom Penh, Battambang, Siem Reap und Sihanoukville möglich, außerdem in Zweigstellen der Canadia Bank sowie einigen Filialen der Acleda (ausgesprochen „A-sie-leh-dah") Bank in den meisten größeren Städten.

Informationen und Notrufnummern

MasterCard: ☎ +49-69/79331910, Karte sperren: ☎ 001-3142756690 (international gebührenfrei), 🖥 www.mastercard.com/de/.

Visa: Karte sperren: 001-4105813836 (international gebührenfreies R-Gespräch), 🖥 www.visa.de.

Wechselkurs

1 €	= 6500 r	1000 r	= 0,15 €
1 sFr	= 4000 r	1000 r	= 0,28 sFr
1 US$	= 4100 r	1000 r	= 0,24 US$
1 Baht	= 124 r	1000 r	= 8 Baht

Geldautomaten gibt es in Phnom Penh, Siem Reap, Sihanoukville und Battambang; zu beachten ist, dass der Betrag in US-Dollar ausgezahlt wird und außerdem eine Gebühren für die Transaktion erhoben werden kann.

Banken und Geldwechsel

Kambodschas Banken öffnen in der Regel Mo–Fr 8.30–15.30 Uhr, oft auch Sa 8.30–11.30 Uhr.

Mit Ausnahme der Acleda Bank wechseln die Banken keine Fremdwährungen, weshalb man nur bei Geldwechslern Dollar in Riel umtauschen kann (das Wechseln anderer Währungen gestaltet sich abgesehen vom thailändischen Baht, britischen Pfund und Euro schwierig, ist aber evtl. im Psar Thmei von Phnom Penh und in der Umgebung des Marktes von Siem Reap möglich). Wechselschalter finden sich in allen Städten, vor allem in der Nähe der Märkte. Viele Goldschmiede und Juweliere betreiben gleichzeitig Wechselstuben, die an den Vitrinen mit gebündelten Banknoten zu erkennen sind. Sind die Märkte geschlossen, wechseln auch manche Läden (vorwiegend Telefonkartenverkäufer), wenn auch zu etwas schlechteren Kursen.

Normalerweise tippt der Geldwechsler den auszuzahlenden Betrag in einen Taschenrechner und zahlt nach der Zustimmung dem Kunden die entsprechende Summe aus. Diese sollte gleich nachgezählt werden, da später keine Unstimmigkeiten reklamiert werden können. Stark abgenutzte oder beschädigte Banknoten kann man guten Gewissens ablehnen. Während Riel in noch so erbärmlichem Zustand akzeptiert werden, wird die Annahme einer Dollarnote beim kleinsten Makel verweigert.

Am besten lässt man sich Stückelungen mittlerer Größe geben (5000 oder 10 000 Riel), da diese bei kleineren Transaktionen eher gewechselt werden können. Bei brandneuen Scheinen sollte man sorgfältig nachzählen, da listige Geldwechsler in manchen Fällen nicht die erwartete Summe auszahlen, weil neuen Scheinen unterschwellig ein höherer Wert beigemessen wird – Differenzbeträge nachfordern und sich ggfs. alte Scheine geben lassen.

Vor der Ausreise können Riel bei den meisten Geldwechslern in Poipet in US-Dollar oder Baht zurückgetauscht werden. Sobald man das Land verlassen hat, besteht keine Möglichkeit mehr zum Umtausch von Riel.

Überweisungen

Sich von zu Hause Geld schicken zu lassen, ist in jedem Fall kostspielig. Der schnellste Weg führt über die nächste Zweigstelle von **MoneyGram**, Adressen unter 🖥 www.moneygram.de. Mehr Gebühren verlangt **Western Union**, 🖥 www.westernunion.de, dafür kann das Geld auch online eingezahlt werden. In Kambodscha wickeln die Acleda Bank und die Cambodia Asia Bank Transfers für Western Union ab, die Canadia Bank fungiert als Agent für Moneygram.

Gepäck

Wer überwiegend mit öffentlichen Verkehrsmitteln unterwegs ist und längere Strecken zu Fuß zurücklegen will, reist am besten mit Rucksack. Beim Kauf probiert man ihn mit etwa 15 Kilo Inhalt an. Ein Kompromiss zwischen Koffer und Rucksack stellen die Koffer-Rucksäcke dar, die von der Vorderseite bepackt werden und bei denen das Tragegestell eingepackt werden kann. Wer sein Gepäck nicht weit tragen muss, kann auch mit Koffer reisen. Vorteil: Man wird nicht mit dem negativen Image belegt, das Rucksacktouristen manchmal haben.

Ein zusätzlicher **Tagesrucksack** oder eine Falttasche kann unterwegs bei Tagesausflügen oder Kurztrips das Gepäck aufnehmen und auf dem Heimflug für weiteren Stauraum sorgen. Notfalls gibt es überall billige Koffer und Reisetaschen zu kaufen. Für Kameras benötigt man

Wäsche waschen

Wäschereidienste gibt es fast überall – in Hotels, Gästehäusern oder privaten Betrieben im Stadtgebiet, die mit englischen Schildern auf sich aufmerksam machen. Die Preise sind mit 500–1000 Riel pro Wäschestück relativ einheitlich.

Fototaschen, die möglichst nicht schon von außen auf den wertvollen Inhalt schließen lassen. Sie sollten aus festem Material bestehen (nicht aufschlitzbar!) und gut verschließbar sein.

Wertsachen wie Geld, Pass, Schecks und Tickets, lassen sich am besten nah am Körper in einem **Hüftgurt** aus Baumwollstoff aufbewahren und können unauffällig unter der Kleidung getragen werden. Alle Papiere, auch das Geld, werden zusätzlich durch eine Plastikhülle geschützt – Schweiß ist zerstörerisch, und unleserliche Bankbescheinigungen oder Flugtickets machen Ärger.

Gesundheit

Um das Gesundheitswesen ist es in Kambodscha schlecht bestellt. Selbst die besten Krankenhäuser des Landes sind schlecht ausgestattet, und Hygiene wie Patientenbetreuung lassen zu wünschen übrig. Man sollte ihre Dienste nur in dringendsten Notfällen in Anspruch nehmen und bei ernsten Erkrankungen (so möglich) lieber nach Bangkok reisen. Wenn es sich nicht umgehen lässt, ein kambodschanisches Krankenhaus aufzusuchen, sollte man sich unbedingt der Hilfe eines Freundes (im Idealfall mit Khmer-Kenntnissen) versichern.

In Phnom Penh leisten einige private, westlich ausgerichtete und teurere **Kliniken** bessere Dienste. Außerhalb der Hauptstadt sind Selbstdiagnose und Selbstbehandlung oft empfehlenswerter als ein Klinibesuch. Wer medizinische Dienste in Anspruch nimmt, muss für die Behandlung, Medikamente, Unterbringung und Verpflegung im Voraus zahlen. Zwar gibt es in jeder Stadt gut ausgestattete **Apotheken** (🕐 gewöhnlich 7–20 Uhr), doch viele Verkäufer besitzen

Gepäck-Checkliste

Kleidung
- Feste Schuhe (für Trekkingtouren reichen Turnschuhe)
- Sandalen
- Gummi- oder Trekkingsandalen (unter Duschen Pilzgefahr!)
- Hosen / Röcke aus Baumwolle, die nicht zu eng sitzen sollten
- Kurze Hosen (bei Männern bis zum halben Oberschenkel, bei Frauen bis zum Knie, Shorts nur am Strand)
- Hemden oder Blusen
- T-Shirts
- Jacke (für kühle Nächte in den Bergen und klimatisierte Busse)
- Pullover
- Regenschirm (keine Gummijacke wegen Wärmestau!)
- Sonnenschutz
- Socken (für den Abend dichte, nicht allzu kurze Socken als Moskitoschutz)
- Unterwäsche (Baumwolle); für Frauen BH
- Badekleidung, für Frauen Badeanzug

Hygiene und Pflege
- Zahnbürste
- Zahnpasta
- Shampoo
- Nagelschere und Nagelfeile
- Rasierer (in abgelegenen Gebieten Nassrasierer)
- Kosmetika und Hautpflegemittel
- Papiertaschentücher
- Feuchties (zur Hygiene unterwegs und wo es kein Wasser gibt)
- Toilettenpapier (in einfachen Hotels und auf vielen öffentlichen Toiletten nicht vorhanden)
- Nähzeug

Sonstiges
- Adapter
- Reisewecker
- Taschenlampe
- Taschenmesser
- Reiseapotheke (s. S. 55)
- Notizbuch und Stifte
- Reisepass (evtl. Internationaler Studentenausweis und Personalausweis, der zum Geld abheben reicht, wenn der Pass hinterlegt wurde)
- Impfpass (oder zumindest eine Kopie davon für den Notfall)
- Führerschein
- Reisekasse
- Flugtickets
- Kopien der Dokumente (nach der Einreise wegen Einreisestempel anfertigen)
- Reiseführer, Landkarten
- Reiselektüre

Für einfache Unterkünfte außerdem
- Seife oder Waschlotion im bruchsicheren Behälter
- Handtücher, die schnell trocknen (meist in den Hotels vorhanden)
- Waschmittel in der Tube
- Kordel (als Wäscheleine oder zum Aufspannen des Moskitonetzes)
- Klebeband (um zu packen und Löcher im Moskitonetz zu verschließen)
- kleine Nägel oder Reißzwecken (zum Befestigen des Moskitonetzes)
- Vorhängeschloss (und kleine Schlösser fürs Gepäck)
- Moskitonetz
- Schlafsack (Leinenschlafsack, Bettbezug oder 2 dünne Tücher)

---

nicht die erforderliche Qualifikation. Daher sollte man vor dem Kauf die Beipackzettel und Verfallsdaten sorgfältig überprüfen. Nur in Phnom Penh gibt es gute Apotheken (s. S. 157) mit qualifiziertem Personal, das bei einfachen gesundheitlichen Problemen mit einer Diagnose und Arzneimitteln helfen kann.

Vor längeren Reisen sollte man unbedingt eine **Zahnuntersuchung** vornehmen lassen, da nur in Phnom Penh Behandlungen möglich sind. **Brillenträger** sollten ihre Daten oder gleich eine Ersatzbrille im Gepäck haben, da Brillengläser nur in der Hauptstadt preiswert ersetzt werden können.

⊠ Vorschlag für eine Reiseapotheke

Basisausstattung
- [ ] Verbandzeug (Heftpflaster, Leukoplast, Blasenpflaster, Mullbinden, elastische Binde, sterile Kompressen, Verbandpäckchen, Dreiecktuch, Pinzette)
- [ ] sterile Einmalspritzen und -kanülen in verschiedenen Größen (mit ärztlicher Bestätigung, dass sie medizinisch notwendig sind, damit man nicht für einen Fixer gehalten wird)
- [ ] Fieberthermometer
- [ ] Kondome
- [ ] Ohrstöpsel (gegen Lärm)
- [ ] Beipackzettel

Malaria
- [ ] Lariam*, Malarone* oder Riamet* zur Standby-Therapie
- [ ] Mückenschutz

Schmerzen und Fieber
- [ ] keine acetylsalicylsäurehaltigen Medikamente, Benuron, Dolormin
- [ ] Buscopan (gegen krampfartige Schmerzen)
- [ ] Antibiotika* gegen bakterielle Infektionen (in Absprache mit dem Arzt)

Magen- und Darmerkrankungen
- [ ] Imodium akut gegen Durchfall
- [ ] Elotrans (zur Rückführung von Mineralien; Kinder: Oralpädon Pulver)
- [ ] Dulcolax Dragees, Laxoberal Tropfen (gegen Verstopfung)
- [ ] Talcid, Riopan (gegen Sodbrennen)

Erkrankungen der Haut
- [ ] Desinfektionsmittel (Betaisodona Lösung, Hansamed Spray, Kodan Tinktur)
- [ ] Tyrosur Gel, Nebacetin Salbe RP (bei infizierten oder infektionsgefährdeten Wunden)
- [ ] Soventol Gel, Azaron Stift, Fenistil Tropfen (bei Juckreiz nach Insektenstichen oder allergischen Reaktionen)
- [ ] Soventol Hydrocortison Creme, Ebenol Creme (bei starkem Juckreiz oder stärkerer Entzündung)
- [ ] Cortison- und antibiotikahaltige Salbe gegen Bläschenbildung nach Quallenkontakt
- [ ] Wund- & Heilsalbe (Bepanthen)
- [ ] Fungizid ratio, Canesten (bei Pilzinfektionen)
- [ ] Berberil, Yxin (Augentropfen bei Bindehautentzündungen)

Erkältungskrankheiten
- [ ] Olynth Nasenspray, Nasivin
- [ ] Dorithricin, Dolo Dobendan (bei Hals- und Rachenschmerzen)
- [ ] Silomat (Hustenstiller)
- [ ] Acc akut, Mucosolvan, Gelomyrtol (zum Schleimlösen)

Reisekrankheit
- [ ] Superpep Kaugummis, Vomex

Sonnenschutz mit UVA- und UVB-Filter
- [ ] Ladival Milch bzw. Gel, Ilrido ultra Milch
- [ ] Sonnenschutzstift für die Lippen

Bei allen Medikamenten Gegenanzeigen und Wechselwirkungen beachten und sich vom Arzt oder Apotheker beraten lassen.

(* rezeptpflichtig in Deutschland).

Impfschutz

Es ist ratsam, sich rechtzeitig um ausreichenden Impfschutz zu kümmern, vor allem den Basisimpfschutz gegen Tetanus (Wundstarrkrampf), Polio und Diphterie aufzufrischen, wenn die letzte Impfung mehr als zehn Jahre zurückliegt. Für Kambodscha ist eine Immunisierung gegen Hepatitis A, Tuberkulose und Typhus anzuraten. Bei einem erhöhten Risiko (z. B. in entlegenen Gegenden) ist außerdem der Schutz gegen Hepatitis B, Tollwut und Japanische Enzephalitis sinnvoll. Bei der Einreise nach Kambodscha ist ein Impfnachweis gegen Gelbfieber erforderlich, sofern man aus

Tropenmedizinische Institute

Berlin Spandauer Damm 130, Haus 10, 14050, ☎ 030/301166, 🖳 www.charite.de/tropenmedizin
Dresden Friedrichstr. 39, 01067, ☎ 0351/480 3801
Düsseldorf Moorenstr. 5, 40225, ☎ 0211/811 7031
Hamburg Bernhard-Nocht-Str. 74, 20359, ☎ 040/4281180, 🖳 bni.uni-hamburg.de, 🖳 www.gesundes-reisen.de
Heidelberg Im Neuenheimer Feld 324, 69120, ☎ 06221/562905, 🖳 www.tropenmedizin-heidelberg.de
Leipzig Delitzscher Str. 141, Haus 12, 04129, ☎ 0341/9092619
München Leopoldstr. 5, 80802, ☎ 089/218013500, 🖳 www.fit-for-travel.de
Rostock Ernst-Heydemann-Str. 6, 18057, ☎ 0381/4947511, 🖳 www.med.uni-rostock.de
Tübingen Keplerstr. 15, 72074, ☎ 07071/2982365, 🖳 www.medizin.uni-tuebingen.de/tropenmedizin

einem Infektionsgebiet kommt (Westafrika, Zentralafrika oder Südamerika).

Da die Impfungen bis zu acht Wochen vor dem Abflug erfolgen müssen, empfiehlt es sich, frühzeitig einen Tropenarzt zu konsultieren. Die Prophylaxe gegen Malaria beginnt bereits vor der Einreise in gefährdete Gebiete. Alle Impfungen sollten in einen **Internationalen Impfpass** eingetragen und für den Fall einer Krankheit oder eines Hundebisses mit auf die Reise genommen werden.

Maßnahmen unterwegs

Obwohl Restaurants und Garküchen oft sehr einfach wirken, ist das Essen im Allgemeinen absolut unbedenklich, da die meisten Betriebe täglich Waren frisch einkaufen und erst auf Bestellung zubereiten. Als Faustregel gilt: Restaurants wählen, die unter Einheimischen beliebt sind, denn die Khmer sind sehr penibel, was ihr Essen anbelangt, und geben Lokalen, mit denen sie unzufrieden waren, selten eine zweite Chance. Das Essen von Straßenhändlern ist in der Regel in Ordnung, wenn man beim Kochen zuschauen kann.

In Flaschen abgefülltes Trinkwasser ist überall erhältlich und anders als Leitungswasser ein unbedenklicher Durstlöscher. Vorsicht ist bei Eis geboten, da dieses auf offener Straße aus großen Blöcken gehackt oder geraspelt wird, die zuvor durch viele Hände gewandert sind (westliche Restaurants achten meist darauf, dass ihr Eis direkt vom Produzenten kommt und sauber ist).

Informationen

In Kambodscha selbst und auch im Ausland sind reichlich und problemlos Informationen über die Tempel von Angkor zu bekommen. Für den Rest des Landes sind das Internet und die Erfahrungsberichte anderer Traveller gute Quellen. Zusätzliche Infos können die Besitzer der Gästehäuser geben.

Fremdenverkehrsämter

Die meisten Provinzhauptstädte besitzen inzwischen Touristenbüros *(destjow montepiak)*, die jedoch nicht immer leicht zu finden sind und oft irgendwo auf dem Gelände der Provinzverwaltung versteckt liegen. Da die Öffnungszeiten (meist Mo–Fr 8–11 und 14–16 Uhr) nicht unbedingt eingehalten werden, sind mitunter mehrere Besuche erforderlich, um jemanden im Büro anzutreffen. Gewöhnlich spricht ein Mitarbeiter ein wenig Englisch oder Französisch, doch nur selten stehen weiterführende Informationen oder Broschüren zur Verfügung. Mit etwas Glück ist ein Stadtplan zu ergattern, doch oft muss man sich damit begnügen, Fotos von den Sehenswürdigkeiten anzuschauen. Leider gibt es keine kambodschanischen Fremdenverkehrsämter im Ausland, und die Botschaften erteilen keine touristischen Auskünfte.

Internet

Kambodschas Online-Präsenz ist rasant und enorm gewachsen, da staatliche Stellen, Privatunternehmen (besonders Reiseveranstalter) und

Einzelpersonen in zunehmendem Maße Informationen ins Netz stellen.

Allgemeine Informationen

Auswärtiges Amt
🖥 www.auswaertiges-amt.de
Allgemeine Informationen zum Land und aktuelle Reisehinweise. Ähnliche Websites unterhalten das österreichische Außenministerium, 🖥 www.bmeia.gv.at, und das Eidgenössisches Departement für auswärtige Angelegenheiten der Schweiz, 🖥 www.edaadmin.ch.

Beauty and Darkness
🖥 www.mekong.net/cambodia
Website über die finstere Seite der jüngeren Geschichte Kambodschas, dazu eine Fotogalerie, Biografien von Überlebenden der Schreckensherrschaft unter den Roten Khmer sowie ein paar persönliche Reiseberichte.

Cambodia Daily
🖥 www.cambodiadaily.com
Ausgewählte Artikel und Sonderbeilagen von jüngeren Ausgaben der Zeitung.

Cambodian Embassy in Washington DC
🖥 www.embassyofcambodia.org
Offizielle Regierungsberichte und einige touristische Informationen.

Cambodian Information Centre
🖥 www.cambodia.org.
Gemischte Inhalte mit allen möglichen Informationen, von Clubs und Organisationen bis zum Rechtssystem.

Cambodia Tribunal Monitor
🖥 www.cambodiatribunal.org
Aktuelle Informationen über das Völkermordtribunal.

Go Cambodia
🖥 www.gocambodia.com
Nutzerfreundliche Website mit allgemeinen Informationen und Beiträgen zu sämtlichen Aspekten des kambodschanischen Lebens – von Sport über Musik bis zu Frauenrechten – und zahlreiche Links zu anderen Websites.

King Norodom Sihamoni
🖥 www.norodomsihamoni.org
Offizielle Webseite des kambodschanischen Königs.

Library of Congress
🖥 www.loc.gov
Länderstudie über Kambodscha aus den 80er Jahren mit historischen, wirtschaftlichen und politischen Informationen.

**Norodom Sihanouk
und Norodom Monineath Sihanouk**
🖥 www.norodomsihanouk.info
Website der Eltern des Königs mit Biografien und Dokumenten des überaus schreibfreudigen Königvaters (überwiegend in Französisch).

Phnom Penh Post
🖥 www.phnompenhpost.com
Leitartikel der vierzehntägig erscheinenden englischsprachigen Zeitung.

Royal Government of Cambodia
🖥 www.cambodia.gov.kh.
Offizielle Website der kambodschanischen Regierung mit Kurzbiografien des Königs und Premierministers sowie Informationen über Senat und Verfassung.

Reise und Tourismus

Andy Brouwer
🖥 www.andybrouwer.co.uk.
Die Homepage dieses Kambodscha-Liebhabers steckt voll von Reiseberichten, Interviews mit renommierten Experten und vielen Links zu verwandten Seiten.

Bayon Pearnik
🖥 www.bayonpearnik.com
Online-Ausgabe des kostenlosen Magazins mit Reiseberichten über Kambodscha.

Cambodian Ministry of Tourism
🖥 www.mot.gov.kh
Stellt nach Provinzen geordnet die interessantesten Reiseziele heraus und bietet Informationen über Unterkünfte, Geschichte sowie die Khmer-Kultur.

Canby Publications
🖥 www.canbypublications.com
Praktische Online-Version der kostenlosen kambodschanischen Stadtführer.

Phnom Penh
🖥 www.phnompenh.gov.kh
Widmet sich den Sehenswürdigkeiten in Kambodschas Hauptstadt und liefert eine detaillierte Darstellung seiner Geschichte.

Tales of Asia
🖥 www.talesofasia.com
Ausführliche Darstellung Kambodschas des in Siem Reap lebenden Gordon Sharpless, gespickt mit Geschichten und praktischen Informationen über die Wechselfälle des Reisens in Kambodscha.

Landkarten und Stadtpläne

Da Kambodscha aufgrund der politischen Wirren der Vergangenheit viele Jahre nur dürftig vermessen wurde, sind auf vielen Landkarten Straßen und Dörfer fehlerhaft eingezeichnet. Viele Karten wurden zwar inzwischen aktualisiert, aber als Hauptstraße markierte Verbindungswege müssen nicht unbedingt in gutem Zustand sein. Da weite Teile des Landes noch stark vermint sind, ist es wichtig, sich nur auf einwandfrei definierten Straßen zu bewegen (s. S. 65).

Wer außer dem Buch enthaltenen Karten und Ortsplänen weiteres Kartenmaterial möchte, ist mit der Gesamtkarte von Kambodscha von Periplus, Nelles oder Globetrotter gut bedient. Sie sind zwar alle mit kleineren Unzulänglichkeiten behaftet, bereiten den meisten Benutzern keine nennenswerten Probleme.

In Kambodscha bieten vorwiegend die Buchläden am Psar Thmei und Psar Toul Tom Poung in Phnom Penh eine gute Auswahl an Landkarten und Plänen an. Amerikanische Militärkarten sind die detailliertesten erhältlichen Materialien, doch man muss gegebenenfalls viele Läden durchstreifen, um den benötigten Landesteil zu finden, da niemand das gesamte Sortiment besitzt. Diese Karten kosten rund $5 pro Stück. Für wenige Dollars sind außerdem Karten des Ministry of Tourism mit einer Landkarte auf der Vorderseite und Stadtplänen von Phnom Penh, Siem Reap und Sihanoukville auf der Rückseite zu haben.

Internet und E-Mail

In Kambodscha online zu gehen, stellt mittlerweile kein Problem mehr dar. Internetanbieter und -cafés gibt es in Phnom Penh, Siem Reap, Battambang, Sihanoukville und Kampot; selbst im abgelegenen Banlung gibt es inzwischen Internet (allerdings mit langsamen Verbindungen und doppelt so teuer wie in anderen Städten). Die Gebühren liegen in der Regel unter US$2 pro Stunde, und die Verbindungen sind im Allgemeinen recht zuverlässig, wenngleich nicht immer die schnellsten. Und auch wenn die Ausstattung nicht unbedingt die neueste Technik ist: In vielen Einrichtungen in den touristischen Zentren ist die Nutzung eines Speichersticks und das Versenden von Fotos auf CD via E-Mail möglich. Außerhalb von Städten wird es schwierig, einen Internet-Zugang aufzutreiben. In manchen modernen Hotels gibt es WLAN, häufiger jedoch einen Internetanschluss per Kabel im Zimmer.

Viele Provider bieten die Möglichkeit, die eigene **E-Mail-Adresse** über das Web abzurufen. Eine Alternative ist ein **Webmail**-Account, den man sich auf Internetseiten wie Yahoo, 🖥 www.yahoo.de, Web.de, 🖥 wie www.web.de, Hotmail, 🖥 www.hotmail.de oder GMX, 🖥 www.gmx.de, kostenlos einrichten kann. Tipp: Wichtige Reisedokumente wie Flugtickets, Reisepass und Krankenversicherung vor der Reise scannen und an die eigene E-Mail-Adresse schicken. So sind die Papiere gesichert und man hat von (fast) jedem Ort der Welt Zugriff darauf.

Jobben

Einen regulären, bezahlten Job in Kambodscha zu finden ist schwer. Wer das Land mit eigenem Einsatz unterstützen möchte, kann **Freiwilligenarbeit** in einem Entwicklungshilfeprojekt leisten.

Plätze hierfür werden von verschiedenen Organisationen vermittelt, in Deutschland unter anderem von **Weltwärts**, dem Freiwilligendienst des Bundesministeriums für wirtschaftliche Zusammenarbeit und Entwicklung, 0228/2434444, www.weltwaerts.de.

Daneben organisieren die **Internationalen Jugenddienste**, www.ijgd.de, sogenannte Workcamps in verschiedenen Ländern Asiens, derzeit allerdings nicht in Kambodscha. Weitere Möglichkeiten für Hochschulabsolventen mit Berufserfahrung bestehen über die in Großbritannien ansässige Organisation **Voluntary Service Overseas**, www.vso.org.uk (für Interessenten aus Deutschland ist das Büro in den Niederlanden zuständig, www.vso.nl). Gesucht werden hier Fachkräfte aus den Bereichen Bildung, Medizin, Soziales und Wirtschaft, die bereit sind, zwei Jahre gegen ein ortsübliches Gehalt im Ausland zu arbeiten. Eine Reihe von 3–6-monatigen Projekten betreut **Outreach International**, www.outreachinternational.co.uk, darunter Arbeit in Waisenhäusern, Arbeit mit behinderten Kindern und Straßenkindern.

Kinder

Steht nur der Besuch von Angkor und Phnom Penh auf dem Programm, dürfte es keine Probleme geben; aber Abenteuerreisen sollte man in Kambodscha besser nicht mit Kindern wagen. Auch mit einem Säugling ist es wenig ratsam, nach Kambodscha zu fahren, da die hygienischen Bedingungen während des Reisens und das heiße Klima zu gesundheitlichen Belastungen führen können.

Sehr wichtig ist die Einbeziehung der Kinder in die **Vorbereitung der Reise**. Kinder möchten am Planen oder Kofferpacken teilnehmen und ihre Wünsche sollten im Rahmen des Möglichen berücksichtigt werden. Es ist auch hilfreich, darüber zu sprechen, was es in Kambodscha zu sehen und zu erleben gibt. Kambodschaner lieben Kinder, doch sie bringen ihre Zuneigung (auch ausländischen Kindern gegenüber) gerne durch Kneifen zum Ausdruck, was zwar liebevoll gemeint ist, jedoch ein wenig weh tun kann.

Nicht vergessen!

Reisepass (Kinder jeglichen Alters brauchen für Kambodscha einen eigenen)
Impfpass
SOS-Anhänger mit allen wichtigen Daten
Kleidung – möglichst strapazierfähige, leichte Sachen
Wegwerfwindeln
Babynahrung
Fläschchen für Säuglinge
Walkman und Kassetten
Spiele und **Bücher**
Fotos von wichtigen Daheimgebliebenen gegen Heimweh
Kuscheltier (muss gehütet werden wie ein Augapfel, denn ein verloren gegangener Liebling kann allen den Rest der Reise verderben – reiseerprobte Kinder beugen vor, indem sie nur das zweitliebste Kuscheltier mitnehmen)
Sonnencreme mit hohem Lichtschutzfaktor
Kopfbedeckung

In den **touristischen Zentren** Phnom Penh, Siem Reap und Sihanoukville gibt es Einwegwindeln, Milch für Säuglinge und Babynahrung in Dosen oder Gläsern zu kaufen. Wer außerhalb dieser Städte unterwegs ist, muss sich mit ausreichend Vorräten eindecken.

Speziell an Kinder gerichtete **Aktivitäten** gibt es nicht, aber mit etwas Fantasie können einfallsreiche Eltern ihre Kinder bei Laune halten. In Phnom Penh gibt es Kinderbücher und ein kleines Sortiment an westlichen Spielsachen bei Monument Books; ein Ritt auf dem Rücken der Elefantendame Sambo um den Wat Phnom (1 Std.) kommt auch gut an. In Sihanoukville sind die sanft abfallenden Strände von Ochheuteal und Sokha relativ sicher, Eltern sollten allerdings trotzdem ein Auge auf ihre Kinder haben. In Angkor wiederum dürfte die Kletterpartie über und durch alte Ruinen selbst längere Beine irgendwann ermüden.

Die **Anreise per Flugzeug** und die damit verbundene Zeitverschiebung ist immer beschwerlich, muss jedoch nicht zum Stress werden. Am lästigsten sind die Wartezeiten auf den Flughäfen. Man kann sie allerdings sehr gut nutzen, um

Spannend auch für Kinder: Tempelerkundung in Angkor

sich und die Kinder in den überall vorhandenen Wasch- bzw. Mutter und Kind-Räumen in Ruhe zu waschen, die Zähne zu putzen und die Kleidung zu wechseln, was in den beengten Flugzeugtoiletten nur mit Mühe zu bewerkstelligen ist.

Der Komfort im Flugzeug selbst variiert je nach Fluggesellschaft. Die renommierten bieten „schwebende" Kinderbettchen für Säuglinge und Kinder-Menüs, die vor denen für Erwachsene ausgegeben werden, damit man den Kindern beim Essen behilflich sein kann. Meist gibt es Spiele, Bastelmaterial oder Ähnliches. Es kann aber passieren, dass es weder Milch noch eine Möglichkeit, sie zu erwärmen, gibt, von Babynahrung ganz zu schweigen. Besonders mit einem Kind unter 2 Jahren, das noch keinen Anspruch auf einen Sitzplatz hat, sollte nur eine der großen Fluggesellschaften in Betracht gezogen werden; der Service ist ungleich besser, und man wird beim Aus- und Einsteigen bevorzugt behandelt, was bei Billiganbietern nicht der Fall ist.

Eine Rückentrage für die Kleinsten hat sich bestens bewährt, man kann sie notfalls auch im Flugzeug aufstellen und dem Kind somit ein Minimum an Bewegungsfreiheit geben. Ein Krabbelkind 10 Stunden auf dem Schoß zu halten, geht über die Kräfte eines einzelnen Menschen. Gerade als allein reisendes Elternteil sollte man sich nicht scheuen, Mitreisende und Flugpersonal um Hilfe zu bitten. In jedem Fall empfiehlt sich eine Ausrüstung mit Windeln, Babynahrung und Wechselwäsche wie für eine Dreitagereise, denn für einen unvorhergesehenen Aufenthalt sollte man immer gewappnet sein.

Für die ersten Nächte **nach der Ankunft** braucht man ein gutes, möglichst ruhiges Hotel, in dem sich niemand übermäßig durch ein weinendes oder aufgedrehtes Kind gestört fühlt. Auch die Eltern brauchen gute Nerven und eine gute Konstitution, um den Jetlag zu überwinden. Ältere und reisegewohnte Kinder kommen mit der Umstellung eher zurecht, dennoch sollte man auf großartige Unternehmungen gleich nach der Ankunft tunlichst verzichten. Für die Nacht muss unbedingt etwas zu essen und zu trinken bereitgehalten werden.

Keine übertriebene Angst vor Schmutz, Krankheiten und fremder Sprache! Kinder haben normalerweise gute Abwehrkräfte, finden leicht Anschluss und regeln viele Sachen nonverbal. Sie verstehen sehr schnell die Notwendigkeit, sich öfter als gewohnt die Hände zu waschen, kein Wasser aus der Wasserleitung zu trinken etc. Man sollte das Kind vor der Reise gründlich untersuchen lassen und darauf achten, dass es alle erforderlichen Impfungen – einschließlich gegen Kinderkrankheiten – besitzt.

Natürlich bringt das Reisen mit Kind auch Nachteile. Es ist auf jeden Fall teurer, denn die Benutzung glitschiger Gemeinschaftsduschen ist mit Kindern kein Vergnügen. Folglich wird man mehr auf Mittelklasse-Unterkünfte zurückgreifen. Und vom öffentlichen Nachtleben ist man ausgeschlossen, es sei denn, man wechselt sich mit jemandem bei der Betreuung ab.

Für Extrabetten für Kinder berechnen Hotels gewöhnlich ein Drittel weniger als bei zusätzlicher Zimmerbelegung durch einen Erwachsenen. In öffentlichen Verkehrsmitteln reisen Kinder kostenlos, wenn sie den Sitz mit einem Erwachsenen teilen, ansonsten für rund ein Drittel billiger als Erwachsene.

Bei jeder noch so kurzen Fahrt sollte man etwas Proviant und zumindest ein T-Shirt zum Wechseln im Handgepäck haben. Erwachsene können warten, bis irgendwann angehalten wird, wo es etwas zu essen und zu trinken gibt – Kindern verdirbt eine unfreiwillige Hungerkur oder Durststrecke nachhaltig die Lust am Reisen.

Lebensmittelvorräte sollte man in Plastikdosen aufbewahren oder mit Klebeband luftdicht verschließen, sonst kann man sich vor Ameisen und anderem Kleinvieh bald nicht mehr retten. Auf Reisen sind Plastikwindeln von Vorteil, bleibt man länger an einem Ort, sollte man besser auf Baumwollwindeln zurückgreifen.

Medien

Ein Großteil der kambodschanischen Medien wird von den politischen Parteien finanziert und trotz offizieller Pressefreiheit sind die Medien nach wie vor von den Launen der Regierung abhängig. Kambodscha besitzt eine gute Auswahl an englischsprachigen Medien mit zwei Zeitungen, einigen Magazinen sowie Satelliten- und Kabelsendern im Fernsehen und Radio.

Zeitungen und Zeitschriften

Die Zahl der Publikationen in Khmer ist überraschend groß. Dazu gehören allein sieben Tageszeitungen und verschiedene Monatsmagazine, die allerdings nur in der Hauptstadt und einigen anderen Städten erhältlich sind. Die Zeitungen geben sich ohne Ausnahme recht boulevardmäßig und klatschen auf ihre Titelseiten gern drastische Fotos von Unfällen oder Morden. Verbreitet sind die beiden regierungsnahen Blätter *Reaksmei Kampuchea* und *Kaoh Santepheap*.

Kambodschas englischsprachige Zeitungen, die *Cambodia Daily* und die *Phnom Penh Post* gibt es an Kiosken in Phnom Penh, Battambang, Siem Reap und Sihanoukville. Die *Cambodia Daily* bietet eine Auswahl an Meldungen aus dem In- und Ausland, die *Phnom Penh Post* konzentriert sich vorrangig auf Nachrichten aus Kambodscha. An Zeitungsständen wird auch die französische Wochenzeitung *Cambodge Soir* mit einer Mischung aus nationalen und internationalen Nachrichten verkauft.

Nicht schlecht sind die verschiedenen englischsprachigen Zeitschriften. Zweimonatlich erscheint das Hochglanzmagazin *Cambodia Scene* ($2) mit Artikeln über Land und Leute. Man bekommt es an einigen Zeitungsständen und in Kunsthandwerksläden in Phnom Penh. Das leicht satirische, kostenlose Monatsmagazin *Bayon Pearnik* enthält in der Regel mindestens einen Artikel über ein ungewöhnliches Reiseziel in Kambodscha, dazu humorvolle Besprechungen neuer Bars und Clubs. Zu bekommen ist es in Internet-Läden und westlichen Restaurants in Phnom Penh, manchmal auch in Siem Reap. Ebenfalls kostenlos und in Cafés und Restaurants erhältlich ist *Asia Life,* eine Art Szeneführer für Phnom Penh, gespickt mit aktuellen Infos. Das Nachrichtenmagazin *Globe* ($4) legt seinen thematischen Schwerpunkt auf Kambodscha, bezieht aber auch die gesamte Region ein; erhältlich ist es in westlichen Bars und Restaurants.

Radio

Von den vielen Khmer-Sendern strahlen einige wenige auch Programme in Englisch aus. Ausländer hören bevorzugt 97,5 FM mit seiner Mischung aus westlichem Pop und Nachrichten. Love FM 99 spielt ebenfalls westliche Musik, dazwischen gibt es Veranstaltungstipps. Beide Sender sind allerdings nur in der Hauptstadt zu empfangen.

Mit einem guten Weltempfänger ist die **Deutsche Welle** über Kurzwelle zu empfangen. Eine Liste der aktuellen Frequenzen ist erhältlich von der Deutschen Welle, 53113 Bonn, 0228/4290, www.dw-world.de. Englische Sender wie BBC World Service, www.bbc.co.uk/worldservice, Voice of America, www.voa.gov, oder Radio Canada International, rcinet.ca, sind landesweit über Kurzwelle zu empfangen.

Fernsehen

Kambodschaner sind Fernseh-Junkies: Selbst im abgelegensten Dorf flimmert immer irgendwo eine Kiste. Die sechs Fernsehkanäle des Landes senden eine Mischung aus politischen Sendungen, Gameshows, Konzerten, Zeichentrickfilmen, thailändischen Seifenopern (auf Khmer) und Sport – besonders beliebt ist Kickboxen. Der staatliche Sender TVK auf Kanal 7 gehört der regierenden CPP, deren Einfluss sich auch auf die anderen Sender erstreckt. Kanal 9 ist die einzige Ausnahme und steht der FUNCINPEC nahe.

Gästehäuser und Hotels bieten meist Kabel-TV (manchmal auch Satellitenfernsehen) und damit eine große Auswahl an ausländischen Kanälen, darunter in der Regel BBC World, CNN, CNBC, HBO, National Geographic und Star Sport.

Öffnungszeiten

Offizielle Öffnungszeiten für **Verwaltungsbüros** sind Mo–Fr 7.30–11.30 Uhr und 14–17 Uhr. In Wirklichkeit aber trifft man nur selten jemanden vor 9 Uhr an seinem Schreibtisch an, und viele Beamte sind ab 10.30 Uhr wieder unterwegs, um bestenfalls nachmittags noch für eine oder zwei Stunden hereinzuschauen. Die Arbeit im öffentlichen Dienst ist schlecht bezahlt – wenn überhaupt –, dafür jedoch mit einigem Prestige verbunden. Um den Lebensunterhalt zu sichern, lassen sich viele Beamte nur einige Male pro Woche blicken und gehen in der restlichen Zeit anderen Beschäftigungen nach.

Postämter sind täglich geöffnet, außer an wenigen offiziellen Feiertagen wie Khmer-Neujahr oder Bonn Pchum Ben. Das Hauptpostamt in Phnom Penh ist täglich von 7–18 Uhr geöffnet. Schalterzeiten der Postämter in den Provinzen sind 8–17.30 Uhr, samstags und sonntags schließen die Dienststellen jedoch früher, wenn wenig Betrieb herrscht oder die Postbeamten andere Verpflichtungen haben. Öffnungszeiten der **Banken**: Mo–Fr 8.30–15.30 Uhr, manchmal Sa 8.30–11.30 Uhr. Ungefähre **Marktzeiten** sind 6–17 Uhr, Ladenzeiten 7–19 Uhr.

Die wichtigsten touristischen Sehenswürdigkeiten Phnom Penhs wie das Nationalmuseum, der Königspalast mit Silberpagode und das Völkermordmuseum Toul Sleng sind täglich und auch an fast allen Feiertagen geöffnet. In den Provinzen öffnen viele Museen nach Bedarf – zuverlässigste Zeit ist wochentags von 9–10 Uhr. Sobald die Besucher weg sind, wird unter Umständen wieder geschlossen. Die Tempel von Angkor, Tonle Bati und Sambor Prei Kuk sowie die Nationalparks sind täglich von Sonnenaufgang bis Sonnenuntergang geöffnet.

Post

Alle Postsendungen werden über Phnom Penh befördert. Sendungen aus den Provinzen kommen nun offensichtlich ebenso zuverlässig an wie solche aus der Hauptstadt, doch sie sind ein wenig teurer. Nur das dortige Hauptpostamt ist für die Versendung von Post ins Ausland ausgerüstet.

Post **nach Europa** ist fünf bis zehn Tage unterwegs. Nur zweimal wöchentlich gehen Sendungen zu den wichtigsten internationalen Zielen hinaus – die Verschickungstage können im Hauptpostamt erfragt werden. **Briefmarken** für

Postkarten kosten in Phnom Penh 1800–2100 Riel (300 Riel mehr bei Versand aus den Provinzen).

Pakete können nur in Phnom Penh aufgegeben werden, und zwar zum horrenden Preis von US$17 pro Kilogramm – es lohnt sich demnach, das Versandgut mitzunehmen, wenn man nach Thailand weiterreist, denn dort sind die Postgebühren niedriger. Auf einem obligatorischen, 3000 Riel teuren Zollformular sind Inhalt und Wert der Paketsendung detailliert aufzulisten, doch es ist nicht nötig, das Paket für etwaige Inspektionen zunächst unverschlossen zu lassen. Postpakete werden in den Postämtern verkauft.

Sendungen via **Poste restante** können in den Hauptpostämtern von Phnom Penh, Sihanoukville und Siem Reap gegen eine Gebühr von 500 Riel pro Stück abgefordert werden. Zur Abholung ist der Pass mitzubringen. Es empfiehlt sich, unter dem Vornamen und Familiennamen nachsehen zu lassen, da Sendungen oft falsch eingeordnet werden.

Besonders in Phnom Penh versuchen Postbeamte bisweilen, sich durch zu hohe Gebührenforderungen ein Taschengeld zu erschleichen. Im Hauptpostamt stehen die **Gebühren** ausgeschrieben, so dass man bei verdächtig hohen Beträgen nachprüfen sollte, ob alles seine Richtigkeit hat – oft fällt die Nachkalkulation wesentlich günstiger aus.

Reisende mit Behinderungen

Kambodscha verzeichnet weltweit den höchsten Anteil an behinderten Menschen pro Kopf der Bevölkerung (einer von 236). Verantwortlich dafür sind Landminen, Kinderlähmung und andere schwere Krankheiten. Da es kein spezielles Versorgungsnetz für die Betroffenen gibt, sind behinderte Reisende in besonderem Maße auf die eigene Durchsetzungskraft angewiesen, obwohl Einheimische sehr hilfsbereit sind.

Vor Reisen nach Kambodscha sollten Behinderte die Bedingungen auf Langstreckenflügen und Inlandsflügen prüfen. Alle Medikamente und wichtigen Hilfsmittel müssen mitgeführt werden. Auch gilt es zu prüfen, ob die Reiseversicherung unvorgesehene Dinge wie etwa den Verlust des Rollstuhls abdeckt. Zudem sind vor Ort nach wie vor nur selten Unterkünfte mit Rampen oder Aufzügen ausgestattet.

Problematisch ist auch die Besichtigung von Pagoden und Tempeln, da überall Stufen zu bewältigen sind. Selbst in relativ eben angelegten Pagoden werden Treppenfluchten und Kanten zu Hindernissen. Besonders große Schwierigkeiten werfen die Tempel von Angkor auf, da zu jedem Pavillon und zentralen Heiligtum unweigerlich Treppen führen. Für US$15–20 pro Tag lassen sich allerdings Helfer auftreiben, und wenn nicht der Anspruch besteht, jede Ecke und jeden Winkel aufzusuchen, sind Tempelbesuche auch Rollstuhlfahrern möglich.

Die Nationale Koordinationsstelle **Tourismus für Alle (NatKo)**, Kirchfeldstr. 149, 40215 Düsseldorf, ✆ 0211/33 68 001, 🖥 www.natko.de, der acht deutsche Behindertenverbände angehören, berät Anbieter bei der Verwirklichung behindertengerechter Unterkünfte, Programme usw. und nennt Behinderten hilfreiche Adressen für die Reiseplanung, die sich auch in einer von der NatKo herausgegebenen Broschüre finden. Dem Verband gehören u. a. die folgenden Vereine an.

Die **Bundesarbeitsgemeinschaft der Clubs Behinderter und ihrer Freunde (BAG cbf)**, Langenmarckweg 21, 51465 Bergisch Gladbach, ✆ 02202/98998-11, ✉ info@bagcbf.de, 🖥 www.bagcbf.de, verschickt u. a. gegen Rückporto (auf Spendenbasis) eine Adressenliste aller bekannten Behinderten-Reiseveranstalter.

Der **Bundesverband Selbsthilfe Körperbehinderter e.V. (BSK)**, Altkrautheimer Str. 20, 74238 Krautheim an der Jagst, ✆ 06294/42810, 📠 428179, 🖥 bsk-ev.org, hilft mit Informationen und Ratschlägen für Reisen mit Behinderung weiter und vermittelt auch Reiseassistenten für Individualreisende.

Schwule und Lesben

Schwule und lesbische Reisende haben in Kambodscha nicht mit ernsthaften Problemen oder Diskriminierungen zu rechnen. Homosexualität ist nicht illegal, wird aber weder öffentlich gezeigt noch zum Gesprächsthema gemacht. Es ist durchaus akzeptabel, wenn zwei Männer oder Frauen in der Öffentlichkeit Händchen halten oder Arm in Arm gehen, was gemischte Paare jedoch keinesfalls tun sollten. Der öffentliche Austausch von Zärtlichkeiten aber ruft Missfallen hervor. Eine homosexuelle Szene oder ein unterstützendes Netzwerk gibt es nicht.

Sicherheit

Kambodscha ist heute ein recht sicheres Reiseland. Die größte Gefahr geht von Landminen aus, denn noch immer zählt Kambodscha zu den am dichtesten verminten Ländern der Erde. Außerdem kann niemand genau sagen, mit wie vielen Bomben die Amerikaner das Land in den 70er Jahren überzogen und wie viele davon nicht explodierten. In ländlichen Gebieten lautet deshalb nach wie vor das oberste Gebot: Niemals die deutlich ausgetretenen Wege verlassen!

Insgesamt sind die Kambodschaner bemerkenswert ehrliche Menschen – was allein schon die Geldwechsler bezeugen, die ungeschützt zwischen aufgehäuften Banknoten an Straßenecken sitzen –, und Kriminalität stellt kein nennenswertes Problem dar. Bei Reisen mit öffentlichen Verkehrsmitteln wird gut auf das Gepäck Acht gegeben, und nur in Ausnahmefällen geht etwas verloren.

Dennoch gibt es natürlich wie überall schwarze Schafe. Es empfiehlt sich, Wertsachen gut gegen Taschendiebstahl zu schützen, vor allem auf Märkten, auf Motos oder Tuk-Tuks sowie am Strand von Sihanoukville. Auch Fälle von **bewaffneten Raubüberfällen** sind nicht unbekannt; einige davon gingen auf das Konto von Banditen, die als Polizisten verkleidet waren. Besonders in Phnom Penh, Siem Reap und Sihanoukville sollte

Kinder in Gefahr

Kambodscha steht in dem bedauerlichen Ruf, ein bevorzugtes Ziel für Pädophile zu sein. Ursprünglich ein Nebenprodukt aus dem Aufblühen der Prostitution in den UNTAC-Jahren, nimmt die Kinderprostitution in Kambodscha in letzter Zeit zu, auch wegen der rigorosen Verfolgung derartiger Verbrechen in anderen südostasiatischen Ländern. In Kambodscha ist das Problem nach wie vor sehr präsent, trotz der drastischen Gefängnisstrafen, die gegen Bordellbesitzer und in Kindersex-Tourismus verwickelte Ausländer verhängt werden.

Wer in Kambodscha Zeuge von Kinderprostitution wird, sollte dies unverzüglich der **Polizei** unter ℡ **023/997919**, melden (es ist nicht ratsam, sich selbst einzumischen) und eventuell zusätzlich die Organisation **ECPAT** (End Child Prostitution in Asian Tourism, 🖳 www.ecpat.net) informieren.
Pädophile, die im Ausland Kinder sexuell missbrauchen, können unter den Gesetzen ihres Heimatlandes strafrechtlich verfolgt werden, d. h. man kann sie auch nach Rückkehr zu Hause bei der zuständigen Polizeibehörde anzeigen.

Bei alledem ist jedoch zu beachten, dass es in Kambodscha sehr viele gemischtrassige Ehen gibt, aus denen leibliche (und adoptierte) Mischlingskinder hervorgegangen sind. Die Fakten sollten demnach einer gewissenhaften Prüfung unterzogen werden, bevor man jemanden beschuldigt.
Die Organisation **ChildSafe**, 186 Ph 13, 🖳 www.childsafe-cambodia.org, hat es sich zum Ziel gesetzt, kambodschanische Kinder zu schützen, und unterhält eine 24-Std.-Hotline, ℡ 012/311 112, bei der man die Gefährdung von Kindern oder deren Missbrauch melden kann. Die Organisation bittet Touristen – auch wenn der Wunsch zu helfen noch so groß sein mag –, nichts von Kindern zu kaufen und Kindern (oder Eltern mit kleinen Kindern) auch kein Geld zu geben. So sollen die Kinder von der Straße geholt und die gefährdenden Situationen minimiert werden. Sinnvoller ist es laut Organisation, die Sozialarbeit mit einer Spende zu unterstützen oder Produkte zu kaufen und Dienstleistungen in Anspruch zu nehmen, die das ChildSafe-Logo tragen.

man bei Dunkelheit so wenig Geld wie nötig bei sich tragen und Wertsachen unbedingt im Hotelsafe lassen.

Bei Überfällen ist es nicht ratsam, den Helden zu spielen, um sich nicht einem noch größeren Risiko auszusetzen. Eventuelle Vorfälle umgehend bei der **Polizei** anzeigen und eine unterschriebene und datierte Bestätigung für die Reiseversicherung ausstellen lassen und im Falle des Passverlustes die Botschaft verständigen. In Phnom Penh, Siem Reap und Sihanoukville hilft eine Englisch sprechende Touristenpolizei, doch in der Provinz sind Betroffene auf örtliche Polizisten angewiesen, die bestenfalls über elementare Englischkenntnisse verfügen. Es ist daher vorteilhaft, in Begleitung einer Khmer sprechenden Person zu erscheinen.

Fast alle kambodschanischen Polizisten werden ihr Bestes geben, um in Notfällen zu helfen, doch eine kleine Minderheit scheut nicht davor zurück, Ausländern Geld abzupressen. Es ist vorgekommen, dass ausländische Motorrad- oder Autofahrer eines Vergehens bezichtigt wurden, das sie überhaupt nicht begangen hatten. In solchen Fällen kann man versuchen, die „Strafe" auf einige Dollars herunterzuhandeln und auf der Stelle zu bezahlen, doch wer die Mühe auf sich nehmen möchte und den Zeitverlust verkraften kann, sollte solche Vorfälle dem nächsten Polizeikommissariat vortragen.

Bei einem **Verkehrsunfall** findet sich in der Regel eine Gruppe Schaulustiger ein, und bei Sach- und Personenschäden oder verletzten Haustieren darf man die Unfallstelle nicht vor Eintreffen der Polizei verlassen. Fahrer sind verpflichtet, solche Angelegenheiten mit den beteiligten Parteien finanziell zu regeln. Trotz der allgemeinen Liebenswürdigkeit der Bevölkerung ist es nicht unbekannt, dass Einheimische Ausländern Geld aus der Tasche zu ziehen versuchen, selbst wenn sie schuldlos oder lediglich als Fahrgast beteiligt sind.

In den Provinzen treiben gelegentlich noch **Banditen** ihr Unwesen, doch solche Vorfälle sind selten und nicht gegen Touristen gerichtet. Seltene Vorfälle mit dem Einsatz von Granaten oder Bomben gingen auf örtliche Streitereien um Privilegien zurück und hatten nichts mit dem Tourismus zu tun.

Drogen

Der Besitz und Genuss von Marihuana *(ganja)*, Kokain und Heroin ist illegal. Zwar steht im Gegensatz zu anderen südostasiatischen Staaten auf Drogenvergehen nicht die Todesstrafe, doch es sind lange Gefängnisstrafen zu erwarten, die mangels Repatriierungsabkommen mit anderen Staaten in voller Länge in kambodschanischen Gefängnissen abgesessen werden müssen.

Nicht-detonierte Landminen, Granaten und Bomben

Über zehn Millionen **Landminen** wurden zwischen 1979 und 1991 in Kambodscha installiert. Die Vietnamesen und die kambodschanische Regierung legten sie als Schutz gegen die Guerillas der Roten Khmer, die sie ihrerseits zur Einschüchterung der Bevölkerung überall auslegten – keine der beiden Seiten hielt es indes für nötig, die genaue Lage der Minenfelder zu verzeichnen. Bislang konnten über 2000 Minenfelder identifiziert werden (meist durch das Unglück der lokalen Bevölkerung), die jedoch nur einen Bruchteil der Gesamtziffer darstellen dürften. Drei NGOs arbeiten derzeit aktiv daran, ländliche Gebiete von Minen zu säubern, doch angesichts der Größe des Problems steht zu erwarten, dass die Landminen erst in einigen Generationen vollständig beseitigt sein werden (weitere Einzelheiten s. S. 189).

Die Bereiche um die Tempel von Angkor gelten als sicher, doch die ländlichen Gebiete um Siem Reap und andere Regionen sind noch immer von Minen verseucht. Besonders gefährlich sind die Grenzgebiete zu Thailand zwischen Koh Kong und Preah Vihear. In ländlichen Gebieten sollten Besucher strengstens die Mahnung beherzigen, die gut ausgetretenen Pfade nicht zu verlassen und ohne örtliche Begleiter keine Abkürzungen durch Reisfelder zu nehmen. Schilder mit einem roten Schädel und den Worten „Beware Mines" warnen ausdrücklich vor stark kontaminierten Gebieten.

Erschwerend kommt hinzu, dass die USA in den 70er Jahren über eine halbe Million Tonnen **Bomben** über Kambodscha ausstreuten. Alles begann als Teil eines unsinnigen Geheimplans, durch diese Strategie den Ho-Chi-Minh-Pfad zu zerstören, den Nordvietnams kommunistische Truppen benutzten, und es endete in einer massiven landesweiten Bombardierung, um die pro-amerikanische Lon-Nol-Regierung in ihrem Kampf gegen die Roten Khmer zu unterstützen. *Unexploded ordnances* (UXO, nicht explodierte Bomben) bleiben ein Risikofaktor in ländlichen Gebieten. Besonders schlimm betroffen sind der Südosten, die Zentralgebiete und der Nordosten des Landes. Unter gar keinen Umständen darf man auf nicht identifizierte Metallobjekte treten, sie berühren oder aufheben.

Telefon

Die meisten Telefonkabel wurden in der Ära der Roten Khmer zerstört und sind bis heute nicht ersetzt. Die Einführung des Mobiltelefons hat die Kommunikationsmöglichkeiten im Land erheblich verbessert, und die Mehrzahl der Kambodschaner telefoniert daher nur über Handy.

Nationale und internationale Gespräche

Internationale und nationale Telefongespräche können von **Postämtern** und **Telekomämtern** der meisten Städte aus geführt werden. Anbieter dieser Dienstleistung ist gewöhnlich das staatliche Telekom-Unternehmen Camintel, 🖳 www.camintel.com, das neben der australischen Firma Telstra auch öffentliche Telefonzellen in Phnom Penh und Siem Reap betreibt. Zu deren Benutzung wird eine Telefonkarte benötigt, die in Geschäften mit dem Logo der Gesellschaft in Nennwerten von US$2–50 erhältlich ist. Telefonkarten von Camintel und Telstra können nicht in den Anlagen der jeweils anderen Gesellschaft benutzt werden, doch mit einer Tele.2 Phone Card können aus allen Telefonzellen durch Vorwahl des Zugangscodes ✆ 007 (statt der üblichen ✆ 001), gefolgt von der Landesvorwahl, der Ortsvorwahl ohne 0 und der Rufnummer internationale Gespräche geführt werden. Da alle diese Alternati-

Nützliche Vorwahlen

In Kambodscha gibt es keine internationale Telefonauskunft.
Anrufe nach Kambodscha:
Landesvorwahl ✆ 00855 + Ortsvorwahl ohne 0 + Rufnummer
Zu beachten ist, dass einige Telefongesellschaften für das Anrufen kambodschanischer Mobilnummern höhere Gebühren verlangen könnten.
Anrufe aus Kambodscha:
Deutschland:
✆ 001 + 49 + Ortsvorwahl ohne 0 + Rufnummer
Schweiz:
✆ 001 + 41 + Ortsvorwahl ohne 0 + Rufnummer
Österreich:
✆ 001 + 43 + Ortsvorwahl ohne 0 + Rufnummer

Achtung: Mit einer Tele.2 Phone Card ändert sich die internationale Vorwahl in ✆ 007.

ven mit Gebühren von rund US$3 pro Minute recht teuer sind, lohnt es sich, die Angebote von Internet-Shops, Gästehäusern und Reisebüros zu prüfen, die oft nur die Hälfte kosten.

Wer viel ins Ausland telefonieren wird, kann sich vor Abreise bei Skype, 🖳 www.skype.de, einen Account einrichten, um kostenlos von Computer zu Computer und sehr günstig von Computer zu einem Telefonanschluss zu telefonieren. In einigen Internetcafés in Phnom Penh und Siem Reap gibt es Headsets, mit denen man skypen kann; zu bezahlen ist dann nur die normale Nutzungsgebühr für das Internet.

Die mit Abstand preiswertesten **Inlandsgespräche** führt man von den verglasten, halb offenen Telefonzellen, die es in allen größeren Orten gibt. Pro Minute kostet ein Gespräch ca. 600 Riel, zahlbar an eine Aufsichtsperson. Die Telefone in diesen Zellen haben unterschiedliche Reichweiten innerhalb Kambodschas verschiedenen Netzwerken; die erreichbaren Nummern sind an den Seitenwänden angeschrieben – normalerweise ✆ 012 und 092 (Mobitel), ✆ 011 (Camshin), ✆ 015 und 016 (Samart).

Für Faxsendungen werden in Kambodscha Wucherpreise verlangt: US$7–8 pro Seite. Verlässlichste Adressen für Faxsendungen sind die Business Centres der Hotels und Internet-Läden.

Mobiltelefone

Von den großen Mobiltelefongesellschaften Kambodschas, Samart (Vorwahl ✆ 015 und 016), Mobitel (✆ 012 und 092) und Camshin (✆ 011), hat Mobitel das größte Netz und ist praktisch überall zu empfangen. Ohne Wohnsitz in Kambodscha ist es allerdings so gut wie unmöglich ein kambodschanisches Handy oder eine SIM-Karte für ein kambodschanisches Netz zu bekommen.

Netzstandard in Kambodscha ist GSM 900/1800. Wer das eigene Mobiltelefon mitnehmen möchte, sollte sich vor der Reise bei seiner Telefongesellschaft informieren, ob es für Kambodscha Roaming-Vertäge gibt, welches Gebiet das Netz abdeckt und welche Gebühren bei Telefonaten anfallen. Der Minutenpreis für Gespräche nach Deutschland beträgt bei den großen Gesellschaften rund 2,50–3 €. Auch wer auf seinem Handy angerufen wird, zahlt hierfür nicht gerade wenig. Detaillierte Infos gibt es auf den Websites der eigenen Telefongesellschaft.

Transport

Gemessen an der Größe des Landes besitzt Kambodscha eine bemerkenswerte Vielfalt an Transportmitteln. Auf wichtigen Strecken verkehren Züge, Boote, Flugzeuge und klimatisierte Busse, während Sammeltaxis, Minibusse und abenteuerliche Pick-ups Menschen und Güter in die abgelegeneren Regionen des Landes befördern. In den Städten Kambodschas existieren keinerlei öffentliche Verkehrsmittel, aber die praktischen Tuk-Tuks (Motorradriksha) und Motos (Motorradtaxis) sind allgegenwärtig.

Dennoch ist das Reisen in Kambodscha kein Kinderspiel. Die **Straßen** gehören nach wie vor zu den schlechtesten Südostasiens, wenngleich viele in letzter Zeit weiter ausgebaut wurden. In der Regenzeit (Juni–Okt) werden Abschnitte der Fernstraßen regelmäßig unterspült, während viele kleinere Straßen so holprig und unbefestigt

sind, dass sie das Reisen zu einer zeitaufwendigen und unbequemen Angelegenheit werden lassen. Die kambodschanischen Fahrer sind weder sehr geduldig noch übermäßig sicherheitsbewusst (Fahrstunden und Führerscheine wurden zwar vor kurzem eingeführt, aber oftmals hat der Fahrlehrer kaum mehr Ahnung als sein Schüler). Vor allem in Phnom Penh ist der Verkehr äußerst chaotisch, und viele Fahrer steuern unerschrocken durch unglaublich schmale Lücken in den fließenden Gegenverkehr hinein – schlimm genug für den, der in der relativen Sicherheit eines Land Cruisers sitzt, doch ein Albtraum für Passagiere auf dem Rücksitz eines Motos. Davon abgesehen gibt es jedoch nicht annähernd so viele Unfälle, wie man vermuten würde, denn die kambodschanischen Verkehrsteilnehmer scheinen eigene Spielregeln entwickelt zu haben, mit denen sich Zusammenstöße vermeiden lassen.

Mit dem Ausbau des Straßennetzes sind einige Strecken jetzt schneller befahrbar, und es gibt neue Busverbindungen (z. B. von Phnom Penh nach Stung Treng und Banlung). Auch die **Nationalstraße 1** zur vietnamesischen Grenze wurde ausgebaut, mit Behinderungen ist aber nach wie vor bei Fahrten von Phnom Penh über die die Monivong-Brücke und an der Fähre bei Neak Leung. Eine Brücke über den Mekong ist zwar geplant, noch tut sich jedoch nichts.

An öffentlichen **Feiertagen** (besonders zum Khmer-Neujahr Mitte April, s. S. 22) kann das Reisen innerhalb von Phnom Penh sowie hinaus in die Provinzen schwierig sein. Da spätestens am Vorabend des Neujahrsfestes alle Khmer zu ihren Dörfern und Familien aufbrechen, sind in diesen Tagen sämtliche Transportmittel noch voller als ohnehin schon. Insbesondere Phnom Penh ist dann sehr ruhig, und es ist kaum ein Moto zu bekommen. Diejenigen, die an den Feiertagen ihre Dienste anbieten, machen ein Bombengeschäft, indem sie ihre Fahrpreise verdoppeln.

Busse

Die Hauptstadt Phnom Penh ist die Verkehrsdrehscheibe Kambodschas, und dank inzwischen ausgebauter Straßen boomt der Busverkehr. Mit klimatisierten Expressbussen der

www.stefan-loose.de/kambodscha

Phnom Penh Sorya Transport Company und VIP-Bussen *(laan destjow)* mit 15–20 Plätzen kommt man in die meisten Orte auf dem Land, GST und Mekong fahren von Phonm Penh nach Sihanoukville und Siem Reap. Zwischen den größeren Orten in der Provinz selbst gibt es jedoch nur wenige Verbindungen (s. Abschnitt Transport am Ende des jeweiligen Ortskapitels).

Expressbusse *(laan tom)* fahren von Phnom Penh in die größeren Städte wie Sihanoukville, Siem Reap, Battambang und Kompong Cham. Die sauberen und klimatisierten Fahrzeuge verkehren fahrplanmäßig und bieten ein angenehmes Reiseerlebnis mit schönen Ausblicken auf die Landschaft. Die Preise sind sehr günstig (US$4 nach Sihanoukville, US$6 nach Siem Reap). Um sich einen Platz zu sichern, empfiehlt es sich, die **Fahrkarte** bereits am Tag vor der Abreise am Busbahnhof zu kaufen. In den Bussen gibt es keine Stehplätze.

Die kleineren Busse für 20–30 Passagiere von Phnom Penh Sorya und die 12–15-sitzigen VIP-Busse von Hua Lian und Ly Heng bieten Verbindungen in ansonsten umständlicher zu erreichende Orte wie Kratie, Stung Treng und Banlung. Nach wie vor selten verkehren Busse zwischen den Provinzstädten, inzwischen gibt es aber eine Verbindung zwischen Kompong Cham und Siem Reap sowie zwischen Sihanoukville und Kampot / Kep.

Kleine Stadtbusse *(laan kerong)* verkehren regelmäßig zwischen Phnom Penh und den nahen Städten Kompong Chhnang, Kompong Speu, Neak Leung und Takeo. Diese Fahrzeuge sind oft bis auf den letzten Platz besetzt, doch da sie unterwegs im Allgemeinen mehr Passagiere absetzen als aufnehmen, erhöht sich die Ellbogenfreiheit mit zunehmender Fahrtdauer. Stadtbusse sind langsamer als Sammeltaxis und weniger komfortabel als Express-Busse, aber alles in allem eine vernünftige Alternative für kürzere Fahrten. Die nach Fahrplan verkehrenden Busse sind nicht nur sicher, sondern auch billig (z. B. nach Kompong Cham 10 000 Riel).

Bei Bussen ist das Ziel immer in Khmer und Englisch außen angeschrieben. An Busbahnhöfen sind die Fahrkarten an den jeweiligen Schaltern zu lösen, während unterwegs ein Schaffner die Tickets verkauft.

Sammeltaxis, Pick-ups und Minibusse

Bei Reisen in abgelegene Regionen abseits der Touristenpfade gibt es keine Alternative zum Heer der klapprigen Minibusse, Sammeltaxis und Pick-ups. Das Sammeltaxi (meistens ein Toyota Camry) dient als schnelles, aber nicht immer bequemes Beförderungsmittel zwischen Zielen in den Provinzen. Voll besetzte Pick-ups bedienen teilweise dieselben Strecken und quälen sich ebenfalls über die schlechtesten Straßen des Landes. Minibusse sind nicht zu empfehlen; sie sind zwar billiger als Taxis, aber meistens rappelvoll, in schlechtem technischen Zustand und hoffnungslos überladen. Entsprechend häufig sind sie in Unfälle verwickelt, nicht selten mit tödlichem Ausgang. Sammeltaxis und Pick-ups sind in jedem Fall zu bevorzugen.

Doch zumindest bewegt man sich in einem funktionierenden und zudem transparenten System. Sobald Reisende an der örtlichen Abfahrtsstelle das eigene Ziel nennen, versuchen Schlepper sie eifrigst zu ihren Fahrzeugen zu locken. Die Fahrzeuge fahren erst ab, wenn sie voll sind, d. h. je voller ein Fahrzeug bereits ist, desto früher fährt es wahrscheinlich ab. Nachdem man seine Auswahl getroffen hat, gilt es sich mit dem Fahrer über den Preis zu einigen. Die meisten sind korrekt, doch einige versuchen gelegentlich, Ausländern einen höheren Preis abzuknöpfen. Im Zweifel kann man sich bei anderen Passagieren erkundigen, was sie gezahlt haben, und auf demselben Preis beharren.

Mit **Pannen** ist jederzeit zu rechnen, doch die Fahrer sind auf Reparaturen am Straßenrand spezialisiert, und die kambodschanischen Passagiere nehmen Zwischenfälle dieser Art mit stoischer Ruhe auf.

Die Bezahlung der Fahrt wird erst am Zielort erwartet, doch manchmal erbitten Fahrer einen Vorschuss für Benzin – diesen können auch die Einheimischen leisten, man selbst bezahlt die Fahrt dann erst am Ende.

Sammeltaxis quetschen vier Passagiere auf den Rücksitz und zwei auf den Vordersitz – mit besonders viel Komfort ist also nicht zu rechnen. Wer seine Beinfreiheit verbessern oder früher losfahren möchte, kann auch für zwei Plätze zahlen oder das gesamte Taxi chartern. Die Fahrzeuge fahren ohne Fahrplan von festen Haltestellen in allen Provinzstädten den ganzen Tag über (am besten findet man sich zwischen 7 und 8 Uhr ein, bei langen Strecken früher). Nach dem Mittagessen sind die Aussichten nicht mehr so günstig, weil dann weniger Leute unterwegs sind. Auf Langstrecken wie z. B. zwischen Phnom Penh und Sen Monorom verkehrt mitunter nur ein Fahrzeug pro Tag; am besten ist es, sich am Tag vorher am Abfahrtpunkt zu informieren und einen Platz zu reservieren.

Sammeltaxis zählen nicht zu den billigsten Beförderungsmitteln, erlauben aber dafür eine gewisse Flexibilität bezüglich der Abfahrtzeit und sind relativ schnell. Die Strecke Phnom Penh–Battambang etwa schlägt mit 25 000 Riel zu Buche, Phnom Penh–Kampot kostet 12 000 Riel. Mitunter teilen die Fahrer ihren eigenen Platz noch mit einem zusätzlichen Passagier, was Einheimische kommentarlos hinnehmen. Man kann auch für diesen Platz zahlen, damit er frei bleibt und keine Verunsicherung aufkommt.

Klapprige **Minibusse** sind in Phnom Penh und in kleineren Städten unterwegs. Sie bedienen meistens dieselben Routen wie die kleinen Stadtbusse und fahren erst los, wenn kein Koffer mehr hineinpasst. Menschen, Gepäck, und Viehzeug teilen sich die Innenräume, belegen das Dach oder hängen in dichten Trauben hinten im Fahrtwind. Dies ist nicht nur die unbequemste Art zu reisen, sondern auch sehr unsicher und daher nicht zu empfehlen. Der Preis ist das einzige Argument für den Minibus, denn eine Fahrkarte kostet nur geringfügig mehr als ein Platz auf der Ladefläche eines Pick-ups. Da das Fahrtziel bei Minibussen nicht angeschrieben ist, muss man sich an der Haltestelle danach erkundigen.

Pick-ups der Marke Nissan oder Toyota sind die Arbeitspferde des Transportsystems. Sie befördern Menschen und Fracht über die rauesten Straßen und Wegpassagen.

Die Sitze in der Kabine – vier hinten und zwei vorn – kosten ungefähr dasselbe wie in den Sammeltaxis, und auch sie kann man um der größeren Bequemlichkeit willen doppelt einkaufen. Abgesehen vom Zug reist es sich nirgendwo preiswerter als auf den hinteren Ladeflächen der Pick-ups. Sie kosten nur die Hälfte der Plätze in der Kabine, doch man muss sich mit den transportierten Gütern arrangieren und riskiert, herumgeschleudert zu werden, ohne sich ringsum irgendwo festhalten zu können. Ins Handgepäck gehören viel Wasser, Sinn für Humor und ein staubfester Schal oder kramar, den man über Gesicht und Nase binden kann. Während der Regenzeit ist auf der berühmt-berüchtigten Strecke nach Sen Monorom (Mondulkiri) im Nordosten ein Pick-up die einzige Transportmöglichkeit durch das schlammige Gelände.

Eisenbahn

Das 1932 in Betrieb genommene kambodschanische Eisenbahnnetz hatte in der Vergangenheit

---

Touristenbusse

Viele Gästehäuser bieten zwischen verschiedenen Touristenzielen eigene Transportmittel an, bei denen es sich entweder um Minibusse oder normale Busse handelt. Die Preise sind unterschiedlich, liegen aber in der Regel um ein bis zwei Dollar über einem Sammeltaxi oder einem öffentlichen Bus. Sie bieten den Vorteil, dass die Fahrgäste am Gästehaus oder Hotel abgeholt werden. Touristenbusse sind praktisch, haben aber auch Nachteile – manchmal muss man buchstäblich stundenlang warten, bis der Bus voll ist, und wird bisweilen genötigt, nach der Ankunft am Zielort in ein bestimmtes Gästehaus einzukehren.

Die Gästehäuser bieten mit eigenen Fahrzeugen auch den Transport nach Bangkok, Ho-Chi-Minh-Stadt und zur laotischen Grenze an, allerdings haben Traveller von erheblichen Verzögerungen insbesondere auf der Strecke nach Bangkok berichtet. Vor einer Buchung sollte man sich bei Phnom Penh Sorya Transport nach Alternativen erkundigen. Das Capitol Hotel in Phnom Penh betreibt mit seinem Partner in Ho-Chi-Minh-Stadt, dem Sinh Café, eine Bootsverbindung für Touristen von Phnom Penh nach Chau Doc (ca. $8) und weiter bis nach Ho-Chi-Minh-Stadt.

schwer unter Vernachlässigung und Terrorismus zu leiden (die Khmer Rouge versuchten regelmäßig, Gleise und Züge in die Luft zu sprengen). Als Folge davon ist nur noch die Strecke **zwischen Phnom Penh und Battambang** in Betrieb (und das mehr schlecht als recht). Da die Reise im Schneckentempo geschlagene 12–15 Stunden dauert und alles andere als komfortabel ist, wird sie nur von eingefleischten Eisenbahn-Freaks oder völlig abgebrannten Travellern in Angriff genommen. Eine **Fahrkarte** von der Hauptstadt nach Battambang kostet billige 6500 Riel, die Fahrt in Gegenrichtung jedoch merkwürdigerweise das Dreifache.

Der Zug verlässt Phnom Penh an **ungeraden Tagen** des Monats um 6.30 Uhr (nicht jedoch am 31. jeden Monats und am 29. Februar in Schaltjahren) und kehrt am Folgetag in die Hauptstadt zurück. Da es häufig zu **Betriebsschäden** kommt, ist es ratsam, am Abend vor der geplanten Abfahrt am Bahnhof nachzufragen, ob der Zug auch wirklich fährt. Am Reisetag sollte man sich früh zum Bahnhof begeben, um die Fahrkarte zu kaufen und einen Sitzplatz zu reservieren. Der Zug verfügt lediglich über drei Passagierwaggons mit harten Sitzbänken. Bei den restlichen Waggons handelt es sich um Frachtabteile, in denen auch Passagiere befördert werden, was aber nicht zu empfehlen ist. Obwohl Wasser und Softdrinks im Zug verkauft werden und an jeder Station Händler ihre Snacks anbieten, sollte man eigenen Proviant im Gepäck haben.

Vor kurzem wurden Pläne vorgestellt, das altersschwache Schienennetz zu sanieren und auch eine Verbindung (vorrangig für den Gütertransport) nach Poipet wieder einzurichten, auf der Züge dann mit 50 km/h verkehren können.

Schiffe

Über Jahre hinweg war die Fähre das Hauptverkehrsmittel zwischen der Hauptstadt und **Siem Reap**, doch nach dem Ausbau der Straße ist eine Fahrt mit dem Bus oder Taxi mittlerweile ebenso einfach und zudem viel billiger. Umso bemerkenswerter ist es, dass die tägliche Bootsverbindung über den Tonle Sap nach Siem Reap weiterhin aufrecht erhalten wird, allerdings zum völlig überzogenen Ausländerfahrpreis von $25. Dabei ist die Überfahrt nicht einmal besonders reizvoll, da man sich auf dem riesigen See wie auf dem Meer vorkommt.

Zwischen Battambang und Siem Reap verkehren Schnellboote, die 12 oder 30 Personen aufnehmen können, doch bei rauem Wetter kann der Tonle Sap starken Wellengang haben und die Fahrt in den kleinen, unbequemen und geradezu gefährlichen Booten zu einem zweifelhaften Vergnügen machen. Selbst bei relativ gutem Wetter bleiben Passagiere und Gepäck kaum von Nässe verschont.

Ein Expressboot verkehrt täglich auf dem Mekong zwischen Phnom Penh und der vietnamesischen Grenze bei **Chau Doc** ($17 für Ausländer), am besten aber bucht man über das Capitol Hotel oder Neak Krohorm Travel in Phnom Penh, die neben dem Boot nach Chau Doc auch den Weitertransport nach Ho-Chi-Minh-Stadt für rund $8 arrangieren können.

Von Sihanoukville fährt täglich zur Mittagszeit ein Boot nach **Koh Kong** in der Nähe der thailändischen Grenze; Abfahrt in die entgegengesetzte Richtung um 8 Uhr. Da sie an der Küste entlangfahren, kann die Verbindung bei schlechtem Wetter eingestellt werden, aber selbst bei gutem Wetter ist die Fahrt alles andere als komfortabel.

Langsame Boote verkehren ohne festen Fahrplan auf dem Tonle Sap und dem Mekong, doch sie benötigen für die Fahrt von Phnom Penh flussaufwärts nach Siem Reap oder Kratie bis zu drei Tagen und werden daher von Touristen kaum in Anspruch genommen.

Die schönste Strecke auf dem Mekong von Kompong Cham nach Stung Treng ist leider bis auf Weiteres eingestellt.-

Flüge

Kambodscha besitzt keine staatliche, aber mehrere private Fluggesellschaften, deren jeweilige Existenz aber selten von langer Dauer ist. Derzeit bieten Angkor Airways, Royal Khmer Airways und PMTair Inlandsflüge von der Hauptstadt nach Siem Reap. Um Besucher von Siem Reap länger in Kambodscha zu halten, wurde vom wieder eröffneten Flughafen Sihanoukville eine Flugverbindung zwischen den beiden Städten eingerichtet. Nach dem Absturz einer Maschine im Juni 2007 wurde der Betrieb auf der Strecke vorläufig eingestellt und war zur Zeit der Recherche noch nicht wieder aufgenommen.

Die Route von Phnom Penh nach Siem Reap wird von den inländischen Airlines rund ein Dutzend mal am Tag bedient. Flüge in andere Teile des Landes sind Opfer der verbesserten Straßensituation geworden, sodass keine Maschinen mehr nach Battambang, Banlung, Koh Kong, Sen Monorom oder Stung Treng fliegen. Gerüchten nach soll die Landebahn in Banlung (Rattanakiri) verlängert und mit einem festen Belag versehen werden, handfeste Belege hierfür gab es zur Zeit der Recherche jedoch noch nicht.

Alle Tickets müssen spätestens am Vortag der Reise bei den Fluggesellschaften oder Agenturen in Phnom Penh oder Siem Reap (oder Sihanoukville) gelöst werden. Das Ticket für den einfachen Flug kostet US$75, das Doppelte für Hin- und Rückflug.

Flughafensteuern: Von Phnom Penh und Siem Reap US$25 für internationale und US$6 für Inlandsflüge (in Phnom Penh ist Kreditkartenzahlung möglich).

Nahverkehr

In den Städten Kambodschas gibt es keine öffentlichen Verkehrsmittel. Vor ein paar Jahren wurde die probeweise Einführung einer Buslinie in Phnom Penh aufgrund mangelnder Nachfrage wieder eingestampft. Gängige Transportmittel sind das **Remorque**, auch bekannt als **Tuk-Tuk**, eine Art Rikscha mit vorgespanntem Motorrad, und das Motorradtaxi oder **Moto**, ein kleinen Motorrad bzw. Moped mit einer Gepäckablage vor dem Fahrersitz. In Phnom Penh gibt es auch Cyclos, Kambodschas Antwort auf die Fahrradriksacha. Alle genannten können am Straßenrand herangewunken werden und befördern ihre Passagiere wie ein Taxi zum angegebenen Ziel. In Phnom Penh und Siem Reap sind außerdem reguläre **Taxis** unterwegs, während man andernorts nur Autos mit Fahrer für einen Tag oder längere Zeit mieten kann.

Adressen

Die meisten kambodschanischen Städte sind nach einem Gitternetzplan angelegt, in dem wenige Hauptstraßen Namen tragen und die meisten anderen Straßen nur nummeriert sind. Außerhalb der Großstädte sind Schilder mit Straßenbezeichnungen nahezu unbekannt. Da die meisten Einheimischen nur wenig mit Straßennummern anfangen können, benötigt man feste Orientierungspunkte in der Nähe, um von dort aus spezielle Adressen ausfindig zu machen, etwa einen Tempel oder einen Markt.

Motos

Motorradtaxis (Motos) sind das am weitesten verbreitete Transportmittel für kurze (und manchmal auch längere) Strecken in Kambodscha. Die Fahrt auf dem Rücksitz eines Motorrads durch den chaotischen Verkehr ist freilich nicht jedermanns Sache, sodass viele aufgrund des besseren Sicherheitsgefühls ein Taxi bevorzugen. Motos sind leicht an den Baseballmützen ihrer Fahrer zu erkennen (manche tragen auch leichte Safarihüte oder sogar Motorradhelme). Man verwechselt sie selten, da andere Mopedfahrer meist keine Kopfbedeckung tragen, um nicht fälschlicherweise für Motofahrer gehalten zu werden.

Motofahrer finden ihre Passagiere von allein. Es genügt, sich einigermaßen auffällig an der Straße zu platzieren, und schon tauchen sie auf. Gewöhnlich geben Motofahrer mit in die Höhe gestrecktem Finger (normalerweise der Zeigefinger) zu erkennen, dass sie für Fahrten zur Verfügung stehen. Sie sind auf sehr unterschiedliche Weise zu ihrem Gewerbe gekommen – nicht selten erfährt man, dass man mit einem Polizisten außer Dienst oder einem Regierungsbeamten unterwegs ist, der gerade seiner Nebenbeschäftigung den Vorzug einräumt.

Gepäckstücke vom Reis- bis zum Rucksack werden zwischen den Knien des Fahrers und der Lenkstange eingeklemmt. Motofahrer verstehen es meisterhaft, ihr Fahrzeug durch den wüsten Verkehr zu steuern. Der Fahrgast sitzt hinten auf dem Soziussitz, den Kambodschaner mit möglichst vielen Mitfahrern zu besetzen versuchen (drei sind normal); diesem Beispiel sollte man jedoch nicht folgen und darauf bestehen, alleine mitzufahren (in Siem Reap ist es sogar polizeilich verboten, mehr als einen Ausländer pro Moto zu befördern). Einige kambodschanische Frauen nehmen bevorzugt im Damensitz Platz, doch es ist sicherer, sich rittlings auf das Moto zu setzen, um sich notfalls besser am Fahrer festhalten zu können.

Da Motofahrer alle Ausländer für Wesen mit bodenlos tief gefüllten Taschen halten, muss man vor dem Aufsteigen unbedingt den Fahrpreis aushandeln. Eine normale Fahrt durch die Stadt sollte nicht mehr als 2000–4000 Riel kosten. Wer einen Fahrer für einen längeren Zeitraum engagieren möchte, kann mit 4000 Riel pro Stunde bzw. US$6–10 pro Tag kalkulieren. Bei zwei oder mehr Passagieren steigt der Gesamtpreis, man sollte jedoch keinesfalls das Doppelte des Einzelpreises zahlen.

Da viele Fahrer an offiziellen Feiertagen in ihre Dörfer heimkehren, werden an solchen Tagen die Transportmittel knapp, und die Preise können vorübergehend um das Doppelte in die Höhe schnellen. Unverhohlene Neugierde und mangelnde Aussichten auf ein aktuelles Geschäft treiben andere Fahrer herbei, wenn ein Ausländer Verhandlungen mit einem bestimmten Fahrer aufnimmt. Auch wenn diese sich einmischen, verlangt es die Etikette, mit dem zuerst angesprochenen Fahrer zu fahren, doch in dem seltenen Fall, dass jemand einen günstigeren Preis anbietet, wird der zuerst angesprochene Fahrer wahrscheinlich nachgeben.

Motofahrer lassen sich auch für längere Fahrten aufs Land anheuern, denn dies ist oft die einzige Chance, abgelegene ländliche Ziele zu erreichen, aber eine solche Fahrt ist alles andere als bequem. In solchen Fällen verlangen sie zusätzlich zur Tagesgebühr das erforderliche Benzingeld. Es kann auch heute durchaus noch passieren, dass ein Fahrer irrationale Angst vor Banditen hat und am späten Nachmittag nicht mehr durch abgelegene Gebiete fahren will. Bei der Planung von Exkursionen sollte man solchen Bedenken Beachtung schenken.

Für Mensch und Tier: Tuk-Tuks sind das ideale Fortbewegungsmittel in der Stadt

Tuk-Tuks

Die große Stunde für Tuk-Tuks in Kambodscha war 2001 gekommen, nachdem die Polizei ein Verbot erließ, das es Ausländern untersagte, zu dritt auf einem Moto zu fahren (ungeachtet der Tatsache, dass Kambodschaner unbehelligt zu dritt und zu viert oder noch mehr unterwegs sein dürfen). Inzwischen sind Tuk-Tuks in Phnom Penh recht verbreitet und haben auch in einigen Provinzstädten Einzug gehalten. Sie bietet vier Personen Platz (zur Not auch sechs) und sind überdacht, bieten also den Vorteil, einigermaßen vor Sonne und Regen zu schützen. Die eingesetzten Motorräder sind allerdings die gleichen, die auch als Motos verwendet werden und damit ebenso kraftlos. Ist man zu mehreren unterwegs und hat Gepäck, sind sie aber ein ideales Fortbewegungsmittel, und auch für Fahrten bis zu 30 km aus der Stadt heraus sind sie ganz brauchbar.

Cyclos

Nur in Phnom Penh gibt es Cyclos (gesprochen: ßi-kloos), Kambodschas Version der Fahrradrikscha. Sie sind zwar langsamer und teurer als Motos, bieten aber interessante Einblicke in das Leben der Stadt (die Abgase können allerdings unangenehm werden). Cyclos befördern normalerweise einen einzelnen Fahrgast (bei zweien wird es eng) auf einem Frontsitz, während der Fahrer auf seinem Sitz über dem Hinterrad hockt.

Taxis

In Phnom Penh und Siem Reap gibt es **normale Taxis** (im Gegensatz zu Sammeltaxis). Diese fahren nicht auf Fahrgastsuche herum, sondern warten vor größeren Hotels. In Phnom Penh können sie auch telefonisch bestellt werden (s. S. 159). Der Preis pro Stadtfahrt liegt bei ca. US$5.

In anderen Städten muss man **Autos mit Fahrer** mieten, die für kurze und längere Fahrten zur Verfügung stehen. Der Tarif bewegt sich bei ca. US$25–30 pro Tag für Stadtrundfahrten bzw. mindestens US$40 für eine Tour nach außerhalb.

Mietwagen

Landesweit bieten nur wenige Gesellschaften Mietwagen an. Die Kosten liegen bei mindestens US$25 pro Tag ohne Benzin, das an vielen Tankstellen im Stadtrandgebieten und an den Hauptstraßen leicht aufzutreiben ist. Selbstfahren verursacht dagegen einige Kopfschmerzen und lohnt sich nicht wirklich, wenn ein Mietwagen mitsamt Fahrer für ungefähr den gleichen Preis zu haben ist. Zu den Problemen, mit denen Selbstfahrer konfrontiert werden, zählen die erforderlichen Dokumente. Das Mietwagenunternehmen verlangt die Vorlage des Reisepasses, und die Polizei sogar eine kambodschanische Fahrerlaubnis; manchmal reicht inzwischen auch ein internationaler Führerschein, während Kambodschaner selbst erst seit kurzem überhaupt Führerscheine kennen. Außerdem muss man sich den Bedingungen auf den Straßen des Landes stellen, dem Mangel an ausgeschilderten Parkflächen, den wahllos aufgestellten Straßenschildern sowie der völligen Bedeutungslosigkeit von Versicherungen, so dass alle Verluste und Schäden vom Mieter aufgefangen werden müssen.

Sehr ratsam ist es, auch tagsüber jemanden mit der Bewachung des parkenden Fahrzeugs zu betrauen – auf den Märkten und in den Restaurants der Städte findet sich gewöhnlich leicht jemand, der diesen Auftrag für 1000 Riel übernimmt. Nicht selten sind Parkvorgaben einzuhalten, und man darf die Handbremse des parkenden Wagens nicht anziehen, damit er bei Bedarf zur Seite geschoben werden kann, um Platz für andere Fahrzeuge zu schaffen. Abends sollte man zum Schutz vor Diebstahl und Schäden auf dem Gelände eines Hotels parken oder einen Privatparkplatz suchen, der mit rund 4000 Riel zu Buche schlägt.

Wegen all dieser Unannehmlichkeiten ist es vernünftiger, von vornherein einen **Wagen mit Fahrer** zu mieten (s. links, Taxis).

Motorräder

Wer ein Motorrad oder Fahrrad mietet, sollte Sonnenbrille, lange Hose und ein Hemd mit langen Ärmeln tragen, um sich vor der Sonne und aufwirbelndem Straßenstaub zu schützen. Bei Fahrten und Ausflügen in ländliche Gebiete ist zu beachten, dass Landminen noch immer ein großes Problem sind, weshalb man unter gar

werden – ist dies nicht der Fall, unbedingt danach fragen.

Der Standard von Toiletten und Waschräumen, ob nun im Zimmer oder auf dem Gang, schwankt beträchtlich, inzwischen gibt es aber in der Regel westliche Toiletten und zumindest eine kalte Dusche. Nur in wirklich abgelegenen Orten findet man mitunter noch Hocktoiletten und *mandi* – Becken mit kaltem Wasser, das man sich mit einer Schöpfkelle über den Körper gießt und in die man nicht hineinsteigen darf, weil auch andere das saubere Wasser benutzen wollen. In touristischen Gegenden sowie in den meisten Städten wird Komfort in Form eines separaten Bads mit Handtuch, Toilettenpapier und Seife geboten.

Selbst in der Budgetkategorie gibt es erhebliche Qualitätsunterschiede und für nur US$5 oder etwas mehr ist es durchaus möglich, Zimmer mit Baumwolllaken (im feuchten Klima Kambodschas angenehm), Fernseher und mitunter Kühlschrank zu finden. Für noch einige Dollars mehr sind in der Regel eine Decke und eine heiße Dusche inbegriffen. In den wichtigsten Touristenzentren werden immer mehr Zimmer mit einer Klimaanlage ausgestattet, die man nach eigenem Ermessen nutzen oder auch abstellen kann. Bei Benutzung wird ein Aufschlag von US$5–10 auf den Übernachtungspreis fällig, um die Stromkosten zu decken.

Gästehäuser machen den Löwenanteil unter den Budget-Unterkünften in Kambodscha aus, weichen in Stil und Aufmachung aber stark voneinander ab. Am wenigsten verlockend wirken einstöckige Etablissements, die mit nebeneinander gereihten und durch Sperrholz abgetrennten Zimmern eher an Ställe erinnern. Diese Art von Gästehäusern findet man gewöhnlich in der Nähe von Verkehrshaltestellen. Überwiegend aber haben Gästehäuser – vor allem in den Stadtzentren – die Gestalt unpersönlicher Betonbauten, die zwar sauber sind, jedoch keine Behaglichkeit ausstrahlen. Gelegentlich aber findet man noch traditionelle Pfahlhäuser aus Holz, die zwar nicht mit Klimaanlagen oder Zimmern mit Bad aufwarten können, dafür jedoch durch das angenehme Baumaterial und attraktive Balkonbereiche sehr gemütlich wirken. Es ist zu beachten, dass die Grenze zwischen Gästehäusern und billigen Hotels in Kambodscha mitunter etwas verschwimmt. So werden beispielsweise in den „Guesthouses" von Siem Reap Preise verlangt, die an die der billigeren Hotels heranreichen.

Der Tourismus in Kambodscha hat stark angezogen und auch die jüngeren Kambodschaner haben ihre Lust am Reisen entdeckt. Als Folge davon, und um den Boom nicht zu verschlafen, entstehen in den meisten Orten jede Menge neue Gästehäuser. Sie sind für gewöhnlich sauber, aber einfach, kosten pro Nacht US$5–10 (je nachdem, ob mit Ventilator ausgestattet oder klimatisiert) und ersetzen nach und nach die alten düsteren Absteigen. Ein weiteres Indiz für den Anbruch einer neuen Zeit ist, dass vereinzelte Budgetunterkünfte jetzt auch Kreditkartenzahlung akzeptieren, verlassen sollte man sich jedoch nicht darauf.

Mittlere Preisklasse

Die Unterkünfte der Mittelklasse weisen ein breites Preisspektrum auf, das von ca. US$15 bis US$80 reicht und sich durch Zimmer sehr unterschiedlicher Qualität erklärt. Vor der Einquartierung sollte man sich getrost einige Zimmer zeigen lassen. Am unteren Ende der Preisskala sind die Räume meist mit Bad, heißer Dusche, Klimaanlage, TV und Kühlschrank ausgestattet. Mit steigendem Preis wird die Einrichtung vornehmer, und möglicherweise kommt sogar eine richtige Badewanne hinzu; außerdem ist das Frühstück meist inbegriffen.

Hotels mit Zimmerpreisen über US$25 akzeptieren in der Regel Kreditkarten, erheben jedoch manchmal eine Gebühr von ca. 4%. Es lohnt sich zu prüfen, ob Steuern und Bedienungsgelder im Preis inbegriffen sind, da beide zusammen die Rechnung um 20% erhöhen.

In dieser Preiskategorie finden sich auch einige der besseren Gästehäuser. Oftmals liegen sie kaum unter Hotelstandard, aber ihre Besitzer treffen diese Einstufung bewusst, da sie nicht den umfassenden Service eines Hotels bieten können (z. B. eine durchgehend besetzte Rezeption) oder auch um die Hotelsteuer zu sparen.

Tuk-Tuks

Die große Stunde für Tuk-Tuks in Kambodscha war 2001 gekommen, nachdem die Polizei ein Verbot erließ, das es Ausländern untersagte, zu dritt auf einem Moto zu fahren (ungeachtet der Tatsache, dass Kambodschaner unbehelligt zu dritt und zu viert oder noch mehr unterwegs sein dürfen). Inzwischen sind Tuk-Tuks in Phnom Penh recht verbreitet und haben auch in einigen Provinzstädten Einzug gehalten. Sie bietet vier Personen Platz (zur Not auch sechs) und sind überdacht, bieten also den Vorteil, einigermaßen vor Sonne und Regen zu schützen. Die eingesetzten Motorräder sind allerdings die gleichen, die auch als Motos verwendet werden und damit ebenso kraftlos. Ist man zu mehreren unterwegs und hat Gepäck, sind sie aber ein ideales Fortbewegungsmittel, und auch für Fahrten bis zu 30 km aus der Stadt heraus sind sie ganz brauchbar.

Cyclos

Nur in Phnom Penh gibt es Cyclos (gesprochen: ßi-kloos), Kambodschas Version der Fahrradrikscha. Sie sind zwar langsamer und teurer als Motos, bieten aber interessante Einblicke in das Leben der Stadt (die Abgase können allerdings unangenehm werden). Cyclos befördern normalerweise einen einzelnen Fahrgast (bei zweien wird es eng) auf einem Frontsitz, während der Fahrer auf seinem Sitz über dem Hinterrad hockt.

Taxis

In Phnom Penh und Siem Reap gibt es **normale Taxis** (im Gegensatz zu Sammeltaxis). Diese fahren nicht auf Fahrgastsuche herum, sondern warten vor größeren Hotels. In Phnom Penh können sie auch telefonisch bestellt werden (s. S. 159). Der Preis pro Stadtfahrt liegt bei ca. US$5.

In anderen Städten muss man **Autos mit Fahrer** mieten, die für kurze und längere Fahrten zur Verfügung stehen. Der Tarif bewegt sich bei ca. US$25–30 pro Tag für Stadtrundfahrten bzw. mindestens US$40 für eine Tour nach außerhalb.

Mietwagen

Landesweit bieten nur wenige Gesellschaften Mietwagen an. Die Kosten liegen bei mindestens US$25 pro Tag ohne Benzin, das an vielen Tankstellen im Stadtrandgebieten und an den Hauptstraßen leicht aufzutreiben ist. Selbstfahren verursacht dagegen einige Kopfschmerzen und lohnt sich nicht wirklich, wenn ein Mietwagen mitsamt Fahrer für ungefähr den gleichen Preis zu haben ist. Zu den Problemen, mit denen Selbstfahrer konfrontiert werden, zählen die erforderlichen Dokumente. Das Mietwagenunternehmen verlangt die Vorlage des Reisepasses, und die Polizei sogar eine kambodschanische Fahrerlaubnis; manchmal reicht inzwischen auch ein internationaler Führerschein, während Kambodschaner selbst erst seit kurzem überhaupt Führerscheine kennen. Außerdem muss man sich den Bedingungen auf den Straßen des Landes stellen, dem Mangel an ausgeschilderten Parkflächen, den wahllos aufgestellten Straßenschildern sowie der völligen Bedeutungslosigkeit von Versicherungen, so dass alle Verluste und Schäden vom Mieter aufgefangen werden müssen.

Sehr ratsam ist es, auch tagsüber jemanden mit der Bewachung des parkenden Fahrzeugs zu betrauen – auf den Märkten und in den Restaurants der Städte findet sich gewöhnlich leicht jemand, der diesen Auftrag für 1000 Riel übernimmt. Nicht selten sind Parkvorgaben einzuhalten, und man darf die Handbremse des parkenden Wagens nicht anziehen, damit er bei Bedarf zur Seite geschoben werden kann, um Platz für andere Fahrzeuge zu schaffen. Abends sollte man zum Schutz vor Diebstahl und Schäden auf dem Gelände eines Hotels parken oder einen Privatparkplatz suchen, der mit rund 4000 Riel zu Buche schlägt.

Wegen all dieser Unannehmlichkeiten ist es vernünftiger, von vornherein einen **Wagen mit Fahrer** zu mieten (s. links, Taxis).

Motorräder

Wer ein Motorrad oder Fahrrad mietet, sollte Sonnenbrille, lange Hose und ein Hemd mit langen Ärmeln tragen, um sich vor der Sonne und aufwirbelndem Straßenstaub zu schützen. Bei Fahrten und Ausflügen in ländliche Gebiete ist zu beachten, dass Landminen noch immer ein großes Problem sind, weshalb man unter gar keinen Umständen die gekennzeichneten Wege und Pfade verlassen darf.

Ein Motorrad zu mieten ist inzwischen recht beliebt in Kambodscha. Auch hier gelten jedoch die oben angeführten Sicherheitshinweise: Vor allem nachts sollten Fahrzeuge sicher aufbewahrt sein – viele Gästehäuser haben Platz, um Motorräder unterzustellen.

Die Zahl der Verleiher nimmt stetig zu, vor allem in Phnom Penh; Einzelheiten in den jeweiligen Städtekapiteln. Für geländegängige 250cc-Maschinen werden gewöhnlich US$6 pro Tag bzw. US$40 pro Woche verlangt, als Sicherheit für die ordnungsgemäße Rückgabe wird aber in der Regel der Pass einbehalten. Vor jedem Vertragsabschluss ist die Maschine sorgfältig zu prüfen, da alle Schäden, Reparaturen oder notwendigen Rücktransporte zu Lasten des Mieters gehen. Wichtig sind Informationen über den aktuellen Straßenzustand, denn mitunter können auch kurze Strecken lange Zeit in Anspruch nehmen, wenn beispielsweise die Straße unterspült ist.

In Siem Reap und Sihanoukville versucht die Polizei mit einem rigoros durchgesetzten „Verbot" Ausländer vom Motorradfahren abzuhalten. Als Grund wird die „Sicherheit" angegeben, wahrscheinlich sind die Motive eher protektionistischer Natur, um den Moto-Taxis das Geschäft nicht zu verderben. Zwar gibt es in diesen Städten noch ein, zwei Motorradverleiher, man sollte jedoch mit Ärger seitens der Behörden rechnen.

In anderen Orten sind die 110cc-Maschinen am besten, die viele Gästehäuser und kleine Werkstätten anbieten. Die Preise liegen bei US$4–6 pro Tag.

Motorradhelme werden von Verleihfirmen auf Wunsch zur Verfügung gestellt und können auf Kambodschas holprigen Straßen Leben retten. Trotz der verbesserten Straßenverhältnisse, ist man angesichts des kaum einzuschätzenden Verhaltens anderer Verkehrsteilnehmer am sichersten bei Tag unterwegs.

Fahrräder

Ein Fahrrad zu leihen ist schwieriger, als man vermuten mag. In größeren Städten verleihen manche Gästehäuser Räder für US$2–3 pro Tag, doch die Qualitätsunterschiede reichen von modernen Mountainbikes bis hin zu klapprigen alten Drahteseln ohne Gangschaltung. Radfahren in Kambodscha ist eine durchaus lohnenswerte Alternative, auch wenn die Schlaglöcher, der Schmutz und die chaotische Fahrweise auf Kambodschas Straßen im Vergleich zu Thailand oder Vietnam fast wie ein Schock wirken. Einheimische reagieren verblüfft über das Vertrauen in die Kraft von Pedalen, wo es doch Motos gibt, und unternehmungslustige Radfahrer erschließen sich die Möglichkeit, die Landschaft auf eigene Faust zu erleben.

Angesichts der schlechten Straßenverhältnisse aber sollte man sich keinesfalls mehr als 50 km pro Tag vornehmen, denn selbst diese Entfernung wird man frühestens am späten Nachmittag bewältigt haben. In der Dämmerung oder nach Einbruch der Dunkelheit besteht die Gefahr, dass man nicht gesehen wird, denn viele überladene Lastwagen fahren ohne Licht. Die Verpflegung während einer Radtour fällt zumindest an den Hauptstraßen leicht. Wer jedoch zwischen zwei Gästehäusern stecken bleibt, muss in einem Dorf nach einer privaten Übernachtungsmöglichkeit suchen – zur Not gegen ein kleines Entgelt auf dem Fußboden. Camping ist illegal und birgt die Gefahr in sich, auf Landminen zu treten. Zu beachten ist außerdem, dass jeglicher motorisierter Verkehr Fahrrädern übergeordnet ist. Man muss deshalb jederzeit damit rechnen, dass nur ein verzweifelter Sprung in den Straßengraben die Rettung vor heranpreschenden Fahrzeugen sicherstellt.

Ein paar Anbieter vermieten inzwischen auch Elektrofahrräder, was ganz unterhaltsam sein kann – aber nicht unbedingt für schnelleres Vorankommen sorgt.

Gruppenreisen

Wer nur wenig Zeit oder keine Lust hat, eine Rundreise selbst zu arrangieren, kann sich einer **organisierten Tour** anschließen und auf diese Weise die wichtigsten Sehenswürdigkeiten des Landes mit minimalem Organisationsaufwand besichtigen. In steigender Zahl bieten Reisebüros und Veranstalter in Phnom Penh (s. S. 159) und Siem Reap (s. S. 218) individuelle Touren an, sodass weder feste Abfahrtszeiten zu beachten noch Absagen wegen zu geringer Teilnehmerzahl zu befürchten sind. Die Preise unterscheiden sich je nach Unterkunft, Reiseziel und Aktivitäten vor Ort. Als Kalkulationsgrundlage sind mindestens US$120 pro Person und Tag plus Verpflegung anzusetzen. Im Preis enthalten sind der Transfer in klimatisierten Fahrzeugen, Reiseleitung und Übernachtung.

Eine preiswertere Alternative zu derartigen Touren sind die Transport- und Unterkunftsangebote der etablierten Gästehäuser in Phnom Penh. Diese befördern Touristengruppen mit privaten Bussen nach Siem Reap oder Sihanoukville und lassen dort ihre Geschäftspartner für die Unterbringung und Besichtigungen Sorge tragen. Mit US$25–30 pro Person und Tag ist zu rechnen.

Übernachtung

Unterkünfte sind in der Regel leicht zu finden, und selbst in den Provinzstädten stehen einfache Gästehäuser und bescheidene Hotels zur Verfügung. Phnom Penh, Siem Reap und Sihanoukville verfügen über ein breit gefächertes Angebot an Unterkünften aller Preislagen, und auch viele andere Städten haben inzwischen ein paar schicke Hotels. Abseits der gängigen Touristenpfade gibt es ein, zwei einfache Gästehäuser, aber ansonsten meist nicht viel mehr.

Die Fahrer der Straßentransportmittel setzen Passagiere auf Wunsch an einem bestimmten Gästehaus ab oder schicken sie zumindest in die richtige Richtung.

In den Touristenzentren passen zahlreiche Schlepper die eintreffenden Verkehrsmittel ab, um Reisende „kostenlos" zu Unterkünften zu befördern, von denen sie Provisionen beziehen, doch natürlich kann man sie einfach ignorieren und eigene Wege gehen. Ähnlich verhält es sich mit Tuk-Tuk- und Motofahrern, die in touristenstarken Gegenden von Gästehäusern Provisionen in Höhe von 1000–2000 Riel erhalten (die dann auf den Zimmerpreis aufgeschlagen werden können), wenn sie Gäste herbeischaffen.

Für gewöhnlich akzeptieren Budgetunterkünfte keine Buchungen, mit der Verbreitung des Internets sind einige Unterkünfte in den großen Touristenzentren dazu übergegangen, auch Reservierungen anzunehmen. Außerdem holen sie Gäste auf Wunsch vom Bus, Schiff oder Flughafen ab.

Die Zimmer der einfachsten Unterkünfte heißen im Hoteljargon entweder *moi kreh* (ein Bett) oder *bpee kreh* (zwei Betten), was besagt, dass sie mit einem oder zwei Doppelbetten ausgestattet sind. Wenn das Zimmer bezahlt ist, schert sich niemand darum, wie viele Personen sich dort zusammen einquartieren. Unterkünfte der Mittelklasse bieten in der Regel herkömmliche Einzel- und Doppelzimmer an, doch in Häusern der unteren Kategorie können die Zimmer mit einem bis vier Doppelbetten ausgestattet sein. Gehobenere Hotels bieten den gängigen internationalen Standard. Frühstück ist in Mittelklasse- und Luxushotels immer häufiger im Preis inbegriffen – beim Einchecken nachfragen. Gästehäuser abseits der Touristenströme bieten meist keine Mahlzeiten an.

In vielen Hotels gibt es in den Zimmern einen Safe für Wertsachen. Auch die Gästehäuser der touristischen Zentren nehmen gewöhnlich die Wertgegenstände ihrer Gäste in Verwahrung. Überall ist es üblich, die Rechnungen vor der Abreise zu begleichen und nicht schon bei der Ankunft Zahlungen zu leisten.

Preiswerte Unterkünfte

In ganz Kambodscha kosten einfache Budgetzimmer US$4–5 pro Nacht. Im schlimmsten Fall können es winzige fensterlose Kammern mit papierdünnen Wänden sein, in denen ein Doppelbett mit Nylonbettdecke steht und die mit Laken, Handtuch und elektrischem Ventilator ausgestattet sind. In dieser Preiskategorie gibt es gewöhnlich nur Toiletten und Waschräume, die sich die Gäste teilen müssen. Die Laken sind in der Regel sauber, doch da die Decken nicht zwangsläufig gewechselt werden, empfiehlt es sich, einen Sarong oder ein Laken im Gepäck zu haben. Außerhalb von Phnom Penh und Siem Reap sollte ein Moskitonetz gestellt werden – ist dies nicht der Fall, unbedingt danach fragen.

Der Standard von Toiletten und Waschräumen, ob nun im Zimmer oder auf dem Gang, schwankt beträchtlich, inzwischen gibt es aber in der Regel westliche Toiletten und zumindest eine kalte Dusche. Nur in wirklich abgelegenen Orten findet man mitunter noch Hocktoiletten und *mandi* – Becken mit kaltem Wasser, das man sich mit einer Schöpfkelle über den Körper gießt und in die man nicht hineinsteigen darf, weil auch andere das saubere Wasser benutzen wollen. In touristischen Gegenden sowie in den meisten Städten wird Komfort in Form eines separaten Bads mit Handtuch, Toilettenpapier und Seife geboten.

Selbst in der Budgetkategorie gibt es erhebliche Qualitätsunterschiede und für nur US$5 oder etwas mehr ist es durchaus möglich, Zimmer mit Baumwolllaken (im feuchten Klima Kambodschas angenehm), Fernseher und mitunter Kühlschrank zu finden. Für noch einige Dollars mehr sind in der Regel eine Decke und eine heiße Dusche inbegriffen. In den wichtigsten Touristenzentren werden immer mehr Zimmer mit einer Klimaanlage ausgestattet, die man nach eigenem Ermessen nutzen oder auch abstellen kann. Bei Benutzung wird ein Aufschlag von US$5–10 auf den Übernachtungspreis fällig, um die Stromkosten zu decken.

Gästehäuser machen den Löwenanteil unter den Budget-Unterkünften in Kambodscha aus, weichen in Stil und Aufmachung aber stark voneinander ab. Am wenigsten verlockend wirken einstöckige Establissements, die mit nebeneinander gereihten und durch Sperrholz abgetrennten Zimmern eher an Ställe erinnern. Diese Art von Gästehäusern findet man gewöhnlich in der Nähe von Verkehrshaltestellen. Überwiegend aber haben Gästehäuser – vor allem in den Stadtzentren – die Gestalt unpersönlicher Betonbauten, die zwar sauber sind, jedoch keine Behaglichkeit ausstrahlen. Gelegentlich aber findet man noch traditionelle Pfahlhäuser aus Holz, die zwar nicht mit Klimaanlagen oder Zimmern mit Bad aufwarten können, dafür jedoch durch das angenehme Baumaterial und attraktive Balkonbereiche sehr gemütlich wirken. Es ist zu beachten, dass die Grenze zwischen Gästehäusern und billigen Hotels in Kambodscha mitunter etwas verschwimmt. So werden beispielsweise in den „Guesthouses" von Siem Reap Preise verlangt, die an die der billigeren Hotels heranreichen.

Der Tourismus in Kambodscha hat stark angezogen und auch die jüngeren Kambodschaner haben ihre Lust am Reisen entdeckt. Als Folge davon, und um den Boom nicht zu verschlafen, entstehen in den meisten Orten jede Menge neue Gästehäuser. Sie sind für gewöhnlich sauber, aber einfach, kosten pro Nacht US$5–10 (je nachdem, ob mit Ventilator ausgestattet oder klimatisiert) und ersetzen nach und nach die alten düsteren Absteigen. Ein weiteres Indiz für den Anbruch einer neuen Zeit ist, dass vereinzelte Budgetunterkünfte jetzt auch Kreditkartenzahlung akzeptieren, verlassen sollte man sich jedoch nicht darauf.

Mittlere Preisklasse

Die Unterkünfte der Mittelklasse weisen ein breites Preisspektrum auf, das von ca. US$15 bis US$80 reicht und sich durch Zimmer sehr unterschiedlicher Qualität erklärt. Vor der Einquartierung sollte man sich getrost einige Zimmer zeigen lassen. Am unteren Ende der Preisskala sind die Räume meist mit Bad, heißer Dusche, Klimaanlage, TV und Kühlschrank ausgestattet. Mit steigendem Preis wird die Einrichtung vornehmer, und möglicherweise kommt sogar eine richtige Badewanne hinzu; außerdem ist das Frühstück meist inbegriffen.

Hotels mit Zimmerpreisen über US$25 akzeptieren in der Regel Kreditkarten, erheben jedoch manchmal eine Gebühr von ca. 4%. Es lohnt sich zu prüfen, ob Steuern und Bedienungsgelder im Preis inbegriffen sind, da beide zusammen die Rechnung um 20% erhöhen.

In dieser Preiskategorie finden sich auch einige der besseren Gästehäuser. Oftmals liegen sie kaum unter Hotelstandard, aber ihre Besitzer treffen diese Einstufung bewusst, da sie nicht den umfassenden Service eines Hotels bieten können (z. B. eine durchgehend besetzte Rezeption) oder auch um die Hotelsteuer zu sparen.

Luxusklasse

Unterkünfte der Luxusklasse mit Preisen von mehr als US$80 pro Nacht für ein Doppelzimmer gibt es inzwischen nicht nur in Phnom Penh, sondern auch in Siem Reap, Battambang, Sihanoukville and Kep. Es empfiehlt sich zu reservieren, da diese Hotels bevorzugt von Konferenzteilnehmern und Gruppenreisenden genutzt werden und ausgebucht sein können.

Neben großen bequemen Zimmern gibt es in diesen Häusern Restaurants und Bars, meist einen Swimmingpool, und das Zimmer verfügt oft über WLAN oder einen anderen Internetzugang. Die Spitzenhotels dieser Kategorie verfügen über mehrere Restaurants, diverse Bars, Geschäfte, Sport- und Wellnesseinrichtungen und können sich mit den besten internationalen Hotels messen.

Zimmerpreise

Die Unterkünfte sind in diesem Reiseführer nach den unten genannten **Preiskategorien** eingestuft. Sie beziehen sich auf den Minimalpreis, der für ein Doppelzimmer mit Bad (in unteren Kategorien aber nicht unbedingt mit Warmwasser) in der betreffenden Unterkunft zu entrichten ist. Stehen Schlafsäle zur Verfügung, so wird im Text der Preis für ein Bett in Riel oder Dollar genannt; üblich sind US$1–2.

Zimmer oberhalb der Kategorie ❹ sind fast nur in Phnom Penh, Siem Reap und Sihanoukville zu finden.

Preiskategorien

❶	unter US$5
❷	US$5–10
❸	US$10–15
❹	US$15–25
❺	US$25–50
❻	US$50–80
❼	US$80–140
❼	US$140–200
❾	über US$200

Verhaltenstipps

Begrüßung

Die traditionelle kambodschanische Grußform *sompeyar* ist eine Geste der äußersten Höflichkeit und zugleich eine Respektbezeugung. In der vollendeten Form liegen die Handflächen mit nach oben gerichteten Fingern in Brusthöhe vor dem Körper, während sich der Kopf wie bei einer angedeuteten Verbeugung leicht nach vorn neigt. Beim Gruß an Mönche aber sollten die Handflächen vor das Gesicht und bei der Respektbezeugung vor Buddha (oder dem König) vor die Stirn geführt werden. Der *sompeyar* gebührt allen, die älter sind als man selbst, und Kinder lernen ihn bereits in ihrer frühesten Lebenszeit. In jüngerer Vergangenheit hat sich zwischen einheimischen Männern sowie Kambodschanern und Ausländern auch der Handschlag eingebürgert, doch Frauen zeigen bei der Begrüßung von Ausländern noch immer den *sompeyar*.

Kleidung

Überall im Land erfahren Reisende mehr Respekt, wenn sie **gut angezogen** sind. Kambodschaner achten auf unaufdringliche Kleidung. Männer tragen gewöhnlich Hemd und lange Hose, und Frauen wählen lieber Bluse als T-Shirt und achten darauf, dass ihr Sarong oder Rock bis über die Knie hinabfällt, obwohl Frauen in Phnom Penh inzwischen auch häufiger Hosen oder Jeans tragen und die jüngeren knappere Oberteile. Bei formellen Anlässen tragen Männer Jackett und Krawatte, Frauen hingegen einen traditionellen Sampot – einen knöchellangen Wickelrock, in den man hineinsteigt und dann an der Hüfte faltet und zusammensteckt. Als Tourist sollte man also keine knappe Kleidung oder kurze Hosen tragen, es sei denn am Strand – doch selbst dort wird man angestarrt, denn Kambodschanern würde es nicht im Traum einfallen, nackte Haut zu präsentieren: Sie gehen nach wie vor vollkommen bekleidet schwimmen. In Angkor sind die Normen aufgrund des gewaltigen Touristenandrangs ein wenig gesunken, sodass dezente Shorts nicht mehr unbedingt Naserümpfen hervorrufen, doch in Tempeln sollte man darauf verzichten und unbedingt die Schultern bedeckt halten.

Besonders bei der **Besichtigung von Pagoden** ist es wichtig, Kleidung zu tragen, die Schultern und Beine bedeckt. Kopfbedeckungen sollten am Pagodentor abgenommen und Schuhe vor dem Betreten eines Innenraums abgelegt werden (auch in Privathäusern zieht man die Schuhe aus). Wer sich auf den Fußboden einer Pagode setzt, muss die Beine zur Seite schlagen, damit die Fußsohlen nicht in die Richtung des Buddhabildnisses zeigen, auf das man auch nicht mit dem Finger deuten darf (diese Regeln gelten jederzeit und überall auch in der Begegnung mit Menschen).

Weitere Verhaltensregeln und kulturelle Besonderheiten

Kambodschaner sind zurückhaltende Menschen und finden öffentliche Zurschaustellung von Zuneigung anstößig. Vor allem in den Provinzen sind die Menschen sehr konservativ, was in noch stärkerem Maße für die Chunchiet gilt. Händchen halten oder untergehakt spazieren gehen ist zwar eine übliche Freundschaftsgeste zwischen Männern oder Frauen, doch zwischen Angehörigen unterschiedlicher Geschlechter ist dies vollkommen unakzeptabel, denn selbst miteinander Verheiratete berühren einander in der Öffentlichkeit nicht.

Kambodschanische **Frauen**, die Wert auf ihren guten Ruf legen, gehen nicht zum Trinken oder Tanzen aus und zeigen sich auch nicht mit einem Mann in der Öffentlichkeit, es sei denn, es ist der Verlobte (und selbst dann ist eine Anstandsperson dabei). Für kambodschanische Männer gelten natürlich andere Anstandsformen, denn man sieht sie überall essen, trinken und feiern. Die Zeiten ändern sich jedoch und vor allem in Phnom Penh (und größeren Städten) manifestiert sich die zunehmend kosmopolitischere Haltung z. B. darin, dass junge Kambodschaner – Männer und Frauen – gemeinsam ausgehen und Frauen sich auch mit Freunden zum Essen in Restaurants treffen.

Da **Mönche** keine Frauen berühren dürfen, sollten Frauen von sich aus auf Abstand achten und sich in öffentlichen Verkehrsmitteln nicht neben Mönche setzen.

Lauter **Ärger** und **Wutausbrüche** führen nicht weit, denn die Khmer finden so etwas peinlich und beginnen zu lachen – nicht um zu provozieren, sondern um ihre Verlegenheit zu überdecken. Besonnenes und ruhiges Verhalten löst Probleme weitaus schneller. Kambodschaner beginnen oft in scheinbar unpassenden Momenten zu lachen, etwa nach einem Unfall oder wenn sie jemanden nicht verstehen – eben um ihre Verlegenheit zu überdecken.

Die Anwesenheit von Ausländern wirkt auf Kambodschaner faszinierend und es gilt keineswegs als unhöflich, Fremde zuweilen sehr intensiv anzustarren. Sie kichern auch über Männer mit Ohrringen, denn in Kambodscha gibt man Jungen einen Ohrring in dem Glauben, dass er gegen das Leiden eines nicht herausgetretenen Hodens hilft.

In Kambodscha ist es schwer, sich eine **Privatsphäre** zu bewahren, denn Kambodschaner verstehen nicht, warum um alles in der Welt jemand allein sein wollte. Oft betrachten sie Ausländer intensiv oder setzen sich ungebeten in ihre Nähe – beides ist nur ein freundlicher Beweis der Bereitschaft, ihnen Aufmerksamkeit zuteil werden zu lassen; es wird nicht lange dauern, bis sie weitergehen.

Jemanden mit fuchtelnden Händen herbeizuwinken – beispielsweise den Kellner – gilt als äußerst unhöflich. Stattdessen streckt man den Arm mit nach unten gerichteter Hand aus und bewegt die Finger einige Male in Richtung der Handfläche, so als wolle man etwas greifen.

Versicherungen

Reiserücktrittskostenversicherung

Bei pauschal gebuchten Reisen ist eine Reiserücktrittskostenversicherung meist im Preis inbegriffen (nachfragen). Wer individuell plant, muss sich um die Absicherung dieses Risikos selbst kümmern. Einige Reisebüros bieten Versicherungen an oder vermitteln den Abschluss. Reiserücktrittskostenversicherungen müssen in der Regel bis 14 Tage nach der Reisebuchung abgeschlossen werden. Auch bei Krankheit oder Tod eines Familienmitglieds oder Reisepartners ersetzt die Versicherung die Stornokosten der Reise. Eine Reiseunfähigkeit wegen Krankheit muss ärztlich nachgewiesen werden.

Reisegepäckversicherung

Viele Versicherungen bieten die Absicherung des Verlustes von Gepäck an, oft als Teil eines Pakets. Allen Versicherungen ist gemein, dass die Bedingungen, unter denen das Gepäck abhanden kommen „darf", sehr eng gefasst sind. Bei vielen Versicherungen ist etwa unbeaufsichtigtes Gepäck zu keinem Zeitpunkt versichert. Wer eine wertvolle Fotoausrüstung mitnimmt, kann eine Zusatzversicherung abschließen. Tritt ein Schadensfall ein, muss der Verlust sofort bei der Polizei gemeldet werden. Eine zuvor angefertigte **Checkliste**, auf der alle Gegenstände und ihr Wert eingetragen sind, ist dabei hilfreich.

Auslandskrankenversicherung

Eine Auslandskrankenversicherung gehört auf jeden Fall ins Gepäck. Nur wenige private Krankenkassen schließen den weltweiten Schutz im Krankheitsfall ein. Bei Krankheit, speziell Krankenhausaufenthalten, kann sehr schnell eine erhebliche Summe zusammenkommen, die aus eigener Tasche bezahlt werden müsste. Ist man versichert, kann man die Kosten gegen Vorlage der Rechnungen zu Hause geltend machen. Allerdings gibt es Einschränkungen, besonders bei Zahnbehandlungen (nur Notfälle) und chronischen Krankheiten (Bedingungen durchlesen).

Die **Rechnung**, die später bei der Versicherung einzureichen ist, sollte folgende Angaben enthalten:

- Name, Vorname, Geburtsdatum, Behandlungsort und -datum
- Diagnose
- erbrachte Leistungen in detaillierter Aufstellung (Beratung, Untersuchungen, Behandlungen, Medikamente, Injektionen, Laborkosten, Krankenhausaufenthalt)
- Unterschrift des behandelnden Arztes
- Stempel

Auslandskrankenversicherungen werden von nahezu allen großen Versicherern wie der Debeka, Europa, HUK-Coburg oder Allianz und auch von einigen Kreditkartenorganisationen angeboten. Es gibt auch **Jahresverträge**, allerdings decken die meisten nur reisen jeweils bis zu 42 Tagen, manche bis acht Wochen, ab. Die Universa versichert Reisende auf allen Auslandsreisen, die nicht länger als zwei Monate dauert, zu einem Preis von 8 € p. P. pro Jahr (ab dem 60. Lebensjahr 17,80 €). Die Auslands-Krankenschutz-Versicherung des ADAC gilt ein Jahr lang für Reisen von jeweils maximal 45 Tagen und kostet für Mitglieder 11,70 €, sonst 12,80 €.

Visa

Für die Einreise nach Kambodscha ist ein Reisepass erforderlich, der mindestens noch sechs Monate nach der geplanten Ausreise gültig sein muss. Kinder brauchen einen eigenen Pass. Die Pässe sollten ausreichend Platz für die Stempel haben – schon allein das Visum für Kambodscha nimmt eine ganze Seite ein. Den Pass zu verlieren ist höchst ärgerlich. Für die Beantragung eines neuen Passes werden viele Angaben und der Nachweis der Identität benötigt. Deshalb: am besten Pass und Visum nach der Einreise kopieren und getrennt von den Originalen aufbewahren.

Sofern das Visum nicht bereits vor der Reise besorgt wurde, erhalten Deutsche, Österreicher und Schweizer bei der Ankunft an den Flughäfen von Phnom Penh und Siem Reap, an allen Grenzübergängen aus Thailand und Vietnam sowie am Grenzübergang Voen Kham von Laos ein Visum für 30 Tage. Online können unter http://evisa.mfaic.gov.kh **e-Visa** für die einmalige Einreise beantragt werden, allerdings gelten sie nur bei Einreise über die Flughäfen von Phnom Penh und

Siem Reap oder auf dem Landweg über Cham Yeam (Koh Kong). Die Visa sind ab Ausstellungsdatum drei Monate gültig und kosten zusätzliche $5 Bearbeitungsgebühr.

Wer über Land einreist, sollte unbedingt darauf achten, dass der Grenzbeamte den Reisepass mit einem **Einreisestempel** versieht. Ohne diesen Stempel kommt es bei der Ausreise mit großer Wahrscheinlichkeit zu Problemen. In Bangkok besorgen auch Reisebüros das Visum. Die Ausstellung nimmt nur einen Tag in Anspruch. In Berlin ist das Visum in ein bis zwei Tagen erhältlich, auf dem Postweg in einer Woche. Dafür müssen zwei Visa-Anträge (herunterzuladen unter 🖥 www.kambodscha-botschaft.de), zwei Passfotos, 30 € und der Pass per Einschreiben an die Botschaft geschickt werden. Auch ein frankierter und adressierter Rückumschlag muss beiliegen.

Das Touristenvisum, das bei der Einreise ausgestellt wird, kostet US$20 (Passfoto erforderlich) und kann nur einmal um einen Monat verlängert werden. Kambodschanische Beamte verlangen an der Grenze nach Thailand nicht selten 1000 Baht oder mehr (etwa US$25–30), doch wenn man um eine Quittung bittet, reduziert sich dieser Betrag meist auf US$20; mehr dazu s. S. 316.

Ein **Geschäftsvisum** (US$25 plus Passfoto) ist ebenfalls bei der Einreise erhältlich und 30 Tage gültig. Es kann theoretisch unbegrenzt verlängert und auf vielfache Einreisen ausgeweitet werden.

Visumsverlängerung

Visa können nur in Phnom Penh im Department of Immigration, 📞 012/854874, verlängert werden. Es liegt ziemlich ungünstig gegenüber dem Pochentong Airport, 8 km außerhalb der Stadt, 🕐 Mo–Fr 8–11 und 14–16 Uhr.

Die Verlängerung eines Touristenvisums (US$35) dauert offiziell bis zu 28 Tage – eine absurde Situation, da die Verlängerung dann effektiv nur wenige Tage gültig ist. Denn: Das neue Visum tritt bereits mit dem Tag der Beantragung und nicht mit dem Tag nach Ablauf des noch gültigen Visums in Kraft. Aus diesem Grund nehmen fast alle Antragsteller die dreitägige Expressbearbeitung zu US$40 für eine einmonatige Verlängerung in Anspruch. Selbst dann ist die Prozedur zeitraubend, denn es sind mindestens zwei Fahrten zum Flughafen erforderlich. Reisebüros und Gästehäuser der Hauptstadt übernehmen für einige US$ Provision die gesamte Lauferei. Die Überziehung des Visums wird mit US$5 pro Tag geahndet.

Zeit

Die Zeitverschiebung zur Mitteleuropäischen Zeit (MEZ) beträgt +6 Std., zur Sommerzeit (MESZ) +5 Std.

MEZ	Sommerzeit	Kambodscha
17	18	23 Uhr
20	21	02 Uhr
23	24	05 Uhr
02	03	08 Uhr
05	06	11 Uhr
08	09	14 Uhr
11	12	17 Uhr
14	15	20 Uhr

Zoll

Bei der Einreise nach Kambodscha ist eine Zollerklärung auszufüllen, obwohl die Zollbestimmungen sehr lasch gehandhabt werden und das Gepäck selten untersucht wird. Eingeführt werden dürfen 400 Zigaretten (oder das entsprechende Äquivalent in Zigarren oder Tabak), eine Flasche Alkohol und eine „annehmbare" Menge Parfüm.

Es dürfen nicht mehr als US$10 000 Bargeld eingeführt und nicht mehr als 100 000 Riel ausgeführt werden.

Land und Leute

Steckbrief Kambodscha

Fläche Kambodscha ist mit 181 000 km² ungefähr halb so groß wie Deutschland.

Geografie Der Süßwassersee Tonle Sap bedeckt gut 5% der Landesfläche. Höchste Erhebung des Landes ist mit 1771 m der Gipfel des Phnom Aural in den Kardamom-Bergen.

Bevölkerung Von den rund **14 Millionen** Einwohnern des Landes sind 90% Khmer, die restlichen 10% setzen sich aus Chinesen und Vietnamesen (gemeinsam rund 6,5%), Cham (2,5%) und Chunchiet (1%) zusammen.

Religion 95% der Bevölkerung bekennen sich zum **Theravada-Buddhismus,** die übrigen 5% folgen Riten des Animismus und der Ahnenverehrung. Die Cham sind Moslems.

Politisches System Kambodscha ist eine **konstitutionelle Monarchie** mit einer gewählten Regierung.

Wirtschaft Das jährliche **Pro-Kopf-Einkommen** liegt derzeit bei US$480; damit gehört Kambodscha zu den ärmsten Ländern der Welt. Die durchschnittliche Lebenserwartung beträgt nur 57 Jahre.

Geschichte

Das Fehlen schriftlicher Aufzeichnungen macht die Erforschung der Geschichte Kambodschas schwierig. Die Texte, die zu Angkors Zeiten ganze Bibliotheken füllten, waren auf gegerbtem Leder oder Palmblättern niedergeschrieben, doch da spätere Generationen keine Abschriften anfertigten, ging alles verloren. Die Inschriften der Steinstelen in Tempeln schildern häufig nur Aspekte des Tempellebens und für die Zeit nach Angkors Niedergang mussten selbst diese Informationen in mühevoller Kleinarbeit zusammengetragen werden. Dank der Stelen und alter chinesischer Reiseberichte konnten Historiker die kambodschanische Geschichte zumindest stückweise bis ins späte 13. Jh. rekonstruieren, große zeitliche Lücken haben jedoch die Beschreibungen, die ausländische Kaufleute und westliche Missionare ab dem 16. Jh. hinterließen. Die Franzosen verfassten später zwar detaillierte Aufzeichnungen über die Zeit ihres Protektorats, jedoch fielen diese größtenteils dem Zerstörungseifer der Roten Khmer zum Opfer. Vieles liegt deshalb im Dunkeln, und obwohl gesicherte Eckpunkte Hinweise auf mögliche geschichtliche Entwicklungen geben, werden etliche Details wahrscheinlich niemals endgültig geklärt werden können.

Frühgeschichte

Die bislang nicht ausgegrabenen **frühesten Siedlungen** Kambodschas gehen auf die Zeit um 6800 v. Chr. zurück und lagen in den Küstengebieten, da dort die Gefahr jährlicher Überschwemmungen geringer war und stets genügend Nahrungsmittel zur Verfügung standen. Um 4300 v. Chr. siedelten Sammler und Jäger in den Höhlen von Leang Spean nordwestlich von Battambang, wo sie Trockenreis anbauten und Tongefäße herstellten, deren Form und Ornamentik in verblüffender Weise den heutigen Produkten ähneln. Die Freilegung **neolithischer** Siedlungen in Samrong Sen (Zentral-Kambodscha) hat Hinweise erbracht, dass bereits um 2000 v. Chr. Nutzvieh gehalten und Ackerbau betrieben wurde. Als 500 Jahre später das Bronzezeitalter anbrach, beherrschten die Einwohner die Kunst des Kupfer- und Zinnschmelzens – die Metalle stammten vermutlich aus dem heutigen Thailand. Um 500 v. Chr. gelangte eine wohlhabende **Eisenzeit**-Zivilisation zur Blüte, die Ackerbauwerkzeuge und Waffen produzierte sowie überlieferte Techniken zur Bearbeitung von Keramik, Metall und Glas verfeinerte. Die Bevölkerung spaltete sich allmählich auf: Während die Hochlandbewohner auf die Regenzeit vertrauten, um Reis anzubauen, kultivierten die Tieflandbewohner Flusstäler und Küstenstreifen, um die jährlichen Überschwemmungen zur Speicherung von Wasservorräten zu nutzen. Mithilfe dieser Reserven konnten sie ihre Felder das gesamte Jahr über bewässern und so den durch Sedimentablagerungen fruchtbaren Boden auch in der Trockenzeit bewirtschaften.

Funan

Um das 1. Jh. n. Chr. wurden Händler durch sich befehdende Stämme gezwungen, nach Alternativen zu den etablierten Handelswegen zwischen China und Indien zu suchen. Auf dem Weg entlang der Küste landeten sie mit ihren Booten schließlich in **Oc Eo** im Staate Funan am Golf von Siam (im heutigen Vietnam). Dort siedelten dunkelhäutige Menschen mit lockigen Haaren vom Stamm der **Khmer**, deren Vorfahren von Norden her den Mekong entlanggezogen waren und die die Urahnen der heutigen Einwohner Kambodschas sind.

Seine früheste Erwähnung findet das Reich Funan in chinesischen Chroniken des 3. Jhs., und Gelehrte vermuten, dass die Bezeichnung durch eine sinisierte Ableitung des alten Khmer-Wortes *bnam* („Berg") entstand. Alte chinesische Schriften berichten von Funans wohlhabender, indisch beeinflusster Gesellschaft, deren hölzerne Pfahlbauten mit Palmblättern gedeckt waren und die ihre Sprache Khmer in Sanskrit niederschrieb. Die frühen Siedler erlernten von indischen Händlern Techniken zur Wasserversorgung der Wohnbereiche, bauten Leitungen zur Abwasserentsorgung und Bewässerungssysteme für die Nassreisfelder, legten schiffbare Kanäle an und errichteten den großen Binnenhafen Angkor

Borei – und natürlich zogen sie ihren Vorteil aus der errichteten Infrastruktur, denn einlaufende Schiffe mussten Gebühren für die Benutzung der zu den Kaianlagen führenden Kanäle, die Liegeplätze und die Versorgung mit Trinkwasser zahlen. Im Hafenbereich standen riesige Hallen für die Zwischenlagerung von kostbaren Waren wie Tierhäuten, Nashorn-Hörnern, Gewürzen und Gold.

Im Gefolge indischer Händler trafen Brahmanen ein, und die hinduistischen Priester konnten viele Funanesen zum Hinduismus bekehren. Funans reiche Bürger machten sich durch die Finanzierung von Tempeln verdient, und die Armen erwarben Ansehen durch körperliche Arbeitsleistungen. Im 5. Jh. waren viele Berggipfel Funans von Schreinen gekrönt, und die Herrscher bekundeten mit dem Namenszusatz -*varman* ihre Funktion als „Schutzherren".

Doch Funan legte den Grundstein zum eigenen Untergang, als es seine Position als unanfechtbar wähnte und im späten 5. Jh. oder frühen 6. Jh. die ohnehin schon hohen Hafenzölle noch weiter nach oben schraubte. Als neue Häfen entlang der Küste den Wettbewerb aufnahmen, brachen Fehden aus, die den Staat Funan unterhöhlten, bis er im Laufe des 6. Jhs. endgültig auseinanderbrach. Eine der letzten Erwähnungen findet Funan in einer chinesischen Chronik von 539, die davon kündet, dass König Rudravarman I. dem chinesischen Kaiser ein lebendiges Nashorn sandte.

Zhenla

Im späten 6. Jh. erklärte das nördliche Zhenla, ein ehemaliges Schutzgebiet Funans, seine Unabhängigkeit. Es gibt so gut wie keine verlässlichen Informationen über jene Epoche, und was mühsam recherchiert werden konnte, stammt ausschließlich aus chinesischen Quellen. Wissenschaftler vermuten, dass die alten Chinesen mit dem Namen *Zhenla* Teile des heutigen Kambodschas bezeichneten, doch es bleibt ungeklärt, ob und in welchem Ausmaß sich Zhenla und Kambodscha überlappten.

Der Name Funan tritt in den Überlieferungen ab dem 7. Jh. nicht mehr in Erscheinung. Zu jener Zeit hatte **Bhavavarman I.** bereits seine Hauptstadt in Sambor Prei Kuk in der Provinz Kompong Thom eingerichtet. Sein Nachfolger **Ishanavarman I.** regierte von 610 bis 625 und gründete die Stadt Ishanapura, die er nach indischer Gepflogenheit mit seinem Namen und der sanskritischen Endung -*pura* für „Stadt" benannte. Sein Staatsstempel, die Südgruppe von Sambor Prei Kuk, war damals trotz relativ bescheidener Ausmaße der größte ganz Südostasiens. Aus Holz und Backstein erbaut, haben nur wenige Tempel dieser frühen Periode bis heute überdauert – Sambor Prei Kuk ist von allen noch am besten erhalten. Obwohl Ishanavarman erst im fortgeschrittenen Alter die Königswürde erlangte, scheint er seinem Herrschaftsgebiet viele kleinere Staaten einverleibt zu haben. Von seinem Sohn und Nachfolger **Bhavavarman II.** ist nichts bekannt.

Ishanavarmans Urenkel **Jayavarman I.** (635–681) herrschte über ein Gebiet, das sich mindestens von Battambang bis Prey Veng erstreckte. Obwohl unter seiner Herrschaft zahlreiche Tempel entstanden, kann ihm kein spezielles Heiligtum zugeordnet werden, und auch seine Hauptstadt ist bis heute nicht nachgewiesen – jeder König tendierte dazu, eine eigene Hauptstadt zu bauen. Inschriften deuten an, dass er ein fähiger Kriegsherr war, der sein Territorium ausweitete, doch wurde er schließlich von Invasoren getötet, die wahrscheinlich aus Java kamen. Die Nachfolge trat zunächst sein Schwiegersohn an, der jedoch alsbald von Jayavarmans Tochter **Jayadevi** abgelöst wurde, die zu den nur wenigen Königinnen der kambodschanischen Geschichte zählt, obwohl Frauen stets gleichberechtigt waren und Besitzstand traditionell an die weibliche Nachkommenschaft vererbt wurde.

Im 8. Jh. war Zhenla in zwei Staaten gespalten, das höher gelegene Land-Zhenla und das küstennahe Wasser-Zhenla. Nur wenig ist über jene Aufspaltung und die anschließende historische Entwicklung bekannt. Ende des 8. Jhs. ergriff **Jayavarman II.** auf ungeklärte Weise die Macht. Er kam vermutlich aus dem Süden, denn eine heute im Nationalmuseum von Bangkok aufbewahrte Inschrift aus dem 11. Jh. berichtet, dass er „eine Zeitlang am Hofe Javas weilte". Im Jahre 795 schwang er sich zum Herrscher über ein Königreich namens **Kambujadesa** auf, und nachdem er seinen Hofstaat nicht weniger als fünfmal verlagert hatte, ließ er sich 802 am **Phnom Kulen** nordöstlich von Siem Reap endgültig nieder.

Das Großreich Khmer (Angkor)

Die Ankunft Jayavarmans II. am Phnom Kulen besiegelte die Machtverlagerung an den Ort, der später als Angkor bekannt und zur Hauptstadt des **Khmer-Reiches** wurde, und sie kennzeichnet zugleich den Beginn der **angkorianischen Epoche**, obwohl die Tempelanlagen, die heute dem angkorianischen Stil zugeordnet werden, später errichtet wurden.

Bis zum 12. Jh. waren die Khmer-Könige Anhänger des Hinduismus, und zu ihren wichtigsten Pflichten zählte die Errichtung von Tempeln. Sie wurden als Palast des Gottes betrachtet, dem sie geweiht waren – überwiegend Shiva, und man glaubte, dass der König bei seinem Tode mit dem Gott zu einer Einheit verschmolz. Deshalb wurden Tempel eines Machthabers selten von seinem Nachfolger benutzt. Stattdessen begann der nächste Monarch mit einem Tempelbau an einem anderen Ort, was auch die ständige Verlegung der Hauptstadt während der Angkor-Epoche erklärt. Diese enormen Bautätigkeiten verschlangen stets gewaltige finanzielle Mittel für Material und Arbeitskräfte. Einige Tempel konnten nicht mehr vor dem Tod des jeweiligen Königs fertiggestellt werden; in diesem Fall ließ ein Nachfolger den Bau für seinen eigenen Gebrauch beenden.

Die wenigen Kenntnisse, die über Jayavarman II. vorliegen, der 802–850 regierte, stammen aus Inschriften, die erst zwei Jahrhunderte später verfasst wurden, als sein Andenken in hohen Ehren stand. Es sind jedoch keine Überlieferungen bekannt, die jenen Ruf erhärten. Die größte Leistung seiner Regentschaft war die Einrichtung des **Devaraja-Kultes** (s. Kasten S. 222), der über 500 Jahre lang von höchster Bedeutung blieb. Jayavarman II. verlegte später seinen Hof von Phnom Kulen nach Hariharalaya, dem heutigen Roluos, wo er auch verstarb. Nachfolger war sein Sohn **Jayavarman III.**, der 850–877 regierte.

Der Aufstieg Angkors

Indravarman I. (877–889) schuf ein Drei-Punkte-Schema, dem auch die meisten späteren angkorianischen Könige folgten: Zunächst zollte er den Wassergöttern Respekt (durch den Bau des Indratataka-Barays in Roluos), baute dann einen Tempel für seine Vorfahren (Preah Ko) und errichtete schließlich einen Tempelberg (Bakong), der ihm als Staatstempel diente und zugleich Stammsitz seiner Devaraja-Gottheit war.

Nach dem Tode seines Vaters stritt **Yasovarman I.** (889–900) mit seinen Brüdern um den Thron, und er scheint seine Herrschaft in kämpferischer Tradition fortgeführt zu haben. Nach Fertigstellung des Tempels Lolei in Roluos verlegte er seinen Hof nach Nordwesten, wo er getreu dem Beispiel seines Vaters auf dem Hügel Phnom Bakheng den ersten Staatstempel im Gebiet von Angkor errichtete. Anschließend ließ er das riesige Östliche Baray ausheben, das über 7 km lang und fast 2 km breit ist. Nachfolger Yasovarmans waren seine beiden Söhne **Harshavarman I.** (900–922), auf den lediglich der kleine Tempel Baksei Chamkrong zurückgeht, sowie **Ishanavarman II.** (922–927), in dessen Regierungszeit als einzige bemerkenswerte Ereignisse die Errichtung des Prasat Kravan in Angkor und Prasat Neing Kmau bei Takeo fielen. Ihr Onkel **Jayavarman IV.** (928–941) war der einzige angkorianische König, der das Gebiet aus der Ferne regierte, denn als er Angkors Thron bestieg, herrschte er bereits rund 150 km östlich von Angkor über einen eigenen Staat mit der Hauptstadt Koh Ker.

Nach dem Tode Jayavarmans IV. bestieg dessen Sohn **Harshavarman II.** (941–944) den Thron. Aber er blieb nur für kurze Zeit an der Macht, bevor er von seinem Vetter **Rajendravarman I.** (944–968), der in Sambor Prei Kuk gelauert hatte, verdrängt wurde. Um die Götter seiner Vorfahren zu besänftigen, ließ er den Tempel Baksei Chamkrong ausschmücken und erneut weihen. Mit dem Östlichen Mebon inmitten des Östlichen Barays und dem Staatstempel Pre Rup entstanden unter seiner Herrschaft zwei mächtige Tempelanlagen. Er übertrug seinem Lehrer Yajnavaraha Landbesitz zum Bau eines Tempels – so entstand das wunderschöne Kleinod Banteay Srei. Außerdem führte er Krieg gegen die Cham aus dem

Staate **Champa** an der Küste Vietnams und annektierte mehrere Nachbarstaaten, die er dem Großreich Khmer als Provinzen eingliederte.

Als er starb, war sein Sohn **Jayavarman V.** (968–1001) gerade erst zehn Jahre alt, und so führten Beamte vorübergehend die Regierungsgeschäfte. Später dehnte Jayavarman V. seine Herrschaft bis in ein Gebiet aus, das im Nordosten des heutigen Thailands liegt. Aus jener Epoche sind bemerkenswert viele Inschriften erhalten, die über Erlasse zu den Tempeln berichten oder wesentlich häufiger noch von Landstreitigkeiten künden, über die der König zu richten hatte. Grausame Strafen erwarteten diejenigen, die er für schuldig befand – ihnen wurden die Nasen, Lippen oder Ohren abgeschnitten, und einer unglückseligen Frau wurde der Kopf unter einem Stein zerquetscht.

Im Jahre 1002 stritten die beiden Rivalen **Jayaviravarman** (1002–10) und Suryavarman I. um die Macht. Jayaviravarman nahm die Arbeiten an dem unter Jayavarman V. begonnenen Staatstempel Ta Keo wieder auf, ohne ihn jedoch vollenden zu können, da die Baustelle vom Blitz getroffen wurde und damit üble Vorzeichen verknüpft waren, die auch durch Zeremonien nicht getilgt werden konnten. Er baute außerdem den Nördlichen Kleang und eine Befestigungsmauer im Nordosten von Angkor Thom, bevor er von **Suryavarman I.** (1011–50) gestürzt wurde, in dessen langer Regentschaft neue Territorien das Königreich vergrößerten und weit entfernte Provinzen wie Lopburi im heutigen Thailand zum Reich gehörten. Suryavarman I. hinterließ ein enormes Erbe: Sein Palast in Angkor war der erste hier, der von Verteidigungswällen umringt war; religiöse Zentren entstanden, darunter Phnom Chisor und Preah Vihear; und auf ihn geht auch das gewaltige Westliche Baray zurück, dessen Ausmaße noch heute beeindrucken.

Obwohl sein Nachfolger **Udayadityavarman II.** (1050–66) alle Hände voll damit zu tun hatte, seine Rivalen in Schach zu halten, blieb ihm Zeit zum Bau des Baphuon, der im Herzen seiner Hauptstadt in der Nähe von Angkor Thom stand. Von seinem Bruder **Harshavarman III.** (1066–80) ist kaum etwas bekannt; chinesische Annalen berichten, dass der Kaiser von China, der die Kambodschaner und Cham als Untertanen betrachtete, ihm 1076 den Befehl gab, sich mit den Cham zu verbünden und gegen die Vietnamesen zu kämpfen. Ab 1080 verschwindet sein Name aus den Aufzeichnungen. Sein Nachfolger **Jayavarman VI.** (1080–1107) war nicht sein natürlicher Erbe, denn er entstammte einer Seitenlinie der königlichen Familie. Unter seiner Regentschaft herrschten friedliche Zeiten, und er begnügte sich damit, bereits existierende Tempelanlagen zu erweitern, statt neue Bauwerke zu errichten, obwohl er eine Rolle beim Bau des eindrucksvollen Tempels Phimai bei Nakhon Ratchasima in Thailand gespielt haben könnte.

Die Blütezeit Angkors

Dharanindravarman I. (1107–13) wurde von seinem Neffen **Suryavarman II.** (1113–50) gestürzt, der durch den Bau des Staatstempels Angkor Wat zum berühmtesten König Angkors aufstieg. Sieht man über geringfügige Erschütterungen hinweg, so begann mit seiner Regentschaft das goldene Zeitalter Angkors. Damals erlangte das Reich seine größte Ausdehnung; es erstreckte sich von Champa im Osten bis nach Pagan (im heutigen Myanmar) im Westen und reichte vom Norden Thailands bis zur Malaiischen Halbinsel im Süden. Als kluger Diplomat erneuerte Suryavarman II. die Handelsbeziehungen zu China, die seit dem 8. Jh. geruht hatten, und als fähiger Kriegsherr tat er sich in ruhmreichen Schlachten gegen die Vietnamesen hervor. Er zwang die Cham auf seine Seite und band den Nachbarstaat eng an sein Reich, indem er dort einen König seiner Wahl einsetzte.

Es ist unklar, ob tatsächlich **Dharanindravarman II.** (1150–60) seine Nachfolge antrat. Manche Gelehrte bezweifeln, dass er jemals Angkors Thron bestieg, und vermuten vielmehr, dass er lediglich über ein unabhängiges kleines Gebiet der Region herrschte. Er war der erste Khmer-König, der sich zum Buddhismus bekannte, doch er versuchte seine Untertanen nicht zu bekehren. Der Bau von Preah Palilay und (weniger gesichert) die Ausschmückung von Banteay Samre und Beng Mealea mit buddhistischen Skulpturen werden seiner Regentschaft zugeschrieben. Sein Nachfolger **Yasovarman II.** (1160–65) stiftete keine neuen Bauwerke, sondern setzte die Projekte seiner Vorgänger fort und ließ in Roluos umfangreiche Restaurierungen durchführen. Im Jahre 1165 riss **Tribhuvanadityavarman** (1165–77) den Thron an sich, doch zwölf Jahre später wurde er von den eindringenden Cham getötet, die Angkor Thom plünderten und für kurze Zeit den Cham-Prinzen Jaya-Indravarman IV. auf den Khmer-Thron brachten.

Jayavarman VII., dem Sohn Dharanindravarmans II., blieb es vorbehalten, den Status quo wiederherzustellen. Er führte seine Truppen gegen die Cham in den Krieg und besiegte sie in einer blutigen Seeschlacht auf dem Tonle Sap, an die bis zum heutigen Tage die Flachreliefs des Bayon erinnern. Nachdem Angkor ein weiteres Mal zurückerobert und Champa erneut annektiert war, ordnete Jayavarman das Königreich neu. Bereits 1181 hatte er Angkor Thom wieder aufgebaut und das Reich in genügendem Maße gefestigt, um sich selbst als Devaraja (Gottkönig) ausrufen zu lassen. Er herrschte nicht nur souverän über ein gewaltiges Reich, das fast die Ausmaße des Imperiums Suryavarmans II. erreichte, sondern profilierte sich auch als großer Tempelbauer und errichtete unter anderem Ta Som, Preah Khan, Banteay Chhmar und Neak Pean sowie als Staatstempel den Bayon, der dem Mahayana-Buddhismus geweiht wurde (wie sein Vater war auch Jayavarman VII. überzeugter Buddhist). Unter seiner Herrschaft erhielt Angkor Thom nicht nur seine starken Befestigungswälle, sondern auch die von Göttern und Dämonen gesäumten mächtigen Dammwege, darüber hinaus ließ er Banteay Kdei und Srah Srang restaurieren und Bewässerungssystem ausbauen. Auch die berühmte Elefantenterrasse und die Terrasse des Leprakönigs gehen auf seine Zeit zurück. Eine Inschrift von 1186 am damals frisch geweihten Heiligtum Ta Prohm listet einige seiner Wohltaten auf und verweist unter anderem auf 102 Krankenhäuser sowie 121 „Feuerhäuser" (Rasthäuser für Reisende), die er verstreut über das gesamte Reich errichten ließ.

Der Niedergang Angkors

Nach dem Tod Jayavarmans VII. begann das Reich zu zerbröckeln; offenbar trugen Jayavarmans gewaltige Bauprojekte nicht unwesentlich zum Niedergang bei, da sie die finanziellen Möglichkeiten des Königreichs erschöpft hatten. Nur wenig ist von den beiden folgenden Königen **Indravarman II.** (1219–43) und **Jayavarman VIII.** (1243–95) bekannt. Als die Mongolen nach Südostasien vordrangen, entrichtete Jayavarman VIII. offenbar in kluger Einschätzung der gefährlichen Lage Tribute an Kublai Khan, doch er erwies sich auch als fanatischer Hindu, der die Verantwortung für die skrupellose Zerstörung vieler buddhistischer Bildnisse trägt, die von der Khmer-Kunst geprägt waren.

Der Legende zufolge nahm seine Tochter, die er sehr liebte, das heilige Schwert Preah Khan an sich und überreichte es ihrem Gemahl, zu dessen Gunsten Jayavarman VIII. abdankte. Erwähnung findet diese Geschichte in den Aufzeichnungen des chinesischen Gesandten Chou Ta-kuan, der 1296 ein Jahr in Angkor verbrachte und eine schillernde Beschreibung des Hofes mit seinen Bauten und allem zeremoniellem Prunk hinterließ (s. a. Buchempfehlung auf S. 371). Chous prachtvollen Schilderungen zum Trotz aber zeichnete sich Angkors Niedergang bereits ab. Mitte des 13. Jhs. hatte das Königreich beträchtliche territoriale Verluste hinnehmen müssen, nachdem die Thai die Khmer aus Sukhothai vertrieben hatten und Lopburi seine Unabhängigkeit verkündete. Als im frühen 14. Jh. auch die Cham ihre Unabhängigkeit zurückforderten, war das Königreich der Khmer so geschwächt, dass es den künftigen Invasionen nicht mehr viel entgegenzusetzen hatte, und als Angkor 1432 ein weiteres Mal von den Thai geplündert wurde, kehrte König **Ponhea Yat** dem Gebiet mit seinem gesamten Hofstaat den Rücken. Ponhea Yat machte **Phnom Penh** zum neuen Regierungssitz und gründete dort zahlreiche buddhistische Klöster, von denen manche noch heute existieren.

Lovek und Oudong

Thailändische Quellen geben Anlass zu der Vermutung, dass die Hauptstadt um 1467 noch einmal für kurze Zeit nach Angkor verlegt wurde, doch im frühen 16. Jh. hatte **Ang Chan** (1505 und 1516–56) seinen Hof in Lovek etabliert. Während die Thai vollauf damit beschäftigt waren, drohende Angriffe der vordringenden Burmesen zurückzuschlagen, zog Ang Chan eine schlagkräftige Armee zusammen, mit der er die Thai erfolgreich attackierte und die Kontrolle über Städte wie Pursat und Battambang zurückeroberte, die mit Angkors Niedergang verloren gegangen waren.

Im 16. Jh. trafen die ersten **westlichen Missionare und Forscher** ein. Während die Bekehrungsversuche der Geistlichen kläglich scheiterten, erlangten einige wagemutige Forscher Einfluss in der Khmer-Gesellschaft, namentlich die spanischen Abenteurer Blas Ruiz und Diego Veloso, deren Kenntnisse über Feuerwaffen ihnen letztendlich unter König **Satha** (1575–94) Ehebündnisse mit kambodschanischen Prinzessinnen und die Würde von Provinzgouverneuren eintrugen. Damalige Berichte von spanischen und portugiesischen Kolonialisten von den Philippinen und aus Malakka erzählen von multikulturellen Handelsniederlassungen in Lovek und Phnom Penh mit chinesischen, arabischen, japanischen, spanischen und portugiesischen Vierteln. Durch den Handel mit Gold, Tierhäuten, Elfenbein, Seide und Edelsteinen häufte die Region um diese zwei Städte landesweit den größten Wohlstand an.

Der Khmer-Hof aber sah sich weiterhin vehementen Bedrohungen durch die Thai ausgesetzt. König Satha buhlte um die Hilfe der Spanier, die sich auf den Philippinen festgesetzt hatten, doch als es auch mit ihnen zu Auseinandersetzungen kam, floh er nach Laos, wo er schließlich starb. 1594 fiel Lovek in die Hände der Thai.

Die Könige wechselten nun in rascher Folge. Erwähnung verdient **Chey Chettha**, der seine Hauptstadt in **Oudong** zwischen Phnom Penh und Lovek einrichtete, wo sie für nahezu zweihundert Jahre verblieb.

Gegen Ende des 17. Jhs. rückten die **Vietnamesen** nach Süden vor, zunächst nach Champa und schließlich bis ins Mekong-Delta. Kambodscha war nun zwischen zwei mächtigen Nachbarn eingezwängt, und im folgenden Jahrhundert verschlimmerte die königliche Familie die Situation, weil sie sich in zwei Lager spaltete, die einerseits mit den Vietnamesen und andererseits mit den Thai sympathisierten. Die Krone wechselte beständig, da die jeweilige Opposition jeden neuen Herrscher alsbald stürzte. Das Volk verlor den Respekt vor dem schwachen Königshof und schenkte den Anordnungen aus Oudong keine besondere Beachtung mehr, was die Verteidigungsfähigkeit des Staates gegen die Invasionspläne fremder Mächte untergrub.

1767 wendeten sich die Dinge weiter zum Argen, als ein Thai-Prinz mit der Absicht, eine Exilregierung aufzubauen, in Kambodscha Zuflucht suchte. Der erzürnte Thai-General Taksin rückte mit seinen Truppen vor, zerstörte Phnom Penh und unterwarf Kambodscha für die kommenden Jahrzehnte. Die Thai setzten den sieben Jahre alten Prinzen **Ang Eng** (1779–97) auf den Thron, unterstellten ihn der Vormundschaft eines Thai-Regenten und festigten ihren Einfluss, indem sie Ang Eng für vier Jahre nach Bangkok „einluden". Bei seiner Rückkehr ließ sich Ang Eng in Oudong nieder, wo er 1797 starb. Er hinterließ vier Söhne, und sein Stammbaum hat sich bis in die heutige Zeit verzweigt.

Vorgeschichte des französischen Protektorats

Die Machtrangeleien zwischen Thai und Vietnamesen trieben Kambodscha schließlich dazu, Frankreich um Schutz zu ersuchen, was natürlich eine Vorgeschichte hatte. Ang Engs ältester Sohn und Erbe **Chan** war beim Tode seines Vaters sechs Jahre alt und bestieg erst neun Jahre später den Thron. Die Thai hatten zuvor die Provinz Battambang annektiert, die sich damals bis hinauf nach Siem Reap erstreckte und bis 1907 unter thailändischer Herrschaft verbleiben sollte. Zum Zeitpunkt seiner Krönung vertrat Chan (1806–34) eine leidenschaftlich gegen die Thai gerichtete Haltung. Er bat die Vietnamesen um Unterstützung, die jedoch prompt das gesamte Mekong-Delta annektierten und die Kontrolle über Kambodscha an sich rissen. 1812 verlegte Chan seinen Hof wieder nach Phnom Penh und schickte heimlich Gewährsmänner nach Bangkok, um die dortige Regierung seiner Loyalität zu versichern.

In den 1830er Jahren beschloss Thai-König Rama III., den Einfluss seines Landes auf Kambodscha zu festigen. Als der Tod des vietnamesischen Vizekönigs 1832 zu einem Machtvakuum führte, setzte er unverzüglich seine Truppen in Marsch, um die Vietnamesen aus Kambodscha zu vertreiben – diese aber waren bereits von dort abgezogen und hatten Chan mitgenommen. Die Thai beabsichtigten zunächst, einen seiner beiden im Exil in Bangkok lebenden Brüder als König zu installieren, doch als sie keinen wichtigen Partner für diesen Plan gewinnen konnten, verwarfen sie den Gedanken wieder. Die Vietnamesen hielten Chan unter strikter Obhut und setzten ihn einige Jahre später wieder als Herrscher in Phnom Penh ein, wo er jedoch nach nur kurzer Regentschaft ohne männliche Nachkommenschaft starb. Die Vietnamesen setzten daraufhin Chans zweite Tochter **Mei** (1835–41), die sie für leicht lenkbar hielten, als Königin ein und versuchten, Kambodscha die Kultur und Sitten Vietnams aufzustülpen. Ihre abschätzige Haltung zum Theravada-Buddhismus und das Bestreben, gewaltsam den Gebrauch der vietnamesischen Sprache durchzusetzen, säten im kambodschanischen Volk jedoch so tiefen Widerstand, dass es ab 1836 wiederholt zu anti-vietnamesischen Ausschreitungen kam. Den Vietnamesen riss der Geduldsfaden – sie lasteten ihr eigenes Unvermögen, eine disziplinierte und vietnamesisch geprägte Verwaltung einzurichten, Königin Mei an und verhafteten sie 1840. Obwohl das kambodschanische Volk die von vietnamesischer Seite ernannte Königin nur widerwillig akzeptiert hatte, brodelte nun die Stimmung gegen die fremden Herren in Form neuer Ausschreitungen hoch. Die an der Grenze stationierten Thai-Truppen marschierten ein und vertrieben die Vietnamesen, und trotz sporadischer Scharmützel in den folgenden Jahren erlangte Vietnam niemals wieder die Kontrolle über das gesamte kambodschanische Territorium und zog trat 1847 den vollständigen Rückzug aus dem Gebiet an. Als schon im folgenden Jahr Chans Bruder **Duang** (1848–59) in Oudong im Rahmen einer buddhistischen Zeremonie zum neuen König gekrönt wurde, konnten sich die Kambodschaner nach vielen Jahren vietnamesischer Oberherrschaft endlich wieder als eigenständige Nation fühlen.

Inzwischen hatten die Franzosen in Südostasien Fuß gefasst, doch ihre Versuche, eigene Handelsinteressen in Vietnam durchzusetzen, stießen dort auf schroffen Widerstand. Unter dem Vorwand, dass französische Missionare verfolgt würden, marschierten Frankreichs Truppen ins Mekong-Delta ein und annektierten Vietnams Südprovinzen. Kambodschas Herrscher Duang befürchtete daraufhin eine erneute vietnamesische Invasion und rief die Franzosen zu Hilfe, doch deren diplomatische Gesandtschaft wurde zur Umkehr genötigt, bevor sie Oudong erreichen konnte. Duang starb vor der Aufnahme von Verhandlungen mit den Franzosen, und so blieb es seinem Nachfolger **Norodom** (1859–1904) vorbehalten, im Jahre 1863 einem Abkommen mit den Franzosen zuzustimmen.

Das französische Protektorat

Das von Norodom unterzeichnete Abkommen stellte Kambodscha unter französischen Schutz, doch als Gegenleistung musste das Land umfangreiche Rechte auf den Abbau von Bodenschätzen und Holzbeständen abtreten sowie französischen Staatsbürgern die Freiheit einräumen, sich ungehindert im Lande zu bewegen und das Christentum zu verbreiten. Trotz Unterzeichnung des Vertrags hielt Norodom aber weiterhin an der Doppeltaktik seiner Vorgänger fest, indem er Bangkok umschmeichelte und über geheime Kanäle seiner Loyalität versicherte. Als die Franzosen das doppelte Spielt durchschauten, entzogen sie Norodom das Vertrauen und stellten seine Regierungsfähigkeit in Frage. Da in den Provinzen aber bereits Unruhen gegen Norodom und seine Bindung zu Frankreich aufzuflammen begannen, hielten die Franzosen es für dringend angeraten, die eigene Kontrolle zu festigen. So drängten sie auf einen neuen Vertrag, der es ihnen gestatten sollte, in allen Städten der Provinzen eigene **Beamte** zu installieren und so die Verwaltung des gesamten Staates in die Hand zu nehmen. Landesweit brachen Rebellionen aus, die Frankreich selbst mit Unterstützung durch vietnamesische Truppen nur mit Mühe eindämmen konnte. Als der neue Vertrag 1886 schließlich unterzeichnet wurde, war die Kolonialherren Norodoms Macht längst ausgehöhlt. Die Franzosen kontrollierten nun die gesamte Steuereinziehung und hatten zwei Jahre später in zehn Provinzstädten eigene Regierungsvertreter eingesetzt.

Skrupellos unterstützten die Franzosen Norodoms **Opiumabhängigkeit**, und als der König gegen Ende des Jahrhunderts ernsthaft erkrankte, erhielt der französische *Résident supérieur* (Gouverneur) von Paris die Befugnis zur Ausübung der exekutiven Gewalt. Somit besaß Frankreich noch vor Norodoms Tod 1904 die Regierungsgewalt über Kambodscha. Die neuen Herren übergingen bewusst Norodoms Sohn und natürlichen Erben Monivong und besetzten Phnom Penhs vakanten Thron mit dessen willfährigem Halbbruder **Sisowath** (1904–27), der sich als reiner Marionettenkönig erwies und keinerlei Einfluss auf die politischen Abläufe seiner Zeit hatte.

Im frühen 20. Jh. machten die Franzosen kein Hehl mehr aus ihrer Enttäuschung über die Kambodschaner, die sie als träges und korruptes Volk betrachteten, und kümmerten sich wenig um deren Entwicklung. Wertvollste Hinterlassenschaft ihrer 90-jährigen Herrschaft ist unbestritten der Aufbau des **Verkehrsnetzes** mit mehr als 5000 Straßenkilometer und einer Eisenbahnlinie von Phnom Penh via Battambang zur thailändischen Grenze. Die Schlüsselbereiche in Verwaltung und Wirtschaft aber besetzten sie mit Vertrauensleuten vietnamesischer Abstammung. Vietnamesen führten auch die meisten Kleinbetriebe des Landes und drängten als zuverlässige Arbeitskräfte in freie Bereiche vor, während die schon seit Jahrhunderten in Kambodscha ansässigen Chinesen ihre lukrativen Geschäfte als Bankiers und Kaufleute weiter ausbauten.

In der einheimischen Bevölkerung, die sich benachteiligt fühlte und überdies horrende Steuerlasten zu tragen hatte, verschärfte sich die Stimmung gegen die Franzosen, die jedoch selbstgefällig darüber hinwegsahen. Ein erster Schreck fuhr ihnen in die Glieder, als 1916 Revolten gegen die Besteuerung losbrachen, und blankes Entsetzen herrschte, als Kompong Chhnangs französischer Regierungsvertreter Felix Bardez 1925 bei der Überprüfung eines Provinzdorfes, das sich gegen aufgebürdete Steuerzahlungen auflehnte, von den Einheimischen gelyncht wurde.

Der Zweite Weltkrieg
Japans Vorstoß nach Südostasien veränderte in den Jahren 1941–42 nur geringfügig den Status quo in Indochina. Statt die Verwaltung selbst in die Hand zu nehmen, ließen die Japaner das System der französischen Vichy-Regierung weitgehend unangetastet. Die Thai wiederum, Verbündete der Japaner, nutzten angesichts der verwundbaren französischen Position die Gelegenheit zu Vorstößen auf kambodschanisches Territorium, um die Provinzen Battambang und Siem Reap zurückzuerobern, die sie Anfang des Jahrhunderts eher widerstrebend an das Nachbarland abgetreten hatten.

Die vernichtende Niederlage der thailändischen Kriegsmarine durch die Franzosen zwang die Japaner zur Ehrenrettung der Thai einzugreifen und die französischen Behörden zu drängen, die beiden Provinzen gegen die Zahlung einer symbolischen Summe abzutreten. König **Sisowath Monivong** schob den Franzosen die Schuld am Verlust des Territoriums zu und verkündete, nie wieder mit ihnen kooperieren zu wollen was sich auch bewahrheitete, denn kurz darauf starb er. Japan überließ die Entscheidung über den nächsten König den Franzosen. Auf der Suche nach einem willfährigen Nachfolger drängten diese Monivongs Sohn und Erben ins politische Abseits und protegierten den noch jugendlichen und unerfahrenen Enkel **Norodom Sihanouk**, der im September 1941 nach einer mit vollem Zeremoniell durchgeführten Krönungszeremonie den Thron bestieg.

Trotz ihrer eher passiven Haltung in Indochina schürten die Japaner die verbreitete antikoloniale Stimmung, nicht zuletzt um ihre eigene Anwesenheit zu rechtfertigen. Die Auswirkungen aber sollten sich erst nach der japanischen Kapitulation im August 1945 zeigen, als die französische Verwaltung Kambodschas de facto längst aufgelöst war.

Der Weg in die Unabhängigkeit
Obwohl die Franzosen die Verwaltungsstellen bereits Ende 1945 wieder mit eigenen Leuten besetzt hatten, konnten sie den Vorkriegsstatus nicht wiederherstellen. Schon seit 1944 hatte Thailands Regierung finanzielle Mittel für antijapanische und anti-französische Aktivitäten zur Verfügung gestellt, und hinter den Grenzlinien hatten sich auf thailändischem Territorium antiroyalistische kambodschanische Exilverbände

gebildet. Binnen eines Jahres schlossen sich diese Splittergruppen zum extrem linken Flügel **Khmer Issarak** zusammen, dem zunächst vorwiegend unerfahrene Idealisten angehörten, doch unaufhaltsam wuchs aus deren Reihen eine mächtige bewaffnete Guerillabewegung heran, die in den folgenden Jahren den Unabhängigkeitskampf gegen Frankreich aufnahm. Zwischen 1947 und 1950 erwarben die Khmer Issarak die Kontrolle über 50% des kambodschanischen Territoriums.

Die Ursprünge der Bewegung reichten bis in die 30er Jahre zurück, als mit Phnom Penhs **Lycée Sisowath** die erste Hochschule des Landes den Unterricht aufnahm, deren Studenten schon bald zu hinterfragen begannen, welchen Stellenwert gebildete Kambodschaner in einem Land besaßen, in dem Vietnamesen die mittleren Verwaltungsebenen besetzten. Die neu entstehende Intellektuellenschicht wurde die Zielgruppe der ersten in Khmer publizierten Zeitung *Nagara Vatta* – zuvor waren nur religiöse Schriften in Khmer erschienen. Sie spiegelte die Haltung der Khmer-Nationalisten wider und sprach sich deutlich gegen die ihrer Auffassung nach zu starke Machtstellung von Vietnamesen und Chinesen in der kambodschanischen Gesellschaft aus. Die Herausgeber vertraten die Linie der gebildeten Mönche *(sangka)* des **Institut Bouddhique** in Phnom Penh, das Kambodschas wichtigste buddhistische Einrichtung war und vor der Gründung der Hochschule als primärer Förderer des nationalen Bildungswesens fungiert hatte.

Als sich Sihanouk Ende 1945 mit der Forderung nach Kambodschas endgültiger Unabhängigkeit lautstark zu Wort meldete, stimmte Frankreich, das befürchtete, seine Kontrolle über Indochina zu verlieren, widerwillig freien Wahlen und der Bildung einer Nationalversammlung zu, weigerte sich aber, die volle Unabhängigkeit zu gewähren. Zum ersten Mal in der Geschichte Kambodschas gründeten sich politische Parteien, und 1946 fanden **Wahlen** statt, aus denen die demokratische (und anti-royalistische) Partei Krom Pracheathipodei als klarer Sieger hervorging und nun eine neue Regierung bildete. Kambodscha nahm sich die Verfassung der französischen Republik zum Vorbild, und obwohl Sihanouk den Thron behielt, war er faktisch machtlos. Als Kambodscha Ende 1949 in die teilweise Unabhängigkeit entlassen wurde, behielt Frankreich zunächst die Kontrolle über Rechtsprechung, Zölle, Besteuerung und Außenpolitik sowie das Recht auf militärische Stützpunkte im Land.

Frustriert über seine fehlende politische Macht und die verbliebene Kontrolle Frankreichs über das Land, entmachtete Sihanouk in einem **Staatsstreich** im Juni 1952 das Kabinett, setzte die Verfassung außer Kraft und ernannte sich selbst zum Ministerpräsidenten. Anfang 1953 rief er das Kriegsrecht aus und löste die Nationalversammlung auf. Anschließend trat er „aus gesundheitlichen Gründen" eine Reihe von Auslandsreisen an, die ihn unter anderem nach Paris führten, wo er um den Abzug der Franzosen aus Kambodscha und die volle Unabhängigkeit seines Landes warb, zunächst jedoch ohne Erfolg. Als Frankreich zunehmend in Schwierigkeiten in Vietnam geriet, weil der Kampf gegen die kommunistischen Truppen der Viet Minh immer aussichtsloser wurde, machte Paris eine Kehrtwende und entließ Kambodscha am 9. November 1953 in die volle **Unabhängigkeit**.

Die Ära Sihanouk

Kambodscha bejubelte die Unabhängigkeit und feierte Sihanouk als Nationalhelden. Im folgenden Jahr wurden mit Unterzeichnung des Genfer Abkommens die Bedingungen für den französischen Abzug aus Indochina festgelegt. Zu den Kernpunkten des Abkommens gehörten die Auflösung der Khmer Issarak, die **Neutralität** Kambodschas und die **Teilung Vietnams** am 17. Breitengrad in ein kommunistisches Nord- und ein nicht kommunistisches Südvietnam.

Rasch zeigte sich, dass der geschickte politische Stratege Sihanouk davon überzeugt war, als Vater der Unabhängigkeit das Land auch führen zu müssen, und deshalb wie ein Fähnchen im Wind die Seiten wechseln würde, um seine politischen Ziele zu erreichen. Er unternahm Propagandareisen aufs Land, wo er lange Ansprachen hielt und den Jubel des Volkes genoss, das aus seinem seit Generationen tief verwurzelten Respekt für die Monarchie dem Souverän freundlich begegnete. Dies nährte seine ohnehin große Selbstgefälligkeit und schürte seinen Glauben, dass „seine Kinder" (wie er das Volk nannte) seine Politik unterstützten. Der Mehrheit des Volkes aber hatte die Unabhängigkeit keine Erleichterungen beschert – die in Subsistenzwirtschaft darbenden Bauern mussten wie eh und je harte Überstunden auf den Reisfeldern leisten und litten weiter unter Überschwemmungen und Dürreperioden.

Als es ihm nicht gelang, die Monarchie durch geschickte Auslegung der Verfassung zu stärken, überraschte Sihanouk die Öffentlichkeit 1955 durch die **Abdankung** zugunsten seines Vaters Norodom Suramarit. Er selbst begnügte sich wieder mit dem Titel eines Prinzen und setzte auf die breite Gunst des Volkes, die er als Vater der Unabhängigkeit noch immer genoss, als er mit der **Sangkum Reastr Niyum** („Sozialistische Volksgemeinschaft") eine eigene politische Partei ins Leben rief, die bei den Wahlen von 1955 auch tatsächlich sämtliche Sitze der Nationalversammlung gewann. Von einem fairen Wahlverlauf aber konnte keine Rede sein, auf Anordnung des Königs schüchterte die Armee die Oppositionskandidaten und viele Wähler ein. Außerdem wurden Stimmzettel manipuliert, und auf dubiose Weise gingen Wahlurnen verloren. Sihanouks taktische Manöver stellten sicher, dass die Sangkum auch aus den zwei Jahre später durchgeführten Wahlen als unangefochtener Sieger hervorging. Als König Suramarit 1960 starb, wurde die Monarchie de facto abgeschafft, und Sihanouk trat das Amt des Staatsoberhaupts an.

Norodom Sihanouk war ein unermüdlich arbeitender Politiker und auch ein kreativer Mensch, der sogar eine Reihe von Filmen über kambodschanische Traditionen und die Kultur des Landes produzierte – Inhalte, die ihm sehr am Herzen lagen. Seine arrogante und tyrannische Art machte es anderen aber nicht leicht mit ihm zu arbeiten. Intellektuelle des rechten Flügels, die er als Rivalen fürchtete, verschwanden auf mysteriöse Weise, während er selbst mit dem Sozialismus liebäugelte und mit der linksorientierten Elite flirtete. Zur selben Zeit, Anfang der 60er Jahre, waren in Schulen und Akademien einige linksgerichtete Lehrer – darunter **Saloth Sar**, später bekannt als **Pol Pot**, und **Ieng Sary**, der sogenannte Bruder Nr. 3 der **Roten Khmer**-Hierarchie – zu führenden Köpfen der Kommunistischen Partei herangewachsen und warben dort um Mitglieder. Khieu Samphan, der später ebenfalls zur Führungsriege der Roten Khmer gehörte, verschleierte damals seine kommunistische Einstellung noch und schloss sich der Sangkum an.

In einem weiteren politischen Wendemanöver nahm Sihanouk 1963 bekannte Kommunisten ins Visier, und Saloth Sar musste aus Phnom Penh flüchten, um fortan Vollzeit-Revolutionär zu werden. Wie viele andere aus der kommunistischen Bewegung Kambodschas verbrachte er Zeit in Vietnam und China, wo er für den Kampf geschult und politisch auf Kurs gebracht wurde.

Vorboten des Krieges

Mit Wissen der USA und finanzieller Unterstützung der Regierungen Thailands und Südvietnams, die auch bei der Anwerbung von Mitgliedern behilflich waren, plante die paramilitärische rechtsgerichtete Gruppierung **Khmer Serei** (unter Führung des früheren Herausgebers der Zeitung *Nagara Vatta*) schon seit Ende der 50er Jahre Verschwörungen gegen Sihanouk. Trotz seines wachsenden Misstrauens gegen die proamerikanischen Thai und Südvietnamesen hofierte Sihanouk aber weiterhin die USA und akzeptierte sogar amerikanische Militärhilfe, während er gleichzeitig an einer Allianz mit China schmiedete, das stark daran interessiert war, eine amerikanische Dominanz in der Region zu verhindern. In einer erneuten politischen Kehrtwendung aber unterstellte er Mitte 1963 den USA plötzlich geheime Waffenlieferungen an die Khmer Serei, ließ später im selben Jahr sämtliche amerikanische Militärhilfe stoppen und verstaatlichte alle Banken, Versicherungen sowie den gesamten Import und Export.

Sihanouks Politik und der grenzübergreifende Konflikt zwischen Nord- und Südvietnam destabilisierten alsbald Kambodschas Wirtschaft. Um den Anschein von Neutralität zu wahren und zu verhindern, dass sein Land endgültig in den Sog der vietnamesischen Turbulenzen geriet, hatte Sihanouk nun heikle Balanceakte zu bewältigen. 1963 brach er die Beziehungen zu Südvietnam ab, das finanzielle und militärische Unterstützung der USA erhielt, doch Mitte der 60er Jahre durften US-Flugzeuge im Rahmen von Angriffsflügen gegen Nordvietnam ungehindert kambodschanisches Territorium überfliegen. Zugleich aber konnte er nicht verhindern, dass Nordvietnam Truppen und Waffen durch kambodschanisches Gebiet schickte, um die in Südvietnam operierenden Guerillas der kommunistischen **Vietcong** mit Nachschub zu versorgen – notgedrungen musste er 1966 ein Geheimabkommen mit Nordvietnam unterzeichnen, das den Soldaten das ungehinderte Durchqueren gestattete.

Doch Sihanouk beging einen folgenschweren politischen Fehler, als er sich 1966 stärker der Vorbereitung eines prestigeträchtigen Besuchs Charles de Gaulles als den bevorstehenden Wahlen widmete. Erstmals schafften deshalb Abgeordnete den Einzug in die Nationalversammlung, deren Kandidatur der Prinz nicht persönlich abgesegnet hatte und die wenige Jahre später zu zentralen Gestalten der Opposition gegen ihn aufsteigen sollten. Zur selben Zeit begannen im Nordosten des Landes die Kommunisten Kambodschas, die zuvor in Nordvietnam Zuflucht gefunden hatten, mit der Kommunistischen Partei Kampuchea – oder **Khmer Rouge** wie Sihanouk sie benannte – den Umsturz vorzubereiten. Wahrscheinlich und ironischerweise haben die Roten Khmer ihren Sieg letztendlich den USA zu verdanken, die in einer geheimen Luftoffensive mit Codenamen **Operation Menu** kommunistische Stützpunkte und Versorgungswege im Süden Kambodschas entlang der vietnamesischen Grenze zerstören wollten und das offiziell neutrale Kambodscha dabei schwer unter Beschuss nahmen. Insgesamt eine halbe Million Tonnen Bombenmaterial wurde bei 3000 Luftangriffen zwischen März 1969 und Januar 1973 über dem Land abgeworfen. Die Angriffe trieben die kommunistischen Vietnamesen noch tiefer auf kambodschanisches Gebiet hinein und die ländliche Bevölkerung, die durch die Verwüstungen oft heimatlos geworden war, schlug sich nun auf die Seite der Kommunistischen Partei.

Das Lon-Nol-Regime

Der 1966 zum Ministerpräsidenten gewählte General Lon Nol galt allgemein als ein Mann aus Sihanouks Lager, doch er änderte seine Haltung, als in den Reihen des Militärs zunehmend Verärgerung wegen mangelhafter Ausrüstung und Engpässen in der Versorgung aufkam und sich die Mittelschicht über die Wirtschaftspolitik des Prinzen zu beklagen begann. 1969 formierten sich einige der drei Jahre zuvor gewählten Mitglieder des Parlaments zum Widerstand gegen den autoritären Herrscher, und als sich Sihanouk 1970 auf einer Auslandsreise befand, organisierte Lon Nol einen **Putsch**, durch den Sihanouk als Staatschef abgelöst, die Monarchie endgültig abgeschafft und das Land in **Republik Kambodscha** umbenannt wurde. Der in Beijing weilende Sihanouk rief seine Anhänger über Rundfunk mit einer leidenschaftlichen Rede zum Kampf gegen Lon Nol auf, doch die Chinesen überzeugten ihn, dass es besser sei, sich mit den Kommunisten, die er 1963 ins Exil gejagt hatte, zu einer Gegenregierung zu verbünden.

Als in Phnom Penh Einzelheiten über Sihanouks Geheimabkommen mit Nordvietnam durchsickerten, erklärte die neue Regierung die Zerstörung der vietnamesischen Nachschublinien auf kambodschanischem Boden zur nationalen Angelegenheit. Zu Tausenden schlossen sich Freiwillige der Armee an, um bei der Lösung der Aufgabe mitzuhelfen, aufgrund schlechter Ausbildung und desolater Ausrüstung – weitere amerikanische Finanzhilfen versickerten im Sumpf der Korruption – hatten sie den kampferprobten Vietnamesen jedoch nichts entgegenzusetzen. Als Lon Nol die Offensive 1971 stoppte, waren bereits Zehntausende gefallen.

Die **Roten Khmer** kämpften sich währenddessen langsam in Richtung Phnom Penh vor. 1970 kontrollierten sie bereits rund 20% Kambodschas, vor allem Gebiete im Nordosten und Nordwesten, und bis Ende 1972 stand das gesamte Land mit Ausnahme von Phnom Penh und einiger weniger Provinzstädte unter ihrer Herrschaft. Schweres amerikanisches Bombardement konnte ihr Vordringen 1973 nur vorübergehend stoppen. In Phnom Penh eintreffende Flüchtlinge, die entsetzt von Massakern an ganzen Dörfern durch die Roten Khmer berichteten, wurden nicht ernst genommen, oder aber die Übergriffe wurden den Vietnamesen zugeschoben. Anfang 1975 schloss sich der Kreis um Phnom Penh, und als die Hauptstadt von den übrigen Landesteilen abgeschnitten war, richteten die Amerikaner eine Luftbrücke zu ihrer Versorgung ein. Doch die weit verbreitete Korruption und der zermürbende Krieg hatten ihre Spuren bei der Bevölkerung hinterlassen, und als die Kommunisten am 17. April 1975 in Phnom Penh einrückten, wurden sie jubelnd als Befreier begrüßt. Nur zwei Wochen später, am 30. April 1975, flohen die letzten Amerikaner vor den anrückenden nordvietnamesischen Truppenverbänden aus Saigon – das militärische Abenteuer der USA in Indochina war beendet.

Ungefähr 300 000 Kambodschaner waren in dem vier Jahre dauernden Kampf gegen Vietnamesen und Rote Khmer sowie durch die ziellosen amerikanischen Bombardierungen ums Leben gekommen. Sihanouks schlimmste Befürchtungen hatten sich bewahrheitet, doch das Geschehene war nichts im Vergleich zu dem, was dem Land noch bevorstand.

Die Schreckensherrschaft der Roten Khmer

Die Roten Khmer hatten ihre Wurzeln in der **Revolutionären Volkspartei Kampuchea** (KPRP), die sich Anfang der 50er Jahre gebildet hatte und ihre Mitglieder aus anti-monarchistischen Kreisen und der kambodschanischen Jugend gewann. Drei junge Leute, die während ihres Auslandsstudiums in Frankreich die kommunistische Ideologie kennen gelernt hatten, stiegen in unangefochtene Machtpositionen auf: Saloth Sar, der später unter dem Namen **Pol Pot** zum ranghöchsten "Bruder Nr. 1" der Roten Khmer avancierte; Ieng Sary, der es bis zum Außenminister brachte; und Khieu Samphan, der den Parteivorsitz übernahm.

Nach der Eroberung Phnom Penhs begannen die Roten Khmer mit der Umsetzung ihres politischen Ziels, einen auf Landwirtschaft gründenden sozialistischen **Bauernstaat** zu errichten, in dem Familie, Wohlstand und Status keine Rolle mehr spielen sollten. Willkürlich rissen sie Familienverbände auseinander, schafften Geld als Zahlungsmittel ab und unterstellten alle Aspekte des Alltagslebens bis ins kleinste Detail den Weisungen der undurchsichtigen Revolutionsorganisation **Angkar**. Schon wenige Stunden nach dem Einmarsch begannen die Roten Khmer mit der Räumung Phnom Penhs, und nach nur einer Woche war die Hauptstadt menschenleer. In den anderen Städten des Landes, das in **Demokratisches Kampuchea** umbenannt wurde, wiederholte sich dieses Szenario, und binnen kürzester Zeit wurde praktisch die gesamte Bevölkerung des Landes umgesiedelt. Zur Bewirtschaftung der Felder und zur Ausführung spezieller Bauprojekte wurden **Zwangsarbeiter** rekrutiert und unter die Aufsicht strenger Parteikader gestellt. Die Arbeitsvorgaben waren kaum zu bewältigen und die Nahrungsmittelrationen völlig unzureichend. Auf den Feldern starben Hunderttausende an Krankheiten und Auszehrung.

Sofort nach der Machtübernahme begannen die Roten Khmer mit ihren Massenexekutionen, deren eigentlicher Sinn niemals aufgeklärt wurde. Zunächst wurden führende Militärkommandanten hingerichtet, und danach waren andere Zielgruppen an der Reihe: Mönche, die Oberschicht, Intellektuelle, diejenigen mit Fremdsprachenkenntnissen und schließlich sogar die Brillenträger.

Bereits Mitte 1975 waren Prinz **Sihanouk** und seine Frau aus dem Exil in Beijing nach Phnom Penh zurückgekehrt. Sie lebten im Königspalast, wo sie bis April 1976, als Sihanouk als Staatsoberhaupt abgelöst wurde, die wenigen diplomatischen Gäste empfingen, die dem Land offizielle Besuche abstatteten. Beide verbrachten die letzten Jahre der Herrschaft der Roten Khmer faktisch unter Hausarrest.

Das Regime offenbarte einen zunehmenden Verfolgungswahn, nahm die eigenen Reihen aufs Korn und verurteilte zahlreiche Kader zum Tode. Insgesamt fielen dem mörderischen Regime der Roten Khmer bis zu zwei Millionen Menschen zum Opfer, also fast 20% der Bevölkerung. Nur wenigen war das Glück beschieden, Zuflucht in einem Flüchtlingslager in Thailand zu finden oder über die Grenze nach Vietnam entkommen zu können. Die große Mehrheit der Bevölkerung lebte drei Jahre, acht Monate und 20 Tage (eine Zeitspanne, die alle älteren Kambodschaner spontan nennen können) in ständiger Angst vor der Willkür der Roten Khmer, bis *sa'mai a-pot* – die Pol-Pot-Ära – endlich überstanden war.

Pol Pot

Noch heute ist es nicht ganz klar, wie sich das entzückende, liebenswürdige Kind **Saloth Sar** später zum paranoiden Massenmörder Pol Pot entwickeln konnte.

Saloth Sar wurde 1928 in Prek Sbaur in der Nähe von Kompong Thom als Sohn wohlhabender Bauern geboren. Im Alter von sechs Jahren schickten ihn seine Eltern nach Phnom Penh, um bei seinem Bruder Loth Suong zu leben, wo er unter relativ privilegierten Umständen aufwuchs – schließlich war eine seiner Cousinen Ballettänzerin am königlichen Hof. Als Schüler war Saloth Sar eher unauffällig, und wahrscheinlich hatte er es dem Einfluss seiner Cousine und nicht irgendeiner besonderen Begabung zu verdanken, dass er 1942 am neu eröffneten Norodom Sihanouk College in Kompong Cham aufgenommen wurde, welches er ohne Abschlussprüfung wieder verließ. Während des anschließenden Studiums am Lycée Sisowath in Phnom Penh scheinen sich seine Leistungen aber offenbar gebessert zu haben, da er 1949 zu den 100 ausgewählten Studenten zählte, die zum weiteren Studium nach Frankreich geschickt wurden.

Konfrontiert mit neuen, radikalen Ideologien trat Saloth Sar in Paris zusammen mit seinen Freunden Ieng Sary und Khieu Samphan in die Französische Kommunistische Partei ein. Hier lernte er auch die gebildete Kambodschanerin Khieu Ponnery kennen, die er später heiratete. Nach seiner Rückkehr 1952 nach Kambodscha trat Saloth Sar der von Vietnamesen geleiteten Kommunistischen Partei Indochinas bei und begann, sozialistische Ideen in Kambodscha zu propagieren. Dabei isolierte er sich immer mehr von seiner Familie und legte sich den Namen „Pol" zu. Als eifriges Mitglied der neu gegründeten **Kommunistischen Partei Kambodschas** schien er sich anfangs damit zufrieden zu geben, in untergeordneter Stellung Seminare abzuhalten und als Lehrer neue Parteimitglieder anzuwerben. Seine damaligen Parteifreunde bescheinigten ihm eine freundliche und umgängliche, wenn auch unergründliche Persönlichkeit. Ohne sich groß in den Vordergrund zu stellen, machte er allmählich Karriere und stieg vom einfachen Assistenten zum Parteisekretär auf.

Als Sihanouk 1963 mit der Verfolgung der Sozialisten begann, waren Saloth Sar und andere bedeutende Parteimitglieder gezwungen, die Hauptstadt zu verlassen und auf dem Lande an der Grenze zu Vietnam Unterschlupf zu suchen. Ständig von einem Versteck zum anderen unterwegs wurden die kambodschanischen Kommunisten zuerst von ihren nordvietnamesischen Genossen und später von den Chinesen unterstützt. Pol reiste häufig nach China, dessen „erfolgreiche" Kulturrevolution er sehr bewunderte. Durch den eskalierenden Vietnamkrieg im Nordosten Kambodschas isoliert, hatte Pol viel Zeit, seine eigenen Pläne für einen besseren Staat nach marxistisch-leninistischen Prinzipien zu entwickeln. Seiner entbehrungsreichen Existenz im Dschungel entsprang seine Bewunderung für das einfache Landleben, und als die Revolutionäre, die nun als **Rote Khmer** bezeichnet wurden, 1975 die Macht über Kambodscha an sich rissen, war sein Plan herangereift, einen sozialistischen Bauernstaat zu errichten.

Die Führer der Roten Khmer zogen es vor, anonym zu bleiben, und verbargen sich hinter der

Der **Sturz** der Roten Khmer wurde von ihren ursprünglichen Mentoren inszeniert, den Vietnamesen. Nach mehreren Grenzscharmützeln, die von kambodschanischer Seite provoziert wurden, marschierten vietnamesische Truppen 1977 in Kambodscha ein, doch sie beschränkten die Intervention auf nur wenige Monate. Das Fass zum Überlaufen jedoch brachten Anfang 1978 mehrere Massaker, die die Roten Khmer in Dörfern unmittelbar jenseits der vietnamesischen Grenze anrichteten. Vietnam sprach sich nun offen für die Unterstützung von Organisationen aus, die sich dem Kampf gegen die Roten Khmer verschrieben hatten. Diese neue Haltung führte zur Bildung der Vereinigten Nationalen Front zur Rettung Kampucheas bzw. **KNUFNS** (Khmer National United Front for National Salvation).

mysteriösen kollektiven Bezeichnung **Angkar**, dem zentralen Komitee der „Organisation", wie die Partei von ihren Führern nun genannt wurde. Das Komitee bestand aus 13 Mitgliedern, elf Männern und zwei Frauen; sein unumstrittenes Oberhaupt war Saloth Sar, der sich ab 1976 „Pol Pot" nannte (es ist nicht geklärt, warum er dieses Pseudonym wählte, das im Kambodschanischen keine Bedeutung hat). Daneben wurde er auch als „Bruder Pol" bezeichnet, nach seiner Ernennung zum Premierminister von Kampuchea im selben Jahr außerdem als „**Bruder Nr. 1**". Die anderen Führer von Angkar waren Pol Pots langjähriger Mitstreiter Nuon Chea, „Bruder Nr. 2", und seine Freunde aus Studententagen Ieng Sary, „Bruder Nr. 3", sowie Khieu Samphan, das „Aushängeschild" der Partei.

Nach der Machtübernahme machte sich unter den Führern wachsendes Misstrauen breit; sie waren überzeugt, von Verrätern umgeben zu sein. Allerdings war es in erster Linie Pol Pot, der für die **Säuberung der Partei** verantwortlich war. Persönlich autorisierte er die Folterung und Ermordung von ca. 20 000 Kameraden und deren Familien im Gefängnis **Toul Sleng** – Inhaftierung und Verhör in Toul Sleng war den Genossen vorbehalten, die der Parteispitze nahe standen; tatsächlich waren die meisten loyale Parteimitglieder. Obwohl es unklar ist, ob Pol Pot die direkten Befehle zur Folterung und Hinrichtung selbst gab, ist es sicher, dass er darüber voll informiert war und diese Aktionen unterstützte. Es ist auch nicht bekannt, ob er jemals seine Untaten bereute, aber mit Sicherheit hat er jede Verantwortung dafür abgestritten. Als das wahre Ausmaß der Säuberungsaktion 1979 durch die vietnamesischen Invasionstruppen ans Licht gebracht wurde, beschuldigte er die Vietnamesen als die eigentlichen Täter. Selbst nach seiner Flucht nach Thailand hat er nie daran gezweifelt, dass seine Pläne für Kambodscha die richtigen waren; stattdessen glaubte er bis zuletzt, von denen verraten worden zu sein, denen er vertraut hatte.

Während sich Pol Pot in Thailand in Freiheit befand, wurde er von einem kambodschanischen Gericht *in absentia* zum Tode verurteilt. Nachdem seine Frau Khieu Ponnery Mitte der 80er Jahre geisteskrank geworden war, ließ sich Pol Pot von ihr scheiden. Er heiratete erneut und wurde Vater einer Tochter, die er Malee nannte und die sein einziges Kind blieb. Um 1993 kehrte er zurück in den Norden Kambodschas, wo er mit Hilfe loyaler Kräfte aus einer Enklave der Roten Khmer in der Gegend von Anlong Veng Guerilla-Attacken gegen die neu gewählte kambodschanische Regierung organisierte. Ieng Sary, der von Pailin aus einen ähnlichen Guerillakrieg gegen die Regierung geführt hatte, ergab sich 1996. Das war ein schwerer Schlag für Pol Pot, signalisierte es doch das Ende der Roten Khmer. Ein Jahr später befahl ein zunehmend paranoider Pol Pot den Mord an seinem alten Freund Sun Sen und dessen Familie; für diesen Mord wurde er von seinen eigenen Leuten zu einer lebenslangen Haftstrafe verurteilt. Neun Monate später starb er – ob durch die Hand eines Mörders oder unter natürlichen Umständen, bleibt ungewiss. Seltsamerweise hat Pol Pot heute eine Art Kultstatus in Kambodscha; und die Stätte, an der er verbrannt wurde (in Anlong Veng), ist inzwischen eine Touristenattraktion.

Am 22. Dezember 1978 marschierte die vietnamesische Armee mit 100 000 Mann in Kambodscha ein, und nur 17 Tage später besetzte sie Phnom Penh. Die Führungsriege der Roten Khmer setzte sich kurz vor dem Einmarsch der Invasionstruppen ab – Pol Pot entkam per Hubschrauber nach Thailand, und andere führende Persönlichkeiten flüchteten mit dem Zug ins nördliche Battambang. Die Truppen der Roten Khmer und dem Regime ergebene Dorfbewohner folgten ihren Führern in die Dschungelgebiete an den Grenzen im Nordwesten.

Die vietnamesische Herrschaft

Obwohl die Meinungen über die vietnamesische Ära auseinander gehen – manche Stimmen sprechen von Befreiern, andere von Besatzern –, bestreitet niemand, dass Vietnams Invasion von der kambodschanischen Bevölkerung freudig begrüßt wurde, denn sie rettete viele Menschenleben. Die Vietnamesen fanden ein hungerndes und zerstörtes Land vor, dessen Infrastruktur am Boden lag. Als sie in Phnom Penh aus Mitgliedern der KNUFNS eine Interimsregierung bildeten und mit Heng Samrin einen ehemaligen Divisionskommandanten der Roten Khmer zum Präsidenten machten, wurde aus dem Demokratischen Kampuchea die **Volksrepublik Kampuchea** (VRK). Auch der neue Außenminister **Hun Sen**, der 1977 nach Vietnam geflohen war, hatte ehemals den Roten Khmer angehört.

Die VRK ließ unverzüglich Märkte und Schulen wieder öffnen und gestattete ihren Bürgern volle Bewegungsfreiheit und private Landbewirtschaftung. Schon im folgenden Jahr war in begrenztem Maße wieder Geld im Umlauf, und auch freie Religionsausübung war erlaubt. Dennoch veranlasste die Gründung der VRK viele gebildete Kambodschaner, die keine weitere kommunistische Herrschaft mehr über sich ergehen lassen wollten, zur Flucht nach Thailand, wo sie die ohnehin bereits aus allen Nähten platzenden Auffanglager für Flüchtlinge zusätzlich belasteten. 1981 waren in Thailand 630 000 Flüchtlinge aus Kambodscha registriert – unter ihnen auch viele ehemalige Rote Khmer –, und weitere 150 000 kambodschanische Staatsbürger hatten in Vietnam Zuflucht gefunden.

Obwohl der Westen begrenzte Hilfsmittel bereitstellte, um die Grundversorgung des kambodschanischen Volkes zu sichern, sahen die Großmächte geflissentlich über die entsetzlichen Auswüchse der Roten Khmer hinweg – sie werteten Vietnams Einschreiten als aggressiven Akt gegen die Selbstbestimmung der Völker, der Kambodscha vietnamesischer Oberherrschaft unterworfen habe, und ächteten deshalb die VRK (nur die UdSSR und Indien bildeten rühmliche Ausnahmen). Die Regierungen Thailands, Chinas und der USA, die rigorose anti-vietnamesische Positionen vertraten, sicherten dem wohlbehalten in Thailand sitzenden Pol Pot zu, ihn als Ministerpräsidenten der legitimen Regierung Kambodschas zu unterstützen. Selbst als die Nachrichten über die Gräueltaten der Roten Khmer längst die internationale Öffentlichkeit erschütterten, riefen Pol Pots Schutzherren noch nach Strafmaßnahmen gegen die Vietnamesen. Thailand und China lieferten Nahrungsmittel und Kleidung an die Soldaten der Roten Khmer und sorgten sogar für ihre militärische Ausbildung und Bewaffnung, und Hilfsorganisationen der Vereinten Nationen durften die Lager der Roten Khmer besichtigen, nicht jedoch der arg dezimierten Bevölkerung Kambodschas helfen.

Als politisches Gegengewicht zur Volksrepublik Kampuchea wurde 1982 in Thailand die **Koalitionsregierung Demokratisches Kampuchea** (CGDK) gebildet, die sogleich internationale Anerkennung als kambodschanische Exilregierung erhielt. Sie bestand aus Prinz Sihanouk, den China und Mitglieder seiner Partei FUNCINPEC von der Notwendigkeit seiner Beteiligung überzeugt hatten, Son Sann, der bereits früher einmal das Amt des kambodschanischen Ministerpräsidenten bekleidet hatte und Führer der Nationalen Befreiungsfront des Khmer-Volkes (KPNLF) war, sowie etlichen früheren Mitgliedern der Roten Khmer. Das erklärte Ziel der CGDK war es, die Vietnamesen ein für allemal aus Kambodscha zu vertreiben, doch dazu besaß sie nicht die militärischen Mittel. Stärkste militärische Kraft waren noch immer die Roten Khmer, deren zahlreiche Übergriffe auf kambodschanisches Territorium jedoch regelmäßig von den Vietnamesen und der VRK zurückgeschlagen wurden. Als die Kämpfe zwischen 1983 und 1985 an Heftigkeit zunahmen, begann die VRK mit der Verlegung eines Landminenteppichs an der Grenzlinie zu Thailand. Dies kennzeichnete den Anfang der entsetzlichen Geißel durch versteckte Landminen, die bis zum heutigen Tage immer neue Opfer verkrüppelt.

Der vietnamesische Rückzug und die Folgen

Vietnam betrachtete die Besatzung Kambodschas stets als vorübergehende Maßnahme und bereitete die kambodschanische Armee von Anfang an auf die Verantwortung vor, der sie sich nach dem Rückzug der vietnamesischen Truppen hinter die eigenen Landesgrenzen würde stellen müssen. Als sich die Krise

Osteuropas verschärfte und die UdSSR ihre Hilfsmittel für die VRK-Regierung drastisch reduzierte, konnte Vietnam die Besatzung des Nachbarlandes nicht mehr finanzieren. Ende September 1989 schließlich waren die vietnamesischen Truppen vollständig abgezogen, und die Regierung der Volksrepublik Kampuchea gab dem Land den alten Namen **Kambodscha** zurück. Nach einer Verfassungsänderung wurde der Buddhismus zur Staatsreligion, und Einzelpersonen durften wieder Privateigentum besitzen, veräußern und vererben. Doch der Staat war im Grunde bankrott. Es flossen kaum finanzielle Hilfsmittel ins Land, Elektrizität und Treibstoff waren äußerst knapp, und selbst für elementare Bedürfnisse wie etwa die medizinische Versorgung war nicht gesorgt. Korruption war zwar nicht mehr das allgegenwärtige Übel früherer Zeiten, jedoch noch immer weitverbreitet. Und während sich neureiche Bürger große Villen bauten, schnittige Limousinen fuhren und in vornehmen Restaurants speisten, konnte sich die Mehrheit der Bevölkerung kaum eine Handvoll Reis leisten. An den Grenzen entstand eine Schattenwirtschaft, die im Austausch gegen Edelsteine und Nutzhölzer begehrte Konsumgüter ins Land schleuste, mit denen auf den einheimischen Märkten Höchstpreise zu erzielen waren.

Unterdessen nahmen die Guerilla-Aktionen der Roten Khmer wieder zu. Noch vor Ende des Jahres 1989 eroberten sie die Stadt Pailin, und 1990 festigten sie ihre Stellungen entlang der thailändischen Grenze, um von dort Vorstöße auf kambodschanisches Territorium zu unternehmen, wo sie Brücken zerstörten, Straßen verminten und Dörfer plünderten. Gegen Ende des Jahres hatten sie die Dschungelgebiete nordwestlich und südwestlich von Pailin unter ihrer Kontrolle und begannen in Richtung Sihanoukville und Kampot vorzudringen.

Bereits Mitte 1990 aber hatten die USA und China ihre Politik geändert und die Unterstützung der Roten Khmer eingestellt, was einen historischen Einschnitt bedeutete. Ab Juli 1991 ruhten die Waffen, und im Oktober trafen sich die fünf ständigen Mitglieder des UN-Sicherheitsrats in Paris, um die Weichen für die Zukunft des Landes zu stellen.

Die jüngere Entwicklung

Die Pariser Konferenz führte zu mehreren Abkommen und sollte 13 Jahre Krieg in Kambodscha beenden. Die wichtigste Vereinbarung sah die Bildung eines **Obersten Nationalrats** als Interims-Koalitionsregierung vor, dem Repräsentanten sämtlicher Gruppierungen angehören sollten. Die ersten konkreten Vorschläge empfahlen freie Wahlen unter Aufsicht der Vereinten Nationen, die Entwaffnung der Bürgerkriegsparteien und die Wiedereingliederung von 300 000 Flüchtlingen aus Thailand. Doch noch immer verfolgten die Roten Khmer ihre eigenen Ziele – mit thailändischer Unterstützung setzten sie ihre umstürzlerischen Aktivitäten im Land fort und brachten den ohnehin brüchigen Frieden sofort wieder ins Wanken.

UNTAC

Die UNTAC (United Nations Transitional Authority in Cambodia) sollte als Instrument zur Stabilisierung des Landes und Beaufsichtigung der angekündigten Wahlen dienen, doch erst im März 1992 trafen eher zögerlich die ersten internationalen Mitarbeiter in Kambodscha ein. Die Roten Khmer, die sich beharrlich weigerten, die Waffen abzulegen und sich einer Aufsicht zu unterstellen, hatten inzwischen die Zeit genutzt, um ihre Kontrolle auf weitere Gebiete auszudehnen. Sie setzten ihre zermürbenden Attacken fort, verminten Straßen und Eisenbahntrassen, schüchterten die ländliche Bevölkerung ein und ermordeten innerhalb der nächsten beiden Jahre über hundert Vietnamesen. Auch die Wahlen waren ihnen ein Dorn im Auge. Zumindest aber verlief die Rückführung der Flüchtlinge relativ friedlich.

Die UNTAC-Mission, der 22 000 Militärs und Zivilisten angehörten, verschlang 2 Milliarden US$ und war die bis dahin teuerste Maßnahme der Vereinten Nationen, doch es ist umstritten, wie erfolgreich die Aufträge letztlich erfüllt wurden. Die internationalen Kräfte aus rund einem Dutzend Ländern, darunter Indonesien, Indien, Ghana, Uruguay, Pakistan und Bangladesch, waren auf ihre Rolle als Friedenstruppen schlecht vorbereitet. Viele waren nur darauf trainiert zu kämpfen und hatten nur vage Vorstellungen davon, was sie in Kambodscha vorfinden würden und was dort eigentlich von ihnen erwartet würde. In die Kritik geriet auch das mangelnde Fingerspitzengefühl der UNTAC, deren Mitarbeiter ungewohnt hoch besoldet wurden und sich einen kostspieligen Lebensstil zulegten, wobei selbst einfachste Dienstleistungen vollkommen überbezahlt wurden. Dadurch blühte zwar das Geschäftsleben vorübergehend auf, brach aber sofort wieder ein, als sich die UNTAC zurückzog. Kurzzeitig boomte sogar die Tourismusindustrie, was sich allerdings auf Grund der Guerilla-Aktivitäten der Roten Khmer in Grenzen hielt. Die hohe Besoldung der Soldaten kurbelte auch die Prostitution an (die UNTAC unterzog ihre Mitarbeiter keinem HIV-Test und wird – ob zu Recht oder zu Unrecht – für die hohe Zahl der Aidskranken Kambodschas verantwortlich gemacht).

Die kambodschanische Bevölkerung bewertet die UNTAC sehr zwiespältig. Kritiker führen an, dass sie den Frieden nicht durchsetzen konnte und mehr Probleme geschaffen als gelöst habe, und auch die Wahlen seien alles andere als fair verlaufen. Weitgehend unwidersprochen bleibt das Argument, dass die Nation ohne die UNTAC erneut wehrlos dem Extremismus der Roten Khmer ausgesetzt gewesen wäre.

Die Rückkehr zur konstitutionellen Monarchie

Obwohl die Wahlen im Mai 1993 von Einschüchterungen und politischen Morden überschattet waren, wurden sie zu einem durchschlagenden Erfolg, denn nahezu 90% der Wahlberechtigten gaben ihre Stimme ab. Die von Sihanouks Sohn **Prinz Ranariddh** angeführte Partei **FUNCINPEC** gewann zwar die Mehrheit, doch die seit 1979 amtierende Interimsregierung, geleitet von Hun Sen, erkannte das Wahlergebnis zunächst nicht an. Als Kompromiss entstand eine Regierung mit zwei Ministerpräsidenten, Prinz Ranariddh und Hun Sen, und Kambodscha kehrte zur **konstitutionellen Monarchie** zurück. Prinz Sihanouk wurde nominelles Staatsoberhaupt ohne direktes Mitspracherecht in der Regierung und saß damit wieder auf dem Thron, den er 1955 durch seine Abdankung geräumt hatte.

Interne Machtkämpfe machten Hun Sens Kambodschanische Volkspartei **CPP** rasch zur dominierenden Kraft der Regierung, denn sie übte die Kontrolle über Polizei, Landesverteidigung und Provinzregierungen aus. Prinz Ranariddh war nur wenig mehr als eine Galionsfigur. Die Differenzen zwischen beiden Ministerpräsidenten nahmen zu, bis Straßenkämpfe in Phnom Penh im Juli 1997 zahlreiche Todesopfer forderten. Prinz Ranariddh, der sich zu diesem Zeitpunkt auf einer Auslandsreise befand, wurde daraufhin von Hun Sen seines Amtes enthoben. Da sich blutige Auseinandersetzungen abzeichneten, verließen ausländische Facharbeiter Hals über Kopf das Land, und Investoren zogen sich hastig aus erst halb vollendeten Projekten zurück, ohne noch offene Rechnungen zu begleichen oder sich darum zu kümmern, dass Tausende ihre Arbeit verloren. Die Situation verschlimmerte sich noch durch den Ausbruch der asiatischen Finanzkrise.

Die **Wahlen vom 26. Juli 1998** waren die ersten in der Zeit nach den Roten Khmer, die von kambodschanischen Stellen selbst organisiert wurden. Als drittstärkste Kraft neben CPP und FUNCINPEC kandidierte die von abtrünnigen Mitgliedern der FUNCINCEP gegründete **Sam-Rainsy-Partei**. Auch wenn die ideologischen Unterschiede zwischen den drei Parteien nur gering sind, bezeichnet man allgemein FUNCINPEC als royalistisch, CPP als kommunistisch und die Sam Rainsy-Partei als demokratisch.

Obwohl im Vorfeld der Wahlen Spannungen herrschten und Kandidaten sowie Wähler massiv eingeschüchtert wurden, verlief der Urnengang selbst friedlich. Neutrale Wahlbeobachter stuften den Ablauf der Wahlen als „nicht makellos", jedoch ausreichend frei und fair ein, obwohl der Verdacht auf Manipulationen nicht auszuräumen war. Die CPP gewann die meisten Sitze in der Nationalversammlung, konnte aber nicht die für die Regierungsbildung erforderliche Zweidrittelmehrheit auf sich vereinen. So folgten weitere spannungsgeladene Monate, bis sich schließlich eine Koalitionsregierung mit Hun Sen als Ministerpräsident und Prinz Ranariddh als Parlamentssprecher bildete.

Das Ende der Roten Khmer

Zahlreiche Mitglieder der seit 1994 geächteten Roten Khmer waren inzwischen zu den Regierungstruppen übergelaufen. Dennoch hatten die Roten Khmer noch immer die Kontrolle über den Norden und Nordwesten des Landes, wo sich ihre Führer versteckt hielten und mit illegalem Holzeinschlag und Edelsteinabbau ein enormes Vermögen anhäuften, vor allem durch Geschäfte mit Thailand. Die Guerillas verübten weiterhin Anschläge, entführten und ermordeten Einheimische und Ausländer, und ihre Präsenz machte weite Teile des Landes zu Gefahrenzonen, die von Touristen und Investoren gleichermaßen gemieden wurden.

Das Ende der Roten Khmer zeichnete sich ab, als Ieng Sary, der sich bis dahin in Pailin aufgehalten hatte, 1996 gegen zugesicherte Immunität vor strafrechtlicher Verfolgung mit 2000 Soldaten zur Regierung überlief. Damit verblieb eine letzte Rebellenhochburg in der nördlichen Region um Anlong Veng und Preah Vihear, angeführt von **Ta Mok** und Pol Pot. Nach internen Auseinandersetzungen wurde Pol Pot im Juli 1997 von seinen eigenen Kameraden wegen eines angeblich versuchten Mordes an einem Kader vor Gericht gestellt. Bis heute bleibt ungeklärt, ob er neun Monate danach eines natürlichen Todes starb oder ermordet wurde. Auf jeden Fall aber wurde sein Leichnam ohne Feststellung der Todesursache umgehend in Anlong Veng eingeäschert. Ende 1998 stellten sich **Khieu Samphan** und **Nuon Chea**, der Bruder Nr. 2, den Behörden. Nachdem 1999 auch **Ta Mok** bei einem Fluchtversuch über die thailändische Grenze verhaftet werden konnte, wurde Anlong Veng wieder unter die staatliche Verwaltung gestellt. Schließlich wurde im selben Jahr auch **Kang Kek Leu**, alias Duch, der Kommandant des Toul Sleng-Gefängnis, aufgespürt und in Haft genommen.

Kambodscha im neuen Jahrtausend

Für den Aufbau und die Entwicklung des Landes bleibt noch einiges zu tun. Trotz finanzieller Auslandshilfe in Höhe von mehreren Hundert Millionen Dollar jährlich hat sich nur der Lebensstandards mancher Stadtbewohner verbessert, für die Mehrheit der Kambodschaner ist jedoch alles beim Alten geblieben: Vor allem in den ländlichen Regionen haben weiterhin nur wenige Wohnungen Wasser und Strom, und die medizinische Versorgung ist unzureichend und teuer. Zudem verursachen zahlreiche Landminen weiterhin viele Unglücksfälle. Die Geberländer rügen immer deutlicher die weitverbreitete Korruption und haben wiederholt mit Maßnahmen gedroht, aber die Warnungen wurden ebenso wenig ernst genommen wie Abhilfe geschaffen wurde.

Als traditionelles Agrarland hat Kambodscha nie die Grundlagen für eine größere Fertigungsindustrie besessen, aber angelockt vom reichen Angebot an billigen Arbeitskräften haben Investoren inzwischen Textil- und Schuhfabriken in Phnom Penh, Sihanoukville und Bavet errichtet. Man war davon ausgegangen, dass sich Kambodschas wirtschaftliche Perspektiven mit dem 1999 erfolgten Beitritt zur **ASEAN**, dem Verband Südostasiatischer Nationen, deutlich verbessern würden, doch bislang reichen die Erträge kaum an die jährliche Mitgliedsgebühr von 5 Millionen US$ heran.

Im Februar 2002 fanden begleitet von massiver Einschüchterung und politischen Morden Kambodschas erste **Kommunalwahlen** statt, in denen die CPP einen überwältigenden Sieg davontrug. Als Erfolg war immerhin zu werten, dass die Wahlen überhaupt durchgeführt wurden und dass die Zahl der Opfer durch politisch motivierte Straftaten niedriger als bei früheren Wahlgängen war.

Die Wahlen zur **Nationalversammlung** 2003 gelten als der bislang größte Erfolg in Richtung Demokratisierung. Während auch hierbei die CPP wie erwartet den Sieg davontrug, konnten die Oppositionsparteien Sam-Rainsy-Partei (SRP) – diejenige Partei im Land, die einer liberalen Partei am nächsten kommt – und FUNCINPEC doch genügend Stimmen ergattern, um eine Alleinregierung der CPP zu verhindern. Nach einjährigen Verhandlungen einigten sich schließlich im Juni 2004 Hun Sen und Prinz Ranariddh darauf, eine Koalition zu bilden.

Der neue König

Auch wenn er früher mit diesem Schritt schon öfters gedroht hatte, überraschte Norodom Sihanouk, Kambodschas langjähriger König, im Okto-

Die Roten Khmer vor Gericht

Nach vielen Aufschüben schuf die Regierung, wenn auch widerwillig, im Jahr 2001 endlich die gesetzlichen Grundlagen für ein Tribunal gegen die Roten Khmer. 2003 wurde für die von der UN unterstützten Prozesse ein Budget in Höhe von 56,3 Millionen US$ bereitgestellt, und dank beträchtlicher finanzieller Hilfen aus dem Ausland konnten sich Ende 2004 schließlich die „Außerordentlichen Kammern der Gerichte Kambodschas für die Verfolgung der in der Ära des Demokratischen Kampuchea begangenen Verbrechen" konstituieren. Jetzt werden Richter, sowohl aus Kambodscha als auch aus dem Ausland, rekrutiert und ausgebildet, und Rote-Khmer-Führer werden verhaftet. Mit dem Beginn der eigentlichen Verhandlungen wird für 2008 gerechnet.

Von den bisher verhafteten Mitgliedern der Führungsriege der Roten Khmer starb **Ta Mok** (s. S. 99) im Jahr 2006; im Juli 2007 wurde der **Duch** wegen Verbrechen gegen die Menschlichkeit angeklagt und sein Antrag auf Freilassung auf Kaution abgelehnt. Er ist erst Mitte 60 und der wahrscheinlichste Kandidat für eine längere Gefängnisstrafe, falls er verurteilt wird. Nuon Chea, **Bruder Nr. 2**, wurde im September 2007 verhaftet und beteuert weiterhin seine Unschuld. Pol Pots Schwager Ieng Sary, der die letzten zehn Jahre ziemlich komfortabel in Phnom Penh lebte, wurde im November 2007 verhaftet, zusammen mit seiner Frau Ieng Thirith, der Ministerin für soziale Angelegenheiten im Demokratischen Kampuchea. Khieu Samphan, das öffentliche Gesicht der Roten Khmer, wurde ebenfalls Ende 2007 verhaftet, kurz nachdem er nach einem vermuteten Herzinfarkt ins Krankenhaus eingeliefert worden war.

Ob die Kambodschaner allerdings wirklich diese Prozesse wollen, ist strittig. Für viele bieten sie die Gelegenheit, die Frage nach dem „Warum?" zu stellen und einen Schlussstrich unter die tragischen Ereignisse zu ziehen, und kürzlich gab es sogar Demonstrationsmärsche von Prozessbefürwortern in Phnom Penh. Andere jedoch, obwohl sie selbst Familienangehörige und Freunde unter den Roten Khmern verloren haben, fürchten, dass durch die Gerichtsprozesse nur schlechte Erinnerungen geweckt werden und noch mehr Fragen unbeantwortet bleiben werden.

ber 2004, wenige Tage vor seinem 82. Geburtstag, das Land mit seiner Abdankung. In einem Brief, den Sihanouk aus Beijing an Prinz Ranariddh sandte, gab er Krankheit und Altersschwäche als Gründe für seinen Rücktritt an. Er überließ es Ranariddh, der schon vor Jahren erklärt hatte, dass er als Nachfolger nicht in Frage komme, die Neuigkeit der Regierung und den Medien mitzuteilen. In Kambodscha ist die Thronfolge nicht erblich, die Verfassung legt lediglich fest, dass ein neuer Monarch über 30 Jahre alt sein, zur königlichen Familie gehören und von einem der drei vorangegangenen Könige abstammen muss.

Ein schnell einberufener Thronrat, bestehend aus sechs Regierungsvertretern und zwei hochrangigen Mitgliedern des buddhistischen Klerus, entschied sich für **Norodom Sihamoni**, der schon früher einmal von Sihanouk selbst vorgeschlagen worden und offenbar konkurrenzlos war. Nachdem vier andere Söhne während der Ära der Roten Khmer ums Leben gekommen waren, ist Norodom Sihamoni der einzige überlebende Sohn von Norodom Sihanouk und seiner Frau Monineath.

Der 51 Jahre alte Sihamoni, ein ehemaliger Balletttänzer, war bis dahin UNESCO-Botschafter und hatte die meiste Zeit in Frankreich gelebt. Schon Mitte Oktober 2004, nur wenige Tage vor seiner Krönung, kehrte er nach Kambodscha zurück und gelobte, für sein Land alles in seiner Macht stehende zu tun.

In den drei Jahren seit seiner Krönung hat König Sihamoni recht zurückhaltend agiert, trifft sich aber turnusmäßig zu Gesprächen mit der Regierung und scheut dem Bekunden nach auch keine offenen Worte. Daneben besucht er regelmäßig, ohne dass darüber groß in der Presse berichtet würde, Städte und Dörfer im ganzen Land und scheint sich allgemeiner

Hochachtung zu erfreuen. Der selbst ernannte „König-Vater", Norodom Sihanouk, ist weiter bei schlechter Gesundheit, obwohl ihn dies nicht daran hindert, auf seiner Webseite regelmäßig Mitteilungen zu veröffentlichen und offene Briefe an die Medien zu verfassen, wenn ihm etwas nicht zusagt.

Parteipolitik

Im Juli 2008 finden die nächsten Wahlen zur Nationalversammlung statt, bei denen vier große sowie einige kleinere Parteien antreten. 2006 wurde Norodom Ranariddh als Führer der FUNCINPEC abgelöst, nachdem die Partei ihn des „Vertrauensbruchs" beschuldigt hatte, wofür er zu 18 Monaten Gefängnis verurteilt wurde. Er ist jetzt außer Landes und riskiert einen Aufenthalt im Gefängnis, wenn er zurückkehrt, was für seine vor kurzem gegründete Partei, die Norodom Ranariddh Party (NRP), ein kleines Problem darstellt: Mit der Gründung der NRP ist das royalistische Lager gespalten, da die FUNCINPEC ebenfalls königstreu ist. Während sich nur wenige hinsichtlich des Ausgangs der Wahlen irgendwelchen Illusionen hingeben – es ist sehr unwahrscheinlich, dass Hun Sen sich in die Ruhestand nach Sihanoukville wird begeben müssen –, könnte dem derzeitigen Stimmungsbarometer zufolge Sam Rainsy mit seiner SRP genügend Stimmen einheimsen, um in der Regierung ein Wörtchen mitzureden.

Tempelarchitektur und Kunst

Kambodschas berühmte Khmer-Tempel entstanden zwischen der Mitte des 6. Jhs. und dem beginnenden 13. Jh. Zuvor und danach wurde für den Tempelbau vorwiegend Holz verwendet, sodass viele Einzelteile und auch ganze Gebäude aufgrund des feuchten Klimas verloren gegangen sind. Phnom Penhs Nationalmuseum besitzt jedoch eine sehenswerte Sammlung post-angkorianischer Holzstatuen, die glücklicherweise nicht nur die klimatischen Verhältnisse, sondern auch die Zerstörungswut der Roten Khmer überdauert haben. Da die alten Khmer ihre Tempelbauten kaum dokumentiert haben, mussten die heutigen Kenntnisse durch gründliches Studium der Entwicklung von Materialverwendung, Konstruktionstechniken und dekorativer Ausschmückung mühevoll erarbeitet werden.

Gewöhnlich ließen Könige ihre Tempel zu religiösen Zwecken, zur Verehrung der eigenen Ahnen oder als Staatstempel errichten, in dem ein zentrales Turmheiligtum ein Bildnis des Devaraja-Gottkönigs beherbergte, das den Herrscher personifizierte. Die Staatstempel wurden nur selten von nachfolgenden Königen benutzt, doch mitunter war ihnen eine neue Existenz als Kloster beschieden.

Typische Merkmale von Khmer-Tempeln

Ungeachtet der Frage, ob sie sich um ein einzelnes Turmheiligtum ausdehnen oder die Gestalt eines komplexen Tempelbergs haben, weisen alle Khmer-Tempel – von Sambor Prei Kuk bis hin zum Bayon – gewisse gemeinsame Merkmale auf, deren auffälligste die **Einfassungsmauern** sind. Schlichte Tempelstätten wie Chau Say Tevoda haben nur eine Einfassungsmauer, doch die prunkvollsten Anlagen sind von drei (oder auch mehr) gewöhnlich konzentrisch angeordneten Mauern umschlossen. In Anlehnung an das akademische Vorbild sind in diesem Buch die von jenen Mauern umschlossenen Bereiche (Einfassungen) von innen nach außen nummeriert – da sich der heiligste Bezirk eines Tempels im innersten Zentrum befindet, werden der dortige Hofbereich als erste Einfassung und die ihn umgebende Mauer als erste Einfassungsmauer bezeichnet; es folgen die zweite Einfassung usw.

Da für die Einfassungsmauern oft grobes Lateritgestein verwendet wurde, weisen sie nur in Ausnahmefällen Verzierungen auf. Beispielsweise ist die äußere Mauer des Preah Khan rundum mit mächtigen Garudas geschmückt. Die Tore zu den jeweiligen Einfassungen befinden sich gewöhnlich an den vier Kardinalpunkten. Während der frühen Angkor-Periode wurden auffällige Tempeltore in die Architektur eingebracht, die immer kunstfertiger gestaltet und schließlich sogar mit Vorkammern und Türmen zu grandiosen Torbauten, **Gopurams**, ausgestaltet wurden. In der Regel befinden sich die prunkvollsten Gopurams an den Ost- und Westseiten der Tempelanlagen, da heilige Stätten üblicherweise in diese Himmelsrichtungen ausgerichtet waren.

Dammwege und **Gräben** treten zum ersten Mal am Bakong aus dem 9. Jh. in Erscheinung. Die Dammwege waren für gewöhnlich gepflastert und wurden während der Angkor-Periode zu beiden Seiten mit Naga-Balustraden gesäumt, die den Tempeln Schutz vor bösen Geistern bieten sollten – die Leiber der Schlangen bilden die Geländerläufe, an denen Anfang vielköpfige Häupter aufragen und deren Enden als Schwanzspitzen dargestellt sind. Dieses grundlegende Muster wurde später verfeinert, indem Götter und Dämonen als Träger der Nagas hinzukamen.

In den Einfassungen stehen unterschiedliche Gebäude, zu denen Turmheiligtümer, Empfangs- und Meditationshallen sowie Bibliotheken gehören. Die **Bibliotheken** wurden paarweise errichtet und öffnen sich entgegen der Richtung des Tempeleingangs. Nachdem die Architekten die Technik des Gewölbebaus aus Stein beherrschten, begannen sie **Galerien** mit Kragsteinbögen zu bauen, die mit Eckpavillons sowie Verbindungsgängen versehen wurden. Später kamen **Fenster** hinzu, die sich jedoch meist nur zu den Innenbereichen öffnen. Die Außenwände von Galerien und Einfassungsmauern wurden oft mit Scheinfenstern versehen, um als reine Dekorationselemente die Monotonie der glatten Mauern zu durchbrechen. Die Fensteröffnungen werden von einer ungeraden Zahl steinerner **Baluster** versperrt, die den Effekt von gedrechseltem Holz vortäuschen.

Herzstück der Tempel ist ein zentrales Turmheiligtum, **Prasat**, in dem das Bildnis der **Tempelgottheit** aufbewahrt wurde. Das meist rechteckige Heiligtum sitzt nach astronomischen Regeln exakt auf der Ost-West-Achse der Anlage (die Bedeutung ist nicht vollständig geklärt) und erhebt sich entweder auf einer Plattform über den Hof oder ragt als rechteckige **Pyramide**, die den **Tempelberg** darstellt und aus mehreren Terrassen oder "Ebenen" besteht, in die Höhe.

Das einzeln stehende Turmheiligtum im Zentrum der ältesten Tempel wurde schon früh um Nebenbauten erweitert – typisch ist die Anordnung von fünf Tempeltürmen in der **Quincunx**-Form (die Gestalt der 5 auf dem Würfel), in der untergeordnete Türme an den vier Eckpunkten das zentrale Turmheiligtum umgeben. Verbindende Elemente verleihen den Türmen einen kreuzförmigen Grundriss, und Vorkammern verlängern die Grundstruktur weiter nach außen. Gewöhnlich besitzen die Türme nur eine Öffnung nach Osten, während in die anderen Himmelsrichtungen Scheintüren weisen. Besonders nützliche Hinweise auf die Entwicklung der Tempelarchitektur liefern die Steinmetzarbeiten an den Stürzen und Säulen der Torbauten. Viele **Giebelfelder** über den Türnischen der Torbauten sind mit aufwendigen Flachreliefs und ornamentalen Schmuckmotiven versehen.

Tempelbau

Nahezu alle prä-angkorianischen Türme wurden aus vor Ort gebrannten Ziegelsteinen errichtet, die sich problemlos schichten ließen und mit Mörtel auf Pflanzenbasis verfugt wurden. Obwohl die Bautechniken der **Angkor-Epoche** relativ einfach waren, verdienen die handwerklichen Leistungen Bewunderung, denn enorm große Steine wurden mit unglaublicher Präzision platziert.

Die Steine für Angkors Tempel wurden in Steinbrüchen am Phnom Kulen abgebaut, auf dem Fluss abtransportiert und zuletzt mit Ochsenkarren oder auf Elefantenrücken vom Flussufer zu den Baustellen gebracht. Dort wurden sie mit Löchern für Holzpflöcke versehen, an denen sie mit Hilfe von Seilen und Flaschenzügen in die Höhe befördert und an die vorgesehenen Stellen bugsiert wurden. Die Blöcke wurden nicht zementiert, sondern genau behauen und miteinander verkantet. Mitunter wurden schmirgelnde Pulverstoffe verwendet, um die Einzelstücke noch exakter miteinander zu verbinden.

Tempelschmuck: Ornamente, Zierbänder und Figuren füllen die Stätten Angkors bis in den letzten Winkel

Erst nach Fertigstellung der Mauerarbeiten wurden die Tempel mit **Verzierungen** ausgestattet. An zahlreichen Stellen weist das Mauerwerk noch heute Skizzenpläne für Steinmetzarbeiten auf, die niemals vollendet wurden.

Materialien

Bis zum Ende des 10. Jhs. blieb **Ziegelstein** das wichtigste Material für den Tempelbau. Die Ziegelsteintürme des Östlichen Mebon und des Pre Rup sind die jüngsten ihrer Art, doch sie sind schlechter erhalten als diejenigen von älteren Tempeln. Obwohl sich Ziegelstein nicht für filigrane bildhauerische Ausgestaltungen eignet, weisen die frühen Bauwerke ein erstaunlich stilvolles Dekor auf. Zu den schönsten Motiven zählen die „schwebenden Paläste" des Sambor Prei Kuk, die den Tempel in kleinem Maßstab an den Wänden seiner eigenen heiligen Bauten zeigen, sowie die wundervollen Reliefs von Vishnu und Lakshmi im Prasat Kravan. Viele Ziegelsteintürme wurden mit **Stuck** ummantelt – einem Mörtelgemisch aus Löschkalk, Sand und feiner Tonerde, das zusätzlich mit dem Saft von Zuckerpalmen und Tamarinde versetzt wurde. Um einen tragfähigen Untergrund zu erzeugen, wurde die Ziegeloberfläche vor ihrer Beschichtung mit Stuck entweder aufgeraut oder mit Löchern versehen. Vereinzelte körnig weiße Stuckflächen, die zu ihrer heutigen Gestalt vertrocknet sind oder vielleicht auch angestrichen waren, sind noch an den Türmen des Preah Ko erhalten.

Da Ziegelstein als Material für bestimmte tragende Strukturen nicht stark genug war, wurden von Anbeginn an Stürze und Säulen und später auch Scheintüren aus **Sandstein** gebaut. Mit der Weiterentwicklung der Bautechniken wurde Sandstein in zunehmendem Maße zum bevorzugten Baumaterial – zunächst nur für die Türme, später für gesamte Tempelanlagen, was jedoch die Vorräte an qualitativ hochwertigem Gestein alsbald aufbrauchte. Als auf schlechteres Material zurückgegriffen werden musste, litt auch die Qualität der Steinmetzarbeiten und folglich das gesamte Erscheinungsbild der Tempel. Experten führen das Ende von Angkors Bauaktivitäten in erster Linie auf die erschöpften Sandsteinvorräte zurück.

Als Baumaterial für Tempel weitverbreitet und überall in Kambodscha leicht zu finden war das weiche, poröse Gestein **Laterit**, das einfach abzutragen und zu formen ist. In Angkor wurde höchstwahrscheinlich auch der Aushub, der sich durch die Ausschachtung von Gräben und Wasserbecken ansammelte, als Baustoff für Tempel verwendet. In der prallen Sonne härtete das Material zu einem grobkörnigen Gestein, das sich ideal für den Bau von Plattformen, Terrassen und anderen Fundamenten eignete, die später mit einem dünnen Belag aus Sandstein verkleidet wurden.

Auch **Holz** gehörte zu den unverzichtbaren Baumaterialien für Tempel, doch nur wenige hölzerne Baustrukturen sind erhalten geblieben. Einige Überreste tragender Holzelemente sind auf Angkor Wats dritter Ebene zu sehen. Holz wurde als Baustoff für Galeriesäulen, Dächer und Portale verwendet. Viele Vertiefungen in gepflasterten Bereichen dienten einst als Verankerungen für Holzpfeiler. Auch Gewölbedächer und Ziegeltürme waren mit Holzdecken ausgekleidet – Löcher zeigen noch heute die Stellen, an denen Sparren eingefügt waren. Die Holzverkleidungen waren höchstwahrscheinlich mit Schnitzereien verziert, die zum Vorbild der Ornamentik alter Steinmetzarbeiten wurden.

Obwohl an keinem Tempel Verkleidungen aus **Metall** erhalten sind, dienten Kupfer- und Bronzebleche zur Verzierung. Die Spitzen bedeutender Tempelanlagen wie Baphuon oder Bayon waren mit Metall verkleidet, und wahrscheinlich fanden Metalle auch bei der Ausgestaltung der Innenräume von Heiligtümern Verwendung. Viele Dächer waren mit glasierten **Tonziegeln** gedeckt, was zum Beispiel durch Restbestände an Banteay Samre nachgewiesen werden konnte.

Epochen

Die Bauwerke der **prä-angkorianischen Epoche** wurden überwiegend aus relativ weichem, verwitterungsanfälligem Ziegelstein erbaut, weshalb nur wenige Tempel aus jener Zeit erhalten sind; die eindrucksvollsten Beispiele sind in Sambor Prei Kuk zu sehen. In der **Angkor-**

Epoche erlebte der Tempelbau seine Blütezeit. Tausende Tempel, von unauffälligen kleinen Schreinen bis hin zu kunstvollen Tempelbergen wie Angkor Wat und Bayon, stammen aus dieser Zeit.

Das bevorzugte Material für **Skulpturen** war in beiden Epochen Stein, es wurden aber auch einige Bronzeskulpturen gefunden. Die wertvollsten Originale befinden sich heute in der sicheren Obhut des Nationalmuseums in Phnom Penh oder des Denkmalschutzamtes Angkor Conservation in Siem Reap. Die in den folgenden Ausführungen näher beschriebenen Statuen sind ausnahmslos im Nationalmuseum ausgestellt.

Sowohl die prä-angkorianische als auch die angkorianische Epoche sind in **Stilepochen** untergliedert, die sich zum Teil überlappen und nach Tempeln benannt sind, die in der betreffenden Zeit entstanden. Manche Stile finden in mehreren Tempelanlagen ihre typische Ausprägung, während andere nur in einer Stätte nachzuweisen sind. In wenigen Fällen sind die Stätten auch völlig verschwunden.

Prä-Angkor-Epoche (540–802)

Typische Beispiele für prä-angkorianische Tempel sind **Phnom Da** und **Sambor Prei Kuk** mit ihren einfachen rechteckigen Ziegeltürmen sowie Stürzen und Säulen aus Sandstein.

Phnom Da

Angesichts nur weniger erhaltener architektonischer Zeugnisse sind es vor allem die skulpturalen Darstellungen, die heute über den **Phnom-Da-Stil** (540–600) Aufschluss geben. Da die Technik der Rundplastik noch nicht entwickelt war, sind die Statuen aus dieser Zeit entweder als Hochrelief auf einem Steinsockel gestaltet, oder sie besitzen einen anderen stützenden Untergrund. Menschliche Figuren – damals auf Männer beschränkt – wurden in natürlichen Haltungen dargestellt und weisen mit ihren schmalen Taillen und geschwungenen Hüften indischen Einfluss auf. Ihre Haarpracht ringelt sich nahe am Kopf zu Löckchen, sie tragen zylindrische Kopfbedeckungen und haben Sampots um die Hüften geschlungen, deren Enden zwischen den Beinen hochgezogen und oben unter dem Bund eingeschlagen sind. Zu den beliebtesten Skulpturen jener Zeit gehören **Harihara**-Darstellungen, die auf der linken Körperseite die Kennzeichen Vishnus (Hari) und rechts diejenigen Shivas (Hara) aufweisen. Im Nationalmuseum steht ein prächtiges Exemplar aus Phnom Da, dessen Kopf sich allerdings heute im Musée Guimet in Paris befindet.

Sambor Prei Kuk

Der **Sambor-Prei-Kuk-Stil** (600–650), der seinen Ausdruck sowohl in der skulpturalen Darstellung als auch in der Architektur findet, gilt als eigentliche Geburtsstunde der Khmer-Kunst. Erstmals wurden damals Tempelanlagen mit einem Turmheiligtum in Gruppenanordnung, der sogenannten Quincunx-Form, errichtet. Die Türme sind überwiegend aus Ziegelstein gebaut, der mit verziertem Stuck ummantelt wurde. Teile dieser Stuckschicht sind mancherorts noch erhalten. Außerdem wurden die Bauten mit Sandsteinsäulen und aufwendig verzierten Stürzen ausgestattet. Nur einige kleinere Türme bestehen ausschließlich aus Stein. Als häufigstes dekoratives Element sind Meißelungen in Form mehrerer verbundener Bögen vertreten, die sich über die gesamte Länge von Stürzen erstrecken und am oberen Ende mit gerundeten Medaillons verziert sind. Makaras schließen die Stürze an den Enden ab, und kleine Blätter, Girlanden und Blumengehänge zieren die restlichen Flächen. Die runden Säulen sind ebenfalls mit Girlanden und Ornamenten verziert.

Im Allgemeinen weisen die Statuen jener Epoche Ähnlichkeiten mit denen von Phnom Da auf. Sie wirken sehr naturalistisch, und erstmals treten auch weibliche Gestalten mit wohlgeformten Körpern und die Figur betonenden Kleidern in Erscheinung.

Prei Kmeng, Prasat Andet und Kompong Preah

Aus der späten prä-angkorianischen Epoche sind nur wenige Beispiele aus Kunst und Architektur erhalten geblieben. Die Architektur von **Prei Kmeng** (benannt nach einer Stätte südwestlich von Angkors Westlichem Baray, 635–700) lässt nur noch anhand weniger in Trümmern liegender Stätten Rückschlüsse zu; mit schönen Steinmetzarbeiten verzierte Stürze aus jener Zeit zeigen weiterentwickelte Themen des Sambor Prei Kuk, während die Säulen hexagonale Gestalt angenommen haben. Kleine bronzene Buddhastatuen aus jener Zeit bezeugen, dass damals neben dem Hinduismus auch der Buddhismus im Land verbreitet war.

Von der Architektur des **Prasat Andet** (ein Tempel nordwestlich von Kompong Thom, 657–681) ist nichts erhalten, doch aus jener Epoche stammen einige bemerkenswerte Skulpturen, die für die Khmer-Kunst ungewöhnliche Merkmale aufweisen: Die großen und schlanken männlichen Statuen haben dünne Schnurrbärte sowie angedeutete Muskulatur, und sie tragen von der linken Seite her geraffte Sampots, die an der Taille so eingeschlagen sind, dass sie eine Tasche bilden; Frauengestalten sind mit langen Gewändern dargestellt, die bis auf den Boden fallen.

Die Stürze im Stil von **Kompong Preah** (eine Stätte südwestlich von Kompong Chhnang, 706–800) sind hochgradig stilisiert, und ihr tiefes Schnitzwerk zeigt Blätter auf horizontalen Zweigen, deren Ränder geschnörkelt sind und aus deren Mitte die Gesichter von Ungetümen blicken.

Der Symbolismus der Khmer-Tempel

Jedes Element des Khmer-Tempels hat eine symbolische Bedeutung, die in Beziehung zur **hinduistischen Kosmologie** steht: Dieser zufolge gibt es im Kosmos einen zentralen Kontinent namens Jambudwipa, der von einem Ozean umgeben ist, den wiederum eine Mauer umschließt. Diese Anordnung spiegelt sich im **Graben** und der zugehörigen **Mauer** des Khmer-Tempels wider. Die **Einfassungsmauern** des Tempels stellen Jambudwipas konzentrische Bergketten dar, während die eingefassten Bereiche die Ozeane symbolisieren, die diese Ketten voneinander trennen. Die **Pyramide** im Zentrum des Tempels ist das irdische Abbild des heiligen Berges Meru mit seinen fünf Gipfeln, der sich im Herzen von Jambudwipa erhebt, und die einzelnen Ebenen der Pyramide symbolisieren Reiche mythischer Wesen (Naga, Garuda, Rakshasa und Yaksha). Der Wohnsitz der Götter auf der Spitze des Berges Meru findet seine Verkörperung im zentralen Turmheiligtum, in dem stets die oberste Gottheit des Tempels untergebracht war. Im Zentrum mancher Tempelanlagen stehen fünf heilige Türme in Quincunx-Form, welche die fünf Gipfel symbolisieren.

Angkor-Epoche (802–1219)

Die angkorianische Epoche begann mit der Ankunft Jayavarmans II. in Phnom Kulen im Jahre 802, doch erst unter der Regentschaft seines Nachfolgers Indravarman I. blühte die Tradition des Tempelbaus auf. Fortan strebte jeder König von Angkor danach, einen **Staatstempel** zu errichten, der nach der Weihe ein symbolisches Band zwischen dem Herrscher als Gottkönig (Devaraja, s. S. 222) und dem heiligen Bildnis der Gottheit im zentralen Turmheiligtum bildete. Kernstück jedes Staatstempels war der **Tempelberg**, der sich als Turmheiligtum auf einer mehrstufigen Pyramide erhob. Da jeder König mit seinem Staatstempel den seines Vorgängers an Stattlichkeit und Pracht übertreffen wollte, wurde die Kunst des Tempelbaus kontinuierlich verfeinert. Der Staatstempelbau erreichte seinen Höhepunkt mit der Errichtung des einzigartigen Angkor Wat und fand seinen bemerkenswerten Abschluss in dem außergewöhnlich komplex gestalteten Bayon.

Einige Bauwerke, darunter Ta Prohm und Preah Khan, wurden als **Klöster** angelegt. Obwohl sie keine zentrale Pyramide besitzen, werden auch sie als Tempel eingestuft, weil sie nach ähnlichen Regeln erbaut wurden. Rund um die zentralen Bereiche verlaufen konzentrische Galerien mit verbindenden, überdachten Säulengängen, die weitere kreuzförmige Galerien und heilige Kammern im Hofbereich bilden.

Die angkorianische Epoche endete mit dem Tod Jayavarmans VII. im Jahre 1219, denn obwohl sich noch andere Könige Angkor zur Hauptstadt nahmen, wurden spätere Bauwerke wieder aus Holz errichtet und haben die Zeiten nicht überdauert. Vermutlich griff man wieder auf Holz als Baumaterial zurück, weil die finanziellen Mittel des Königreichs durch die gewaltigen Bauprojekte Jayavarmans VII. erschöpft waren, und überdies sorgte die Ausbreitung des Theravada-Buddhismus für eine Hinwendung zu weniger prunkvollen Bauwerken.

Kulen

Über den **Kulen-Stil** (825–875) geben vor allem Skulpturen Aufschluss, da die Ziegeltürme jener Epoche heute entweder zerstört oder unzugänglich sind. Die Statuen waren nun frei stehend und forderten den Bildhauern einiges an Einfallsreichtum ab, wollten sie so wuchtige Darstellungen wie die Vishnu-Statue von Kulen schaffen. Bei manchen Statuen verlagerten sie das Gewicht auf das rechte Bein, während zusätzlich ein Stock oder Schwert als stützendes Element für die Arme bis auf die Erde hinabreichte.

Die Skulpturen jener Epoche verlieren bereits die naturalistische Wirkung des prä-angkorianischen Stils und weisen eine eher starre Haltung auf. Die Gesichter aber nehmen nun charakteristischere, eckigere Khmer-Züge an, wenngleich männliche Skulpturen nach wie vor Schnurrbärte tragen.

Preah Ko

Der Tempel **Preah Ko**, nach dem die nächste angkorianische Stilepoche benannt ist (875–893), wurde in Roluos zu Ehren der Vorfahren des Königs errichtet. Zur selben Gruppe gehören die Tempel Bakong und Lolei. Obwohl nicht als Staatstempel errichtet, weist Preah Ko die mehrfachen konzentrischen Einfassungen und Ebenen eines Tempelbergs auf. Im Zentrum erheben sich statt eines Haupttheiligtums sechs in zwei Reihen angeordnete Ziegeltürme. Der **Bakong**, Indravarmans Staatstempel in Roluos, gilt allgemein als das erste vollwertige Beispiel eines Tempelbergs und war zugleich der erste Tempel, der vorwiegend aus Sandstein gebaut wurde. Zusätzlich zu Graben und Dammweg erhielt er konzentrische Einfassungen, die zur klassischen mehrstufigen Pyramide führen, auf der sich im Zentrum der obersten Ebene ein einzelnes Turmheiligtum erhebt. Fachleute zählen die **Giebelverzierungen** des Preah Ko und Bakong mit ihrem üppigem Ornamentschmuck zu den schönsten in der gesamten Khmer-Kunst. Im Zentrum der einzelnen Stürze befand sich einst eine Figur, wahrscheinlich ein Kala oder ein Rahu oder eine Gottheit wie etwa Indra auf einem dreiköpfigen Elefanten. Die Kapitelle der zylindrischen Säulen sind mit Ringen verziert, und die Ziergiebel in der Form eines umgedrehten „U" ragen ungewöhnlich weit in die Höhe. Die Skulpturen jener Zeit stellen Männer als untersetzte und kräftige Gestalten in starren Haltungen dar.

Bakheng

Beispiele für den **Bakheng-Stil** (893–925) sind die Tempel von Phnom Krom südwestlich von Siem Reap und von Phnom Bok nordwestlich von Banteay Samre. Der Bakheng selbst war der stolze Staatstempel Yasovarmans I., und seine archetypische mehrstufige Pyramide war die erste, deren oberste Ebene von Türmen in Quincunx-Anordnung gekrönt wurde. Der Tempel wurde auf einem natürlichen Hügel errichtet, dessen störende Flächen abgetragen wurden, um ihn dann mit Sandstein zu verkleiden. Eine bemerkenswerte Entwicklung ist die nunmehr oktagonale Form der Säulen, die mit Ausnahme von Banteay Srei von späteren Stilen übernommen wurde. Die **Skulpturen** des Bakheng-Stils sind symmetrisch und streng formal: Die Sampots der Männer sind sorgfältig gefaltet, werden von einem Gürtel gehalten und sind vorn zum „Doppelanker" gebunden.

Koh Ker

Nach der Schlichtheit des Stils von Bakheng zeichnet sich der **Koh-Ker-Stil** (921–945) durch eine Rückkehr zur reichen Ornamentik von Preah Ko mit noch mehr Säulenschmuck und Blattmotiven aus. Die Ziergiebel der Eingangspavillons, die zusätzlich als tragende Elemente der Holz- und Ziegeldächer dienen, nehmen eine dreieckige Form an und wirken durch ihre bildhauerische Ausgestaltung wie Holz. Besondere Aufmerksamkeit aber verdienen Koh Kers große Statuen, vor allem die sehr lebendig herausgearbeitete Kampf der Affenkönige Valin und Sugriva sowie die Darstellung zweier Ringer, die sich im Kampf umschlingen.

Pre Rup

Die im **Pre-Rup-Stil** (947–965) erbauten Tempelanlagen des Östlichen Mebon und des Pre Rup sind typische Tempelberge. Die Anlagen besitzen die damals üblichen markanten Türme aus Ziegelsteinen, die mit Stuck ummantelt waren. Die schön verzierten Stürze weisen Ähnlichkeiten mit dem Preah-Ko-Stil auf. Die langen Hallen rings um die Tempelbauten sind die letzten dieser Art und wurden in den folgenden Epochen durch Galerien ersetzt.

Kleang

Der **Kleang-Stil** (965–1010), der nach zwei großen, aber relativ unbedeutenden Hallen gegenüber der Elefantenterrasse von Angkor Thom benannt ist, wird vertreten durch den Ta Keo und Phimeanakas in Angkor, Preah Vihear im entlegenen Norden des Landes und Phnom Chisor im Süden von Phnom Penh. Grundrisse und Aufbau der Tempel dieser Epoche lassen eine gewisse Weiterentwicklung erkennen, während das Dekor mehr oder weniger den alten Mustern folgt. Am Ta Keo wurde erstmals der Versuch unternommen, eine Pyramidenebene mit einer Galerie zu umschließen – leider blieb das Ziegeldach nicht erhalten. Da l für das gewölbte Galeriedach des Phimeanakas Sandstein verwendet wurde, mussten die Galeriegänge relativ eng gestaltet werden.

Die prachtvolle Anlage des Preah Vihear war ein Meilenstein des Tempelbaus, denn die Architekten machten sich das steile Gelände zunutze und bauten die Einfassungen nicht konzentrisch, sondern setzten sie hintereinander den Hang hinauf. Die Holzdächer erhielten als zusätzliche Stützen große dreieckige Ziergiebel mit üppigem Dekor, deren eindrucksvolle Wirkung sich noch erhöhte, weil sie über dem steil von unten heraufführenden Zugangsweg kühn in die Höhe ragten. Eine weitere Besonderheit ist die gewölbte Steingalerie, die das zentrale Turmheiligtum umschließt.

Banteay Srei

Der herausragende **Banteay-Srei-Stil** (967–1000), der alle früheren Leistungen der Khmer-Architektur übertrifft, zeichnet sich neben seiner äußerst filigranen Ornamentik vor allem durch die kunstvolle Weiterentwicklung der **Ziergiebel** aus. Die prachtvollsten davon schmücken die Gopurams und zeigen ein dichtes Geflecht aus Blatt- und Blumenmotiven. Die Ränder der Tympana sind rundum verschnörkelt und über ihre gesamte Länge mit Blumenmotiven verziert. Die Ziergiebel des zentralen Turmheiligtums haben die Form eines umgedrehten „U", ihre Nischen sind dicht mit hinduistischen Szenen, Blättern und Blumen gefüllt, die Tympana mit einem Heer von Nagas und Löwen bestückt. Obwohl alle Giebel von einzigartiger Schönheit sind, stufen Fachleute diejenigen der Bibliothek mit ihren dreifach gestaffelten Giebeln und feinsten hinduistischen Szenen und Ornamenten als die herausragendsten Beispiele dieser Epoche ein.

Weniger Beachtung, als ihnen gebührt, finden inmitten all dieser Pracht die mit Blattmotiven verzierten Stürze und Rundsäulen, die an den Stil von Preah Ko erinnern (wenngleich die Deckplatten der Kapitelle ohne Schmuck auskommen). Die Mauern des Heiligtums sind ebenfalls reich mit Blumenmotiven geschmückt, und Gottheiten zieren die zahlreichen Nischen. Im gesamten Tempelbereich sind auch die Pilaster mit vielfältigen filigranen Motiven verziert.

Ein typisches Beispiel für die recht naturalistischen **Skulpturen** des Banteay-Srei-Stils ist eine Statue des sitzenden Shiva mit seiner Gemahlin Uma auf den Knien. Shivas Miene erweckt einen selbstgefälligen Eindruck: Ein Lächeln liegt auf seinen vollen Lippen, und die Augenbrauen, die in älteren Darstellungen als durchgezogene Linie dargestellt wurden, sind durch einen Zwischenraum getrennt. Obwohl die beiden Göttergestalten dem Anschein nach ein Liebespaar darstellen, sind sie – wie in der kambodschanischen Kunst üblich – die Verkörperung der Schicklichkeit, denn das einzige Zeichen von Zuneigung ist Shivas Hand, die um Umas Hüfte liegt.

Baphuon

Der Bau des Baphuon kennzeichnete den Beginn einer grandiosen Architekturepoche (1010–1080), in der monumentale Bauwerke aus Sandstein entstanden. Aufgrund unzureichender Fundamente und Verankerungen sind große Teile jener stolzen Bauten im Laufe der Zeit leider zusam-

Geschichten in Stein: Khmer-Tempel erzählen ganze Epen – hier rüttelt Ravana am Berg Kailash, auf dem Shiva und Uma sitzen

mengebrochen. Die Verzierungen der Stürze zeigen historische Szenen, die Ähnlichkeiten mit dem Sambor-Prei-Kuk-Stil haben. Die vergleichsweise gut erhaltenen **Skulpturen** jener Epoche markieren die Rückkehr zu graziösen, entspannten Haltungen. Ein gutes Beispiel ist die im Nationalmuseum ausgestellte schlanke Statue der Lakshmi mit leicht in die Länge gedehntem Körper, kleinen Brüsten und einem Rock, der vorn ein wenig nach unten drapiert ist und ihren Bauchnabel enthüllt. Die männlichen Statuen aus der Zeit haben scharf geschnittene Gesichtszüge. Im Westlichen Mebon, dem anderen bedeutenden Tempel der Baphuon-Epoche, wurde eine ungewöhnliche Statue des ruhenden Vishnu aus massiver Bronze gefunden.

Angkor Wat

Im 12. Jh. vereinten sich im Angkor Wat die Entwürfe und Techniken der älteren Architektur zu einem Meisterwerk. Ein Dammweg führt über den äußeren Graben, bevor kunstvoll gestaltete Gopurams Durchlass zu den konzentrischen Einfassungen der zentralen Pyramide gewähren, die ihrerseits von miteinander verbundenen Gewölbegalerien umschlossen ist. Auf der obersten Ebene der Pyramide erheben sich die markanten fünf Türme des zentralen Heiligtums, deren verzierte Spitzen sich zu einer Harmonie fügen, die in der kambodschanischen Architektur unübertroffen ist.

Die Kunst dieser Epoche ist von herausragender Bedeutung. Angkors **Flachreliefs** zeugen von der außerordentlichen Geschicklichkeit ihrer Schöpfer, nehmen epische Ausmaße an und lassen die Steinmetzarbeiten späterer Epochen vergleichsweise plump und schlampig gearbeitet erscheinen. Zu den herausragenden Friesen aus dieser Zeit gehören die Schlachtszenen aus dem *Mahabharata,* in denen die beiden sich befehdeten Familien von den Seiten in die im Zentrum tobende Schlacht ziehen, die Darstellungen von Himmel und Hölle mit den verstorbenen Sündern, die in die Unterwelt geschickt werden, um dort ihre Untaten durch ewig währende Bestrafung zu sühnen, und natürlich das Kirnen des Milchozeans mit den jubilierend tanzenden Apsaras, die aus dem Kirnen geboren werden. Die Skulpturen jener Epoche erwecken hingegen mit ihren breiten Schultern, schmalen Taillen und ausladenden Hüften einen eher ungeschlachten Eindruck.

Zu den anderen Tempeln dieser Stilepoche gehören Preah Palilay, Preah Pithu, Thomannon und Chau Say Tevoda. Nahezu zeitgleich mit Angkor Wat entstand die kaum bekannte und bis vor kurzem schwer erreichbare Anlage Beng Mealea, die ähnlich gewaltige Proportionen aufweist, jedoch nur eine einzige Ebene besitzt.

Bayon

Die eindrucksvollste und bekannteste Neuerung des **Bayon-Stils** (1177–1230) waren Gesichtertürme, die auf allen vier Seiten das riesige Antlitz des Bodhisattvas Lokesvara zeigten, vermutlich als Abbild des Königs Jayavarman VII. Obwohl ihre Errichtung eine hohe architektonische und handwerkliche Herausforderung darstellte, wurden solche Türme auch an anderen Orten in großer Zahl gebaut und sind selbst in der über 140 km nordwestlich von Angkor gelegenen Anlage Banteay Chhmar zu finden. Vor dem Königspalast von Angkor Thom entstanden außerdem die monumentalen **Terrassenbauten** der Elefantenterrasse und der Terrasse des Leprakönigs. Da die Städte des Reichs erstmals gegen eindringende Feinde verteidigt werden mussten, wurden rund um Angkor Thom hohe Mauern und ein breiter Erdwall errichtet.

Die Epoche und die gesamte angkorianische Ära hatten ihren Höhepunkt im Bau des Bayon. Die komplexe Anlage mit einfassenden Galerien hat im Unterschied zu anderen Tempelstätten ein **rundes Zentrum**, das in den acht Kompassrichtungen von Kammern und Türmen umschlossen ist. Die Flachreliefs sind weit weniger filigran gestaltet als in Angkor Wat – manche scheinen nur grob gearbeitet und viele sind unvollendet. Die Skulpturen jener Epoche stellen Frauen mit langen hageren Gesichtern, schmalen Schultern und breiten Hüften dar, während die Männer kurze gedrungene Körper haben. Zu den Beispielen im Nationalmuseum gehören die ebenso schlichte wie eindrucksvolle Statue eines sitzend meditierenden Mannes, die vermutlich Jayavarman VII. darstellt, und die Statue einer schlanken Frau mit anmutigem Haarknoten, die wahrscheinlich seine erste Frau ist.

Religion

Der **Buddhismus** beeinflusst auch in der heutigen Zeit praktisch jeden Aspekt des kambodschanischen Lebens, was unter anderem die täglichen Essensspenden an barfüßige und safranfarbene Roben tragende Mönche belegt, oder die fast schon besessene Hingabe, mit der Opfertage und größere Feste begangen werden, an denen in den Pagoden eine ausgelassene Stimmung herrscht. Vom 1. Jh. bis zum Sturz des Khmer-Reichs im frühen 14. Jh. aber war der **Hinduismus** die vorherrschende Religion, und so sind die Tempelkunst und die Architektur in hohem Maße von der hinduistischen Kosmologie beeinflusst.

Die Cham sind Moslems, und folglich ist der **Islam** die nach dem Buddhismus am weitesten verbreitete Religion im Land. Trotz eifriger Missionsbemühungen verschiedener Orden hat das **Christentum** in Kambodscha nie eine nennenswerte Bedeutung erreicht.

Der Buddhismus kambodschanischer Ausprägung ist bei weitem nicht so dogmatisch und formell wie derjenige in Thailand oder Myanmar, und bis heute huldigen die Einheimischen **Naturgeistern** und lange verstorbenen **Vorfahren**. Traditionen mit animistischem Ursprung sind so tief im kambodschanischen Alltag verankert, dass oft keine klare Trennlinie zwischen ihnen und den hiesigen buddhistischen Zeremonien zu erkennen ist.

Die historische Rolle des Hinduismus

Brahmanische Priester, die im 1. Jh. im Gefolge indischer Händler nach Funan kamen, brachten den Hinduismus mit, den fast alle prä-angkorianischen und angkorianischen Herrscher als Religion annahmen. Auch in der modernen kambodschanischen Kultur spielen **hinduistische Einflüsse** noch eine tragende Rolle. Die beiden hinduistischen Epen *Ramayana* und, in geringerem Maße, *Mahabharata* bilden die inhaltliche Grundlage für den klassischen Tanz, das Schattentheater und zeitgenössische Kunstformen.

Der Hinduismus ist eine ungeheuer facettenreiche Religion. Grundlegende Bedeutung haben der Glaube an die **Reinkarnation**, das Konzept des **Karma** (die Summe der guten und schlechten Taten in der gegenwärtigen Existenzform, die für die Stufe der nächsten Wiedergeburt maßgeblich ist), eine schillernde **Kosmologie** mit einem riesengroßen Pantheon und der Auftrag des Tempelbaus. Die drei Hauptgottheiten sind **Brahma**, der Schöpfer und Herr über alle Götter, **Vishnu**, der wohlwollene Bewahrer, der das Schicksal lenkt und zehn Avatare (Inkarnationen) hat, und **Shiva**, der Zerstörer und Erneuerer, der sowohl für den Tod als auch für die Wiedergeburt verantwortlich ist.

Shiva wird vor allem in der Gestalt des **Lingam** verehrt, einer phallisch geformten Steinsäule, die häufig mit drei Ebenen dargestellt ist: einer rechteckigen Basis für Brahma, einer achteckigen Mitte für Vishnu und einer runden Spitze für Shiva. Wie der Lingam häufig die Verschmelzung der obersten Göttertriade darstellt, repräsentiert die populäre prä-angkorianische Gottheit **Harihara** die Kombination der Eigenschaften Shivas (rechte Seite der Harihara-Bildnisse) und Vishnus (linke Seite).

Im 9. Jh. wurde der Hinduismus vom **Devaraja-Kult** überlagert, den König Jayavarman II. einführte. Bei der Thronbesteigung spendete der König ein Bildnis, das Shiva oder Vishnu geweiht war und im Haupttheiligtum des königlichen Staatstempels platziert wurde. Dem kultischen Glauben zufolge vereinte sich der König im Augenblick seines Todes mit diesem Gott, um sein Königreich fortan aus dem Jenseits zu beschützen.

Buddhismus

Die Ursprünge des Buddhismus liegen im Indien des 6. Jhs. v. Chr., als er sich durch die Lehren des vom Prinzen zum Asketen gewandelten **Siddhartha Gautama** aus den Wurzeln des Hinduismus entwickelte. Gautama wurde um 560 v. Chr. als Sohn einer königlichen Familie in Lumbini im Gebiet des heutigen Nepal geboren und von den Leiden seiner Außenwelt fern gehalten. Er kannte nichts anderes als das komfortable Leben am

Hof, heiratete und wurde Vater eines Sohnes. Im Alter von 29 Jahren aber trieb ihn die Neugierde aus dem Palast, um die dortige Umgebung zu erkunden. Der Reihe nach begegnete er einem alten Menschen, einem kranken Menschen, einer Begräbnisprozession und einem Almosen erbittenden Mönch. Von diesen Erlebnissen erschüttert, entsagte er seinem Leben als Prinz, verließ heimlich den Palast und führte fortan ein einfaches Leben mit dem Ziel, nach einem Weg zur Beendigung des Leidens zu suchen. Als seine Aufwartungen bei verschiedenen religiösen Lehrern keine Fortschritte brachten, wandte er sich einem Lebenskonzept der rigorosen Enthaltsamkeit zu, in dessen Rahmen er sich fast zu Tode fastete, bevor er begriff, dass Askese das Leiden, das er auflösen wollte, nur um so stärker fortbestehen ließ. Als er drei Nächte hintereinander unter einem Bodhi-Baum meditierte, gelangte er zu diversen Erkenntnissen, die schließlich zu seiner **Erleuchtung** führten: In der ersten Nacht sah er seine früheren Leben an sich vorüberziehen; in der zweiten Nacht begriff er den Zyklus des Lebens als Abfolge aus Tod und Wiedergeburt; in der dritten Nacht wurden ihm die vier heiligen Wahrheiten des Leidensweges offenbar. Statt in diesem Augenblick ins **Nirwana** einzuziehen – einem vom Leiden befreiten Zustand –, was sein Recht als Erleuchteter gewesen wäre, verblieb er auf Erden, um das **Dharma**, die Doktrin des **Mittleren Weges** zu verbreiten, die aus den Vier Edlen Wahrheiten und dem Abstand zu den Extremen der Maßlosigkeit und asketischen Enthaltsamkeit besteht. Nachdem Buddha in Sarnath, in der Nähe von Varanasi in Nordindien, die erste Predigt gehalten hatte, zogen seine Schüler aus, um seine Lehre zu verbreiten. Auch er selbst zog für den Rest seines Lebens (um Nahrung bittend und lehrend) durch Indien.

Schulen

Schon bald nach Buddhas Tod im Alter von 80 Jahren sammelten sich seine Anhänger, um die Lehre festzulegen, die bis dahin nur mündlich überliefert war. Als 100 Jahre später ein ähnliches Treffen stattfand, hatten sich bereits Abwandlungen gebildet, die eine Spaltung bewirkten (erst um 100 v. Chr. wurden die buddhistischen Lehren schriftlich fixiert): Es entwickelten sich zwei buddhistische Schulrichtungen, Theravada und Mahasanghika. Aus der zuletzt genannten Richtung entstand der **Mahayana-Buddhismus**, der das Lehrkonzept enthält, dass manche zur Erleuchtung gelangte Individuen nicht ins Nirwana einziehen, sondern auf Erden verweilen, um anderen Lebewesen auf dieselbe hohe Stufe der Erkenntnis zu verhelfen – sie heißen **Bodhisattvas**, „zur Erleuchtung bestimmte Wesen", und werden als Gottheiten voller Mitgefühl verehrt. Zu ihnen gehört Lokesvara, dessen Bildnis an den viergesichtigen Tor- und Turmbauten Angkors erscheint. Eine grundlegende Überzeugung des Mahayana-Buddhismus ist, dass das Nirwana für alle und nicht nur für wenige Asketen erreichbar ist.

Im **Theravada-Buddhismus** fehlt das Konzept des Bodhisattvas. Ihm zufolge führt nur die strikte Befolgung eines langen Meditationsweges zur Erleuchtung, was das Nirwana nicht nur für Laien, sondern selbst für Mönche praktisch unerreichbar macht. Alte Theravada-Texte berichten von sieben Buddhas, die bereits auf Erden weilten, und sie schreiben Gautama die größte Bedeutung zu. Die Ankunft eines weiteren Buddhas stehe noch aus. Jüngere Schriften führen jedoch an, dass insgesamt rund dreißig Buddhas erscheinen werden. In der buddhistischen Welt hat sich die Theravada-Schule nur in Myanmar, Kambodscha, Laos, Sri Lanka und Thailand durchgesetzt.

Die Lehre

Ziel der buddhistischen Lehre ist die Befreiung des Individuums aus dem Kreislauf von Geburt, Leben, Tod und Wiedergeburt. Die Stufe jeder Existenzform ist von den positiven und negativen Leistungen im vorherigen Leben abhängig. Durch positive und negative Taten und Gedanken baut sich das **Karma** des Individuums auf – die Summe der Lebensleistungen, das die nächste Existenzform, sprich die Art der nächsten Wiedergeburt bestimmt. Im Zentrum der buddhistischen Lehre stehen die **Vier Edlen Wahrheiten**, die sich dem Buddha unter dem Bodhi-Baum offenbarten:

Die erste Wahrheit entlarvt alles Leben als Leiden.

Die zweite Wahrheit führt die Entstehung des Leidens auf die Begierden zurück – auf die Gier nach Besitz, Gesellschaft, Nahrung und Wiedergeburt –, doch auch auf Ignoranz und die falsche Ausführung von im Grunde rechten Dingen;

Die dritte Wahrheit führt an, dass die Leiden überwunden werden können, wodurch das Individuum den Kreislauf der Wiedergeburten durchbricht und vor dem höchsten Ziel des Einzugs ins Nirwana steht.

Die vierte Wahrheit beschreibt den Weg zur Überwindung der Leiden, die durch Befolgung des **Achtfachen Pfades** (auch: der Mittlere Pfad) zu erreichen ist, der sich aus elementaren Verhaltensweisen im Umgang mit der Welt zusammensetzt:

- rechte Anschauung – aufrichtige Verinnerlichung der Vier Edlen Wahrheiten;
- rechte Geisteshaltung – ein ruhiges Gemüt, das frei von Begierden, Eifersucht und Hass ist;
- rechtes Reden – wahre, besonnene und weise Worte;
- rechtes Handeln – moralischer und ordentlicher Lebenswandel;
- rechter Lebenserwerb – Bestreitung der persönlichen Lebensführung ohne Belastung Dritter;
- rechtes Streben – aus guten Anstrengungen erwachsen gute Gedanken und Taten;
- rechtes Überdenken – sorgfältig überdachte Handlungen, Worte und geistige Verhaltensweisen;
- rechte Selbstbesinnung – Konzentration, Meditation und innere Sammlung.

Der Achtfache Pfad soll die Moral, geistige Haltung und Einsicht des Individuums fördern und lehnt asketische Enthaltsamkeit ebenso ab wie maßlose Genusssucht. Große Bedeutung hat die Meditation, welche die Windungen und Wendungen des Alltags vergessen lässt, zu ruhiger Ausgeglichenheit führt, die Begierde nach Status und Reichtum verdrängt und letztendlich zum erhabenen Frieden führt.

Buddhismus in Kambodscha

Bereits zur Zeit Funans existierte in Kambodscha der Mahayana-Buddhismus Seite an Seite mit dem Hinduismus. Beide Glaubensrichtungen gelangten mit der Ankunft indischer Händler ins Land, doch erst im 12. Jh. fand der Mahayana-Buddhismus größere Verbreitung, als er den Hinduismus unter Jayavarman VII. für kurze Zeit als Staatsreligion verdrängte. Nach dem Tode Jayavarmans VII. lebte der Hinduismus im frühen 13. Jh. vorübergehend neu auf, doch schon bald wandte sich die Bevölkerung dem Theravada-Buddhismus zu – die Gründe für diesen Gesinnungswandel sind bis heute ungeklärt. Die entschiedene Hinwendung zum Buddhismus führte zur Einstellung des Tempelbaus und stattdessen wurden **Klöster** gegründet. Die von König Ponhea Yat Mitte des 15. Jhs. in Phnom Penh gegründeten Pagoden sind heute die ältesten buddhistischen Kultstätten Kambodschas. Die Klöster vermittelten Ausbildung, bewahrten die Schriftensammlungen auf und fungierten als Hüter der nationalen Religion, Sprache und Morallehre. Außerdem versahen sie soziale Dienste wie etwa Alten- und Krankenpflege.

1975 verboten die Roten Khmer jegliche Religionsausübung. Sie zerstörten Pagoden, vernichteten alte Schriften, entweihten Statuen und verfolgten buddhistische Mönche. Von geschätzten ehemals 65 000 Mönchen haben weniger als 3000 das Regime der Roten Khmer überlebt. Während der vietnamesischen Besatzungszeit wurde der Buddhismus toleriert und sogar gefördert, und seit er 1989 wieder zur Staatsreligion erhoben wurde, ist der Wiederaufbau der Pagoden in vollem Gange. Heute bekennen sich etwa 95% der Bevölkerung zum Buddhismus.

Wats

Die übliche Übersetzung des Wortes Wat mit „Pagode" ist irreführend, denn ein Wat ist in erster Linie ein Kloster. Kambodschaner sind nicht zum Wat-Besuch verpflichtet, doch an Opfertagen oder aus persönlichen Anlässen nehmen sie sich regelmäßig Zeit für kurze Aufenthalte in den heiligen Stätten. Oft sind Wat-Besuche einfach nur Teil der Freizeitbeschäftigung, etwa um im Familienkreis auf dem Pagodengelände zu picknicken.

Ein Wat ist immer von Mauern umschlossen und hat von jeder Seite einen Eingang. Herzstück der Pagodenanlage ist der **Vihara**, in dem

Zwischen Meditation und Rezitation: Junge Mönche in einer Mußestunde

die wertvollsten Buddha-Bildnisse des Klosters aufbewahrt werden. Die Wände des Vihara sind meist mit bunten Szenen aus dem Leben Buddhas bemalt, deren Ausgestaltung oftmals von reichen Gläubigen finanziert wird, die sich so Verdienste fürs nächste Leben erwerben wollen. Viele Bilder enthalten Hinweise auf den Spender oder die Zeit ihrer Entstehung. Der Vihara dient ausschließlich für religiöse Zeremonien der Mönche und ist oft abgeschlossen. Zentrum der Alltagsaktivitäten ist eine andere Halle auf dem Pagodengelände, in der Mahlzeiten eingenommen werden, der religiöse Unterricht gegeben wird und Zeremonien für die Laiengemeinde stattfinden. Die dortigen Wände sind häufig mit *Jataka*-Szenen aus den früheren Leben Buddhas verziert, deren Motive auf buddhistische Tugenden hinweisen: Großherzigkeit, Tugendhaftigkeit, Entsagung, Weisheit, Energie, Geduld, Wahrheitsliebe, Entschlossenheit, Güte und Gemütsruhe.

Oft befinden sich auf dem Gelände einer Pagode ein **Krematorium** – in Kambodscha sind Einäscherungen häufiger als Bestattungen – und gestiftete **Chedi** zur Aufbewahrung der Asche von Verstorbenen. Gewöhnlich stehen auch kleine Hütten zur Verfügung, in denen Pilger meditieren und Nonnen oder obdachlose ältere Mitbürger übernachten können.

Am **Altar** erbieten Gläubige dem Buddha ihren Respekt. Dabei führen sie die Handflächen vor dem Kinn zusammen, heben sie in Stirnhöhe und verbeugen sich leicht, oder sie knien nieder und berühren mit der Stirn den Fußboden – das eine oder andere jeweils dreimal. Oft entzünden die Gläubigen drei Räucherstäbchen, die sie anschließend zum weiteren Abbrennen in einen Behälter stecken, der in der Nähe des Altars oder am Eingangstor steht. Wer um göttlichen Beistand fleht, setzt in Altarnähe Lotosknospen in Vasen ab. In heiligen Hallen geben Besucher üblicherweise eine Spende in Höhe von ungefähr 1000 Riel in eine bereitstehende Sammeltruhe.

Kleidungsempfehlungen und nähere Informationen zur Tempeletikette, s. S. 77.

Das Mönchtum

Mönche spielen in der kambodschanischen Gesellschaft eine wichtige Rolle, und noch heute schließen sich Männer – meist im Alter zwischen 13 und 15 Jahren oder beim Tod eines Elternteils – für einige Wochen oder Monate der Mönchsgemeinde (**Sangha**) an. Wenn Novizen in der Regenzeit die Weihe erhalten, bekommen sie den Kopf geschoren und werden in das safranfarbene Mönchsgewand gekleidet. Dieses besteht aus dem *sampot ngout*, der Unterkleidung, dem *sbang*, dem Gewand für die untere Körperpartie, dem *hang sac*, einem Gewand mit vielen Taschen, das nur über eine Schulter geschlungen wird, und dem *chipor*, einem Schal, der den Oberkörper bedeckt und auf beiden Schultern getragen werden kann – in der Pagode bleibt die rechte Schulter unbedeckt. Frauen erhalten zwar niemals die Weihe, sie können aber als Laiennonnen verschiedene Aufgaben im Pagodenbereich übernehmen, so etwa die Versorgung älterer Mönche oder die Altarpflege – für ältere Frauen und Witwen ohne Familie nicht selten die letzte Möglichkeit, dass für sie gesorgt ist.

In Ergänzung zu ihren Übungen in Meditation und Rezitation müssen die Mönche 227 Regeln befolgen und sich täglich mit dem Studium der buddhistischen Schriften und Philosophie befassen. Das Leben in der Pagode unterliegt zehn strikten Vorschriften, die unter anderem verbieten, nach zwölf Uhr mittags zu essen, Alkohol zu trinken, sexuelle Beziehungen zu haben, Vergnügungen zu frönen (Fernsehen ist also verboten), persönlichen Schmuck zu tragen oder auf einem bequemen Bett zu schlafen.

Der öffentlich auffälligste Aspekt des Mönchtums ist der tägliche Rundgang durch die Gemeinde zur Erbittung von **Almosen**. Bettelnde Mönche gehen barfuß, um auf die Schlichtheit ihrer Lebensumstände hinzuweisen, und auch Spender sollten ihre Almosen barfuß übergeben. Geldspenden fließen in die Pflege der Pagode oder werden für nötige Reisen ausgegeben, und Nahrungsmittel wandern in die Taschen oder Schalen der Mönche, um später in der Pagode der gesamten anwesenden Mönchsgemeinde zum Gemeinschaftsmahl angeboten zu werden. Als Gegenleistung erhalten die Spender den einfachen Segen der Mönche, der ein Verdienst für die Stufe der Wiedergeburt im nächsten Leben darstellt.

Obwohl Mönche nicht heiraten dürfen, erbitten viele angehende Ehepaare ihren Segen. Bei Totenfeierlichkeiten wachen Mönche über die Einäscherung des Leichnams und die Beisetzung der Asche in der Pagode. Auch bei privaten religiösen Zeremonien (mit einem Spektrum von Ritualen zur Abwendung von üblen Schicksalen bis hin zur Anhäufung von Verdiensten fürs nächste Leben) spielen Mönche eine wichtige Rolle, da sie Segnungen für aufwendige Opfergaben aussprechen, Gesänge rezitieren, Obst opfern oder kleine Vögel kaufen und aus ihren Käfigen freilassen.

Islam und Christentum

Als die **Cham** zu Beginn des 18. Jhs. aus Vietnam nach Kambodscha flohen, brachten sie den **Islam** mit. Heute stellen die Cham 2,5% der Bevölkerung (s. S. 282). Auffälligstes Merkmal des Islams in Kambodscha ist die Vermischung der üblichen Glaubensvorschriften – monotheistische Verehrung Allahs, die fünf täglichen Gebete, die Pilgerfahrt nach Mekka usw. – mit Elementen der traditionellen animistischen Verehrung. Es ist nicht ungewöhnlich, wenn ein kambodschanischer Moslem einen Talisman zur Abwendung böser Geister am Körper trägt oder einen Schamanen zum Zwecke einer magischen Behandlung konsultiert.

Die Cham durchlebten unter den Roten Khmer schwere Zeiten. Moscheen wurden zerstört oder entweiht, und allein in Kompong Cham wurden 40 000 Moslems ermordet. Nach dem Sturz der Roten Khmer durften die Cham ihre religiösen Aktivitäten wieder aufnehmen und ihre Moscheen, die einem Hakim unterstehen und in denen ein Imam die gemeinschaftlichen Gebete leitet, wieder aufbauen. Inzwischen ist die Zahl der islamischen Gläubigen größer als in den Jahren vor 1975. Die wichtigste Moschee des Landes, die 500 Gläubigen Platz bietet, wurde 1994 mit finanziellen Mitteln aus Saudi-Arabien errichtet und steht am Ufer des Boeng Kak in Phnom Penh.

Trotz der Anstrengungen von Missionaren und der langen katholischen Einflussnahme unter den Franzosen bekennt sich weniger als 1% der Bevölkerung zum **Christentum**. Von Phnom Penhs katholischer Kathedrale ist durch den Zerstörungseifer der Roten Khmer nicht ein einziger Stein übrig. Heute betätigen sich über 100 christliche NGOs und missionarische Gruppierungen ungehindert in Kambodscha und leisten wertvolle Dienste in der Schulbildung (insbesondere im Englischunterricht), der medizinischen Versorgung und ländlichen Entwicklung, ohne jedoch viele Anhänger für die Religion gewinnen zu können.

Animismus, Ahnenverehrung und Aberglaube

Nach animistischer Vorstellung ist alles in der Natur von Geistern beseelt: Bäume, Felsen oder Flüsse gelten aufgrund ihrer Schönheit als heilig, und es werden ihnen magische heilende Kräfte zugeschrieben. Um die Geister wohlwollend zu stimmen, Glück zu erbitten oder Dank zu sagen, werden in **Geisterhäusern** Räucherstäbchen, Früchte, Blumen oder Wasser geopfert. Solche Geisterhäuser sind in Kambodscha allgegenwärtig: Vor Bäumen und Felsen, in Privathäusern und Geschäften findet man sie in Form von schlichten Holzbrettern, auf denen eine Blechdose zum Abbrennen von Räucherstäbchen steht, oder auch als aufwendige, grell bemalte Steinbauten, die wie Pagoden im Puppenhausstil aussehen.

Die meisten Kambodschaner nehmen die Ahnenverehrung sehr ernst. Die **Chunchiet** platzieren kleine Grabfigurinen aus Holz auf den Gräbern ihrer Verstorbenen, die eine Schutzfunktion erfüllen. Die **Buddhisten** gedenken ihrer Vorfahren im September oder Oktober im Rahmen des dreitägigen Festes Bonn Pchum Ben, zu dem sie Opfergaben in bis zu sieben Pagoden bringen und im Familienkreis in der Nähe der Chedi picknicken. In den Häusern der ethnischen **Chinesen** stehen nicht selten zwei Geisterhäuser, von denen eines den Hausgöttern und eines den Vorfahren geweiht ist, und vor beiden werden täglich Räucherstäbchen verbrannt, um das Schicksal gnädig zu stimmen.

Da Kambodschaner sehr **abergläubisch** sind, suchen sie häufig Wahrsager, Astrologen und Hellseher auf oder lassen sich zum persönlichen Schutz magische Muster auf die Haut tätowieren. Oft sind in der Nähe der Pagoden Wahrsager anzutreffen, die mit Hilfe von nummerierten, zufällig gezogenen Stöcken oder Weissagungsbüchern das Schicksal auslegen. Astrologen spielen bei Hochzeitsvorbereitungen eine äußerst wichtige Rollen und überprüfen, ob die Auserkorenen überhaupt zueinander passen, und können gegebenenfalls den besten Zeitpunkt für die Hochzeit bestimmen. Es gibt auch eine einheimische Spielart des chinesischen Feng Shui, und die Fachleute werden vor allem vor Landkäufen, vor dem Entfernen von Bäumen und bei Bauvorhaben konsultiert.

Phnom Penh und Umgebung  HIGHLIGHT

Stefan Loose Traveltipps

Königspalast   Die goldenen Turmspitzen der Thronhalle gehören zu Phnom Penhs berühmtesten Sehenswürdigkeiten. S. 125

Silberpagode   Der heilige Smaragd-Buddha und das große Wandgemälde mit Szenen aus dem Ramayana machen den Besuch zu einem Muss. S. 125

Nationalmuseum   Hier sind wertvolle Skulpturen aus Kambodschas Tempeln ausgestellt. S. 131

Bonn Om Tuk   Im Bad der Menge das dreitägige „Wasserfest" am Ufer des Tonle Sap bei Langbootrennen feiern. S. 134

Psar Toul Tom Poung   Auf dem spannendsten Markt von Phnom Penh um feine Seidenstoffe, Antiquitäten und Kuriositäten feilschen. S. 155

Toul Sleng und Choeung Ek   Völkermordmuseum und Killing Fields, erschütternde Zeugnisse der Auswüchse unter den Roten Khmer. S. 137 und 168

Wat Phnom   Vom grünen Hügel des Wat Phnom den Blick über die Stadt schweifen lassen. S. 138

Phnom Penh, Kambodschas Hauptstadt und Regierungssitz, hat viel von seinem ursprünglichen Charme bewahrt. Die im klassischen französischen Schachbrettmuster angelegten, breiten Boulevards sind mit Bäumen gesäumt und vielerorts stehen noch die alten Villen aus der Kolonialzeit. Weder überdimensionale Apartmentblocks noch glitzernde Bürohochhäuser stören das Bild dieser kompakten Stadt, die am Zusammenfluss von Tonle Sap, Bassac und Mekong in einem fast völlig flachen Gebiet liegt und statt Beengtheit eher ein Gefühl für Weite und Helligkeit aufkommen lässt.

Es ist schwer nachzuvollziehen, dass diese Stadt, die heute vor Unternehmensgeist und Energie sprüht, nur eine Generation zuvor von den Roten Khmer gewaltsam evakuiert und dem Verfall preisgegeben wurde. Trotz vieler Anstrengungen existieren etliche Narben und stumme Zeugen aus jener Zeit: Nebenstraßen sind mit Schlaglöchern und Geröll übersät, so manche elegante Villa liegt in Trümmern und ist nicht mehr zu retten, und bei heftigen Regenfällen staut sich das Wasser im veralteten Kanalisationssystem und überflutet die Straßen.

Trotz der schlimmen Vergangenheit und widriger Umstände haben sich die Stadtbewohner ihr sonniges Gemüt bewahrt und sind unerschütterlich optimistisch, wenn es darum geht, ihr Schicksal zum Besseren zu wenden. Viele Menschen haben zwei Jobs, um sich durchzuschlagen. So mancher leistet seine tägliche Arbeit in Regierungsbüros ab und verdient anschließend als Motofahrer oder Privatlehrer zusätzliches Geld. Das kambodschanische Streben nach **Bildung** ist groß, und wer es sich leisten kann, schickt seine Kinder nach der Schule in ergänzende Kurse. Beständig strömen Leute aus den Provinzen in die dynamische Hauptstadt und können es kaum fassen, dass entgegen all ihren Erwartungen, in Phnom Penh das Geld nicht auf der Straße liegt. Die Neuankömmlinge merken rasch, wie viel bitterer die Armut in der Stadt als auf dem Lande ist; eingepfercht in winzige Kammern leben sie mit ihren Familien in einer der jämmerlichen Barackensiedlungen am Stadtrand – und werden für dieses Privileg von den wohlhabenden Vermietern auch noch gehörig geschröpft.

Für Einheimische wie für Touristen ist das **Flussufer** des Tonle Sap, das über fast 2 km von einer breiten und grünen Promenade gesäumt wird, Mittelpunkt der Stadt. Abends tummeln sich hier viele Städter, um die frische Brise zu genießen, Straßenkünstlern zuzusehen, einen Snack zu verputzen oder in einem der vielen Restaurants, Cafés und Bars einzukehren – am Flussufer zeigt sich die Stadt von ihrer kosmopolitischsten Seite. Nicht weit davon liegen drei bedeutende touristische Sehenswürdigkeiten: Als beeindruckendste Attraktion der Stadt gilt der gepflegte Komplex mit **Silberpagode** und **Königspalast**, dessen markante Turmspitze die schräg abfallenden Golddächer der Thronhalle überragt; die benachbarte Silberpagode beherbergt eine eindrucksvolle Sammlung von Buddhastatuen. Gleich nördlich davon erhebt sich inmitten einer Grünanlage das dunkelrote Gebäude des **Nationalmuseums** mit seiner fabelhaften Kollektion kambodschanischer Bildhauerkunst, darunter Werke, die bis auf das 6. Jh. zurückgehen. Zu weiteren Sehenswürdigkeiten in Flussnähe zählen der **Wat Ounalom** – eine von fünf Pagoden, die während Phnom Penhs erster Ära als Hauptstadt gegründet wurden – sowie der viel besuchte, auf einem Hügel thronende **Wat Phnom**, der älter als die Stadt selbst sein soll und eines der beliebtesten Ausflugsziele Phnom Penhs ist. Rund um den Hügel lädt das ehemalige französische Verwaltungsviertel mit seinen zahlreichen, zum Teil sorgfältig restaurierten **Kolonialgebäuden** zu einem Rundgang ein. Einen drastischen Gegensatz hierzu bildet das **Völkermordmuseum Toul Sleng** südlich der Stadt, untergebracht in einer alten Schule, in der unter Pol Pot all die Parteigenossen gefoltert wurden, die vor dem Regime in Ungnade gefallen waren.

Viele Besucher Kambodschas verbringen nur wenige Tage in Phnom Penh, um vor der Weiterreise nach Siem Reap und Angkor rasch die wichtigsten Sehenswürdigkeiten zu besuchen. Wer jedoch im Sauseschritt durch die Hauptstadt braust, verpasst womöglich die besten **Einkaufsmöglichkeiten** und in den vielen Restaurants die größte **kulinarische Vielfalt** des Landes. Außerdem bietet Phnom Penh die seltene Gelegenheit, einen Einblick in die **traditionelle Kultur** (z. B. klassischer Tanz und Schatten-

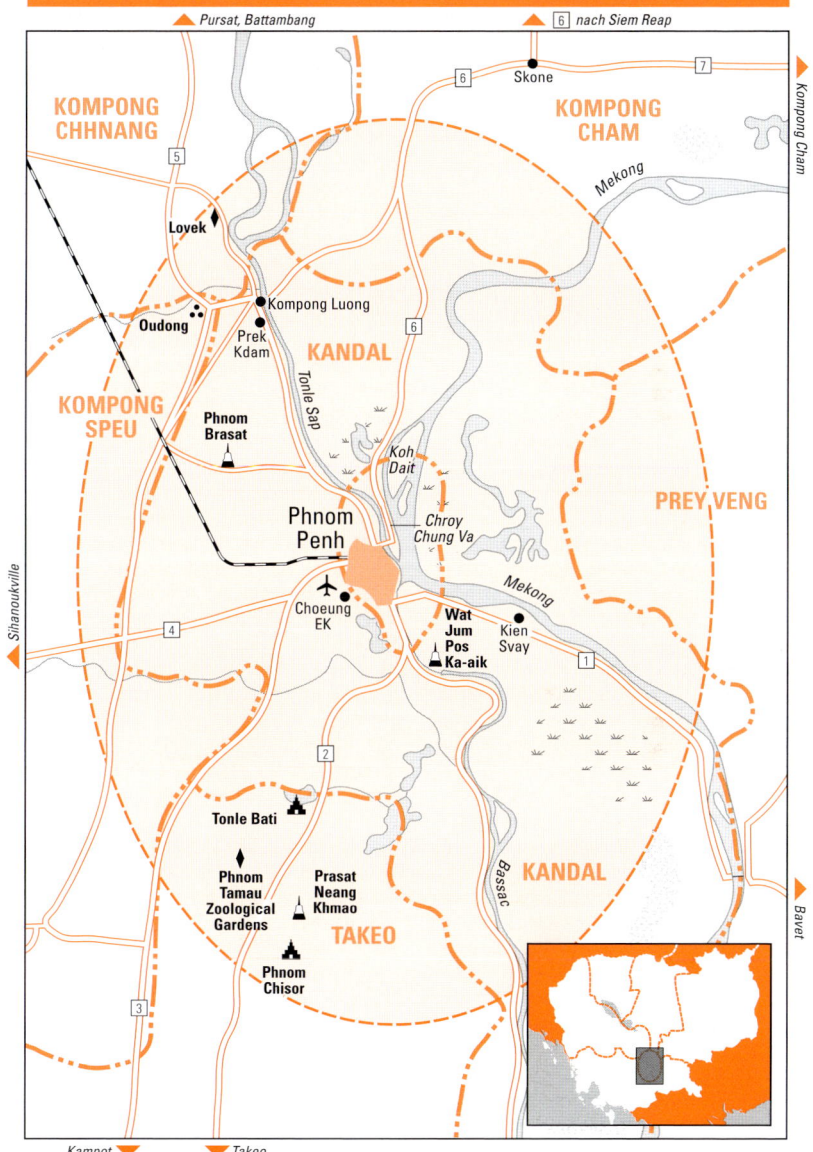

theater) zu gewinnen, welche die Roten Khmer auszulöschen versuchten.

In die Umgebung lassen sich außerdem einige lohnende **Tagesausflüge** unternehmen. Zu den beliebtesten Zielen gehören die Tempel aus der Angkor-Epoche mit ihren gut erhaltenen Wandreliefs in **Tonle Bati**, was hervorragend mit einem Besuch des **Phnom Chisor** und seiner Pagode verbunden werden kann. Eine bedrückende Ergänzung zum Besuch des Völkermordmuseums ist die Besichtigung der Killing Fields von **Choeung Ek**, wo ein Gedächtnis-Stupa die Überreste hier Ermordeter beherbergt. Alternative Touren führen in die alten Hauptstädte **Oudong** und **Lovek**, in der Nähe setzen idyllische **Dörfer** und romantische **Ausflugsziele am Fluss** deutliche Kontraste zu Phnom Penhs historischen Schätzen und seiner Geschäftigkeit.

Geschichte

Die kambodschanischen Legenden – von so vielen Generationen überliefert, dass die Khmer sie inzwischen als Wahrheit auffassen – berichten von der wohlhabenden Witwe **Daun Penh** („Großmutter Penh"), die 1372 bei einem Spaziergang am Ufer des Chrap Chheam (heute Tonle Sap genannt) den angeschwemmten hohlen Stamm eines Koki-Baumes fand, in dem sie fünf Buddhastatuen entdeckte, vier aus Bronze und eine aus Stein. Aus Ehrerbietung errichtete sie in der Nähe ihres Hauses ein Heiligtum für die Statuen. Dieses befand sich auf einem niedrigen Hügel, Phnom Penh genannt (wörtlich „Hügel der Penh"), welcher der Stadt später ihren Namen geben sollte.

Phnom Penhs erste Ära als **Hauptstadt** begann 1432, als König Ponhea Yat vor einrückenden Siamesen aus Angkor nach Süden floh. Er errichtete einen Königspalast, erhöhte Daun Penhs Hügelpagode und gründete die Klöster Wat Botum, Wat Koh, Wat Lanka, Wat Ounalom und Wat Phnom, die auch heute noch bestehen. Nach dem Tod von Ponhea Yat traten seine Söhne die Nachfolge an, doch aus bislang ungeklärten Gründen (vielleicht wegen eines Geschwisterstreits oder politischer Zerwürfnisse) hatte man den Hof um 1505 nach Lovek umgesiedelt, und Phnom Penh wurde wieder zu einem unbedeutenden Fischerdorf. Allerdings blieb der Hof nicht lange in Lovek: 1594 zerstörten die Siamesen Lovek, sodass die Hauptstadt ein weiteres Mal verlegt wurde, diesmal nach Oudong.

Über die folgenden 300 Jahre von Phnom Penhs Geschichte ist wenig bekannt, doch Aufzeichnungen von Missionaren berichten, dass sich im 17. Jh. an den Ufern des Tonle Sap eine multikulturelle Gesellschaft aus chinesischen, indischen, portugiesischen und spanischen Händlern niedergelassen und sich Phnom Penh (dank seines leichten Zugangs zum Meer über den Mekong) zu einem blühenden **Hafen** entwickelt hatte. Der Handel mit Gold, Seidenstoffen und Weihrauch sowie mit Leder, Knochen und Elfenbein leitete eine Phase des Wohlstands ein, die aber im späten 17. Jh. schon wieder zu Ende war, weil die Vietnamesen ins Mekong-Delta vordrangen und den Zugang zum Meer abschnitten.

Das 18. Jh. war von dynastischen Querelen zwischen pro-siamesischen und pro-vietnamesischen Fraktionen der Königsfamilie gekennzeichnet. 1770 brannten die Siamesen Phnom Penh bis auf die Grundmauern nieder, setzten einen neuen König ein und übernahmen die Kontrolle über das Land. Im späten 18. Jh. gewannen die Vietnamesen wieder die Herrschaft über Kambodscha, und ab 1808 war es Fremden nur noch mit ausdrücklicher Genehmigung gestattet, Phnom Penh zu besuchen. Den Status als Hauptstadt erhielt Phnom Penh zurück, als König Chan 1812 seinen Stammsitz von Oudong hierher verlegte. Während der nächsten 50 Jahre zog sich der Hof wegen anhaltender Reibereien zwischen Siamesen und Vietnamesen, die um die Einflussnahme in Kambodscha rangelten, zweimal nach Oudong zurück.

1863 unterzeichnete König Norodom (der Urgroßvater des gegenwärtigen Königs Norodom Sihamoni) aus Furcht vor einer erneuten vietnamesischen Invasion einen Vertrag, der Kambodscha zum **französischen Protektorat** machte. Auf Geheiß der Franzosen löste er den Hof in Oudong auf, und Phnom Penh wurde endgültig zur Hauptstadt, soll nach Meinung der Europäer jedoch aus nicht viel mehr als einer „ungeordneten Ansammlung strohgedeckter Hütten entlang dem einzigen schlammigen Weg und den dicht aneinander gedrängten Hausbooten der Fischer am Flussufer" bestanden haben. Rund 25 000

Menschen lebten damals in der Stadt. Da die Franzosen auch das gesamte Mekong-Delta kontrollierten, erhielt Phnom Penh wieder Zugang zum Meer, vermochte aber trotzdem nicht aus dem Schatten seines Außenpostendaseins herauszutreten – Frankreichs Bemühungen um Saigons Entwicklung absorbierten den größten Teil ihrer Aufmerksamkeit und Geldmittel für den indochinesischen Raum.

1889 wurde **Hyun de Vernéville** zum neuen Résident supérieur (Gouverneur) des Protektorats ernannt. Mit dem Anspruch, Phnom Penh zu einem angemessenen französischen Verwaltungszentrum für Kambodscha zu machen, ließ er eine elegante Kolonialstadt errichten. 1900 konnte man bereits das Schachbrettmuster der Straßen erkennen; ein Gerichtshof, Verwaltungsgebäude, Telegrafenämter, Banken und Schulen waren entstanden. Nördlich des Wat Phnom wuchs ein französisches Viertel heran, in dem eindrucksvolle Villen den französischen Verwaltungsbeamten und Händlern als Wohnstätte dienten. Um den Wat Phnom wurden Parkanlagen und ein Zoo angelegt.

In den 1920er und 30er Jahren erlebte Phnom Penh eine wirtschaftliche Blütezeit. Das Straßennetz wurde durch die Zuschüttung ineffizienter Ableitungskanäle ausgeweitet und der Mekong ausgebaggert, um die Stadt für hochseetüchtige Schiffe erreichbar zu machen. Weitere Parkanlagen kamen hinzu, und das Kommunikationssystem erfuhr eine Verbesserung. 1932 wurde der **Bahnhof** gebaut und die Eisenbahnlinie nach Battambang fertiggestellt. Derweil begannen exotische Geschichten über verborgene Tempelstädte im Dschungel die ersten ausländischen Abenteurer nach Kambodscha zu locken. 1929 beschrieb der Amerikaner Robert Casey die Kapitale als „eine grüne Stadt mit weiß getünchten Gebäuden, in der goldene Turmspitzen und steinerne Stupas in den leuchtend blauen Himmel emporstreben". Auch schwärmt er von den breiten, schattigen Straßen und schönen Parkanlagen. Verblüffend, wie sehr seine Schilderungen an das heutige Phnom Penh erinnern, und überhaupt scheint sich das bunte Treiben auf der Straße mit den Läden, Ständen, lebendigen Märkten und feilschenden Händlern kaum verändert zu haben.

Die erste **höhere Schule** des Landes, das Lycée Sisowath, nahm 1936 in Phnom Penh den Unterricht auf und schmiedete langsam eine gebildete Elite heran, womit sie die Grundlagen für spätere politische Veränderungen schuf. Im Zweiten Weltkrieg überließ die japanische Besatzungsmacht den Franzosen weitgehend das Sagen im Land, sodass die Auswirkungen des Krieges auf die Stadt relativ gering blieben. Im Oktober 1941 fand – bereits unter japanischer Besatzung – die Krönungszeremonie für Norodom Sihanouk statt.

Nach der **Unabhängigkeit** von Frankreich im Jahre 1954 wurde Phnom Penh zum offiziellen Regierungssitz, und allmählich gewann eine gebildete Mittelschicht an Bedeutung, die zur sogenannten **Café-Gesellschaft** erblühte. Kinos und Theater hatten regen Zulauf, Motorräder und Autos eroberten die Boulevards. Mitte der 60er Jahre entstand mit dem Olympiastadion ein nationales Sportzentrum, und in wachsender Zahl machten berühmte Persönlichkeiten der Stadt ihre Aufwartung – im Le Royal, dem besten Hotel der Stadt, stiegen Gäste wie Jacqueline Kennedy ab.

Doch der kommende Untergang warf seine Schatten voraus. Ende der 60er Jahre begann Phnom Penh die Auswirkungen des Vietnamkriegs zu spüren, als immer mehr Flüchtlinge aus den Grenzgebieten in die Hauptstadt strömten. Der **Bürgerkrieg** Anfang der 70er Jahre verwandelte den Exodus in eine regelrechte Flutwelle. Lon Nols Streitkräfte (s. S. 92) fochten einen aussichtslosen Kampf gegen die **Roten Khmer**, und als diese einen Ring um die Stadt schlossen, wurden trotz amerikanischer Nahrungsmittelpakete die Vorräte knapp.

Am **17. April 1975** rückten die Roten Khmer in Phnom Penh ein. Sie wurden als Vorboten des Friedens bejubelt, doch innerhalb von Stunden wiesen die Truppen die Bevölkerung an, die Hauptstadt zu verlassen. Die Zusicherung, es handele sich „nur um wenige Tage", erwies sich rasch als Lüge. Noch während die Menschen (unter ihnen Alte, Gebrechliche und Sterbende) abzogen und so viel ihrer Habe mitschleppten, wie sie tragen konnten, begannen die Roten Khmer mit der Zerstörung der Stadt. Sie legten Gebäude in Schutt und Asche, sprengten Dächer

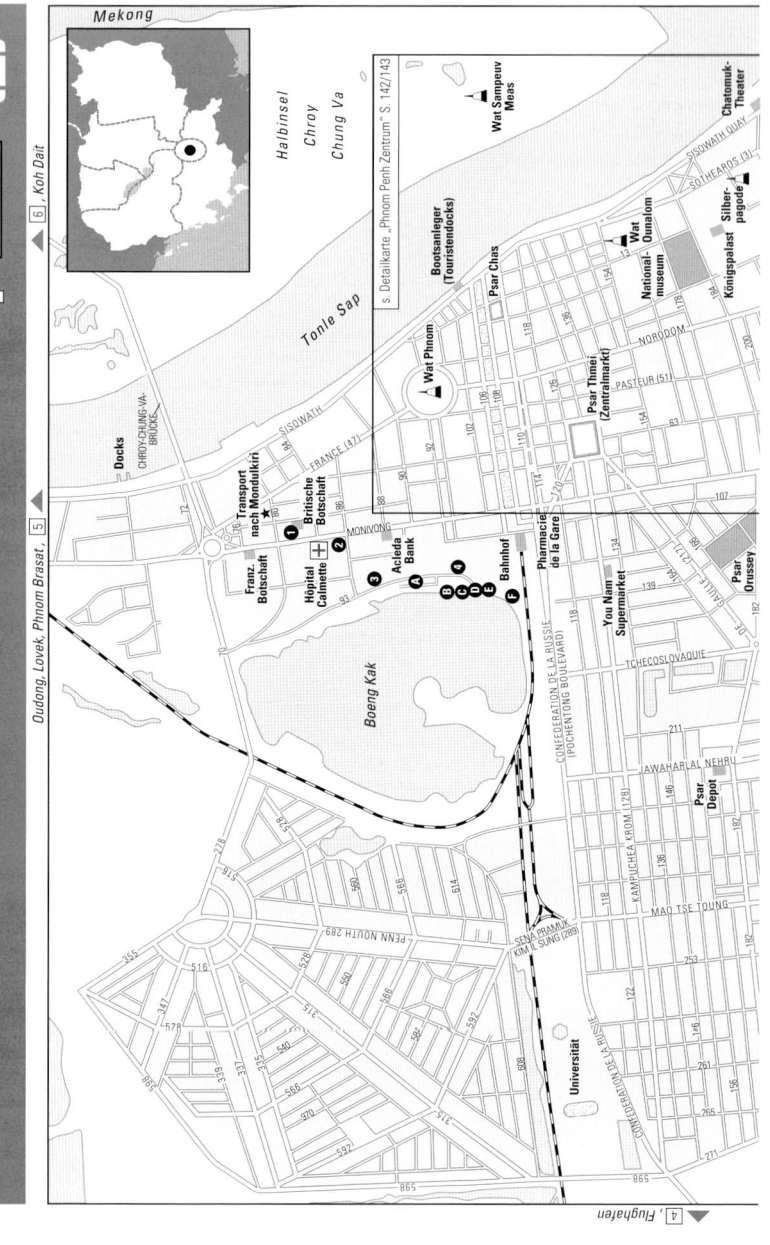

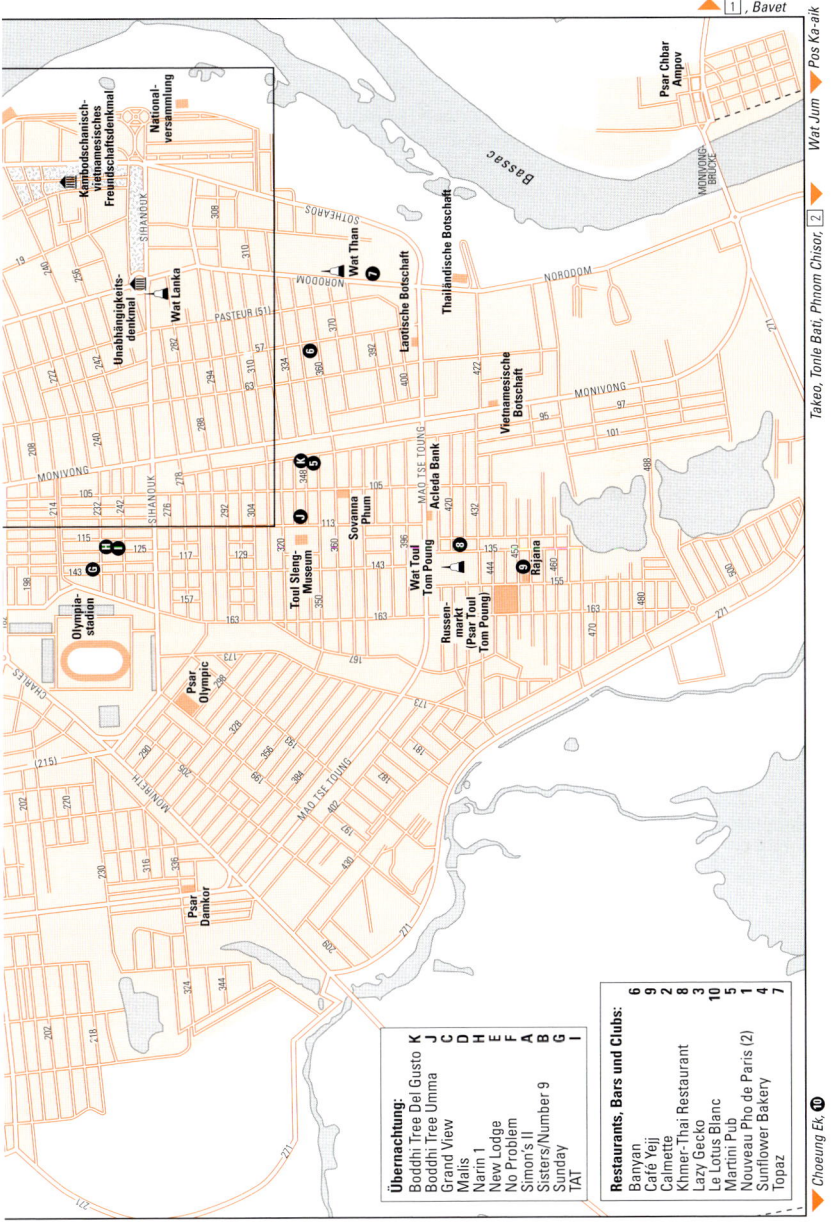

und jagten sogar die Nationalbank in die Luft, um ihre Verachtung gegenüber Geld zum Ausdruck zu bringen. Drei Jahre, acht Monate und 20 Tage lang war Phnom Penh eine Geisterstadt.

Kurz nach dem Einmarsch **Vietnams** in Phnom Penh am 7. Januar 1979 wagten sich erste Rückkehrer und Neusiedler in die Stadt. Viele ehemalige Stadtbewohner wollten oder konnten nicht zurückkehren, da sie dort alles und jeden verloren hatten. Diejenigen, die kamen, bezogen leer stehende Gebäude, und noch heute leben zahllose Menschen innerhalb von Mauern, die eigentlich anderen gehören. Während der vietnamesischen Besatzungszeit behielt die Hauptstadt ihr ärmliches und verfallenes Gesicht, denn die für den Aufbau gedachten Finanzspritzen aus der Sowjetunion und Indien blieben zu einem Großteil in den Taschen der oberen Beamtenschicht hängen. Ab 1987 schwanden die vietnamesischen Interessen, und 1989 zogen die Besatzungstruppen des östlichen Nachbarstaats endgültig ab.

Darauf wurde Kambodscha den Vereinten Nationen anvertraut. 1992 war das Land mit hoch besoldeten Kräften der **UNTAC** überschwemmt, und über Phnom Penh breitete sich eine surrealistische Atmosphäre aus: Die Infrastruktur lag danieder, die Versorgung mit Elektrizität und Wasser erfolgte nur sporadisch, Telekommunikation gab es nicht, und abends bestand Ausgangssperre – trotzdem boomte die Stadt, weil überall Hotels, Restaurants und Bars aus dem Boden schossen, um den Truppen Unterkunft und Unterhaltung zu bieten. Viele Einwohner gelangten auf dieser Welle rasch zu Wohlstand (auch Prostitution und Drogen spielten eine Rolle), und Phnom Penh erlangte den Ruf einer ungezügelten und gesetzlosen Stadt, den es trotz aller Bemühungen bis heute nicht vollständig abstreifen konnte.

Gegenwärtig arbeitet man beharrlich an der Beseitigung der Schäden, die vor fast 30 Jahren angerichtet wurden: Viele Straßen wurden instand gesetzt, etliche Kolonialgebäude werden restauriert, und auch die Stromversorgung funktioniert im Allgemeinen wieder. Nicht zuletzt angeregt durch den wachsenden Tourismus hat die Stadtverwaltung ausgefeilte Pläne vorgelegt, wie die Stadt zu verschönern sei – angefangen von der Vorschrift, in welcher Farbe die Gebäude gestrichen werden sollen (samtgelb), bis hin zur Zwangsräumung von Häusern in Gebieten, die für die weitere Stadtentwicklung vorgesehen sind. Das Streben nach dem Besitz eines Autos schlägt sich in einem steigenden Verkehrsaufkommen nieder, und die Nachfrage nach neuem Wohnraum hat einen Bauboom ausgelöst. Noch vor nicht allzu langer Zeit waren Banken den Kambodschanern ein Gräuel, und sie kauften lieber Gold, aber heute stehen selbst die Mönche an den Geldautomaten Schlange. Zwar ist Korruption weiterhin weit verbreitet, doch da sich eine neue Mittelschicht immer fester etabliert, blickt Phnom Penh der Zukunft mit erneuertem Optimismus entgegen.

Orientierung

Phnom Penh erstreckt sich von der **Chroy-Chung-Va-Brücke** im Norden bis zum **Mao Tse Toung Boulevard** im Süden. Das Zentrum bilden die gelben Dächer des **Psar Thmei** (wörtlich „Neuer Markt", im Volksmund jedoch Zentralmarkt genannt).

Die beiden wichtigsten Nord-Süd-Achsen **Norodom Boulevard** und **Monivong Boulevard** werden von den beiden Ringstraßen **Sihanouk/Nehru Boulevard** und **Mao Tse Toung Boulevard** gekreuzt. Diese vier Hauptstraßen unterteilen die Stadt in Segmente und dienen allgemein als Orientierungspunkte. Zwei weitere wichtige Straßen in West-Ost-Richtung leiten den Verkehr vom Flughafen ins Zentrum: Der **Kampuchea Krom Boulevard** verläuft bis zum Psar Thmei, während der **Pochentong Boulevard** (auch: Confédération de la Russie) in Bahnhofsnähe auf den Monivong Boulevard trifft.

Die meisten Sehenswürdigkeiten befinden sich in dem Gebiet zwischen Tonle Sap im Osten, Monivong Boulevard im Westen, Sihanouk Boulevard im Süden und Wat Phnom im Norden. Durch die relativ kurzen Entfernungen könnte man vieles zu Fuß erkunden, doch die Hitze und Luftfeuchtigkeit gepaart mit hohem Verkehrsaufkommen und Umweltverschmutzung machen Spaziergänge zu einer Strapaze. Überall im Stadtgebiet bieten deshalb **Motos**, **Cyclos** und **Tuk-Tuks** ihre Fahrdienste an.

Noch eine Warnung zum Schluss: Die Autofahrer in Kambodscha sind generell undiszipli-

Wissen, wo es langgeht

Das alte Schachbrettmuster der Franzosen macht die Orientierung recht einfach. Die **Hauptachsen** tragen selten benutzte, offizielle Namen, die immer wieder geändert wurden, um ein bestimmtes Regime oder einen Geldgeber zu würdigen – ihre heutigen Bezeichnungen gehen auf die 1990er Jahre zurück. Kleinere **Straßen** *(Phlauv)* sind nummeriert und deshalb in der Regel leicht zu finden: Während die von Norden nach Süden verlaufenden Straßen ungerade Nummern tragen, deren Höhe Richtung Fluss abnimmt, haben die Ost-West-Verbindungen gerade, von Norden nach Süden aufsteigende Nummern. Die Beschilderung wird insgesamt besser, und manche Stadtbezirke erhalten sogar Namen, die über den Straßen angezeigt werden. Größere Mühe bereitet das Auffinden von **Gebäuden**, die zwar ebenfalls nummeriert wurden, aber leider nicht auf konsequente Art und Weise – so befindet sich das Tourismusministerium mit der Anschrift „3 Monivong Blvd" ungefähr auf der Hälfte dieses Boulevards und nicht an dessen Anfang. Bestimmte Adressen sind oft nur zu finden, indem man eine Straße so lange durchkämmt, bis man irgendwo die richtige Nummer entdeckt.

niert und ungeduldig, doch diejenigen in Phnom Penh treiben das Chaos auf die Spitze. Um schneller voranzukommen, quetschen sie sich in jede verfügbare Lücke und machen dabei selbst vor dem Gegenverkehr nicht Halt. Fußgänger sollten deshalb höchste Vorsicht walten lassen und sich beim Überqueren der Straße – auch an grünen Ampeln – nach allen Seiten umblicken.

Königspalast und Silberpagode

Phnom Penhs berühmteste Sehenswürdigkeit ist der Komplex mit Königspalast und Silberpagode. Die gesamte Anlage, die von einer kilometerlangen Mauer umgeben ist, wurde im traditionellen Khmer-Stil errichtet, in dem die religiöse Symbolik eine bedeutende Rolle spielt. Die Umfassungsmauer ist gelb und weiß gestrichen, in den zwei Farben, die den buddhistischen und den hinduistischen Glauben repräsentieren. Von außen kann man nur die leuchtenden Farben der mehrstufigen Dächer sehen, die mit goldenen, dem Himmel entgegenstrebenden Nagas (mythische Schlangen) verziert sind, sowie die goldenen Turmspitzen, die sich glitzernd vom azurblauen Himmel abheben.

Der **Eingang** zum Komplex befindet sich gegenüber dem Renakse Hotel. Englisch sprechende **Führer**, die nicht nur über den Palast und die Pagode, sondern auch über den Buddhismus und die Khmer-Kultur sehr viel erzählen können, warten am Ticketschalter auf Kunden (Bezahlung nach freiem Ermessen, aber einige Dollar sollte man pro Person schon geben). Für den Besuch ist angemessene Kleidung erforderlich, also keine Shorts, ärmellose Shirts, kurze Röcke oder knappe Tops; nicht erlaubt ist außerdem das Tragen von Kopfbedeckungen und Rucksäcken. Zur Besichtigung der gesamten Anlage benötigt man mindestens zwei Stunden, eine halbe Stunde vor Ende der Öffnungszeit beginnen die Mitarbeiter aber bereits damit, die Anlage zu schließen. Bei königlichen Empfängen und wenn der König seine Minister trifft, ist keine Besichtigung des Thronsaals möglich. Zur königlichen Residenz nordwestlich davon haben Besucher zu keiner Zeit Zutritt.

In Anbetracht der kurzen Öffnungszeiten, des saftigen Eintrittspreises sowie der Tatsache, dass viele der beeindruckendsten Ausstellungsstücke nicht mehr gezeigt werden, drängt sich so manchem das Gefühl auf, hier abgezockt zu werden. ⏲ tgl. 7.30–11 und 14.30–17 Uhr; Eintritt US$6,25 oder 22 000 Riel, inkl. Kameragebühr (in der Thronhalle und in der Silberpagode ist Fotografieren verboten).

Ein Geschäft auf dem Gelände verkauft teure Seidenstoffe, Postkarten und Silberwaren. Es gibt außerdem ein paar übertreuerte Erfrischungsstände.

Königspalast

Der heutige Königspalast – keine 100 Jahre alt, da die meisten Gebäude Anfang des 20. Jhs. neu errichtet wurden – steht an der Stelle des Palastes von König Norodom (Ururgroßvater des gegenwärtigen Königs), der seine Hauptstadt 1863

Königspalast und Silberpagode

Karte:
- Sothearos Boulevard
- Haupteingang und Ausgang
- Siegestor
- Bankettsaal
- Osttor
- Beginn der Ramayana-Galerie
- Tanz-Pavillon
- Königliche Schatzkammer
- Elefantengarten
- Königlicher Wartesaal
- Pavillon Napoleons III
- Südtor
- Nordtor
- Silberpagode
- Street 184
- Street 240
- Thronhalle
- Königliche Verwaltung
- Westtor
- Königliche Residenz

1 Reiterstandbild von König Norodom
2 Chedi von König Ang Duong
3 Fußabdruck Buddhas
4 Phnom Kailassa
5 Chedi von Kantha Bopha
6 Königlicher Pavillon
7 Chedi von König Norodom Suramarit
8 Modell von Angkor Wat
9 Glockenturm
10 Mondap
11 Chedi von König Norodom

⊠ Tor
--- Ramayana-Galerie

---

von Oudong nach Phnom Penh verlegte. Ebenfalls an dieser Stelle befand sich einst der Palast von König Ponhea Yat aus dem Jahre 1434, von dem jedoch nichts erhalten blieb.

Beim Betreten der gepflegten Gartenanlagen mit ihren kunstvoll beschnittenen Bäumen fällt der Blick auf das nahe **Siegestor**, das sich zum Sothearos Boulevard hin öffnet und auf der anderen Seite auf die Eingangsstufen des prachtvollen Thronsaals ausgerichtet ist; traditionell durften nur König und Königin dieses Tor durchschreiten, inzwischen wird es auch für hohe Würdenträger geöffnet, die ihre Aufwartung machen. Der Pavillon **Preah Tineang Chan Chhaya** nördlich des Tores entstand speziell für Aufführungen klassischer kambodschanischer Tänze.

Thronsaal

Der derzeitige Thronsaal, **Preah Tineang Tevea Vinicchay**, wurde 1919 von König Bat Sisowath als getreue Reproduktion von König Norodoms Holzpalast errichtet. Wie es sich für ein Gebäude geziemt, in dem Krönungen und königliche Zeremonien stattfinden, ist es das eindrucksvollste Bauwerk des Komplexes, was durch seinen viel fotografierten prächtigen Turm noch unterstrichen wird. Das siebenfach gestaffelte Dach des Thronsaals (gezählt von der niedrigsten Ebene bis zur Basis der Turmspitze) besteht aus grünen, orangefarbenen und saphirblauen Ziegeln, die Reichtum, Natur und Freiheit symbolisieren. Goldene Nagas an allen Giebelkanten sollen das Bauwerk vor bösen Geistern beschützen.

Hinter der breiten Eingangstreppe zur Halle – siebenköpfige Nagas bilden die Geländer – öffnet sich eine große Veranda, auf deren Säulen Garudas mit ausgebreiteten Schwingen thronen und den Anschein erwecken, den überhängenden unteren Teil des Daches zu tragen. Nach Betreten des Thronsaals durch das Osttor erblickt man eine bemalte Decke mit detaillierten Szenen aus dem *Reamker* (s. Kasten S. 130), während auf den Wänden pastellfarbene Blattmotive und Bildnisse himmlischer Wesen zu erkennen sind. Mitten in der Halle liegt ein 35 m langer, dicker Teppich, dessen Muster und Farben mit den Fliesen ringsherum harmonieren. Zu beiden Seiten sind mehrere vergoldete **Lampenständer** aufgereiht, zeremonielle Nagas tragen deren Schirme. Die großen Spiegel am Nord- und Südeingang vermögen angeblich die Gegenwart böser Geister zu enthüllen.

Auf einem erhöhten Podest im Zentrum der Halle stehen zwei kunstvoll gestaltete, goldene **Krönungsthrone**. Darüber hängt ein neunstufiger, weiß-goldener **Parasol**, der Friedfertigkeit, Himmelszugehörigkeit und Strebsamkeit symbolisiert und von zwei großen Garudas bewacht wird, die ebenfalls an der Decke befestigt sind.

Im zeitweilig gesperrten hinteren Teil der Halle, in dem die Büsten von sechs königlichen Vorfahren aufgestellt sind, gibt der König Audienzen für hochrangige Besucher. Die Vorzimmer der Halle dienen unterschiedlichen Zwecken: Es gibt getrennte Schlafgemächer für König und Königin, die nur während der sieben Nächte nach der Krönung benutzt werden, in denen das Königspaar getrennt schlafen muss. Ein anderer Raum ist für die königlichen Gebete bestimmt, und im letzten Zimmer werden einmal die sterblichen Überreste des Königs aufbewahrt, bis dessen Chedi fertiggestellt ist.

Die Umgebung des Thronsaals

Zwei ebenso kleine wie kunstreiche Gebäude flankieren den Thronsaal. Der nördliche königliche Wartesaal, **Hor Samranphirum**, wird am Krönungstag genutzt, wenn König und Königin im oberen Stockwerk eine Rast einlegen, bevor sie von der Rampe im Ostteil des Bauwerks auf die Rücken der Zeremonienelefanten steigen und an der Krönungsprozession teilnehmen. Ein Raum im Erdgeschoss dient zur Aufbewahrung der königlichen Musikinstrumente und Krönungsutensilien. Der Pavillon ist inzwischen ein Museum für den Vater des Königs, den ehemaligen König Sihanouk. Südlich des Thronsaals beherbergt die königliche Schatzkammer, **Hor Samritvimean**, die Insignien für die Krönungszeremonie, darunter die Große Siegeskrone, das Heilige Schwert und der Siegesspeer.

Das deplaziert wirkende Gebäude aus grauem Gusseisen mit Uhrturm und Aussichtsgalerie ist der Pavillon Napoleons III., den Kaiserin Eugénie 1869 während der Einweihungszeremonie des Suezkanals nutzte. Er wurde König Norodom 1876 von Napoleon geschenkt, an dieser Stelle wieder aufgebaut und dient nun als Museum für eine Sammlung royaler Erinnerungsstücke. Glas-

---

König Sihamoni

Der Tänzer, Lehrer, Filmintendant und UN-Repräsentant Norodom Sihamoni wurde im Oktober 2004 nach der überraschenden Abdankung seines Vaters vom Thronrat zu Kambodschas neuem König gewählt. Als Sohn von Norodom Sihanouk und seiner siebten Frau Monineath besteht sein Name aus den ersten vier Buchstaben von Sihanouk und den ersten vier Buchstaben von Monineath. Er wurde am 14. Mai 1953 geboren und verbrachte die meiste Zeit seines Lebens außerhalb Kambodschas: Ab seinem neunten Lebensjahr wuchs er in Prag auf, wo er in Tanz, Musik und Theater ausgebildet wurde. Später studierte er in Korea Filmkunst.

Außer seiner frühen Kindheit waren die drei Jahre, die er zusammen mit seiner Familie während der Herrschaft der Roten Khmer eingesperrt in Phnom Penh verbrachte, die längste Zeit, die er im Land war, bis er im Oktober 2004 die Thronfolge antrat. Nach dem Einmarsch der Vietnamesen ging die königliche Familie ins Exil, und Sihamoni wurde für ein Jahr Privatsekretär seines Vaters, aber ab 1980 hielt er sich als Professor für klassischen Tanz in Paris auf, wo er die nächsten 20 Jahre verbrachte.

Ab 1992 diente Sihamoni seinem Land als ständiger Vertreter bei den Vereinten Nationen, ab 1993 auch als Unesco-Botschafter. Beide Positionen gab er auf, als er König wurde. Mit seinem Vater teilte er die Liebe zum Film: Er war Direktor von Khemara Pictures und hat selbst zwei Ballettfilme gedreht, *Dream* und *4 Elements*. König Sihamoni hält sich zwar mehr als sein Vater im Hintergrund und hat bislang noch nichts getan, was das Interesse der Medien geweckt hätte, zeigt er sich aber gerne seinen Untertanen, bei denen er auch ganz gut anzukommen scheint. Daneben trifft er sich regelmäßig mit der Regierung und scheut sich nicht, seinen Ministern auch mal auf die Füße zu treten.

Royaler Raum: Der prunkvolle Thronsaal ist das imposanteste Gebäude des Königspalasts

vitrinen im Korridor stellen das königliche Silbergeschirr und Porzellan zur Schau, während im Vorraum eine bunte Gemäldesammlung zu sehen ist, deren Motive von venezianischen Kanälen bis hin zu chinesischen Landschaften reichen. Das Ordenzimmer glänzt mit sorgfältig polierten Exponaten auf blauen Samtkissen. Am oberen Treppenende werden die streng wirkenden Innenräume durch eine Sammlung bemerkenswerter Seidenkostüme aufgelockert, die reich mit Goldfäden bestickt sind – Königin Kossomak, Großmutter des derzeitigen Throninhabers, fertigte sie höchstpersönlich für das königliche Ballett. Zur Bilderkollektion im Obergeschoss gehören verschiedene Porträts, die König Sihanouk als schneidigen jungen Mann zeigen.

Das Gebäude westlich des Pavillons, **Preah Reach Damnakchan**, stammt aus den 50er Jahren und ist zum Teil Museum – ausgestellt sind Geschenke an die Königsfamilie – zum Teil Ministerialbehörde des Königspalastes. Das recht schlicht wirkende Gebäude in östlicher Richtung ist der Bankettsaal **Preah Tineang Phochani**, in dem königliche Ansprachen und Festmahle gehalten sowie klassische Tänze und Musik aufgeführt werden. Durch das Südtor des Königspalastes verlässt man den Komplex und betritt den Hof der Silberpagode durch deren Nordtor.

Silberpagode

Die 1962 von König Sihanouk errichtete Silberpagode befindet sich an der Stelle, wo sein Großvater 1902 eine Holzpagode erbauen ließ. Ihren Namen verdankt sie den 5329 silbernen Bodenfliesen, jede davon 20 mal 20 cm groß und über 1 kg schwer. Sie wird auch **Wat Preah Keo Morokot** (Pagode des Smaragdbuddhas) genannt, was sich auf ihren grünen Buddha bezieht. Der Bau weist deutliche Parallelen mit Bangkoks Wat Phra Keo auf, ebenfalls die Heimat eines kostbaren Smaragdbuddhas und demjenigen in Phnom Penh verblüffend ähnlich. Zwar ließen die Roten Khmer über die Hälfte der Einrichtung verschwinden, die Pagode selbst blieb jedoch weitgehend unangetastet – offensichtlich um den wenigen internationalen Besuchern vorzugaukeln, das Regime pflege Kambodschas kulturelles Erbe. Heute beherbergt die Pagode eine reiche Sammlung von Artefakten und Buddhabildnissen und gleicht eher einem Museum als einem Wallfahrtsort.

Zum Vihara führt eine Treppe aus grauem, italienischem Marmor, der eigens zu diesem Zweck importiert wurde. Schuhe sind auf der Veranda abzulegen, Kameras gegen einen Beleg in Verwahrung zu geben.

Die silbernen, zum Teil kunstvoll mit Blattmotiven verzierten Bodenfliesen ziehen den Blick beim Betreten der Pagode sofort auf sich. Auf einem fünfstufigen Sockel im Zentrum der Pagode sitzt meditierend der **Smaragdbuddha**. Einigen Quellen zufolge handelt es sich um eine neuere Reproduktion, während andere Texte die Statue auf das 17. Jh. datieren. Mit seinen nur 50 cm wird das Heiligtum jedoch von den prachtvollen Bildnissen drumherum schlichtweg in den Schatten gestellt. Besonders imposant ist ein lebensgroßer **Buddha** aus massivem Gold, der 1907 in Phnom Penh für König Sisowath gegossen wurde, 90 kg wiegt und mit 2086 Diamanten und Edelsteinen aus der königlichen Schatztruhe verziert ist. Links davon thront auf einer Vitrine ein sitzender Silberbuddha. In einem Schaukasten auf der rechten Seite sind erlesene **Figuren** aus reinem Gold zu sehen, die wichtige Ereignisse aus Buddhas Leben darstellen. Die winzigen, aber überaus detailliert gearbeiteten Figuren zeigen Buddha als Kind, das seine ersten Schritte auf sieben Lotusknospen geht, meditierend unter einem Bodhi-Baum und liegend beim Eintritt ins Nirwana.

Hinter dem Sockel verbirgt sich noch ein heiterer, lebensgroßer Buddha aus Myanmar, der aus cremefarbenem Marmor gefertigt ist. Eine etwas wahllos wirkende, gleichwohl recht interessante Sammlung von Buddhas und anderen Kunstgegenständen säumt die Rückwand der Halle. Die schwere, über 2 m lange **Zeremoniensänfte** aus vergoldetem Holz dient dem Transport des Königs am Krönungstag und wird von zwölf Männern getragen.

Die Schaukästen an den Wänden der Halle zeigen eine Sammlung verschiedenster Objekte, darunter Dolche, Zigarettenetuis, einige kleine Buddhastatuen sowie goldener Kopfschmuck und Masken für Reamker-Aufführungen des königlichen Balletts. In letzter Zeit mussten viele der beeindruckendsten und wertvollsten Stücke

Das Ramayana

Das Hindu-Epos *Ramayana* behandelt die moralischen Themen Gut gegen Böse, Pflichtbewusstsein, Leiden und Karma – alles anhand der Geschichte von Rama, dem siebten Avatar **Vishnus** (s. S. 111). Da die Erzählung in der kambodschanischen Kunst und Kultur hohe Popularität genießt, haben die einzelnen Episoden ihren Niederschlag in zahlreichen Tempelmalereien und -reliefs sowie in der Pagodenkunst, im klassischen Tanz und im Schattentheater gefunden. Die vereinfachte kambodschanische Version namens **Reamker** wird häufiger im Tanz als in der bildenden Kunst dargestellt.

Zu Beginn der Geschichte terrorisiert der 10-köpfige und 20-armige **Ravana**, König der **Rakshasa**-Dämonen, die Welt. Da nur ein Mensch ihn töten kann, erklärt sich Vishnu bereit, in menschlicher Gestalt auf der Erde zu erscheinen, um den Frieden wiederherzustellen. Er wird als einer der Söhne von Kaiser Dasaratha geboren und erhält den Namen Rama. Ein Heiliger unterweist Rama in den mystischen Fähigkeiten, die ihm bei der späteren Vernichtung der Dämonen zugute kommen sollen. Sie ermöglichen es Rama auch, den Bogen Shivas zu spannen, was ihm die schöne Prinzessin **Sita** zur Frau beschert.

Der Kaiser will Rama zu seinem Thronfolger benennen, doch die Mutter eines der Halbbrüder Ramas intrigiert und bringt ihren Mann dazu, Rama in den Wald zu **verbannen**. Sita und ein anderer Halbbruder, der loyale **Lakshmana**, begleiten ihn. Nachdem Rama einer Hexe, die Sita angreift, Ohren und Nase abgeschnitten hat, kann Ravana Rache nehmen: Mit einem als Goldhirsch verkleideten Dämon lockt er ihn von Sita fort; Lakshmana schickt sich an, Rama zu helfen, und diese Gelegenheit nutzt Ravana, um die schutzlos zurückgelassene Sita in sein Inselkönigreich **Lanka** zu entführen. Rama sichert sich die Hilfe des Affenkönigs Sugriva, und alsbald entdeckt **Hanuman**, der Sohn des Windgottes, wo Sita versteckt wird. Rama und die Affenarmee machen sich auf nach Lanka, wo eine heftige Schlacht entbrennt, in deren Verlauf Rama den goldenen Pfeil Brahmas auf Ravana abschießt und ihn mitten ins Herz trifft, woraufhin dieser erbärmlich stirbt.

Obwohl die Geschichte in der kambodschanischen Version damit zumeist endet, gibt es zwei klassische Auflösungen des Dramas. In der ersten Variante steigt Sita ins Feuer und geht unversehrt daraus hervor, was beweist, dass sie von Ravana nicht entehrt wurde; das Paar kehrt in die Heimat zurück, wird jubelnd empfangen und Rama zum König gekrönt. Die andere Variante nimmt ein trauriges Ende: Sita wird zurück in den Wald verbannt, wo sie Zwillinge gebärt. Als diese zwölf Jahre alt sind, werden sie an den Hof gebracht, und Rama findet zu der Überzeugung, dass es sich tatsächlich um seine Kinder handelt. Er bittet Sita um Vergebung, die daraufhin die Mutter Erde als Zeugin für ihre Treue anruft. Im nächsten Moment öffnet sich der Boden, verschlingt Sita und lässt Rama für eine 11 000-jährige Trauerzeit auf der Erde zurück, nach deren Ablauf der Tod ihn zu Brahma zurückruft.

---

einem bunt zusammengewürfelten Sammelsurium von relativ uninteressanten Objekten Platz machen. Vor dem Verlassen der Halle lohnt sich ein Blick auf die ungewöhnlichen Buntglasfenster, zu deren Motiven unter anderem ein Hanuman gehört, der einen geflügelten Tiger reitet.

Der Hof

Ruhig und grün präsentiert sich der Pagodenhof, in dem zahlreiche Bauten und Monumente stehen. Der bei weitem kostbarste Schatz ist jedoch das umlaufende, 642 m lange **Wandgemälde**, das minutiös die epische Geschichte des *Ramayana* erzählt. In den Jahren 1903 und 1904 waren hier 40 Künstler mit kraftvollen Farben an der Arbeit und schufen ein einzigartiges Kunstwerk. Obwohl die einzelnen Abschnitte geschützt unter dem Dach einer Galerie liegen, leiden viele an Wasserschäden. In den Jahren nach 1985 konnte ein Großteil restauriert werden, aber es bleibt noch einiges zu tun, um den Rest für die Nachwelt zu bewahren. Die Darstellungen beginnen südlich des Osttors mit Ramas Geburt und erzählen dann im Uhrzeigersinn von Ramas Heirat mit

Sita, deren Entführung und ihrer späteren Rettung durch die Affenarmee. Zwei der schönsten Szenen, beide noch gut erhalten, zeigen die Affenarmee beim Aufbruch (Südgalerie) sowie bei der Überquerung der Meeresstraße nach Lanka (Nordgalerie).

Direkt vor der Silberpagode prunkt das große **Reiterstandbild** von König Norodom. Ursprünglich zeigte es Napoleon, der es dem König in seiner üblichen größenwahnsinnigen Manier zum Geschenk machte, später wurde der Kopf jedoch ausgewechselt. Links und rechts der Statue stehen reich verzierte Zwillings-Chedis, der von Norodom im Norden und der von Ang Duong (der auch einen Chedi in Oudong besitzt) im Süden. Der kleine und schlichte Pavillon in der Ostecke der Anlage beherbergt einen **Fußabdruck** von Buddha (Buddhapada), ein „Bildnis" des Religionsstifters aus der Zeit, als noch keine bildlichen Darstellungen erlaubt waren. Außerdem gibt es hier einige seltene Palmblattmanuskripte, die früher das klassische Medium für die Weitergabe religiöser Texte waren. Ein weiteres Exemplar von Buddhas Fußabdruck – dieses ein Geschenk aus Sri Lanka – befindet sich im nahen Pavillon auf dem künstlichen Phnom Kailassa.

Südwestlich des Phnom Kailassa steht der offene Chedi von König Norodom Sihanouks Tochter, Kantha Bopha, die 1952 im Kindesalter an Leukämie starb und nach der die Kinderkrankenhäuser von Phnom Penh und Siem Reap benannt wurden. Das **maßstabgetreue Modell** von Angkor Wat hinter der Silberpagode wurde erst in jüngerer Zeit hinzugefügt und wirkt zwischen den religiösen Bauten ringsum etwas befremdlich. In der Westecke der Anlage erhebt sich ein Glockenturm, dessen Glocke einst das Öffnen und Schließen der Tore ankündigte. **Mondap**, die Bibliothek am Nordtor, war früher Aufbewahrungsort für Palmblattmanuskripte und beherbergt heute ein Standbild von Shivas Bullen Nandi.

Nach dem Verlassen der Anlage durch das Südtor gelangt man zu einer etwas chaotischen Ansammlung von Gebäuden und einer kleinen Gartenanlage, in der früher die Elefanten angepflockt wurden, die sich nicht im Arbeitseinsatz befanden. Hier sind auch Elefantenstallungen sowie ein Pavillon mit Howdahs und Ochsenkarren zu sehen. In einem weiteren Gebäude ist eine Ausstellung zur Krönung von König Sihamoni untergebracht.

Nationalmuseum

Das eindrucksvolle dunkelrote Sandsteingebäude des Nationalmuseums von Kambodscha besitzt eine reiche Sammlung an Skulpturen, Reliquien und Kunstgegenständen, die teilweise bis in prähistorische Zeiten zurückreichen.

All diese Schätze mussten im Stich gelassen werden, als Phnom Penh 1975 von den Roten Khmer evakuiert wurde. In den nächsten vier Jahren ihrer Herrschaft plünderten sie Stück für Stück das Museum und ermordeten den Direktor. Bei Rückkehr der Bevölkerung nach Phnom Penh im Jahre 1979 hatte sich die wild wuchernde Natur der Galerien und des Hofes bemächtigt, und das Dach war teilweise eingestürzt. Millionen von Fledermäusen, die sich unter dem Dach eingenistet hatten, bedrohten mit ihren zerstörerischen Exkrementen die Ausstellungsstücke, bis sie 2002 endlich vertrieben werden konnten.

Das 1918 eröffnete Nationalmuseum wurde vom französischen Archäologen George Groslier entworfen und besteht aus vier miteinander verbundenen **Galerien** um einen begrünten Innenhof. Das rote Ziegeldach ist an seinen Kanten mit schützenden Nagas verziert.

Ins Museum gelangt man über die zentrale Treppe der Ostgalerie. Im Foyer können Taschen zur Aufbewahrung abgegeben werden (kostenlos), und ein Laden bietet eine gute Auswahl an Büchern (Tipp: *Khmer Art in Stone*, US$2, sowie der umfassendere *New Guide to the National Museum Phnom Penh*, US$10) sowie Postkarten und Reproduktionen einiger Exponate. Für einen geführten Rundgang stehen Englisch sprechende Guides (US$5) bereit, die Besuchern ausführlich die verschiedenen Architekturstile vorstellen und Hintergrundwissen über das Leben in der jeweiligen Epoche vermitteln. Die Sammlung ist weitgehend chronologisch angeordnet – ein Rundgang auf eigene Faust sollte am besten in der südöstlichen Ecke beginnen.

⏱ tgl. 8–17 Uhr, Eintritt US$3, Kamera US$1 (Fotografieren nur im Hof erlaubt).

Ostgalerie

Das Eingangsportal der Ostgalerie zeichnet sich durch wuchtige **Holztore** aus, von denen jedes über eine Tonne wiegt und die den Schnitzereien von Banteay Srei sehr ähnlich sind. Das eindrucksvollste Ausstellungsstück der Ostgalerie ist ein über 2 m großer **Garuda** mit ausgebreiteten Schwingen, der während der Koh-Ker-Ära (10. Jh.) aus grauem Sandstein gemeißelt wurde. Zu sehen gibt es außerdem Bronzegegenstände, deren Ursprünge bis auf die Funan-Epoche zurückgehen. Zur Linken sind vorwiegend Statuen ausgestellt, darunter Buddhadarstellungen unterschiedlichster Qualität, von extrem schlicht bis äußerst kunstfertig; einige der Exponate aus dem 15.–17. Jh. wurden aus vergoldetem Kupfer gefertigt und mit Lack überzogen. Der Schaukasten gleich am Eingang enthält eine feine Statuette von Shiva und Uma auf Nandi, ein anderer die Skulptur des Kopfes eines Asketen im Stil von Banteay Srei. Daneben wird eine Sammlung verschiedenster Hände und Füße längst zerstörter Statuen präsentiert, deren Ausmaße von absolut winzig bis gigantisch groß reichen.

Die Schaukästen auf der rechten (nördlichen) Seite der Galerie zeigen eine Sammlung wunderschöner Kerzenhalter, schwerer Elefantenglocken, religiöser Wassergefäße sowie Utensilien für die Betel-Zubereitung, zu denen Behälter in Pfauengestalt gehören. Die Eckkammer der Galerie beherbergt eine Sammlung hölzerner Buddhastatuen, die alle aus der Post-Angkor-Epoche stammen und noch Spuren der roten und goldenen Farbaufträge zeigen, mit denen sie einst verziert waren. Aufgrund des feuchten Klimas in Kambodscha befinden sie sich jedoch in verschiedenen Stadien des Verfalls.

Südgalerie

Einen Überblick über Kambodschas **prähistorische Epoche** bietet die begrenzte Ausstellung im Südosten des Museums. Zahlreiche Exponate stammen aus den Höhlen um Laang Spean südwestlich von Battambang, die um 6800 v. Chr. nachweislich von Jägern und Sammlern bewohnt waren; andere Stücke wurden bei Ausgrabungen in den unterschiedlichsten Landesteilen freigelegt. Zu sehen gibt es unter anderem eine Sammlung von Perlen sowie Keramiken, die sich von heutigen Gebrauchsgegenständen kaum unterscheiden. Die ausgestellten Zeremonientrommeln und Glocken belegen auf eindrückliche Weise, dass die Bronzeverarbeitung bereits im 4.–2. Jh. v. Chr. sehr fortgeschritten war. In einer Ecke befindet sich der Abdruck des Schädels des Samrong-Sen-Mannes; das Original wurde Anfang des 20. Jhs. von den Franzosen ausgegraben, und der Abdruck gelangte im Jahr 2000 als Geschenk ins Museum.

Prä-Angkor

In der Südgalerie steht die Prä-Angkor-Epoche im Mittelpunkt. Wohlgeformte Buddhastatuen aus dem 6. Jh., ihr Haar zu dicken Locken gedreht, stellen eine entspannte Haltung zur Schau. Die damaligen Bildhauer bewiesen zwar großes Geschick (deutlich sind die Körperkonturen unter den Gewändern der Skulpturen zu erkennen), doch da sie noch nicht plastisch zu arbeiten vermochten, bedienten sie sich der Technik des **Hochreliefs** und ließen daher zwischen Beinen und Armen der Statuen stützendes Gestein stehen.

Mächtig Eindruck macht das gewaltige, fast 3 m hohe Bildnis des achtarmigen Hindugottes **Vishnu** aus der Phnom-Da-Epoche (6. Jh.) . Die Gestalt trägt ein einfaches Lendentuch, das vorne kurz und zwischen den Beinen hindurchgezogen ist. In ihren Händen hält sie Flamme, Muschel und Keule, die Symbole Vishnus. Ein Steinbogen dient als tragendes Element der Statue, doch im Zuge der Annäherung an die komplett plastische Gestaltung wurde das Gestein zwischen Bogen und Gliedmaßen herausgemeißelt. Ganz in der Nähe steht an der Südwand ein Hochrelief von **Krishna** (6. Jh.) mit erhobenem linkem Arm, der den Berg Govardhara in die Höhe hievt.

Sehr beliebt in der prä-angkorianischen Kunst waren auch Bildnisse des **Harihara**, einer Verschmelzung von Shiva und Vishnu. Neben dem Gang zum Hof sind ein paar Exemplare zu bewundern. Daneben weist ein schöner Vishnu (9. Jh.) im Kulen-Stil eine für Khmer-Skulpturen unübliche Ausarbeitung der Muskelpartien auf. Mehrere sinnliche Statuen von Durga und anderen Göttinnen mit elegant drapierten Sampots säumen die Wand zum Hof. Besonders grazil wirkt eine Dame, die durch schwere Gehänge verlängerte Ohrläppchen hat, ein Zeichen für Reichtum.

Angkor

Im Säulengang der Südgalerie markiert ein **Vishnu** im Stil von Kulen (9. Jh.) den Übergang zur etwas formelleren Angkor-Epoche. Beachtung verdient die Technik, mit der die Bildhauer diese Statue stabilisierten: Das rechte Bein steht ein kleines Stück vor dem Körper, die Arme werden durch einen Stab oder ein Schwert abgestützt. Eine typische Vertreterin der Preah-Ko-Epoche (spätes 9. Jh.), bekannt für ihre wohlgeformte Figurengestaltung, ist die Statue der Königin Rajendradevi im Mittelteil der Südgalerie. Hier befindet sich auch die zeitgenössische Darstellung eines stämmigen Shiva.

Hinter zwei fein verzierten Sandsteinsäulen führt der Weg in den westlichen Teil der Südgalerie und die **Bakheng-Epoche** (spätes 9./frühes 10. Jh.). Stellvertretend für diese Zeit ist ein 2 m großer Shiva aus Phnom Krom, dessen Kopf 1993 aus dem Angkor Conservation Department gestohlen und illegal weiterverkauft wurde. Mithilfe einer Liste von in Angkor gestohlenen Gegenständen wurde er schließlich im Metropolitan Museum of Art in New York entdeckt und zurückgegeben und ist jetzt wieder mit dem Körper vereint. Während der Koh-Ker-Epoche (frühes bis mittleres 10. Jh.) wurden die Skulpturen dynamischer: Ein Beispiel hierfür sind die athletischen Torsos von zwei kämpfenden Ringern (in Hofnähe). Hier lohnt auch ein Blick nach draußen auf die Köpfe der Gottheiten, die einst den Weg nach Angkor Thom flankierten. Außerdem ist eine ungewöhnliche Waschschüssel aus poliertem Schiefer zu sehen, deren Ausguss die Form eines Wasserbüffelkopfes hat.

Hier sind auch einige besonders schöne Skulpturen von **Banteay Srei** aus dem 10. Jh. ausgestellt, die viele Fachleute zu den Höhepunkten der Khmer-Kunst zählen. An der Wand gibt es einen lächelnden sitzenden Shiva, auf seinem Knie, wo seine Gefährtin Uma saß, eine flache Stelle aufweist. Ursprünglich war das Paar mit Edelsteinen verziert, heute ist eine gemeißelte Halskette der einzige Schmuck. Nicht zu übersehen sind die beeindruckenden Statuen der Tempelwächter Yasha und Simha aus rotem Sandstein; besonders furchteinflößend ist der hockende Simha mit seinen hervortretenden Augäpfeln und seinen blitzenden spitzen Zähnen. Ein verzierter Giebel aus Banteay Srei an der Wand zeigt eine Szene aus dem *Mahabharata* (s. S. 110): den tödlichen Kampf zwischen den beiden Vettern Bhima und Duryodhana.

Westgalerie

Die Skulpturen der Westgalerie entstanden ab dem 10. Jh. und wirken strenger als diejenigen früherer Epochen. Eine elegante Vertreterin für die grazilen weiblichen Statuen der **Baphuon-Epoche** (11. Jh.) ist die schlanke, kleinbrüstige Lakshmi, die Gefährtin Vishnus; vorne enthüllt ihr Sampot den Nabel und am Rücken lässt er die Hüfte frei. Die prä-angkorianische Sammlung des Museums enthält nur wenige Buddhadarstellungen, da die Könige jener Zeit überwiegend dem Hinduismus zugeneigt waren. Erst ab dem 11. Jh. gewann der Buddhismus wieder an Einfluss, was in den sitzenden Buddhas zum Ausdruck kommt, deren Gesichter zum Teil ein schwaches Lächeln ziert und über die sich schützend die siebenköpfige Naga wölbt.

Nur schwach vertreten ist die **Angkor-Wat-Epoche**, da frei stehende Skulpturen größtenteils durch große Flachreliefs an den dortigen Tempeln ersetzt wurden. Zu den wenigen herausragenden Beispielen an der Westwand gehört ein Ziergiebel vom Westeingang Angkor Wats mit Darstellungen aus dem Jataka, einer Erzählsammlung über das frühere Leben Buddhas; Auszüge davon sind in englischer Übersetzung an der Wand zu lesen.

Fast schon am Ende der Galerie steht die berühmteste Statue des Museums, vermutlich eine Darstellung von Jayavarman VII. aus der **Bayon-Epoche** (spätes 12. Jh.). Der mit überkreuzten Beinen in Meditationshaltung sitzende König ist als glattrasierter, leicht rundlicher Mann mittleren Alters mit friedfertigem Gesichtsausdruck dargestellt. Der Kopf von Jayavarman VII. taucht in vielfacher Ausfertigung auf Souvenirständen auf. Am Nordende der Galerie rückt noch einmal der Buddhismus in den Mittelpunkt: Ein Ziergiebel des 13. Jhs. vom Preah Palilay zeigt einen sitzenden Buddha, dessen rechte Hand die Erdberührungs-Mudra ausführt. Der Legende von Vishnu, wie er auf Garuda reitet, wird mit einer Statue aus Banteay Chhmar – und englischer Erläuterung – Rechnung getragen.

Nordgalerie

Nach den Steinstatuen werden in der Nordgalerie ein paar Jahrhunderte übersprungen. Das mit Abstand interessanteste Ausstellungsstück ist hier die Kabine eines **königlichen Schiffs** aus dem 19. Jh. Die einst reich ausgestattete Kabine aus Koki-Holz sollte keinen Wunsch des Herrschers offen lassen; außen zieren kunstvoll geschnitzte Blattmotive, Blumen und Drachen die Wände. Die eindrucksvolle, fast 3 m hohe **Urne** aus Holz, Silber und vergoldetem Kupfer im Zentrum der Galerie wurde 1927 für die Aufbewahrung der Asche von König Sisowath verwendet und dann 1960 ein weiteres Mal für die Asche von König Norodom Suramarit, dem Großvater des jetzigen Königs.

Draußen lohnt an dieser Stelle ein Blick unter das Dachgesims, wo sich eine prachtvolle Wandtafel befindet – eine von einem Paar, das 1998 aus dem Tempel Banteay Chhmar geraubt wurde, ausgerechnet von den mit seiner Bewachung betrauten Militärs. Mithilfe von Maschinen brachen sie die Tafeln aus dem Mauerwerk, verluden sie auf Lastwagen und schmuggelten sie über die thailändische Grenze, um die Kunstschätze in Bangkok zu verkaufen. Unterwegs griff die thailändische Polizei zu. Beide Tafeln wurden im Jahr 2000 an Kambodscha zurückgegeben. Die hier wieder zusammengesetzte Tafel zeigt einen überlebensgroßen vielarmigen Lokesvara.

Das Flussufer

Der **Sisowath Quay**, der sich fast 4 km von der Chroy-Chung-Va-Brücke bis zum Chatomuk-Theater am Tonle Sap erstreckt, ist mit seiner Vielzahl von westlichen Restaurants und Bars das Herz von Phnom Penhs Touristenszene. Ab der Phlauv 106, nach etwa der Hälfte der Strecke, verbreitert sich der Kai zu einer 2 km langen, schönen Fußgängerpromenade, die in den nächsten Jahren um weitere 4 km bis zur Brücke in Chbar Ampov verlängert werden soll. Jeden Herbst strömen die Massen zu den Bootsrennen und Festivitäten des **Bonn Om Tuk**, des Wasserfestes (s. S. 22). Ansonsten geht es tagsüber am Flussufer relativ ruhig zu. Leben kommt erst am späten Nachmittag auf, wenn sich die Stadtbewohner aufmachen zum *dah´leng*, ein Begriff, der von einem kurzen Bummel bis hin zu einem Tagesausflug in Orte außerhalb der Stadt alles bedeuten kann. Gegen 17 Uhr beginnen sich die Bürgersteige nahe der Parkanlage am Königspalast in eine Art Rummelplatz zu verwandeln: Imbiss- und Getränkeverkäufer ziehen umher, spontane Darbietungen finden statt, Einheimische breiten ihre Decken (die man auch mieten kann) aus und genießen eine Mahlzeit unter freiem Himmel. Viele zieht es auch zum Schrein mit der Statue eines vierarmigen Buddha auf der anderen Straßenseite. Der Legende nach soll vor etlichen Jahren eine krokodilförmige Flagge im Fluss aufgetaucht sein und dann an buddhistischen Feiertagen auf wundersame Weise an einem Fahnenmast geweht haben. Jetzt hat der Geist der Flagge, Preah Ang Dong Kar, hier sein festes Zuhause, und die Besucher hinterlassen kleine Opfergaben mit der Bitte um Wohlstand und Glück – und gleichzeitig helfen sie den Blumen-, Obst- und Räucherstäbchenverkäufern dabei, ihren Unterhalt zu verdienen. Für eine gemütliche Rundfahrt auf dem Mekong stehen am Nordende der Promenade Motorboote mit Fahrer bereit (US$ 8 pro Stunde) – übrigens auch eine gute Stelle, um den Sonnenuntergang hinter dem Königspalast zu genießen.

Zwischen 16 und 17 Uhr trottet Sam Bo, der **Elefant** des Wat Phnom, durch den Feierabendverkehr am Sisowath Quay heimwärts. Mit ein paar Bananen lässt er sich jederzeit zu einer Pause verlocken und posiert für einen Schnappschuss; relativ sicher begegnet man ihm in der Nähe des FCC.

Wat Ounalom

Der nüchtern wirkende Beton-Chedi gegenüber dem Sisowath Quay lässt nicht vermuten, dass Wat Ounalom zu Phnom Penhs ältesten und bedeutendsten Pagoden gehört. Sie geht auf die Regierungszeit von Ponhea Yat im 15. Jh. zurück, obwohl wenig auf ihr wahres Alter hindeutet. In

Garantiertes Spektakel: Beim Bonn Om Tuk herrscht nicht nur bei den Bootsrennen ausgelassene Feierstimmung

den frühen 1970er Jahren lebten über 500 Mönche in der Pagode, die damals auch eine Bibliothek des Institut Bouddhique beheimatete, die jedoch zusammen mit zahlreichen anderen Gebäuden von den Roten Khmer zerstört wurde.

Der Name der Pagode geht auf den großen Chedi hinter dem Vihara zurück, wo ein *ounalom* aufbewahrt wird – ein Haar aus **Buddhas Augenbrauen**. Wer das kostbare Stück betrachten möchte, muss nach dem Achar Ausschau halten, den man gewöhnlich in dem kleinen Buchladen nahe dem Eingang findet. Von den vier Heiligtümern innerhalb des Chedi genießt dasjenige, das nach Osten ausgerichtet und mit einem schönen bronzenen Buddha geschmückt ist, die größte Verehrung. Der **Vihara** wurde 1952 erbaut und hat nur frühmorgens für die Zeremonien der Mönche geöffnet. Im Kloster, das unübliche drei Etagen hat, gibt es eine Gedächtnisstatue für Samdech Huot Tat, den ehrwürdigen vierten Patriarchen des kambodschanischen Buddhismus, der von den Roten Khmer ermordet wurde. Am unansehnlichen dunkelgrauen Chedi kann man einen kurzen Blick in die **Gruft** werfen, in deren Hunderten kleinen Nischen die Urnen bedeutender Kambodschaner stehen, umgeben von grellen Plastikblumen und Fotos der Verstorbenen.

Unabhängigkeitsdenkmal und Umgebung

Am Flussufer südlich des Königspalastes ist das Chatomuk-Theater beheimatet; hinter dem Hotel Cambodiana liegt der noch junge Hun-Sen-Park. Hier befindet sich das Buddhistische Institut, und gleich um die Ecke erhebt sich das riesige neue Gebäude der Nationalversammlung. Dieser Straßenabschnitt ist besonders bei der reichen Jugend der Stadt beliebt, die hierher kommt, um sich mit ihren PS-starken Geländewagen Rennen zu liefern – vor der Nase der Wachpolizisten an der Nationalversammlung.

Wer es ruhiger haben möchte, kann dem Fluss den Rücken kehren und durch einen friedlichen Park in Richtung Unabhängigkeitsdenkmal an der Kreuzung von Sihanouk und Norodom Boulevard laufen. Im Park gedenkt ein goldener Stupa an 16 Menschen, die am 30. März 1997 vor dem Gebäude der alten Nationalversammlung (Ph 240, Ecke Sothearos Blvd) starben, als Handgranaten in eine Kundgebung von Sam Rainsy geworfen wurden. Dahinter befindet sich das **Kambodschanisch-Vietnamesische Freundschaftsdenkmal**, das an die vietnamesische Befreiung Phnom Penhs von den Roten Khmer im Januar 1979 erinnert: eine wuchtige Sandsteinfigur einer Khmer-Frau mit einem Baby im Arm, die von zwei bewaffneten vietnamesischen Befreiungssoldaten flankiert wird.

Der nahe **Wat Botum** ist eine der fünf Pagoden, die 1442 von Ponhea Yat gegründet wurden. Der heutige Bau, der auf das Jahr 1937 und König Sisowath Monivong zurückgeht, blieb von der Zerstörungswut der Roten Khmer verschont. Auf dem Gelände stehen zahlreiche Chedi mit der Asche reicher Politiker und wichtiger Mönche sowie große, grellbunt angemalte Statuen von Riesen, Löwen und Tigern.

Von hier hat man einen schönen Blick nach Westen, vorbei am Springbrunnen, zum kürzlich sanierten **Unabhängigkeitsdenkmal** (oder Siegesdenkmal), das an die errungene Unabhängigkeit von Frankreich im Jahre 1953 erinnert und zugleich als Ehrenmal für die Kriegsgefallenen des Landes dient. Der 1958 fertiggestellte, dunkelrote Sandsteinturm ähnelt den angkorianischen Tempeltürmen, und das mehrstufige Dach ist mit über 100 Nagas verziert. Abends werden die Fontänen in rotes, blaues und weißes Scheinwerferlicht getaucht.

Wie der Wat Botum stammt auch der **Wat Lanka**, gegenüber dem Denkmal, aus dem Jahre 1442. Die Pagode, deren Name auf die historischen Verbindungen mit Mönchen in Sri Lanka zurückgeht, wetteifert mit dem Wat Ounalom um Rang und Bedeutung, und viele ihrer Mönche sind hoch angesehene Lehrer.

Im Vihara kann man Szenen aus Buddhas Leben betrachten, die einen eigenwilligen lokalen Touch haben: Ein Bildnis zeigt Angkor Wat, während in einer anderen Szene dargestellt wird,

Zeugnis einer Schreckensherrschaft: das berüchtigte Gefängnis S-21 der Roten Khmer

wie Touristen den Wat Phnom besteigen. Zweimal wöchentlich bietet die Pagode Meditationskurse an (s. S. 158).

Die Gassen um den Wat Prayuvong, wenige hundert Meter südlich des Wat Lanka am Norodom Boulevard, sind Phnom Penhs Zentrum für die Herstellung von Geisterhäusern (s. S. 116) und religiösen Statuen – man kann die grellbunt bemalten Exemplare am Straßenrand gar nicht verfehlen. Obwohl inzwischen alles aus Beton hergestellt wird, sind die Kunstfertigkeit und erstaunliche Vielfalt bis heute groß. Einige Künstler fertigen auch religiöse Gemälde an, die mitunter beeindruckende Ausmaße haben.

Südwestlich des Zentrums

Hauptgrund für einen Abstecher in den Süden der Stadt ist der Besuch des **Völkermordmuseums Toul Sleng**, ein äußerst bedrückendes Erlebnis, das tiefe Einblicke in das Leiden von Kambodscha und seiner Bevölkerung vermittelt.

Rund 1,5 km östlich davon befindet sich mit der ehemaligen US-Botschaft an der nordöstlichen Ecke der Kreuzung von Norodom und Mao Tse Toung Boulevard eine weitere geschichtsträchtige Stätte. Heute gehört das Gebäude zum kambodschanischen Ministerium für Fischerei und lässt keine Spuren der Vergangenheit mehr erkennen. Angesichts der vorrückenden Truppen der Roten Khmer brachte die US-Marine damals 276 Amerikaner, andere Ausländer und Kambodschaner in Sicherheit – der letzte, der das Haus mit der amerikanischen Flagge unter dem Arm verließ, war Botschafter John Gunter Dean. Die Evakuierung endete nur fünf Tage vor dem Einzug der Roten Khmer nach Phnom Penh. Diese nutzten das Haus dann als Stätte für Folterungen und Exekutionen von führenden Offizieren der Armee Lon Nols.

Völkermordmuseum Toul Sleng

Das Museum befindet sich in den Räumlichkeiten der ehemaligen Toul Svay High School (Phlauv 113), zwischen 1975 und 1979 das berüchtigte Gefängnis **S-21** der Roten Khmer, durch dessen Tore über 13 000 Menschen – anderen Schätzungen zufolge sollen es über 20 000 gewesen sein – in den Tod gingen. Vor allem die gebildete Elite lernte das S-21 als Verhör- und Folterzentrum fürchten: Ärzte, Lehrer, Militärpersonal, Verwaltungsangestellte und andere Verdächtige wanderten hier durch die erbarmungslosen Hände der Roten Khmer. Das Regime wählte seine Opfer willkürlich aus – sogar Kinder und Babys wurden verhaftet und gnadenlos abgeschlachtet.

Obwohl das Gelände von hohen Mauern und Stacheldraht umgeben ist, fällt es schwer zu begreifen, dass an diesem heute so friedlich wirkenden Ort, mit dem angenehmen Geruch von Frangipaniblüten in der Luft, einst menschenverachtende Verhöre und Folterungen stattfanden. Durchschnittlich bis zu 1500 Gefangene waren hier einst untergebracht, in winzige Zellen gepfercht oder in den früheren Klassenzimmern an den Boden oder aneinander gekettet. Noch immer sind die Balkone der oberen Stockwerke mit Stacheldraht abgesichert, der die Häftlinge am Sprung in den vorzeitigen Tod hindern sollte.

In manchen Zellen stehen noch eiserne Bettgestelle, an denen die Inhaftierten festgekettet waren. Andere Räume sind so klein, dass ein ausgewachsener Mensch nicht genügend Platz hatte, um sich auszustrecken. Als die vietnamesische Armee das Gefängnis 1979 erreichte, traf sie nur noch sieben Häftlinge lebend an. Überall lagen die Leichen von Gefangenen, die erst kurz zuvor ermordet worden waren – ihre sterblichen Überreste liegen im Hof begraben. An den Wänden im Erdgeschoss hängen Tausende Schwarzweißbilder von Opfern, aus deren Augen die gesamte Bandbreite an Emotionen spricht, von Angst über Trotz bis hin zu Leere. Sie alle tragen eine Nummer, denn die Roten Khmer dokumentierten penibelst, wer ihnen in die Hände fiel. Ein Großteil der Ermordeten waren Kambodschaner, doch auch Ausländer (Asiaten und Westler) wurden verhört und gefoltert.

Die Bestürzung lässt auch nach der Fotoausstellung nicht nach. Es folgen detaillierte Erläuterungen über die Foltermethoden, von dem Künstler Van Nath ungeschönt dargestellt. Berüchtigt war die **Wasserkammer**, in der man die Gefangenen langsam ertränkte, sofern sie nicht zuvor ein Geständnis ablegten. Auszüge aus diesen „Geständnissen" liegen ebenso zum Nachlesen bereit wie Briefe von Kadern, die ihre Opfer sadistisch quälten, bis deren Aussagen mit ihrer Wahrheitsvision übereinstimmten.

Das Documentation Centre of Cambodia zeigt hier jeden Tag um 10 und 15 Uhr das TV-Dokudrama *Bophana* von Rithy Panh, eine verwickelte tragische Romanze eines Kambodschaners und einer Kambodschanerin in den Zeiten der Roten Khmer. Obwohl das berüchtigtste Ausstellungsstück, eine Karte Kambodschas, zusammengesetzt aus den Schädeln hier gefolterter Opfer, nicht mehr gezeigt wird, gibt es in einem Raum einen von Schädeln umgebenen Schrein – ein recht morbides Denkmal für die Ermordeten. ☉ tgl. 7.30–17.30 Uhr, Eintritt US$2.

Wat Phnom

Nur wenige 100 m vom Flussufer entfernt erhebt sich im Nordosten der Stadt der Wat Phnom. Das auf einem Hügel stehende Heiligtum, das der Stadt ihren Namen gab, gehört zu den beliebtesten Ausflugszielen der Einwohner von Phnom Penh und ist besonders an Wochenenden und Feiertagen gnadenlos überfüllt.

Vor dem Aufstieg zum Hügel, der mit seinen 27 m jeden anderen Ort der Stadt niedrig erscheinen lässt, wird man zu einem der Ticketschalter dirigiert. Der schönste Weg hinauf führt über eine von **Nagas** bewachte Treppe auf der Ostseite, vorbei an einigen Bronze-Friesen (mit Schlachtszenen) und tanzenden Apsaras (Reproduktionen der Flachreliefs in Angkor Wat). Das Heiligtum selbst wurde mehrfach neu erbaut, zuletzt 1926; vom ursprünglichen Bauwerk ist nichts erhalten. Die umliegenden Parkanlagen stammen aus dem späten 19. Jh. und wurden von den Franzosen angelegt, die auch einen kleinen, ebenfalls nicht erhaltenen Zoo einrichteten sowie die Uhr südlich des Hügels installierten; die Uhr wurde zur Jahrtausendwende restauriert und hat jetzt ein ein Zifferblatt, das bei Sonnenuntergang in fluoreszierenden Farben leuchtet.

Wie in vielen anderen buddhistischen Stätten müssen auch hier vor Betreten des Vihara die Schuhe abgelegt werden – man sollte sie besser mitnehmen, da westliches Schuhwerk eine begehrte Beute für Diebe ist, die sich auf dem Gelände herumtreiben. Die dichten Weihrauchschwaden in der Anlage haben die Wandmalereien im Laufe der Zeit so geschwärzt, dass die Darstellungen aus dem Jataka nur schwer zu identifizieren sind. In einem beständigen Strom ziehen die Einheimischen durch die Pagode, um ihre Ehrerbietung zu zeigen – und ihr künftiges Schicksal zu erforschen: Hierfür halten sie ein **Palmblattbuch** über den Kopf und stecken ohne hinzuschauen ein Holzstäbchen zwischen die Seiten, das die Stelle markiert, an der ihr Schicksal beschrieben steht (das sie zuweilen erst nach dem dritten Versuch akzeptieren).

Hinter dem Vihara befindet sich der Schrein von **Daun Penh**, der man die Gründung des Heiligtums zuschreibt (S. 120); im Schrein wird ihr freundliches, allseits verehrtes Bildnis aufbewahrt. Der große, weiße Chedi beherbergt die Asche des 1467 verstorbenen Königs Ponhea Yat. Genau unterhalb des Gipfels steht auf der Hügelnordseite der viel besuchte Schrein von **Preah Chao**, einer taoistischen Göttin, die Pilger um Glück, Gesundheit oder Erfolg ersuchen; ihr zur Seite stehen die Helfer Thien Ly Than, der 1000 Meilen weit sehen, und Thuan Phong Nhi, der 1000 Meilen weit hören kann. Die kunstvollen Opfergaben lassen darauf schließen, dass den Bitten der Gläubigen entsprochen wird, denn nicht selten sieht man Teller mit ganzen gekochten Hühnern, garniert mit den zubereiteten Innereien und ungelegten Eiern. Auf dem Hügel lebt eine Horde Affen, die sich auf das Stehlen von Opfergaben spezialisiert hat; wer sie füttert, schafft sich eine Erfolg versprechende Ausgangsbasis für sein nächstes Leben. Dasselbe bewirkt das Freilassen der winzigen Vögel, die rund um den Hügel von Straßenhändlern in Käfigen gehalten werden; nicht selten kaufen Kambodschaner ganze Käfigkolonien auf – obwohl durchaus Zweifel über den Nutzen dieser Ausgabe angebracht sind, fliegen die gefiederten Freunde doch alsbald in ihre Käfige zurück. Zum Abschluss sollte man **Sam Bo** einen Besuch abstatten, dem gut 40-jährigen Elefanten, auf dessen Rücken man für US$5 einmal rund um den Hügel reiten kann. Er ist sehr empfänglich für Bananen und Zuckerrohr und stellt sich gerne für ein (kostenloses) Erinnerungsbild in Pose. ☉ tgl. bei Tageslicht, Eintritt für Ausländer US$1.

Die Umgebung des Wat Phnom

In der Kolonialzeit war der Wat Phnom das Herzstück des **französischen Viertels**, das von grünen Boulevards, Verwaltungsgebäuden, Büros und prächtigen Wohnhäusern geprägt war. Viele der alten Bauwerke sind noch erhalten, und ein Streifzug durch diesen Stadtteil lässt erahnen, wie elegant es hier einst zuging.

Das **Hauptpostamt**, östlich des Wat Phnom in der Phlauv 13, ist ein schönes Kolonialgebäude aus dem frühen 20. Jh. und nimmt nicht weit vom Fluss die gesamte Breite eines großen Platzes aus derselben Zeit ein. In den Jahren vor den Roten Khmer wimmelte es hier nur so von Cafés und Restaurants; derzeit werden Anstrengungen unternommen, die Gegend wieder zu beleben, aber dafür muss noch einiges getan werden. Das Postamt wurde 2001 restauriert; ein Blick auf das alte Foto im Innenraum lässt erkennen, dass die damaligen Schalter nahezu unverändert erhalten sind.

Westlich des Wat Phnom befindet sich in der Phlauv 92 ein weiteres schönes Kolonialgebäude, die 1924 erbaute **Nationalbibliothek** (tgl. 8–11 und 14–17 Uhr). Unter Pol Pot wurden die Bücher entweder zerstört oder achtlos auf die Straße geworfen und das Gebäude zu einem Stall umfunktioniert. Mit französischer Hilfe wurde der Bestand der Bibliothek inzwischen wieder aufgestockt, allerdings überwiegend mit Titeln in französischer Sprache. In einem Raum neben dem Lesesaal ist eine Sammlung seltener Palmblattmanuskripte ausgestellt, die wie dörres Pergament aussehen, und an den Wänden hängen Radierungen und Fotos aus dem frühen 20. Jh. Im Archivzentrum in einem separaten Gebäude hinter der Bibliothek finden manchmal Ausstellungen mit restauriertem Material statt.

Nicht weit entfernt steht an der Phlauv 92 inmitten einer üppigen tropischen Gartenanlage das **Hotel Le Royal** der Raffles-Kette – eine bemerkenswerte Stilmischung aus kolonial, Khmer

---

Hello, what-is-your-name?

Mitunter werden ausländische Besucher von älteren Menschen noch auf Französisch angesprochen – dabei handelt es sich um die wenigen überlebenden Intellektuellen unter dem Regime von Pol Pot, als die Zahl der Französisch sprechenden Kambodschaner drastisch reduziert wurde. In der Folgezeit gewann die englische Sprache an Bedeutung, da mit Arbeitsbeginn der UNTAC und der NGOs zunehmend englischsprachige Dolmetscher benötigt wurden. Heutzutage fördern Computerindustrie, Tourismus und Kambodschas Mitgliedschaft in der Association of Southeast Asian Nations (ASEAN), deren Arbeitssprache Englisch ist, die Verbreitung der englischen Sprache.

Da der Englischunterricht an **staatlichen Schulen** sehr zu wünschen übrig lässt, schicken finanziell besser gestellte Familien ihre Kinder zusätzlich auf Privatschulen; sobald die Kleinen um 17 Uhr nach Hause gehen, finden sich Erwachsene ein, um Englisch zu lernen. Mit 500 bis 1000 Riel pro Stunde ist dieser Zusatzunterricht für viele ein teures Unterfangen, doch die Ausgaben gelten als vernünftige Investition, da Englischkenntnisse die Chancen auf eine gute Arbeitsstelle verbessern. Angesichts der hohen Nachfrage entstehen überall dort, wo einige Tische und Stühle zur Verfügung stehen, neue Sprachschulen, und aufgrund des Mangels an qualifizierten Lehrern sind die Dozenten ihren Schülern mitunter nur um wenige Lerneinheiten voraus. In Phnom Penh und allen größeren Städten werben Schilder und Transparente für diese Art von Englischunterricht. Einen guten Eindruck davon gewinnt man in der Hauptstadt vor allem in der **Phlauv 164**, nördlich des Charles de Gaulle Boulevard, in der Nähe des Psar Orussey.

Obwohl das **Auswendiglernen** in Kambodscha nach wie vor die gängige Lernform ist, verstehen viele Schüler in den Städten mittlerweile ganz gut Englisch. Außerhalb der Städte sind die Englischkenntnisse aber nach wie vor rudimentär, und es ist immer noch möglich, auf kichernde Schulkinder zu treffen, die ein „Hello, what-is-your-name?" herunterrasseln und davonrennen, ohne eine Antwort abzuwarten.

und Art déco; der Wintergarten ist ein schöner Ort für den Morgenkaffee oder Nachmittagstee.

Ein paar Straßen südwestlich des Hotels stößt man auf den **Bahnhof** am westlichen Ende des Boulevards, der sich zwischen Phlauv 106 und 108 bis zum Fluss erstreckt. In dem Bauwerk aus den frühen 30er Jahren, das eine eindrucksvolle Art-déco-Fassade besitzt, ist nur bei Ankunft oder Abfahrt des Zuges nach Battambang etwas los. Der markante blaue Chedi **Preah Sakyamoni** auf dem Bahnhofsvorplatz beherbergt einen Knochensplitter Buddhas, und hinter dem Bahnhof ist eine restaurierte Dampflok aus dem Jahre 1929 ausgestellt, die bis zur Einführung von Diesellokomotiven in den frühen 90er Jahren in Betrieb war.

Vor dem Bahnhof lassen sich traditionelle **Heiler** bei der Arbeit zuschauen. Sie behandeln ihre Patienten unter anderem mit Kupferscheiben, die sie über Arme, Rücken oder Brust reiben, um die Blutgefäße zu erweitern, oder mit erhitzten Schröpfgläsern, die sie über Rücken, Brust und Stirn ziehen, um Kopfschmerzen, Erkältungen, Grippesymptome sowie viele andere Wehwehchen zu kurieren.

Rund um die Chroy-Chung-Va-Brücke

Trotz zahlreicher Kolonialbauten ist das Gebiet **nördlich des Wat Phnom** kein besonders attraktiver Stadtteil, doch aus historischen Gründen lohnt sich hin und wieder ein Abstecher. Über die **Chroy-Chung-Va-Brücke** verlässt die RN 6 die Stadt in Richtung Kompong Cham und Siem Reap. Die ursprüngliche Brücke wurde 1973 in die Luft gesprengt: entweder von Lon Nols Truppen, um die Roten Khmer an ihrem Einzug in die Stadt zu hindern, oder von den Roten Khmer, die bereits auf dem Vormarsch in die Stadt waren – je nachdem, wem man Glauben schenken will. Im Volksmund hieß die Brücke jahrelang *spean bak* („kaputte Brücke"), doch inzwischen hat sich die Bezeichnung *chuowa chuoul hauwy* („nicht mehr kaputt") durchgesetzt. Viele nennen sie auch Japanische Brücke, da sie 1993 mit Geldmitteln aus Japan wieder aufgebaut wurde. Nördlich davon liegen die Docks von Phnom Penh.

Auf der Verkehrsinsel am Nordende des Monivong Boulevards, kurz vor der Brücke, steht das bizarrste **Denkmal** der Stadt. 1999 ließ die Regierung – besorgt über die unglaublich vielen Schusswaffen im Land – alle Gewehre und Pistolen, derer sie habhaft werden konnte, beschlagnahmen und unter großem politischem Getöse vernichten. Der Schutt wurde eingeschmolzen und zur Skulptur eines Revolvers mit verknotetem Lauf verarbeitet. Böse Zungen behaupten, es seien nur defekte Waffen zerstört worden, während die intakten in die Hände von Polizei und Militär wanderten. Vor kurzem ist in Kompong Thom ein Zwillingsdenkmal errichtet worden, und es gibt Pläne für ein drittes in Battambang.

Direkt südlich der Verkehrsinsel, westlich des Monivong Boulevards, schirmen hohe weiße Mauern die **französische Botschaft** ab. Im April 1975 suchten dort 800 Ausländer und 600 Kambodschaner Zuflucht vor den Roten Khmer. Diese räumten den Menschen jedoch keine diplomatischen Privilegien ein, sondern behandelten sie als Gefangene. Nach Verhandlungen wurden die Ausländer sowie kambodschanische Frauen, die mit Ausländern verheiratet waren, freigelassen und durften per Flugzeug das Land verlassen. Kambodschanische Männer hingegen, die mit Ausländerinnen verheiratet waren, verschwanden spurlos und wurden niemals wieder gesehen.

Übernachtung

An Unterkünften mangelt es wahrlich nicht in Phnom Penh. Ganz im Gegenteil: Die Bandbreite der Gästehäuser und Hotels – von schlichten Kammern ohne Klimaanlage bis zu vornehmen kolonialen Suiten mit allem Luxus – befriedigt jeden Geldbeutel und Anspruch. Egal zu welcher Uhrzeit man auch eintrifft, ein Zimmer findet sich immer, wenngleich die preiswertesten Unterkünfte natürlich am schnellsten ausgebucht sind. Bei längeren Aufenthalten kann man in Gästehäusern und Mittelklassehotels nach Preisnachlässen fragen. Bei Luxushotels ist es oft günstiger, über ein Reisebüro und ein Paket mit zwei oder drei Übernachtungen zu buchen. Bisher sind nur wenige Hotels in Phnom Penh auf den Internet-Hotelportalen zu finden.

Ein Großteil der **Budgethotels** liegt am Boeng Kak, einem großen, von Wasserhyazinthen zugewucherten See, und südlich des zentralen Psar Oroussy, aber auch im restlichen Stadtgebiet entdeckt man immer wieder günstige Angebote, auch in Flussnähe. Die wachsende Konkurrenz der **Mittelklassehotels** – viele davon zentral am Monivong Blvd gelegen – macht es gewöhnlich einfach, ein ordentliches und nicht zu teures Zimmer zu finden. Boeng Keng Kang, grob gesagt um die Ph 278 herum in der Nähe des NGO-Wohnbezirks, ist eine aufstrebende Gegend, in der es sowohl Mittelklasse- als auch Budgetunterkünfte gibt. Die **Luxushotels** haben denselben Standard wie in anderen Ländern; als beste Adresse gilt das Raffles-Hotel Le Royal, untergebracht in einem herrlichen Kolonialgebäude, das unbedingt einen Blick wert ist – z. B. in Verbindung mit einem Cocktail in seiner berühmten Elephant Bar. Bei Aufenthalten von einem Monat oder länger lohnt es sich, eines der **Apartments** mit Schlafzimmer, Wohnzimmer, Bad und Kochnische zu mieten, die manche Hotels in der Stadt anbieten und die rund US$600–1000 im Monat kosten. ❻

Umgebung Psar Thmei (Zentralmarkt)
s. Karte S. 142
Holiday International, 89 Monivong Blvd, ☏ 016/817333, 🖥 www.holidayhotelcambodia.com. Komfortables Hotel im Stadtzentrum mit freundlichem Personal und über 100 geräumigen Zimmern und Suiten internationalen Standards. Die Zimmer verfügen über Warmwasser-Duschen und -Bäder, Haartrockner, Möglichkeiten zum Tee- und Kaffeekochen und Satelliten-TV. Frühstück im Preis inbegriffen. Dazu Swimmingpool mit Poolbar, Wellnessbereich und rund um die Uhr geöffnetes Restaurant mit malaiischer, chinesischer und westlicher Küche. Bei Online-Buchung gibt es einen Rabatt von US$20 pro Nacht. ❻
Pacific, 234 Monivong Blvd, ☏ 023/218592, 🖥 www.pacifichotel.com.kh. Rund 50 große, helle Zimmer, eingerichtet mit netten kambodschanischen Holzmöbeln. Preis inkl. Frühstück. ❺

Angenehmer Familienbetrieb
Last Home, 21 Ph 172, ☏ 012/831702, 🖥 www.lasthomecambodia.com. Dieses freundliche, familiengeführte Gästehaus ist vor kurzem in ein zentral gelegenes, umgebautes dreistöckiges Wohnhaus umgezogen und ist sehr zu empfehlen. Es bietet saubere Zimmer und auf den luftigen Balkonen und im netten wie preiswerten Restaurant viel Platz zum Entspannen. Umfassender Travellerservice wie Fahrkartenverkauf, Geldwechsel, Informationen und Transport. ❷–❸

Royal, 91 Ph 154, ☏ 023/218026 oder 012/854806, ✉ hou_leng@yahoo.com. Familienbetrieb mit guter Auswahl an sauberen, gemütlichen Zimmern. Die Cafébar serviert leckere, preiswerte westliche und asiatische Speisen. Ticketbuchungen und Geldwechsel. Wegen des Platzmangels ist inzwischen aufgestockt worden; die neuen Zimmer oben bieten winzige Balkone und tolle Ausblicke auf die Stadt. ❷–❸

Am Fluss
s. Karte S. 142
Amanjaya, 1 Ph 154 und Sisowath Quay, ☏ 023/219579, 🖥 www.amanjaya.com. Das luxuriöse Hotel in bester Lage gegenüber vom Wat Ounalom beeindruckt mit polierten Holzböden und stilvollem, modernem Holzmobiliar, fantasievoll kombiniert mit kambodschanischen Stoffen. Alle Zimme haben helle, moderne Bäder, manche auch Flussblick. Nachteil: Es gibt keinen Garten und keinen Pool. Aber die Terrasse zur Straße ist ideal für einen Cocktail. Im gemütlichen Restaurant K-West können sich die Gäste an saftigen Steaks oder anderen Speisen aus der westlichen und asiatischen Küche laben. ❼–❾
Boddhi Tree Aram, 70 Ph 244, ☏ 011/854430, 🖥 www.boddhitree.com. Dieses charmante Boutique-Hotel, das neueste der Boddhi-Tree-Gruppe, liegt nur ein paar Gehminuten vom Königspalast und vom Fluss entfernt. Ohne Buchung geht hier nichts für eins der 8 individuell ausgestatteten Zimmer mit ihren

Phnom Penh Zentrum

Übernachtung:

Amanjaya	F	Last Home	I
Anise	W	Manor House	U
Boddhi Tree Aram	P	Narin 2	O
Bougainvillier	E	Okay	Q
Cambodiana	R	Pacific	H
Capitol	L	Paragon	C
Dara Raeng Sey	B	The Pavilion	T
Dragon	M	Princess	S
FCC Phnom Penh	J	Raffles Hotel Le Royal	A
Golden Gate	V	Renakse	K
Goldiana	Z	Royal	G
Holiday International	D	Scandinavia	Y
Hong Phann	N	The Kabiki	aa
		Top Banana	X

Restaurants, Bars und Clubs:

Al Ameen	31
Aman Indian Restaurant	17
Beef Soup Restaurant	28
Bites	27
Boat Noodle 1	40
Broken Bricks	8
Café 151	3
Le Café du Centre	26
Café Fresco	J
Cantina	15
Cathouse Tavern	7
Chi Cha	4
East India Curry	5
Elephant Bar	A
FCC Phnom Penh	J
Fizz	25
Friends	18
Frizz	14
Garden Centre Café	42
Garden Centre 2	38
Gold Fish River	2
Green Vespa	1
Happy Herbs Pizza	16
Heart of Darkness	19
Herb Café	32
Howies	21
Java	34
Khmer Borane	22
Khmer Restaurant	37
Malis	41
Mamak's	6
Mountain Village	36
Nouveau Pho de Paris	24
Peking Canteen	10
Ponlok	12
Pop Café da Giorgio	20
Romdeng	35
Royal India	29
Sam Doo	11
Sharky's	9
Shiva Shakti	33
Sorya	13
Talkin' to a Stranger	39
The Shop	30
Walkabout	23

frischen weißen Leinenstoffen und Marmorfliesen. Topfpflanzen prägen die heitere Atmosphäre, die auch einen Hauch Luxus verströmt. Das Terrassenrestaurant ist zu den drei Hauptmahlzeiten geöffnet. ❻

Bougainvillier, 272G Sisowath Quay, ✆ 023/220528, 🖳 www.bougainvillierhotel.com. Die gut ausgestatteten, geräumigen Zimmer stimmen durch kambodschanische Stoffe und Möbelstücke auf das Land ein. Das Hotel ist hervorragend gelegen, die Zimmer sind toll, sodass es ein bisschen schade ist, dass man angesichts der Preise so knauserig ist – Frühstück und Internet kosten extra, und einen Lift gibt es auch nicht. Merkwürdigerweise müssen sich die Hotelgäste zwischen den weiß gedeckten Tischen des französischen Hotelrestaurants hindurch zur Rezeption schlängeln. ❻

Cambodiana, 313 Sisowath Quay, ✆ 023/426288, 🖳 www.hotelcambodiana.com. Das Hotel mit seinen großen und recht komfortablen Zimmern liegt am Flussufer und bietet eine großartige Aussicht – die Zeiten, als es das beste Hotel der Stadt war, sind jedoch längst vorbei. Das Casino verleiht dem Hotel einen Hauch von Abenteuer, außerdem gibt es mehrere asiatische und westliche Restaurants und Bars, eine Bäckerei, einen Wellness- und Fitnesscenter, Tennisplätze, einen Swimmingpool und Grünflächen, die sich bis zum Fluss hinunter erstrecken. ❼

Dara Raeng Sey, Ph 118, ✆ 023/428181. Weitläufiger Eckbau in günstiger Lage sowohl zum Flussufer als auch zum alten französischen Viertel; funktionale Zimmer mit Ventilator oder Klimaanlage; hilfsbereites, freundliches Personal, daher viele Stammgäste. ❷ – ❸

FCC Phnom Penh (früher Foreign Correspondents Club of Cambodia), 363 Sisowath Quay, ✆ 023/724014, 🖳 www.fcccambodia.com. 7 individuell eingerichtete, komfortable, moderne Zimmer, die alle nach Tempeln in Angkor benannt und für die Bedürfnisse auswärtiger Journalisten ausgestattet sind: mit Schreibtisch, Internetzugang, Kabel-TV und modernen Bädern. Frühstück im Preis inbegriffen. Das Restaurant und die Bar sind legendär. Unbedingt reservieren. ❻

Okay, 38 Ph 258, ☎ 023/986534 oder 012/300804, ✉ hello0325@hotmail.com. Dieses Gästehaus ganz in der Nähe des Flusses bietet die billigsten Zimmer der Stadt – ein Plätzchen im makellosen Dorm gibt es für nur US$1 pro Nacht. Es ist ein riesiges Haus mit einer guten Auswahl an Zimmern – und die Betreiber fügen ständig neue Räume hinzu. Der Baum, der durch die Decke des Restaurants und die Gästebar wächst, verleiht dem Ganzen noch mehr Urigkeit. Außerdem: TV, DVDs, Visaverlängerung, Weitertransport und Wäscherei. ❶–❸

Paragon, 219B Sisowath Quay, ☎ 023/222607, ✉ info_paragonhotel@yahoo.com. Schlichte Unterkunft mit steiler schmaler Treppe hinauf zu den Zimmern, aber angesichts von Preis und Lage ein echtes Schnäppchen, zumal die Zimmer tadellos sauber sind; diejenigen mit Flussblick und Balkon kosten US$25. ❹

Renakse, 40 Sothearos Blvd, ☎ 023/215701, ✉ renakse-htl@camnet.com.kh. Traditionelles Khmer-Gebäude mit buntem Ziegeldach in der wohl besten Hotellage Kambodschas: direkt gegenüber dem Königspalast und der

Paradies mit Öko-Touch

The Pavilion, 227 Ph 19, hinter dem Wat Botum, ☎ 023/222280, ✉ thepavilion@online.com.kh, 🖥 www.pavilion-cambodia.com. Dieses atemberaubende 18-Zimmer-Gästehaus unter französischer Leitung, ist durch die wunderbare Umwidmung von zwei Kolonialhäusern entstanden. Von der dezenten Ausstattung der Räumlichkeiten bis hin zu modernsten Moskito-Abwehrvorrichtungen in den Gärten ist an nichts gespart worden, um eine exzellente Unterkunft zu schaffen, die auch auf Umweltschutz Wert legt. Die besten Zimmer haben eigene Tauchbecken und Terrassen, andere verfügen über Balkone, und es gibt eine riesige Suite. Swimmingpool (nur Gäste und Mitglieder), Sonnenbänke, sattgrüne Gärten, Whirlpool, WLAN und Restaurant und Bar – so schön, dass es sehr schwer fällt, wieder abzureisen. Reservierung per E-Mail erforderlich. ❻

Silberpagode. Meist kleine, dunkle Zimmer mit Bad (Heißwasser), TV und Kühlschrank, einige mit kleiner Veranda. Achtung: Durch mitunter planlose Verwaltung kommen Doppelbuchungen vor; das Frühstück auf dem Balkon – umgeben von Frangipanibäumen und mit Blick auf den Palast – wiegt aber alle Nachteile auf. ❺

Um den Wat Phnom
s. Karte S. 142

Raffles Hotel Le Royal, Ph 92, nahe Monivong Blvd, ☎ 023/981888, 🖥 www.phnompenhraffles.com. Prächtiges Art-déco-Hotel von 1929 mit ebensolchem Garten, das 1997 liebevoll restauriert wurde, ohne auf modernen Komfort zu verzichten. In den Fluren hängen Kupferstiche des alten Kambodscha, und die luxuriösen Zimmer zieren Drucke und andere Kunstwerke. Mehrere Restaurants, Swimmingpool, Wellnessbereich, Läden sowie eine Patisserie. Berühmt sind die Cocktails der Elephant Bar (leider gibt es hier jetzt einen Billardtisch); Happy Hour tgl. 17–19 Uhr. ❾

Boeng Kak
s. Karte S. 122/123

In den Straßen am Boeng Kak gibt es zahlreiche billige **Gästehäuser**, viele davon auf Pfählen über dem See und im Wettstreit darüber, wessen Terrasse am weitesten über das Wasser ragt. Vor allem Rucksacktraveller und Reisende, die länger bleiben wollen, quartieren sich in diesem etwas abgelegenen Viertel ein, und inzwischen findet man hier eine Menge günstiger Restaurants, Bars, Internetcafés und den einen oder anderen Laden. Das Seeufer ist trotz der Wasserhyazinthenplage und der vielen Moskitos (unbedingt nach einem Moskitonetz fragen) ein schöner Platz, um bei einem Bier den Sonnenuntergang zu genießen.

Grand View, 4 Ph 93, ☎ 023/430766 oder 012/666547. Kleine, saubere Zimmer mit Ventilator oder Klimaanlage; Dachrestaurant mit Seeblick. Zahlung mit Visa und MasterCard möglich. ❶

Malis, 19 Ph 93, ☎ 016/868545, ✉ malis.guesthouse@yahoo.com. Große Zimmer in einem Backsteinhaus etwas abseits des Sees. Restaurant und Bar mit Billardtisch und TV. ❶

New Lodge, 18 Ph 93, ✆ 012/916441, ✉ newlodge@hotmail.com. Gästehaus am See mit Hängematten auf dem Balkon für relaxte Sonnenuntergangsschau. Zimmer im Holzgebäude über dem See oder in Backsteinbungalows an Land. ❶
No Problem, Seitenstraße der Ph 93, ✆ 012/689589, ✉ noproblem-gh@yahoo.com. Dieses hölzerne Gästehaus, das sich am Ende der Straße über dem See ausbreitet, bietet Ruhe zum Entspannen. Moskitonetze in allen Zimmern. Restaurant und Bar mit westlichem und asiatischem Essen. ❶
Simons' II, 10 Ph 93, ✆ 012/608892. Freundliches, tadellos sauberes Gästehaus an der Hauptstraße mit palastartigen, klimatisierten Zimmern mit schwerem Holzmobiliar. Restaurant mit westlicher und asiatischer Küche. ❸
Sisters/Number 9, 9 Ph 93, ✆ 012/424240, ✉ number9-guesthouse@hotmail.com. Diese beiden Gästehäuser bieten verschiedene Zimmer; die schönsten sind in schicken Holzbungalows an einem orchideengesäumten Gehweg. Restaurant, Bar und Blick auf den Sonnenuntergang über dem See. ❶–❷

Umgebung Psar Orussey und Olympiastadion
s. Karten S. 122/123 und S. 142
Capitol, 14 Ph 182, ✆ 023/217627 oder 724104, ✉ capitol@online.com.kh. Phnom Penhs ältestes Gästehaus der Travellerszene, leicht zu erkennen an den Horden von Motofahrern, die davor warten. Verkauf von Touren und Tickets, auch eigene Busse zu beliebten Zielen wie Bangkok und Saigon. Reiseschecks werden akzeptiert und eingelöst, und vor kurzem ist im Haus ein Geldautomat installiert worden. Einfache Zimmer, einige mit Klimaanlage und Bad mit Warmwasser. Restaurant mit preiswertem Essen, zumeist Wokgerichte. ❷
Dragon, 238 Ph 107, ✆ 012/239066, ✉ vireakcambodian@yahoo.com. Das ruhige ordentliche Gästehaus im ersten Stock des Gebäudes bietet einfache, saubere Zimmer und ein Balkonrestaurant für einen ruhigen Drink oder einen Snack. ❶
Hong Phann, 12B Ph 107, ✆ 023/986672, ✉ hong_phann@yahoo.com. Modernes Gästehaus unter derselben Leitung wie das Capitol,

> **Bewährt und freundlich**
>
> **TAT**, 52 Ph 125, ✆ 023/986620, ✉ tatguesthouse@hotmail.com. Freundliches Gästehaus in Familienbetrieb; mittelgroße, helle Zimmer (meist mit Bad), Gemeinschafts-TV- und Video-Bereich, Internet, Restaurant auf Dachterrasse mit kambodschanischer und chinesischer Küche. ❷

unterschiedliche (teils klimatisierte) Zimmer, sauber und freundlich, wesentlich ruhiger als das Capitol und nicht von Motofahrern umlagert, die auf Kundschaft lauern. ❶
Narin 1, 50 Ph 125, ✆ 023/991955 oder 012/852426. Eines der ältesten Gästehäuser Phnom Penhs; ursprünglich nur ein altes Holzhaus, inzwischen mehrere Gebäude mit einfachen Zimmern (ohne Bad), billigem Essen, Reiseservice (z. B. Stadtrundfahrten, eigene Busse zu beliebten Zielen). Zur Zeit der Recherche war ein neues Gästehaus auf der anderen Straßenseite in Planung. ❷
Narin 2, 20 Ph 111, ✆ 023/986131 oder 012/555568, ✉ touchnarrin@hotmail.com. Schwesterhaus des Original-Narin mit einfachen Zimmern in einem modernen, funktionalen Gebäude. Großes, geräumiges Restaurant, alle üblichen Serviceleistungen für Traveller. ❷
Sunday, 97 Ph 141, ✆ 023/211623, ✉ sundayguesthouse@hotmail.com. Nettes Gästehaus an einer ruhigen Straße mit gemütlichen Zimmern, kleinem Restaurant und freundlicher Atmosphäre. Internetzugang. ❷

Boeng Keng Kang und Umgebung des Unabhängigkeitsdenkmals
s. Karte S. 142
Anise, 2 Ph 278, nahe Ph 57, ✆ 023/222522, 🖥 www.anisehotel.com.kh. Glänzendes neues Mittelklassehotel mit 20 stilvoll ausgestatteten Zimmern (Klimaanlage, Minibar, Wasserkocher, Flachbild-TV und Sicherheitsbox). Die besten Zimmer haben einen Balkon und DVD-Player. Die Hausbäckerei liefert frische Croissants, das Restaurant serviert recht kleine, aber köstliche südostasiatische Gerichte. Das relaxte Terrace Café ist toll für einen Kaffee oder Cocktail. ❺

Golden Gate, Ph 278, ✆ 023/721161 oder 721005, 🖥 www.goldengatehotels.com. Im Hauptgebäude sind die Luxuszimmer und (relativ kleinen) Suiten, im helleren und netteren Nebengebäude auf der anderen Straßenseite die günstigeren Zimmer – alle mit Bad, Warmwasser, TV, Kühlschrank und Klimaanlage; Wäscheservice inkl. ❹

Goldiana, 10-12 Ph 282, ✆ / ✆ 023/219558, 🖥 www.goldiana.com. Etwas altmodisch eingerichtete, aber komfortable Zimmer mit Bad, Satelliten-TV, Minibar, Klimaanlage und Telefon (Internetzugang möglich). Beliebt bei NGOs. Fitnesscenter und Pool auf der Dachterrasse. Restaurant (Khmer-, chinesische und westliche Küche). ❺–❻

Manor House, 21 Ph 262, ✆ 023/992566, 🖥 www.manorhousecambodia.com. Der australisch-kambodschanische Betreiber hat ein entspanntes villaähnliches Gästehaus geschaffen, mit schattigem Garten und Pool. Früher war dies das Zuhause eines japanischen Diplomaten. Geräumige Zimmer mit großen Bädern und teilweise Originalmobiliar. Frühstück und WLAN inkl. ❺

Princess, 302 Monivong Blvd, ✆ 023/801089, ✉ princess@camnet.com.kh. Stilvolles, gut geführtes und modernes Hotel mit etwa 50 großen, hellen Zimmern; Preis inkl. Frühstück. Manchmal besondere Aktionen mit Preisnachlässen. ❺

Scandinavia, 4 Ph 282, ✆ 023/214498, ✉ scandinaviahotel@yahoo.com. Preiswertes, kleines Hotel; saubere, schön eingerichtete Zimmer mit Klimaanlage und TV; Pool, Restaurant und Bar. Hilfsbereites Personal. Abseits der Touristenpfade, entspannte und lockere Atmosphäre. ❹

The Kabiki, 22 Ph 264, in einer Privatstraße zwischen Unabhängigkeitsdenkmal und Wat Botum, ✆ 023/222290, 🖥 www.thekabiki.com. Neues Hotel in einer kleinen grünen Oase mitten im Zentrum. 11 Zimmer, eingerichtet in schlichter Eleganz, 8 davon mit eigener Terrasse, alle mit Bad, Warmwasser, Klimaanlage, Kühlschrank, Safe, TV und WLAN. Außerdem Pool mit gemütlichen Lümmelliegen, Gartenbar und Restaurant. Frühstück inkl. ❺–❻

Persönliches Ambiente

Boddhi Tree Umma, Ph 113, gegenüber dem Völkermordmuseum Toul Sleng, ✆ 011/854430, 🖥 www.boddhitree.com. Kürzlich erweitertes und renoviertes Gästehaus mit persönlicher Atmosphäre und schönem, ruhigem Hofgarten. 12 individuelle, im kambodschanischen Stil eingerichtete Zimmer und ein Restaurant mit kreativer einheimischer Küche und ausgezeichneten westlichen Gerichten. ❷–❹

Top Banana, Ph 51, Ecke Ph 278, ✆ 012/885572, 🖥 www.topbanana.biz. Zwei Stockwerke mit einfachen Budgetzimmern mit Ventilator oder Klimaanlage in bevorzugter Lage. Balkonrestaurant und Bar, kostenlose Abholung von Bus, Hafen und Flughafen. Gemeinschafts-TV und DVDs, Wäscherei, Reiseservice. ❶–❸

Südlich des Zentrums
s. Karte S. 142

Boddhi Tree del Gusto, 43 Ph 98, ✆ 011/854430, 🖥 www.boddhitree.com. Friedliches Gästehaus mit Unterkünften in mehreren Kolonialhäusern aus den 1930er Jahren. Die cremefarbenen Wände, die Fensterläden und der weiße, vom Wind aufgeblähte Musselin schaffen eine wahrhaft koloniale Atmosphäre, während draußen schattige Innenhöfe zum Entspannen einladen. Restaurant und Bar. ❹

Essen

Obwohl Kambodscha immer noch zu den ärmsten Ländern der Welt gehört, ist in Phnom Penh ein breites Spektrum an Restaurants für jeden Geldbeutel und Geschmack zu finden – von Nudelküchen über Marktbuden, wo sich der Hunger für ein paar tausend Riel stillen lässt, bis hin zu teuren westlichen Etablissements, wo die Preise für ein Hauptgericht bei US$15–20 liegen. Viele Gästehäuser führen eigene kleine Restaurants, die preiswertes, wenn auch wenig aufregendes Essen für etwa US$2 anbieten.

Restaurants

Das Essen in der Hauptstadt ist im Allgemeinen von ordentlicher Qualität. Das **Flussufer** mit seinen vielen Cafés, Restaurants und Bars, in denen sowohl kambodschanische als auch internationale Küche auf den Tisch kommt, bietet sich für einen ersten Überblick über das Angebot an. Preisvergleiche sind in dieser bevorzugten Lage anzuraten, eine anständige Mahlzeit ist aber schon für US$2–3 zu haben. Neuerdings sehr beliebt ist **Boeng Keng Kang**, grob die Gegend um die Ph 278 zwischen Ph 51 und 63, mit zahllosen Cafés, Restaurants, Bars und einer Atmosphäre, die lockerer als am Flussufer ist, wo die vielen Straßenverkäufer und Bettler auf Dauer etwas nerven können. Wer mit importiertem Fleisch und Wein liebäugelt, sollte eines der gediegeneren französischen Restaurants wählen. Obwohl sie für kambodschanische Verhältnisse teuer sind, kostet das Essen hier nur ein Bruchteil dessen, was im Westen zu bezahlen wäre.

Ein großartiger Ort zum Sattessen und Probieren traditioneller **Khmer-Speisen** ist der geschäftige **Nachtmarkt** im Herzen der Stadt, westlich vom Busbahnhof in der Ph 107. Die Stände werden am späten Nachmittag aufgestellt. Da die meisten Kambodschaner das Essen mitnehmen, gibt es nur wenige Sitzplätze, aber die emsigen Standbesitzer finden immer eine Lösung. Am **Monivong Blvd** und am **Sihanouk Blvd** bieten zahlreiche Lokale die Spezialität *Sop chhnang day* an, ein fondueähnliches Gericht, bei dem Fleisch und Gemüse in einer Brühe am Tisch gekocht werden. Wenn die Kambodschaner für ihr Essen etwas tiefer in die Tasche greifen wollen, bevorzugen sie eines der großen und bunt beleuchteten Lokalen, die auf Pfählen über dem Wasser thronen und rund 1 km östlich der Chroy-Chung-Va-Brücke in **Prek Leap** beginnen. Es sind keine Lokale für ein romantisches Dinner zu zweit, aber für eine Gruppe kostet eine traditionelle Khmer-Mahlzeit mit Suppe, ein paar Fisch- und Fleischgerichten sowie Gemüse und Reis etwa US$8–10 p. P. Wie lange es diese Restaurants noch geben wird, ist ungewiss, da die Flussebene für den Bau neuer Wohnblocks aufgefüllt wird. ⏱ Mittagstisch ab 12 Uhr, Abendessen ab 19 Uhr.

Gute **China-Restaurants** gibt es in Phnom Penh in Hülle und Fülle. Viele preiswerte Lokale,

Preise

In Phnom Penh **günstiges** Essen zu finden ist kein Problem, wenn man sich an die Marktstände, die einfachen kambodschanischen Restaurants und einige der indischen und chinesischen Lokale hält, die hier aufgeführt sind. Dort können hungrige Mäuler für US$2,50–5 satt werden. In den Backpacker-Gästehäusern gibt es für US$3–4 eine Mahlzeit; in touristisch und westlich orientierten Gaststätten wird es dann mit etwa US$4–6 für ein einfaches Hauptgericht schon teurer. In ein vornehmeren Lokalen und solchen mit prestigeträchtiger Lage schlägt ein Hauptgericht mit etwa US$6–10 zu Buche, auch mehr, abhängig davon, was man isst. Die **teuersten** Speisemöglichkeiten sind die Restaurants in den besten Hotels und die wenigen französischen Restaurants in der Stadt, wo für ein Hauptgericht ab US$15 verlangt werden, Gemüse und Beilagen extra.

deren Qualität sich daran zeigt, dass sie aus den Nähten platzen, findet man in der **Ph 136**, westlich vom Psar Thmei. Gepflegter geht es natürlich in den exzellenten China-Restaurants der **Luxushotels** zu.

Die zahlreichen **indischen**, **pakistanischen** und **Bangladeshi-Restaurants** der Stadt sind v. a. bei den jeweiligen Expats beliebt.

Dank der enormen Auswahl an **westlichen Restaurants** kann man jeden Abend etwas anderes essen – ob Pizza und Pasta oder Steaks und herzhafte Salate. Die französische Küche ist dabei, wenig überraschend, besonders gut vertreten.

Besonders am **Sisowath Quay** gibt es viele westlich orientierte Restaurants und Bars sowie zahlreiche Cafés, in denen man bei einem Glas Wein, einem Kaffee oder einer Mahlzeit verweilen kann. Aufgrund der bevorzugten Lage sind die Preise dort etwas höher als anderswo, jedoch keinesfalls übertrieben.

Selbstversorger finden auf den Märkten der Stadt eine große Auswahl an Frischwaren und Konserven; Straßenverkäufer bieten Hähnchen und Fisch vom Grill zum Mitnehmen an. Morgens liegen auf den Märkten frische

> ### Mit gutem Gewissen essen
>
> Es gibt mehrere Cafés und Restaurants in der Stadt, die benachteiligte Menschen im Gastronomiegewerbe ausbilden oder Profite an Bedürftige spenden. Diese Lokale bewegen sich in der mittleren Preisklasse, sodass für Vorspeise plus Hauptgericht etwa US$10 anfallen. Alle hier aufgeführten Lokale sind auf den Karten S. 122/123 oder S. 142 eingezeichnet.
>
> **Café Yejj**, 170 Ph 450, gegenüber dem Psar Toul Tom Poung. Kaffee aus Siem Reap (so viel man will), westliche Bistro-Speisen, Paninis und Wraps. Das Café unterstützt gefährdete Frauen u. a. durch Ausbildung. tgl. 7–18 Uhr.
>
> **Café 151**, 151 Sisowath Quay. Winziges Café, leicht zu übersehen! Auch Säfte und Milkshakes. Von den Einnahmen profitieren Straßenkinder.
>
> **Friends (Mith Samlanh)**, 215 Ph 13, beim Nationalmuseum. Bildet Straßenkinder im Restaurant- und Cateringgewerbe aus. Tapas, westliche und kambodschanische Snacks, Eiskaffee und tolle Cocktails. tgl. 11–23 Uhr.
>
> **Le Café du Centre**, Ph 184, auf dem Gelände des Französischen Kulturzentrums. Sandwiches, Tagesgerichte, Kuchen und Eiscreme. Ein Projekt der Straßenkinder-NGO Mith Samlanh. tgl. 8–21 Uhr.
>
> **Le Lotus Blanc**, in Stung Meanchey (5 Min. vom Inter-Continental Hotel), 012/508537 für Wegbeschreibung. Dieses Schulungsrestaurant bietet französische und asiatische 3-Gänge-Menüs für US$6. Mit den Gewinnen werden die Kinder von der Müllhalde in Stung Meanchey unterstützt. Okt–Juli Mo–Fr.
>
> **Romdeng**, 21 Ph 278, nahe Monivong Blvd. Gemeinnützige Ausbildungsschule für ehemalige Straßenkinder in einer Kolonialvilla. Kambodschanisches Essen. Mo–Sa Mittag und Abend.

Baguettes und Brötchen bereit, und Händler durchstreifen tagsüber mit Handkarren voller Backwaren die Stadt. Die Märkte und Läden am Monivong Blvd, südlich des Sihanouk Blvd, sowie am Sihanouk Blvd, südwestlich des Olympiastadions, haben frisches Obst im Angebot, westliche Lebensmittel wie Käse, Joghurt, Schokolade oder gar Graubrot gibt's in den Supermärkten, s. S. 157.

Umgebung Psar Thmei

Aman Indian, 46 Ph 84, beim GST-Busbahnhof. Günstiges, authentisches indisches Essen, z. B. mittags Chicken Tikka vom Grill draußen oder als Alternative für Vegetarier *palak paneer*, ein würziges indisches Spinat-Käse-Gericht. Mo–Sa, 14.30–17.30 Uhr geschlossen.

East India Curry, 9 Ph 114. Breite Auswahl an preiswerten Gerichten, die auf Bananenblättern serviert werden. Viele vegetarische Alternativen wie großzügig bemessene *thalis*.

Mamak's, 18 Ph 114. Preisgünstiges malaiisches Restaurant und eine Art Institution. Besonders beliebt zum Frühstück ist *roti chanai*, ein auf einer heißen Platte zubereiteter Fladen, der mit Currysauce gegessen und mit *Teh tarek* (süßer, milchig-roter Tee) oder *Teh thomada* (derselbe Tee ohne süße Milch) hinuntergespült wird. Mittagsbuffet mit großer Auswahl an würzigen Fischsteaks, knusprigen Hühnergerichten und zahlreichen vegetarischen Speisen.

Peking Canteen 93, Ph 136. Ausgezeichnete Frühlingsrollen und exzellentes Fleisch mit grünen Paprikaschoten; Vegetarier freuen sich über die Nudelgerichte mit schmackhaften Soja- und Erdnusssaucen. Das gute Essen wiegt das bescheidene Ambiente mehr als auf. Billige, großzügige Portionen.

Sam Doo, 56-58 Kampuchea Krom Blvd. Die einfache Einrichtung dieses China-Restaurants lässt kaum auf die köstlichen Gerichte schließen. Spezialitäten: saftige Szechuan-Garnelen, Pekingente und Dim Sum. Preisgünstig bis mitteltuer.

Sorya, Ph 142. Der große Raum mit palastartigen Treppen erinnert an seine Vergangenheit als Kino. Beliebtes Khmer-Frühstückslokal, berühmt für *geautieuv sop*, eine Frühstücks-Nudelsuppe. Weithin bekannt sind auch die grellgrünen Bonbons namens *ktohi*, die ein wenig an türkisches Naschwerk erinnern und mit süß duftenden Pandanusblättern gewürzt sind.

Am Fluss

Chi Cha, 27 Ph 110, nahe Psar Chas. Ausgezeichnetes indisches Budget-Restaurant; für nur US$2,50 gibt es ein Fleischcurry und ein Gemüsegericht, indisches Brot, Reis, Linsen und Salat sowie einen kostenlosen Nachschlag Brot und Reis.

FCC Phnom Penh, 363 Sisowath Quay, 023/210142. Der berühmte FCC im Obergeschoss eines schönen Kolonialgebäudes ist ein bevorzugter Treffpunkt von in Kambodscha lebenden Ausländern und Reisenden. Hingehen und den Blick über den Tonle Sap schweifen lassen, sich in die bequemen Foyersessel fläzen und ein Glas Wein trinken oder unter den Sternen auf der Terrasse sitzen und die vielfältige Küche genießen. Mittagessen um US$8, Abendessen um US$12.

Frizz, 70A Sisowath Quay. Kleines, aber exzellentes Restaurant mit gemäßigten Preisen. Sehr hilfreich ist die genaue englische Übersetzung der kambodschanischen Gerichte. Empfehlenswert ist der *chhnang phnom pleung* (Vulkantopf), ein kleiner Holzkohlegrill, über dem die Gäste ihr Fleisch und Gemüse selbst zubereiten.

Gold Fish River, Sisowath Quay, Ecke Ph 106. Schöne Lage am Tonle Sap und konstant gute Khmer-Küche. Regelrechte Berühmtheit genießen die Tintenfisch- und Froschgerichte, doch auch die Pommes sind zu empfehlen. Gerichte US$2–4.

Happy Herbs Pizza, 345 Sisowath Quay, 023/362349. Ist seit Jahren etabliert und macht immer noch die beste Pizza der Stadt, auch vegetarisch. Empfehlenswert außerdem Pastagerichte, Omelettes, Schweinekoteletts und Steaks, alles zu zivilen Preisen.

Augezeichnete Khmer-Küche am Fluss

Khmer Borane, 389 Sisowath Quay, nahe Kreuzung mit Ph 184. Einfaches Restaurant in toller Lage am Fluss. Sehr gute, schön zubereitete Khmer-Speisen, aufmerksames Personal, gute Preise.

Vorsicht Überfall!

Ein Leser hat berichtet, unter Androhung von Gewalt im sogenannten „Floating Village" am **Boeng Kak** ausgeraubt worden zu sein. Das Problem sei stadtbekannt, aber die Polizei stecke mit den dortigen Gaststätten offensichtlich unter einer Decke und leiste absolut keinerlei Hilfe, sodass dieses Ausflugsziel unbedingt zu meiden sei.

Ponlok, 319 Sisowath Quay. Khmer-Gerichte mit Zugeständnisse an den westlichen Gaumen. Bebilderte Speisekarte zur Erleichterung der Auswahl, moderate Preise. Spezialitäten: Gebratenes Schweinefleisch mit Ingwer, süß-saurer Fisch.

Pop Café da Giorgio, 371 Sisowath Quay, nahe FCC. In diesem winzigen italienischen Restaurant treffen sich die Italiener von Phnom Penh, um authentische Pizza und andere italienische Gerichte zu genießen. Tolle Atmosphäre und gutes Essen zu maßvollen Preisen. 11–14.30, 18–23 Uhr.

Umgebung Boeng Kak und Wat Phnom

Calmette, Monivong Blvd, nahe Krankenhaus. Beliebtes, günstiges Khmer-Restaurant, das auf würziges *Sumlar ngam ngouw* (Zitronen-Hühnchen-Suppe) und scharfes *Bok lehong* (Papaya-Salat) spezialisiert ist. Hauptgericht ca. US$2.

Lazy Gecko, 23 Ph 93, nahe Boeng Kak. Freundliches, preiswertes Travellercafé, wo man Banana Pancake, Pommes, Hamburger und Khmer-Gerichte bekommt.

Umgebung Psar Orussey und Olympiastadion

Beef Soup Restaurant, im Favor Hotel, Monivong Blvd. Gilt vielen Einheimischen als das beste Khmer-Lokal der Stadt für *Sop chnnang day* in der Rindfleisch-Version – daher auch der Name des Lokals. Die Spezialität des Hauses kostet US$6 p. P. für die verschiedenen Beilagen – dünn geschnittenes Fleisch, mehrere Gemüsesorten (z. B. Pilze), Nudeln, Tofu – und einen Topf mit brodelnder Brühe. Wie man das Ganze richtig isst, zeigen einem

die Kellnerinnen, oder man orientiert sich einfach an den Einheimischen.
Bites, 240B Ph 107. Tolles neues Lokal in dieser dieser Gegend. Schmackhafte indisch-muslimische Speisen aus Malaysia, z. B. im Munde zergehendes *roti-chanai;* auch die Cheeseburger sind gut.
Nouveau Pho de Paris, 258 Monivong Blvd. Ungebrochen beliebtes Restaurant mit vietnamesischen, chinesischen und kambodschanischen Speisen. Zu den zahlreichen Spezialitäten zählen große dampfende Schalen mit köstlicher *pho*-Suppe, Frühlingsrollen mit einer Sauce aus Chilipulver und zerstampften Erdnüssen sowie knusprig gebratene Ente (US$3–4). Bebilderte Speisekarte und Englisch sprechendes Personal. Weitere Filiale am Monivong Blvd nahe der französischen Botschaft.
Royal India, 21 Ph 111. Einfaches Restaurant mit konstant guter Küche, moderaten Preisen und freundlichem Service; Spezialitäten: Huhn- oder Lammcurry, frische Samosas und süße Lassis.

Umgebung Unabhängigkeitsdenkmal

Al Ameen Indian & Malaysian, 5 Ph 51, nahe Kreuzung mit Ph 278. Beliebt bei den Indern der Stadt. Preisgünstige *thalis,* vegetarisch US$3, mit Huhn US$3,50, extra *chapatis* für besonders Hungrige gibt es gratis dazu.
Boat Noodle 1, 184 Ph 63. Ordentliche grüne Thai-Currys sowie andere günstige Thai- und Khmer-Speisen. Die Bedienung kann ein bisschen langsam sein.

Khmer-Küche im Garten

Malis, 136 Norodom Blvd, ✆ 023/221022. Angesagtes gehobenes kambodschanisches Restaurant in einem modernen Gebäudekomplex mit Tischen um einen Teich in einem stilvollen Garten – einzigartig in Phnom Penh. Beliebt bei wohlhabenden Khmern und ausländischen Geschäftsleuten und NGO-Mitarbeitern. Traditionelle und moderne Khmer-Speisen. Frühstück mit *geautieuv sop* und Kaffee ca. US$4, Abendgerichte mittelteuer bis teuer. ⊕ 7–23 Uhr.

Khmer Restaurant, Ph 278, nahe Golden Gate Hotel. Neben zahlreichen Khmer-Gerichten auch große Auswahl an exzellenten westlichen Speisen. Tipps: die vegetarische Lasagne, Bratkartoffeln, Fish & Chips oder Sandwiches mit Fritten. Großzügige Portionen zu fairen Preisen.
Garden Centre 2, 4 Ph 57. Brunnen plätschern beruhigend und Teller mit Salaten, leckeren getoasteten Panini füllen den Magen zu gemäßigten Preisen. ⊕ Di geschlossen.

Mountain Village, 5 Ph 278. Kleines Café mit Kunsthandwerksladen, versteckt hinter Palmen in Blumentöpfen. Preisgünstige westliche und asiatische Speisen von Bohnen auf Toast bis zu Curry-Kürbis-Suppe. Der Kaffe kommt aus Rattanakiri und wer will, kann ein Päckchen für zu Hause kaufen – oder auch eine Flasche Palmwein.
Shiva Shakti, 70 Sihanouk Blvd, nahe Unabhängigkeitsdenkmal. Klassische mogulische Küche in gehobenem Ambiente; Spezialitäten: zarte Kebabs und Tandoori-Gerichte; Hauptspeisen mit Reis und *chapati* oder *nan* ab US$8. ⊕ Mo geschlossen.

Südlich des Zentrums

Banyan, 245 Ph 51 (neben Tabitha). Das Thai-Mittagsbuffet zu US$2 in einem Garten ist schwer zu schlagen; abends wird etwas teureres, aber immer noch recht günstiges thailändisches Essen serviert. (Dies war früher das Baan Thai und hat viele Freunde in der NGO-Szene.)
Garden Centre Café, 23 Ph 57, ✆ 023/363002. Um seinem Namen gerecht zu werden, stehen die Topfpflanzen zwischen den Tischen im schattigen Hof zum Verkauf. Die umfangreiche Speisekarte umfasst westliche Gerichte, Thai-Küche und Vegetarisches (leckere Quiches und frische Salate), alles zu gemäßigten Preisen. ⊕ tagsüber außer Mo.
Khmer-Thai Restaurant, 26 Ph 135, nahe dem Wat Toul Tom Poung. Etwas abgelegenes Klasse-Restaurant, das es nicht nötig hat, Werbung zu machen, aber jeden Abend voll ist mit eingeweihten Einheimischen. Günstige Khmer- und Thai-Speisen (US$2–3 pro Gericht),

> ### Spitzenfranzose
>
> **Topaz**, 182 Norodom Blvd, neben dem Wat Than. Vielleicht das beste französische Restaurant in Phnom Penh, untergebracht in einem hypermodernen Gebäude. Feine Weine, herausragende saftige Steaks. Teuer, aber das Geld wert.

schnell und in guten Portionen serviert. Die Fischkuchen mit Chilidip reichen als Vorspeise für zwei.

Cafés und Coffeeshops

Phnom Penhs vornehme „Café-Gesellschaft" der 50er und 60er Jahre löste sich mit dem Krieg auf, hat inzwischen aber eine große Renaissance erfahren, sodass es jetzt in fast allen Teilen der Stadt wieder reichlich Cafés für ein Päuschen gibt. Viele sind Galerien, Geschäften oder Internetläden angeschlossen, und jede Woche öffnen neue; die hier aufgeführten sind also nur eine Mini-Auswahl aus dem riesigen Angebot.

Café Fresco, 361 Sisowath Quay, unter dem FCC. Sehr gut für Frühstücksgebäck, Kaffee, Smoothies oder ein selbst kreiertes Mittags-Sandwich (inkl. Auswahl an Broten). Nicht das billigste Café der Stadt, aber angesichts der Qualität und der Lage nicht zu teuer. ⊙ tgl. 7–20 Uhr.

Fizz, Ph 178. Angesagte Saftbar mit Smoothies, Säften usw. Sehr erfrischend ist der Wassermelonen-Fizz (Saft mit Sodawasser).

Java, Sihanouk Blvd, östlich des Unabhängigkeitsdenkmals. Café mit Galerie (wechselnde Ausstellungen einheimischer und ausländischer Künstler) für gutes Frühstück mit verschiedenen Kaffeesorten, hausgemachten Bagels und Brötchen sowie leichte Mahlzeiten und leckere Nachspeisen. Köstliche Backwaren zum Mitnehmen in der Bäckerei. Java betreibt auch den Coffeeshop bei Monument Books.

Sunflower Bakery, Ph 93. Ein gigantisches Stück frisch gebackener Möhren- oder Bananenkuchen und eine Kanne Kaffee für nur 4000 Riel – ein echt guter Deal!

The Shop, 39 Ph 240. Sieht mehr nach London als nach Phnom Penh aus. Fantastische Café-Atmosphäre, tolle Sandwiches und Backwaren, sehr guter Kaffee. ⊙ Mo–Sa 7–19, So 7–15 Uhr.

Unterhaltung und Kultur

Freitags veröffentlicht die *Cambodia Daily* in ihrer „What´s on"-Rubrik die aktuellen Film- und Theateraufführungen sowie andere Unterhaltungsangebote; die Dienstags- und Donnerstagsausgaben enthalten jede Menge Annoncen von Bars und Restaurants. Auch die 14-täglich erscheinende *Phnom Penh Post* ist eine nützliche Informationsquelle über die Ereignisse in der Stadt.

Bars und Clubs

Es gibt in der Hauptstadt zwar zahlreiche **Bars**, aber nicht viele andere Möglichkeiten auszugehen. Zum größten Teil beschränkt sich das Nachtleben aufs Trinken. Man muss sich nur noch entscheiden, ob man auf der luftigen Veranda einer ehemaligen Kolonialvilla einen stilvollen Cocktail oder in einer dunklen, verräucherten Bar bei lauter Musik und in Gesellschaft aufdringlicher Hostessen ein gewöhnliches Bier trinken will.

Mal abgesehen von Lokalen, zu deren Kunden speziell ausländische Besucher und Expats zählen, ist Phnom Penhs Nachtleben nur auf Männer zugeschnitten, die Girlie-Bars, Karaoke-Schuppen und Tanzhallen oder Discos besuchen. Die Clubs spielen unter blitzenden Lichtgewittern eine ohrenbetäubende Mischung aus Thai- und philippinischem Pop, mitunter auch westliche Nummern und dazu traditionelle Khmer-Musik oder Lieder des einheimischen Pop-Idols Sin Sisamouth. Durchaus lohnend ist das Zuschauen oder Mitmachen beim *rhom vong*, bei dem Männer und Frauen Seite an Seite tanzen, ein Paar hinter dem anderen, und sich mit graziös schwingenden Händen langsam über das Parkett bewegen. Der Eintritt zu solchen Tanzveranstaltungen, die erst nach 22 Uhr so richtig in Schwung kommen, ist gewöhnlich frei; „Biermädchen" kümmern sich um die Getränkeversorgung und dienen sich gegen Bezahlung als Tanzpartnerinnen an.

Neben den Bars am Flussufer und in dessen Nähe ist für echte Kneipenfreunde die Ph 51 ein lohnendes Ziel. Wer im Norden in der Cathouse Tavern beginnt, hat dann Richtung Süden genug Auswahl für eine Tour bis in die frühen Morgenstunden. Dann bietet sich der Besuch bei einem der frühmorgendlichen Essensstände an, bevor es zurück ins Gästehaus und ins Bett geht. Viele der Bars öffnen am Nachmittag und schließen erst, wenn der letzte Gast geht.

Broken Bricks, Ph 130, Ecke Ph 5. Kleine Eckbar mit heruntergekommenem Look und Wänden voller Graffiti. Abwechslungsreiche Musik und lockere Atmosphäre.

Cathouse Tavern, Ph 51, Ecke Ph 118. Philippinische Bar, die viel von ihrer Atmosphäre aus der UNTAC-Zeit bewahrt hat, obwohl es inzwischen auch Poolbillard und einen Fernseher gibt. ⌚ tgl. ab 16 Uhr.

Elephant Bar, im Raffles Hotel Le Royal, Ph 92. Beliebter Treff für Cocktails und verträumtes Schwelgen in der Nostalgie der 30er Jahre. Livemusik vom Hauspianisten. Happy Hour 17–19 Uhr.

Green Vespa, 95 Sisowath Quay (gegenüber dem Tourist Dock). Populäre, von Iren betriebene Bar mit riesiger Getränkekarte, besonders beliebt ist das eiskalte Bier. Regelmäßig Werbeaktionen, begrenztes Angebot an Speisen.

Heart of Darkness, 26 Ph 51. Bar mit breitem Musikangebot, war früher der Szenetreff schlechthin; heute tummeln sich hier die Söhne der neureichen Elite der Stadt. ⌚ tgl. ab 19 Uhr.

Herb Café, Ph 51, Ecke Ph 278. Lockere Bar mit Restaurant und guter Atmosphäre. Sogar schweigsame Alleinreisende fühlen sich hier

Party am Fluss

Cantina, Sisowath Quay. Eine schlichte, freundliche Bar am Flussufer, in der man auch essen kann. Vor allem am Wochenende, wenn viele Gäste draußen auf dem Gehsteig sitzen, herrscht Party-Atmosphäre.

Nostalgie, Nostalgie

FCC Phnom Penh, Sisowath Quay, ✆ 023/210142. Bar (und Restaurant) mit kolonialer Atmosphäre: surrende Deckenventilatoren und breite Sessel, ideal an einem heißen Nachmittag; relativ teuer, aber das Geld wert.

wohl, wenn sie in einem der gemütlichen Sessel bei einem Bier vom Fass oder einem Cocktail ein paar Stunden entspannen.

Howie's, 32 Ph 51. Wer vom Heart of Darkness nebenan enttäuscht ist, findet sich meist in dieser Bar ein; um noch einen freien Tisch draußen auf dem Gehsteig zu ergattern, sollte man allerdings früh kommen.

Martini Pub, 48 Ph 95. Institution, die in ganz Südostasien für Mädchen und Trinkgelage bekannt ist. Die Werbung besagt alles: „Einsam, gelangweilt, hungrig? Wir haben alles, was Sie brauchen!" Ganz brauchbar immerhin zum Tanzen, Musik hören, Menschen beobachten oder Anschauen der ausgefallensten Filme auf der großen Videowand. ⌚ tgl. ab 19 Uhr.

Sharky's, 126 Ph 130, 🖥 www.sharkys ofcambodia.com. Kambodschas älteste Rock-'n'-Roll-Bar serviert akzeptables amerikanisches, mexikanisches und Thai-Essen und hat einen großen Fernseher.

Talkin' to a Stranger, 21B Ph 29. Biergarten mit tollem Angebot an Wein und importiertem Bier. Regelmäßig Livemusik. ⌚ Mo geschlossen.

Walkabout, 109 Ph 51. Hotel unter australischer Führung mit Bar, die rund um die Uhr geöffnet hat. Poolbillard und Sportereignisse aus aller Welt über Satellit.

Theater, Livemusik und Tanz

Den wenigen Schauspielern und Lehrkräften, die das Regime der Roten Khmer überlebten, ist es zu verdanken, dass Kambodschas künstlerische und kulturelle Traditionen in den vergangenen Jahren eine Wiederbelebung erfahren haben. Bislang finden Kulturveranstaltungen nur unregelmäßig statt – am ehesten noch in den Räumen der Gesellschaft für darstellende Kunst, **Sovanna Phum**, Ph 360, Ecke Ph 105, ✆ 023/987564, gleich

südlich des Völkermordmuseums Toul Sleng, wo manchmal freitags oder samstags ab 19.30 Uhr klassische Tänze, Volkstänze oder Schattenpuppenspiele (s. S. 216) gezeigt werden; Eintritt US$5.
Auch im **Chatomuk-Theater**, am Fluss nahe dem Cambodiana, werden gelegentlich klassische Tänze und Schattenspiele aufgeführt.
Aktuelle Hinweise geben die *Phnom Penh Post* und die Freitagsausgabe der *Cambodia Daily*.

Kinos

Als Norodom Sihanouk noch ein leidenschaftlicher Filmemacher war, gab es in Phnom Penh Dutzende von Kinos; nur wenige sind restauriert worden: Sie zeigen meist kambodschanische Filme (der letzte Schrei sind grausame Horrorfilme) oder in Khmer synchronisierte ausländische Streifen.
Eines dieser Kinos ist das **Vimean Tep**, Monivong Blvd; es zeigt Filme in Khmer mit thailändischen, französischen oder chinesischen Untertiteln.
Auf zwei Leinwänden im 6. Stock der **Sorya Mall**, Ph 63, nahe Psar Thmei, laufen den ganzen Tag über von 9 bis 18.30 Uhr Filme. Französische Filme gibt es regelmäßig im **Französischen Kulturzentrum**, 214 Ph 184, zu sehen, die meisten davon mit englischen Untertiteln; Eintritt frei.

Ausstellungen

Galerien mit wechselnden Gemälde- und Skulpturenausstellungen gibt es in Hülle und Fülle. Die Zeitschrift *Asia Life* ist eine gute Informationsquelle hierfür.
Meta House, 6 Ph 264, 🖥 www.meta-house.com, ist als Abendgalerie einzigartig in ihrer Art und zeigt freitags und samstags ab 18 Uhr Ausstellungen mit zeitgenössischer asiatischer Kunst sowie Multimedia- und Lichtinstallationen.
Reyum, 47 Ph 178, nahe dem Nationalmuseum, 🖥 www.reyum.org, organisiert zusammen mit dem Institut für Kunst und Kultur Ausstellungen mit Arbeiten kambodschanischer Studenten; dabei kann es sich um Kunst handeln, aber auch um didaktisch angelegte Ausstellungen über Forschungsprojekte.

Einkaufen

Phnom Penh bietet die besten Einkaufsmöglichkeiten des ganzen Landes. Während man auf den zahlreichen traditionellen **Märkten** der Stadt gute Schnäppchen erhandeln kann, gibt es auch immer mehr Geschäfte und Boutiquen mit Festpreisen.
Neu eröffnet haben die **Sorya Mall** und die **Paragon Mall**, die mehr gigantischen Kaufhäusern ähneln als klassischen Einkaufszentren. Hier gibt es ein riesiges Angebot an Konsumgütern von Kleidung bis zu Sportartikeln und von CDs bis zu elektronischen Geräten. Die Sorya Mall, Ph 63, Ecke Ph 140, ist mit ihrer Kuppel der neueste Hit in Phnom Penh: Viele Kambodschaner strömen hierher, um die Waren zu bestaunen und mit den Aufzügen in die oberste Etage zu fahren, von wo sich ein toller Ausblick auf die Stadt eröffnet. Der Supermarkt **Lucky** hat eine Filiale im Erdgeschoss; an den Fastfood-Ständen gibt es Milkshakes und Hamburger, und in der obersten Etage ist eine Rollschuhbahn.
Der **Psar Thmei** („Neuer Markt") ist eine gute Adresse für Bücher, Schreibwaren, Goldschmuck, Uhren (u. a. mit einem Bildnis des Königs auf dem Zifferblatt), T-Shirts und Textilien; auf der Ostseite gibt es v. a. Pflanzen und Blumen.
Kambodschas einziger Handelsplatz für Luxuswaren war bis Mitte der 90er Jahre der „Russenmarkt" **Psar Toul Tom Poung**, dessen Rufname darauf zurückgeht, dass alle Waren über Russland importiert wurden – eines der wenigen Länder, die Kambodscha während der vietnamesischen Besatzungszeit Hilfe leisteten. Seit dem Zusammenbruch der UdSSR kommen zwar weniger billige Importe ins Land, doch der Markt erfreut sich nach wie vor eines guten Rufs für den Kauf von Textilien, Antiquitäten und Silber – und neuerdings auch für Moped-Ersatzteile jeglicher Art.
Vom Trockenfisch bis hin zum Fernseher reicht das Angebot des neu eingerichteten **Psar Orussey**, Ph 182, wo Händler aus dem ganzen Land zugange sind; wer geschickt feilscht, kann hier wesentlich bessere Preise als auf anderen Märkten erzielen. Nicht weit von hier, in der **Phlauv 166**, findet man mehrere Läden, die

Psar Thmei: Unter der mächtigen Kuppel des Zentralmarkts gibt es ein riesiges Warenangebot

Zutaten für die traditionelle Khmer-Medizin verkaufen: Blätter, Baumrinden und sogar Teile exotischer Tiere, die in Wasser gekocht oder mit Wein durchtränkt als Stärkungsmittel dienen. Zu den zahlreichen Märkten der Stadt, die Lebensmittel, Obst, Gemüse und billiges Essen im Angebot haben, gehören der **Psar Chas**, Ph 13, Ecke Ang Duong, und der **Psar Kandal**, nahe dem Wat Ounalom. Der **Psar Olympic**, nahe Ph 199, südwestlich des Olympiastadions, zieht Großhändler aus dem ganzen Land an, die sich hier mit allen möglichen Waren für den Wiederverkauf an anderen Orten eindecken.

Antiquitäten

Der **Psar Toul Tom Poung** ist ein großartiger Ort, um nach Kunstwerken, Raritäten oder Antiquitäten zu stöbern. Im Angebot sind alte Pagodenstatuen aus Holz (auf Schäden durch Holzwürmer achten!), Messingschalen und -glocken, Palmblattmanuskripte und alte kambodschanische Banknoten. Ein großer Teil des Angebotenen sind keine Antiquitäten, sondern meist in Vietnam hergestellte Reproduktionen, die aber trotzdem nicht billig sind. Da viele Stände das gleiche Angebot haben, kann man die Preise vergleichen und sollte unbedingt feilschen.

Bücher

Die besten Adressen für Bücher sind **Monument Books**, 111 Norodom Blvd, mit einer ausgezeichneten Auswahl an englischsprachigen Büchern über Kambodscha und Südostasien sowie einem großen Angebot von Literatur über andere Themen und Postkarten; außerdem die kleinen, aber gut bestückten Buchläden in der Abflughalle am Flughafen. **Secondhand-Bücher** über diverse Themen und in diversen Sprachen gibt es in den gut sortierten Filialen von D's Books, 79 Ph 240, 12 Ph 178 (beim FCC) und Ph 93 (Boeng Kak). Die Preise sind allerdings recht hoch. Die Buchläden des **Psar Thmei** und **Psar Toul Tom Poung** sind gute Fundorte für Werke über Kambodscha, viele Exemplare sind allerdings nur geheftete Fotokopien (Copyright-Bestimmungen finden in Kambodscha keine Beachtung).

Holzschnitzereien und Marmorstatuen

Zeitgenössische Holzschnitzereien und Marmorstatuen sind sperrige, aber typische Souvenirs aus Kambodscha. Fündig wird man in der **Phlauv 178**, nahe dem Nationalmuseum, und auf dem **Psar Toul Tom Poung**. Die meisten Arbeiten weisen Bezüge zu Kambodscha auf, doch es werden auch indische Apsaras und Gottheiten angeboten. Sehr beliebt sind Nachbildungen des Kopfes von Jayavarman VII. (das Original kann im Nationalmuseum bestaunt werden). Auch Marmorbildnisse eines Turmes im Stil des Bayon stehen hoch im Kurs, doch mit etwas Geduld finden sich wesentlich schönere Tierskulpturen (z. B. Wasserbüffel), einfache Schalen oder Buddhastatuen. Die Preise richten sich nach Qualität und Farbe des Marmors (grüner Marmor ist teurer) und nach der Güteklasse des Holzes.

Kleidung

Da etliche westliche Firmen ihre Konfektionen in Kambodscha fertigen lassen, überrascht es nicht, dass man Kleidung hier so billig wie in kaum einem anderen Land einkaufen kann, darunter auch diverse Designermarken. Beste Adresse hierfür ist der **Psar Toul Tom Poung**, wo sich mit nur US$10 und etwas Verhandlungsgeschick eine ganze Einkaufstasche mit Ware füllen lässt. Zu den beliebten traditionellen Kleidungsstücken gehören die schicken Khmer-Tops, genannt *aow*, die von Männern und auch von Frauen getragen werden und in allen gängigen Stoffen – von heller Baumwolle bis hin zu dezenter Seide – erhältlich sind. Natürlich umfasst das Angebot auch *kabun*, die traditionelle Khmer-Kombination aus Obergewand und Beinkleid, sowie Sampots. Wer das Individuelle sucht, kann Seidenstoffe kaufen und sie nach eigenem Entwurf von einer der zahlreichen geschickten Näherinnen am Markt zu einem individuellen Kleidungsstück verarbeiten lassen. Shoppen ohne Markttrummel kann man bei **Lacoste**, Monivong Blvd, oder in einer der **Modeboutiquen** am Sihanouk Blvd, unweit des Supermarkts Lucky. Eine Alternative sind die **Sorya Mall** und die **Paragon Mall**, wo es alles von Unterwäsche bis zu Sportbekleidung gibt.

Mit gutem Gewissen einkaufen

Zahlreiche NGOs sowie andere Organisationen und einige Privatpersonen unterhalten Geschäfte, mit denen Straßenkinder, gefährdete Frauen, Behinderte und andere benachteiligte Menschen direkt unterstützt werden.

Cambodian Craft (auch bekannt als **Chamber of Professional and Micro-Enterprises of Cambodia**), Wat Phnom, nahe dem Norodom Blvd. Als Maßnahme gegen die weit verbreitete Armut im ganzen Land bietet diese Kooperative Dorfbewohnern Bildungsmöglichkeiten und Unterstützung. In ihrer Niederlassung in Phnom Penh in einem schönen, 70 Jahre alten traditionellen Gebäude auf der Südseite des Wat Phnom-Kreisverkehrs finden regelmäßig Ausstellungen und manchmal Handwerksvorführungen statt. Die Räumlichkeiten sind kürzlich renoviert worden und bieten ein umfassendes Angebot an Silberartikeln, Körben, Keramik und Textilien von sehr guter Qualität.

Colours of Cambodia, 373 Sisowath Quay, nahe FCC. Schmuck, Textilien, Kleidung, Keramik, Leder und vieles mehr, und alles steht im Zeichen der Förderung natürlicher Materialien und des Umweltbewusstseins. Viele der Waren werden von ReHab hergestellt, einer Behinderten-Kunsthandwerkskooperative, aber die Betreiber geben auch gezielt Kunsthandwerk in den Dörfern in Auftrag. Der Laden unterstützt benachteiligte Personen durch Ausbildungsmöglichkeiten oder einmaligen Spenden als Mittel der Hilfe zur Selbsthilfe. Wer speziell an einzelnen Künstlern oder Personen interessiert ist, kann im Geschäft nachfragen.

NCDP (National Centre of Disabled Persons), Gelände des Ministeriums für Frauenangelegenheiten, Norodom Blvd, südlich der Kreuzung mit Kramuon Sar. Ein Geschäft für Qualitätsprodukte, die von behinderten Menschen im ganzen Land hergestellt werden, vorwiegend von Minenopfern. Besonders schön sind die Seidentaschen, Portemonnaies und Mobiles.

Nyemo, Stand 14, Psar Toul Tom Poung, Südseite. Kissen, Accessoires, Taschen und Spielzeug mit einzigartigen Designs; die Einnahmen fließen in Projekte zum Schutz von Frauen.

Peace Handicrafts, 39C Ph 155, nahe Psar Toul Tom Poung. Durch Minen und Polio geschädigte Menschen verkaufen in ihrem Kooperativladen aufwendig verarbeitete Seidenartikel.

Rajana, Ph 450, nahe Psar Toul Tom Poung. Kunsthandwerk aus Seide und Bambus, Schmuck; zur Unterstützung der Bildungsprogramme der NGO Fair Trade.

Tabitha-Cambodia, Ph 51, Ecke Ph 360. In diesem gemeinnützigen Geschäft werden tolle Seidenprodukte (Kleidung, Kissen usw.), Karten, Kaffee und vieles mehr verkauft. Tabitha gibt benachteiligten Frauen die Chance, nähen zu lernen, und kauft ihnen dann die in Heimarbeit hergestellten Waren ab.

Tooït Tooït, Stand 312, Psar Toul Tom Poung, Hauptgang, Westseite des Markts. Unterstützt Eltern, damit diese ihre Kinder zur Schule schicken können. Im Angebot sind Einkaufstaschen, Glasperlen und Spielzeuge aus wiederverwerteten Materialien wie Zeitungen, Plastiktüten und Reissäcken.

Watthan Artisans Cambodia (WAC), Wat Than, 180 Norodom Blvd. WAC ist eine Kooperative von behinderten Kunsthandwerkern, die vielfältige Artikel herstellen, darunter Seidenschals, Einrichtungsgegenstände, Holzschnitzereien und Korbwaren.

Bliss, 29 Ph 240, ist auf modische Frauenkleidung spezialisiert, und **Tabitha**, 26 Ph 294, produziert westlich geschnittene Kleidung aus traditionellen kambodschanischen Stoffen (besonders schön sind die Schals und Umhängetücher). **Elsewhere**, Ph 51 (nahe Ph 254), ist auf Kleidung aus Naturfasern für Frauen zwischen 35 und 45 spezialisiert.

Kunsthandwerk

Obwohl die meisten Kunsthandwerker den Roten Khmer zum Opfer gefallen sind, erleben einzelne Bereiche zurzeit eine neue Blüte. Große Verdienste erwarben sich dabei die NGOs, die Werkstätten finanzierten und Tausenden behinderten Menschen eine neue Perspektive eröffneten. Zwar sind die Preise für

Produkte aus diesen und ähnlichen Betrieben nicht verhandelbar und höher als anderswo, aber man unterstützt damit ambitionierte Projekte.

Die vielen privaten Geschäfte und Galerien haben ein exklusiveres Angebot. Waren, die mit Stoffen aus Rattanakiri hergestellt wurden, findet man beispielsweise im **Northeast Cambodia Souvenir Shop**, 52 Ph 240, während es auf der anderen Straßenseite bei **Art Steel**, 87 Ph 240, putzige, handbemalte Geckos aus Pressstahl gibt.

Lebensmittel

Phnom Penhs zahlreiche **Supermärkte** bieten neben einheimischen Produkten auch eine breite Auswahl an Importwaren an.

Der älteste und bekannteste Supermarkt des Landes, **Lucky**, Sihanouk Blvd, nahe Ecke Monivong Blvd, ⊙ tgl. 8–21 Uhr, führt die besten **Toilettenartikel** und **Delikatessen**. Einen Lucky-Supermarkt gibt es auch im Erdgeschoss der Sorya Mall.

Ein ähnliches Sortiment zu leicht günstigeren Preisen sowie eine gute Auswahl an **Weinen und Spirituosen** haben **You Nam**, Kampuchea Krom Blvd, 400 m südwestlich vom Bahnhof, ⊙ tgl. 8–20 Uhr, und der **Big A Supermarket**, Monivong Blvd, zwischen Ph 178 und 184, ⊙ tgl. 8–21 Uhr.

Käse und andere Kühlprodukte hält der **Bayon Supermarket**, 133–135 Monivong Blvd, nahe der Kreuzung mit dem Kampuchea Krom Blvd, bereit, ⊙ tgl. 7–20 Uhr, .

Wie bei uns gibt es inzwischen auch einige Tankstellen mit gut sortierten Mini-Märkten, darunter **Caltex Star Mart**, Sihanouk Blvd, Ecke Monivong Blvd; **Total La Boutique**, Monivong Blvd, nördlich vom Sihanouk Blvd.

Schmuck

Viele Geschäfte auf dem **Psar Toul Tom Poung** bieten Silberwaren an: Kleine Schachteln in Tiergestalt, Halsketten, Ohrgehänge, Armspangen etc. Ähnlich, aber teurer ist das Angebot der Läden auf dem Sothearos Boulevard, südlich von Wat Ounalom.

Rajana, Ph 450, handelt mit qualitativ hochwertigem, modernem Schmuck aus Kambodscha. Sowohl auf dem Psar Toul Tom Poung als auch auf dem **Psar Thmei** gibt es Läden, die preiswert und schnell (3–5 Tage) Schmuck nach Kundenvorgabe fertigen: einfach mit einer Zeichnung hingehen und sich ein Angebot machen lassen.

Seide

Die besten Seidenstoffe des Landes und dazu die besten Preise bieten die Händler des Psar Toul Tom Poung, des Psar Thmei und des Psar Orussey – das Material für einen langen Rock oder eine Hose aus einem traditionell gemusterten Stoff kostet US$15–30. Auf dem Psar Toul Tom Poung findet man außerdem Wandbehänge sowie einfache Seide für rund US$3 pro Meter; antike Seidenkleidung kostet hier dagegen Hunderte von US$ pro Stück.

Sonstiges

Apotheken

Pharmacie de la Gare, Monivong Blvd, Ecke Pochentong Blvd, ⊙ tgl. 8.30–18 Uhr; gilt als beste Apotheke Kambodschas, hat ein breites Angebot an westlichen Medikamenten sowie erfahrene, Englisch sprechende Angestellte und akzeptiert Kreditkarten.

U-Care, Sothearos Blvd, Ecke Ph 178, und Sihanouk Blvd, Ecke Ph 55, neu in Phnom Penh; englischsprachige Apotheker.

Autovermietungen

The Car Rental Co., 49 Ph 592, ✆ 012/950950, bietet verschiedene Modelle mit und ohne Fahrer.

Diplomatische Vertretungen

Deutschland, 76-78 Rue de Yougoslavie (Ph 214), ✆ 023/216193 oder 216381, ✉ 427746;

Laos, 15-17 Mao Tse Toung Blvd, ✆ 023/982632, ✉ 720907;

Österreich (zuständig ist die Botschaft in Thailand), 14 Soi Nandha, Sathorn Thai, Bangkok 10120, ✆ +662/3036057, ✉ 2873925;

Schweiz, Generalkonsulat, Ph 242, House 53 D, ✆ 023/219045, ✉ 023/213375; ansonsten ist die Botschaft in Thailand zuständig: 35 North Wireless, Bangkok 10330, ✆ +662/2530156, ✉ 2554481;

Thailand, 196 Norodom Blvd, ✆ 023/726306, 🖥 www.mfa.go.th/embassy/phnompenh;
Vietnam, 426 Monivong Blvd, ✆ 023/362531, ✆ 427385.

Fotozubehör
Mehrere gute Fotoläden findet man auf dem Monivong Blvd in der Nähe des Psar Thmei.

Geld
Acleda Bank, 61 Monivong Blvd und 28 Mao Tse Toung Blvd;
ANZ Royal, Ph 114 (Kramoun Sar), Filialen in der ganzen Stadt;
Canadia Bank, 265-269 Ph 114 (Ang Duong St);
Foreign Trade Bank of Cambodia, Ph 114 (Kramoun Sar), keine Geldauszahlungen auf Visa oder MasterCard;
Geldautomaten gibt es bei den Banken Acleda (obwohl einige nur von der Bank ausgestellte Karten akzeptieren), ANZ, Canadia und Cambodian Asia (Filialen in der ganzen Stadt); die Geldautomaten geben US-Dollar aus, und es kann eine geringe Gebühr anfallen.
Western Union unterhält in der ganzen Stadt Filialen, in denen man Reiseschecks eintauschen, Geldüberweisungen tätigen oder in Empfang nehmen und Barauszahlungen auf Visa und MasterCard erhalten kann. Außerdem gibt es viele **Wechselstuben** in der Stadt, die US-Dollar in Riel tauschen; die besten Kurse bieten gewöhnlich diejenigen am Psar Thmei.

Informationen
Der Schalter der **Touristeninformation** in der internationalen Ankunftshalle des Flughafens hat eine kostenlose Infobroschüre über Kambodscha; ⏱ Mo–Fr 8–16 Uhr.

Internet
Internetcafés gibt es überall in der Stadt; die Gebühren betragen meist US$1–1,50 p. Std.

Kickboxen
Die schon auf Angkor Wats Flachreliefs dargestellte antike Tradition des Kickboxen erlebt derzeit eine Renaissance. Zum Auftakt der Kämpfe ertönt laute Musik und die Gegner präsentieren sich in stolzen Posen dem Publikum – dabei ist es nicht minder interessant, die Zuschauer zu beobachten, die vorwiegend zum Wetten kommen. Termine werden nur in der Khmer-Presse bekannt gegeben und sind über die Hotels zu erfragen.

Kochkurse
Verschiedene Kochkurse für die traditionelle Khmer-Küche bietet **Cambodia Cooking Class**, 14 Ph 285, ✆ 023/882314, auch zu buchen über das Frizz Restaurant, 335 Sisowath Quay, ✆ 023/220953.

Massage
Viele Massagesalons sind gleichzeitig Bordelle, aber es gibt inzwischen eine Reihe privater Spas mit tadellosem Ruf, die Massagen, Aromatherapien und andere Behandlungen anbieten.
Amret Spa, 3 Ph 57, ✆ 023/99794, und **Aziadée**, 16A Ph 282, ✆ 023/996921, haben Whirlpools und bieten eine Reihe von Anwendungen.
Seeing Hands, 6 Ph 178, gleich um die Ecke vom FCC, ✆ 012/234519, ⏱ tgl. 8–22 Uhr, US$5/Std., und 12 Ph 13, gegenüber der Post, ✆ 012/680934, gleiche Preise und Zeiten: Anma-, Thai- und Shiatsu- sowie Reflexzonenmassagen.

Medizinische Hilfe
Folgende Einrichtungen haben Englisch sprechendes Personal:
American Medical, 7 Ph 282, ✆ 012/891613;
Calmette, am Nordende des Monivong Blvd, ✆ 023/426948;
European Dental Clinic, 160a Norodom Blvd, ✆ 023/211363, Notfälle 012/854408, ⏱ Mo–Sa 8–12, 14–19 Uhr, hat französische, thailändische und kambodschanische Zahnärzte;
Naga Medical Centre, 11 Ph 254, ✆ 023/211360 oder 011/8111175, 🖥 www.nagaclinic.com, 24-Std.-Dienst;
International SOS Medical & Dental Clinic, 161 Ph 51, ✆ 023/216911, 🖥 www.internationalsos.com, ⏱ Mo–Fr 8–17.30, Sa 8–12 Uhr.

Meditation
Wat Lanka, gegenüber dem Unabhängigkeitsdenkmal, jeden Mo und Do ab 18 Uhr

Meditationssitzungen, geleitet von Englisch sprechenden Mönchen.

Motorradverleih
Adventure Moto, 16 Ph 136, ✆ 012/1896729, 🖳 www.adventure-moto.com, unter westlicher Leitung, hat schicke neue Motorräder: Stadtmopeds ab US$8/Tag, PS-starke Geländemaschinen US$50/Tag. 24-Std.-Service tgl., organisiert auch Touren.
Lucky! Lucky!, 413 Monivong Blvd, ✆ 012/939601, 110cc-Mopeds für US$5 pro Tag, geländegängige 250cc-Maschinen für US$9 pro Tag, bei Wochenmiete Preisnachlässe. Das Unternehmen stellt Helme, bietet jedoch keine Versicherung an.

Notfall
Ambulanz: ✆ 119 (von einem 023-Telefon) oder 023/724891;
Ausländer- und Touristenpolizei: ✆ 012/942484;
Feuerwehr: ✆ 118 (von einem 023-Telefon) oder 023/786693;
Polizei: ✆ 117 (von einem 023-Telefon) oder 023/724793; Hotline zur Polizei, um den Missbrauch von Kindern anzuzeigen (landesweit und in Phnom Penh): ✆ 023/997919. Üblicherweise kann man sich auf Englisch verständigen.

Optiker
Optiker konzentrieren sich am Sihanouk Blvd in der Nähe des Lucky-Supermarkts; ihr Service ist im Allgemeinen schnell und kompetent.
Modern Optics, Sihanouk Blvd, Ecke Ph 63, hat einen guten Ruf.
I Care Optical, 166 Norodom Blvd, ✆ 023/215778.

Post, Kurier und Fracht
Das **Hauptpostamt**, Ph 13, zwischen Ph 98 und Ph 102, 🕒 Mo–Sa 7–18 Uhr, bietet die üblichen Dienstleistungen inkl. Paketpost, Fax, Telefon und poste restante; am Schalter gibt es auch Aerogramme, Postkarten, Umschläge, Schreibpapier und Briefmarken.
Kuriersendungen ins Ausland befördern **EMS**, Ministry of Posts and Telecommunications, Ph 13, Ecke Ph 102, ✆ 023/427428, effizient und kostengünstig; außerdem **TNT**, ✆ 023/430923,

DHL, ✆ 023/427726, **UPS**, ✆ 023/427511, und **Fedex**, ✆ 023/216712.

Reisebüros
Folgende etablierte Unternehmen haben Englisch sprechende Mitarbeiter und organisieren Reisen ins In- und Ausland:
KU Travel & Tours, 77 Ph 240, ✆ 023/723456, 🖳 www.kucambodia.com;
Mittapheap, 262 Monivong Blvd, ✆ 023/222801, 🖳 www.mittapheap.com;
Neak Krorhom Travel & Tours, 127 Ph 108, ✆ 023/219496, ✉ nkhtours@hotmail.com.

Schwimmen
Die Pools in den **Hotels** Inter-Continental, Cambodiana, Goldiana und Phnom Penh können für US$5 auch von Nicht-Gästen genutzt werden.
Schwimmbecken und Wasserrutschen gibt es auch im **Phnom Penh Water Park** an der Straße zum Flughafen.

Visaverlängerungen
Department for Immigration, in Flughafennähe, Details s. S. 80.

Nahverkehr
Busse
Phnom Penh besitzt kein öffentliches Busnetz. Der mehrmonatige Versuch vor ein paar Jahren, auf zwei zentralen Routen Busse einzusetzen, wurde von den Stadtbewohnern nicht angenommen, vermutlich weil sie zu sehr an den bequemen Tür-zu-Tür-Transport gewöhnt sind.

Taxis
Tagsüber kosten Fahrten innerhalb der Stadt US$3–5, nachts US$5–7, plus evtl. Wartezeiten.
Bailey's, ✆ 012/890000, bietet zuverlässigen Service rund um die Uhr;
Taxi Vantha, ✆ 023/993433 und 012/855000, 🖳 www.taxivantha.com, seit 1996 im Geschäft, ist auch für längere Touren buchbar (Preise auf der Webseite).
Alle größeren Hotels vermitteln Taxis. Chartertaxis für ganztägige Ausflüge findet man beim Zentralmarkt, nahe der Kreuzung des

Monivong Blvd mit dem Kampuchea Krom Blvd. Für Routen innerhalb der Stadtgrenzen liegen die Preise bei US$25–30 und für Touren in die Umgebung beginnen sie bei US$40.
Bislang fahren keine Taxis auf der Suche nach Kundschaft die Straßen ab, doch unternehmerische Fahrer haben begonnen, die eintreffenden Boote abzupassen. Es gibt Vorschläge, einen Taxiservice auf Taxameterbasis einzurichten, die vielleicht schon 2008 realisiert werden.

Motos, Tuk-Tuks und Cyclos
Im zentralen Stadtgebiet kostet eine Fahrt mit dem **Motorradtaxi** US$1–2, bei Touren in Randgebiete, bei Regen oder nach Einbruch der Dunkelheit erhöhen sich die Preise auf US$3–5. Viele Motofahrer sprechen inzwischen ein wenig Englisch, aber nur wenige haben eine Vorstellung von Straßennummern, so dass man immer einen Stadtplan zur Hand haben sollte. Wer bei Dunkelheit mit einem Moto unterwegs ist, sollte ein wenig Vorsicht walten lassen. Obwohl Phnom Penh nicht mehr die Wildweststadt von einst ist, sind Überfälle nichts Unbekanntes, und Moto-Passagiere sind in letzter Zeit vermehrt Opfer von Taschenräubern geworden. Es besteht kein Grund zur Paranoia, aber vielleicht ist ein Tuk-Tuk, in dem Taschen vor vorbeifahrenden Motorrädern verborgen sind, bei Dunkelheit die bessere Option.
Tuk-Tuks, eine relative Neuheit in der Hauptstadt, sind bequemer als Motos, besonders wenn zwei oder drei Personen zusammen fahren, oder bei Regen, da sie herunterrollbare Seitenvorhänge haben. Fahrten in der Stadt kosten US$2–4. Sie sind nicht gerade schnell, besonders bei größerer Beladung, da sie von schwächlichen Motorrädern gezogen werden.
Cyclos (s. S. 73) gibt es nur noch in Phnom Penh, wo sie sich noch immer großer Beliebtheit erfreuen und eine gemächliche Art des Fortkommens darstellen. Sie sind allerdings etwas teurer als Motos.
Jeden zweiten Sonntag des Monats bieten **Khmer Architecture Tours**, 🖥 www.ka-tours.org, Cyclo-Rundfahrten zu den wichtigsten

Hilfe für Cyclo-Fahrer
Das **Cyclo Centre Phnom Penh** ist eine zur Unterstützung von Cyclo-Fahrern gegründete NGO. Das Zentrum, 9 Ph 158, nicht weit von der Sorya Mall, ✆ 023/991178, ⏱ Mo–Fr 8–11 und 13–17, Sa 13–17 Uhr, bietet Duschen, medizinische Versorgung und Weiterbildungen. Man kann hier keine Fahrten buchen, aber wer vorbeikommt, findet normalerweise wartende Cyclos, und hier abzufahren ist eine gute Art und Weise, die Fahrer zu unterstützen, die zu den ärmsten Einwohnern der Stadt zählen.

architektonischen Sehenswürdigkeiten aus der Zeit nach 1953; die Touren kosten US$10 und dauern 2–3 Stunden.

Transport
Busse
Dreh- und Angelpunkte für Busverbindungen sind der **Busbahnhof** 200 m südwestlich vom Psar Thmei und die verschiedenen Busdepots. Busse nach Kampot, Sihanoukville oder Takeo starten im Südwesten des Zentrums am **Psar Damkor**, Mao Tse Toung Blvd, nach Sre Ambel am **Psar Depot**, Nehru Blvd, und nach Bavet am **Psar Olympic**, nahe dem Stadion, bzw. am **Chbar Ampov**, östlich der Monivong-Brücke im äußersten Süden der Stadt. Zwischen Zielen in der Provinz verkehren zunehmend private Minibusse und setzen Fahrgäste auf Anfrage auf dem Weg zu ihrem Depot unterwegs in der Stadt ab. Eventuell können sich Fahrgäste auch zum Hotel oder Gästehaus bringen lassen.
Klimatisierte Expressbusse von Unternehmen wie **Phnom Penh Sorya Transport Company**, **Mekong Express** und **GST** bieten Verbindungen nach Siem Reap (24 000 Riel) und Sihanoukville (12 000 Riel). Phnom Penh Sorya fährt so gut wie alle anderen Provinzorte an (zur Zeit der Recherche war Sen Monorom die einzige Ausnahme), die weniger beliebten, weiter entfernten Ziele mit kleineren 20- oder 30-Sitzern.
Kleinere Stadtbusse von Phnom Penh Sorya steuern regelmäßig Ziele in der näheren

Umgebung wie Kompong Chhnang, Kompong Cham, Kompong Speu, Neak Leung, Oudong, Tonle Bati und Takeo an. Außerdem gibt es tgl. Busse über die RN 6 nach Siem Reap.
Das **Capitol Hotel**, **Neak Krorhorm Travel** sowie mehrere andere Gästehäuser und Reiseunternehmen verkehren mit Bussen nach Siem Reap, Sihanoukville und Bangkok sowie zur laotischen und vietnamesischen Grenze – nicht unbedingt die schnellste oder billigste Art der Beförderung. Zwar werden immer wieder Tickets direkt nach Bangkok und Ho Chi Minh City (HCMC) ausgestellt, doch muss man zu Fuß über die Grenze gehen, die Formalitäten erledigen und anschließend in ein Fahrzeug eines thailändischen oder vietnamesischen Partnerunternehmens umsteigen. Da die Gästehäuser unterschiedliche Preise verlangen, lohnt sich vorab ein Vergleich. Bei der Fahrt nach Laos sollte geprüft werden, ob das Ticket nur bis zur Grenze oder weiter bis Don Det, 4000 Islands, in Laos gilt. Eine bequeme Alternative sind die klimatisierten Busse von Phnom Penh Sorya, die tgl. für US$12–15 nach Bangkok, zur laotischen Grenze und nach HCMC fahren.
Verschiedene zuverlässige Privatunternehmen bieten Verbindungen in 12–15-sitzigen VIP-Expressbussen zu Zielen im ganzen Land an, darunter Sihanoukville, Poipet (über Siem Reap) und Rattanakiri. Informationen bei **Hua Lian** am Charles de Gaulle Blvd, nördlich des Olympiastadions, ✆ 023/880761 oder 012/376807, und **Ly Heng Express**, Ph 106, Ecke Sisowath Quay, ✆ 023/991726.
Verbindungen nach:
BANGKOK/Thailand tgl., 10–12 Std.;
BANLUNG tgl., 10–12 Std.;
BATTAMBANG 5x tgl., 5 Std.;
HO-CHI-MINH-STADT/Vietnam 2x tgl., 6 Std.;
KAMPOT 2x tgl., 4–5 Std.;
KEP 2x tgl., 4–5 Std.;
KOMPONG CHAM 10x tgl., 2 Std.;
KOMPONG CHHNANG 10x tgl., 2 Std.;
KOMPONG SPEU 9x tgl., 1 1/2 Std.;
KRATIE tgl., 7 Std.;
NEAK LEUNG 10x tgl., 2 Std.;
OUDONG 10x tgl., 1 Std.;
POIPET 5x tgl., 8 Std.;
PURSAT 5x tgl., 3 Std.;
SIEM REAP 6x tgl., 8 Std.;
SIHANOUKVILLE 6x tgl., 3 1/2 Std.;
SISOPHON 4x tgl., 7 Std.;
STUNG TRENG tgl., 8 Std.;
TAKEO 4x tgl., 2 Std.;
VOEN KHAM/laotische Grenze tgl., 8–10 Std.

Sammeltaxis, Pick-ups und Minibusse

Von der Haltestelle an der Nordwestecke des Psar Thmei fahren regelmäßig Sammeltaxis, Pick-ups und Minibusse zu Zielen im **Norden** von Phnom Penh, darunter Kompong Thom, Siem Reap, Kompong Cham, Battambang, Sisophon und Poipet.
Für längere Fahrten lohnt es sich, bereits um 6 oder 7 Uhr morgens am Abfahrtsort zu sein, da später am Tag weniger Leute fahren möchten und es dann länger dauert, bis die Fahrt überhaupt losgeht.
Bis in den Nachmittag hinein fahren zahlreiche Sammeltaxis zu näher gelegenen Zielen, danach werden die Abfahrten seltener.
Dank verbesserter Straßenverhältnisse verkehren jetzt auch Taxis und Minibusse nach Kratie, Stung Treng, Rattanakiri und Mondulkiri. Jedoch sind einige Abschnitte auf den beschwerlichen Strecken nach Rattanakiri und Mondulkiri (30 000–50 000 Riel) noch immer nicht befestigt, und in der Regenzeit übernehmen dann Pick-ups mit speziell erhöhter Radaufhängung diese Routen; zu diesen Zeiten sollte man sich einen Tag vor der geplanten Fahrt erkundigen, ob die jeweiligen Ziele auch wirklich angefahren werden. Die Pick-ups nach Rattanakiri fahren von der Haltestelle am Psar Thmei ab, während die nach Mondulkiri an der Ph 80 gegenüber dem Wat Preah Put Khowsarjar im Norden der Stadt abfahren.
Sammeltransporte in die **südlichen** Provinzen Takeo, Sihanoukville und Kampot starten am Psar Damkor. Fahrpreise für diese Region liegen bei 10 000–16 000 Riel.
Die Sammeltaxis nach Sre Ambel (2 1/2 Std.) und Koh Kong und zur thailändischen Grenze starten vom Psar Depot. Die Fahrt kostet 50 000 Riel.
Vom Psar Olympic und Psar Chbar Ampov (über die einspurige und daher oft verstopfte

Monivong-Brücke) werden Ziele im **Südosten** wie Neak Leung umsteigen nach Prey Veng und zum Boot nach Chau Doc in Vietnam), Svay Rieng und die Grenzstadt BAVET angesteuert. Durch den Ausbau der RN 1 geht die Fahrt nach Bavet jetzt schneller, aber bis es eine zweite Brücke über den Bassac gibt, muss beim Verlassen der Stadt mit Verzögerungen gerechnet werden. Die Fahrt zur Grenze dauert etwa 3 Std.; der Taxi-Fahrpreis nach Bavet beträgt zurzeit rund 15 000 Riel (statt Bavet ist meist Moc Boi als Ziel angegeben, der Ort auf der vietnamesischen Seite der Grenze).

Verbindungen nach:
BANLUNG mehrere tgl., mind. 10 Std.;
BATTAMBANG 12x tgl., 6 Std.;
BAVET 20x tgl., 3 Std.;
KAMPOT 12x tgl., 3 Std.;
KOH KONG mehrere tgl., 6 Std.;
KOMPONG CHAM 20x tgl., 2 1/2 Std.;
KOMPONG CHHNANG 4x tgl., 2 1/2 Std.;
KOMPONG THOM 12x tgl., 3 Std.;
NEAK LEUNG 20x tgl., 1 1/2 Std.;
PAILIN 10x tgl., 6 Std.;
POIPET 10x tgl., 8 Std.;
PURSAT 10x tgl., 4 Std.;
SEN MONOROM mehrere tgl., mind. 8 Std.;
SIEM REAP stündl., 6–8 Std.;
SIHANOUKVILLE 20x tgl., 3 1/2 Std.;
SISOPHON 10x tgl., 7 Std.;
SVAY RIENG 6x tgl., 3 1/2 Std.;
TAKEO 12x tgl., 2 Std.

Eisenbahn

Der **Bahnhof** befindet sich in der Nähe der Kreuzung von Monivong Blvd und Pochentong Blvd im Norden der Stadt.
Sonntags um 6.30 Uhr verkehrt ein Zug nach BATTAMBANG (mind. 12 Std.) via PURSAT (6–7 Std.). Bleibt der Gegenzug auf der Strecke jedoch liegen, was nicht selten passiert, fällt die Verbindung aus. Fahrkarten kann man nur am Tag der Reise kaufen (6500 Riel); der Fahrkartenschalter öffnet etwa um 5 Uhr. Die Fahrt ist in keinster Weise bequem – Kissen mitnehmen! Die Zugverbindung nach Sihanoukville über Kampot wurde vor ein paar Jahren eingestellt, könnte aber in Zukunft wiederbelebt werden.

Vor kurzem wurden Verbesserungen des Bahnnetzes angekündigt, aber ob und wann etwas passiert, ist ungewiss.
In der Umgebung des Bahnhofs gibt es jede Menge Transportmöglichkeiten.

Boote

Von der Anlegestelle für **Passagierboote** (auch: Touristendock) am Tonle Sap in der Nähe des Hauptpostamts fahren Expressboote je nach Wasserstand in 5 Std. nach SIEM REAP (tgl., Abfahrt 7 Uhr; US$25 für Ausländer) und CHAU DOC (tgl., US$17). Tickets sind am Vortag oder am Morgen der Abfahrt erhältlich.
Der Bootsverkehr nach KRATIE über KOMPONG CHAM wurde eingestellt.
Bei Ankunft der Boote in Phnom Penh warten bereits zahlreiche Schlepper der Gästehäuser, doch es stehen auch genügend Tuk-Tuks und Motos zur Verfügung; die Fahrt ins Zentrum sollte etwa 2000 Riel kosten.

Flüge

Der **Pochentong International Airport** liegt 8 km westlich der Stadt an der RN 4. Es gibt dort Geldautomaten in der Ankunftshalle sowie eine Bank, ⏱ tgl. 7.30–19.30 Uhr, öffentliche Telefone, eine Post, ⏱ tgl. 8–18 Uhr, und eine Touristeninformation (s. S. 158) gleich außerhalb. Der **Inlandflughafen** ist vor kurzem in das Hauptgebäude des Flughafens integriert worden.
Alle nationalen Fluggesellschaften bedienen SIEM REAP (mind. 6x tgl., 45 Min.).
Da in Kambodscha zurzeit ständig neue Fluggesellschaften den Betrieb aufnehmen und andere ihn wieder einstellen, wechselt auch der Flugplan häufig.
Flüge nach Rattanakiri und Stung Treng sind derzeit ausgesetzt, könnten aber jederzeit wieder aufgenommen werden.
Von den Taxiständen vor dem Flughafengebäude fahren Taxis zum Festpreis von US$7 in die Stadt; Taxis von der Stadt zum Flughafen kosten hingegen US$5–7. Tuk-Tuks und Motos dürfen vor dem Terminal nicht mehr warten, doch mit etwas Glück erwischt man ein Fahrzeug, das Abreisende absetzt. Ein nur 200 m langer Fußmarsch führt über den Parkplatz zur

Hauptstraße, wo stets viele Motos warten, die für die knapp 30-minütige Fahrt in die Stadt 7000–10 000 Riel verlangen; ein Tuk-Tuk kostet von hier rund US$4.

Fluggesellschaften

Angkor Airways, 32 Norodom Blvd,
☎ 023/222056, 🖳 www.angkorairways.com.
Bangkok Airways, 61 Ph 214, ☎ 023/722545,
🖳 www.bangkokair.com.
China Southern Airlines, A3 Regency Square, 168 Monireth Blvd, ☎ 023/424588,
🖳 www.cs-air.com.
Dragon Air, A4-A5 Regency Square, 168 Monireth Blvd, ☎ 023/424300,
🖳 www.dragonair.com.
EVA Air, Suite 11, 14B Ph 205, ☎ 023/219911,
🖳 www.evaair.com.
Jet Star Asia Airlines, 333B Monivong Blvd,
☎ 023/220909, 🖳 www.jetstaraisa.com.
Lao Airlines, 58C Sihanouk Blvd, ☎ 023/222956,
🖳 www.laoairlines.com.
Malaysia Airlines, 1. Stock, Diamond Hotel, 172-184 Monivong Blvd, ☎ 023/218923,
🖳 www.malaysiaairlines.com.
PMTair, Suite 9B, 294 Mao Tse Toung Blvd,
☎ 023/224714, 🖳 wwwpmtair.com.
Royal Khmer Airlines, 36B, 245 Mao Tse Toung Blvd, ☎ 023/994502, 🖳 www.royalkhmerairlines.com.
SilkAir, Himawari Hotel, 219B Monivong Blvd, 023/426808, 🖳 www.silkair.net.
Thai Airways, 294 Mao Tse Toung Blvd,
☎ 023/214359, 🖳 www.thaiair.com.
Vietnam Airlines, 41 Ph 214, ☎ 023/363396,
🖳 www.vietnamair.com.

Die Umgebung von Phnom Penh

Wer dem Trubel der Hauptstadt entkommen möchte, gelangt recht schnell in ländliche Gebiete, in denen Reisfelder, Zuckerpalmen, verstreute Siedlungen und einsame Pagoden das Bild bestimmen. Die der Stadt gegenüber liegende **Halbinsel Chroy Chung Va**, zwischen Tonle Sap und Mekong, ist Heimat mehrerer Dörfer, die (noch) weit von der Geschäftigkeit der Stadt entrückt sind – an ihrem Westufer, direkt gegenüber dem Königspalast, entsteht momentan ein Vergnügungspark. Eine kurze Fahrt mit der Fähre ab Phnom Penh führt zur Gemeinde **Koh Dait** auf einer üppig grünen Insel im Mekong, wo Seidenstoffe gewoben werden und der fruchtbare Schwemmlandboden zahlreiche Agrarprodukte gedeihen lässt.

Der **Wat Jum Pos Ka-aik**, östlich der Stadt an der RN 1, besitzt eine stattliche Sammlung von 10 000 Buddhas, und man kann den Besuch gut mit einem Abstecher zum 12 km von Phnom Penh entfernten Ausflugsort **Kien Svay** kombinieren.

Phnom Brasat, 25 km nordwestlich der Hauptstadt an der RN 5, präsentiert sich als kitschige Ansammlung von Pagoden, die ihrem Erscheinungsbild nach zu urteilen von einer kambodschanischen Reinkarnation Salvador Dalís entworfen wurden – man glaubt sich eher in einem Vergnügungspark als in einer religiösen Stätte. Weiter nördlich liegen die markanten Hügel der alten Hauptstadt **Oudong**, wo sich die Chedi mehrerer Könige befinden. Wer sich näher mit den Khmer beschäftigen will, kann den Abstecher dorthin mit der Erkundung der spärlichen Ruinen von **Lovek**, Oudongs Vorgänger als Hauptstadt, verbinden.

Eine kurze Motofahrt nach Südwesten führt zu den Killing Fields mit ihrer Gedenkstätte in **Choeung Ek** – eine passende, wenngleich grausige Ergänzung zum Besuch des Völkermordmuseums Toul Sleng. Südlich von Phnom Penh lädt der angkorianische Tempel **Tonle Bati**, abseits der RN 2 am Flussufer gelegen, zum Picknicken oder Schwimmen ein, und noch weiter südlich bieten sich vom antiken Bergtempel **Phnom Chisor** schöne Ausblicke in die Umgebung. Beide Stätten sind im Rahmen eines Tagesausflugs von der Hauptstadt aus zu erreichen, allerdings bleibt dann keine Zeit für die Tiger und Bären von **Phnom Tamau**, Kambodschas einzigem staatlichen Zoo und zugleich Rettungszentrum für bedrohte Tierarten.

Halbinsel Chroy Chung Va

Die gesamte 3 km lange Landzunge der Halbinsel Chroy Chung Va diente bis vor kurzem als landwirtschaftliches Nutzgebiet. Nach langen Debatten aber mussten die Bewohner der Westseite der Halbinsel auf Anordnung von Phnom Penhs

Stadtverwaltung umsiedeln, damit das Areal gegenüber der Stadtpromenade in einen Vergnügungspark verwandelt werden konnte. Nun werden hier an Ständen erfrischende Kokosnüsse angeboten, und abends finden sich junge Liebespaare zum romantischen Rendezvous beim Sonnenuntergang ein. Nach Besichtigung der Anlage bietet sich ein Spaziergang entlang dem Mekong zu den hübschen Dörfern im Nordosten der Halbinsel an, wo die **Cham** leben, Kambodschas muslimische Minderheit.

Die Halbinsel lässt sich leicht mit einem **Moto** erreichen – die erste Straße, die nach der Chroy-Chung-Va-Brücke rechts abzweigt, führt um die gesamte Landzunge herum.

Koh Dait

15 km von Phnom Penh entfernt liegt mitten im Mekong die Insel Koh Dait, eine Oase friedlicher Ruhe. Auf dem vorwiegend landwirtschaftlich geprägten, 10 km langen Eiland, dessen wichtigstes Anbauprodukt Erdnüsse sind, gibt es noch einige Dörfer mit Pfahlbauten, und bei einem Rundgang über die schattigen Wege bekommt man interessante Einblicke ins Alltagsleben. Die Insel hat sich vor allem durch ihre **Webarbeiten** einen Namen gemacht – in der Trockenzeit klappern in jedem Haus die Webstühle, auf denen Sampots hergestellt werden.

Wenn der Wasserstand des Flusses nach der Regenzeit fällt, bildet sich an der Nordspitze der Insel ein breiter **Sandstrand** (Eintritt 1000 Riel), an dem alsbald Essensstände öffnen und leckere gebratene Hühnchen verkaufen.

Mit einem Moto bewältigt man die 14 km von Phnom Penh bis zur Anlegestelle der Fähren, die an der RN 6 ausgeschildert ist. Einen festen Fahrplan gibt es nicht – sobald ein Boot voll ist, legt es ab, was unter Tag in kurzen Abständen geschieht. Motorräder oder Fahrräder können problemlos mitgenommen werden (Fußgänger 500 Riel, Motorrad samt Fahrer 1000 Riel).

Wat Jum Pos Ka-aik und Strand von Kien Svay

Die 10 000 Buddhastatuen des **Wat Jum Pos Ka-aik** wurden aus allen möglichen Materialien in vielfältiger Gestalt und Größe gefertigt und von reichen Förderern gespendet, dank deren Gaben die Pagode zu beträchtlichem Wohlstand gelangte. Auch ihre Mönche sind sehr angesehen und pflegen gute Beziehungen – es ist nicht ungewöhnlich, dass sie aufwendige Zeremonien für hohe Würdenträger und betuchte Einheimische vollziehen, die sich dadurch im nächsten Leben gewisse Vorteile erhoffen oder einen Segen für ihr gegenwärtiges Leben erbitten.

In der modernen, klimatisierten **Halle** türmen sich die Buddhastatuen bis unters Dach, keine der 40 *mudras* (Gesten der Hand, die die Lehren und Lebensabschnitte von Buddha symbolisieren) fehlt. Eine der auffälligsten Statuen befindet sich im zentralen vorderen Teil der Pagode: Der lebensgroße, stehende Bronze-Buddha stellt ein gütiges Lächeln zu Schau, während seine Augen dem Betrachter durch die gesamte Halle zu folgen scheinen; seine Hände sind nach vorne ausgestreckt, Handflächen und Finger zur *abhaya mudra* (Geste des Schutzes) geformt, und in die Handflächen wurde jeweils ein Diamant eingearbeitet.

Sofern der **Vihara** geöffnet ist, lohnt sich ein Blick auf die für kambodschanische Verhältnisse ungewöhnlich sparsam verzierten, blassgelben Wände mit goldenen Buddhadarstellungen. Der kleine weiße Stupa vor dem nahen Badebecken enthält Knochen von Opfern, die unter dem Pol-Pot-Regime auf dem Tempelgelände ermordet und verscharrt wurden.

Das von manchen Einheimischen als „neues Kep" gepriesene **Kien Svay** (auch als Koki Beach bekannt) ist eigentlich nur ein schlammiges Flussufer. Am Wochenende aber fallen Scharen von Ausflüglern aus Phnom Penh ein, um in den am Ufer des Mekong aufgereihten Pfahlbauten zu picknicken. Sie alle scheinen die ganz besondere Spezialität von Kien Svay zu lieben: **frittierte Insekten**. Dazu gehören verschiedene Arten von Käfern, Grillen, Seidenraupen und Larven, aber die Straßenhändler verkaufen auch andere Speisen. Um das Essensangebot noch zu übertreffen, kreuzen auf dem Fluss kleine Boote, die frischen Fisch oder Hummer anbieten und auf Wunsch sofort an Bord zubereiten. Das Motto fast aller Ausflügler lautet: Man besorge sich etwas zum Mittagessen und verbringe den Rest des Tages faulenzend in einer der Hütten am Fluss, die man für wenige 1000 Riel mieten kann.

Die Dörfer rund um Kien Svay sind für ihre **Webarbeiten** bekannt. Ursprünglich pflegten nur Frauen dieses Handwerk, doch heute gibt es mehrheitlich Familienbetriebe, die aus Seide oder Mischgewebe Schals und Umschlagtücher für Phnom Penhs Märkte produzieren.

Beide Ausflugsziele sind via RN 1 erreichbar, die Phnom Penh über die Monivong-Brücke verlässt. Zum **Wat Jum Pos Ka-aik** muss man in die erste Straße hinter der Brücke (Phlauv 369) rechts abbiegen. Der zunächst enge und holprige Weg, der am Fluss Bassac entlangführt, wird hinter den Longan-Plantagen wieder breiter. Nach 7 km steht links die Pagode, deren Eingangsbereich nach traditionell kambodschanischer Art von *niek* und *yeak* (Sanskrit: *deva* und *asura;* Götter und Dämonen) gesäumt wird.

Bleibt man nach der Monivong-Brücke auf der RN 1, so taucht nach 8 km der Ort L'Imprevu auf, und nach einem weiteren Kilometer kommt die Abzweigung zum Strand von **Kien Svay** in Sicht. Direkt vor der Kreuzung befindet sich gegenüber der Lagerhallen der Cambodia Brewery das gute **Khmer-Restaurant** 777, das zum Mittagessen mit Blick auf Reisfelder und Fischteiche einlädt. Zu seinen Spezialitäten gehören große fleischige Langusten, genannt *bong kong*, die nach Gewicht verkauft werden – für zwei Personen muss man mit US$10 rechnen. Der Strand kann übrigens auch per Bus via Psar Koki erreicht werden, wo man für den Rest des Weges ein Moto nimmt.

Phnom Brasat

Ursprünglich bestand der Pagodenbezirk von **Phnom Brasat**, 27 km nordwestlich von Phnom Penh, aus zwei auf Hügeln gelegenen Stätten. Inzwischen umfasst er bereits vier verschiedene Standorte, und die hiesigen Mönche und Nonnen verfolgen die Vision, das Heiligtum auf angkorianische Ausmaße zu erweitern – ihre Baupläne erscheinen wie ein auf die Ewigkeit angelegtes Vorhaben. Das neueste Bauwerk ist ein futuristisches Gebilde mit Glaskuppel. Da sich gläubige Buddhisten durch die Förderung neuer Heiligtümer besondere Verdienste erwerben, spenden wohlhabende Mäzene bereitwillig große Summen zur Unterstützung des Projekts. Durch Sammlungen auf offener Straße und freiwillige Mitarbeit werden weitere Baumaßnahmen auf den Weg gebracht.

Der beliebteste Teil der Anlage ist der **Wat Phnom Reap**, der durch ein mächtiges, von Elefanten flankiertes Tor im Bayon-Stil zu erreichen ist. Zahlreiche Imbissbuden und Souvenirverkäufer bieten hier ihre Waren an. Die Anlage wird von einem faszinierenden, aus karminrotem Beton errichteten Nachbau des Angkor Wat dominiert, dem **Prasat Mahar Nokor Vitmean Sooer**, der 1998 nach gerade einmal zwei Jahren Bauzeit fertiggestellt wurde. Ein rund um das Gebäude führender Säulengang birgt reichverzierte Wände: Anmutige Apsaras schmiegen sich in Nischen; Flachreliefs zeigen Szenen aus dem Leben Buddhas; und Darstellungen von Menschen, die ihre Geldmittel oder ihre Arbeitskraft in das Projekt einbrachten, gedenken der Erbauung des Tempels. Im Innern befindet sich eine fast lebensgroße Messingstatue des Hauptwohltäters, Rohs Sarouen.

Den Eingang zum **Prasat Pik Vongkot Boreay Brom Mlop** im selben Komplex bewachen zwei imposante Hanuman-Statuen, die beide auf nur einem Bein stehen und ein gezücktes Schwert halten. Ein riesiger sitzender Buddha dominiert das Innere der Halle. Um ihn herum schmücken bunte Malereien eines Bodhi-Baums mit Vögeln und anderen Tieren die Wände – die fröhliche Darstellung lässt eher an ein Bilderbuch für Kinder als einen Tempel denken.

Ein paar Kilometer die Straße entlang gibt es auf dem ersten Hügel einen umfassend restaurierten 15 m langen, liegenden Buddha, der aus dem Fels gemeißelt wurde. Er soll sehr alt sein, einem der Achars zufolge sogar 1400 Jahre. Womöglich ist dieser Buddha das einzig erhaltene Stück einer prä-angkorianischen Anlage aus dem 6. Jh., deren Ruinen sich an diesem Ort befanden. Eine Treppe führt hinauf zum Gipfel mit dem Vihara, dessen Wandmalereien die Geschichte von Preah Vessandaa erzählen (s. Kasten auf S. 166). Bizarrerweise ist die kambodschanische Waffenhysterie selbst bis hierher vorgedrungen: In einer Darstellung von Angkor Wat präsentiert ein Mann (vermutlich der Förderer selbst) stolz sein Pistolenhalfter.

Phnom Brasat ist bequem mit einem Moto (hin und zurück US$6–10) oder mit einem Tuk-Tuk

Preah Vessandaa

Eine beliebte Darstellung in Kambodschas Pagoden ist die Legende von Preah Vessandaa (eine der früheren **Inkarnationen Buddhas**), deren Figuren meist in Lebensgröße und grellen Farben wiedergegeben werden. Der Überlieferung zufolge erhielt ein alter Mann namens Chuchuk als Ersatz für eine ausstehende Schuld die junge Frau Amita. Da das Paar keine Kinder bekam, wurde Amita von den anderen Frauen gehänselt. Nun aber wusste Amita von der Großzügigkeit des Königs Vessandaa und überredete ihren Mann, diesen um zwei seiner Kinder zu bitten. Chuchuks Abenteuer auf dem Weg zum Palast werden in Tempeln gewöhnlich auf zehn oder mehr Szenen verteilt dargestellt. Eine der Szenen im Vihara von Phnom Brasat zeigt, wie Chuchuk auf einem Baum sitzt, wohin der Jäger Chetabut und dessen Hunde ihn gejagt hatten. Um seinem Gefängnis zu entkommen, gibt sich der alte Mann als Gesandter des Königs aus. Als er sich schließlich dem Palast nähert, rennen die Kinder des Königs weg und verstecken sich hinter Lilienblüten, doch ihr Vater entdeckt sie und macht sie Chuchuk zum Geschenk. Auf dem Heimweg verirrt sich Chuchuk in das Reich des Großvaters der Kinder, der sie gegen ein Lösegeld zurückkauft.
In der kambodschanischen Version endet die Geschichte damit, dass Chuchuk das Geld für ein Festgelage ausgibt, bei dem er sich zu Tode frisst – ein recht eindrücklicher Appell gegen das Laster der Unersättlichkeit

(US$10–15) zu erreichen, das man auch für die Strecken zwischen den einzelnen Stätten, die bis zu 5 km betragen, nutzen sollte.

Richtung Oudong

Die RN 5 verlässt Phnom Penh im Norden und folgt beinahe die ganze Strecke nach Oudong dem Tonle Sap, vorbei an mehreren Cham-Dörfern und Moscheen jüngeren Datums (die Roten Khmer haben die meisten Moscheen zerstört und die religiösen Führer der Cham ermordet). Im Januar und Februar kann man hier überall den Fisch riechen, der in der Sonne zum Trocknen ausgelegt und später zu *prohok* (fermentierte Fischpaste) weiterverarbeitet wird, für die sich diese Region einen Namen gemacht hat. Das einzige größere Dorf unterwegs ist **Preak G´dam** (wörtlich „Krabbenfluss"), wo eine viel genutzte Fähre über den Tonle Sap pendelt – sie war 20 Jahre lang die einzige Möglichkeit der Flussüberquerung in dieser Region, bis 1993 die Chroy-Chung-Va-Brücke wieder freigegeben wurde. Die **Restaurants** gegenüber der Zufahrt zur Fähre bieten eine gute Khmer-Küche und von ihren Terrassen herrliche Ausblicke über die Reisfelder bis nach Oudong. An den Ständen entlang der Straße kann man zwei Spezialitäten der Region kosten: **gedünstete Schildkröte** und *chook*, die Samenkapseln der Lotusblume.

Wenige Kilometer hinter Preak G'dam und kurz vor Oudong liegt rechter Hand der Hauptstraße das Dorf **Kompong Luong**. Der einstige königliche Hafen von Oudong genießt seit Jahrhunderten Berühmtheit für seine **Silberwaren**, und noch immer fertigen und verzieren Silberschmiede in mühevoller Handarbeit Tassen, Schüsseln sowie diverse kleine Gefäße in Form von Tieren oder Früchten. Besucher dürfen ihnen bei der Arbeit gerne zusehen, aber die Preise unterscheiden sich nur wenig von jenen auf den Märkten in Phnom Penh.

Oudong

248 Jahre lang war Oudong, 37 km nördlich von Phnom Penh, die Hauptstadt Kambodschas und Krönungsstätte mehrerer Monarchen, darunter Ang Duong und dessen Sohn Norodom, Ururgroßvater des heutigen Königs Norodom Sihamoni. Im Jahre 1866 ließ sich König Norodom von den Franzosen dazu überreden, die Hauptstadt an die Stelle des strategisch günstiger gelegenen Phnom Penh zu verlegen. Der Hof, insgesamt über 10 000 Menschen, machte sich mit Sack und Pack auf den Weg, und Oudong wurde dem Verfall überlassen. Von der alten hölzernen Stadt ist heute so gut wie nichts mehr erhalten, doch die mit Schreinen und Chedi übersäte Stätte ist nach wie vor ein wichtiger Pilgerort.

Wenn man von Norden kommt, kündigen schon von weitem die vielen Chedis auf dem höheren der beiden Hügel von Oudong die bevorstehende Ankunft in der alten Hauptstadt an. Die Stätte entwickelt sich langsam zu einer touristischen Sehenswürdigkeit und kann an Wochenenden unerträglich überlaufen sein, unter der Woche treffen aber nur wenige Touristenbusse und einheimische Pilger ein.

Die Anfahrt über die RN 5 führt direkt zum Fuß des höheren Hügels, der den Namen **Phnom Preah Reach Troap** (Berg des königlichen Vermögens) trägt, weil dort im 16. Jh. während des Krieges mit den Siamesen die königlichen Schätze versteckt waren. Ein kleines Gebäude linker Hand des Weges zum Hügel beherbergt Menschenschädel und -knochen, gefunden auf nahen Feldern, die zu den Exekutionsstätten der Roten Khmer gehörten. Die Besichtigung der Stätte kann entweder am vorderen oder hinteren Treppenaufgang begonnen werden – um die wichtigsten Stätten zu sehen, ist ohnehin ein Rundgang erforderlich. Im Folgenden wird der Aufstieg über die hinteren Stufen beschrieben.

Eine geheimnisvolle Atmosphäre liegt über den verfallenen Säulen und morschen Dachbalken von **Preah Atharas**, dem Vihara auf dem Gipfel. Er wurde im 13. Jh. von den Chinesen errichtet, die damit – der Legende nach – ein mythisches Seeungeheuer zu bändigen versuchten, das ihre Dominanz über die Khmer bedrohte. Schwere Schäden erlitt der Vihara in den Jahren 1973 und 1974 während der Kämpfe zwischen den Truppen Lon Nols und Pol Pots, weitere Zerstörungen folgten nach 1975 durch die Roten Khmer. Vom 11 m hohen, sitzenden Buddha aus dem 13. Jh. waren viele Jahre lang nur eine Schulter sowie Fragmente der rechten Hälfte erhalten; jetzt wird er wieder hergestellt und zukünftig sicher beeindruckend, wenn auch nicht mehr so anrührend aussehen.

Je weiter man nach Norden läuft, desto mehr Schreine säumen den Weg. Nähere Beachtung verdienen insbesondere einige der älteren Bauwerke, darunter **Preah Ko** mit seiner schönen Statue von Nandi, dem heiligen Tragtier Shivas. Immer wieder kann man beobachten, wie Gläubige über den Kopf des Stieres Wasser schütten, das durch diese Handlung heilig wird – danach fangen sie es wieder auf und tragen es nach Hause. Nördlich von dieser Stätte sitzt im Schrein **Neak Ta Dambang Dek** ein Buddha auf einer zusammengerollten Naga, deren zahlreiche Köpfe schützend über sein Haupt erhoben sind. An seiner markanten Turmspitze deutlich erkennbar ist der blassgelbe Chedi **Chet Dey Mak Prohm**, in dem die Asche von König Sisowath Monivong (reg. 1927–1941) beigesetzt ist. Weiter oben steht der bröckelige Chedi **Tray Troeng**, den König Norodom 1891 für die Asche seines Vaters, König Ang Duong, errichten ließ; allerdings streiten die Gelehrten, ob sich die sterblichen Überreste des Königs wirklich hier oder in Phnom Penhs Silberpagode befinden. Der Chedi war einst über und über mit glasierten Keramikblumen bedeckt, die jedoch inzwischen weitgehend verschwunden sind – sobald sie „abfielen", wurden sie von einheimischen Kindern an Touristen verkauft. Jetzt werden sie durch moderne Äquivalente ersetzt.

Den ältesten Chedi des Hügels, **Damrei Sam Poan**, ließ Preah Bat Chey Cheta 1623 für die Asche seines Onkels und Amtsvorgängers König Soriyopor erbauen. Das Bauwerk, umgeben von stark beschädigten, aber ausdrucksvollen Elefantenstatuen, droht unter Dickicht zu verschwinden, und auch die inneren Ziegelstrukturen lösen sich langsam auf. Bis vor kurzem rühmte sich der Chedi der höchsten Turmspitze auf dem gesamten Hügel, wurde jedoch von der benachbarten neuen Pagode übertroffen, deren eindrucksvolle Terrasse schöne Ausblicke auf die Umgebung bis zum Tonle Sap freigibt. Eine Treppe mit 509 Stufen führt von hier zum Fuß des Hügels hinab.

Über eine andere Treppe gelangt man auf den Gipfel des niedrigeren Hügels, wo der kleine, stark beschädigte **Vihara Ta Sann** steht. In seiner Nähe befinden sich die Reste eines großen, liegenden Buddhas aus dem Jahre 1567 sowie ein Chedi, den König Bat Boromintho Reachea in Auftrag gab – keiner weiß für wen.

Oudong ist mit dem **Bus** Richtung Kompong Chhnang zu erreichen; auf Anfrage wird man von den Fahrern an einer Reklamewand für „Angkor Bier" abgesetzt, wo man für die letzten 3 km ein Moto nehmen kann. Eine andere Möglichkeit der Anreise bietet sich mit einem der Privatbusse

> **Die Legende um Lovek**
>
> Als Lovek die Hauptstadt des Landes war, befanden sich dort die beiden Statuen Preah Ko und Preah Kaew, deren in Gold geschriebenen, **heiligen Texte** „alles Wissen und alle Weisheit der Welt" vermittelten. Bei einem der periodischen Konflikte zwischen Siam und Khmer hatten die Siamesen ihr Lager vor den Toren von Lovek aufgeschlagen, doch es gelang ihnen nicht, die Stadt einzunehmen. Bevor sie angesichts der näher rückenden Regenzeit den Rückzug antraten, feuerten sie eine mit Silbermünzen gefüllte Kanone in Richtung der Bambusdickichte ab, die der Stadt natürlichen Schutz boten. Auf ihrer gierigen Suche nach dem Geld rodeten die Khmer während der Regenzeit das Gehölz, und als die Siamesen in der folgenden Trockenzeit erneut anrückten, konnten sie die Stadt ohne größere Probleme überfallen. Sie schafften die Statuen nach Ayutthaya, entschlüsselten die heiligen Texte und erwarben auf diese Weise ein größeres Wissen als die Khmer. Der Legende zufolge sind die Statuen noch heute in Bangkok versteckt – sobald sie wieder in die Hände der Kambodschaner fallen, soll das Land die Herrschaft über Thailand erlangen.
> Wer sich von einem öffentlichen Verkehrsmittel (z. B. von den Bussen nach Kompong Chhnang) an der Abzweigung absetzen lassen will, tut gut daran, selbst nach der richtigen Ausstiegsstelle Ausschau zu halten.

nem kleinen Dorf mit wenigen Häusern, einer Schule und den beiden Schreinen **Wat Preah Ko** (Pagode der Heiligen Kuh) und **Wat Preah Kaew** (Pagode des Smaragd-Buddhas). Der Wat Preah Ko zeichnet sich durch sein Lateritfundament und Malereien an seinen Innenwänden aus, die Szenen der besagten Legende nachzeichnen.

Lovek ist nicht ganz einfach zu finden, und die Anstrengung lohnt sich eigentlich nur für leidenschaftliche Verehrer der Khmer-Kultur. Von Oudong führt die RN 5 gen Norden in Richtung Kompong Chhnang. Nach 12 km befindet sich links der Straße eine niedrige, zerfallene Steinmauer, der gegenüber eine unbefestigte Straße zum Tonle Sap und nach Lovek abbiegt.

Choeung Ek

Nur 12 km südwestlich von Phnom Penh liegt das berüchtigte Choeung Ek, wo die Gefangenen von Toul Sleng hingerichtet wurden. Die Stätte ist nur eine von mehreren in Kambodscha, welche die Roten Khmer für ihre Massenmorde missbrauchten. Anfangs wurden die unliebsamen Gegner – Männer, Frauen und Kinder, die man des Landesverrats bezichtigte – auf der Stelle erschossen, später gingen die Roten Khmer dazu über, ihre Opfer zu erstechen oder zu Tode zu knüppeln, um wertvolle Munition zu sparen. Als auch das Benzin zur Neige ging, wurden die Gefangenen auf ihrem Transport von Toul Sleng nach Choeung Ek einfach hinter die Fahrzeuge gebunden, zu Tode geschleift und danach in die Reisfelder am Straßenrand geworfen.

Dort, wo sich zwischen friedlich wirkenden Feldern und einer beschaulichen Landschaft einst ein Longan-Obstgarten erstreckte, beherbergt das **Choeung Ek Memorial** heute die sterblichen Überreste von 8985 Menschen, die im Jahre 1980 aus 86 Massengräbern geborgen wurden. Schätzungen zufolge wurden auf den Killing Fields sogar über 17 000 Menschen abgeschlachtet – noch immer gibt es 43 ungeöffnete Massengräber. In der Gedenkstätte, einem modernen Chedi aus weiß umrahmten Glaselementen und mit einem klassisch goldenen Khmer-Dach, sind auf Regalen die nach Alter und Geschlecht geordneten Schädel und Knochen sowie Kleidungsfetzen aufgestapelt. Eine Ausstellung im Pavillon neben dem Stupa klärt über

von Gästehäusern (z. B. vom Capitol). Wer unterwegs gerne einige Stopps einlegen und Abstecher nach Phnom Brasat oder Lovek machen möchte, sollte ein eigenes Fahrzeug chartern; ein Tuk-Tuk kostet z. B. etwa US$15.

Lovek

Nur wenig ist bekannt über das rund 15 km entfernte Lovek, das unter der Herrschaft von König An Chan im 16. Jh. als Kambodschas Hauptstadt diente. Seitdem die Stadt Ende des 16. Jhs. von den Siamesen erobert wurde, hält sich ihr Name vor allem durch die Legende (s. Kasten) wach. Die antike Stätte besteht heute nurmehr aus ei-

Tonle Bati: Stille Andächtigkeit in Stein

die Geschichte der Stätte auf, und auf einem Schild heißt es: „Nie wieder wollen wir ein solches völkermordendes Regime in Kambodscha dulden!" An den mit Gras überwachsenen Hügeln und freigelegten Gruben ringsum nennen Holztafeln die Zahlen der gefundenen Leichen.
⏰ tgl. 7–17 Uhr, Eintritt US$2.

Die Stätte ist am einfachsten mit einem Moto oder Tuk-Tuk oder mit dem Bus des Gästehauses zu erreichen. Wer wagemutig genug ist und sich nicht vom Verkehr abschrecken lässt, kann auch mit dem Fahrrad hierher fahren. Die Strecke führt von Phnom Penh auf dem Monireth Boulevard in südwestlicher Richtung und biegt an einer großen Tankstelle links ab; von hier sind es noch rund 5 km nach Choeung Ek.

Tonle Bati

Tonle Bati, 35 km südlich von Phnom Penh an der RN 2, liegt in herrlicher Landschaft am Ufer des Flusses Bati, umgeben von einer gepflegten Plantage mit Mangobäumen und Kokospalmen; hier ist sowohl Baden als auch Picknicken möglich. Die friedliche Stätte umfasst zwei Tempel, wovon **Ta Prohm** der größere ist. Er wurde von Jayavarman VII., Begründer des wundervollen Angkor Thom, an der Stelle eines Schreins aus dem 6. Jh. errichtet und ist dem Hindugott Shiva geweiht – obwohl Jayavarman später zum Theravada-Buddhismus übertrat. Zum Haupteingang im Osten führt ein erhöhter Fußweg aus rotem Laterit, gesäumt von Blumen und zerbrochenen Steinmetzarbeiten, auf denen noch Szenen vom Kirnen des Milchozeans (s. S. 231) und dem *Ramayana* (s. S. 130) zu erkennen sind.

Im Zentrum des inneren Teils der Anlage befinden sich die fünf **Heiligtümer** des Tempels, dessen Vorkammern kreuzförmig angeordnet und in jeder Himmelsrichtung mit einem Schrein ausgestattet sind. Den Eingang krönt das steinerne Bildnis eines liegenden, farbenprächtig bemalten Buddhas, während das Hauptheiligtum aus Sandstein ein aufrecht stehendes Buddhabildnis beherbergt. Die Vorkammern enthalten stark beschädigte Lingams aus Stein. Über dem Nordarm der Anlage ist eine Buddhastatue zu

Tonle Bati - Ta Prohm

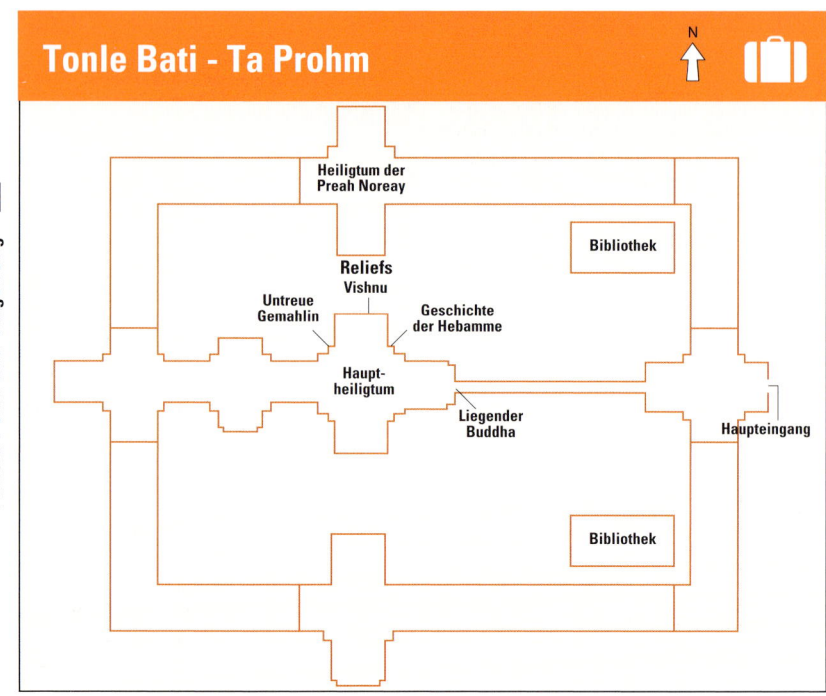

sehen, in die man einen sechsarmigen Vishnu eingemeißelt hat – vermutlich wurde diese Veränderung vorgenommen, als sich das angkorianische Königreich nach dem Tod von Jayavarman VII. wieder dem Hinduismus zuwandte.

Gut erhaltene Steinmetzarbeiten zieren das Äußere des Heiligtums und erzählen zum Teil ungewöhnliche Geschichten. In der Nordostecke ist eine Szene mit zwei Frauen und einen knienden Mann zu erkennen: Eine Frau trägt einen Korb auf dem Kopf, in dem sich ihre Nachgeburt befindet; die stehend dargestellte Hebamme hatte während der Geburt nicht den gebührenden Respekt erhalten und die junge Mutter deshalb dazu verdammt, den Korb für den Rest ihres Lebens mit sich zu tragen; ihr kniender Ehemann bittet die Hebamme um Vergebung. Eine weitere Szene an der Nordwestecke zeigt einen König und seine neben ihm sitzende Gemahlin, der Untreue nachgesagt wird; in der Abbildung darunter wird sie zur Strafe von einem Pferd zu Tode getrampelt.

Das Nordtor ist der Stammsitz einer Statue der hinduistischen Göttin **Preah Noreay**, die kinderlosen Frauen angeblich Fruchtbarkeit beschert. Obwohl die Statue derzeit im Nationalmuseum restauriert wird, pilgern Frauen weiter zu ihrem Standort, um Hilfe zu erbitten.

Um den kleinen Tempel **Yeah Peau** aus dem 12. Jh., der 100 m nördlich des Ta Prohm auf dem Gelände des modernen Wat Tonle Bati steht, ranken sich verschiedene Legenden. Eine Geschichte erzählt, dass König Preah Ket Mealea sich in ein junges Mädchen namens Peau verliebte, das ihm einen Sohn schenkte, den sie Prohm nannten. Als der König zu seinem Hof zurückkehrte, ließ er für Prohm als Beweis für dessen königliche Abstammung einen Ring und einen heiligen Dolch zurück. In jungen Jahren begab sich Prohm an den Hof seines Vaters, verblieb dort viele Jahre und erinnerte sich danach kaum noch an seine Mutter. Als er eines Tages nach Hause zurückkehrte, verliebte er sich in eine schöne Frau, die sich zu seiner Überraschung als seine Mutter ausgab. Prohm glaubte ihr jedoch nicht und begehrte sie zur Gemahlin. Schließlich kamen sie überein, das Problem durch einen Wettstreit zu lösen: Beide sollten über Nacht einen Tempel bauen; war er zuerst fertig, würde sie ihn heiraten müssen, war sie zuerst fertig, habe er sie als Mutter anzuerkennen. Mit beginnender Dunkelheit begannen sie mit der Arbeit. Die Frauen halfen Peau und die Männer unterstützten Prohm. Mitten in der Nacht schoben die Frauen mit einer langen Stange langsam ein Kerzenlicht in den Nachthimmel, das die Männer für den Morgenstern hielten. Im festen Glauben, den Sieg davongetragen zu haben, legten sie sich schlafen, während die Frauen emsig weiterarbeiteten und ihren Tempel vor dem Morgengrauen vollendeten. Dieser Wettstreit zwischen Frau und Mann ist ein wiederkehrendes Thema in Kambodschas Pagoden, das in vielfältiger Weise dargestellt wird.

Der **Wat Tonle Bati** wurde von den Roten Khmer stark beschädigt. Einige Stücke sprödes Metall hinter dem zentralen Buddha sind das einzige, was von der ursprünglichen Statue übrig geblieben ist. Das Bildnis neben Buddha stellt Peau dar. Draußen im Hof befinden sich fünf sitzende Buddhas mit unterschiedlichen Handhaltungen. ⏰ tgl. 7–18 Uhr, Eintritt US$3 inkl. Erfrischungsgetränk.

300 m nordwestlich der Tempel stehen zahlreiche Picknickhütten auf Pfählen über dem Fluss (Tagesmiete 5000 Riel), deren Besitzer nach Kräften um Kundschaft buhlen. Sobald sie neue Gäste angeworben haben, legen sie Matten und Kissen aus, schleppen Tabletts mit Getränken und Snacks herbei und stellen aufgepumpte Schläuche zum Schwimmen bereit. Gezahlt wird nur, was man verzehrt oder benutzt. Da die Preise höher als im Restaurant sind, sollte man seine eigene Verpflegung mitbringen. Auch wer nur picknicken möchte, muss US$3 Eintritt zahlen.

Tonle Bati ist bequem mit dem **Bus** Richtung Takeo zu erreichen. Man muss an der Sokimex-Tankstelle aussteigen, wo auf einer großen Bretterwand der Tempel dargestellt ist und für die restlichen 2,5 km Motos zur Verfügung stehen. Alternativ kann man in der Hauptstadt ein **Moto** oder **Tuk-Tuk** für einen Ausflug mieten (hin und zurück US$6–10).

Phnom Chisor

30 km hinter Tonle Bati, ebenfalls nahe der RN 2, liegt der **Phnom Chisor**, ursprünglich Suryadri (Sonnenberg) genannt und eine Stätte von großer Bedeutung. In dem Tempel (11. Jh.) auf dem Hügel ließ Suryavarman I. einen von vier heiligen Lingams unterbringen, die er an den Grenzen seines Königreichs platzierte. Der in der Hitze ermüdende Aufstieg führt über 412 Stufen hinauf, doch unterwegs spenden Pavillons Schatten und bieten Stände Erfrischungen an. Je näher man der modernen Pagode auf dem Gipfel kommt, nimmt die Zahl der Schreine zu. ⏰ tgl., Eintritt US$2 für Ausländer.

Eines der interessanteren Bauwerke – am oberen Ende der Stufen auf der rechten Seite – ist der **Prasat Preah Ko Preah Kaew** mit den Bildnissen der Kuh und des Jungen, die ihm seinen Namen gaben. Nech einer etwas weit hergeholten Legende sind beide die Kinder einer schwangeren Frau, die aus einem Mangobaum fiel und daraufhin im Schockzustand niederkam.

In der nördlichen Ecke des Bergs kann man am alten **Prasat Boran** einige gut erhaltene Stürze aus Sandstein bewundern. Der Palast öffnet sich nach Osten und bietet einen schönen Ausblick auf die Ebenen. Im Eingangsbereich gibt es zwei **Steinbecken** mit Wasser, das für Segnungen mit großen Meeresmuscheln herausgeschöpft wird. Die Wächter behaupten, dass sich die Becken früher auf natürliche Weise (offenbar aus einer Quelle) füllten, doch seitdem in den 70er Jahren eine US-Bombe – die zum Glück nicht detonierte – durch das Dach des Hauptheiligtums schlug, ist die Zufuhr unterbrochen. Seit damals hat das Bauwerk ein Dach aus Wellblech. Die schönen Innentüren des zentralen Heiligtums sind mit Schnitzereien verziert, die Shiva auf einem Schweinerücken stehend zeigen – niemand hat eine Erklärung für diese Darstellung. Im Osten führt ein Pfad um den Hügel herum zu einem kleinen **Höhlenschrein**, eigentlich eher eine Ansammlung von Steinen, aber mit ausreichend Platz für zwei bis drei Personen, die sich durch den Spalt zwängen können. Ein Achar erteilt dort gegen ein kleines Entgelt Segenswünsche und verkauft Taschentücher mit heiligen Symbolen, die ihren Besitzern Schutz und Reichtum bringen sollen. Vom Ostportal des Palastes führt der alte Zugangsweg, dessen zwei Torhäuser noch stehen, geradewegs zum Fuß des Berges hinab.

Für eine Exkursion nach Phnom Chisor sollte man in Phnom Penh ein **Moto** oder **Tuk-Tuk** für den ganzen Tag chartern, da an der Abzweigung von der RN 2 keine Motos zur Weiterfahrt warten. Agenturen und Gästehäuser in Phnom Penh bieten auch organisierte Ausflüge an.

Die Umgebung von Phnom Chisor

Viele Einheimische und organisierte Touren besuchen auch den 5 km westlich von Phnom Chisor gelegenen **Prasat Neang Khmao**, der im Vergleich mit Tonle Bati und Phnom Chisor jedoch relativ wenig zu bieten hat. Auf einem niedrigen Erdhügel stehen nur mehr zwei zerfallene Türme, da für den Bau der modernen Pagode drei weitere Türme abgerissen wurden.

In den Dörfern östlich von Phnom Chisor werden sehr feine Seidenhemden mit traditionellen Mustern hergestellt. Es lohnt sich, nach Hemden mit appretierter Länge Ausschau zu halten, doch sie sind nicht leicht zu finden, da die meisten Stücke nur auf Bestellung gefertigt werden. Die Unesco unterstützt die Weber beim Wiedererlernen der Verwendung von Naturfarben, eine Technik, die in den Jahren unter Pol Pot verloren ging.

Phnom Tamau

Umgeben von Buschwald erstreckt sich zwischen Tonle Bati und Phnom Chisor das **Phnom Tamau Zoological Gardens and Wildlife Rescue Centre**. Die meisten Tiere des Zoos wurden aus bedrohlichen Situationen gerettet: Viele hat man konfisziert, als sie zur Weiterverarbeitung für exotische Speisen und Medikamente nach China oder Thailand geschmuggelt wurden, andere standen in winzigen Käfigen auf Märkten zum Verkauf, und wieder andere waren für Phnom Penhs Restauranttische bestimmt. Obwohl ein Großteil der Tiere noch längst nicht in angemessenen Gehegen leben kann, geben die Pfleger trotz knapper finanzieller Mittel ihr Bestes. Angesichts der jährlichen Futterrechnung von über US$100 000 ist das Zentrum auf private Gönner angewiesen.

Die Hauptattraktion des Zoos sind zweifellos Tiger, die tagsüber durch ein großes Gehege mit Naturfelsen und Gebüsch streifen können. Ihre Nächte verbringen sie in gesicherten Innenräumen unter der Aufsicht von bewaffneten Wärtern – noch immer sorgen Wilderer für Unruhe, die für einen toten Tiger etliche Tausend Dollar kassieren. In der Nähe des Tigergeheges gibt es einen geräumigen Bereich für Malaienbären und Schwarzbären. In anderen Gehegen sind weitere einheimische Arten zu Hause: Elefanten, Krokodile, Schuppentiere, diverse Wildkatzen, Rotwild, Affen und Schlangen. Ein Neuzugang ist ein zwei Jahre altes Elefantenbaby, das in einer Falle einen Fuß verlor; es wird lebenslang im Zoo bleiben und hört auf den Namen Lucky. Die **Kraniche** und andere Vögel sind inzwischen so zahm, dass Besucher in ihren Gehegen umherspazieren und den Tieren recht nahe kommen können. ⓣ tgl. 8.30–16.30 Uhr, Eintritt US$5 für Ausländer, Auto 2000 Riel, Motorrad 1000 Riel.

Der **Zoo** liegt 50 km südlich der Hauptstadt an der RN 2. Von der großen Plakatwand 10 km hinter Tonle Bati sind es noch 5 km auf der abzweigenden Straße. Der **Bus** nach Takeo hält zwar an der Abzweigung, aber nur selten findet man hier ein Moto. Da die Anlage eher einem Safaripark als einem Zoo gleicht, empfiehlt sich die Anreise mit dem eigenen Fahrzeug. Am Weg von der Hauptstraße warten viele Bettler, die meisten davon alte Menschen, die niemanden haben, der sich um sie kümmert; also laufen sie jeden Tag von ihren Dörfern hierher, um Almosen zu erbitten. Es ist also vielleicht eine gute Idee, einige kleine Geldscheine dabeizuhaben, um sie unterwegs zu verteilen. Der Übersichtsplan am Eingang zum Gelände sollte einen genauen Blick wert sein: Das Startbudget des Zoos wurde im Bestreben, sich am Zoo von Singapur zu messen, größtenteils für ein pompöses Wegnetz verpulvert. Das Ergebnis der unzureichenden Planungen ist, dass heute viele überwucherte Wege ins Leere führen.

Battambang und der Nordwesten

Stefan Loose Traveltipps

Schwimmende Dörfer auf dem Tonle Sap
Ursprüngliches Leben in den Dörfern auf dem Wasser bei Kompong Chhnang. S. 174

2 Battambang Angenehme und entspannte Stadt mit stolzer Kolonialarchitektur, beschaulichem Leben am Fluss und westlicher Barkultur. S. 181

Wat Banan Gut erhaltene antike Hügelpagode bei Battambang mit herrlichem Ausblick vom Gipfel. S. 191

Banteay Chhmar Weltferner, verfallener Tempel aus der Zeit Jayavarmans VII. mit fantastischen Steinmetzarbeiten. S. 197

Wer westlich des Tonle Sap von Phnom Penh nach Norden reist, folgt den Spuren der Roten Khmer, die sich 1979 auf dieser Route vor der anrückenden vietnamesischen Befreiungsarmee zurückzogen. Dieselbe Route, aber in südlicher Richtung, benutzten eindringende siamesische Armeen wiederholt zwischen dem 16. und 19. Jh., um die jeweilige kambodschanische Hauptstadt einzunehmen und zu plündern. In weiten Teilen des **Nordwestens** sind thailändische Einflüsse deutlich erkennbar, besonders im Baustil der Häuser – was nicht verwunderlich ist, da die Region Ende des 18. Jhs. unter siamesische Kontrolle geriet und erst 1946 an Kambodscha zurückgegeben wurde. Heute ist die Strecke ein viel befahrener **Transitkorridor**, der die Hauptstadt mit der thailändischen Grenze verbindet und auf dem Reis aus den spärlich bewohnten, aber fruchtbaren Ebenen des Nordwestens in den stärker besiedelten Süden transportiert wird.

Die Verkehrsverbindungen sind in den letzten Jahren deutlich verbessert worden. Die Eisenbahnfahrt zwischen Phnom Penh und Battambang dauert zwar immer noch mindestens zwölf Stunden, doch ist inzwischen die RN 5 in einem so guten Zustand, dass man mit dem Bus oder Minibus nur noch sechs Stunden braucht.

Kommt man von Phnom Penh, sind die ersten beiden größeren Städte an der RN 5 Kompong Chhnang und Pursat. **Kompong Chhnang** ist ein geschäftiger Fischereihafen, dessen Name sich auf die Terrakottatöpfe *(chhnang)* bezieht, die hier produziert und im ganzen Land benutzt werden. Die Arbeiter der Marmorwerkstätten im ruhigen **Pursat** lassen sich gern bei ihrem Tagewerk zuschauen, und von beiden Städten werden Ausflüge zu **schwimmenden Dörfern** am Tonle Sap angeboten.

Nördlich von Pursat liegt das relativ entspannte **Battambang**, eine der größten Städte Kambodschas mit beschaulichem Alltag am Flussufer, einer Handvoll Kolonialvillen, alten Geschäftshäusern, und einem Art-déco-Markt. Einst besaß die gleichnamige Provinz mehr Tempel als Siem Reap, die sich jedoch nicht an Angkor Wats Größe messen konnten. Die meisten von ihnen sind heute längst verschwunden, doch die erhalten gebliebenen Anlagen lohnen einen Besuch, besonders die Hügelpagode **Wat Banan**, die man auf einem Tagesausflug von Battambang aus erreichen kann.

Poipet, die im äußersten Nordwesten gelegene Grenzstadt zu Thailand, ist als Zwischenstopp zwischen Bangkok und Siem Reaps Tempeln zunehmend beliebt. Es lohnt sich durchaus, die Fahrt in **Sisophon** zu unterbrechen, wo die RN 5 und 6 zusammentreffen, um die wenig besuchten angkorianischen Tempelruinen von **Banteay Chhmar** im Norden zu sehen. Die Tempelanlage wurde bislang nicht restauriert und ist noch vom Dschungel überwuchert.

Nach ihrer Vertreibung zogen sich die Roten Khmer in die gebirgige Grenzregion zurück und führten von dort aus bis 1996 einen zermürbenden Guerillakrieg. Bis zu Pol Pots Tod 1998 bildeten die abgelegene Dangkrek-Berge im fernen Norden ihre letzte Bastion. Da sowohl die Roten Khmer als auch Regierungstruppen während des grausamen Krieges **Landminen** legten, dürfen Besucher vor allem in der Grenzregion keinesfalls die vorgegebenen Pfade verlassen.

Kompong Chhnang

Die 83 km nördlich der Hauptstadt an der RN 5 gelegene alte Kolonialstadt Kompong Chhnang ist ein hübsches Ziel für einen Zwischenstopp oder einen Wochenendausflug von Phnom Penh. Der Stadtname geht auf die Terrakottagefäße namens *chhnang* zurück, die in der Umgebung produziert und von hier mit Booten oder Ochsenkarren in alle Regionen Kambodschas gelangen (die langsamen Transportwege begrenzen die Schäden an dem zerbrechlichen Gut).

Vom Stadtzentrum am Psar Leu ist es nur ein kurzer Spaziergang bis zum ehemaligen **französischen Viertel**, wo schattige Alleen und üppig grüne Parkanlagen alte Kolonialvillen umrahmen. Nordöstlich des Zentrums überquert ein breiter Damm die sumpfige Flutebene, der die Stadt mit dem Hafen am 2 km entfernten Tonle Sap verbindet. Die Häuser zu beiden Seiten der Straße balancieren unsicher auf erstaunlich hohen Pfählen, die dennoch kaum hoch genug sind, um den Fluss nach heftigen Regenschauern draußen vor der Tür zu halten. Am Ende des Dammes, wo

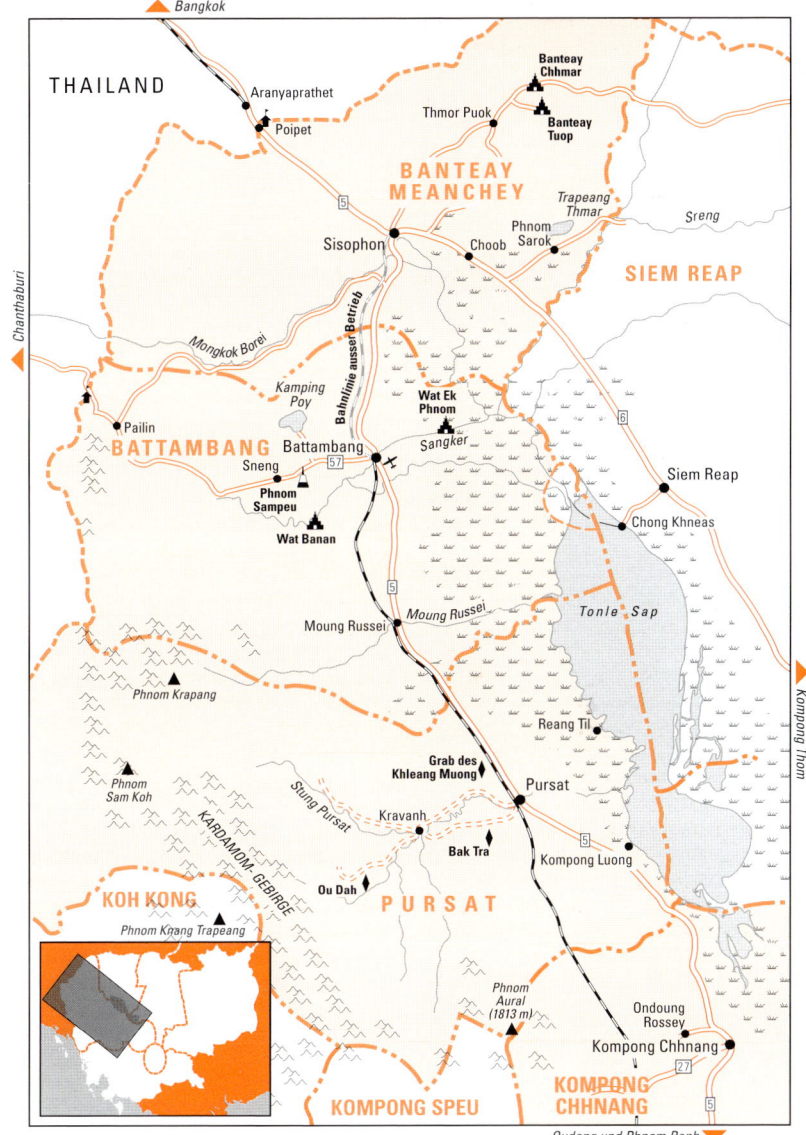

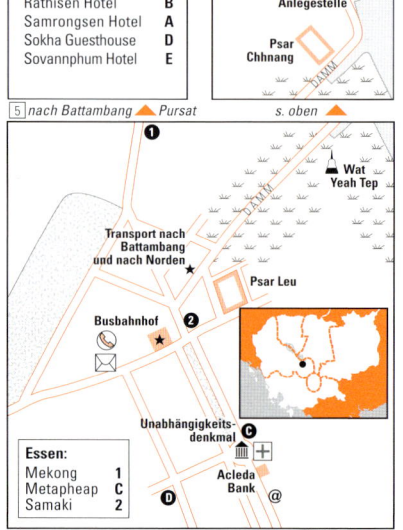

schaften kleine schwimmende Gärten, und in abgezäunten Becken zwischen den Pontons tummeln sich Zuchtfische.

Am Flussufer in der Nähe des Docks stehen **Boote** (ca. 20 000 Riel p. Std.) für Fahrten auf dem Fluss und zu Dörfern bereit, die urtümlicher und entspannter sind als die kommerzialisierten Dörfer am Tonle Sap nahe Siem Reap.

Unweit des Docks zeigt eine **Statue** zwei Gestalten der lokalen Legende. Der auf einem fliegenden Pferd sitzende Pothy Sen streckt die Hand aus, um seine weinende Frau Neing Kong Ray von sich fernzuhalten. Die Überlieferung erzählt von zwölf Schwestern, die gemeinsam an einen König verheiratet wurden. Die Dinge wendeten sich zum Schlechten, als er sich eine dreizehnte Frau namens Santema nahm. Es stellte sich nämlich heraus, dass Santema eine verkleidete böse Hexe war, welche die Schwestern erblinden ließ und Pläne schmiedete, Pothy Sen (den Sohn einer der Schwestern) zu töten und somit zu verhindern, dass er die Thronfolge antrat. Pothy Sen hatte sich zuvor in Santemas Tochter Neing Kong Ray verliebt und sie geheiratet. Als er den Verrat seiner Schwiegermutter aufdeckte, nutzte er die geheime Kraft eines Zaubertranks, um seine Frau loszuwerden. Zwischen beiden tat sich ein Fluss auf. Noch heute betrachten die Einheimischen einen länglichen niedrigen Hügel mit zwei markanten Gipfeln jenseits des Flusses, **Phnom Neing Kong Ray**, als den Körper der jungen Dame, deren Füße nach Nordwesten gerichtet sind und deren Haar nach Südosten davonfließt.

Übernachtung

Rathisen, ✆ 026/988634. Ältestes Hotel der Stadt. Altersschwach, aber nett am Fluss gelegen. Einige Zimmer haben kein Fenster und sind etwas muffig, andere bieten einen Blick auf den Fluss oder auf Reisfelder. ❷

Somrongsen Hotel, ✆ 026/989011, etwa 0,5 km nördlich von Psar Leu. Neueres Hotel, geräumige, saubere Zimmer mit allen Annehmlichkeiten. Abseits vom Flussufer, daher ein bisschen trist. ❷

Sokha Guesthouse, ✆ 012/762988. Charmantes Gästehaus in grüner Nebenstraße nahe dem Unabhängigkeitsdenkmal, die vielleicht bessere

sich schöne Ausblicke auf den Fluss bieten, haben die Mönche des **Wat Yeah Tep** kleine Gärten um ihre Wohnbereiche angelegt.

Kompong Chhnang ist der bedeutendste **Fischereihafen** für Phnom Penh. Während des gesamten Jahres wird täglich frischer Fisch auf Eis gepackt, auf LKW-Kolonnen verladen und in die Stadt transportiert. Die Fischerfamilien (vorwiegend ethnische Vietnamesen) leben in **schwimmenden Dörfern**, also in Häusern, die auf Pontons errichtet werden und sich so mit dem Wasserpegel des Tonle Sap heben und senken. Die Dörfer werden durch schwimmende Märkte und Kaffeehäuser versorgt und sind nur sehr einfach eingerichtet – zum Beispiel beziehen die Familien sämtliches Wasser für den Hausgebrauch aus dem Fluss. Die meisten Haushalte aber haben Fernsehen. Viele Familien bewirt-

Wahl. Zimmer unterschiedlicher Kategorien um einen hübschen Hof. Für Gäste Frühstück und Abendessen nach Vorbestellung. ❷
Metapheap Guest House, ✆ 012/949297, am Unabhängigkeitsdenkmal. Helle, saubere Zimmer über einem Restaurant. ❷
Sovannphum Hotel, ✆ 012/812459, an der RN 5. Preist sich als Businesshotel an und bietet Internetzugang. ❸

Essen

Die Restaurants von Kompong Chhnang sind zumeist recht einfach und servieren nicht viel mehr als die vietnamesische Nudelsuppe *pho*. Wer genug von Nudeln hat, kann auf eine der Gästehausküchen ausweichen. Die meisten Nudelküchen schließen früh – einige schon um 19 Uhr, wenn keine Gäste da sind. Tagsüber haben Nudelküchen und Cafés in der Nähe der beiden Märkte Psar Leu und Psar Chhnang geöffnet, doch abends findet man bestenfalls Buden, die Obst und Obstsäfte anbieten.

Metapheap Restaurant, am Unabhängigkeitsdenkmal. Ordentliches Lokal, mit englischer Speisekarte. Gute Khmer-Suppen, Fischgerichte und ausgezeichnete gebratene Nudeln. ⏱ vom frühen Morgen bis ca. 19 Uhr,

Vietnamesen in Kambodscha

Die ersten vietnamesischen Siedler in Kambodscha waren Reisbauern. Viele ihrer Vorfahren kamen bereits Ende des 17. Jhs. über strittige Grenzen ins Land und zogen über Generationen am Mekong entlang nach Norden. Heute sind sie vor allem in den Provinzen im Südosten ansässig und betreiben Ackerbau. Die gebildete und vorwiegend christliche vietnamesische Bevölkerung Phnom Penhs findet ihre Wurzeln bei den Staatsbeamten, die während der vietnamesischen Oberhoheit in der ersten Hälfte des 19. Jhs. und später unter dem französischen Protektorat ins Land kamen. Berichte aus jener Zeit lassen vermuten, dass Phnom Penh stärker vietnamesisch als von den Khmer geprägt war.

Den Löwenanteil des kommerziellen Fischfangs Kambodschas erwirtschaften heute verarmte vietnamesische Fischerfamilien, die überwiegend buddhistisch sind, auf Hausbooten in schwimmenden Dörfern auf dem Tonle Sap und Mekong leben und nach individuellem Bedarf oder mit den jährlichen Überschwemmungen auf dem Wasser umherziehen. Nach offiziellen Schätzungen leben rund 100 000 Vietnamesen in Kambodscha, angesichts der vielen nur schwer zu erfassenden Menschen in den schwimmenden Dörfern dürfte die tatsächliche Zahl jedoch wesentlich höher liegen.

Aufgrund historischer Entwicklungen hegen viele Kambodschaner feindselige Gefühle gegenüber den Vietnamesen, die nur allzu häufig mit dem geringschätzigen Khmer-Begriff *yuan* belegt werden. Die Wurzeln der Vorbehalte gehen auf die vietnamesische Annexion des Mekong-Deltas im 17. Jh. zurück. Im folgenden Jahrhundert wurden die Ressentiments durch die kurze Periode vietnamesischer Herrschaft über das Land genährt, in der die ungeliebten Nachbarn versuchten, den Khmer ihre Sprache, Namen und Kultur aufzuerlegen. Weitere Verstimmungen zwischen beiden Völkern brachte die Zeit des französischen Protektorats, als vietnamesische Beamte in Kambodschas Verwaltungsapparat installiert wurden, und nicht zuletzt als die Franzosen die kambodschanisch-vietnamesische Grenze nach dem Zweiten Weltkrieg zugunsten Vietnams neu festlegten.

Zeuge offener rassistischer Ausschreitungen gegen Vietnamesen wird man kaum werden, doch Tatsache bleibt, dass sich Kambodschaner um keinen Preis den spitzen Hut vietnamesischer Reisbauern aufsetzen würden und in den Provinzen kambodschanische Frauen niemals Hosen tragen, um nicht fälschlicherweise für Vietnamesinnen gehalten zu werden. Kambodschas derzeitiges Staatsoberhaupt Hun Sen wird von seinen Gegnern oft als „Marionette Vietnams" bezeichnet, während man vietnamesischen Stadtbewohnern und Reisbauern vorwirft, Kambodschanern die Arbeitsplätze wegzunehmen.

aber schon nach dem Mittagessen wird es ruhig.
Mekong Restaurant, Battambang Rd, hat eine recht gute Auswahl an Gerichten.
Samaki Restaurant, gegenüber dem Busbahnhof. Ordentliches Essen; ohne Khmer-Kenntnisse muss man seine Wünsche in der Küche durch Fingerzeig erklären, da es keine Speisekarte gibt.

Sonstiges

Geld
Die **Acleda Bank**, 100 m südöstlich vom Unabhängigkeitsdenkmal, wechselt Dollars in Riel; ⊙ Mo–Fr 7.30–16 Uhr.

Internet
In einem der Cafés um den Psar Leu oder am Unabhängigkeitsdenkmal.

Krankenhaus
Nahe der Acleda Bank, gleich östlich vom Unabhängigkeitsdenkmal.

Post und Telefon
100 m westlich des Busbahnhofs.

Nahverkehr
Tagsüber stehen im Stadtgebiet zahlreiche **Motos** zur Verfügung, abends sind jedoch kaum Fahrzeuge aufzutreiben. Auf Anfrage holen Unterkünfte abseits des Zentrums ihre Gäste nach dem Abendessen ab.

Transport

Busse
Abfahrts- und Ankunftsort aller Verbindungen nach/von PHNOM PENH (6x tgl., 2 1/2 Std.) ist der **Busbahnhof** nördlich des Unabhängigkeitsdenkmals in der Altstadt. Fahrzeuge nach Battambang und Richtung Norden fahren in der Straße nördlich des Psar Leu ab.

Sammeltaxis und Pick-ups
Vom Busbahnhof regelmäßige Verbindungen nach BATTAMBANG (4x tgl., 4 Std.), PHNOM PENH (4x tgl., 2 1/2 Std.) und PURSAT (4x tgl., 2 Std.).

Die Umgebung von Kompong Chhnang

Von Kompong Chhnang aus werden Ausflüge in nahe **Töpferdörfer** angeboten. Die größere Attraktion sind jedoch Besuche in den **schwimmenden Dörfern** am Tonle Sap, die Einblicke in das Leben auf dem Wasser vermitteln.

In Kompong Chhnangs Straßen werden zuhauf unglasierte Terrakottaprodukte angeboten. Das Sortiment reicht von Platten mit runden Vertiefungen, auf denen über Holzkohlefeuern kleine Kokoskuchen gebacken werden, bis hin zu großen runden Töpfen mit Deckeln, die der Klärung und Kühlung von Wasser dienen. Die meisten dieser Waren kommen aus den Dörfern der näheren Umgebung von Kompong Chhnang, und wer will, kann bei einem Ausflug aufs Land den Töpfern über die Schulter schauen.

Ondoung Rossey
Ondoung Rossey, 7 km nordwestlich der Stadt, ist ein solches **Töpferdorf**, wo man zusehen kann, wie Einheimische den Ton vorbereiten und an Töpferscheiben im Schatten ihrer Häuser weiterverarbeiten. Ein kleiner Laden der Cambodian Crafts Federation verkauft hier verschiedene Töpferwaren.

Nach Ondoung Rossey gelangt man mit einem Moto; hin und zurück US$5. Mit eigenem Fahrzeug nimmt man von Kompong Chhnang aus die Straße Richtung Battambang. Nach ca. 5 km zeigt links ein kleines Schild die Abzweigung zum Dorf an; hier biegt man links in einen Torweg ein, der über eine asphaltierte Straße nach 1 km zu einer zweiten Tordurchfahrt führt; ab hier legt man den letzten Kilometer zum Dorf auf einer nicht befestigten Straße zurück.

Pursat

Die angenehme, ländliche Stadt Pursat, deren Name auf eine am Flussufer wachsende Baumart zurückgeht, liegt 174 km von Phnom Penh und 106 km von Battambang entfernt. Nur wenige Touristen finden den Weg dorthin. Die meisten ausländischen Besucher sind Mitarbeiter einer NGO. Abgesehen von einigen **schwimmenden**

Dörfern, rund 35 km entfernt, gibt es in der Umgebung nicht viel zu sehen, aber die Stadt ist nicht schlecht, um einen gemütlichen Ruhetag einzulegen oder zu übernachten.

Pursat schmiegt sich an die Ufer des Stung Pursat, der nordöstlich in den Tonle Sap mündet. Der Markt westlich des Flusses und nördlich der Hauptstraße (RN 5) bildet das Zentrum der Stadt. Ein weiterer markanter Orientierungspunkt ist die Brücke, auf der die RN 5 über den Stung Pursat führt. Nennenswerte Sehenswürdigkeiten gibt es nicht. Bestenfalls verlockt noch die Insel 500 m nördlich vom Markt zu einem Besuch, da sich von dort schöne Ausblicke auf das Wehr bieten. Nicht weit entfernt führt eine Fußgängerbrücke zum Ostufer, wo flussabwärts ein schattiger Pfad zu einem angenehmen Spaziergang einlädt – mangels weiterer Brücken führt nur derselbe Weg zurück in die Stadt.

Pursat ist Kambodschas Zentrum für die **Marmorverarbeitung**. Lieferant für das Gestein ist das Kardamom-Gebirge westlich der Stadt. Ein vielfältiges Sortiment an Marmorprodukten von guter Qualität, zu denen Buddhastatuen, tanzende Apsaras, Spangen und Tierfiguren gehören, wird zu relativ hohen Preisen zum Verkauf angeboten. In einer einfachen Werkstatt hinter einem inzwischen geschlossenen Museum, westlich der Brücke an der Hauptstraße, kann man den Künstlern auch bei der Arbeit über die Schulter schauen. Verkauft werden die Marmorprodukte etwas weiter westlich am Straßenrand in der Umgebung des Restaurants Lam Siv Eng.

Übernachtung

New Thansour Hotel, ✆ 052/951506. Eine Straße westlich vom Fluss, 100 m nördlich der Hauptstraße. Etwas heruntergekommen. Die preiswerteren Zimmer im alten Block sind akzeptabel, die im neuen Betonanbau sind etwas teurer, haben aber Klimaanlage und Warmwasser. Kleines Restaurant vorhanden. ❶

Phasokakpheap Guest House, ✆ 012/915932. Etwas nördlich der Hauptstraße, zwischen der zweiten und der dritten Straße westlich vom Fluss. Freundlicher Familienbetrieb, Zimmer mit Ventilator oder Klimaanlage. ❶

Phnom Pich Hotel, ✆ 052/951515. 200 m nördlich der Hauptbrücke am Westufer des Flusses. Der beste Deal am Ort: große, helle und geräumige Zimmer mit Bad und Ventilator oder Klimaanlage. Leider sind die Zimmer zum Fluss hin sehr laut. ❷

Vimean Tip, ✆ 012/836052. An der dritten Straße westlich der Brücke. Neues Hotel mit großen, sauberen Zimmern. ❷

Essen

Die meisten Lokale schließen am frühen Abend. Sehr preiswerte Mahlzeiten bieten die Nudelküchen am Markt und die billigen Garküchen an der RN 5 in Brückennähe an.

Chenai Stung, rund 1 km südöstlich der Steinbrücke am östlichen Flussufer. Leicht zu finden, da ab dem späten Nachmittag bunt beleuchtet. Ausgezeichnetes Essen, Portionsgröße nach Wunsch. Tipp: *Jain toight* (reicht für zwei) oder *Jain tom* (große Portionen).

Community Villa Restaurant, südlich vom Vimean Tip Hotel. Khmer-Küche und einige westliche Gerichte, serviert in einem angenehm schattigen Innenhof.

Lam Siv Eng Restaurant, rund 200 m westlich der Hauptbrücke an der RN 5. Ordentliches Khmer-Essen, doch weniger schöne Lage als die Lokale am Fluss.

Tepmachha Restaurant, 500 m nördlich des Markts in einem gelben Gebäude am westlichen Flussufer. Serviert preiswerte Khmer- und chinesische Gerichte. Gemütliche Adresse für einen Drink am frühen Abend.

Sonstiges

Einkaufen
Größter **Markt** ist der Psar Thmei.

Geld
Acleda Bank, auf der Nordseite der Hauptstraße, zwei Straßen westlich der Brücke; Dollars können auch auf dem Markt in Riel gewechselt werden.

Krankenhaus
Am westlichen Flussufer.

Post, Telefon und Internet

Alle am Westufer des Flusses.
In Marktnähe außerdem kleine Telefonbuden für Inlandsgespräche sowie Läden für internationale Verbindungen.

Transport

Sammeltaxis und Pick-ups

Reisende können sich an der Hauptbrücke *(spean thmor)* absetzen lassen, von wo es nur wenige hundert Meter bis zu den Unterkünften sind.
Alle Straßentransportmittel fahren von der Haltestelle wenige hundert Meter westlich der Brücke an der RN 5 ab: BATTAMBANG (6x tgl., 1 1/2 Std.), KOMPONG CHHNANG (4x tgl., 2 Std.) und PHNOM PENH (10x tgl., 4 Std.).

Eisenbahn

Pursats Bahnhof befindet sich 2 km nordwestlich der Stadt an der RN 5. Züge aus PHNOM PENH (Sa, 6–7 Std.) treffen mittags oder am frühen Nachmittag ein, diejenigen aus BATTAMBANG (So, 6–7 Std.) gewöhnlich ein wenig früher. Ein Moto vom Bahnhof in die Stadt kostet 1000 Riel.

Die Umgebung von Pursat

Grab des Khleang Muong

Von Pursat bequem mit einem Moto zu erreichen ist das kleine gepflegte Grabmal des Khleang Muong, ein beliebtes Ausflugsziel der Einheimischen, die hier einem kambodschanischen Nationalhelden Respekt zollen, für alle anderen eher zweitrangigem Interesse.

Das Grab liegt einige Kilometer westlich von Pursat nahe der RN 5 in dem Dorf **Banteay Chei** inmitten von Reisfeldern. Als 1605 eine Niederlage im Krieg gegen die Siamesen drohte, ließ Khleang Muong der Legende nach seine Soldaten eine Grube ausheben und alle Waffen hineinwerfen, um sich anschließend dort selbst in den Tod zu stürzen. Sieben Tage später besiegten die Khmer den Feind mit Hilfe von Khleang Muong und dessen Geisterarmee.

Jedes Jahr im April oder Mai erinnert kurz vor der Regenzeit und Pflanzsaison eine Opferzeremonie an jenen legendären Sieg über Siam. Die großen Bronzestatuen im Pavillon stellen Khleang Muong und eine seiner Frauen dar, die ebenfalls den Opfertod gewählt haben soll.

Kardamom-Gebirge und Ou Dah

Das schwer zugängliche und nur wenig erforschte **Kardamom-Gebirge** ist ein Gebiet von außerordentlicher natürlicher Schönheit. Der unberührte Dschungel besitzt eine ungeheure Artenvielfalt – eine Studie im Jahr 2000 zählte fast 400 Tierarten, darunter Tiger, Elefanten, Gaur sowie Siamesische Krokodile, die in freier Wildbahn eigentlich schon als ausgestorben gegolten hatten.

Ou Dah, 56 km von Pursat entfernt, ist ein reizvoller Fleck in den dschungelbedeckten Bergen und derzeit so ziemlich der einzige Ort, von dem man relativ einfach ins Kardamom-Gebirge gelangt. Allerdings ist die Fahrt dorthin, sofern keine Brücken eingestürzt und die Straßen in leidlichem Zustand sind, interessanter als der Aufenthalt selbst. Die Straße windet sich zunächst schwerfällig durch Buschland, doch bald klettert sie steil durch Waldgebiete bergan und führt über schmale Schluchten und Ströme. In Ou Dah gibt es einige Stromschnellen, einen niedrigen Wasserfall und genügend Stellen am Fluss, die zu einem erfrischenden Bad einladen. Da in den Bergen ein hohes Malariarisiko besteht, sind unbedingt Vorkehrungen gegen Moskitostiche zu treffen.

Kompong Luong

Von den **schwimmenden Dörfern** auf dem Tonle Sap liegt die Siedlung Kompong Luong noch am nächsten zu Pursat, auch wenn deren Entfernung zur Stadt je nach Wasserstand variiert und in der Trockenzeit 35 km, in der Regenzeit sogar 40 km beträgt. Das Dorf, eine gemischte Gemeinschaft aus Cham- und vietnamesischen Familien, hat eigene Geschäfte, Restaurants und sogar Tankstellen.

Kompong Luong ist von Pursat mit einem Moto (Hin- und Rückfahrt um US$5) oder einem Auto (um US$20) zu erreichen; beides kann in den Hotels von Pursat organisiert werden. Ab Pursat führt die RN 5 rund 30 km nach Osten bis zur Abzweigung in Krakor zum Tonle Sap. Am Seeufer bieten Bootsleute eine Rundfahrt durchs Dorf, der Preis beträgt je nach gewünschter Dauer US$5–10.

2 HIGHLIGHT

Battambang

Das 280 km von der Hauptstadt entfernte Battambang ist bis zur thailändischen Grenze die einzige größere, wenngleich relativ ruhige Stadt an der RN 5. Ihren Charme verdankt sie zum größten Teil den alten (noch) existierenden Geschäftshäusern aus der Kolonialzeit im Zentrum und einigen französischen Villen in schattigen Straßen in den südlichen Bezirken. Ansonsten lassen sich die Sehenswürdigkeiten an einem gemütlichen halben Tag abklappern. Dazu gehören die beiden stillen **Pagoden** Wat Phephittam und Wat Dhum Rey Sor und ein **Museum** oberhalb des Flusses Sangker mit einer kleinen Sammlung von Statuen aus Tempeln der Provinz.

Geschichte

Die im 11. Jh. gegründete Stadt Battambang kam nach der Eroberung Angkors durch Siam im 15. Jh. unter **thailändischen Einfluss**. Bedingt durch die Lage an der Hauptverbindung zwischen Thailand und Kambodschas wechselnden Hauptstädten (Lovek, Oudong und Phnom Penh) zogen wiederholt siamesische Truppen vorbei, um Streitigkeiten innerhalb der Königsfamilie zu schlichten. Diese wandte sich in der Geschichte mehrfach an das Nachbarland mit der Bitte um Hilfe bei der Niederwerfung ungeliebter Herrscher.

1795 wurde ein Einheimischer namens **Baen** als Dank für seine Hilfe bei der Rückkehr des pro-siamesischen Herrschers Ang Eng auf den kambodschanischen Thron zum Obergouverneur der **Provinz Battambang** ernannt, die sich damals bis nach Siem Reap erstreckte. Nach seinem Amtsantritt bewies Baen seine Loyalität zu Siam, indem er an dessen König Tribute entrichtete, woraufhin dieser Battambang dem Herrschaftsbereich Kambodschas entzog und der siamesischen Oberhoheit unterstellte.

Im gesamten 19. Jh. war die Provinz praktisch von Thailand und Kambodscha unabhängig, obwohl sie nominell noch immer unter siamesischer Gerichtsbarkeit stand. Ihre Gouverneure, allesamt der Baen-Familie entstammend, waren allmächtig und besteuerten von der Reisernte bis zur Alkoholproduktion alles nur Denkbare. Als die Provinz 1907 wieder an Kambodscha fiel, war die Stadt wenig mehr als eine Ansammlung von Holzhäusern auf Stelzen. Die älter wirkenden, stolzen Kolonialgebäude entstanden erst ab 1910 im Zuge der Modernisierung durch die Franzosen.

Trotz Evakuierung in den Jahren unter den **Roten Khmer** ist Battambang anders als viele andere Städte Kambodschas von größeren Zerstörungen verschont geblieben. Nachdem die Roten Khmer ins westliche Pailin vertrieben wurden, setzten sie in der Provinz wiederholt zu Attacken an und eroberten Battambang 1994 für kurze Zeit zurück. In der Umgebung des Wat Banan und Phnom Sampeu wurden vor dem Amnestie-Erlass von 1996 heftige Schlachten ausgefochten.

Orientierung

Battambangs erstreckt sich mit seinen baumbestandenen Straßen am Westufer des Flusses Sangker. Es gibt nur drei durchnummerierte Hauptstraßen: Street 1 verläuft längs des Flusses, Street 2 wird von Wat Phephittam und dem Markt Psar Nat in einen nördlichen und südlichen Abschnitt unterteilt, und Street 3 ist die Hauptdurchgangsstraße. Die meisten Hotels, Wechselstuben, billigen Restaurants und Obststände befinden sich in der Nähe des Psar Nat.

Die Stadt

Die ausgedehnte, doch gemütliche Stadt Battambang leidet weder unter Phnom Penhs Verkehr noch unter Siem Reaps Touristenflut und lädt zu entspanntem Bummeln ein. Der moderne **Psar Nat** im Zentrum präsentiert sich als elegante, blassgelb gestrichene Anlage mit vielen Winkeln und weißen Uhrtürmen an beiden Seiten, die ihm einen Hauch von Art déco verleihen. Die Straßen gleich südlich davon werden von Geschäftshäusern aus der Kolonialzeit gesäumt, die inzwischen zunehmend mit Badezimmerfliesen an den Fassaden, Spiegelglas und grellbun-

Kolonialarchitektur

Zum Erbe des französischen Protektorats gehört die aus Europa mitgebrachte Kolonialarchitektur, die bis heute das Straßenbild Phnom Penhs und zahlreicher Provinzstädte schmückt. An die damalige Epoche erinnern vor allem die **Geschäftshäuser** mit ihren offenen Ladenfronten unter breiten Kolonnaden. Einige der schönsten Beispiele dieser Bauweise findet man in Battambang an der Hauptstraße zum Markt und am nahen Flussufer, daneben in Kampot am Fluss und am alten Markt sowie in Phnom Penh in der Nähe der Hauptpost. Aus derselben Zeit stammen die charakteristischen **Kolonialvillen** des Landes mit ihren Fensterläden, Balkonen und Türmchen.

Leider werden viele dieser alten Juwele, besonders die Geschäftshäuser, in einem in China weitverbreiteten Stil renoviert: An den Fassaden werden Kacheln, die eher in ein Badezimmer passen würden, angebracht, um das regelmäßige Tünchen zu sparen, und die alten Fenster werden wegen eingebauter Klimaanlagen durch dicke Spiegelglasfenster ersetzt. Und dieser Trend scheint auch nicht aufzuhalten zu sein, da nur wenige Kambodschaner das Bedürfnis verspüren, ihre Kolonialgeschichte zu bewahren.

ten Plastikreklameschildern „restauriert" werden. Wesentlich charmanter wirken dagegen die verblichenen Bauten mit ihren alten schmiedeeisernen Balustraden und überhängenden Balkonen, die noch auf ihre Renovierung warten.

Am malerischen Flussufer wurden die Möglichkeiten nicht ausgeschöpft, denn man findet dort vor allem Kopiergeschäfte und Mobiltelefonläden. Ursprünglich war der Fluss Sangker dort nur 5 m breit, doch nachdem der südlich vorbeifließende Dambang durch Versenken eines Schiffes und Aufschüttung mit Erde gestaut wurde, weitete der Sangker sich allmählich auf seine heutige Breite von 30 m.

Zu den wahren Kostbarkeiten am Flussufer gehört ein einstöckiger **chinesischer Tempel** aus dem 16. oder 17. Jh., der 1921 restauriert wurde. Die dunkelroten Tore und aufschwingenden Ziegeldachfirste mit Drachen an den Enden wirken etwas fremd inmitten der kolonial geprägten Architektur der Umgebung. Drinnen huldigen Gläubige vor dem kleinen Altar einer sehr grimmig wirkenden Gottheit.

Weiter südlich befindet sich an der Street 1 das städtische **Museum** mit einer kleinen, aber recht interessanten Sammlung von Statuen und Steinmetzarbeiten aus Tempeln der Umgebung. Besondere Beachtung verdienen die mit tausend Buddhas „tätowierte" Statue eines Bodhisattva aus dem 13. Jh. sowie eine etwas mitgenommen wirkende Darstellung von Yama auf einem Büffel. Trotz der draußen angeschlagenen Öffnungszeiten ist das Museum oft geschlossen. Eventuell muss man also den Wachmann am Eingang bitten, dem Kurator Bescheid zu sagen, damit dieser das Museum öffnet – falls er nicht Wichtigeres zu tun hat. ⏰ Mo–Fr 8–11 und 14–17 Uhr, Eintritt US$1, Fotografieren untersagt.

Die beiden ältesten Pagoden der Stadt, Wat Dhum Rey Sor und Wat Phephittam, wurden nach ihrem Bau im Jahre 1848 mehrfach restauriert. Hinter dem Museum zieren im **Wat Dhum Rey Sor**, der Pagode des Weißen Elefanten, schöne Wandmalereien mit Motiven aus dem *Ramayana* die Außenwand des Vihara. An der Treppe zum Vihara steht die Statue eines weißen Elefanten. Die Buntglasfenster der Pagode wirken besonders schön, wenn Sonnenlicht durch die Scheiben fällt.

Das Stück einer hohen Steinmauer an der Straße zum Psar Leu ist der verbliebene Rest von der Stadtfestung **Kamphaeng**, die von den Franzosen zerstört wurde.

Vom Psar Nat führt der schönste Weg zum nördlich gelegenen **Wat Phephittam**, dessen Portale von zwei *yeak* (Riesen) bewacht werden. Diese besaßen laut der Mönche einst ein bedrohliches Äußeres, heute erwecken sie einen eher milden Eindruck. Viele Mönche sprechen Englisch und führen Besucher gerne durch den Vihara, in dem moderne Wandmalereien Szenen aus dem Leben Buddhas zeigen.

Im Stadtbild stechen zwei große **Statuen** heraus, die sich auf eine ungewöhnliche Legende beziehen, die sich in der Umgebung von Battambang (wörtl.: verlorener Stab) zugetragen haben soll. Ein Mann namens Dambang Krognuing wurde schwarz, nachdem er mit einem schwarzen Stab umgerührten Reis gegessen hatte. In seiner neuen Gestalt setzte er den König ab und bestieg selbst den Thron. Ein Sohn des früheren Königs besiegte Dambang Krognuing mit Hilfe eines magischen fliegenden Pferdes, nachdem dieser vergeblich versucht hatte, das Ross mit seinem schwarzen Stab zu treffen. Die Statue von Dambang Krognuing steht am Kreisverkehr an der Straße zum Flughafen, das Bildnis des Prinzen auf seinem fliegenden Pferd am nördlichen Ende der Street 3.

Übernachtung

Angkor, Street 1, ☏ 053/952310. Eine der schönsten Hotellagen der Stadt mit Blick auf den Fluss, doch leider abgewohnt. Saubere klimatisierte Zimmer mit Bad, TV und Kühlschrank. Aufpreis für Zimmer mit Warmwasser. ❸

Asia, ☏ 016/944955, nördlich des Markts Richtung Bushaltestelle. Modernes Hotel, Zimmer mit Bad, TV und Ventilator, einige auch mit Klimaanlage. ❷

Golden River, 234 Street 3, ☏ 053/730165 oder 016/913138. Große, aber recht heruntergekommene Zimmer mit Bad und TV; einige klimatisiert. ❷

Royal, ☏ 016/912034, 100 m westlich des Psar Nat. Sehr empfehlenswert. Saubere, geräumige Zimmer mit Bad, zuvorkommendes Personal, das auch bei der Organisation von Touren oder der Weiterreise behilflich ist. Klimatisierte Zimmer mit TV und Warmwasser gegen geringen Aufpreis. ❷

Guter Neuling

Bus Stop Guest House, Street 2, ☏ 053/730544. Neue Budget-Unterkunft, sauber und gut geführt, Warmwasser, für US$2 Aufpreis Zimmer mit eigenem Bad. Alle Zimmer mit Kabel-TV und Ventilator oder Klimaanlage. WLAN-Zugang gegen Gebühr. Außerdem gibt es eine einladende Bar. ❺

Battambang
N
0 250 m
Wat Ek Phnom
5 nach Sisophon
Sisophon
Krankenhaus
Prinz auf fliegendem Pferd
Anlegestelle (nach Siem Reap)
Vietnamesisches Konsulat
SPEAN THMEI
Taxis und Pick-Ups nach Poipet und Sisophon
STREET 3
STREET 2
STREET 1
Wat Phephittam
Sangker
Nacht-markt
Psar Nat Clinic
Canadia Bank
Psar Nat
Busse nach Phnom Penh, Siem Reap und Poipet
KCT Internet
Cambodian Commercial Bank
Bahnhof
Acleda Bank
Wat Dhum Rey Sor
Museum
Nachtmarkt
Wat Sangker
Neue Eisenbrücke
Residenz des Gouverneurs
Psar Leu (Transport nach Pailin)
5 nach Phnom Penh
Phnom Penh
57 Pailin
Phnom Sampeu
Wat Banan
Übernachtung:
Angkor D
Asia A
Bus Stop Guest House C
Golden River F
La Villa E
Royal B
Spring Park H
Teo G
Restaurants, Cafés und Bars:
Bus Stop C
Heng Lim 2
La Villa E
Phkay Preuk 5
Riverside Balcony Bar & Restaurant 6
Smokin' Pot 4
Sunrise Coffee House 1
White Rose 3

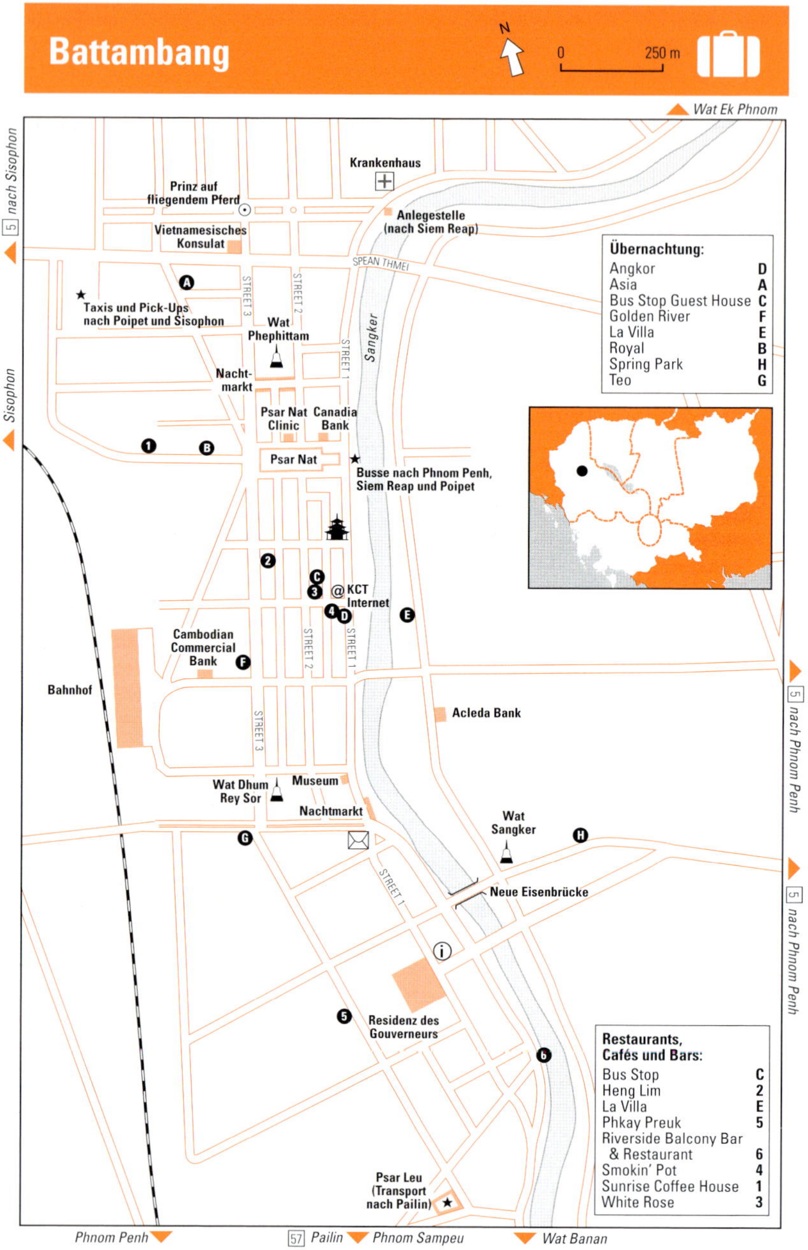

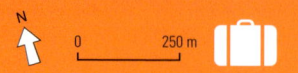

Kolonialflair und Flussblick

La Villa, 185 Pom Romchek, ✆ 012/991801, 🖥 www.lavilla-battambang.com. Am gegenüberliegenden Flussufer mit Blick auf das winzige Zentrum von Battambang, zweifellos die stimmungsvollste Unterkunft der Stadt. Die Zimmer in der renovierten, 70 Jahre alten Villa haben hohe Decken und beschwören ein stilvolles koloniales Ambiente herauf. Alle Zimmer mit TV, Klimaanlage und warmer Dusche. Exzellentes Restaurant mit französischer und Khmer-Küche. ❻

Spring Park, ✆ 015/789999. 100 m östlich der neuen Eisenbrücke am Ostufer des Flusses. Von außen nicht sehr ansehnlich, aber drinnen gibt es gute Zimmer mit warmen Duschen, Klimaanlage, TV und Kühlschrank. Einziger Nachteil ist die Lage, 20 Min. vom Zentrum. ❸

Teo, Street 3, ✆ 012/857048. Etwas weit außerhalb, südlich vom Zentrum, dennoch bevorzugte Adresse ausländischer Projektarbeiter. Geräumige Zimmer mit heißer Dusche, Klimaanlage und Kühlschrank. Gemütliche Dachterrasse und Restaurant mit asiatischen und westlichen Gerichten. ❸

Essen

In der Umgebung des Zentrums gibt es einige preiswerte **Restaurants** mit guter Khmer- und chinesischer Küche sowie englischsprachigen Speisekarten, daneben ein paar Lokale, die westliche Gerichte anbieten.
Authentischer ist die Auswahl an Speisen in den billigen **Garküchen** im Psar Nat und Umgebung.
Am späten Nachmittag beginnt in der Straße südlich des Wat Phephittam ein lebendiger Nachtmarkt, der beste Gelegenheiten zum Probieren von echt kambodschanischen Gerichten bietet. Dazu gehören Schweinefleisch mit grünen Bohnen und Chilischoten sowie Rindfleisch-Curry. Da vieles von der Tageslaune der Köche abhängt, sollte man getrost die Deckel lüften und in die Töpfe schauen, um sich ein Bild des Angebots zu verschaffen.

Andere Imbissbuden öffnen gegen 16 Uhr am Fluss nahe der Post; dortige Spezialitäten: würziges Hühnerfleisch *borbor*, Baguettes, Khmer-Nachspeisen und Fruchtsäfte.

Heng Lim, Street 3. Preiswertes Restaurant mit umfangreicher Auswahl an Khmer- und chinesischen Gerichten, großzügig bemessene Portionen. Spezialitäten: gebratener Reis, gebratene Nudeln und süß-saurer Fisch mit viel knackigem Gemüse und Ananasstücken.

La Villa, 185 Pom Romchek, ✆ 012/991801, 🖥 www.lavilla-battambang.com. Im gleichnamigen Hotel in einer renovierten Kolonialvilla, das edelste Restaurant in Battambang mit großem Angebot, auch schön für einen stimmungsvollen Cocktail.

Phkay Preuk, südlich des Teo Hotels, rund 1 km vom Zentrum entfernt. Das auch bei Einheimischen beliebte Lokal serviert Khmer-, Thai- und westliche Gerichte sowie Eiscreme. Tische unter strohgedeckten Pavillons um einen hübschen Hof. Englische Speisekarte.

Riverside Balcony Bar & Restaurant, an einer ruhigen Biegung des Flusses, 300 m südlich der alten Steinbrücke. Exzellentes Lokal in einem alten Holzhaus. Gute Hamburger, Pommes frites und Nudelgerichte, aber die meisten kommen wegen des Biers und der grandiosen Ausblicke.

Sunrise Coffee House, westlich des Royal Hotel. Die beste Adresse für eine gute Tasse Kaffee und für ein opulentes Frühstück; Tee gibt es übrigens auch. Wem Reis oder Nudeln zum Frühstück nicht zusagen, sollte hier den Tag einläuten.

White Rose, Street 2. Alteingesessenes freundliches Restaurant, umfangreiche Speisekarte mit preiswerten Khmer- und chinesischen Gerichten wie Frühlingsrollen,

Schwerpunkt Thai-Küche

Smokin' Pot, westlich des Angkor Hotels. Hübsches Café und Restaurant mit dem preisgünstigsten Essen in Battambang, hauptsächlich thailändische, aber auch Khmer- und westliche Gerichte. Manchmal werden auch Kochkurse angeboten.

Shrimps und Gemüsegerichten, aber auch gebratenes Huhn mit Pommes, Baguettes, Obstsäfte und einfaches Frühstück.

Unterhaltung

Battambangs Nachtleben spielt sich vorwiegend in wenig einladenden Karaoke-Restaurants in der Umgebung des Bahnhofs ab. Beliebteste Adresse unter Touristen ist die **Riverside Balcony Bar** in einem alten Holzhaus abseits von Street 1 an der Flussbiegung nahe Psar Chas – mit gedämpftem Licht, guter Musik und einer Auswahl an Cocktails. ⏱ Di–So 16–23 Uhr.
Die Bar des **La Villa** ist das stimmungsvollste Lokal der ganzen Provinz – mit ein bisschen Fantasie und ein oder zwei Cocktails können sich die Gäste auf eine Reise zurück ins französische Indochina begeben. Einziger Nachteil ist die frühe Schließungszeit. ⏱ tgl. 17–21.30 Uhr.

Sonstiges
Apotheken

Zahlreiche Apotheken befinden sich nahe dem Psar Nat, die Angestellten sprechen aber kaum Englisch.

Geld

Cambodian Comercial Bank in Bahnhofsnähe und **Canadia Bank** nördlich des Marktes wechseln Reiseschecks mit der üblichen Provision von 2%.
Die Canadia Bank gibt gebührenfrei Bargeld auf MasterCard, die Cambodian Commercial Bank auf Visa und MasterCard, jedoch mit Gebühren. Transaktionen über Western Union wickelt die **Acleda Bank** am östlichen Flussufer ab.

Informationen

Das **Touristenbüro** südlich des Zentrums in einem schönen Kolonialhaus in der Nähe der Verwaltungsgebäude ist freundlich, hat aber kaum brauchbare Informationen. ⏱ variabel, offiziell Mo–Fr 7–11 und 14–17 Uhr.

Internet

Es gibt zahlreiche Internetcafés in der ganzen Stadt; auf Touristen eingestellt sind diejenigen an der Street 1 nahe dem Angkor Hotel.
KCT Internet ist eines der besten und verlangt US$1,50 pro Std.

Konsulate

Vietnamesisches Konsulat, nördlich vom Psar Nat an der Street 2, ⏱ Mo–Fr 8–11 und 14–17 Uhr.

Medizinische Hilfe

Wenig Vertrauen erweckend und ziemlich ungepflegt wirkt das Provinzkrankenhaus in Flussnähe. Besser ist die private **Psar Nat Clinic** nördlich vom Markt.

Post

Am Fluss im Süden der Stadt, ⏱ Mo–Fr 7–11 und 14–17 Uhr.

Supermärkte

Chea Neing, westlich des Psar Nat, kommt der Bezeichnung Supermarkt noch am nächsten und hat eine recht gute Auswahl importierter Waren.

Telefon

Kleine Läden am Markt bieten preiswerte Inlandsgespräche. **Camintel** ist in der südlichen Ecke des Markts mit mehreren Läden für internationale Gespräche vertreten, die jedoch eher selten zustande kommen. Internationale Gespräche sind auch in einigen Hotels möglich, erheblich billiger telefoniert man aber über Skype in einem der Internetcafés.

Nahverkehr

Moto-Fahrten im Stadtgebiet kosten rund 1000 Riel, ein Aufschlag wird für Transporte auf die andere Flussseite erhoben.

Transport
Busse

Seit dem Ausbau der RN 5 kommt man relativ schnell und bequem mit Bussen (oder Minibussen) einiger privater Transportunternehmen nach PHNOM PENH (4x tgl., 4–5 Std., US$10), SIEM REAP (1x tgl., 3 Std., US$5) und POIPET (1x tgl., 3 Std., US$5).

Die Zuckerpalme

Zuckerpalmen, deren Büschel stacheliger Blätter inmitten von Nassreisfeldern zum allgegenwärtigen Bild gehören, sind für die ländliche kambodschanische Wirtschaft von großer Bedeutung. Sämtliche Teile des Baumes finden in irgendeiner Form Verwendung.

Bedeutendstes Produkt ist der **Saft**. Um ihn zu gewinnen, hangeln sich Kletterer über wackelige Leitern die Baumstämme nach oben, kerben die Blütenstile ein und platzieren unter dem Einschnitt Behälter, die den herausquellenden Saft auffangen. Meist findet dies in der Trockenzeit statt, da im Monsun kräftige Winde und nasse Stämme die Kletterpartie riskant machen.

Anschließend wird die noch trübe Flüssigkeit geklärt, zuerst durch Erhitzen, wobei unter dem Auffangbehälter Palmblätter angezündet werden, und dann durch Hinzufügen von Rinde des Popael-Baums (ein Geißblattgewächs). Sowohl der frische Saft als auch dessen vergorene Form, das alkoholische **Palmbier**, wird von Händlern aus Behältern verkauft, die sie an Tragestangen auf ihren Schultern durch die Gegend schleppen oder über die Lenkstange ihres Fahrrads oder Motos hängen.

Die Herstellung von **Palmzucker**, der zum Kochen verwendet wird, erfolgt zunächst durch Eindicken des Saftes in einem Kessel, bevor die so erhaltene Substanz in zylindrische Behälter gegossen wird, um sich dort zu setzen und zu einem körnigen, honigfarbenen Zuckerwerk zu erkalten.

Fast so wichtig wie der Saft sind die **Blätter**, die zwei- bis dreimal im Jahr geerntet werden, um mit ihnen Dächer zu decken, Wände zu füllen, Matten zu weben, Körbe zu flechten, Fächer herzustellen oder Verpackungsmaterial zu gewinnen. Bis vor nicht allzu langer Zeit dienten nach einem speziellen Verfahren behandelte Blätter zur Aufzeichnung religiöser Texte, die mit scharfen Metallklingen eingeritzt wurden.

Die **Palmfrucht** ist etwas größer als ein Tennisball und hat eine feste, faserige schwarze Außenhaut sowie saftige, süßlich duftende Kerne, die milchig weiß aussehen und von gallertartiger Konsistenz sind. Man isst sie entweder frisch oder mit Sirup als Nachtisch. Die **Wurzel** findet

in der traditionellen Medizin als Heilmittel gegen Bauchschmerzen und andere Unpässlichkeiten Verwendung. Weil die Bäume Lieferanten so vieler Stoffe und Produkte sind, werden sie nur selten wegen ihres **Holzes** gefällt, das äußerst robust ist. Inzwischen gibt es aber auch Souvenirs aus Palmholz, das leicht an seiner charakteristischen Streifenmaserung zu erkennen ist, in Phnom Penh und Siem Reap.

Abfahrt ist frühmorgens am Flussufer beim Markt, Abholung vom Hotel ist möglich; Tickets gibt es im Royal Hotel.

Sammeltaxis und Pick-ups

Wer über die RN 5 nach Battambang kommt, wird in der Regel an der Haltestelle im Norden der Stadt abgesetzt. Manche Sammeltaxis fahren ihre Gäste auf Anfrage auch bis zum gewünschten Hotel oder zum Psar Nat. Regelmäßig verkehren von diesem Haltepunkt Taxis und Pick-ups nach SISOPHON (6x tgl., 2 Std.) und POIPET (12x tgl., 3 Std.). Abfahrtspunkt der Taxis und Pick-ups nach PURSAT (6x tgl., 1 1/2 Std., 10 000 Riel), KOMPONG CHHNANG (4x tgl., 4 Std.) und PHNOM PENH (12x tgl., 4 Std., 30 000 Riel) ist der Psar Thmei an der RN 5, eine kurze Motofahrt vom Zentrum entfernt. Sammeltaxis und Pick-ups nach PAILIN (6x tgl., 4 Std., 20 000 Riel) fahren vom Psar Leu, 1 km südwestlich des Zentrums.

Eisenbahn

Der Zug aus Phnom Penh trifft nicht selten erst nach Einbruch der Dunkelheit in Battambang ein. Vom Bahnhof sind es nur ein paar Min. zu Fuß ins Zentrum und zum Psar Nat, bei Ankunft von Zügen warten aber auch immer Motofahrer auf Fahrgäste.

Nur sonntags fährt um 6.30 Uhr ein Zug südwärts nach PURSAT (6–7 Std., 6000 Riel) und PHNOM PENH (mind. 12 Std., 25 000 Riel). Der Zug kommt nur langsam vorwärts und bleibt auch des Öfteren liegen, ist aber ideal, um ein paar Eindrücke vom Leben auf dem Land zu bekommen. Wenn die Strecke nicht von den richtigen Zügen genutzt wird, wird sie von den sogenannten **Bamboo Trains** befahren, kleinen Eisenbahnwagen aus Bambus und Holzresten, angetrieben durch Motorradmotoren, die das kleine Gefährt ganz schön auf Trab bringen. Fahrpreise werden je nach Distanz berechnet, und den meisten Touristen genügen ein, zwei Kilometer (und zurück).

Boote

Boote aus Siem Reap legen bei der Spean-Thmei-Brücke an, knapp 1 km nördlich vom Zentrum, gegenüber dem Krankenhaus. Zur Ankunftszeit gegen 13 Uhr warten bereits Schlepper und Motofahrer, um potenzielle Kunden für Hotels abzufangen und ihre Dienste anzubieten. Da viele von ihnen Englisch sprechen, findet sich vielleicht schon bei der Ankunft ein Führer für die Besichtigung der Sehenswürdigkeiten.

Die Bootsfahrt den Sangker flussabwärts nach Siem Reap ist dank schöner landschaftlicher Eindrücke nach wie vor beliebt, auch wenn die Busfahrt inzwischen schneller und billiger ist. Zwei Unternehmen bieten Transport mit Booten (35 Sitze) nach SIEM REAP (je nach Wasserpegel 3–7 Std., US$15 für Ausländer) an. Abfahrt tgl. 7 Uhr von der Spean-Thmei-Brücke.

Die Umgebung von Battambang

Die größte Touristenattraktion in Stadtnähe ist der Hügel **Phnom Sampeu** mit mehreren Pagoden, ein paar schummrigen Höhlen (für die man eine Taschenlampe braucht) und schönen Ausblicken über die Ebene. Der Phnom Sampeu lässt sich prima mit einem Besuch des **Wat Banan** und seinen Türmen im Angkor-Stil auf einem niedrigen Hügel zu einem Tagesausflug verbinden. Andere interessante Ziele nahe Battambang sind **Kamping Poy**, ein großer Stausee, der unter Pol Pot durch Zwangsarbeit angelegt wurde, und der **Wat Ek Phnom**, ein Hindutempel aus dem 11. Jh. nördlich der Stadt.

Für die genannten vier Ziele gibt es eine kombinierte Eintrittskarte (US$2), die einen Tag gültig und an jedem der Orte erhältlich ist, wirklich praktikabel ist es aber nicht, alles an einem Tag sehen zu wollen. Am besten chartert man in Battambang ein Moto; die Fahrt zum Phnom Sampeu und Wat Banan und zurück sollte nicht mehr als US$5 kosten.

Phnom Sampeu

Der längliche Felsen Phnom Sampeu (Schiffberg), rund 15 km südwestlich von Battambang an der RN 57, hat zwei Gipfel, die durch einen schmalen Pfad miteinander verbunden sind. Der Legende nach handelt es sich bei dem Felsen um den zerbrochenen Rumpf eines Schiffes, das

Landminen – Kambodschas trauriges Erbe

Landminen sollen eher verstümmeln als töten, doch über ein Viertel aller Minenopfer sterben infolge von Schock und Blutverlust vor der Ankunft im Krankenhaus. Für die Überlebenden – über 40 000 Kambodschaner wurden als Folge von Verletzungen durch Landminen zu Amputierten – und ihre Familien sind die Auswirkungen finanziell verheerend (ganz zu schweigen von der seelischen Belastung). Um die Kosten der Behandlung zu bestreiten, mussten und müssen viele Familien das Wenige, das sie besitzen, veräußern. So geraten sie in den Kreislauf einer extremen Armut, dem sie nur in seltenen Fällen entkommen können. Junge weibliche Minenopfer werden zusätzlich mit einem Stigma belegt: Ihre Verkrüppelung bedeutet, dass sie oft keinen Ehemann finden und in ihrem Haushalt verbleiben müssen, wo sie nicht selten ein sklavenartiges Dasein fristen. Die Glücklicheren unter den Opfern finden Kontakt zu einer Prothesen-Werkstatt und erhalten ein künstliches Glied, sobald die Verletzung genügend abgeheilt ist (Kambodscha ist weltweit das Land mit den meisten Prothesen). Doch selbst wenn sie einen Platz in einem handwerklichen oder kunsthandwerklichen Ausbildungszentrum ergattern, haben sie keine Garantie auf eine spätere Beschäftigung, und ohne Kapital für ein eigenes Geschäft und ohne Nachfrage nach ihren Fähigkeiten müssen viele Opfer feststellen, dass sich ihre Aussichten trotz Weiterbildung kaum verbessert haben.

In Kambodscha haben internationale NGOs die gefährliche und mühselige Aufgabe der Minenräumung übernommen. Abgesehen von der Ausbildung örtlicher Mitarbeiter (darunter viele Witwen von Landminenopfern) leisten sie harte Aufklärungsarbeit, um die Landbevölkerung in stark minenverseuchten Gebieten vor den Gefahren zu warnen: In der Regenzeit können zu tief vergrabene Minen in Richtung Oberfläche geschwemmt werden und vormals „sichere" Gebiete wieder zu Gefahrenzonen machen.

Die Minenräumung ist eine langwierige und kostenaufwendige Arbeit. Es gibt kein verlässliches maschinelles System, um Bodenflächen abzusuchen und für „bereinigt" zu erklären. Sobald ein Minenfeld identifiziert ist, wird die Fläche gesperrt und in Schneisen unterteilt, die von ausgebildeten Mitarbeitern auf dem Bauch liegend mit Hilfe einer dünnen Klinge systematisch Zentimeter um Zentimeter nach vergrabenen Objekten abgesucht werden. Entdeckte Minen werden vorsichtig freigelegt und meistens durch Sprengung am Fundort vernichtet.

---

von einem Krokodil versenkt wurde, weil seine Liebe zu einem schönen Mädchen unerwidert blieb; als die Verehrte mit ihrem Verlobter Richtung Meer aufbrachen, griff das Krokodil an, und das Liebespaar ertrank. Im Nordwesten schreibt der kleine, sich einsam erhebende Hügel **Phnom Kropeu** (Krokodilberg) die Legende fort: Die Bevölkerung fürchtete sich vor dem Krokodil und leitete sämtliches Wasser aus dem Gebiet ab, sodass das arme Reptil jämmerlich einging und sich in den Hügel verwandelte.

Besucher werden am Fuß der steilen Treppe abgesetzt, die auf den größeren Hügel führt. Hier unten werden Erfrischungen angeboten, und an einem kleinen Kiosk muss man eine Eintrittskarte (US$2) kaufen. Über dem Tor vor dem Beginn der Stufen thront ein Schiff, und ein großer roter Chedi in der Nähe beherbergt die Asche von Verstorbenen, die keine Angehörigen mehr hatten.

Wer mit eigenem Fahrzeug kommt, kann bis auf den Gipfel fahren: Man folgt erst dem Weg am Fuß des Berges entlang; nach wenigen hundert Metern biegt man an einer Abzweigung nach rechts auf eine befestigte Straße ab, die nach oben führt. Wer möchte, kann diese Strecke natürlich auch zu Fuß laufen und für den Abstieg den Hauptweg nehmen.

Viele Kinder bieten ihre Dienste als **Führer** zu den Höhlen an – kein schlechtes Angebot, da sich der Weg oft gabelt und die Kinder auch meist eine Taschenlampe dabeihaben. Zudem ist es gefährlich, die markierten Wege zu verlassen, da weite Bereiche wahrscheinlich noch vermint sind. Eine kleine Belohnung für diesen Dienst wird erwartet.

Wat Banan: Mächtige Türme, die an Angkor Wat erinnern und auf einem Hügel thronen

Der steile **Hauptweg** zum Gipfel lässt sich in anstrengenden 30–45 Minuten bewältigen. Ungefähr auf halber Strecke zweigt nach rechts ein Weg zur **Windhöhle** *(leahng kshal)* ab. Hinter einem Tor in Pagodenform führen Stufen zu einer schattigen felsigen Plattform hinab, auf der sich mehrere Schreine befinden. Die Höhle ist nach beiden Seiten hin offen, sodass meist eine leichte, kühle Brise weht – daher auch der Name der Höhle. Den Höhleneingang markiert ein rechteckiger Türrahmen aus Holz. Drinnen läuft man ungefähr 15 Minuten bis zur anderen Bergseite. Der unebene Boden ist trocken, doch ohne Taschenlampe ist es ratsam, dem Wächter eine Kerze abzukaufen und zu hoffen, dass der Luftzug sie unterwegs nicht ausbläst.

Wer von der Höhle denselben Weg zurücknimmt, gelangt hinter dem Tor in Pagodenform geradeaus zu einem schmalen Pfad, der zum Hauptweg den Hügel hinauf zurückführt. Dort rechts abgebogen erreicht man nach wenigen Minuten eine **chinesische Pagode**, ein paar hundert Meter weiter eine **buddhistische Pagode**. 1994/95 bildete der Phnom Sampeu die Frontlinie im Kampf zwischen Regierungstruppen und der Pailin-Gruppe der Roten Khmer. An die Auseinandersetzungen erinnern zwei russische Flugabwehrgeschütze in der Nähe der buddhistischen Pagode. Schilder warnen vor dem Näherkommen, da auf dem Gelände vermutlich noch Minen liegen.

Hinter der Pagode sind es nur noch hundert Meter bis zum Gipfel mit dem Vihara **Preah Jan**; von hier bieten sich schöne Ausblicke auf die umliegenden Reisfelder und die Landschaft Richtung Battambang.

Unter den Roten Khmer wurden die Pagodengebäude als Gefängnis und **Verhörzentrum** genutzt. Die Opfer wurden durch ein Loch in eine Höhle zu Tode gestürzt. Ein schmaler steiniger Pfad führt hinter der Pagode zur **Theaterhöhle** *(leahng lacaun)*, in der einst tatsächlich Theateraufführungen stattfanden, was angesichts der düsteren Atmosphäre nur schwer vorstellbar ist. Fledermäuse fiepen in den Deckenritzen, und im Dämmerlicht glaubt man die Umrisse geisterhafter Gesichter an den Höhlenwänden zu sehen, doch ein liegender Buddha hält Wache gegen die Geister. In einem Metallkäfig sind Schädel und Knochen aufgestapelt, die überall in der Höhle verstreut lagen. In einer zweiten Höhle etwas weiter unterhalb, dem Theater als Garderobe und Umkleideraum diente, sind ebenfalls Menschenknochen zu einem Haufen aufgeschichtet.

Der einfachste Weg bergab ist die befestigte Straße zum Fuß des Hügels, ansonsten kann man auch dem schmalen Pfad folgen, der bei linkerhand den Stufen hinüber zum anderen Gipfel führt und von dort wieder nach unten zurückkehren.

Wat Banan

Die am besten erhaltene Tempelanlage der Umgebung, Wat Banan, ist von Battambang über die Street 1 nach Süden zu erreichen. Nach 20 km sind die markanten, an Angkor Wat erinnernden Türme des Heiligtums auf einem 70 m hohen Hügel zu sehen, auf den eine steile Lerittreppe führt.

Als Alternative gibt es eine direkte Route vom **Phnom Sampeu** entlang einer schmalen, unbefestigten Landstraße durch reizende Landschaft. Wer ohne ortskundigen Fahrer unterwegs ist, kann auf die angebotenen Führerdienste einheimischer Kinder zurückgreifen; anschließend gibt man den Kids Geld für die Rückfahrt mit einem Moto (ca. US$1).

Nachweislich wurde Wat Banan als buddhistischer Tempel geweiht, doch in Fachkreisen herrscht Unklarheit darüber, wer ihn errichten ließ und wann er fertiggestellt wurde. Schätzungen datieren die Anlage auf das 10.–13. Jh. Fünf an Maiskolben erinnernde Türme sind noch erhalten, aber ziemlich beschädigt. Von den bildhauerischen Werken sind einige Köpfe dem Vandalismus zum Opfer gefallen, während sich andere noch in gutem Zustand befinden. Insgesamt lohnt sich der steile Aufstieg, und sei es auch nur, um die herrliche Aussicht über endlose Reisfelder bis hinüber zum Phnom Sampeu im Norden zu genießen.

Kamping Poy

Eine raue Piste, die südlich vom Phnom Sampeu von der RN 57 nach Nordwesten abzweigt, erreicht nach 15 km in Kamping Poy einen See, dessen idyllische Schönheit verschweigt, dass er unter Pol Pot in Zwangsarbeit entstand. Über 10 000 Menschen starben beim Bau des 8 km langen **Damms**, der den Kern eines umfangreichen Bewässerungssystems bildete, das heute leider verschlammt und nicht mehr funktionstüchtig ist. Früher wurde über das System Wasser in die umliegenden Felder geleitet, so dass dort auch in der Trockenzeit Reis angebaut werden konnte, dessen Verkauf dem Regime ausländische Devisen einbrachte. Vom Ufer wandert der Blick über den See und weite Ebenen bis hin zu fernen Hügeln. **Boote** kosten für Ruderpartien über den See, der an Wochenenden und Feiertagen ein beliebtes Ausflugsziel der Einheimischen ist, 3000 Riel pro Stunde. Da der Damm einige Kilometer weit zu begehen oder mit Motos zu befahren ist, lässt sich auch bei viel Betrieb ein abgelegener Platz zum Schwimmen finden.

Wat Ek Phnom

Die Ruinen der hinduistischen Tempelanlage Wat Ek Phnom aus dem 11. Jh., 12 km nördlich von Battambang, befinden sich heute auf dem Gelände einer modernen Pagode, die von Lotosteichen, schmalen Flussläufen und Bächen umgeben ist. Fast könnte man glauben, man stehe auf einer Insel. Eine zerbröckelnde Lateritmauer umschließt den Tempel, dessen Sandsteingebäude aufgereiht nebeneinander stehen und durch eine Galerie verbunden sind. Die 2 m hohen Terrassen, die einst beim Aufstieg zu bewältigen waren, sind eingebrochen; heute klettert man einfach den Hügel hinauf. Um das innere Heiligtum zu erreichen, muss man durch ein Fenster oder Loch in der Wand klettern oder zur besser erhaltenen Südseite gehen, an der auch einige Steinmetzarbeiten zu sehen sind.

Pailin

An der Grenze zu Thailand liegt umringt von Hügeln die Stadt Pailin in versteckter Isolation. Nach dem Machtverlust im Jahre 1979 setzten sich die Roten Khmer dort fest, die ihre Attacken gegen die Regierung mit den reichen Bodenschätzen der Region finanzierten: **Edelsteine** und Waldprodukte. Allein der Abbau von Edelsteinen soll ihnen angeblich monatlich 10 Millionen US-Dollar eingebracht haben. Sie hielten sich bis August 1996, als der örtliche Kommandeur Ieng Sary durch einen Handel mit der Regierung, der ihm Straffreiheit garantierte, das Ende der Roten Khmer einläutete: Mit 3000 Gefolgsleuten lief er in das Lager der Regierung über.

Noch heute schwelgen ältere Einwohner Pailins in der Erinnerung an die Jahre unter den Roten Khmer, als Ausbildung und Gesundheitsvorsorge zur Verfügung standen und die Alten und Bedürftigen Nahrungsmittel erhielten. Das heutige Vertrauen auf den freien Markt bewirkte einen Rückgang der staatlichen Hilfeleistungen.

Pailin ist eine ausgedehnte, planlose Grenzstadt, nur einige Verwaltungsgebäude und die Bank vermitteln ein Gefühl von Dauerhaftigkeit. Im Süden der Stadt ragt an der Straße nach Battambang der kleine Hügel **Phnom Yat** auf, dessen Gipfel von Mobiltelefonsendern und einem Stupa (im Jahr 2000 mit Geldern eines Khmer aus Übersee errichtet) gekrönt wird.

Der Hügel, ein idyllischer Fleck für den Sonnenuntergang, wurde nach einem buddhistischen Pilgerpaar benannt, das Ende des 19. Jhs. nach Pailin kam. Damals hatten Jagd und Edelsteinabbau die Landschaft bereits zu zerstören begonnen. Yeah Yat und ihr Ehemann gründeten auf dem Hügel ein Meditationszentrum, um der Natur und den Berggeistern nahe zu sein. Yat erhielt von den Geistern die Botschaft, dass der Boden einen reichen Nachschub an Edelsteinen preisgeben würde, solange die Schürfer das Land respektierten, Pagoden bauten und angemessene Opfergaben spendeten. Die Kunde machte sich breit, und da die gläubigen Schürfer sich an die Empfehlungen hielten, förderten sie viele Edelsteine zu Tage. Um das Schicksal gütig zu stimmen, raten Einheimische den Besuchern, vor der Abfahrt aus Pailin den Geistern als Dank für die Nutzung von Wasser und Luft eine kleine Opfergabe darzubringen.

Blutrünstige Darstellungen veranschaulichen an der Pagode die Höllenstrafen: Einem Mann wird die Zunge herausgerissen, ein anderer wird in Öl gesiedet und ein Dritter wird mit einer spitzen Heugabel gezwungen, einen dornigen Pfahl zu erklettern. Hinter dem modernen Vihara verstecken sich die Überreste der alten, von den

Roten Khmer zerstörten Pagode; Wandmalereien, Bodenfliesen und der zerstörte Stupa sind noch zu sehen.

Nicht weit entfernt steht an der Straßenbiegung der **Wat Ratanasaoporn**, auf dessen Umfassungsmauer ein Flachrelief das Kirnen des Milchozeans zeigt. Die Pagode geriet im Jahr 2000 in die Schlagzeilen, weil sich die Mönche mit Damen aus dem Rotlichtmilieu amüsiert hatten; 80 Mönchen wurde damals die Weihe entzogen.

Die Straße führt von hier einen Hügelrücken hinab in die Stadt. Geradewegs hinter dem Kreisverkehr befindet sich vor der scharfen Linkskurve auf der linken Straßenseite eine **Schule für Edelsteinschleifer**. Unter der Woche kann man zuschauen, wie die Rohmineralien geschliffen werden. Nach der Linkskurve führt die Straße bergab zum **Markt**, wo Edelsteinhändler ihre Ware neben den üblichen Gemüseständen zum Verkauf anbieten.

Übernachtung

Hang Meas, ✆ 012/787546, etwas westlich des Zentrums Richtung Grenze. Bestes Hotel der Stadt; gemütliche, saubere Zimmer mit Klimaanlage, Bad, Warmwasser, TV und klobigen Holzmöbeln. ❸

Kim Young Heng Guest House, ✆ 016/939841, vom Markt ein paar Schritte den Hügel hinauf, hinter dem gleichnamigen Restaurant; Zimmer unterschiedlicher Qualität mit Ventilator oder Klimaanlage, einige sind hell und ansprechend, andere fensterlose Zellen. ❶

Punleu Pich Guest House, ✆ 016/958611, gegenüber dem Markt, sehr einfach und am billigsten. ❶

Essen und Unterhaltung

Pailin ist gewiss kein gastronomisches Eldorado, doch am Markt gibt es genügend kleine Garküchen und preiswerte Restaurants. Das **Nachtleben** spielt sich vorwiegend in den zahlreichen Karaoke-Bars mit Restaurantbetrieb ab.

Hang Meas Hotel, bestes Restaurant der Stadt mit englischer Speisekarte und guter Auswahl an Khmer-, Thai- und westlichen Gerichten. Zum Frühstück gibt es Brot und Eier.

Kim Young Heng Guest House, vom Markt ein paar Schritte den Hügel hinauf, schmackhaftes Khmer-Essen und englische Speisekarte.

Phkay Proek, ein Ableger des gleichnamigen Restaurants in Battambang, fast am oberen Ende der Gratstraße, ist ebenfalls eine gute Wahl.

Phnom Kieu, an der Gratstraße, eine der besten Karaoke-Bars, zu erkennen an der auffälligen Leuchtreklame, wird aber nur selten von Ausländern besucht.

Sonstiges

Geld

Dollar und Riel werden akzeptiert, doch gängige Währung ist der thailändische Baht. Bei Bezahlung mit Dollar werden gewöhnlich Baht herausgegeben, es sei denn, man verlangt ausdrücklich Riel. An der Straße Richtung Pagode gibt es Zweigstellen der **Canadia Bank** und der **Acleda Bank**.

Informationen

Ein kleines **Tourist Office** steht neben dem Phkay Proek Restaurant am oberen Ende der Gratstraße.

Post

Das **Postamt** befindet sich hinter dem Krankenhaus in der Nähe der Verwaltungsgebäude, nicht weit vom Kreisverkehr an der Gratstraße.

Telefon

Gegenüber dem Markt gibt es mehrere Telefonbuden.

Transport

Von BATTAMBANG befahren **Sammeltaxis** und **Pick-ups** die 80 km lange Strecke auf der RN 57 nach Pailin. In der Trockenzeit ist die Fahrt (6x tgl., 3–7 Std.) ein rumpelndes Staubbad, in der Regenzeit ist die Straße oft unpassierbar. Von Zeit zu Zeit wird die Straße zwar ausgebessert, aber es dauert nie lange, bis der Lastwagenverkehr neue Schäden verursacht hat. In Stadtnähe steigt die Straße langsam zum Phnom Yat an, wo sie im rechten Winkel abknickt. Nach einem Kilometer am Grat

> ### Grenzübergang nach Thailand
>
> Die rund 20 km von Pailin entfernte Grenze zu Thailand (⏰ tgl. 7–20 Uhr) ist mit einem Moto (100 Baht) oder einem Sammeltaxi (50 Baht) in einer halben Stunde zu erreichen. Am Grenzübergang befinden sich zwei große Kasinos und ein kleiner Markt; in den Kasinos versuchen in erster Linie Thailänder ihr Glück.
>
> In letzter Zeit hat es an diesem Grenzübergang ein paar Probleme gegeben, da die thailändischen Beamten von Einreisenden die Vorlage eines Tickets für die Ausreise aus Thailand verlangt haben. Einige Traveller sind nach Erledigung der Ausreiseformalitäten wieder nach Kambodscha zurückgeschickt worden. Am besten vorab in Battambang nach dem Stand der Dinge erkundigen. Nach glücklicher Grenzüberquerung kann man dann einen Minibus nach Chanthaburi (100 Baht) nehmen, von wo Anschlussbusse nach Bangkok sowie nach Trat verkehren.

erreicht die Straße einen Kreisverkehr und führt geradeaus hinunter zum Markt im Stadtzentrum, wo sich die Haltestelle, Garküchen und Wechselstuben befinden.

Die Umgebung von Pailin

Die 80 km lange Straße von Battambang nach Pailin (RN 57) ist während der Regenzeit aufgrund von Überflutungen und Brückeneinstürzen oft in einem problematischen Zustand, und im Schlamm stecken gebliebene LKWs verursachen immer wieder lange Verzögerungen. Die Straße kommt nach 15 km am Phnom Sampeu (s. S. 188) vorbei und erreicht nach weiteren 10 km das Dorf **Sneng**, wo man die Überreste des **Prasat Yeah Ten**, eines Tempels aus dem 10. Jh., findet. Außer schönen Torverzierungen sind noch drei sakrale Backsteinbauten erhalten.

Der Hauptgrund für einen Besuch Pailins ist jedoch die Möglichkeit, die nahe **Grenze** nach Thailand zu überqueren. Es gibt ein paar Kasinos, die bei Thais beliebt sind, ansonsten aber keine weiteren Attraktionen. Die Fahrt von Battambang lohnt sich daher nur, wenn man sich ein paar Tage in einem wenig besuchten Landstrich aufhalten will. Da die Fahrt von Battambang mindestens drei, vielleicht sogar sieben Stunden dauert, ist es sinnvoll, in Pailin zu übernachten, falls man nicht über die Grenze will.

Die Edelsteinminen

In der Umgebung von Pailin markieren rote Erdhügel die vielen Edelsteinminen, von denen die meisten aber verlassen sind, und die wenigen noch aktiven Schürfer halten die genaue Lage ihrer Fundorte ziemlich geheim. Motofahrer bieten zwar an, Besucher zu den Edelsteinfundorten der Umgebung zu fahren, aber außer einem Loch im Boden und einem Erdhaufen daneben gibt es kaum etwas zu sehen.

Pailin ist seit fast einem Jahrhundert ein Zentrum des Edelsteinabbaus – früher, so heißt es, lagen Saphire, Rubine und Granate überall offen auf dem Boden herum. Inzwischen sind viele Lagerstätten erschöpft und die Schürfer müssen tief in die felsige Erde graben, um tatsächlich einen Stein zu finden. Am häufigsten werden kleine Granate und Topase gefunden, gelegentlich auch Rubine, doch Saphire sind selten geworden. Der Job ist Knochenarbeit, und in den meisten Fällen wird aus Hoffnung Wehmut, während man mühselig Berge aus rotem Staub siebt und Erde von Steinen trennt.

Große Haufen durchsiebter Erdmassen lassen die Umgebung wie eine Mondlandschaft erscheinen. Die Erde wird im nahen Fluss ausgewaschen, der sich täglich hinter den Pfannen der Schürfer rot färbt; die Segmente verschlammen das Flussbett und machen auf vielen Kilometern flussabwärts den Fischfang zunichte. Zur heißen Mittagszeit dösen die meisten Schürfer auf dem Boden unter Plastikplanen, die Schutz vor der Sonne spenden. Hier verbringen sie auch die Nacht, um Diebe von ihren hart zusammengetragenen Säcken mit Erde fernzuhalten.

Stausee Phnom Ching Chok und der Wasserfall O Chrah

Der Stausee **Phnom Ching Chok**, ungefähr 5 km südwestlich der Stadt, ist am Wochenende ein beliebtes Ausflugsziel für Einheimische, die hier baden oder im Schatten strohgedeckter Dächer

Illegaler Holzeinschlag

Zwischen den Jahren 2000 bis 2005 hat Kambodscha fast 30 % seines Bestandes an tropischem Hartholzwald verloren. Bei Fahrten nach **Pailin** oder durch die Provinzen **Kompong Thom**, **Kratie**, **Rattanakiri**, **Mondulkiri** und **Koh Kong** sind die Auswirkungen des Holzeinschlags nicht zu übersehen. Am Straßenrand aufgestapelt liegen gefällte Bäume, und manche Holzfällerschneisen sind in besserem Zustand als die offiziellen Straßen.

Ab 1995 beschleunigte sich die Abholzung, nachdem im ganzen Land multinationalen Konzernen Konzessionen erteilt wurden, um mit schwerem Gerät kostbare Harthölzer aus den Tiefen des Dschungels zu holen. Dabei wurde nicht selten alles achtlos zerstört, was im Weg stand. Das meiste Holz gelangte nach Thailand und Vietnam, wo es überwiegend zu Gartenmöbeln für den europäischen Markt verarbeitet wurde. Theoretisch sollte der Holzhandel dem Staat hohe Devisenbeträge einbringen, doch in der Praxis erreichten nur geringe Beträge die Staatskassen. Stattdessen gelangten hochrangige Beamte und besonders Militärangehörige zu plötzlichem Reichtum.

Umweltschützer begannen sich dafür einzusetzen, den Holzeinschlag zu reduzieren, doch der Regierung fehlte es zunächst an den Mitteln oder am Willen, an die Vergabe von Genehmigungen auch Konditionen zu knüpfen. Erst als 1999 die Asian Development Bank die unabhängige Überwachung des Holzeinschlags zur Bedingung für die weitere Bewilligung von Geldern machte, ließ die kambodschanische Regierung widerwillig eine Kontrollgruppe der Londoner Organisation **Global Witness** zu. Deren jüngster Bericht ist sehr ernüchternd. Die Organisation beschuldigt Kambodschas „Schattenstaat", genau diejenigen Gesetze zum Schutz der Wälder zu unterlaufen, die sie eigentlich durchsetzen sollen. Am Beispiel des Waldes von Prey Long in der Provinz Kompong Thom – Südostasiens größtem Tieflandwaldgebiet mit tropischen Harthölzern – zeigt der Bericht von Global Witness, wie Verwandte und enge Freunde von Premierminister Hun Sen sich durch die illegalen Rodungen bereichern, während die Leibwache des Premierministers sogar für den Abtransport der Hölzer sorgt. Die kambodschanische Regierung weist alle Vorwürfe zurück und zitiert eine zweifelhafte Untersuchung, der zufolge Kambodscha seinen Waldbestand in den letzten Jahren sogar vergrößert hat. In einem Artikel in der *International Herald Tribune* denunzierte Ty Sokun, Generaldirektor der Forstverwaltung, die Mitarbeiter von Global Witness als „verrückte, unprofessionelle Leute" ohne jegliche Ahnung von Forstwirtschaft und stufte ihre Befunde als irreleitend ein. Global Witness hielt dem entgegen, dass jegliche neue Waldflächen auf den Anbau von schnell wachsendem Bambus zurückzuführen sei, mit dem die in Windeseile abgeholzten, jahrhundertealten Harthölzer ersetzt werden sollen. Auf jeden Fall gibt es kaum Chancen, dass sich etwas ändert, solange die Nachfrage nach Tropenhölzern hoch bleibt.

---

am Seeufer entspannen. Es werden Snacks verkauft und Schwimmreifen vermietet. Wochentags geht es ruhiger zu, dann sollte man sich für ein Picknick eine Lunchbox vom Hotel oder einem Restaurant geben lassen.

Wer Lust auf eine kurze Wanderung hat, kann vom Stausee zum 4 km entfernten Wasserfall **O Chrah** laufen. 400 m nach der Einfahrt zum Stausee erreicht man eine Gabelung; von hier geht man 3,5 km geradeaus weiter, überquert ein paar Flüsse und Bäche und sieht dann links den Wasserfall. Wegen Landminengefahr sollte der Pfad nicht verlassen werden. Ein Moto für die Fahrt zum See und zurück kostet etwa 80–100 Baht.

Sisophon

Sisophon – von den Einheimischen *Svay* (Mango) genannt, niemand weiß, warum – ist ein guter Ausgangspunkt für ein paar lohnende Ziele in der Umgebung (s. S. 197). Die Stadt selbst ist zwar staubig und schmutzig, gehört aber zu den freund-

Sisophon

Übernachtung und Essen:

Neak Meas Hotel	D
Phnom Svay Hotel	B
Rong Roeung Hotel	A
Sarat Tong Guest House	C
Phkay Proek Restaurant	1

lichsten Orten Kambodschas und hat etwas von einem ungeschliffenen Rohdiamanten.

Übernachtung

Phnom Svay Hotel, ☏ 012/656565. Nordwestlich vom Zentrum gegenüber den Verwaltungsbüros. Eines der angenehmsten Hotels der Stadt. Klimatisierte Zimmer mit Bad, Warmwasser und TV. Zuvorkommendes Personal. Zuverlässige Vermittlung von Motos oder Jeeps für Ausflüge in die Umgebung. ❷

Neak Meas Hotel, ☏ 012/971287. Zentral gelegenes Hotel, in dem auch Prostituierte ihrem Gewerbe nachgehen; ziemlich schmucklose Zimmer mit Klimaanlage, Warmwasser, TV und Kühlschrank. ❸

Rong Roeung Hotel, ☏ 054/958823. Eine billigere Alternative; Zimmer mit Ventilator oder Klimaanlage, aber ohne Warmwasser. ❷

Sarat Tong Guest House, auf der Nordseite der Hauptstraße, die in Richtung Osten die Stadt verlässt; kleine Zimmer mit und ohne Bad; die billigste Unterkunft der Stadt. ❶

Essen und Unterhaltung

Ab dem späten Nachmittag gibt es an der Südseite des Unabhängigkeitsparks einen Nachtmarkt mit einfachem Khmer-Essen, leckeren Fruchtsäften und Süßspeisen.

Phkay Proek Restaurant, vom Phnom Svay Hotel 100 m bergab. Beste Küche der Stadt. Englische Speisekarte mit zahlreichen Khmer-,

Thai- und westlichen Gerichten. Westliches Frühstück mit guter Auswahl.
Im **Neak Meas Hotel** ist das einzige andere Restaurant mit englischer Speisekarte und serviert Khmer-, Thai- und chinesische Gerichte. Außer den schäbigen Bar-Bordellen am Bahnhof und den Karaoke-Clubs wie dem im **Neak Meas Hotel** hat Sisophon wenig an Nachtleben zu bieten.

Sonstiges

Apotheken
Es gibt mehrere Apotheken in Marktnähe.

Geld
Acleda Bank, gegenüber dem Unabhängigkeitspark, in derselben Straße wie das Neak Meas Hotel.
Auch auf dem Markt werden Dollars, Riel und Baht akzeptiert und gewechselt.

Informationen
Touristenbüro, in einem neueren Betongebäude nördlich des Markts, ist hilfsbereit und hat brauchbare Infos.

Medizinische Hilfe
Das **Provinzkrankenhaus** befindet sich östlich vom Unabhängigkeitspark.

Telefon
Preiswerte Telefonzellen gibt es im gesamten Stadtgebiet. Internationale Anrufe sind vom Phnom Svay Hotel aus möglich.

Transport
Zentraler An- und Abfahrtspunkt der **Sammeltaxis** und **Pick-ups** ist die betriebsame Haltestelle östlich des Markts, wo Motofahrer warten. Verbindungen bestehen nach BATTAMBANG (6x tgl., 2 Std.), PHNOM PENH (10x tgl., 7 Std.), POIPET (20x tgl., 1 Std.) und SIEM REAP (20x tgl., 2 Std.).

Die Umgebung von Sisophon

Sisophon ist das Sprungbrett für einen Tagesausflug zu den gewaltigen Tempelruinen **Banteay Chhmar** und **Banteay Tuop** aus der Angkor-Zeit. Weitere Sehenswürdigkeiten befinden sich in der Nähe der Grenze zur Nachbarprovinz Siem Reap: **Choob**, das Dorf der Steinbildhauer, das traditionelle Weberdorf **Phnom Sarok** mit eigener Seidenraupenzucht und der von den Roten Khmer angelegte Stausee **Trapeang Thmar**, heute ein Schutzgebiet für Sarus-Kraniche.

Banteay Chhmar

Gut 60 km nördlich von Sisophon erstrecken sich auf rund 3 km^2 die Tempelruinen von Banteay Chhmar. Jayavarman VII. ließ den Tempel als Gedenkstätte für Soldaten errichten, die bei der Verteidigung seines Sohnes in einer Schlacht gegen die Cham umkamen.

Hinter dem von Lotosblumen zugewucherten Graben und der Umfassungsmauer aus Laterit führt der Weg in die Anlage über einen Damm, den einst Götter und Dämonen säumten. Fast alle Besucher betreten den zentralen Gebäudekomplex durch die verfallenen Torbauten des Osteingangs. Einige der dortigen **Steinmetzarbeiten** sind in ausgezeichnetem Zustand, wollen jedoch entdeckt werden. Beachtung verdienen ein Fenstersturz mit bärtigen Musikanten, von denen einer Harfe spielt, sowie ein Fries mit tanzenden Kranichen.

Eine **Galerie** umschließt den Innenhof, der mit angehäuftem Staub und Schutt gefüllt ist. Zum zentralen Teil führt nur eine Kletterpartie über Stapel aus behauenen Steinen und Reste der Umfassungsmauer. In manchen Nischen entlang des Galeriedachs sind noch kleine Buddhastatuen erhalten, doch die meisten Bildnisse wurden herausgebrochen, als der Hinduismus im 13. Jh. den Buddhismus als Staatsreligion ersetzte, oder einfach gestohlen.

Von den Türmen blicken die **Gesichter** des Bodhisattvas Srindradeva herab, und an der Westseite des zentralen Turmheiligtums sind Teile des Reliefs eines achtarmigen Vishnu erhalten, dessen Kopf (wie bei vielen anderen Darstellungen dieser Anlage) leider fehlt.

Einige der wundervollen **Flachreliefs**, die sich einst mit denjenigen des Bayon messen konnten, sind an der westlichen Außenseite der Umfassungsmauer erhalten. Besonders eindrucksvoll ist ein 32-armiger Gott, dessen Hände zwei unterschiedliche *mudra* zeigen. Nicht weit entfernt kennzeichnet ein frischer Durchbruch in einem unverwitterten Mauerteil die Stelle, an der Militärangehörige 1998 zwei große Wandtafeln herausbrachen, um sie über die Grenze zu schmuggeln und in Bangkok zu verkaufen. Die thailändische Polizei konfiszierte die Beute unterwegs und gab sie an Kambodscha zurück. Heute sind die beiden Friese in Phnom Penhs Nationalmuseum (s. S. 131) zu sehen. Im Norden zeigt die Mauer Darstellungen aus dem *Ramayana* und das gut erhaltene Bildnis eines *yeak*, der ein Pferd verschlingt.

Die Wege um die äußeren Mauern zurück zum Eingang sind weitgehend frei von Hindernissen, aber wer will, kann über weiteres Geröll klettern und auf mehr oder weniger demselben Weg zurückkehren.

Gegenüber der südwestlichen Ecke des Grabens befindet das von Franzosen geleitete Seidenweberprojekt **Les Soieries du Mekong** wo man einheimischen Frauen beim Weben zuschauen und bunte Tücher kaufen kann.

Banteay Chhmar ist von Sisophon aus mit einem Moto zu erreichen, der Ausflug nimmt aber einen vollen Tag in Anspruch. Von Sisophon führt die RN 56 direkt nach Norden bis **Thmor Puok**, wo es einige Restaurants gibt. Von dort sind es noch 17 km bis nach Banteay Chhmar. Beim Eingang zur Anlage stehen mehrere Essensstände; notfalls kann man hier auch privat übernachten.

In Banteay Chhmar wird keine Eintrittsgebühr erhoben, doch die zum Schutz vor Plünderern postierten Soldaten bitten Besucher um ein Trinkgeld, die sa nur selten ihren ohnehin mageren Sold erhalten – die Höhe bleibt jedem selbst überlassen. Ihre Kinder bieten sich gerne als Führer durch die Stätte an, erwarten aber ebenfalls eine kleine Entlohnung.

Banteay Tuop

Neun Kilometer vor Banteay Chhmar zweigt von der RN 56 eine Nebenstraße ab (auf das steinerne Schild mit den goldenen Lettern achten) und führt rund 10 km durch hübsche, ländliche Szenerie, bevor sie zum Rand eines Stausees ansteigt, wo es dann rechts zur Tempelanlage Banteay Tuop geht. Zur selben Zeit wie Banteay Chhmar erbaut, vermutlich zu Ehren der Armee Jayavarmans VII., weisen die Tempel weniger Steinmetzarbeiten auf, haben aber viel höhere Türme als Banteay Chhmar.

Choob

An der Straße von Sisophon Richtung Osten nach Siem Reap (RN 6) lohnt sich nach 20 km ein Zwischenstopp in Choob, dem Dorf der **Steinbildhauer**. Der Ort ist kaum zu verfehlen, da schon am Straßenrand Figuren aus Sandstein aufgereiht sind – Buddhas und Apsaras in allen Größen. Das Dorf ist im ganzen Land für seine Kunst bekannt, und auch wer nicht unbedingt gleich etwas kaufen möchte, kann zumindest den Bildhauern bei ihrem Werk zusehen. In manchen größeren Stücken, viele davon für Tempel oder Behörden, stecken viele Monate Arbeit. Wer eine Statue erstehen und mit nach Hause schleppen möchte, kann mit etwas Geschick einen sehr guten Preis aushandeln. Der edelste und teuerste Sandstein hat eine feine Maserung.

Ein Moto von Sisophon nach Choob kostet für die Hin- und Rückfahrt ca. US$5.

Phnom Sarok

Obwohl im Rahmen mehrerer NGO-Projekte Seidenraupen gezüchtet werden, ist Phnom Sarok eines der wenigen Dörfer im Land, das die **Seidenraupenzucht** nach dem Sturz der Roten Khmer wieder belebte. Der kleine Ort, der aus nur vier Straßen mit einer Kreuzung besteht, ist in ganz Kambodscha bekannt für seine dicken baumwollenen *krama*, die außerhalb von Sisophon kaum erhältlich sind und als begehrte Stücke höchste Preise erzielen. Unter den Stelzenhäusern der Nordstraße klacken die Webstühle, und überall ist das Gezweig der Bäume mit pelzigen Seidenraupenkokons durchsetzt. Familien führen Besucher gerne durch ihre Produktionsstätten.

Das Dorf liegt 60 km von Sisophon entfernt, nahe der Grenze zwischen den Provinzen Banteay Meanchey und Siem Reap. In Sisophon ist leicht ein Moto für die Fahrt zum Dorf zu finden (ca. US$10), doch Reisende aus Siem Reap müssen ein Pick-up bis zur Abzweigung der RN 6 – markiert durch die Statue einer spinnenden Frau, 34 km vor Sisophon – nehmen und für die restliche Strecke ein Moto anmieten. Für den Ausflug ist hin und zurück von beiden Städten ein voller

Tag einzuplanen. Da nur ein kleiner Stand an der Dorfkreuzung Nudeln und *borbor* anbietet, sollte man eigenen Proviant mitbringen.

Trapeang Thmar

Leicht mit dem Moto von Phnom Sarok zu erreichen ist der nur wenige Kilometer westlich gelegene Stausee Trapeang Thmar, wo in der Trockenzeit über 200 **Sarus-Kraniche** *(kriel)* Zuflucht finden. Im Jahre 2000 mussten mehrere Dörfer mit insgesamt rund 700 Familien umgesiedelt werden, um die Sarus Crane Conservation Area einzurichten, mit der man den Bestand der weltweit gefährdeten Vögel zu sichern hofft. Ihre Population in ganz Südostasien wird auf nur 1200 Tiere geschätzt. Am frühen Morgen und späten Nachmittag lassen sich auch Silberreiher, Seidenreiher, Purpurreiher, Teichreiher sowie Buntstörche und Milchstörche am Ufer beobachten.

Poipet

Poipet ist kein gutes Aushängeschild für Kambodscha, denn es lässt Charme und Freundlichkeit vermissen. Auch die penetranten Schlep-

Grenzübergang von / nach Thailand

Der Grenzübergang **Aranyaprathet / Poipet** ist tgl. von 7–20 Uhr geöffnet.

Nach Kambodscha
Bei der Einreise aus Thailand ist es theoretisch unkompliziert, ein Visum zu erhalten. Hier treiben allerdings viele Schlepper ihr Unwesen, indem sie die Pässe der Reisenden mit offiziöser Geste annehmen, nur um sie gegen eine Gebühr an einen Grenzbeamten weiterzureichen. Man sollte nicht davon ausgehen, dass die Grenzbeamten dieses Verhalten unterbinden.
Hier schon US$ in Riel zu tauschen ist wegen der schlechten Kurse nicht ratsam und auch nicht nötig, da US-Dollar und Baht überall im Land akzeptiert werden.
Am einfachsten ist es, sich vorher ein **e-Visa**, evisa.mfaic.gov.kh, für den Grenzübertritt zu besorgen. Die meisten Reisenden werden von ihren Tourguides gleich zu wartenden Minibussen geführt. Ansonsten warten am Schlagbaum Motos, die den Transport zur knapp 1 km östlich gelegenen Haltestelle am Markt von Poipet anbieten (20 Baht), normalerweise stehen aber Pick-ups und Sammeltaxis bereits in unmittelbarer Nähe des Grenzübergangs.
Die Schlepper für den Weitertransport stürzen sich auf die Ankömmlinge, bevor diese überhaupt eine Chance haben, sich zu orientieren. Dies geschieht natürlich nicht in höflich-zivilisierter Form. Die Schlepper und Fahrer können beim Versuch, alles aus ihren potenziellen Kunden herauszuholen, recht unangenehm werden, bis hin zur Einschüchterung. Also so früh wie möglich hier ankommen, um Zeit zu haben, die unvermeidlichen Probleme in den Griff zu bekommen. Zunehmend werden organisierte Touren Bangkok–Siem Reap angeboten. Viele arbeiten mit Agenturen in Bangkok und Gästehäusern in Siem Reap zusammen. Zahlreiche Traveller haben hier allerdings über Betrügereien wie den Einsatz schlechterer Fahrzeuge als vereinbart und andere Nervereien berichtet.

Nach Thailand
Viele Traveller, die auf dem Landweg von Siem Reap nach Bangkok wollen, entscheiden sich für die Ausreise nach Thailand via Poipet. Hinter der Grenze geht es zunächst per Tuk-Tuk ins 4 km entfernte **Aranyaprathet**, von wo Züge (13.30 Uhr, 7 Std.) und Busse (4x tgl., 4 1/2 Std.) nach Bangkok verkehren. Bei organisierten Touren nach Bangkok werden Reisende auf kambodschanischer Seite abgesetzt und nach Erledigung der Formalitäten auf der anderen Seite von thailändischen Schwesteragenturen abgeholt. Bei diesen Touren kommt es immer wieder zu Abzockereien – am verbreitetsten ist der Wechsel auf ein schlechteres Fahrzeug in letzter Minute –, und viele Traveller finden, dass es billiger ist und zudem viel schneller geht, den Trip auf eigene Faust zu unternehmen.

per, die sich an der Grenze herumtreiben, tun dem Land keinen Gefallen. Gründe zum Verweilen gibt es eigentlich nicht, es sei denn, man möchte etwas trinken, hat die Öffnungszeiten der Grenze (✆ tgl. 7–20 Uhr) verpasst oder bekommt Lust, sein Glück in den Kasinos zu versuchen.

Auch bei Ankunft am späten Nachmittag aus Thailand lässt sich in der Regel noch ein Transportmittel für die Weiterfahrt nach Sisophon auftreiben.

Übernachtung und Essen

Orkiday Angkor Hotel, ✆ 054/967502, vom Immigration Office nach links. Neues Hotel mit gut ausgestatteten und geschmackvoll dekorierten Zimmern. ❸

Ngy Heng Hotel, ✆ 054/967101, östlich der Canadia Bank an der Hauptstraße. Saubere Zimmer mit Ventilator oder Klimaanlage. ❷

Hang Meas Thmey, ✆ 054/967040, hinter dem Markt. Kleine, aber akzeptable Zimmer. ❷

Bayon Guest House, ✆ 011/866065, östlich vom Markt. Von den billigen Unterkünften noch die beste. ❷

Hope and Health Restaurant, neben dem Bayon Guest House, bietet westliche Gerichte wie Spaghetti und Hamburger.

Khmer-Küche gibt's in mehreren Lokalen an der Hauptstraße.

Transport

Den ganzen Tag über verkehren **Busse** nach SIEM REAP (3x tgl., 2 1/2 Std.), BATTAMBANG (1x tgl., 3 Std.) und PHNOM PENH (2x tgl., 8 Std.), außerdem **Sammeltaxis** nach SISOPHON (20x tgl., 1 Std.), BATTAMBANG (12x tgl., 3 Std.) und PHNOM PENH (10x tgl., 8 Std.), und bis zum frühen Nachmittag fahren **Pick-ups** nach SIEM REAP (20x tgl., 4 Std.).

Siem Reap und die Tempel von Angkor

Stefan Loose Traveltipps

Siem Reap Gemütliche Cafés, elegante Restaurants und jede Menge lebendige Bars. S. 204

3 **Apsara-Tanz** Auftritte wunderschön kostümierter Tänzerinnen, die aus Angkors Tempelwänden geschnitten sein könnten. S. 214

4 **Die Tempel von Angkor** Das wunderbare **Angkor Wat** mit seinen mächtigen Tempeltürmen, S. 227, der große Komplex von **Angkor Thom** mit dem Bayon, S. 233, die verträumte Tempelanlage **Ta Prohm**, S. 241, und der wundervolle **Banteay Srei**, S. 249.

5 **Tonle Sap** Schwimmende Dörfer auf dem größten See Südostasiens. S. 252

Das Gebiet um die heutige Provinzstadt Siem Reap war einst das Herz des Khmer-Reiches, das seinen Anfang im Jahre 802 mit dem Aufbruch Jayavarmans II. nach Phnom Kulen nahm und sein Ende fand, als die Siamesen 1431 Angkor Thom plünderten. Ausreichende Wasservorräte und fruchtbares Ackerland bedeuteten, dass die Region eine große Bevölkerung ernähren konnte, und so bauten Angkors nachfolgende Herrscher dort ihre **Königsstädte** und **Staatstempel**. Seine große Blüte erlebte das Reich unter der Herrschaft Jayavarmans VII., des größten aller Tempelbauer, als es sich von der vietnamesischen Küste südwärts bis zur malaiischen Halbinsel, nach Westen bis Bagan in Myanmar und nach Norden bis nach Laos erstreckte. Als der Hof die Region im 15. Jh. verließ, geriet dieser Teil des heutigen Kambodschas in Vergessenheit, bis er im 18. Jh. in die damals unter siamesischer Herrschaft stehende Provinz Battambang eingegliedert wurde. In dieser verblieb er, bis die Franzosen 1907 seine Rückgabe aushandelten.

Die meisten Touristen, die Kambodscha besuchen, kommen in erster Linie, um die Anlage von **Angkor Wat** zu sehen, dessen hoch aufragende Türme und wundervolle Steinmetzarbeiten nach nur kurzer Fahrt von Siem Reap aus erreicht sind. Der erste Blick auf das atemberaubende Heiligtum klingt für ewige Zeiten in der Erinnerung nach, und die Galerie mit vortrefflichen Flachreliefs, die in Detailvielfalt und Ausführungsgenauigkeit ihresgleichen sucht, ist ein Genuss für Laien wie für Fachleute. Kaum weniger spektakulär ist die nahe ummauerte Stadt **Angkor Thom**, deren berühmte Tore von vier gewaltigen Gesichtern aus Stein gekrönt werden. Das Motiv wiederholt sich im Herzen von Angkor Thom an Jayavarmans VII. Staatstempel **Bayon**, der zwei prachtvolle Flachreliefgalerien besitzt. Neben diesen Hauptattraktionen gibt es in Angkor aber noch viel mehr zu entdecken. Die weit verstreuten, unterschiedlichen Stätten reichen von frühen kleinen Ziegeltürmen wie Prasat Kravan bis hin zu massiven Sandsteinanlagen wie Ta Keo.

Ohne Mühe ließen sich zwei volle Wochen mit Besichtigungen verbringen, nach denen immer noch Neues zu erwarten wäre, doch die meisten Besucher begnügen sich mit drei Tagen, um mehr oder weniger im Laufschritt die wichtigsten Anlagen zu bewundern. Wer die Zeit (und das Geld) hat, sollte besser fünf oder sechs Tage bleiben. Viele der schönsten Tempelstätten befinden sich nur wenige Fahrminuten von Siem Reap entfernt, andere liegen weit im Umfeld verstreut. In der Stadt sind ohne Probleme Transportmöglichkeiten zu finden, und auch die Zufahrtsstraßen sind in ordentlichem Zustand.

Die politische Stabilität und verbesserte Sicherheitslage haben, gepaart mit der aktiven Förderung Angkor Wats als Touristenziel, zu einem rapiden Anstieg der Besucherzahlen geführt und das verschlafene **Siem Reap** in eine Touristenhochburg verwandelt. Der Flughafen ist nun mit mehreren asiatischen Hauptstädten sowie mit Phnom Penh verbunden, und der Zustand der südwärts zur Hauptstadt und nordwestwärts nach Thailand führenden RN 6 wurde deutlich verbessert. Die Expressboote von Phnom Penh und die Schnellboote von Battambang sind zuverlässig und oft ausgebucht. Im Gefolge des wachsenden Tourismus erlebt die Stadt einen rasanten Aufschwung, doch obwohl die Zahl der Hotels, Restaurants und Bars förmlich explodiert ist, herrscht im Zentrum noch immer die beschauliche Atmosphäre einer Kleinstadt.

Nicht nur für tempelmüde Besucher lohnt ein Ausflug zu den schwimmenden Dörfern auf dem **Tonle Sap**, dem großen Süßwassersee im Herzen Kambodschas. Das Land südlich von Siem Reap gehört zum Überschwemmungsgebiet des Sees, das von Juni bis November unter Wasser steht. Der Fischfang ist ergiebig, und wenn das Wasser zurückweicht, wird Reis gepflanzt.

Im Norden der Stadt dehnen sich die Reisfelder bis zur natürlichen Grenze des Kulen-Gebirges aus, das die üppig grünen Niederungen vom kargeren Norden des Landes trennt. **Phnom Kulen** präsentiert stolz den größten liegenden Buddha des Landes, der aus massivem Fels herausgemeißelt wurde. Und an zwei Stellen im Siem-Reap-Fluss, der in den Bergen entspringt und weiter südlich in den großen See mündet, ist sogar das felsige Flussbett mit kunstvollen Lingams und religiösen Szenen ausgestaltet.

Ein Besuch im fernen Norden der Provinz lohnt sich nur, wenn besonderes Interesse an **Anlong Veng** besteht, das als Pol Pots Todesstätte zweifelhaften Ruf erwarb.

SIEM REAP UND DIE TEMPEL VON ANGKOR

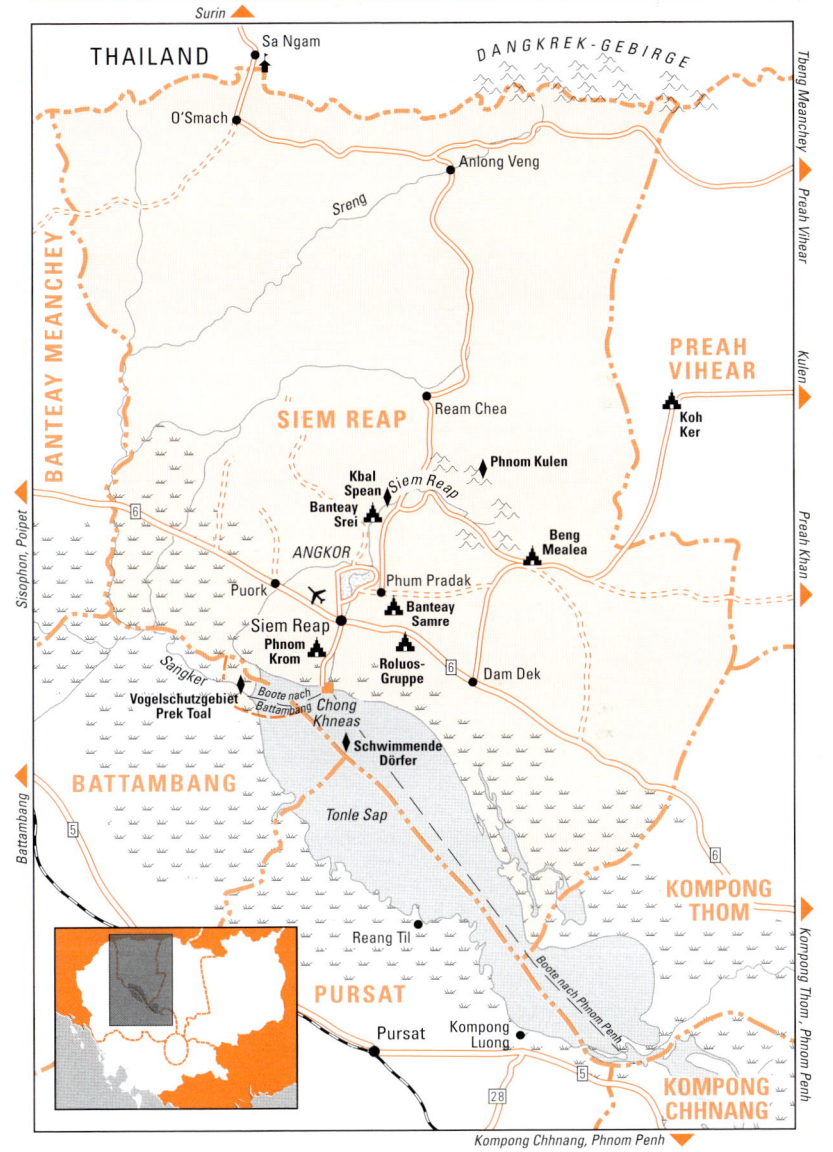

Siem Reap

Das 310 km nordwestlich von Phnom Penh gelegene Siem Reap (sprich: „Si-em Re-ap") ist eine beschauliche Stadt und ein touristischer Brennpunkt zugleich. Obwohl an nahezu jeder Ecke ein neues Hotel zu entstehen scheint, ist das Stadtleben tagsüber so ruhig wie eh und je, denn die meisten Touristen halten sich draußen bei den Tempeln auf. Der größte Betrieb herrscht bei Einbruch der Dunkelheit, wenn die Busse von Angkors Anlagen zurückkehren. Die meisten Fahrzeuge brausen jedoch auf direktem Weg zu den Hotels an der Airport Road. Ab dem späten Nachmittag finden sich müde Reisende in den Bars und Restaurants am Psar Chas ein, und am Abend macht sich überall Partystimmung breit.

Da Siem Reap eigentlich nichts vermissen lässt, bleiben viele Reisende dort länger hängen als ursprünglich geplant. Die Stadt bietet abgesehen von Phnom Penh die landesweit beste Auswahl an **Unterkünften** sowie zahlreiche Restaurants mit allen denkbaren Küchen, darunter ausgezeichnetes **kambodschanisches Essen**. In mehreren Lokalen werden zum Abendessen faszinierende **Kulturveranstaltungen** geboten, und zahlreiche Geschäfte mit hochwertigen Kunsthandwerkartikeln und Souvenirs machen das **Einkaufen** zum Vergnügen. Auto- und Motorradmiete sind unkompliziert, und wer den Aufwand scheut, findet zahlreiche Agenturen, die ihn morgens an der Hoteltür abholen und dort nach Sonnenuntergang wieder absetzen.

Natürlich stehen die Tempelanlagen im Vordergrund, doch ohne Bootsfahrt auf dem Tonle Sap (s. S. 252) wäre ein Besuch Siem Reaps unvollständig. Auf dem riesigen See leben Gemeinschaften in schwimmenden Dörfern. Spezialisierte Agenturen bieten Ausflüge in die gesamte Umgebung an, doch billig sind solche Unternehmungen nicht.

Geschichte

Siem Reap bedeutet angeblich „besiegtes Siam" und soll an eine Schlacht erinnern, die wahrscheinlich nie stattgefunden hat, tatsächlich gibt es aber nur wenige fundierte Informationen über die Geschichte der Stadt. Sie erstreckt sich östlich und westlich des gleichnamigen Flusses, stand stets im Schatten der Tempelanlagen und wurde erst in jüngster Zeit groß genug, um den Hauch einer eigenen Identität zu erlangen. 1935 beschrieb der Reisende Geoffrey Gorer Siem Reap als „ein charmantes kleines Dorf, kaum berührt von europäischem Einfluss, erbaut an einem mäandernden Fluss; die Häuser der Einheimischen sind bloß unauffällige Holzstrukturen, die sich hinter der an den Flussufern üppig wachsenden Vegetation verstecken …". Er verpasste nur knapp die Eröffnung des Grand Hotel des Ruines im Jahre 1937, das heute Grand Hotel d'Angkor heißt und einem gewissen Norman Lewis zufolge, der 16 Jahre später dort abstieg, „eine Meile außerhalb der Stadt" lag. Auch während des ersten Touristenschubs in den 1950er und 60er Jahren erfuhr Siem Reap keine nennenswerte Entwicklung, und viele der damaligen Bauten wurden wieder zerstört, als die Roten Khmer die Stadt räumten. Unversehrt blieben lediglich das Grand, die Geschäftshäuser am alten Markt, Psar Chas, und einige Villen aus der Kolonialzeit.

Bislang konnte Siem Reap seinen Nutzen aus Angkors neuer Popularität ziehen, ohne seinen rustikalen Charme einzubüßen, auch wenn die Regierung gerade überlegt, die Stadt in „Krong Angkor" (Angkor City) umzutaufen, um den Bekanntheitsgrad zu erhöhen und das Geschäft mit den Touristen noch weiter anzukurbeln. Wirklich herausragende Attraktionen besitzt die Stadt zwar nicht, im Zentrum gibt es aber einige farbenfrohe Heiligtümer und ein paar kleinere Sehenswürdigkeiten.

Orientierung

Die Stadt ist in einem Raster angelegt, das sich mehrere Kilometer nördlich und südlich der RN 6 sowie östlich und westlich des Siem-Reap-Flusses erstreckt. Trotz der Ausdehnung lässt sich das Stadtzentrum gut zu Fuß erkunden. Viele **Straßen** tragen zwar Namen, aber den meisten Einheimischen sind diese nicht bekannt. Es ist deshalb wichtig, bei Zielangaben oder Verhandlungen über Fahrpreise mit Motofahrern einen Markt oder ein bestimmtes Hotel in der Nähe des gewünschten Zielorts benennen zu können. In Anlehnung an den Lokaljargon haben wir die Orte an der RN 6 westlich der Kreuzung mit der

Sivatha Street der „**Airport Road**" zugeordnet. Die Straße nördlich hinter dem Grand Hotel d'Angkor (offiziell: Tosamut Boulevard) nennen wir entsprechend „**Angkor Wat Street**", die Straße südlich vom Krankenhaus ist die „**Hospital Street**", und die Straße, die durch das Viertel um den Psar Chas führt, wo sich Siem Reaps Nachtleben abspielt, ist als „**Pub Street**" oder „**Bar Street**" bekannt.

Die Stadt

Als eine mögliche Route für einen Stadtspaziergang bietet sich der hübsch gepflasterte **Gehweg** am Flussufer zwischen der RN 6 und dem Psar Chas an.

Am Nordende des Gehwegs befindet sich gegenüber dem Grand Hotel d'Angkor mit den gepflegten Königlichen Gärten eine der ruhigsten Parkanlagen der Stadt. Südlich der Gärten beherbergt der Schrein der Schwestergottheiten **Preah Ang Chek** und **Preah Ang Chom** Messing- und Bronzefigurinen der beiden mutmaßlichen Prinzessinnen von Angkor, die ursprünglich in der Galerie der Tausend Buddhas von Angkor Wat standen. Die Statuen blicken auf eine wechselvolle Geschichte zurück und wurden von Mönchen über Generationen immer wieder an neue Standorte gebracht, um sie vor dem Zugriff von Eroberern und Schatzgräbern zu verstecken. Erst 1990 wurden sie im heutigen Schrein untergebracht, wo sie täglich mit Opfergaben überhäuft werden. Die größere und schlankere der beiden Statuen ist Ang Chek, deren nach außen gewendete Handflächen schützende Worte als Inschrift in Sanskrit tragen. Eine dritte Statue, die Preah Ang Chom darstellt, wurde 1995 gefunden, bislang aber nicht öffentlich ausgestellt.

Direkt westlich steht inmitten eines Kreisverkehrs – markiert durch einen großen Baum in der Straßenmitte – ein Schrein für den lokalen Geist **Ya Tep**, der das Gebiet von Siem Reap mit Schutz und Glück bedenkt. Die Opfergaben an diesem Schrein sind mitunter recht extravagant: Nicht selten legen Einheimische dort ganze gekochte Hühner oder anderes Federvieh nieder.

Nach 1 km am Flussufer nach Süden gelangt man zum geschäftigen **Psar Chas**, der auch als "Old Market" bekannt ist. Souvenirstände beherrschen den zum Fluss hin gelegenen Marktbereich, der weiter hinten in einen Frischwarenmarkt übergeht. Viele der nahen kolonialen Geschäftshäuser wurden in betriebsame Restaurants und Bars umgewandelt, deren Tische sich unter schattigen Balkonen übers Trottoir ausbreiten.

Etwa 200 m östlich des Flusses steht am Ende der Achamean Street mit dem **Wat Bo** das älteste und schönste buddhistische Kloster Siem Reaps, das aus dem 18. Jh. stammt. Die Innenwände des Vihara, die im 19. Jh. mit Szenen aus dem Leben Buddhas bemalt wurden, sind in gutem Zustand. In der bunten Mischung aus Alltagsszenen der damaligen Zeit fallen vor allem ein Opium rauchender Chinese und französische Soldaten auf, die eine traditionelle Tanzvorführung anschauen.

Abseits des Zentrums

Das staatliche **Kriegsmuseum** westlich der Stadt an der RN 6 vor der Abzweigung zum Flughafen

Angkor National Museum

Das opulente Museum nördlich des Grand Hotel d'Angkor präsentiert unter Anwendung moderner Medien sehr eindrucksvoll die vielen Facetten der **Khmer-Kultur**. Nach einer Filmvorführung können sich die Besucher den Exponaten zuwenden. Die Räume sind unterschiedlichen Themen gewidmet. So zeigt die „Halle der 1000 Buddhas" eine Vielzahl von Statuen des Erleuchteten aus unterschiedlichen Epochen. Während ein Raum die Khmer-Zivilisation während der **Prä-Angkor-Zeit** thematisiert, stellt ein anderer die Architektur von **Angkor Wat** in den Mittelpunkt. Weitere Ausstellungen beschäftigen sich mit den bedeutendsten Königen, den Stilen der Skulpturen und Türstürzen sowie den wichtigsten Inschriften. Besucher werden nicht zuletzt die klimatisierten Räume schätzen, allerdings müssen sie für den Aufenthalt tief in die Tasche greifen. Auch im Museumsladen kann man viel Geld lassen. ⏱ tgl. 9–20 Uhr, Eintritt US\$12, 🖥 www.angkornationalmuseum.com.

ist mit seiner Sammlung rostender Panzer und Flugabwehrraketen eigentlich nur für Liebhaber von Modellbezeichnungen und -nummern interessant. ⏲ tgl. 7–17 Uhr, Eintritt US$3.

Lohnender ist das bizarre **Privatmuseum** nahe dem Banteay Srei-Tempel, das randvoll mit rostenden **Landminen** und weiterem Kriegsschrott angefüllt ist. ⏲ tgl. 8–17 Uhr, Eintritt US$1. Der Besitzer, Mr. Akira, ist ein autodidaktischer Minenräumer, der einst als vietnamesischer Zwangsrekrut selbst Minen legen musste und über die Jahre hinweg in seiner umfangreichen Sammlung Minenreste, Bombenhülsen, Zünder und dergleichen zusammengetragen hat, die nun auf Regalbrettern in einem mit Stolperdrähten durchzogenen Garten ausgestellt sind. Die Stadtverwaltung hat schon mehrmals versucht, das Gruselkabinett zu schließen, sämtliche Hinweisschilder entfernt und es schließlich zum Umzug jenseits der Stadtgrenzen gezwungen, aber bis jetzt hat sich Mr. Akira nicht klein kriegen lassen.

Näher zur Stadt und ebenfalls an der Straße nach Angkor Wat gelegen, bietet eine beeindruckende **Ausstellung** umfassende Einblicke in das Leben auf dem Tonle Sap. Die Ausstellung wurde von Krousar Thmey zusammengestellt, einer Stiftung, die sich um benachteiligte Kinder kümmert und sich für die Wiederbelebung verlorener Traditionen einsetzt (wie etwa des Schattenspiels, s. S. 214). Zu sehen gibt es Fotografien von traditionellen Fischereitechniken sowie Kartenmaterial über die im Jahresablauf unterschiedliche Ausdehnung des Sees. ⏲ tgl. 8–18 Uhr, Eintritt frei. Der Weg dorthin führt an einer einzigartigen humanitären Einrichtung vorbei, dem **Kinderkrankenhaus** Kantha Bopha (oder Jayavarman VII), in dem kranke Kinder kostenlos behandelt werden und das sich ausschließlich aus Spenden finanziert. Draußen bitten Schilder um einige Dollar oder eine Blutspende – nähere Informationen über dieses Institut und das Schwesterinstitut in Phnom Penh unter 🖥 www.beatocello.com.

Eine ungewöhnliche Möglichkeit, sich einen guten Überblick über die gesamte Gegend zu verschaffen, bietet ein Veranstalter an der Straße zwischen Flughafen und Angkor Wat. Für US$11 kann man 15 Minuten lang in der Gondel

Siem Reap

Übernachtung:

Angkor Century	C	La Residence d'Angkor	V
Angkor Village	aa	La Villa Loti	B
Angkor Voyage Villa	dd	Mahogany	N
Big Lyna Villa	X	Mandalay Inn	ff
Bopha Angkor	Y	Mom's	L
Chao Say	gg	Prince Mekong Villa	P
Dead Fish Tower	bb	Red Piano	ee
Earthwalkers	H	Salina	V
European	M	Samnark Prahriem	K
FCC Angkor Suites	Q	Secrets of Elephants	G
Golden Banana Boutique Hotel	cc	Smiley Guest House	W
Grand Hotel d'Angkor	D	Sofitel Royal Angkor	A
Green Garden Home	T	Sweet Dreams	O
Green Park	U	Takeo	J
Home Sweet Home	S	Two Dragons	R
Jasmin Lodge	I	Viroth's Hotel	Z
La Noria	F	Yaklom Angkor Lodge	E

Restaurants, Bars und Clubs:

Abacus	8	Kamasutra	22
Angkor What?	29	Kampuccino	28
Blue Pumpkin	15	Khmer Kitchen	16
Café d' Angkor	C	Khmer Family Bar	20
Cafe Indochine	9	Laundry Bar	19
Chao Praya	2	Le Grand Café	25
Chao Say	26	Linga Bar	30
Chiang Mai	4	Martini Dancing	24
Chivit Thai	5	Moloppor	12
Continental Café	17	New Bayon	7
Dead Fish Tower	W	New Delhi	13
Elephant Bar	C	Only One	27
FCC	O	Red Piano	21
Forest Hut	11	Sawasdee Food Garden	3
Ginga	1	Soup Dragon	18
Happy Herbs Pizza	14	Viroth's	10
Hawaii Pizza	6		
Ivy	23		

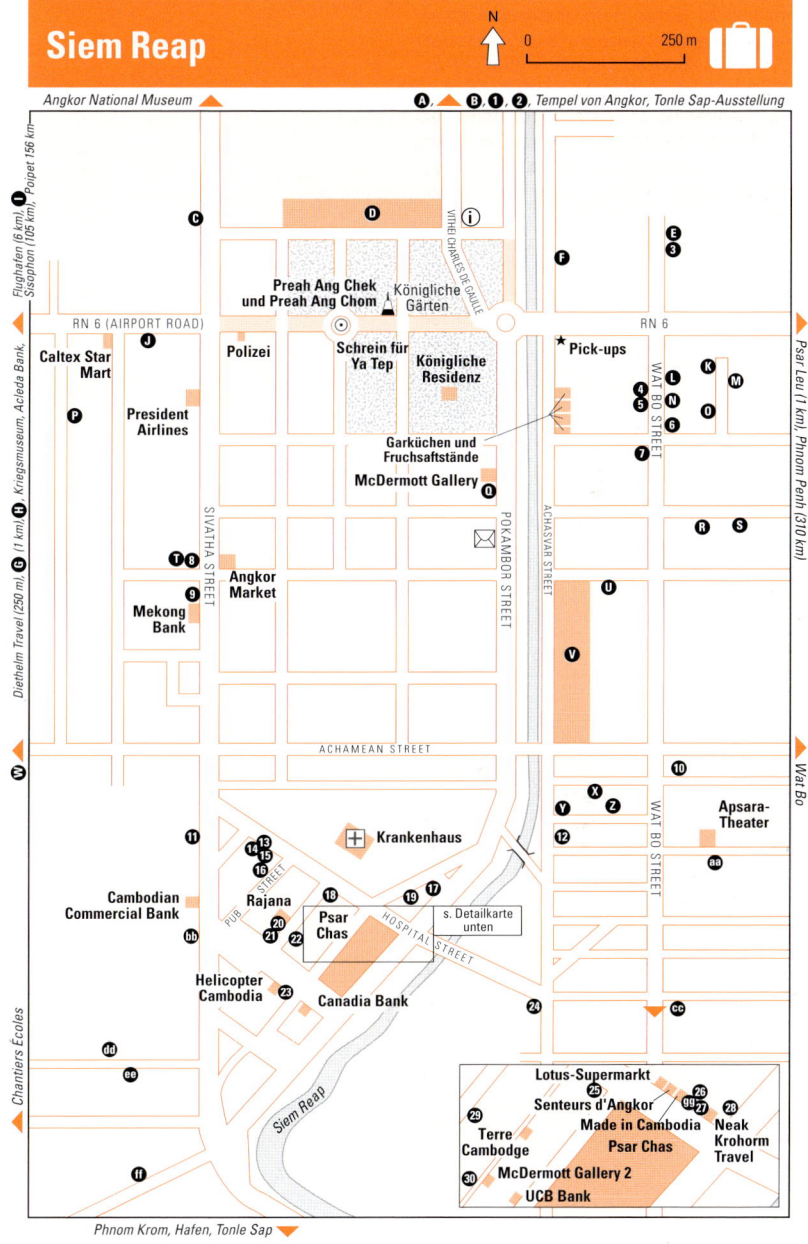

eines angebundenen **Heliumballons** in 200 m Höhe schweben, vorausgesetzt das Wetter spielt mit. Weitere Informationen unter ☏ 012/520810.

Das von Touristen kaum besuchte **Cambodian Cultural Village** ist ein Themenpark, in dem man „das ganze Land in einer Stunde" kennenlernen kann. Zu sehen gibt's Miniaturen der wichtigsten kambodschanischen Tempel und Baudenkmäler sowie bedeutsame historische Szenen, die mit Wachsfiguren nachgestellt werden. Witzigster Hingucker: ein UNTAC-Soldat mit einer Prostituierten im Arm. Ein Grund für das geringe Interesse westlicher Besucher ist wohl auch der saftige Eintritt von US$12 (Einheimische bezahlen nur US$1).

Übernachtung

Siem Reap bietet reichlich Unterkünfte jeder Kategorie. Elegante **Hotels** mit kunstvoll wie individuell eingerichteten Zimmern machen den Aufenthalt in Siem Reap besonders denkwürdig. Für die 5-Sterne-Hotels der Stadt sind vor allem in der Hauptsaison von November bis Februar Reservierungen erforderlich.

Die meisten **Gästehäuser** befinden sich östlich des Flusses in der Wat Bo Street, viele weitere verteilen sich über die ganze Stadt. Im Allgemeinen bieten sie Zimmer unterschiedlicher Kategorien, einige davon mindestens so gut wie ein billiges Hotelzimmer, und haben ein preiswertes Restaurant. In letzter Zeit haben sich entlang der Airport Road jede Menge Hotels unter chinesischer Leitung angesiedelt. Von weitem machen sie meist einen ganz schicken Eindruck, aber bei näherem Hinsehen bröckelt die bunte Fassade und unter Travellern haben sie keinen besonders guten Ruf.

Gute Mittelklasse

Mandalay Inn, ☏ 063/761662. Preiswertes, freundliches Mittelklassehotel, das gerade neue Räumlichkeiten bezogen hat; Zimmer mit Ventilator oder Klimaanlage, Warmwasser, TV und Kühlschrank; das angeschlossene Restaurant ist auf burmesische Küche spezialisiert. ❷

Schöne Flusslage

FCC Angkor Suites, Pokambor St, ☏ 063/760280, 🖥 www.fcccambodia.com. Ein Ableger des Foreign Correspondents Club (FCC) in Phnom Penh, etwas modernere, aber genauso schicke Zimmer (plus Restaurant) in schöner Lage am Fluss, dazu noch eine Ladenpassage. ❻

Psar Chas (Old Market)

Zahlreiche Restaurants, Bars und Cafés machen die Gegend um den Psar Chas zum idealen Quartier – vorausgesetzt, man fühlt sich nicht durch das Nachtleben und den damit verbundenen Lärm gestört.

Angkor Voyage Villa, ☏ 063/965529. Ganz in der Nähe des Markts, preiswert und ziemlich ruhig. Saubere Zimmer mit Klimaanlage und Warmwasser, die Bäder haben Badewannen. Das darunterliegende Restaurant bietet eine gute Auswahl asiatischer und westlicher Gerichte. ❷

Chao Say, ☏ 063/964032 oder 012/884107. Etwas enge, aber annehmbare Zimmer in kolonialem Geschäftshaus gegenüber dem Markt. Beliebtes Restaurant im Erdgeschoss, s. S. 211. ❷

Prince Mekong Villa, am Psar Chas, ☏ 063/437972. Der Tipp für Sparsame; Zimmer mit Ventilator und Bad (nur kaltes Wasser), dazu eine Küche, in der jeder sein eigenes Süppchen kochen kann. Freundliche Leitung, die gerne weiterhilft. ❷

Red Piano, ☏ 063/963240, 🖥 www.redpiano cambodia.com. Unter demselben Management wie das gleichnamige nahe Restaurant; gut geführt, geschmackvoll eingerichtet und komfortabel; Zimmer mit Bad und Klimaanlage. ❹

Königliche Gärten und Umgebung

Angkor Century, Komay Rd, ☏ 063/963777 🖥 www.angkorcentury.com. Modernes Nobelhotel, prächtige Zimmer mit Loungebereich und Safe. Diverse Restaurants und Bars, Café-Restaurant am Pool. ❾

Sofitel Royal Angkor, Angkor Wat Rd, 1,5 km nördlich der Königlichen Gärten, ☏ 063/964600, ✆ 964610, 🖥 www.sofitel.com. Moderne

Koloniale Opulenz

Grand Hotel d'Angkor, 1 Vithei Charles de Gaulle, ✆ 063/963888, 🖥 www.siemreap.raffles.com. Opulente koloniale Eleganz. Unterschiedliche Zimmerkategorien (bis hin zur Villa mit Vorratskammer und Weinkeller), diverse Restaurants und Bars, Tee und Getränke im Wintergarten, Business Center, zwei Pools, wechselnde Ausstellungen mit Fotos und Gemälden über die Region Angkor. Preise inkl. Frühstück. ❾

niedrige Anlage mit Art-déco-Elementen und einem üppigen Garten. Gemütliche Zimmer mit Loungebereichen und Satelliten-TV, Pool, Fitnesscenter, Läden sowie diverse Restaurants und Bars. ❾

Airport Road

Die Auswahl an Hotels und Gästehäusern an der Airport Road wird zusehends größer. Auffallend sind die großen, hässlichen Hotels im chinesischen Stil, in denen fast nur asiatische Pauschaltouristen untergebracht werden. Aber es gibt auch etliche preiswerte Gästehäuser, die meist etwas von der Straße zurückversetzt liegen. Leider bietet die Gegend nur wenige Restaurants oder Bars – mit dem Moto ist man aber schnell im Zentrum.

Jasmin Lodge, 258 Airport Rd, ✆ 012/784980. Gehört zu den besseren Billigunterkünften, die Zimmer haben Bad, Ventilator oder Klimaanlage und Kabel-TV, ein definitives Plus ist das Dachrestaurant. ❷

Earthwalkers, in einer Seitenstraße südlich der Airport Rd, ✆ 012/967901, 🖥 www.earthwalkers. no. Gut geführtes, freundliches Gästehaus unter

Eleganz in traditionellem Gewand

Secrets of Elephants, Airport Rd, ✆ 063/964328, 🖥 www.angkor-travel.com. Traditionelles Holzhaus mit eleganten Zimmern, die fantasievoll im Stil verschiedener Länder Südostasiens eingerichtet sind. Viele ruhige Ecken im grünen Garten zum Entspannen nach langen Tempeltagen. ❺

skandinavischer Leitung; ruhige, komfortable Zimmer mit Bad, Ventilator oder Klimaanlage, Frühstück inkl. ❷

Salina, 125 Taphul Village, ✆ 063/380221, 🖥 www.salinahotel.net. Gut eingeführtes Hotel mit viel Stammkundschaft, Restaurant, Bar und Pool. Schöne Zimmer mit Klimaanlage, Bad, TV und Minibar. Frühstück inkl. ❻

Takeo, 258 Airport Rd, ✆ 012/922674. Freundliches Gästehaus, einfache Zimmer, eine der billigsten Adressen der Stadt. Beliebt bei japanischen Backpackern, oft ausgebucht. ❷

Sivatha Street und Umgebung

Dead Fish Tower, Sivatha St, ✆ 063/963060, 🖥 www.talesofasia.com. Hotel der unteren Mittelklasse; komfortable Zimmer, ausgezeichnetes Restaurant und Bar. ❸

Green Garden Home, Seitenstraße der Sivatha St, ✆ 012/890363, 🖥 www.green gardenhome.com. Ruhiges, preiswertes Gästehaus in einem bezaubernden alten Gebäude mit Garten. Teurere Zimmer mit Klimaanlage und Warmwasser, billigere mit Kaltwasser und Ventilator. ❹

Smiley Guest House, Seitenstraße der Sivatha St, ✆ 012/852955. Der Preisbrecher in der Stadt. Einfache, saubere Zimmer, manche davon winzig, alle mit Bad. Den Namen nimmt sich das Personal aber nicht immer zu Herzen. ❷

Östlich des Flusses

Das auf die Rucksackszene ausgerichtete Viertel an der Wat Bo Street ist wesentlich ruhiger als die Gegenden um die Airport Rd und Sivatha St. Außer Gästehäusern gibt es dort auch mehrere Mittelklassehotels sowie einige Restaurants und Bars.

Nördlich der RN 6

Golden Banana Boutique Hotel, Phum Wat Damnak, ✆ 012/654638, 🖥 www.goldenbanana. info. Ein nagelneues, schwulenfreundliches Hotelanlage mit kleinen zweigeschossigen Villen um einen einladenden Pool. Klimaanlage, TV, DVD-Player und WLAN, Frühstück inkl. ❹

La Noria, Achasvar St, ✆ 063/964242, 🖥 www. lanoriaangkor.com. Kühle, ruhige Zimmer mit Bad und traditionellem Khmer-Dekor in

Traditionelles Flair im Grünen

La Villa Loti, in der Nähe des Angkor Konservatoriums, ✆ 063/964242,🖥 www.lavillaloti.com. Hübsch möbliertes, traditionelles Khmer-Holzhaus, umgeben von Bäumen. Zimmer mit Bad, Ventilator oder Klimaanlage. Die schicke Junior Suite hat einen eigenen Garten. Ideal für alle, die in Ruhe relaxen wollen. ❸

Bungalows mit Terrassen und Sitzbereichen um einen schönen Garten mit Pool. Französisches Restaurant. Regelmäßig Schattentheater-Vorführungen, s. S. 214. ❺
Yaklom Angkor Lodge, 100 m abseits der RN 6, ✆ 012/983510, 🖥 www.yaklom.com. Geräumige, saubere Bungalows in einem üppigen Garten. Alle Zimmer mit Klimaanlage, Bad und TV, geschmackvolle Einrichtung mit Chunchiet-Artikeln, Wasserkürbissen und *khapa*. Frühstück inkl. ❺

Zwischen RN 6 und Achamean Street
Bopha Angkor, Achasvar St, ✆ 063/964406, 🖥 www.bopha-angkor.com. Geschmackvoll renoviertes Hotel mit Garten am Fluss, alle Zimmer mit WC und Badewanne. Ein gepflegter Pool lädt zum Plantschen ein. ❺
European, in einer Sackgasse parallel zur Wat Bo St, ✆ 012/846803. Ruhiges, sympathisches Gästehaus mit Garten und großen Zimmern mit Bad, z. T. auch Klimaanlage. ❷
Home Sweet Home, in einer Seitenstraße der Wat Bo St, ✆ 063/693393, 🖥 www.catgen.com/sweethome/EN/. Gehört derselben Familie wie das Sweet Dreams Guesthouse gegenüber.

Preiswert und gut

Green Park, 182 Wat Bo Village, zwischen Wat Bo St und Achasvar St, ✆ 063/380352 oder 012/890358, ✉ greenparkgh@hotmail.com. Exzellentes Gästehaus, billigste Zimmer im alten Holzhaus, bessere Zimmer mit Klimaanlage im neuen Block. Restaurant, Buchungsservice für Bustickets, gemeinsamer TV-Bereich. ❶

Die Zimmer sind neuer und haben Bad, Kabel-TV und Klimaanlage. ❷
La Residence d'Angkor, Achasvar St, ✆ 063/963390, 🖥 www.residencedangkor.com. Sehr vornehme Adresse und Teil einer Kette, die sich auf komfortable Unterbringung an den Stätten des Weltkulturerbes spezialisiert hat. Ausnahmslos Luxusräume, zwei Restaurants, Bar, Souvenirgeschäft und Pool. ❾
Mahogany, 593 Wat Bo St, ✆ 063/963417, ✆ 380025. Gemütliches kleines Gästehaus der ersten Stunde, einfache Zimmer im traditionellen Holzgebäude. In punkto Einrichtung der neuen Konkurrenz nicht gewachsen, doch die freundliche Atmosphäre ist kaum zu schlagen. ❶
Mom's, Wat Bo St, ✆ 063/964037, 🖥 www.momguesthouse.com. Ebenfalls eine Adresse der ersten Stunde. Das alte Holzhaus wurde zwar inzwischen durch einen etwas protzigen Steinbau ersetzt, aber die Familie, die Gästehaus betreibt, ist so nett wie eh und je. Zimmer mit TV, AC und Bad. ❷
Samnark Prahriem, etwas abseits der Wat Bo St, hinter Mom's, ✆ 015/630039, ✉ prahriem@camnet.com.kh. Ruhiges Gästehaus mit grünem Hof am Ende einer Sackgasse. Zimmer unterschiedlicher Kategorien mit und ohne Bad. Frühstück im Pavillon unten im Hof, in dem man abends die Füße hochlegen und dem Zirpen der Zikaden lauschen kann. ❷
Sweet Dreams, Seitenstraße der Wat Bo St, ✆ 063/963245, ✉ sweethome@camintel.com. Ruhiges, von einer Familie geführtes Gästehaus, manche Zimmer mit Klimaanlage, Bad und Kabel-TV. Gutes Restaurant mit günstiger Khmer-Küche. ❷
Two Dragons, Wat Bo St, ✆ 063/965107, 🖥 www.talesofasia.com/cambodia-twodragons.htm. Neues, gut geführtes Gästehaus auf zwei Etagen. Zimmer mit Bad, Kabel-TV und AC. Außerdem WLAN und ein Thai-Restaurant im Erdgeschoss. Auf Wunsch wird zuverlässiger Weitertransport arrangiert, und es gibt jede Menge brauchbare Infos. ❸

Südlich der Achamean Street
Angkor Village, Seitenstraße der Wat Bo St, ✆ 063/963561, 🖥 www.angkorvillage.com.

Stilsicher und individuell

Viroth's Hotel, in einer Seitenstraße der Wat Bo St, ✆ 063/761720, 🖥 www.viroth-hotel.com. Schickes Boutique-Hotel, bei dem jedes Detail stimmt. Elegante, moderne Zimmer in idyllischer Umgebung mit einladendem Pool und sogar Jacuzzi – sehr empfehlenswert. ❻

Individuell eingerichtete Holzbungalows im Garten; klimatisierte Zimmer mit Bad, TV und Kühlschrank. Französisch-asiatisches Restaurant im Pavillon, malerisch von Bananenstauden umgebener Pool. ❻
Big Lyna Villa, 659 Wat Bo Village, Seitenstraße der Achasvar St, ✆ 063/964807,🖥 www.catgen.com/biglynavilla/EN. Traditionelles Holzhaus in idyllischer Lage. Am schönsten sind die holzverkleideten Zimmer oben. Großer gemütlicher Balkon mit vielen Rattansesseln und zahlreichen hohen Topfpalmen. ❹

Essen

In Siem Reap lässt sich nicht nur Hunger auf westliche Kost bestens stillen, hier bietet sich auch eine der besten Gelegenheiten des Landes, authentische **kambodschanische Küche** zu probieren. Viele Restaurants haben lecker zubereitete lokale Spezialitäten auf ihrer (auch englischen) Speisekarte. Die besten kambodschanischen Restaurants befinden sich östlich des Flusses in der Achasvar St und Wat Bo St. Auch andere asiatische Küchen sind sehr gut vertreten, insbesondere die thailändische, indische und japanische.
Die **Garküchen** an der Westseite des Psar Chas und in der Achasvar St südlich der RN 6 bieten vom frühen Morgen bis in die späten Abendstunden preiswerte, sättigende Gerichte mit Reis an. Fruchtsäfte und Süßspeisen gibt's abends an Ständen in der Sivatha St gleich nördlich der Cambodian Commercial Bank.

Umgebung Psar Chas
Abacus, Oum Khun St. Quirliges Restaurant im Garten eines Khmer-Hauses mit leckerer kambodschanischer und französischer Landküche.

Blue Pumpkin, nähe Krankenhaus. Das kleine Restaurant mit Bäckerei hat die Atmosphäre eines Straßencafés und eine große Auswahl an Sandwiches, Pastagerichten und Getränken.
Chao Say, nördlich vom Psar Chas unter dem gleichnamigen Gästehaus. An Tischen unter einer Schatten spendenden Markise kann aus der umfangreichen Speisekarte gewählt werden, darunter viele westliche Gerichte wie Sandwiches, Pasta und Fish & Chips.
Continental Café, am Psar Chas. Versteckt hinter Topfpalmen unter einem Balkon. Herrlicher Platz in Flussufernähe, um bei einem kühlen Glas Wein aus der europäisch angehauchten Speisekarte und den Tagesgerichten wie französische Salate, Pasta mit Pesto und Pizzas zu wählen.
Happy Herbs Pizza, Hospital Rd, gegenüber dem Krankenhaus, ✆ 012/838134. Beste Pizza der Stadt, außerdem gute Pastagerichte. Auch Lieferservice und Gerichte zum Mitnehmen.
Kampuccino, am Psar Chas. In wunderschöner Lage am Flussufer. Frühstück und Brunch bis 11 Uhr, danach große Auswahl an Pasta, Pizza, Salat und Grillgerichten.
Khmer Kitchen, in einer Nebengasse der Hospital Rd. Hervorragendes Restaurant im Familienbetrieb. Gute hausgemachte Khmer-Küche mit modernem Pfiff.
Le Grand Café, am Psar Chas. Restaurierter französischer Kolonialcharme mit roten Samtbänken in einem zweistöckigen Atrium, wo Mittagessen, Nachmittagskaffee oder Abendmenü schmecken. Auf der Karte ein Mix aus kambodschanischer, französischer, italienischer und internationaler Küche.
New Delhi, Hospital Rd, gegenüber dem Krankenhaus, in einem umgebauten Geschäftshaus. Mit das beste indische Essen der Stadt, vegetarisch und nichtvegetarisch.

Cooler Inder

Kamasutra, am Psar Chas. Ein neuer Inder in der „Pub Street" mit coolem Ambiente in Form von blankem Mauerwerk und schweißtreibenden, aber leckeren Currys.

Only One, am Psar Chas. Einst das einzige Restaurant von Siem Reap, heute nur noch wegen seiner Langlebigkeit eine Erwähnung wert – in der Küchenleistung wurde es längst von anderen überflügelt.
Soup Dragon, Hospital Rd, vietnamesisches Lokal auf drei Ebenen eines Eckhauses. Große Auswahl an traditionellen Gerichten, aber auch einige moderne Kreationen.

Königliche Gärten und Umgebung

Café d'Angkor, Grand Hotel d'Angkor. Nur eins der klassischen Restaurants dieses berühmten Hotels. Umfangreiche Speisekarte mit westlichen Gerichten. Gemischtes westlich-asiatisches Frühstücks- und Abendbuffet.
Chao Praya, Angkor Wat Rd, ✆ 063/964666. Parole: Satt essen am Mittags- und Abendbuffet mit westlichen und asiatischen (meist Thai-, aber auch Khmer-) Gerichten. Abends Reservierungen erforderlich, da Kulturvorstellungen geboten werden.
FCC, Pokambor St, ✆ 063/760280, 🖳 www.fcccambodia.com. Wie im Foreign Correspondents Club (FCC) in Phnom Penh bekommt man auch hier westliches Essen; die entspannte Atmosphäre und die bequemen Sitzgelegenheiten laden zu längerem Verweilen ein. Ein Abendessen kostet um US$15 ohne Getränke.
Ginga, 291 Angkor Wat Rd, ✆ 063/963366. Erstklassiges japanisches Restaurant, 500 m nördlich des Grand Hotel d'Angkor. Klimatisiert. Große Auswahl an Gerichten ab US$9.

Sivatha Street

Café Indochine. Von Franzosen geleitetes Restaurant in einem traditionellen Holzhaus. Ausgezeichnetes Khmer-Essen und gute Tagesgerichte.
Forest Hut, Sivatha St. Die Küche kocht auch Westliches, aber die Khmer-Gerichte sind eindeutig besser, vor allem die Tagesangebote.

Östlich des Flusses

Die niedrigeren Mieten östlich des Flusses haben eine preiswerte Restaurantszene sprießen lassen, die um das Geschäft mit den Travellern buhlt.

Khmer-Küche vom Feinsten

Viroth's, Wat Bo St. Köstliche Khmer-Küche in einem eleganten, minimalistisch eingerichteten Lokal.

Nördlich der RN 6
Sawasdee Food Garden, Nebenstraße der RN 6. Thailändisches Restaurant mit moderaten Preisen und Tischen unter einem Pavillon. Alle gängigen Gerichte, gut gekocht.

Zwischen RN 6 und Achamean Street
Chiang Mai, Wat Bo St. Einfaches Thai-Restaurant mit umfangreicher Speisekarte. Alle klassischen Gerichte in großen Portionen. Tipp: *Phat thai*.
Chivit Thai, Wat Bo St. Essen auf thailändische Art – niedrige Tische, Sitzkissen – in einem traditionellen Holzhaus. Unter anderem exzellente *tom yam*-Suppe sowie *yam wun sen*, ein Salat aus Reisnudeln und Krabben.
Hawaii Pizza, Wat Bo St. Preiswerte Sandwiches, Salate und Pizzas, dazu große Gläser mit eiskaltem Fruchtsaft. Verwandelt sich am späteren Abend in einen beliebten Travellertreffpunkt.
New Bayon, Wat Bo St, 250 m südlich der RN 6. Geräumiges, helles Lokal, beliebt bei Touristengruppen. Spezialität: Gerichte aus der Pfanne wie Riesengarnelen mit Knoblauch oder Ingwer und Huhn mit Basilikumblättern.

Südlich der Achamean Street
Moloppor, Wat Bo Village, Sala Kamroeuk Commune. Sehr beliebtes, preiswertes Lokal, das japanische und chinesische Spezialitäten, darunter köstliche Nudelgerichte, anbietet.

Unterhaltung

Bars und Discos

Es gibt jede Menge Bars und Kneipen, wo Traveller am Abend zusammenkommen; viele haben bis in die frühen Morgenstunden geöffnet. Die meisten findet man in der Umgebung des Psar Chas und in der Sivatha Street, und ständig kommen neue Lokale hinzu.

Entspannungsprogramm nach einem Tag bei den Tempeln: Siam Reap hat jede Menge Bars und Travellertreffs

Angkor What?, im Block westlich des Psar Chas. Alteingesessene Kneipe mit Billard und Satelliten-TV.

Dead Fish Tower, Sivatha St. Der verrückte Laden mit sich windenden Treppen und lebenden Krokodilen in einer Grube ist eine echte Herausforderung, unter Alkoholeinfluss hier seinen Weg nicht zu verlieren. Ausgezeichnetes Essen, manchmal Livemusik.

Elephant Bar, im Grand Hotel d'Angkor. Eine breite Marmortreppe führt hinunter in die luxuriöse (und teure) Kellerbar, die mit alten Fotos von Angkor dekoriert ist. Happy-Hour-Cocktails (tgl. 16–19 Uhr) sorgen für eine stilvolle Eröffnung des Abends.

FCC, Pokambor St, ✆ 063/760280, 🖥 www.fcccambodia.com. Moderner als die Bar des Foreign Correspondents Club (FCC) in Phnom Penh, aber ebenso stilvoll, mit bequemen Sesseln und einer hohen Decke; genau der richtige Platz, um sich nach einem anstrengenden Tag bei den Ruinen einen Drink zu gönnen.

Ivy, am Psar Chas. In ein beliebter Ausländertreffpunkt mit Gratis-Billard. Die Küche schließt um 22 Uhr, die Bar erst, wenn der letzte Gast geht.

Khmer Family Bar, nordwestlich vom Psar Chas. Hieß früher Temple Bar und ist eine der beliebtesten Kneipen der Stadt, was wohl zum Teil den Cocktails für US$2 und dem Bier für US$1 zu verdanken ist; DJ und oben Sportbar. ⏰ bis in die frühen Morgenstunden.

Linga Bar, nördlich vom Psar Chas. Schwullesbische Bar (Lesben hätten „Yoni Bar" wahrscheinlich lieber gehabt) mit unaufgeregtem Ambiente, in dem sich auch alle anderen wohlfühlen.

Entspannter Travellertreff

Laundry Bar, nordwestlich vom Psar Chas. Sehr relaxt und kosmopolitisch. ⏰ bis zum Morgengrauen.

Martini Dancing, gegenüber von Psar Chas am anderen Flussufer. Kambodschanische Disco mit den üblichen Biermädchen, die dafür sorgen, dass die Gäste nicht lange auf dem Trockenen sitzen.

Red Piano, 50 m nordwestlich des Psar Chas. Nette Bar mit Restaurantbetrieb; herrlicher Ort, um bei einem Bier oder „Tomb Raider"-Cocktail abzuhängen.

Tanz und Schattenfigurentheater

Siem Reap ist außer Phnom Penh der einzige Ort in Kambodscha, an dem Touristen in den Genuss **traditioneller Tanzvorführungen** kommen. Die Chance, eine solche zu erleben, ist sogar größer als in der Hauptstadt, denn verschiedene Hotels bieten ein Abendessen mit begleitendem **Kulturprogramm** an, das mehrere Tanzstile präsentiert. Diese Shows sind zwar

3 HIGHLIGHT

Apsara-Tanz

Ein Besuch Kambodschas wäre unvollständig ohne das Erlebnis einer Tanzvorführung von Frauen, die nach dem Vorbild der Darstellungen an Angkors Tempelwänden die alte Kunst des Apsara-Tanzes pflegen. Ausgestattet mit auf den Leib geschneidertem Seidengewand, paillettenbesetztem Oberteil, das für perfekten Sitz am Körper vor jeder Vorführung neu vernäht wird, sowie kunstvollem goldenem Kopfschmuck führen die Tänzerinnen jede ihrer Bewegungen überaus gewandt und bedachtsam aus, Knie anmutig gebeugt, die Fersen bei jedem Schritt als Erstes den Boden berührend, ein scheues Lächeln auf den Lippen. Jede Figur hat eine eigene **symbolische Bedeutung**: Ein zum Himmel weisender Finger bedeutet „heute", seitwärts mit nach oben gerichteter Fußsohle zum Publikum stehen bezeichnet „fliegen".

Unter der Herrschaft Jayavarmans VII. gab es am Königshof über 3000 Apsara-Tänzerinnen, die ausschließlich für den König tanzten und für ihre Kunst so berühmt waren, dass die Siamesen, die Angkor im 15. Jh. plünderten, viele von ihnen mit zurück in ihr Land nahmen. Traditionell wurde die Kunstform nur am **Königshof** unterrichtet, da aber nur wenige ausgebildete Tänzerinnen das Regime der Roten Khmer überlebten, starb das Genre nahezu aus. Als sich Prinzessin Boppha Devi, die selbst eine führende Tänzerin des königlichen Ensembles war, für die Wiederbelebung des Apsara-Tanzes einsetzte, befasste sie sich zunächst mit dem Studium der Tempel-

reliefs, um die Tanzbewegungen genau festzulegen. Erst 1995, ganze 16 Jahre nach dem Sturz der Roten Khmer, konnten die Kambodschaner vor Angkor Wat wieder eine öffentliche Aufführung des Apsara-Tanzes erleben.

Inzwischen bildet die **Königliche Universität der Schönen Künste** in Phnom Penh eine neue Generation von Tänzerinnen aus, die nicht nur nach Talent und Altersstufe ausgewählt werden (die Ausbildung beginnt im Alter von sieben Jahren), sondern auch nach der Biegsamkeit und Eleganz ihrer Hände. Die Schülerinnen müssen eine anstrengende sechsjährige Ausbildung durchlaufen, um die über 1500 komplizierten Posen der Tänze zu erlernen, und es dauert weitere drei bis sechs Jahre, bis sie das erforderliche Niveau der künstlerischen Reife erlangt haben. Die Universität unterrichtet außerdem das andere herausragende Genre des kambodschanischen Tanzes, **Tontay**, das sich auf die Darstellung volkstümlicher Erzählungen konzentriert, zu denen vor allem Episoden aus dem *Reamker* gehören.

Zu besonderen Anlässen, etwa zum Khmer-Neujahr oder dem Geburtstag des Königs, zeigt die Königliche Universität Vorführungen im Apsara-Tanz vor der Kulisse von Angkor Wat oder manchmal auch in Phnom Penh. Besucher können die beiden Genres des kambodschanischen Tanzes ansonsten meist im Rahmen kultureller Veranstaltungen in Hotels und Restaurants in Phnom Penh oder Siem Reap sehen.

auf Touristen ausgerichtet, jedoch schon seit den 1920er Jahren eine feste Einrichtung in Angkor, absolut professionell und ihr Geld wert. Sie beginnen gewöhnlich mit dem eleganten Apsara-Tanz (s. S. 214), dem eine oder zwei beschwingte Szenen aus beliebten Volkserzählungen folgen – etwa der Tanz des Fischers, der einen humoristischen Blick auf das ländliche Liebeswerben wirft. Zum Finale gibt es noch einen lebendigen Tanz, der einen Teil des *Reamker* (der kambodschanischen Version des hinduistischen *Ramayana*-Epos, s. S. 130) nacherzählt und vier Figuren auftreten lässt – Mann, Frau, Dämon und Affe, alle ausstaffiert mit prächtigen Masken. Schon die Kostüme des Apsara-Tanzes erscheinen verschwenderisch, aber diejenigen des *Reamker*-Tanzes sind noch üppiger, reichhaltig bestickt und mit Schwänzen, Epauletten und Flügeln ausgestattet.

Beliebter Schauplatz dieser Kulturprogramme ist die **Freilichtbühne des Grand Hotel d'Angkor**, ✆ 063/963888, die sich in Hotelnähe am Fluss befindet. Ähnliche Qualität haben die Aufführungen im **Sofitel Royal Angkor**, ✆ 063/964600, und im **Angkor Village**, ✆ 063/963561, dessen Programm im gegenüberliegenden **Apsara Theatre** stattfinden. Häufigkeit, Beginn und Eintrittspreise der Aufführungen sind saisonbedingt, telefonisch gibt es Auskunft. Meist gibt es eine Stunde vor Beginn der Vorstellung ein Buffet-Essen.

Eine kambodschanische Volkskunst, die auf das angkorianische Zeitalter zurückgeht, ist das **Schattenfigurenspiel**. Diese Kunst wäre unter den Roten Khmer ebenfalls fast verloren gegangen, doch nun erlebt auch sie eine Wiedergeburt und wird in Siem Reap und der Hauptstadt regelmäßig aufgeführt. Unterhaltsames Schattentheater, aufgeführt von Straßenkindern unter Anleitung von Krousar Thmey, zeigt **La Noria**, ✆ 063/964242; Mi 19.30 Uhr; US$6 oder US$12 mit Abendessen. Bei jeder Vorstellung werden nur wenige Puppen eingesetzt; neue Figuren werden durch Wechsel der *kramar*-Einkleidung kenntlich gemacht. Mehr zu den kunstfertigen Puppen selbst s. S. 216.

Einkaufen

Bestenfalls die Hauptstadt überbietet Siem Reap in puncto Vielfalt und Qualität des Angebots, dafür liegen in Siem Reap die Geschäfte näher beieinander.

Am **Psar Chas** (oft als „Old Market" bezeichnet) bietet eine Vielzahl preiswerter Souvenirgeschäfte alles Mögliche an, darunter auch Typisches aus der Region. Neben den üblichen T-Shirts gibt es an den Ständen an der Vorderseite des Marktes eine große Auswahl an Seidenblusen, Hemden und Hosen sowie traditionelle Khmer-Sampots in westlichen Größen. Viele Textilien – zum Beispiel die baumwollenen **Sarongs** mit Elefantenmotiven – kommen aus Indonesien, die großen karierten Überwürfe in satten Farben aber sind Produkte aus Siem Reap und nirgends sonst erhältlich. Am Fluss befinden sich einige Läden mit englischsprachigen **Büchern** über Angkor. Im zentralen und südlichen Marktbereich bieten Stände hübsche **Abreibungen** von Flachreliefs an, die von hölzernen Reproduktionen stammen. Zu Siem Reaps Spezialitäten gehört Flechtwerk aus **Rattan** wie Körbe, Platzdeckchen und Schalen – diejenigen mit Löchern dienen zum Servieren von Trockenfisch.

Supermärkte sind ein Novum für Siem Reap, doch inzwischen bieten mehrere solcher Geschäfte westliche Waren wie Käse und Wein an. Die größte Auswahl hat der **Lotus Supermarket** beim Psar Chas. Auch gut ist der **Angkor Market** in der Sivatha St. **Caltex Star Mart** an der Airport Rd hat eine kleine Auswahl an Weinen, Eis und Schokolade, aber auch Tampons und andere Hygieneartikel.

Werkstätten und Galerien

Die Qualität der kambodschanischen Souvenirs, die in Siem Reap angeboten werden, hat sich in den letzten Jahren deutlich verbessert. Mittlerweile haben sich einige **ausländische Künstler** hier niedergelassen, die ihre asiatisch inspirierten Werke in Galerien präsentieren. Die **Chantiers Écoles**, ein Ausbildungszentrum für Kunsthandwerk am südlichen Ende der Sivatha St, engagiert sich für die Wiederbelebung handwerklicher Techniken, die unter den Roten Khmer verloren gingen.

Schattenpuppen

Schattenpuppen werden aus gedehntem und getrocknetem Rindsleder hergestellt. Die gewünschten Umrisse werden freihändig auf das Leder gezeichnet und ausgeschnitten. Anschließend wird die so entstandene Figur an vorgegebenen Stellen sorgsam gestanzt, damit von hinten Licht (das traditionell von brennenden Kokosschalen gespendet wird) durch die Löcher auf die flache Leinwand fallen kann. Zum Schluss werden die Puppen unter den strengen Augen des Puppenmeisters gewissenhaft mit schwarzen und roten Naturfarben bemalt. Es gibt zwei verschiedene Arten von Puppen: *sbaek thom* und *sbaek toich* (wörtlich: „große Haut" und „kleine Haut"). Die *sbaek thom*, mit denen Geschichten aus dem *Reamker* erzählt werden, sind die größeren Puppen (ein bis zwei Meter groß) und besitzen keine beweglichen Teile. Anders die *sbaek toich,* die bewegliche Arme und Beine haben. Sie werden in der Regel bei Volkserzählungen und Alltagsgeschichten eingesetzt, die meist humoristisch angelegt sind und mit einer Moral enden. Beide Puppenarten werden von unten mit Stäben geführt, die an bestimmten Punkten befestigt sind.

Studenten, die aus benachteiligten lokalen Familien ausgewählt werden, lernen hier im Rahmen eines umfangreichen Lehrplans kunstfertige Holzschnitzereien, Steinmetzarbeiten und Lackwaren herzustellen. Besucher können an einer englischsprachigen Führung teilnehmen. ⊙ Mo–Sa 8–12 und 14–16 Uhr; Eintritt frei.
Die Schule unterhält außerdem die **Angkor Silk Farm** in Puok, 16 km westlich von Siem Reap abseits der RN 6, in der Fachleute die Feinheiten der Seidenproduktion erklären. ⊙ tgl. 7–11.30 und 14–17.30 Uhr; Eintritt frei.
House of Peace, 3 km außerhalb der Stadt an der Airport Rd. Ausbildung von Künstlern, die traditionelle Khmer-Schattenspielfiguren herstellen. Besucher können bei der Herstellung zusehen und die Produkte kaufen.
Les Artisans d'Angkor, Chantiers Écoles, Sivatha St. Die Verkaufsstelle der Schule bietet ein beeindruckendes Sortiment an hochwertigen Produkten an, darunter prächtige Lackwaren, feine Holzschnitzereien sowie herrliche Stoffe und Kleidungsstücke aus der Seidenwerkstatt in Puok.
Made in Cambodia, gleich nördlich des Psar Chas. Schöne Kissenbezüge, Platzdeckchen und Ähnliches aus einer Behindertenwerkstatt.
McDermott Gallery 1, Pokambor St, in der Nähe der FCC Angkor Suites, 🖥 www.mcdermottgallery.com. Noble Galerie, die die Fotos von Angkor der beiden international bekannten Fotografen John McDermott und Kenro Izu ausstellt.
McDermott Gallery 2, beim Psar Chas, 🖥 www.mcdermottgallery.com. Internationale Galerie in einem ehemaligen Khmer-Warenhaus aus den 1930er-Jahren, das von französischen und Khmer-Architekten gemeinsam renoviert wurde. Zu sehen gibt's Fotokunst von kambodschanischen und ausländischen Fotografen, die mit der Kamera in Asien unterwegs waren. Ausstellung wechselt alle zwei Monate.
Rajana, gleich nordöstlich der Red Piano Bar, östlich vom Psar Chas. Zweigstelle des Handwerkbetriebs in Phnom Penh. Reizvoll schlichter, zeitgenössischer Silberschmuck und individuell gestaltete Seidenmalereien als Grußkarten oder Wandbehänge.
Red Gallery FCC, Pokambor St, ✆ 063/760280, 🖥 www.fcccambodia.com. Die Galerie-Boutique bietet eine exquisite Auswahl an Skulpturen, Ölgemälden und Medienkunst von Künstlern, die in Kambodscha leben.
Senteurs d'Angkor, gegenüber dem Psar Chas, neben dem Lotus Supermarket. Französischer Chic und der fantasievolle Einsatz traditioneller Khmer-Materialien bringen geschmackvolle Wandbehänge und Kleidung aus Seide hervor. Zu kaufen gibt es außerdem Bronzereproduktionen von Statuen des Nationalmuseums sowie Gewürze und parfümierte Teesorten.

Sonstiges

Apotheken
Es gibt zahlreiche Apotheken um den Psar Chas und östlich des Flusses an der RN 6.

Autovermietung

Hotels, Reiseagenturen und **KATGA** (s. unter Informationen) vermieten Leihwagen mit Fahrer. Kosten für Tagesfahrten nach Angkor US$20–30, Banteay Srei US$40, Phnom Kulen oder Beng Mealea US$50.

Bücher und Zeitungen

Blue Apsara, am Psar Chas, die beste Adresse für gebrauchte englischsprachige Bücher.
Monument Books, in den FCC Angkor Suites, hat neue Bücher über Kambodscha und Angkor.
In den Läden des Sofitel Royal Angkor und Grand Hotel d´Angkor gibt es eine Auswahl fremdsprachiger Zeitungen.
Die Stände am Psar Chas haben eine gute Auswahl an Tempelführern und Büchern über die Khmer-Geschichte.
Die Tageszeitungen *Cambodia Daily* und *Phnom Penh Post* sind im Lotus Supermarket und in den Hotels erhältlich.

Foto

An der RN 6 östlich des Flusses liegen mehrere Fotostudios, die auch Filme, Batterien usw. verkaufen.

Geld

Acleda Bank, Airport Rd.
Cambodian Commercial Bank, Sivatha St.
Canadia Bank, westlich vom Psar Chas.
UCB, westlich vom Psar Chas.
Mekong Bank, Sivatha St; mit Wechselschalter draußen an der Bank, Mo–Fr 6.30–8.30 und 16–18 Uhr, Sa 6.30–8.30 Uhr.

Informationen

Das **Touristenbüro** in der Nähe des Grand Hotel d'Angkor zeigt sich kurz angebunden, wenn man nur Fragen nach der Stadt und den Ausflugsmöglichkeiten in die Umgebung stellt. Hauptanliegen des Büros ist der Verkauf einer Tour mit der im selben Gebäude ansässigen Khmer Angkor Tour Guide Association (**KATGA**, 063/964347).
Es lohnt sich, einen **Führer** für die Tempel mitzunehmen; Kostenpunkt: US$20–25 pro Tag und Gruppe. Alle vom Büro vermittelten Führer haben eine KATGA-Lizenz, für die eine Prüfung über die Geschichte der Tempel und die Beherrschung mindestens einer Fremdsprache Voraussetzungen sind. Die Führer sind also Experten und stellen sicher, dass Besucher alles Wichtige zu sehen bekommen. Lizenzierte Führer sind an der Uniform zu erkennen: braune Hosen, beigefarbenes Hemd und Namensschild. Man kann sie direkt bei KATGA buchen oder auch über Hotels und Gästehäuser; Letztere sind generell gute Informationsquellen über Siem Reap und Umgebung. Da man in Siem Reap auf viele andere Reisende trifft, bietet es sich an, sich zusammenzutun und die Kosten für Führer und Transportmittel zu teilen.
Sehr gut ist das kostenlose, vierteljährlich erscheinende Heft **Siem Reap Angkor Visitors Guide** von Canby Publications, das in den Hotels, Gästehäusern und Restaurants der Stadt ausliegt. Neben den üblichen Informationen über die Tempel enthält es die aktuellsten Neuigkeiten über Unterkünfte, Restaurants und Bars. Auszüge aus dem Heft gibt's online unter www.canbypublications.com.

Internet

In der Stadt gibt es etliche Internetcafés; der Preis liegt bei US$1–2 pro Std.

Massage

Bodia Spa, nahe dem Psar Chas, 063/761593, brandneu und daher der schicke Star in Siem Reaps boomender Wellnessbranche.
Body Tune Spa, nahe dem Gästehaus Red Piano, 012/444066.
Islands Traditional Massage, nahe dem Psar Chas, 012/982062, bietet traditionelle Khmer-Massage.

Medizinische Hilfe

Royal Angkor International Hospital, Airport Rd, 063/761888. Hoher Standard, Dolmetscher, 24-Stunden-Notaufnahme, Ambulanzfahrzeuge sowie ggf. Transfer nach Bangkok.
Naga Medical Centre, 593 Airport Rd, 016/964500; mit Englisch und Französisch sprechendem Personal.
Siem Reap Provincial Hospital, 500 m nördlich vom Psar Chas, 063/963111, ist nur sehr einfach ausgestattet.

Motorradverleih

Ausländischen Touristen (nicht aber im Inland lebenden Ausländern) ist es untersagt, in Siem Reap und rund um die Tempelanlagen Motorrad zu fahren – angeblich um sie vor Motorraddiebstählen durch Handlanger von Vermietern zu schützen, die sich auf diese Weise Schadensersatzzahlungen in die Tasche stecken wollen und ihre Maschinen durch die Hintertür zurückbekommen. Als weitere Begründung wurde angeführt, dass Ausländer im chaotischen Verkehrsgeschehen zu stark gefährdet seien.

Notruf

Feuerwehr, Sivatha St, 063/784464.
Touristenpolizei, gegenüber dem Haupteingang zum Angkor Archaeological Park, 012/402424.

Post und Telefon

Hauptpost, Pokambor St, Poste-restante-Schalter, außerdem nationale und internationale Telefongespräche. tgl. 7–17.30 Uhr.

Reisebüros und Agenturen

Siem Reaps Reiseveranstalter und Agenturen organisieren Wagen und Führer für Fahrten zu Angkors Tempeln sowie individuelle Touren in viele Landesteile. Spezialisierte Unternehmen können auch Touren in abgelegene Gegenden arrangieren, zum Beispiel in schwieriger erreichbare Randgebiete des Tonle Sap. Selbst Blicke aus der Vogelperspektive auf die Tempelstätten werden angeboten.
Diethelm Travel, 4 Airport Rd, 063/963524, 063/963694. Veranstalter und Agentur. Die Standardangebote umfassen Besichtigungen der Tempel, Touren in die Region Siem Reap und Rundreisen zu anderen Zielen im Land.
Exotissimo Travel Cambodia, Airport Rd, 063/964322, www.exotissimo.com. Hat Angkor und andere Landesteile im Programm.
Helicopter Cambodia, südlich des Psar Chas, 012/814500, www.helicopterscambodia.com. Von Neuseeländern geleitetes Unternehmen mit gutem Ruf; achtminütige Hubschrauberflüge in der Nähe von Angkor Wat (Überflüge sind nicht gestattet) für US$75 p. P. Auch Charterflüge in andere Landesteile.
Neak Krorhorm Travel & Tours, 3 Psar Chas, 063/964924. Preiswerte Transporte nach Bangkok und zu Zielen in Kambodscha, Tickets für inländische Boots- und Flugtransfers.
Osmose Nature Tours, 012/832812, www.osmosetonlesap.org. Spezialisiert auf Exkursionen am Tonle Sap, darunter Touren in wenig besuchte Randgebiete im Überschwemmungsgebiet und zum Vogelreservat Preak Toal.
Terre Cambodge, Psar Chas, 012/843401, www.terrecambodge.com. Touren zu Tempeln und Dörfern in abgelegenen Gebieten mit Allradfahrzeugen, Exkursionen auf dem Tonle Sap in umgebauten Sampans.
Hidden Cambodia Adventure Tours, Trang Village, 012/934412 oder 655201, www.hiddencambodia.com. Erfahrener Veranstalter für Touren mit Geländewagen und -maschinen in entlegene Gebiete.

Wäsche

Überall in der Stadt gibt es Wäschereien; pro Wäschestück zahlt man 500 Riel.

Nahverkehr

Touristen dürfen Motos und Autos nicht selbst fahren, sondern nur mit Fahrer mieten.

Motos

Für Kurzstrecken (2000–4000 Riel) oder Trips quer durch das Stadtgebiet (US$1) sind Motos oder Motorradtaxis nicht mehr so beliebt, vor allem seit die Provinzregierung die Vorschrift erlassen hat, dass Motos nur noch einen Passagier aufnehmen dürfen – eine vernünftige Sicherheitsmaßnahme, die jedoch nicht für Kambodschaner gilt.

Moto-Romauks (Tuk-Tuks)

Das bei Touristen beliebteste Transportmittel im Stadtverkehr sind Motorräder mit Anhänger namens Moto-Romauk oder Tuk-Tuk (die jedoch nicht den Fahrzeugen desselben Namens in Thailand entsprechen). Zwei Passagiere finden bequem Platz, drei ließen sich hineinquetschen. Tuk-Tuks können auf der Straße herangewunken werden, warten aber auch vor dem Grand Hotel d'Angkor oder Foreign

Transport zu den Tempeln

Da die einzelnen Tempelanlagen über ein großes Gebiet verstreut liegen und es keine öffentlichen Verkehrsmittel dorthin gibt, mietet man sich am besten ein eigenes Transportmittel, um Zeit und Eintrittskarte bestmöglich zu nutzen. Ohne Probleme ist ein **Moto** oder **Tuk-Tuk** zu bekommen: Etliche Gästehäuser haben eigene Fahrer, die sich um die Gäste kümmern, andere Fahrer bieten in der Stadt ihre Dienste an, und viele von ihnen sprechen gut Englisch. Ein Moto kostet von Sonnenauf- bis Sonnenuntergang US$6–9, ein Tuk-Tuk US$13–15. Im Gegensatz zum Moto sind Tuk-Tuks überdacht und bieten Schutz vor Regen und Sonne, außerdem haben sie weiche Sitze, in die man sich bequem zurücklehnen kann; sie sind also die Mehrausgabe bei der Erkundung der Tempel durchaus wert.

Mit einem **Fahrrad** lassen sich die Tempel wunderbar erkunden, doch aufgrund des großen Gebiets erreicht man pro Tag nur eine begrenzte Anzahl von Anlagen. Ein paar Läden am Psar Chas und die meisten Gästehäuser verleihen Fahrräder für US$2–4 pro Tag. Einen größeren Aktionsradius bieten die umweltfreundlichen **Elektroräder**, die manche Gästehäuser verleihen. Ihre Batterie reicht für eine Stunde oder rund 30 km; Ladestationen sind über den gesamten Tempelkomplex verteilt. Die Tagesmiete liegt bei US$4–5

Correspondents Club (FCC). Kostenpunkt: US$1–2 für eine Fahrt quer durch die Stadt, Tagesausflug zu den Tempeln US$13–15.

Transport

Busse

Die An- und Abfahrtshaltestelle für Busse liegt 2 km östlich der Stadt am Psar Leu; eintreffende Fahrzeuge setzen ihre Passagiere auf Wunsch an einer Unterkunft an der RN 6 ab. Verschiedene Unternehmen verkehren mit Fernbussen nach BATTAMBANG (tgl., 3 Std.), PHNOM PENH (3–6x tgl., 7–11 Std.), POIPET (3x tgl., 2 1/2 Std.) und BANGKOK; Buchungen können in einem Reisebüro (s. S. 218) erledigt werden. Auf der Fahrt nach Bangkok wird an der Grenze das Fahrzeug gewechselt. Von der Grenze sind es nach Aranyaprathet rund 4 km, wofür Motorrad-Taxis zwischen 50 und 100 Baht verlangen.

Da die Busse Richtung Bangkok gegen 13 Uhr in Poipet – nur ein paar Gehminuten von der Grenze entfernt – eintreffen, bleibt genügend Zeit, um in Thailand Anschluss an die Straßenverbindungen zu bekommen, doch es wird knapp, wenn man den Zug in Aranyaprathet erreichen möchte. Wer mit dem Zug weiterreisen will, sollte mit einem Sammeltaxi oder Pick-up möglichst früh Richtung Grenze aufbrechen.

Viele Gästehäuser in der Stadt fahren mit eigenen Kleinbussen nach PHNOM PENH und via POIPET – wo die Passagiere von thailändischen Partnergesellschaften abgeholt werden – nach BANGKOK, aber da es mit diesen Kleinbussen ständig Ärger gibt, sind Sammeltaxis die bessere Option.

Sammeltaxis und Pick-ups

Sammeltaxis und Pick-ups verkehren ebenfalls von der Haltestelle am Psar Leu, 2 km östlich der Stadt; eintreffende Fahrzeuge setzen ihre Passagiere auf Wunsch auch an einer Unterkunft an der RN 6 ab. Es gibt Verbindungen nach ANLONG VENG (tgl., 3 Std.), KOMPONG THOM (12x tgl., 3 Std.) und PHNOM PENH (stdl., 6–8 Std.) sowie nach SISOPHON (20x tgl., 2 Std., hier Anschluss nach BATTAMBANG) und POIPET (20x tgl., 4 Std.).

Wer von Siem Reap nach Poipet und dort zur thailändischen Grenze (s. S. 199) will, ist mit dem Sammeltaxi am besten bedient. Auch die Fahrt mit Pick-ups verläuft inzwischen zügig und reibungslos. Bis zum frühen Nachmittag sind Transporte nach Poipet zu finden. Kostenpunkt: US$40–50 für ein komplettes Sammeltaxi, ca. US$10 pro Sitzplatz.

Die Strecke von Poipet nach Siem Reap wird unter Backpackern immer beliebter; viele kommen direkt von BANGKOK, was nur einen Tag dauert – sofern die Straßen nicht überschwemmt sind und das Gefährt tatsächlich ohne Pannen durchkommt. Reisende, die bei einer der vielen Agenturen in der Thanon Khao San in Bangkok buchen, werden in Siem Reap zu den Gästehäusern ihrer dortigen Vertragspartner gebracht.

Boote

Die Lage des **Hafens** verändert sich mit dem Wasserstand des Tonle Sap. In der Regenzeit befindet er sich am Fuß des Phnom Krom rund 12 km südlich der Stadt, in den trockensten Monaten (Nov–Mai) ankern die Boote im 5 km weiter entfernten Chong Khneas. Am Vormittag treffen die Boote aus Battambang ein, um die Mittagszeit die aus Phnom Penh. Hotels holen angemeldete Gäste vom Hafen ab, ansonsten stehen genügend Motos für die Fahrt in die Stadt bereit (US$2). Auch die Schlepper der Gästehäuser warten auf Kundschaft.

Morgens gegen 7 Uhr fahren Boote nach BATTAMBANG (2x tgl., US$15, 3 1/2 Std.) und PHNOM PENH (1–2x tgl., US$25, 5 Std.). Bei niedrigem Wasserstand werden die Passagiere mit kleinen Booten zu den weiter draußen ankernden Expressbooten nach Phnom Penh gebracht. Die Schiffe nach Battambang sind kaum größer als Schnellboote und können in der Regel bis in den Hafen fahren.

Alle Tickets müssen mindestens einen Tag im Voraus gekauft werden – zwei Tage im Voraus zwischen März und November, wenn oft nur ein Boot in beide Richtungen fährt. Wer das Ticket von einer Agentur beschaffen lässt oder es in einem Büro der Bootsgesellschaft kauft (es gibt diverse Verkaufsstellen im Zentrum, die durch Schilder gekennzeichnet sind), muss sich selbst um den Transport zum Hafen kümmern (Moto US$2, im Auto US$6) und mindestens 30 Min. für die halsbrecherische Strecke einplanen. Kauft man sein Ticket hingegen im Hotel oder Gästehaus, wird man frühmorgens (gegen 5.30 Uhr) von einem Minibus abgeholt, der weitere Passagiere in anderen Unterkünften einsammelt, bevor es zum Hafen geht.

Flüge

Am Flughafen gibt es draußen gleich neben dem Ausgang einen Schalter für die Fahrt mit einem registrierten Taxi in die 6 km entfernte Stadt (US$5). Motos (US$2) und inoffizielle Taxis (US$5) warten meist an der Hauptstraße vor dem Flughafen auf Fahrgäste. Auch die Minibusse verschiedener Hotels stehen am Flughafen bereit. Wer die Unterkunft bereits gebucht hat oder in einem bestimmten Hotel wohnen möchte, kann sich draußen an ihren Schildern orientieren.

Vom Flughafen führt eine Straße direkt zu den Tempeln, was bei Ankunft am frühen Morgen einen Tagesausflug von Bangkok nach Angkor Wat möglich macht; Wagen mit Fahrer können am Flughafen gemietet werden, der Preis ist abhängig von der gewünschten Länge des Trips. Abgesehen von Flügen nach PHNOM PENH (6x tgl., 45 Min.) hat auch die Zahl internationaler Verbindungen nach BANGKOK, CHIANG MAI, HO-CHI-MINH-STADT und VIENTIANE zugenommen, und inzwischen sind auch KUALA LUMPUR, SINGAPUR und HONGKONG auf dem Luftweg zu erreichen. Flugtickets sind bei den jeweiligen Fluggesellschaften und den Reisebüros in der Stadt erhältlich. Viele Hotels bieten ihren Gästen kostenlosen Flughafentransport an. Die Flughafensteuer beträgt US$6 bei Inlandsflügen und US$25 bei internationalen Verbindungen.

Fluggesellschaften

Angkor Airways, Samdech Tepavong St, ✆ 063/964878.
Bangkok Airways, 571 Airport Rd, ✆ 063/380191.
Lao Airlines, 114 Airport Rd, ✆ 063/963283.
Malaysia Airlines, Siem Reap Airport, ✆ 063/964135.
President Airlines, 468 Airport Rd, ✆ 063/964887.
Siem Reap Airways, 571 Airport Rd, ✆ 063/965427.
Vietnam Airlines, 342 Airport Rd, ✆ 063/964488.

Die Tempel von Angkor

Die 1992 in die UNESCO-Liste des Weltkulturerbes aufgenommenen Tempel von Angkor liegen über eine Fläche von mehr als 300 km² verstreut im ländlichen Gebiet zwischen dem See Tonle Sap und den Kulen-Bergen; die berühmtesten Sakralbauten stehen allerdings alle in der näheren Umgebung von Siem Reap. Die stim-

Angkor Wat: Meisterwerk der kambodschanischen Tempelarchitektur

Siem Reap und die Tempel von Angkor

Der Kult der Gott-Könige

Die Khmer-Könige ließen die gewaltigen Anlagen in erster Linie als Staatstempel für den **Devaraja-Kult** errichten, der damals neben dem vorherrschenden Hinduismus weit verbreitet war. Symbolisch liegt der Anordnung der meisten Staatstempel der hinduistische Kosmos zu Grunde.

Auf einer stufenförmigen Basis erhebt sich – oft in Form einer mehrstufigen Pyramide, die den mythischen Berg Meru repräsentiert – ein zentrales **Turmheiligtum**, das das heilige Bildnis des Devaraja beherbergt. Eine durch Mauern und/oder mehrere Gräben geschaffene konzentrische rechteckige Einfassung umschließt dieses Zentrum. Mit nur einer Ausnahme, nämlich Angkor Wat, ist die axiale Ausrichtung der Tempel für den Zugang von Osten angelegt.

Da nachfolgende Könige ihre jeweiligen Vorgänger übertreffen wollten und die Techniken des Tempelbaus sich durch kontinuierliche Verbesserungen und Erfahrung weiterentwickelten, nahm die Komplexität der Anlagen beständig zu – als Elemente wurden multiple Heiligtümer, Vorkammern, Galerien und kunstfertige Gopurams (Eingangstürme) eingebracht. Obwohl nahezu alle Tempel überaus reich mit ornamentalen Motiven oder detaillierten mythologischen Szenen verziert wurden, stellen die **Flachreliefs** von Angkor Wat und Bayon zweifellos den herausragenden Höhepunkt der bildhauerischen Arbeiten dar. Doch auch die **Skulptur** war ein wesentliches Element der Ausgestaltung, denn in den Nischen, Vorkammern und zentralen Heiligtümern standen Bildnisse aus Holz, Stein, Bronze und sogar Gold, von denen heute allerdings nur noch wenige erhalten sind.

Die meisten Skulpturen, die die langen Jahre ihrer Preisgabe an die Natur unbeschadet überdauert haben und nicht gestohlen oder zerstört worden sind, befinden sich heute in der Obhut des Amtes für Denkmalschutz (Angkor Conservation, s. S. 223), während die wertvollsten Stücke im Nationalmuseum in Phnom Penh untergebracht sind. Ausführliches zur Tempelarchitektur und Kunst im Kapitel „Land und Leute", s. S. 101.

mungsvoll von dichten Waldflächen umgebenen und sich stolz über Nassreisfelder erhebenden Tempelanlagen erwecken nicht den Eindruck steriler Museumsstücke, sondern scheinen ein Teil des alltäglichen Lebens zu sein, dessen Abläufe sich in mancherlei Hinsicht noch immer so gestalten, wie sie auf den Flachreliefs der Tempelwände dargestellt sind.

Angkors Tempelstätten sind so unterschiedlich, wie seine Herrscher es waren, und jeder Tempel besitzt seinen ganz eigenen Charakter. Umrankt von Mythen und Geheimnissen ist **Angkor Wat** mit seinen fünf überwältigenden Türmen und langen Galerien die mit Abstand bekannteste Tempelanlage von Angkor.

Fester Bestandteil aller Besichtigungsprogramme ist außerdem die ummauerte Stadt **Angkor Thom**, deren millionenfach fotografiertes Südtor von riesigen Gesichtern gekrönt wird, die in die vier Himmelsrichtungen blicken. Der zum Tor führende Dammweg wird von großen Götter- und Dämonenstatuen gesäumt. Die steinernen Gesichter finden ihr hundertfaches Echo am **Bayon**, dem mitten im Herzen von Angkor Thom stehenden, letzten großen Tempel des angkorianischen Zeitalters, der für zwei wundervolle Flachrelief-Galerien berühmt ist.

Zwei weitere Tempel, die bei keiner Besichtigung fehlen dürfen, sind **Ta Prohm**, eine von der Natur in unerbittlichen Würgegriff genommene Anlage und daher mitunter auch als „Dschungeltempel" bezeichnet, sowie **Banteay Srei**, ein kleiner Tempel aus feinst bearbeitetem rosarotem Sandstein.

Die ältesten Tempel stehen in der **Roluos-Gruppe** östlich von Siem Reap und sind in erster Linie für Fachleute interessant, bieten aber Einblicke in die Entwicklungsgeschichte der Architektur: Hier waren Ziegel das vorherrschende Baumaterial, während man für die späteren, immer raffinierteren Anlagen zunehmend Sandstein verwendete, der sich feiner bearbeiten und verzieren ließ. Außer den genannten Tempeln sind über vierzig weitere Stätten für die Öffentlichkeit zugänglich.

Geschichte

Von dem herausragenden baukünstlerischen Erbe der alten Khmer gibt es keine **schriftlichen**

Ende des 19. Jhs. trafen Abenteurer und Forscher aus vielen Ländern (vor allem aber aus Frankreich) in Kambodscha ein, um sich auf die Suche nach den „verlorenen Tempeln" zu begeben. Der erste große Schritt in Richtung eines umfassenden Studiums von Angkors Erbe war die Gründung der **École Française d'Extrême-Orient** (🖥 www.efeo.fr) um 1900 in Hanoi. Die Gelehrten dieses Instituts kartografierten erstmals die Tempelanlagen und gründeten das heute unter dem Namen **Angkor Conservation** wirkende Amt für Denkmalschutz, das seinen Sitz 2 km nördlich von Siem Reap hat und sich um die Restauration der Tempel kümmert.

Die Arbeiten an Angkors Tempeln wurden in der ersten Hälfte des 20. Jhs. mit nur kurzer Unterbrechung im Zweiten Weltkrieg kontinuierlich fortgesetzt. Unter den Wissenschaftlern jener Zeit verdienen **Henri Marchal** und **Maurice Glaize** besondere Erwähnung – Marchal für die Restauration von Banteay Srei in den frühen 30er Jahren, Glaize für die Restaurierung von Banteay Samre, Bakong, Neak Pean und (teilweise) Preah Khan. Während der Arbeiten an Banteay Srei wurde in Kambodscha erstmals die Anastylose eingesetzt, eine Restaurierungstechnik, zu der die zeitweilige Demontage und Analyse unversehrter Bauwerkteile gehört, um auf der Grundlage der so gewonnenen Erkenntnisse zerstörte Abschnitte originalgetreu wieder aufbauen zu können. 1960 trat **Bernard Philippe Groslier** die Nachfolge seines Vaters als Leiter des Amts für Denkmalschutz an, und unter seiner Ägide begannen die Arbeiten am Baphuon, bevor die Tempelstätten in den Jahren des Bürgerkriegs und der Roten Khmer wieder ihrem Schicksal überlassen waren.

Gängigen Vorstellungen zuwider erlitten die Tempel keine besonderen Kriegsschäden, doch es kam zu Plünderungen und einer zunehmenden Bedrohung durch die vordringende Vegetation. Während der vietnamesischen Besatzungszeit in den 80er Jahren wendeten sich die Dinge kaum zum Besseren, denn in den Tempelanlagen durften nun indische Konservatoren arbeiten, deren Maßnahmen später heftig kritisiert wurden, da sie das Gestein mit Chemikalien reinigten und Löcher sowie Spalten mit Zement auffüllten. Erst nach Angkors Aufnahme in die UNESCO-Liste des Weltkulturerbes 1992 wurden Beträge in Millionenhöhe vor allem aus Japan für Restaurationsprojekte zur Verfügung gestellt.

Inzwischen koordiniert die in den 90er Jahren zur Bewahrung des Kulturerbes der Provinz Siem Reap gegründete NGO **APSARA** die Erhaltung der Tempel. Eine gewaltige Aufgabe: Die leichtere Erreichbarkeit der Tempel führte nicht nur zu kontinuierlich wachsenden Besucherzahlen, die APSARA durch Zugangsbeschränkungen demnächst kontrollieren will, sondern auch zu einem Anstieg der Diebstähle. Der Schutz des Dschungeldickichts und die zu geringe Präsenz von Wachpersonal pro Tempelstätte kommen dem Kunstraub auf Bestellung entgegen, der ein nicht zu unterschätzendes Problem darstellt.

Zeugnisse, denn die in Tempelbibliotheken aufbewahrten Inschriften auf speziell behandelten Palmblättern oder Tierhäuten haben die Zeit nicht überdauert. Aus diesem Grund mussten die Gelehrten Angkors Geschichte (näher beschrieben im Kapitel „Geschichte", s. S. 84) in mühevoller Kleinarbeit rekonstruieren: durch das Studium von über tausend im gesamten Reichsgebiet gefundenen Inschriftenstellen, die überwiegend in Sanskrit beschrieben waren, sowie eine genaue Analyse der Entwicklung des Tempelbaus. Bis heute beruht das Verständnis der angkorianischen Geschichte bis zu einem gewissen Grad auf Vermutungen, da viele Fakten über den Ursprung von Tempeln, genaue Entstehungsdaten und sogar Namen von Königen im Dunkeln liegen.

Erwiesen ist jedoch, dass Angkors **älteste Bauwerke** auf das Jahr 802 zurückgehen, in dem Jayavarman II. von Kompong Cham nach Norden zog, um dort seinen Hof am Phnom Kulen einzurichten. Nachdem die Epoche **Jayavarmans VII.**, des größten aller Tempelbauer, im Jahre 1219 ihr Ende fand, wurden keine weiteren Steintempel mehr errichtet – die Gelehrten streiten darüber, ob die finanziellen Mittel des

ANGKOR

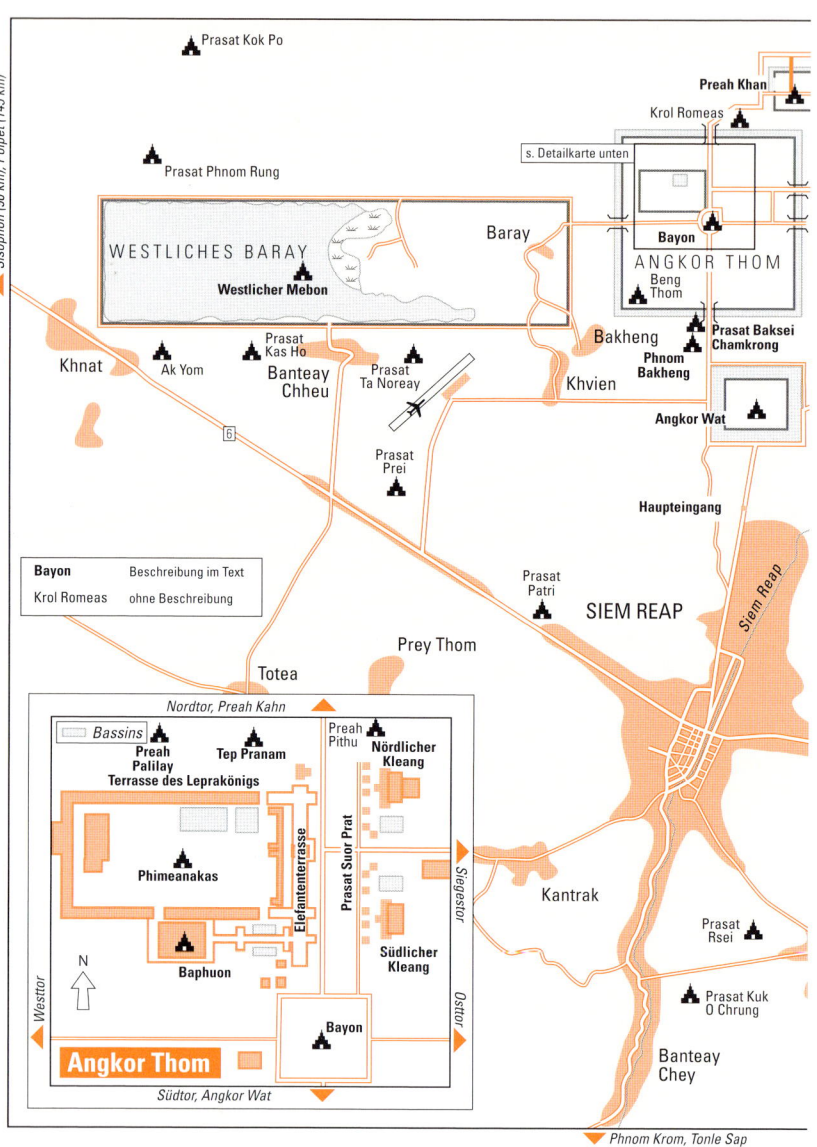

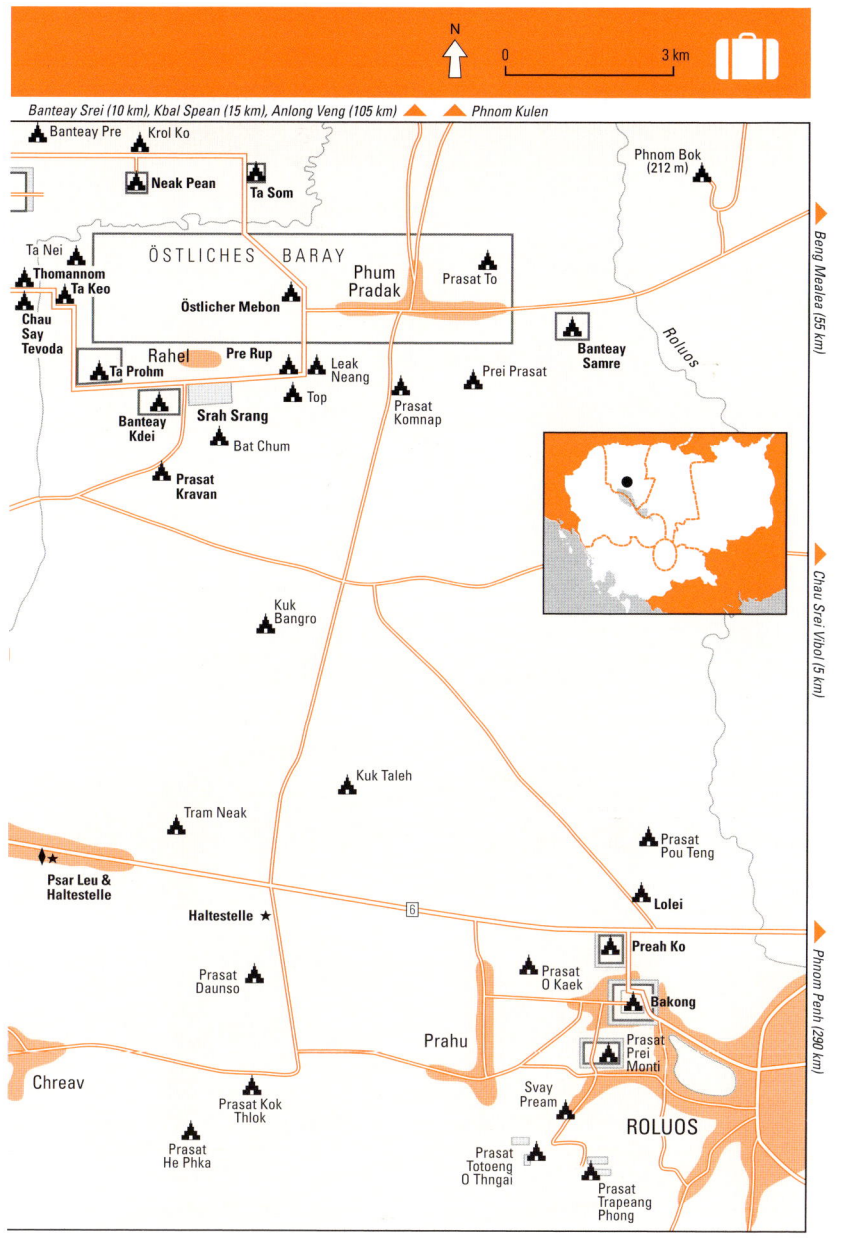

Wegweiser durch Angkor

Eintritt

Offiziell sind die Tempelanlagen täglich von 5–18 Uhr geöffnet, ausgenommen Banteay Srei (schließt um 17 Uhr) and Kbal Spean (schließt um 15 Uhr). Für den Aufenthalt auf dem Areal Angkors sind **Eintrittskarten** erforderlich, die an allen Tempeln vorgezeigt werden müssen. Für den Besuch von Phnom Kulen, Kor Ker und Beng Mealea wird außerdem separater Eintritt erhoben: Phnom Kulen US$20, Kor Ker US$10, Beng Mealea US$5.

Am **Haupteingang** an der Straße von Siem Reap nach Angkor Wat sind drei verschiedene Kategorien von Eintrittskarten erhältlich, die einen Tag (US$20), drei Tage (US$40) oder sieben Tage (US$60) gültig sind. Die Karten sind mit Gültigkeitsdatum und Passbild versehen. Das notwendige Foto wird mit einer kleinen Kamera am Schalter aufgenommen. Plastikhalter mit Band sind an einem seitlichen Schalter erhältlich.

Kinder unter 12 Jahren haben freien Eintritt, wenn ihr Alter per Ausweis nachgewiesen wird. Den meisten Besuchern genügt eine 3-Tageskarte, die ausreichend Zeit bietet, um alle Tempel im Zentralbereich zu sehen und die abseits gelegenen Anlagen von Roluos, Banteay Srei und Banteay Samre zu besichtigen. Wer nur wenig Zeit hat, sollte sich ganz auf ein Tagesprogramm mit Angkor Wat, Bayon, Ta Prohm und Banteay Srei konzentrieren.

Rundwege

Nach Angkor Wat und Angkor Thom, die auf der Prioritätenliste fast aller Besucher ganz oben stehen, bieten sich verschiedene Alternativen zum Besuch der restlichen Anlagen.

Von Angkor Thom führt der sogenannte **Kleine Rundweg** ostwärts an mehreren Tempelanlagen neben der Straße vorbei bis zum rituellen Badebecken Srah Srang, bevor er südwärts zum Prasat Kravan abzweigt und schließlich Angkor Wat erreicht.

Der **Große Rundweg** erschließt die Tempel entlang einer Straße, die Srah Srang halbkreisförmig wieder mit Angkor Thoms Nordtor verbindet. Manche Besucher bevorzugen die Besichtigung der Tempel in der chronologischen Reihenfolge ihrer Entstehung, um besser nachvollziehen zu können, wie sie im Zuge neuer Konstruktionstechniken an Komplexität gewannen, doch diese Alternative erfordert zwangsläufig viele Fahrten, die hin und her führen, etwa von Roluos nach Bakheng, weiter nach Prasat Kravan, von dort zurück nach Angkor Wat und schließlich weit hinaus nach Banteay Samre.

Wer **abgelegene Tempel** besuchen möchte, die in diesem Buch nicht beschrieben sind, sollte unbedingt bei offiziellen Stellen oder registrierten Führern Informationen über die aktuelle Sicherheitslage einholen, denn nicht alle Stätten wurden vollständig auf Minen abgesucht.

Essen und Trinken

An den meisten Tempeln bieten Verkaufsstände Erfrischungen an. Hinter dem Parkplatz gegenüber Angkor Wat servieren zahlreiche Restaurants chinesische Gerichte und Khmer-Speisen, die kaum teurer sind als in vergleichbaren Lokalen in Siem Reap. Seitlich der Straße von Angkor Wat in Richtung Flughafen tischt das klimatisierte **Angkor Café** in schönem Ambiente schmackhafte Khmer-Gerichte und Snacks auf. Weitere Lokale gibt es im Dorf bei Srah Srang.

Souvenirs

Im Angkor Café werden auch Produkte aus den Werkstätten von **Les Artisans d'Angkor** (s. S. 216) angeboten. Vor allen bekannten Tempeln gibt es Stände mit preiswertem Kunsthandwerk wie Bambusschmuck oder *kramar*. Aber die Souvenirs finden ihren Weg sowieso zu den Touristen. Heerscharen von fliegenden Händlern – meist Kinder – versuchen die Besucher mit „Only one Dollar"-Rufen für ihr reichhaltiges Sortiment an Büchern, Postkarten, T-Shirts und weiteren Andenken zu begeistern.

Reiches erschöpft waren oder der aufkeimende Theravada-Buddhismus weitere Bautätigkeiten verhinderte.

Auch nach dem Tode Jayavarmans VII. wurden die Tempel und Paläste weiterhin genutzt, bis 1431 die Siamesen einfielen. Im folgenden Jahr verlegte Ponhea Yat seinen Hofstaat ins südliche Phnom Penh und überließ Angkors Tempel dem Dschungel. Obwohl Angkor niemals vollständig verlassen wurde, war die örtliche Bevölkerung, die dort weiterhin betete, nicht in der Lage, die monumentalen Anlagen zu pflegen und instand zu halten.

Um 1570 war **König Satha** so verzückt über die Wiederentdeckung des von Dschungel überwucherten Angkor Thoms, dass er den Wildwuchs lichten ließ und seinen Hofstaat dorthin verlegte, doch bereits 1594 zog er aus unbekannten Gründen wieder nach Lovek zurück.

Eine weitere kurzlebige Epoche königlichen Interesses erfuhr die Region Mitte des 17. Jhs., als – wie im Brief eines holländischen Kaufmanns an den Generalgouverneur von Niederländisch Indien vermerkt – „der König [Barom Rachea VI.] zu Besuch an einem lieblichen schönen Ort namens Anckoor verweilte". Dann jedoch fielen die Tempelstätten trotz der geheimnisvollen Erzählungen von Missionaren und Händlern über eine tief im kambodschanischen Dschungel verborgene untergegangene Stadt in einen Dornröschenschlaf, bis im 19. Jh. schließlich europäische Forschungsreisende ins Land durften. Der erste ausführliche Bericht über Angkor Wat, den 1858 der französische Missionar Charles-Emile Bouillevaux publizierte, erweckte nur wenig Interesse, doch als 1864 posthum die Tagebücher des Botanikers und Forschers **Henri Mouhot** publiziert wurden, der wenige Jahre zuvor eher zufällig über Angkor gestolpert war, gerieten die Tempel in den Blickpunkt der Weltöffentlichkeit.

Der Brite **John Thompson**, der 1867 die ersten Fotografien von Angkor publizierte, dachte auch als Erster laut über eine mögliche Verbindung zwischen der Tempelarchitektur und dem mythischen Berg Meru nach. In seine Fußstapfen trat nur wenig später **Ernest Doudart de Lagrée**, der Beng Mealea und Preah Khan (Kompong Thom) wieder entdeckte.

Angkor Wat

Es gibt nichts, das den Besucher auf die majestätische Erhabenheit von **Angkor Wat** vorbereiten könnte. Die fünf grandiosen, maiskolbenförmigen Türme halten den Blick gefangen, während man sich in Gedanken vor der Vorstellungskraft der Baumeister verneigt, die dieses Meisterwerk der Khmer-Architektur schufen, das um 1150 dem Hindugott Vishnu geweiht wurde.

Fachleute schätzen, dass die Bauzeit ungefähr 30 Jahre betragen haben muss. Erst beim Näherkommen wird der komplexe Aufbau der Anlage deutlich, um dann beim genaueren Hinsehen in jedem Winkel und jeder Spalte feinste Details zu enthüllen. Hinter jeder Ecke übertrifft ein neues kleines Kunstwerk das vorherige. Wenn die Zeit es gestattet, sollte man die Anlage zu verschiedenen Tageszeiten besuchen, um die wechselnden Farbschattierungen des Gesteins und die Turmspitzen im Licht der untergehenden Sonne golden leuchten zu sehen.

Experten haben lange darüber gestritten, ob Angkor Wat als religiöse Stätte oder königlicher Grabkomplex errichtet wurde. Besonders irritierend sind die Ausrichtung des Eingangs nach Westen und die Anordnung der Flachreliefgalerie entgegen dem Uhrzeigersinn – Richtungen, die symbolisch mit dem Tode verknüpft sind. Einig ist man sich heute darüber, dass der König Angkor Wat zu Lebzeiten für den Devaraja-Kult nutzte und es nach seinem Tod zu seinem Mausoleum wurde.

Graben und vierte Einfassung

Im Gegensatz zu den anderen Tempelstätten Angkors betritt man diese Anlage von Westen über einen eindrucksvollen, frisch restaurierten Dammweg aus Lateritgestein. Nach unten kann man in den Grabungsbereich schauen und die massiven Steinblöcke sehen, die für den Bau verwendet wurden. Der mit Sandstein gepflasterte Damm mit seinen zerbröckelnden Naga-Balustraden und von Löwen bewachten Terrassen führt über den 200 m breiten Graben zum westlichen Gopuram der vierten Einfassung.

Die Tore des **westlichen Gopurams**, der nahezu 230 m lang ist und drei Türme besitzt, sind groß genug, um Elefanten Durchgang zu gewähren. Einen genaueren Blick lohnt die über 3 m hohe und stets mit Blumen und Opfergaben geschmückte achtarmige Statue Vishnus im südlichen Bereich des Gopurams. Vom Gopuram eröffnet sich ein herrlicher Panoramablick auf die Tempelanlage.

Die ersten der berühmten **Apsaras** von Angkor Wat, die durch das Kirnen des Milchozeans (s. S. 231) geboren wurden, sind in die östlichen Außenmauern des Gopurams gemeißelt; ihre Füße sind (wohl aus Platzgründen) perspektivisch verkürzt und schräg zur Seite gerichtet.

Vom Gopuram führt ein zweiter **Dammweg** – 350 m lang und noch eindrucksvoller als der über den Graben – zum Tempel. Die ersten Bauwerke links und rechts dienten als Bibliotheken – das nördliche Gebäude ist fertig restauriert, am südlichen wird noch gearbeitet.

Vor dem Tempel befindet sich die kreuzförmige **Ehrenterrasse**, die ebenfalls von einer Naga-Balustrade umrahmt ist. Einst wurden dort Apsara-Tänze (s. S. 214) aufgeführt und zeremonielle Prozessionen vom König empfangen. Hinter der Terrasse führt eine kurze Treppenflucht zur dritten Einfassung, an deren westlichem Gopuram sich ein Kreuzgang und zwei Galerien anschließen.

Dritte Einfassung

Die berühmten Flachreliefs von Angkor Wat, die um die 2 m hoch sind und vorwiegend Ereignisse darstellen, die in Beziehung zu Vishnu stehen, zieren die Wände der prächtigen **Säulengalerie**, die um das Tempelareal verläuft und die dritte Einfassung bildet. Bis hierhin war es den normalen Bürgern Angkors gestattet zu kommen. Die dargestellten Szenen sollten den Untertanen ein eindrucksvolles Bild von der Allmacht des Königs vermitteln und zu ihrer religiösen Erziehung beitragen.

Die ersten Abschnitte der Flachreliefs sind bis ins winzigste Detail ausgestaltet, ganz anders die im 16. Jh. hinzugefügten Szenen, die eher plump wirken. An manchen Stellen sind noch Spuren der roten und goldenen Farben zu erkennen, die einst die Reliefs bedeckten, während andere Bereiche schwarz sind – einer Theorie zufolge wurden die Farben durch die millionenfache Berührung von Händen abgetragen und der Stein glatt poliert (heute bitten Schilder darum, die Reliefs nicht zu berühren).

Die über 700 m lange Galerie mit Flachreliefs wird an jeder Seite durch Portale und an den Ecken durch Pavillonkammern unterbrochen. Die folgende Beschreibung führt entgegen den Uhrzeigersinn, wie es bei Trauerzügen üblich war.

Westgalerie – südlicher Abschnitt

Im ersten Teil der Galerie tobt die im hinduistischen Heldenepos *Mahabharata* geschilderte Schlacht zwischen den Vettern der Klane **Kaurava** (von links aufmarschierend) und **Pandava** (von rechts kommend). Bei ihrem erbitterten Kampf am Berge Kurukshetra erhalten beide Familien Rückendeckung durch die übernatürlichen Kräfte von Kama, einer Inkarnation des Sonnengottes Surya, sowie von Arjuna.

Im unteren Teil des Frieses marschieren die Fußsoldaten zum Kampf in die Mitte der Galerie, und über ihnen ziehen die Generäle in Pferdestreitwagen oder auf dem Rücken von Elefanten in die Schlacht. Zwischen heftigen Handgefechten liegt der Kaurava-General Bhisma von Pfeilen durchbohrt tot am Boden, während Arjuna, der einen Schild mit dem Bildnis des Dämons Rahu trägt, den an seinen vier Armen zu erkennenden Krishna tötet, der daraufhin wiedergeboren wird und als Lenker von Arjunas Streitwagen zu sehen ist.

Südwestlicher Eckpavillon

Fortgeschrittenen Verwitterungen zum Trotz sind noch verschiedene Episoden aus dem *Ramayana* (s. S. 130) und anderen Hindu-Legenden zu erkennen. Ein Fries zeigt Krishna als Beschützer der Hirten, die sich entschlossen haben, ihm statt Indra zu huldigen. Als Schutz gegen von Indra gesandte Stürme hebt Krishna mit einer Hand den Berg Govardhana hoch. Eine andere Szene schildert das Duell zwischen den Affengöttern Valin und Sugriva, in dem Valin in den Armen seiner Frau stirbt, nachdem er von Ramas Pfeil durchbohrt wurde. Auf den umliegenden Friesen trauern Affen um Valin.

Südgalerie – westlicher Abschnitt

Die Galerie zeigt **Schlachtszenen**, die auf zwei Ebenen von Westen nach Osten dargestellt sind.

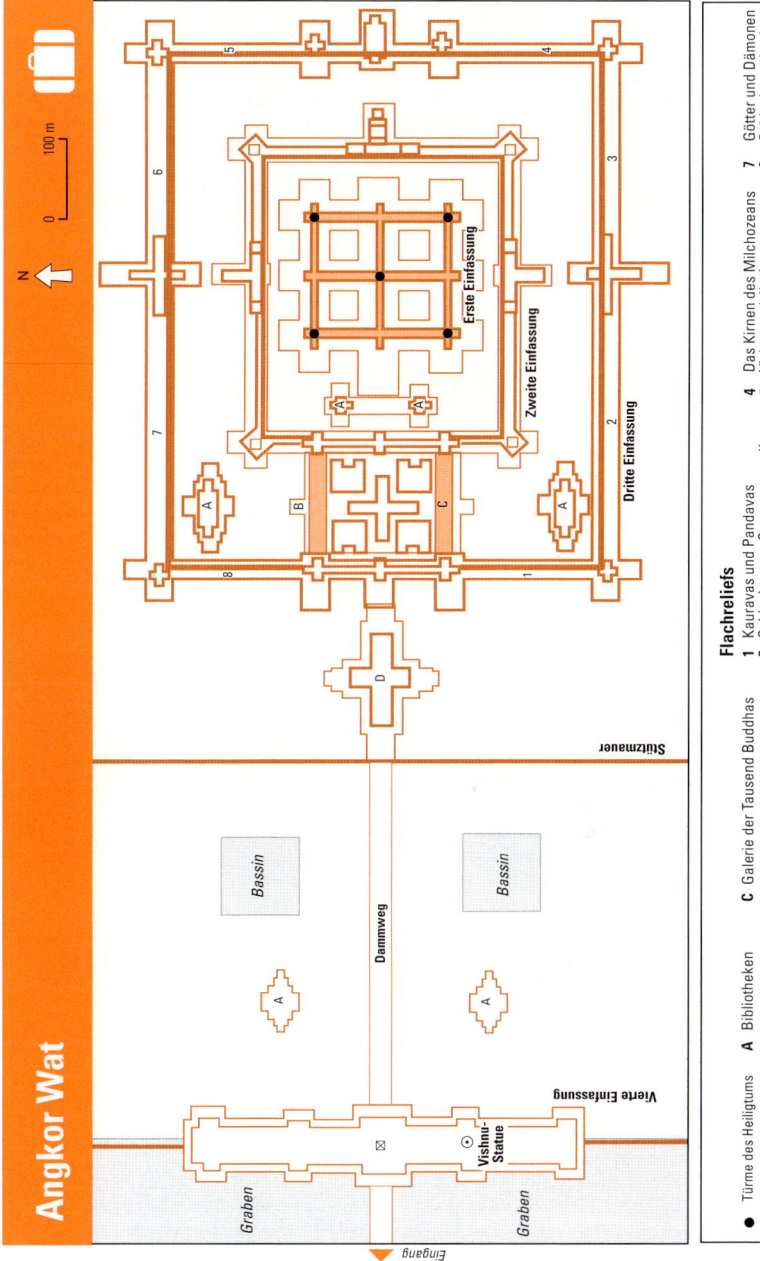

Die Szenen beginnen mit einer königlichen Audienz (obere Ebene) und einer Prozession der Palastdamen. Weiter östlich sitzen die Befehlshaber der Khmer unter Sonnenschirmen auf Elefanten und mustern die Truppen, mit denen sie durch den Dschungel marschieren.

Im Zentrum des Frieses umringen sie den größer dargestellten Suryavarman II., über dem 15 Schirme aufgespannt sind. Die hinter ihm von Musikanten, Standartenträgern und Spaßmachern begleitete Armee erhält Verstärkung durch Söldner aus Cham, die durch ihre Schnurrbärte und Helmbüsche auffallen. Man vermutet, dass die kleinen Nischen entlang der Mauer als Verstecke für Objekte aus Gold gedient haben, manche sagen jedoch, dass die Mauerstücke wegen angeblicher magischer Kräfte von Gläubigen herausgebrochen wurden.

Südgalerie – östlicher Abschnitt

Die **Galerie des Himmels und der Hölle** erstreckt sich über einen dreigeteilten Fries über eine Länge von fast 60 Meter. Sie zeigt den vielarmigen Gott Yama, der auf einem Büffel sitzt und über die Toten urteilt. Am Anfang dieses Abschnitts beschreiten Menschen auf der oberen Ebene einen Pfad zum Himmel, während unten ein Pfad hinab in die Hölle führt – ein Fries mit Garuda-Darstellungen bildet den Scheideweg zwischen Himmel und Hölle. Diejenigen, die sich den Weg zum Himmel verdient haben, führen oben ein unbeschwertes Leben in Palästen, während die Sünder durch eine Falltür in die Unterwelt stürzen, wo schreckliche Strafen auf sie warten – die Unersättlichen werden zweigeteilt, den Vandalen werden die Knochen gebrochen und den Reisdieben werden glühende rote Eisen in den Unterleib gedrückt.

Ostgalerie – südlicher Abschnitt

In diesem Teil der Galerie befindet sich Angkor Wats berühmtestes Flachrelief, auf dem das **Kirnen des Milchozeans** (s. S. 231) dargestellt ist. Die Szenen setzen in dem Augenblick ein, in dem das Kirnen die ersten Resultate zeigt. Im zentralen Band des Frieses ziehen auf der linken

Apsaras: aus dem Kirnen des Milchozeans geborene, göttliche Tänzerinnen

Seite 92 glotzäugige *asura* mit hohem Haarschmuck an Vasukis Kopf, während rechts 88 *deva* mit Mandelaugen und konischer Haarpracht am Schwanz der Schlange zerren. Über ihnen tanzen Tausende himmlische Apsaras, während sich unten im Ozean fein herausgearbeitete Meereskreaturen tummeln.

Der Chedi (Stupa) vor dem östlichen Gopuram wurde erst im frühen 18. Jh. errichtet, als der Tempel als buddhistisches Kloster diente; eine Wandinschrift im Gopuram berichtet über seine Geschichte.

Ostgalerie – nördlicher Abschnitt

Die Reliefs dieses Abschnitts entstanden erst im 16. Jh. in vergleichsweise plumper und oberflächlicher Ausführung. Die Szenen berichten von der Bezwingung der *asura* durch Vishnu, der im Zentrum des Frieses vierköpfig auf einem Garuda zu sehen ist. Die *asura* ziehen von Süden her auf, und die Streitwagen ihrer Feldherren werden von Dämonen gezogen. Im Norden reitet eine Kriegerschar auf Pfauen.

Nordgalerie – östlicher Abschnitt

Ebenfalls aus dem 16. Jh. und handwerklich kaum besser sind die Szenen, die **Krishna** im Kampf gegen den Dämonengott **Bana** zeigen. Krishna, der leicht an seinen acht Armen und zahlreichen Köpfen zu erkennen ist, treibt sein Reittier Garuda gegen Bana voran, doch eine Feuersbrunst um dessen Stadtmauer versperrt ihm den Weg. Garuda löscht das Feuer mit Wasser aus dem Ganges. Ganz im Westen des Frieses führt Krishnas Siegeszug zum heiligen Berg Kailash, wo er vor Shiva Fürsprache um Banas Leben hält. An diesem Wandabschnitt befindet sich auch eine Darstellung des elefantenköpfigen Ganesha, die einzige im gesamten Angkor Wat.

Nordgalerie – westlicher Abschnitt

In wesentlich besserer Ausführung als bei den vorherigen beiden Abschnitten zeigen die Friese dieses Galerieteils 21 Gottheiten des **hinduistischen Pantheons** in einem fürchterlichen Tumult zwischen Göttern und Dämonen. Zu den leicht zu erkennenden Gestalten gehören von links nach rechts: der vielköpfige und vielarmige Kriegsgott Skanda, der auf einem Pfau reitet; Indra, der auf dem Elefanten Airavata steht; Vishnu, der auf Garuda reitet und mit allen vier Armen kämpft; Yama in einem von Ochsen gezogenen Streitwagen; Shiva, der seinen Bogen spannt; und Brahma auf seiner heiligen Gans Hamsa.

Nordwestlicher Eckpavillon

Unter den Szenen aus dem *Ramayana* fällt vor allem die Darstellung Vishnus auf, der auf der Schlange Ananta ruht. Über ihm schwebt eine

---

Das Kirnen des Milchozeans

Eines der beliebtesten Themen der Khmer-Kunst ist das Kirnen des Milchozeans, eine **Schöpfungsgeschichte** aus dem hinduistischen Epos *Bhagavata Purana,* das unter anderem die Lebensgeschichte Krishnas erzählt, der ein Avatara – eine Verkörperung – des Gottes Vishnu ist. Zu Beginn dieser Geschichte nehmen die *deva* (Gottheiten) und *asura* (Dämonen) einander gegenüber Aufstellung, um am Berg Mandara den Ozean zu kirnen und auf diese Weise *amrita* zu produzieren, das Elixier der Unsterblichkeit. Sie beginnen an der Schlange **Vasuki** zu zerren, die sich rund um den Berg geschlungen hat, doch dies führt zu nichts. Vishnu trifft ein und weist beide Seiten an, rhythmisch zu ziehen, doch der Berg beginnt zu versinken. Die Dinge wenden sich noch mehr zum Argen, als Vasuki ein tödliches Gift spuckt, das die *deva* und *asura* zu vernichten droht. Brahma bittet Shiva, das Gift zu trinken, was dieser befolgt, doch das Gift verbrennt seine Kehle, die fortan blau ist. Währenddessen stützt Vishnu in seiner Inkarnation als Schildkröte den Berg Mandara und ermöglicht auf diese Weise, dass sich das Kirnen für weitere 1000 Jahre fortsetzt, nach deren Ablauf endlich *amrita* produziert ist. Unglückseligerweise reißen die *asura* das Elixier an sich, doch erneut eilt Vishnu – diesmal in Gestalt von Maya – zu Hilfe und erobert das Gefäß zurück. Das Kirnen führt außerdem zur Entstehung mythischer Wesen, zu denen der dreiköpfige Elefant Airavata, die Göttin des Reichtums Lakshmi – die Vishnus Frau wird – und die himmlischen Tänzerinnen, die **Apsaras**, gehören.

Schar Apsaras, und ihm zu Füßen sitzt seine Frau Lakshmi, während Götter ihn in einer feierlichen Prozession bitten, zur Erde zurückzukehren.

Westgalerie – nördlicher Abschnitt
Um die Ecke folgt die meisterhaft gestaltete **Schlacht um Lanka**. In dieser actionreichen Sequenz aus dem *Ramayana* bekämpft Rama den 10-köpfigen und 20-armigen Dämonenherrscher Ravana, um seine Frau Sita aus dessen Gefangenschaft zu befreien. In alle Richtungen stürzen die Körper von Soldaten der Affenarmee, die auf Ramas Seite kämpfen. Im Zentrum des Frieses stehen sich die beiden Widersacher gegenüber: Ravana in einem von Löwen gezogenen Streitwagen, Rama auf den Schultern des Affenkönigs Sugriva.

Erste Terrasse
Zurück am westlichen Gopuram führt der Weg nun ostwärts in den Bereich der **dritten Einfassung**, der gleichzeitig die erste Ebene der Tempelpyramide ist und bis auf zwei Bibliotheken in der nordwestlichen und südwestlichen Ecke keine weiteren Bauwerke beherbergt. Im Kreuzgang ziert ein Fries mit s den oberen Bereich, in die Basen der Säulen sind sitzende Asketen gemeißelt. Etliche Säulen tragen Inschriften in Sanskrit und Khmer.

Die südliche **Galerie der Tausend Buddhas** war früher reich mit Buddhastatuen bestückt, die über die Jahrhunderte zusammengetragen wurden, als Angkor Wat ein buddhistisches Kloster war. Viele Statuen, die in den 1970er Jahren nicht in die Obhut des Amts für Denkmalschutz (Angkor Conservation) gelangten, wurden von den Roten Khmer zerstört. Heute haben einige moderne Statuen ihren Platz eingenommen. Die Kammer in der Nordgalerie ist die **Echohalle**, in der die Geräusche widerhallen, wenn man sich mit dem Rücken zur Wand stehend mit den Fäusten gegen die Brust trommelt – was die Kambodschaner dreimal tun, da dies Glück bringen soll.

Zweite und dritte Terrasse
Die **zweite Ebene** der Pyramide wird von einer Galerie mit Fenstern zu einem Innenhof umschlossen, dessen Mauern eine bemerkenswerte Zusammenstellung von über 1500 unterschiedlichen **Apsaras** schmückt. Die elegant gekleideten, schönen Kreaturen fallen durch exotische Frisuren und geheimnisvolle Mienen auf, und selbst ihr Schmuck ist bis ins winzigste Detail liebevoll herausgearbeitet. Es sind die frühesten Darstellungen der angkorianischen Kunst von Apsaras in Gruppen – manche posieren mit untergehakten Armen oder sich berührenden Händen zu zweit oder zu dritt.

Im Zeitalter Suryavarmans II. durften nur der Hohepriester und der König die **dritte Ebene** betreten. Bis vor kurzem war der Aufstieg auch Touristen gestattet, aber nachdem es auf der steilen Treppe zu schweren Unfällen gekommen war, ist sie nun für Besucher gesperrt.

Phnom Bakheng und Prasat Baksei Chamkrong

Mitten im Herzen des ersten Königreichs von Kambodscha wurde im Jahre 889 unter König Yasovarman I. das erste große Bauwerk im Gebiet von Angkor errichtet: der Tempelberg **Phnom Bakheng**. Vom Gipfel eröffnet sich ein überwältigender Blick über das Westliche Baray sowie Angkor Wat und, weiter entfernt, nach Süden bis hin zum See Tonle Sap und nach Nordosten bis zum Phnom Kulen. Am späten Nachmittag stapfen die Touristen zu Hunderten die aus dem Felsgestein gehauenen, steilen und arg erodierten Stufen hinauf, um den Sonnenuntergang zu sehen. Am Fuße des Berges stehen manchmal **Elefanten** bereit, um müde Besucher auf einem Umweg nach oben zu bringen (Preis: US$15 hinauf, US$10 hinab). Die beste Besuchszeit für Phnom Bakheng selbst ist der frühe Morgen, denn um diese Zeit hat man den Tempel fast ganz für sich allein – zur Gesellschaft grasen nur einige Elefanten in der Nähe.

Es war keine einfache Aufgabe, den 67 m hohen Naturhügel in ein symbolisches Abbild des Berges Meru zu verwandeln. Stufen und Terrassen wurden ins Berggestein gehauen und mit Sandstein verkleidet. Streng nach den Grundsätzen der hinduistischen Kosmologie wurde rund um den Hügel ein 4 x 4 km langer Graben ausgehoben, von dem 600 m vor Angkor Wat neben der

Straße von Siem Reap noch Reste zu erkennen sind. Die Tempelpyramide bestand aus fünf Ebenen mit insgesamt 109 Türmen: 44 Türme standen rund um die Basis, zwölf weitere umrandeten jede Ebene, und die fünf zentralen Haupttürme wurden zum ersten Mal in der Geschichte der Khmer-Architektur in Quincunx-Form (wie die Punkte der Zahl Fünf auf einem Würfel) angeordnet, um die fünf Gipfel des Bergs Meru zu symbolisieren. Da der Tempel Shiva geweiht war, enthielt der mittlere Turm als zentrales Heiligtum einen Lingam.

Nur wenige hundert Meter nördlich vom Phnom Bakheng steht das einzige Bauwerk aus der Epoche Harshavarmans I.: der kleine und deshalb wenig beachtete **Prasat Baksei Chamkrong**. Der Shiva und seiner Gemahlin Parvati geweihte Tempel wurde zu Lebzeiten des Herrschers nicht fertig gestellt und 947 von Rajendravarman II. ein weiteres Mal geweiht. Das schlichte Bauwerk besteht aus vier sich verjüngenden, quadratisch geformten Terrassen, deren oberste von einem einzigen Ziegelsteinturm gekrönt wird, der mit Sandsteinstürzen und Säulen verziert ist. Am Türrahmen berichtet eine Sanskrit-Inschrift, dass das Heiligtum ein goldenes Bildnis des Paramenshavara beherbergte (posthumer Name von Jayavarman II.). Von den stark verwitterten Treppen ist die nördliche noch die beste für einen Aufstieg auf die oberste Terrasse.

Angkor Thom

„Die Stadtmauer ist im Umfang gewiss mehr als fünf Meilen lang, und sie hat fünf Tore mit je weils doppelten Portalen ... Draußen erstreckt sich ein breiter Wassergraben, über den mächtige Dämme Zugang zur Stadt gewähren. 54 göttliche Wesen aus Stein, so riesig und furchterregend wie Kriegsherren, flankieren die Seiten dieser Dämme ..."

Noch heute ist aus dieser Beschreibung des chinesischen Gesandten Chou Ta-Kuan, der den Khmer-Hof Ende des 13. Jhs. besuchte, die großartige Stadt Angkor Thom zu erkennen (Karte s. S. 224). Sie erstreckt sich über ein Areal von 3 x 3 km, das von einem breiten Graben und einer acht Meter hohen Mauer umschlossen ist, die wiederum durch einen breiten Erdwall verstärkt wird. Die Befestigungen wurden auf Befehl Jayavarmans VII. nach einem verheerenden Raubzug der Cham im Jahre 1177 errichtet.

Innerhalb des Stadtbezirks sind zahlreiche Bauwerke erhalten. Im Zentrum steht der Staatstempel **Bayon**, von dessen zahlreichen Türmen riesengroße Gesichter aus Stein herabblicken und der für zwei Mauern mit herausragenden Flachreliefs berühmt ist.

Nördlich des Bayon musste Jayavarman VII. seinen königlichen Palast, der größtenteils aus Holz bestand und deshalb nicht erhalten blieb, in eine Lücke zwischen **Baphuon**, dem Staatstempel von Udayadityavarman II., und **Phimeanakas**, dem kleinen Staatstempel von Suryavarman I., zwängen. Vor dem Palast ließ er zwei mächtige, mit wundervollen Steinmetzarbeiten verzierte **Terrassen** errichten, die als Tribünen für Veranstaltungen auf dem königlichen Platz und dem Paradegelände dienten.

Die Eingangstore

Der Angkor Thom umschließende Wassergraben wird in seiner vollen Länge von einer 8 m hohen Lateritmauer mit Ecktürmen begleitet, die durch einen breiten Erdwall verstärkt ist. Die Mauer hat fünf **Eingangstore** – je eines pro Himmelsrichtung und ein zusätzliches östliches Portal, das Siegestor. Diese Tore haben die Gestalt von kunstfertig gestalteten Gopurams, deren Türme von jeweils vier riesigen Gesichtern des wohlwollenden Bodhisattvas Lokesvara gekrönt werden, die hinaus in die vier Weltrichtungen blicken. Allerdings wurden die Gesichter erst zu einem späteren Zeitpunkt hinzugefügt.

Von Angkor Wat kommend führt der Weg nach Angkor Thom durch das 23 m hohe **Südtor** über einen 100 m langen Dammweg aus Stein, der von 54 Göttern mit mandelförmigen Augen zu einer Seite und 54 Dämonen mit runden Augen zur anderen flankiert wird. Die meisten Köpfe sind Repliken, da die Originale entweder geraubt oder zur sicheren Aufbewahrung in die Obhut des Amts für Denkmalschutz gegeben wurden.

Sowohl die Götter als auch die Dämonen schultern neunköpfige Nagas, die angeblich über den Wohlstand der Stadt wachen. Die Basis des Torbaus ist mit Skulpturen von Indra auf dreiköpfigen **Elefanten** verziert. Alle Elefanten tragen aus Stein gemeißelte Lotosblüten in den Rüsseln, die so geschickt eingearbeitet sind, dass sie nicht nur als ornamentales Element, sondern auch als zusätzliche Stütze für die Gesamtskulptur dienen.

Bayon

Vom Südtor führt die Straße 1,5 km weit in schnurgerader Linie durch Wald bis zum Bayon. An einem Stand am Süddamm stehen Elefanten zum Preis von US$10–15 für Ritte vom Stadttor zum Tempel bereit. Besucher, die mit Fahrzeugen am Bayon eintreffen, werden am Haupteingang im Osten abgesetzt und später an der Nordseite des Bauwerks wieder aufgenommen. Die meisten Touristen kommen morgens, wenn die besten Lichtverhältnisse herrschen.

Das im späten 12. oder frühen 13. Jh. vollendete Meisterwerk der Architektur sollte die Religionen des Landes zusammenführen und auch den Islam der gerade unterworfenen Cham in seinen Schoß aufnehmen. Geweiht wurde das Bauwerk als buddhistischer Tempel, doch als der Hinduismus zur Staatsreligion erhoben wurde, rissen fanatische Gläubige das Buddhabildnis des zentralen Heiligtums nieder und stürzten es in einen nahen Brunnen.

Auf dem Weg von Süden her sieht man von der Straße aus zunächst nicht viel mehr als eine amorphe, aber imponierende Masse aus dunklem Gestein. Erst nach Überquerung eines Steindamms wird die komplexe Struktur des Bauwerks deutlich – ob ein Ergebnis des glücklichen Zufalls oder von Jayavarmans VII. so gewollt, ist unbekannt – und sind die 54 Türme mit jeweils vier riesigen Gesichtern des Lokesvara zu erkennen. Bis heute ist ungeklärt, warum über 200 solcher Gesichter in ständiger Wiederkehr vom Bayon herabblicken.

Hinter dem Damm führen ein paar Stufen hinauf zur **dritten Einfassung** mit einer Säulengalerie, deren Überdachung längst eingestürzt ist. An ihrer Außenmauer befinden sich die ersten **Flachreliefs** des Tempels, die im Vergleich zu Angkor Wat insgesamt tiefer und grober gearbeitet sind. Manche Friese sind unvollendet geblieben. Die meisten Besucher folgen von hier dem Durchgang in der Mitte der Südgalerie, um zu den Flachreliefs der höher gelegenen Mauer der **zweiten Einfassung** zu gelangen. Allerdings sind die Reliefs hier in keinem guten Zustand, und wer keine Lust mehr hat, nach immer neuen vielarmigen Gottheiten Ausschau zu halten, kann seine Aufmerksamkeit auf die nachfolgend beschriebenen Szenen beschränken.

Die Flachreliefs beider Galerien sind im Uhrzeigersinn angeordnet, Ausgangspunkt ist die Mitte der Ostmauer.

Flachreliefs der dritten Einfassung – südliche Hälfte

Vom Osteingang führt der Rundgang zunächst südwärts zu einem auf drei Ebenen dargestellten **Militärfeldzug**. Auf der oberen Ebene marschieren barhäuptige Soldaten mit kurzen Haaren auf, während die mittlere Ebene Soldaten mit Ziegenbärten und sorgfältig gelegten Frisuren zeigt. Als Begleitung haben sie Musikanten und ungesattelte Kavallerie, und die Kommandanten sitzen (mit Schirmen) auf Elefanten. Nahe der nächsten Tür zum Hof befindet sich der Tross der Truppen – die Karren sehen genauso aus wie diejenigen, die noch heute in Gebrauch sind. Die untere Ebene zeigt interessante Szenen aus dem häuslichen und ländlichen Alltag, die häufig wie ein Spiegel des heutigen Kambodschas erscheinen.

Am unvollendeten **Turm der Südostecke** verdient eine Steinmetzarbeit Erwähnung, die ein rechtwinklig um die Ecke fahrendes Boot zeigt. Hinter der Ecke schildert das schönste Flachrelief des Bayon die **Seeschlacht** von 1177 auf dem Tonle Sap zwischen den Khmer und den Cham. Die von Jayavarman VII. geführten siegreichen Khmer sind barhäuptig dargestellt, während die Kopfbedeckungen der Cham nahezu blumenartig wirken. Zu Beginn der Szenenfolge beaufsichtigt der im Palast sitzende König die Vorbereitungen für die Schlacht. Fische hängen im Geäst der Bäume, was nach Überschwemmungen in der Regenzeit tatsächlich oft der Fall ist. Unten vermitteln weitere Szenen Einblicke in das Alltagsleben an den Ufern des **Tonle Sap**: Fischreusen, von derselben Gestalt wie die heutigen, hängen von den Decken herab, Spieße

Bayon

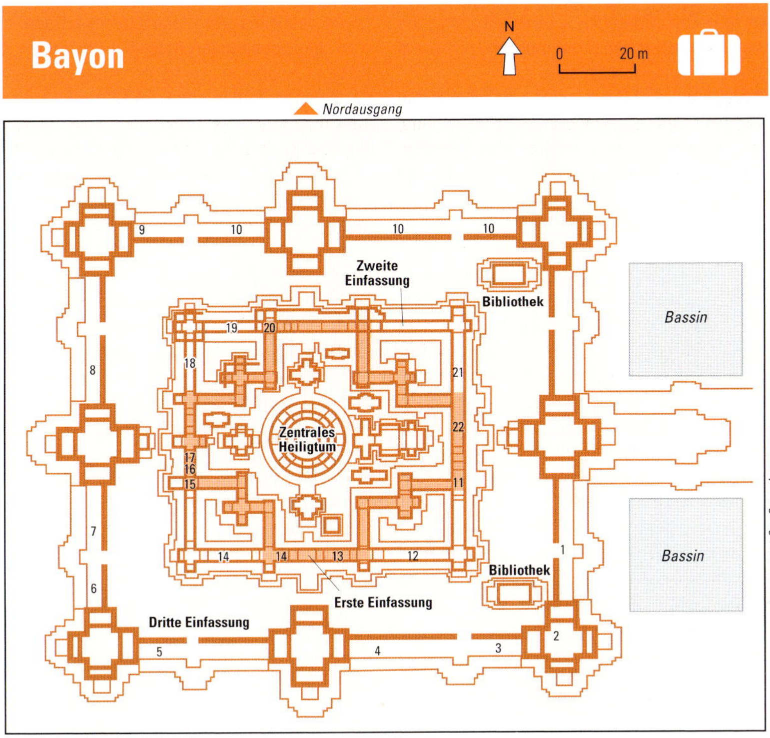

▲ Nordausgang

Hauptgang (von Osten)

FLACHRELIEFS

Dritte Einfassung
1. Militärparade (obere Ebene) / Alltagsszenen (untere Ebene)
2. Boot
3. Seeschlacht zwischen den Khmer und den Cham (obere Ebene)/ Alltagsszenen (untere Ebene)
4. Siegesfeier
5. Armbrust und Katapult
6. Asket auf der Flucht vor dem Tiger
7. Straßenkampf
8. Fisch verschlingt Reh
9. Zirkusszene
10. Kämpfe zwischen den Khmer und den Cham

Zweite Einfassung
11. König und Asketen, mit Jagdszene
12. Berg Meru
13. Militärparade / Musikanten / Fischer
14. Shiva und Vishnu
15. Orchesterszene
16. Bauszene
17. Hahnenkampf
18. Das Kirnen des Milchozeans
19. Opferszene
20. Zehnarmiger Shiva
21. Militärparade
22. Legende des Leprakönigs

werden über Holzkohlefeuern gegrillt, und Frauen entlausen einander.

Nur wenig entfernt amüsieren sich Prinzessinnen am Hof. Um sie herum raufen Ringkämpfer, und in der Nähe findet ein Wildschweinkampf statt. Dann beginnt die Schlacht: Die Cham verlassen ihre Schiffe, und die Kämpfe verlagern sich an Land. Die Khmer – kurzhaarig und mit Schnüren um den Körper – haben das Erscheinungsbild von Riesen und tragen (natürlich) den Sieg davon. Im Palast führt **Jayavarman VII.** höchstpersönlich den Vorsitz über die überschwängliche Siegesfeier.

Im westlichen Bereich der südlichen Mauer wurde nur die untere Ebene fertiggestellt. Eine Szene gibt Einblick in die **Waffenausstattung** der damaligen Zeit: Auf dem Rücken eines Elefanten bedienen Krieger eine Armbrust, und auch ein Katapult auf Rädern ist zu sehen.

Auch viele Reliefs im ersten Abschnitt der Westmauer sind unvollendet. Ungefähr in der Mitte des Frieses erklettert ein **Asket** auf der Flucht vor einem hungrigen Tiger einen Baum. Kurz hinter dem Tor in der Mitte des Abschnitts tobt ein **Straßenkampf** – Menschen schwenken ärgerlich die Arme, und oben werden der Menge zwei abgetrennte Köpfe gezeigt.

Flachreliefs der dritten Einfassung – nördliche Hälfte

Im nördlichen Teil der Westgalerie verdient eine Szene Beachtung, in der mit Stöcken bewaffnete Männer die Feinde mit Rundschilden verfolgen und an einem Becken vorbeikommen, in dem ein großer Fisch einen kleinen Hirsch verschlingt. Hinter der nächsten Ecke ist im westlichen Bereich der Nordwand eine heitere **Zirkusszene** dargestellt, in der neben den üblichen Jongleuren, Akrobaten und Ringkämpfern auch eine Tierparade mit Nashörnern, Hasen und Hirschen zu sehen ist. Der Abschnitt hinter dem nördlichen Gopuram ist stark verwittert, doch mit etwas Mühe lässt sich erkennen, dass die Khmer im weiteren Verlauf der **Kämpfe** gegen die Cham in Richtung der Berge fliehen. Hinter der Ecke zur Ostgalerie ist die Schlacht wieder in vollem Gange. Selbst Elefanten geraten aneinander – ein Tier versucht einem anderen den Stoßzahn auszureißen.

Flachreliefs der zweiten Einfassung – südliche Hälfte

Den Darstellungen in den Flachreliefs der zweiten Einfassungsmauer ist schwieriger zu folgen, da sie von Türmen und Vorkammern in kleinere Friese unterteilt werden. Die meisten Darstellungen haben religiöse und mythologische Bedeutung, und es ist sehr wahrscheinlich, dass nur der König und seine Priester sie sehen durften, im Gegensatz zu den Szenen an der dritten Mauer, die auch für das gewöhnliche Volk zugänglich waren. Obwohl der Bayon als buddhistischer Tempel geweiht wurde, sind interessanterweise zahlreiche Abbildungen von **Hindugöttern** zu sehen.

Im Vestibül südlich des östlichen Gopurams sind **Jagdszenen** dargestellt, unter denen der König von Asketen umringt im Palast sitzt. Hinter der Ecke zur Südgalerie ist die Wand ein wenig zerbröckelt, zu erkennen ist jedoch der **Berg Meru**, wie er aus dem durch einen großen Fisch symbolisierten Ozean aufsteigt. Hinter dem nächsten Turm paradieren Krieger von links nach rechts, während eine Musikantentruppe den Palast verlässt. Darunter wird ein totes Kind in einen Sarg gebettet, und in der Nähe wirft ein Fischer, über dem Apsaras schweben, ein Netz aus seinem Boot aus. Im Abschnitt westlich des südlichen Gopurams erscheinen **Shiva** und **Vishnu** in mehreren (meist stark verwitterten) Szenen. Ziemlich am Ende dieses Abschnitts steht Shiva in einem Teich, an dessen Ufer sich Asketen und Tiere versammelt haben und hinüberblicken. Im selben Bereich werfen sich Gläubige während eines Begräbnisses vor den Gottheiten in den Staub.

Im Turm vor dem Gopuram der Westgalerie spielt ein **Orchester** himmlische Musik, zu der die Apsaras tanzen. Im folgenden engen Abschnitt zwischen Turm und Gopuram schieben **Arbeiter** auf Rollen Steine zu den Stellen, an denen sie nach oben befördert werden müssen – seltsamerweise unterhalb einer Vishnu-Darstellung. Unmittelbar vor dem Gopuram folgt eine Hafenszene mit Schachspielern auf einem Boot und einem **Hahnenkampf** auf einem anderen.

Flachreliefs der zweiten Einfassung – nördliche Hälfte

Da die ersten Abschnitte hinter dem westlichen Gopuram in äußerst schlechtem Zustand sind, geht man am besten gleich bis zum Fries vor dem nordwestlichen Eckpavillon, wo das **Kirnen des Milchozeans** (s. S. 231) ein weiteres Mal dargestellt ist. Im Zentrum des Frieses stemmt Vishnu in Gestalt der Schildkröte Kurma den Berg in die Höhe, während sich Götter und Dämonen nach besten Kräften dem Kirnen widmen.

Die Reliefs hinter der folgenden Ecke in der Nordgalerie sind in besserem Zustand. Im ersten Abschnitt tragen Diener Opfergaben zu einem **Bergheiligtum**, während Gläubige in Booten dorthin übersetzen. In den Bergen sind Elefanten und andere wilde Tiere zu sehen. In

Bayon: Über 200 Lokesvaras blicken lächelnd von 54 Türmen in alle Himlsrichtungen

der kleinen Kammer des westlichen Tors lohnt die nähere Betrachtung des **Götterpantheons** – umringt von Apsaras, wird ein schöner zehnarmiger Shiva rechts von Vishnu und links von Brahma flankiert. Auch im restlichen Bereich der Nordgalerie sind zahlreiche Gottheiten dargestellt.

Hinter dem nächsten Eckpavillon ist wieder die Ostgalerie erreicht, in deren nördlichem Bereich eine **Militärparade** auffällt, bei der Musikanten die Kavallerie begleiten und ein sechsrädriger Streitwagen von Brahmas Tragtier, der heiligen Gans Hamsa, befördert wird. Der letzte bemerkenswerte Fries dieser Galerie, unmittelbar vor dem östlichen Gopuram, bezieht sich auf die Legende des **Leprakönigs**, der zufolge sich der König im Kampf mit einer Schlange, die ihn mit ihrem Gift bespritzt, mit Lepra infiziert – Frauen untersuchen besorgt die Hände des Herrschers, während Asketen an seiner Seite über ein Heilverfahren nachsinnen.

Erste Einfassung und zentrales Heiligtum

Die zweite Einfassung erweckt den Anschein, neben den Ecktürmen drei weitere Türme pro Seite zu besitzen. Tatsächlich sind diese jedoch bereits Teil der **ersten Einfassung**, welche die Form eines gezahnten Kreuzes hat, dessen Vorsprünge sich in der Mauer der zweiten Einfassung verhaken. Die Anlage verdichtet sich im Bereich der ersten Einfassung, da sich eng nebeneinander Türme, die vier Gesichter tragen, an jeder Ecke des Kreuzes und an den kleinen Heiligtümern erheben.

Auf welchem Weg der Besucher auch immer in den Bereich der ersten Einfassung gelangt, stets findet er sich inmitten eines wahren Waldes von Türmen wieder, deren sich zu allen Seiten wiederholende riesige Gesichter rätselhaft und mit dem Anflug eines Lächelns in die Welt blicken. Im Unterschied zur üblichen Khmer-Architektur ist die untere Terrasse des zentralen Heiligtums mehr oder weniger rund und ringsum mit acht **Meditationskammern** verbunden.

Baphuon

Der Baphuon, Staatstempel von Udayadityavarman II. aus dem 11. Jh., wird zur Zeit restauriert und ist für Besucher gesperrt. Die Arbeiten wurden ursprünglich bereits 1959 aufgenommen, mussten jedoch 1971 wegen des Krieges eingestellt werden und gingen erst ab 1995 weiter.

Zumindest sollte man einmal den Weg von Osten zur Anlage gehen, der über einen 200 m langen (restaurierten) Sandsteindamm führt, der auf kleinen Steinsäulen ruht. Die Überreste des Tempelberges haben allerdings kaum Ähnlichkeit mit dem „Bronzeturm", den Chou Ta-kuan beschrieb.

Im kreuzförmigen Gopuram, der nach oben von einem Lotosblattmotiv abgeschlossen wird, zeigen auffällige viereckige Steinmetzarbeiten die Tierzeichen der chinesischen Astrologie. Ein Pfad um den Außenbereich führt zu einer kleinen Ausstellung, die das Fortschreiten der Restauration erläutert.

Die einst fünfstufige Pyramide besaß Galerien, die um den Umfang der ersten, zweiten und dritten Ebene liefen. Die gesamte Länge der Westseite der vierten Ebene wird von einem riesigen **liegenden Buddha** ausgefüllt.

Phimeanakas

Suryavarman I. errichtete seinen kleinen Staatstempel Phimeanakas, den Chou Ta-Kuan als „Turm aus Gold" beschrieb, auf dem Gelände seines Königspalastes, der demjenigen Jayavarmans VII. vorausging und als erster Palast von Befestigungsmauern umgeben war. Später verschmolz er mit Angkor Thom, das rund 200 Jahre nach dem Phimeanakas entstand. Heute erreichen die meisten Besucher den Tempel nach einem kurzen Fußmarsch vom Baphuon durch den Dschungel nach Norden.

Der dreistufige Laterittempel mit rechteckigem Grundriss besticht durch seine schlichte Ausführung. Beschädigte Elefanten stehen an den Ecken jeder Terrassenebene, und Löwen flankieren die Treppen. Die von Osten nach oben führende Treppe ist steil und eng, und sie gestattet keinen Zugang zu den ersten beiden Ebenen. Auf der obersten Terrasse führt der Weg rund um eine Galerie, in deren Mitte sich als zentrales Heiligtum ein kreuzförmiger Turm erhebt.

Chou Ta-Kuan berichtet, dass dieses Heiligtum von einem **Geist** bewohnt wurde, der tagsüber die Gestalt einer Schlange annahm und sich nachts in eine wunderschöne Frau verwandelte, die der König allabendlich aufsuchen musste, weil andernfalls Unheil drohte. Nördlich des Tempels befinden sich zwei mit Steinplatten verblendete Badebecken – das größere wurde von Männern, das kleinere von Frauen benutzt.

Elefantenterrasse

Östlich vom Phimeanakas liegt die Elefantenterrasse, ein fabelhafter, rund 300 m langer Flachrelief-Freis mit nahezu lebensgroßen Elefanten. Die im Profil dargestellten Tiere und ihre Mahouts befinden sich größtenteils auf der Jagd, doch manche Dickhäuter sind auch im Kampf mit Tigern dargestellt. Nach Besichtigung der Elefantendarstellungen lohnt der Aufstieg auf die Terrasse, um von oben den Blick über das Areal schweifen zu lassen. Beachtung verdient hier auch die watschelnde Gänseschar, die am nördlichen Terrassenrand in eine niedrige Mauer gemeißelt ist.

Auf der Elefantenterrasse stand einst der Palast von Jayavarman VII. Eine Lateritmauer, von der nur ein verfallener Gopuram übrig geblieben ist, lässt noch die frühere Ausdehnung erkennen. Die südliche Treppe, die von der Terrasse hinunter zum Paradeplatz führt, greift das Elefantenmotiv wieder auf und ist mit dreiköpfigen Elefanten verziert, deren Rüssel sich sanft um Lotosknospen winden. Ein weiterer Fries dieser Terrasse zeigt **Garudas**, deren ausgebreitete Schwingen den Eindruck erwecken, sie allein würden die Gangmauer stützen.

Terrasse des Leprakönigs

Die sich unmittelbar an die Elefantenterrasse anschließende Terrasse des Leprakönigs soll den Gelehrten zufolge die heilige Stätte für die Einäscherung von Königen gewesen sein. Passend dazu steht auf der Terrasse die kopflose Statue von Yama, dem Herrscher der Unterwelt. Bei der zerstörten Skulptur handelt es sich allerdings nur um eine Reproduktion – das Original befindet sich im Hof des Nationalmuseums von Phnom Penh (s. S. 131). Lange wurde angenommen, dass die Statue den Leprakönig selbst, also Jayavarman VII., darstellt, der sich diverser Legenden nach mit der Krankheit infizierte. Beweise hierfür gibt es aber nicht.

Die eigentliche Sehenswürdigkeit sind die beiden dicht hintereinander stehenden und vollständig restaurierten Mauern mit kunstvoll ausgeschmückten Göttern, Göttinnen und vielköpfigen Nagas, die bis zu sieben Reihen übereinander füllen. Die innere Mauer ist der ältere Teil der Anlage – vermutlich wurde die Außenmauer nur errichtet, um oben die Terrasse zu vergrößern.

Tep Pranam und Preah Palilay

Tep Pranam, 100 m nördlich der Terrasse des Leprakönigs gelegen, geht auf die Regierungszeit Yasovarmans I. im 9. Jh. zurück und erfuhr im Laufe der Jahrhunderte etliche Erweiterungen. Heute lohnt sich ein Besuch eigentlich nur wegen der sechs Meter hohen Statue eines sitzenden Buddhas, die vermutlich aus dem 16. Jh. stammt und aus verstreuten Fundstücken rekonstruiert werden konnte.

Von **Preah Palilay** in stiller, waldiger Umgebung westlich von Tep Pranam ist nur das zentrale Heiligtum aus Sandstein aus der ersten Hälfte des 12. Jhs. in annehmbarem Zustand. Auch dort befindet sich ein großer sitzender Buddha, der allerdings jüngeren Datums ist.

Prasat Suor Prat und die Kleangs

Gegenüber den königlichen Terrassen restaurieren Archäologen derzeit zwölf zweistöckige Türme aus Laterit und Sandstein, die jeweils an zwei Seiten Türen und an drei Seiten Fenster haben. Sie werden mit dem Sammelnamen **Prasat Suor Prat** bezeichnet, „Türme der Seiltänzer", doch es ist unbekannt, zu welchem Zweck sie errichtet wurden. Einer Legende nach dienten sie als Orte zur Lösung von Streitfragen – betroffene Parteien samt Familien mussten einander gegenüber Platz nehmen und so lange sitzen bleiben, bis eine Seite Anzeichen von Krankheit erkennen ließ und damit (nach dem Urteil der Götter) für entstandene Schäden haftbar war.

Hinter Prasat Suor Prat stehen die **Kleangs** (übersetzt so viel wie „Lagerräume"), zwei große, an Lagerhäuser erinnernde Gebäude mit 1,5 m dicken Mauern, die an beiden Enden offen sind. Der Nördliche Kleang ist der ältere von beiden; er wurde gegen Ende des 10. Jhs. vermutlich unter Jayavarman V. oder unter Jayaviravarman errichtet. Den unvollendet gebliebenen Südlichen Kleang ließ wahrscheinlich Suryavarman I. bauen, um einen harmonischeren Blick aus dem Königspalast zu haben.

Der Weg aus Angkor Thom heraus führt über die Straße zwischen den beiden Kleangs nach Osten zum **Siegestor** oder zurück zur Terrasse des Leprakönigs und von dort nach Norden.

Thomannon und Chau Say Tevoda

Nur 500 m vom Siegestor entfernt schmiegen sich die kleinen Tempel **Thomannon** und **Chau Say** Tevoda in den Dschungel zu beiden Seiten der Straße. Nach weiteren 200 m folgt eine **Brücke**, die aus behauenen Sandsteinen naher Tempelanlagen errichtet wurde und einst den Siem-Reap-Fluss überspannte – heute wirkt die Brücke fehl am Platz, denn der Fluss hat längst seinen Lauf verlagert. Wer die Straße verlässt und sich unten neben die Brücke stellt, sieht auf einigen der Steine nicht zusammenpassende Steinmetzarbeiten; die Steine wurden wahrscheinlich von anderen Stätten hergebracht, als die Brücke im 16. Jh. wieder aufgebaut wurde.

Thomannon

Der Vishnu geweihte Thomannon wurde gegen Ende der Regierungszeit Suryavarmans II. im frühen 12. Jh. errichtet. Einst umschlossen eine hohe Lateritmauer und ein Graben die damals von Osten her zugängliche Anlage, heute führt eine Straße von Süden zum Tempelbereich, vor dem Besucher den längst ausgetrockneten Graben durchqueren und über eine zusammengestürzte Mauer klettern müssen.

Das Heiligtum und die Gopurams wurden zuletzt 1935 restauriert und sind in gutem Zustand. Zu den sehenswerten **Steinmetzarbeiten** gehören an nördlichen Ziergiebel des kunstvollen östlichen Gopurams eine Darstellung Vishnus, der an den Haaren eines Feindes zerrt, sowie im zentralen Heiligtum, das durch eine Empfangshalle im Osten betreten wird, anmutige Göttinnen und hübsche Blattmotive. Der schöne westliche Gopuram ist kleiner als sein östliches Gegenstück; winzige menschliche Gestalten zieren die Türsäulen, und am Ziergiebel über der Tür zeigt eine Szene den auf Garuda reitenden Vishnu im Kampf gegen die Dämonen.

Chau Say Tevoda

Auch Chau Say Tevoda, der Schwestertempel des Thomannon, stammt aus der Epoche Suryavarmans II., es ist jedoch unwahrscheinlich, dass eine der beiden Anlagen vor seinem Tod im Jahre 1150 vollendet war. Der stark verwitterte Tempel, der kunstvoller gestaltet ist als sein Gegenstück auf der anderen Straßenseite, wurde vor kurzem von chinesischen Spezialisten restauriert.

Ursprünglich war die Stätte von einer heute kaum erhaltenen Lateritmauer mit vier Gopurams umgeben und über einen erhöhten Damm aus östlicher Richtung zugänglich. Ein großer Teil der Anlage ist zwar gesperrt, Beachtung verdienen aber die achteckigen Säulen des Dammwegs und die stilvollen floralen Verzierungen der langen Halle, die den östlichen Gopuram mit dem zentralen Heiligtum verbindet.

Ta Keo

Der Bau des Ta Keo, des eindrucksvollen Staatstempels Jayavarmans V. am Westufer des Östlichen Baray, wurde im Jahre 975 begonnen, jedoch nie vollendet. Der Legende nach stellte man die Bauarbeiten ein, nachdem ein Blitz im Tempel eingeschlagen hatte, was als schlechtes Omen gedeutet wurde. Der vollständig aus Sandstein gebaute Ta Keo ist fast bar jeglicher Ornamentik – einer These zufolge soll der verwendete Sandstein ganz besonders hart und deshalb schwer zu bearbeiten sein, doch zierliche Steinmetzarbeiten an der Basis der Pyramide scheinen das Gegenteil zu beweisen. Beste Besuchszeit ist der frühe Morgen, wenn das Licht noch weich ist.

Die östliche Einfassungsmauer wird fast vollständig von zwei Hallen eingenommen, die sich nach Norden und Süden erstrecken und Fenster nach innen haben. In innovativer Abkehr von früheren Konventionen ist der inneren

Einfassungsmauer eine **Galerie** beigeordnet, die allerdings keinen Eingang besitzt und wohl nur aus optischen Gründen gebaut wurde. Die Fenster der Galerie sind mit Balustern verziert, hinaussehen kann man aber nur zur Innenseite, die Fenster zur Außenseite sind durch Mauern dahinter verbaut.

Sehr steile Treppen führen auf die fast 14 m hohe Pyramide. Die fünf Türme des Heiligtums weisen die bekannte Quincunx-Anordnung auf und sind Shiva geweiht. Von oben schweift der Blick nach Osten über Reisfelder und Buschwerk, da das Östliche Baray längst ausgetrocknet ist.

Ta Prohm

Die Entscheidung, den wild wuchernden Dschungel hier nicht zu roden, machte Ta Prohm zur malerischsten und fotogensten aller Ruinen. Mächtige Kapokbäume wachsen auf den Terrassen und Mauern, ihre gewaltigen Wurzeln umklammern Wände, umrahmen Torbauten und brechen gigantische Steinblöcke auseinander. Keiner der 39 Türme ist verschont geblieben, und das teilweise eingestürzte Tempellabyrinth macht es schwierig, einen Rundweg zu planen oder den Grundriss des Bauwerks zu erkennen, das sich über nur eine Ebene erstreckt und im Zentrum drei enge Bereiche mit Galeriemauern umfasst. Es beeinträchtigt die Besichtigung jedoch nicht im geringsten, wenn die Orientierung verloren geht, denn der Reiz besteht vor allem darin, die ausgetretenen Pfade zu verlassen, über eingestürztes Mauerwerk zu klettern und geduckt durch höhlenartige Galerien zu kraxeln. Die Tempelanlage zieht zahlreiche Besucher an, relativ ruhig ist es aber am frühen Morgen, wenn noch Nebeldunst aus den mit Moos und Flechten überzogenen Steinen aufsteigt, sowie am späten Nachmittag, wenn die Schatten länger werden.

Jayavarman VII. ließ Ta Prohm um 1186 als **buddhistisches Kloster** errichten, das Prajnaparamita geweiht war. Früher gab es hier auch eine Statue dieser Göttin in Gestalt der Königinmutter. Inschriften zufolge standen in den benachbarten Kammern und Nischen weitere 260 Heiligenbildnisse. In der Blütezeit lebten und arbeiteten auf dem Klostergelände 12 000 Menschen, weitere 80 000 Menschen aus der Umgebung waren mit der Versorgung und dem Erhalt der Anlage betraut. Das Kloster wiederum versorgte die 102 Krankenhäuser, die Jayavarman in seinem Königreich einrichtete, mit Nahrung und Medikamenten.

Die Anlage

Die meisten Besucher erreichen Ta Prohm als Station nach dem Ta Keo auf dem Kleinen Rundweg (s. S. 226) von Westen. Nordwestlich von Banteay Kdei zweigt jedoch ein Pfad von der Straße ab und führt von Osten zum Komplex, wie es ursprünglich gedacht war. Vom Ta Keo windet sich der Weg unter riesigen Bäumen rund 300 m weit von der Straße weg, bis er einen zusammengestürzten Dammweg über einen Graben erreicht, der zum verfallenen westlichen Gopuram mit vier großen Gesichter eines Bodhisattvas führt. Hinter dem Gopuram geht es auf einem weiteren Dammweg vorbei an Trümmern zerstörter Staturen und einer Naga-Balustrade in die drei zentralen, als **Galerien** gestalteten Einfassungen. Einen ersten genaueren Blick lohnen ein recht gut erhaltener Gopuram und das Dach seiner Säulengalerie an der dritten Einfassung.

Verstreut im Bereich der zweiten und ersten Einfassung (besonders im Norden und Osten) befinden sich einige der am häufigsten fotografierten **Bäume** des Landes. Kaum jemand kann der Versuchung widerstehen für ein Foto vor dem Baum zu posieren, der sich quer über die Nordseite der Galerie der zweiten Einfassung legt – beim Klettern ist allerdings Vorsicht geboten, da die Schritte täglich Hunderter Touristen das Gestein abgenutzt und rutschig gemacht haben. Die Erkundung der Galerien und die Suche nach immer neuen Blickwinkeln auf den würgenden Griff der Bäume nehmen viele Besucher so sehr gefangen, dass sie das zentrale Heiligtum mit den eingefallenen Ecktürmen gar nicht mehr sehen. Die Steinmetzarbeiten an den Bauwerken sind erstaunlich gut erhalten, fast so als wolle die Natur durch Schonung der Details eine Entschädigung für die von ihr angerichteten Zerstörungen anbieten. Das Innere des Heiligtums

Ta Prohm: Dschungeltempel im Würgegriff der Natur

ist leer, kleine Verankerungslöcher in den Wänden lassen aber vermuten, dass es einst mit Holz- oder Metallplatten ausgekleidet war.

Banteay Kdei

Banteay Kdei, die vermutlich unter Rajendravarman II. Mitte des 10. Jhs. erbaute „Zitadelle der Zellen", kann bei knapper Zeit zugunsten der in großen Teilen ähnlichen Anlage von Ta Prohm ausgelassen werden. Jayavarman VII. wandelte die Stätte in ein Kloster um, das es bis in die 1960er Jahre blieb und daher auch von der Natur weniger in Mitleidenschaft gezogen wurde. Dennoch sind größere Teile des Mauerwerks eingestürzt, was Experten einer Kombination von minderwertigem Baumaterial und schlechter Konstruktionstechnik zuschreiben.

Besucher betreten Banteay Kdei von Osten durch einen kreuzförmigen Gopuram mit Lokesvara-Gesichtern. Einst war die Stätte durch einen gepflasterten Weg, an dem Rasthäuser für Pilger standen, mit dem gegenüberliegenden Königsbad Srah Srang verbunden – etliche Pflastersteine liegen noch heute nahe des Teichs. Ein 300 m langer Weg durch den Wald stößt auf die Überreste eines Lateritdamms, der über einen Graben zur **Halle der Tänzerinnen** führt, die ihren Namen von den Apsara-Reliefs an den Säulen hat.

Der vollständig aus Sandstein erbaute zentrale Komplex besitzt keine Pyramide, da die Anlage niemals ein Staatstempel war. Die Mauern sind kunstvoll mit Blattmotiven verziert, und in den unteren Nischen sind reizende Statuen von Göttinnen erhalten. Den Buddhastatuen in den oberen Nischen war weniger Glück beschieden, sie sind größtenteils herausgebrochen. Die beiden Galerien, die das Hauptheiligtum umlaufen und durch Gänge miteinander verbunden sind, bilden die erste und zweite Einfassung.

Srah Srang und Prasat Kravan

Das königliche Bad **Srah Srang**, östlich vom Banteay Kdei, wurde vermutlich von Kavindramantha angelegt, der sich als General und Architekt hervortat und auch die Tempelbauten des Östlichen Mebon und des Pre Rup errichten ließ. Das für Rajendravarman II. ausgehobene Becken hatte zunächst nur einfache Eindeichungen aus Erde. Eine Vorschrift untersagte der einfachen Bevölkerung, ihre Elefanten hinüberzutreiben und sie im Wasser zu baden. 200 Jahre später ließ Jayavarman VII. die Ufer mit Sandstein verblenden und eine königliche Terrasse anlegen, von der sich schöne Ausblicke auf die Wasserfläche boten. Noch heute sind die Reste eines gepflasterten Damms mit seitlichen Naga-Balustraden zu sehen, der einst das Bad mit Banteay Kdei im Westen verband.

Südlich von Banteay Kdei steht das selten besuchte „Kardamom-Heiligtum" **Prasat Kravan** mit fünf Türmen aus Ziegel- und Sandstein, die nebeneinander aufgereiht auf einer niedrigen Terrasse im freien Feld stehen. Die Anlage besticht durch ihre zurückhaltende Schlichtheit und besitzt mehrere bemerkenswerte Reliefs. Der insgesamt gute Zustand ist Restaurierungsarbeiten zu verdanken, für die überwiegend originale Ziegel verwendet wurden. Das Heiligtum wurde um 921 unter Harshavarman I. geweiht, doch es ist unklar, wer den Bauauftrag erteilte.

Das Vishnu geweihte, zentrale Turmheiligtum ist außen mit männlichen Wächterfiguren verziert, der eigentliche Hingucker aber sind die Ziegelreliefs Vishnus im Inneren, die die Gottheit in unterschiedlichen Erscheinungsformen darstellen. Eine Szene zeigt ihn auf seinem Tragtier Garuda, eine andere in seiner Inkarnation als Zwerg, der zu kosmischer Größe heranwächst und mit drei Schritten das Universum durchschreitet. Eine recht verwitterte Darstellung des achtarmigen Vishnu war einst wahrscheinlich mit Stuck bedeckt und bemalt. Der nördlichste Turm ist Vishnus Gemahlin Lakshmi geweiht, der Göttin des Reichtums und des Glücks – drinnen zeigt eine kunstfertige Reliefarbeit die Göttin barbusig und mit plissiertem Sampot, flankiert von zwei knienden Bewunderern und umringt von Blattgirlanden und anderem Hängezierrat.

Pre Rup

Am Königsbad Srah Srang zweigt der Große Rundweg ab, der zunächst Richtung Osten durch

Pre Rup

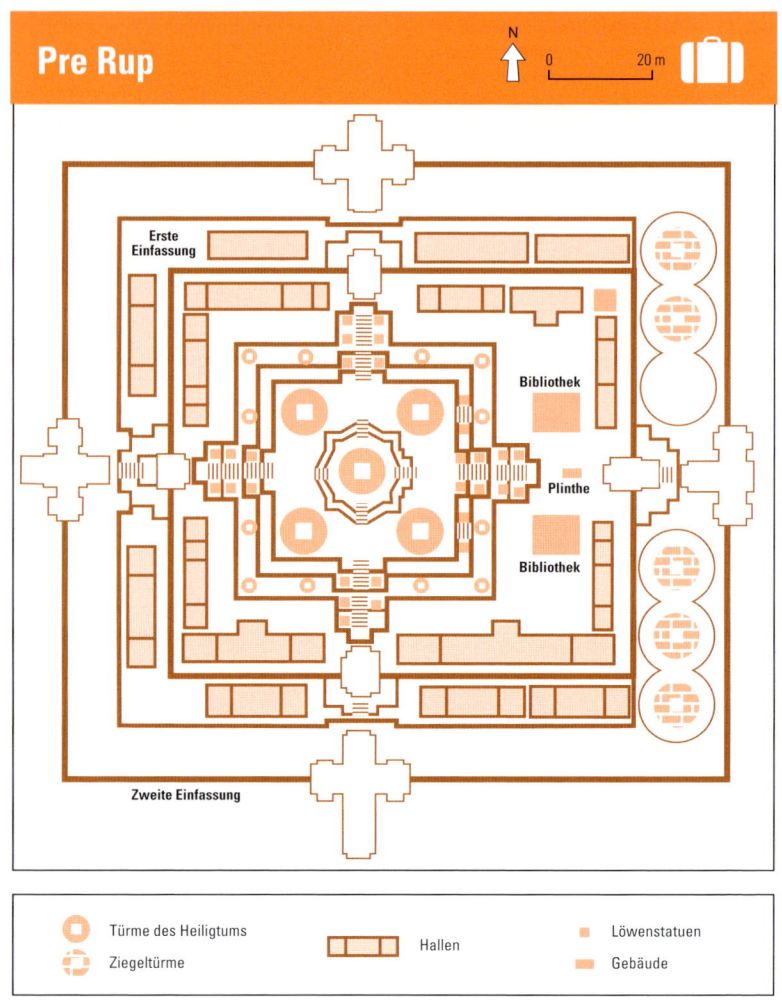

Reisfelder und Buschwald führt, bis die Türme von Pre Rup ins Blickfeld geraten. Der Name bedeutet wörtlich übersetzt „Wenden des Körpers", was als Hinweis auf ein Verbrennungsritual zu verstehen ist. Der um 962 Shiva geweihte Staatstempel Rajendravarmans II. besteht vorwiegend aus Laterit und Ziegelstein, die ihm eine Wärme verleihen, die viele Sandsteinbauten kaum erreichen können.

Der archetypische Tempelberg Pre Rup präsentiert sich in seiner vollen Pracht von Westen, wo er sich gegen die Reisfelder abhebt. Der zerfallene östliche Gopuram führt in den Bereich der zweiten Einfassung, deren Ostseite von zwei Gruppen hoher **Ziegeltürme** nahezu ausgefüllt ist – in der nördlichen Gruppe ist Platz für einen dritten Turm, der niemals gebaut wurde. Lange Hallen, die heute überwiegend in Trümmern liegen, säumten die erste Einfassung und erweckten den Eindruck einer Galerie, obwohl Pre Rup als letzter Tempel ohne eine solche gebaut wurde. Direkt hinter dem Eingang zu dieser Einfassung steht ein kleiner Steinbottich, der lange Zeit als Ritualobjekt für Einäscherungen betrachtet wurde, doch inzwischen hält die Fachwelt ihn eher für den Sockel einer Statue. Die auf drei Ebenen angeordneten Löcher in den Bibliotheken aus Ziegelstein, die den Zugang zum Zentralbereich säumen, dienten der Belüftung. In der Nordostecke der Einfassung steht – ungewöhnlich für Angkors Anlagen – ein kleines rechteckiges Lateritgebäude, das zu allen Seiten offen ist und einst eine Stele beherbergt haben könnte.

Von Löwen bewachte Treppenaufgänge führen von allen vier Seiten auf die **Pyramide**, deren niedrigste Ebene von zwölf symmetrisch platzierten, kleinen Schreinen umgeben ist. Auf der Ostseite führen von der mittleren Ebene zwei zusätzliche Treppen nach oben, der Zugang zu ihnen ist allerdings versperrt, da sie sich unmittelbar hinter den kleinen Heiligtümern befinden. Die Reliefs an den westlichen Türmen zeigen **Göttinnen**, zu denen eine weibliche Erscheinung Brahmas gehört – man findet sie am Südwestturm, an dem noch Überreste des sandigen weißen Stucks zu sehen sind, mit dem die Türme früher verkleidet waren. Das zentrale Turmheiligtum und die Osttürme sind mit **männlichen Figuren** verziert. Von oben reicht der Blick über ein dichtes Dach aus Baumwipfeln bis zu den Türmen von Angkor Wat am westlichen Horizont.

Östlicher Mebon

Der 953 unter Rajendravarman II. erbaute Östliche Mebon erweckt den Anschein eines Staatstempels, tatsächlich wurde er jedoch zu Ehren der Eltern des Königs errichtet und schließlich Shiva geweiht. Der Tempel steht einsam inmitten von Reisfeldern, früher war er auf einer Insel im Östlichen Baray, das heute aber ausgetrocknet ist. Die breiten Treppen, die zur ausgedehnten Lateritterrasse führen, waren ursprünglich Landungsstege, denn damals war der Tempel nur mit Booten zu erreichen.

Die fast lebensgroßen **Elefantenstatuen** an den Ecken der beiden Tempelebenen erfüllten die Funktion von Wächterstatuen und blicken deshalb nach außen. Am Türsturz des westlichen Gopurams der äußeren Einfassungsmauer, die von mehreren zerfallenen Meditationshallen gesäumt wird, zeigt eine gut erhaltene Steinmetzarbeit Vishnu in seiner Inkarnation als **Mensch-Löwe**, der den Leib des Dämonenkönigs auseinanderreißt.

Turmpaare aus Ziegeln und Sandstein flankieren die Treppen der ersten Einfassung und sind mit schönen Blattmotiven an ihren Scheintüren verziert. Ins Auge fallen fünf rechteckige fensterlose Lateritgebäude, die nach Westen hin offen sind und deren Funktion ungeklärt ist. Die fünf zentralen Ziegeltürme des Heiligtums waren ursprünglich mit Stuck verziert – die vielen Löcher dienten als Verankerungen für den Stuck. Einen genauen Blick verdienen die **Steinmetzarbeiten** an den Sandsteinstürzen: An der Ostseite des zentralen Turmheiligtums ist Indra auf einem dreiköpfigen Elefanten zu sehen, im Süden sitzt Shiva auf Nandi, im Westen reitet Skanda auf einem Pfau, und an der Ostseite des nordwestlichen Turms hockt Ganesha auf seinem eigenen Rüssel.

Ta Som

Ta Som wurde im 12. Jh. von Jayavarman VII. errichtet und dessen Vater gewidmet. Insgesamt ist der kleine buddhistische Tempel zwar arg mitgenommen, doch viele der Schmuckelemente sind noch in annehmbarem Zustand. Die Stätte hat ihren Charme bewahrt und wirkt wie eine Mini-Ausgabe von Ta Prohm ohne Touristenhorden.

Besucher betreten die Anlage durch den Gopuram im Westen, von dem zu allen vier Seiten mystische Boddhisattvas herabblicken. Hinter dem breiten Graben umschließt eine Galerie das Hauptheiligtum. Bezaubernde Apsaras schmücken die Nischen der Außenmauer und sind teilweise recht ungewöhnlich gestaltet: Eine wringt ihr nasses Haar aus, eine andere hält einen Vogel in ihrer winzigen Hand.

Das **Heiligtum** selbst besteht aus einem zerbröckelnden kreuzförmigen Turm und ist am besten von Norden her zu erreichen, wo noch am wenigsten über Geröll geklettert werden muss. Bevor man die Stätte verlässt, lohnt der Gang zum **östlichen Gopuram**, dessen mächtige Boddhisattva-Gesichter von den Wurzeln eines gewaltigen Kapokbaumes umklammert werden.

Neak Pean

Ursprünglich stand der ungewöhnliche Neak Pean (wörtl. „sich ineinander windende Schlangen") auf einer Insel im Nördlichen Baray. Im Zentrum eines großen Beckens erhebt sich ein einzelner Turm, der von vier kleineren, durch Wege miteinander verbundenen Becken umgeben ist. Fachleute streiten über die dahinter verborgene Symbolik, die gängigste Theorie sieht in Neak Pean eine Repräsentation des mythischen Himalaya-Sees Anavatapa, dessen Wasser wundersame Heilkraft besitzen soll. Vielleicht aber befand sich an diesem Ort auch eine Mineralquelle, an der Pilger Wasser holten.

Abgesehen von der kleinen Insel mit dem heiligen Turm befindet sich im 70 m² großen **Hauptbecken** die Statue eines Pferdes, an dessen Flanken sich menschliche Gestalten klammern. Der Legende nach verwandelte sich Lokesvara in das Pferd Balaha, um gestrandete Kaufleute zu retten, die auf einer Insel vor Sri Lanka von einer Dämonin bedroht wurden.

Es ist ein beschaulicher Ort, an dem mitunter Musiker den Besuchern mit Gongs und Trommeln klassische Khmer-Musik (pinpeat) vorspielen. In der Regenzeit füllt sich das Becken zuweilen mit Wasser, doch die restliche Zeit des Jahres ist es morastig, sodass der nach Osten offene und von einer Lotosblume gekrönte Turm nicht leicht zu erreichen ist. Doch selbst wenn man nicht zur Insel gelangt, sind die Treppenstufen zu erkennen, die von steinernen Schlangen gebildet werden, die sich um die Basis des Turms winden – daher auch der ungewöhnliche Name.

Als die Stätte noch als Tempel genutzt wurde, speiste das Hauptbecken die kleineren Nebenbecken mit Wasser für die rituellen Waschungen der Pilger. Aus allen vier Himmelsrichtungen ergossen sich die Wasserspeier, von denen jeder die Form eines Kopfes hat: ein Mensch im Osten, ein Pferd im Westen, ein Löwe im Süden und ein Elefant im Norden.

Preah Khan

Jayavarman VII. ließ Preah Khan an der Stätte der früheren Königsstadt Jayasri errichten, und der Herrscher lebte dort während des Wiederaufbaus von Angkor Thom nach der Plünderung durch die Cham im Jahre 1177. Jayavarman II. soll ein **heiliges Schwert** – so die Übersetzung des Tempelnamens – mit großem Zeremoniell an seinen Nachfolger überreicht haben, und bis heute glauben die Kambodschaner, dass der Besitzer dieses Schwertes rechtmäßigen Anspruch auf den Thron des Landes hat – eine Replik des Schwertes wird angeblich im Königspalast von Phnom Penh sorgsam unter Verschluss gehalten.

Die Tempelstätte diente lange Zeit als **Kloster** und **Universität**. In ihrer Funktion als Hochschule beschäftigte sie über 1000 Dozenten und im Umfeld insgesamt 97 840 Hilfskräfte – eine Inschrift besagt, dass täglich zehn Tonnen Reis angeliefert wurden, die 10 000–15 000 Menschen sättigten. 1191 wurde Preah Khan als interkonfessioneller Tempel geweiht, in dem Gläubige neben Buddha, Shiva und Vishnu weitere 282 Götter verehrten, die zum Teil als Abbild lokaler Würdenträger und Nationalhelden auftraten. Die Hauptgottheit aber blieb Lokesvara, der in der Gestalt des Königsvaters im zentralen buddhistischen Heiligtum verehrt wurde.

Der halb verfallene Zustand und das von Vegetation überwucherte Gestein inmitten des majestätischen Dschungels verleihen der Anlage heute einen ganz besonderen Zauber. Manche Experten vermuten schlechte Bauausführung für den Grund des ruinösen Zustands; etliche Male wurde der dicht mit Heiligtümern und Durchgängen bebaute Zentralbereich erweitert. Die vom World Monuments Fund finanzierten Restaurierungen haben die Hauptgänge größtenteils von Schutt und Geröll befreit, Absperrungen verhindern jedoch die Erkundung von Seitenkorridoren und einigen Innenhöfen.

Preah Khan

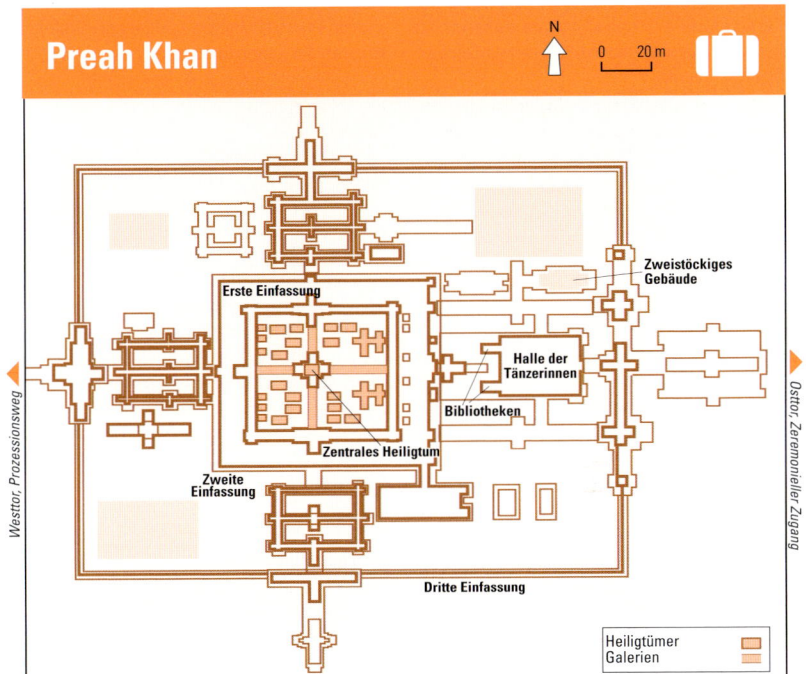

Die Anlage

Preah Khan, eine Anlage mit vier Einfassungsmauern, einem Graben sowie Gopurams und Dämmen in jeder Himmelsrichtung, liegt unmittelbar nördlich von Angkor Thom und ist eine Station auf dem Großen Rundweg (s. S. 226), der den Komplex von Westen erreicht. Die äußere Einfassungsmauer aus Laterit ist im Abstand von jeweils 50 Metern mit großen Garudas verziert. Der eigentliche Tempelbereich beginnt erst nach einem 500 m langen Prozessionsweg, den zeremonielle Laternen säumen. Die Buddhabildnisse, die hier einst in den Nischen standen, wurden brutal herausgebrochen, als der Hinduismus zur Staatsreligion avancierte. Auf dem Weg gibt es Pavillon Einblick in die laufenden Restaurierungsmaßnahmen.

Innerhalb der stillen **dritten Einfassung** stehen mehrere Sakralbauten, die von mächtigen Kapokbäumen umklammert werden. Prächtige **Reliefs** zieren die Mauern der Haupttempel in der ersten Einfassung, und Blumenmotive und Ornamentbänder beleben die dortigen Säulen. Verstreut stehen hier auch über 20 kleine Schreine, die früher Heiligenbildnisse von Shiva oder Vishnu beherbergten – weitere Bildnisse befanden sich in den Nischen der umlaufenden Galerie. Im Süden stehen die Heiligtümer früherer Könige. Nach der Tempelweihe platzierte Yasovarman II. die Statue einer Gottheit im zentralen Heiligtum, die Jayavarman VII. später austauschen ließ.

Das **zentrale Heiligtum** ist leicht an einem kuppelförmigen Stupa zu erkennen, der erst im 16. Jh. hinzugefügt wurde. Weitaus schwieriger zu finden sind im verfallenen nördlichen Bereich die kunstvollen Bildnisse der Schwestern **Indradevi** und **Jayadevi**, die beide Gemahlinnen von Jayavarman waren – der Führer oder die Tempelwächter vor Ort kennen sicher den Weg dorthin.

Zu den erhaltenen Baustrukturen im östlichen Bereich der **zweiten Einfassung** gehören eine Terrasse mit umlaufenden Säulen und tanzenden

Apsaras sowie ein zweistöckiges Gebäude im Nordosten, in dem vermutlich das heilige Schwert aufbewahrt wurde.

Westliches Baray und Westlicher Mebon

Von Siem Reap nur über die Flughafenstraße zu erreichen ist Angkors riesiges **Westliches Baray**, das Suryavarman I. auf 8 km Länge und 2,2 km Breite ausheben ließ. Experten schätzen, dass 6000 Arbeiter über drei Jahre dafür benötigten. Das Staubecken wurde 1957 restauriert und ist im Gegensatz zum Östlichen Baray das ganze Jahr über mit Wasser gefüllt. Einheimische kommen gerne zum Picknicken und Schwimmen hierher. Im Süden säumen Rasthütten das Ufer, wo auch Boote vermietet werden (US$5), mit denen man zum **Westlichen Mebon** rudern kann.

Der Inseltempel aus der Mitte des 11. Jhs. wird Udayadityavarman II. zugeschrieben, doch nur wenig ist erhalten geblieben. Lediglich die östlichen Türme mit kleinen rechteckigen Verzierungen mit Tiermotiven sind in einigermaßen gutem Zustand. Die Insel war früher durch einen Damm mit dem Ufer verbunden und von einer rechteckigen Mauer mit drei Pavillons auf jeder Seite umschlossen. Hauptheiligtum dieses Tempels war die große Bronzeskulptur eines liegenden **Vishnu**, die heute in Phnom Penhs Nationalmuseum ausgestellt ist.

Roluos-Gruppe

Eine Tempelgruppe 12 km östlich von Siem Reap abseits der RN 6 wird in Anlehnung an den Namen des nahen Dorfes als Roluos-Gruppe bezeichnet. Die Gruppe erstreckt sich über das Gebiet der ehemaligen Königsstadt **Hariharalaya** und besitzt einige der frühesten Monumente der Angkor-Periode. Am einfachsten zu erreichen sind drei Tempel aus Ziegelstein und Sandstein, die Indravarman I. und sein Sohn Yasovarman I. im späten 9. Jh. mit fein verzierten Säulen und Türstürzen errichten ließen: Der **Bakong** ist der erste Staatstempel der Angkor-Periode, am **Lolei** finden sich gut erhaltene Sanskrit-Inschriften, und am **Preah Ko** haben wundervolle Steinmetzarbeiten die Zeiten überdauert, obwohl der Tempel zu Angkors ältesten Anlagen zählt.

Preah Ko

Der Preah Ko wurde 879 unter Indravarman I. zu Ehren seiner Vorfahren und Jayavarman II., eines seiner Vorgänger, errichtet. Besucher betreten den fast quadratischen Tempelbereich von Osten durch einen zerfallenen Laterit-Gopuram mit Sandsteinsäulen in der zweiten Einfassung (die dritte bzw. äußere Mauer ist nahezu verschwunden) und über eine allmählich zerbröckelnde Terrasse. Das interessanteste Gebäude innerhalb der zweiten Einfassung ist ein rechteckiger Ziegelbau mit Löchern in den Mauern, der als Bibliothek oder Krematorium gedient haben dürfte. Nähere Beachtung verdienen die **Friese mit Asketen** in den Nischen über den Löchern.

Auf einer niedrigen Plattform im Zentrum des Tempels stehen in zwei Gruppen von **Türmen** aus Ziegelstein und Sandstein. Heilige Bullen – die leider beschädigt sind – bewachen jeden der drei vorderen Türme, die den väterlichen Vorfahren des Königs geweiht waren und mit männlichen Wächterfiguren verziert sind. Entsprechend waren die drei kleineren hinteren Türme, die asymmetrisch auf der Terrasse stehen, den mütterlichen Vorfahren geweiht und sind mit weiblichen Wächterfiguren geschmückt.

Eine Besonderheit unter den Scheintüren ist die westliche des mittleren hinteren Turmes; sie wurde aus einfachen Ziegelsteinen gebaut, während alle anderen aus geschmackvoll behauenem Sandstein gestaltet sind. Schön sind die in den Stein gearbeiteten Blattmotive sowie die floralen und geometrischen Muster an den achteckigen Türsäulen, die zu den schönsten Werken der gesamten Khmer-Kunst zählen. Herrlich mit Girlanden und diversen *kala*-Darstellungen ausgestaltet sind auch die Türstürze, an denen Reste des ehemaligen Stucks zu sehen sind.

Bakong

Der unter Indravarman I. errichtete und im Jahre 881 Shiva geweihte Bakong gilt als erster Staatstempel der Angkor-Periode. Das hübsche zentrale Heiligtum wurde erst 250 Jahre später hinzugefügt, 1940 mit Originalmaterial restauriert und ist in bemerkenswert gutem Zustand.

Der Tempel hat vier Einfassungen, aber nur drei Einfassungsmauern – die äußere Einfassung, in der zwischen Dschungel und Reisfeldern die Überreste von 22 Ziegeltürmen zu finden sind, bildet ein **Wassergraben**. Unweit des Parkplatzes und der Erfrischungsbuden befinden sich als einzige bauliche Zeugnisse innerhalb der dritten Einfassung nur die Trümmer eines Dammes mit Naga-Balustrade.

Auch innerhalb der zweiten Einfassung gibt es nichts Bedeutsames, daher solle sich das Interesse auf die zerfallenen Bauwerke der **ersten Einfassung** konzentrieren. Besonders auffällig sind die stattlichen rechteckigen Ziegeltürme, von denen es ursprünglich acht gab. Die Scheintüren aus Sandstein sind hübsch verziert, eine Tür des Nordturms sogar mit vermeintlichen Klinken. Die beiden rechteckigen Gebäude mit Ventilationslöchern im Mauerwerk waren vielleicht Krematorien.

Die **Pyramide** im Zentrum der Einfassung hat fünf Terrassen, auf denen sich ein einzelner Turm erhebt. Die vierte Terrassenebene wird von zwölf kleinen Sandsteintürmen gesäumt, die einst Lingams beherbergten, heute jedoch leer sind.

Lolei

Der heute auf dem Gelände einer modernen Pagode stehende Tempel Lolei erhob sich ursprünglich auf einer künstlichen Insel im **Indratataka Baray**, seit dieses Becken ausgetrocknet ist, erstrecken sich jedoch ringsum Reisfelder. Der Shiva geweihte Tempel war den Eltern und mütterlichen Großeltern Yasovarmans I. gewidmet und besaß vier Ziegeltürme, von denen inzwischen einer eingefallen ist und die anderen zusehends zerbröckeln. Lohnend sind hier in erster Linie die gut erhaltenen Sanskrit-Inschriften in die Türen der hinteren Türme, die Einblick in die Arbeitspläne der Tempeldiener geben.

Banteay Samre

Östlich von **Phum Pradak**, einem Dorf 12 km nordöstlich von Siem Reap, liegt abseits der berühmten Stätten Banteay Samre. Da nur eine fürchterliche Straße dorthin führt, kommen nur wenige Besucher, obwohl die Anlage ausgezeichnet restauriert worden ist. Der Tempel ist nach dem Volksstamm der Samre benannt, der einst in der Nähe von Phnom Kulen siedelte, konnte aber aufgrund fehlender Inschriften nicht exakt datiert werden. Der Architekturstil legt jedoch die Vermutung nahe, dass er ungefähr zeitgleich mit Angkor Wat gegen Mitte des 12. Jhs. errichtet wurde.

Banteay Samre unterscheidet sich von Angkors anderen Tempeln durch **zwei Gräben** innerhalb der Anlage. Man betritt den Tempel, der von einer hohen Lateritmauer mit kreuzförmigen Gopurams auf jeder Seite umschlossen wird, über einen 200 m langen Damm, der ursprünglich von einer Naga-Balustrade gesäumt war. Durch den östlichen Gopuram führt der Weg in eine offene Galerie, deren Sandsteinsäulen einst zu einem überdachten Gang gehörten, der rund um den gesamten Innenbereich verlief. Der sich anschließende vertiefte und gepflasterte Bereich war früher der erste Graben, der zugleich die zweite Einfassung bildete. Am Mauerwerk stellen verschiedene **Reliefs** Szenen aus dem *Ramayana* dar: die Belagerung Lankas an den Ziergiebeln eines Gopurams; der Kampf zwischen Rama und Ravana am Ostturm; Rama auf Hanumans Schultern am Nordturm.

Gleich hinter dem Graben schließt sich ein weiterer kreuzförmiger Gopuram an, dessen nördliche und südliche Vorhallen in einen rundum verlaufenden erhöhten Wandelgang übergehen, der die beiden Gräben trennt. Wie eine Insel erhebt sich aus dem inneren Graben das **zentrale Heiligtum**, das durch eine Halle mit dem östlichen Gopuram und somit auch mit dem Wandelgang verbunden ist. Als noch Wasser die beiden Gräben füllte, waren die beiden **Bibliotheksgebäude** nur mit einem Boot zu erreichen.

Banteay Srei und Kbal Spean

Banteay Srei, 30 km nordöstlich von Siem Reap gelegen, zieht selbst tempelmüde Besucher leicht in seinen Bann. Der aus feinkörnigem rötlichem Sandstein gebaute Tempel ist wie kein anderes Bauwerk Angkors reich an aufwendigen und kunstvollen Verzierungen. Überall schmücken üppige Blumenornamente und Szenen aus dem *Ramayana* Mauern, Scheintüren, Türstürze und hoch aufstrebende Ziergiebel. Mit nur einer Ebene wirkt das Bauwerk im Vergleich zu den anderen Staatstempeln der Region geradezu winzig. Nur wenig weiter von Siem Reap entfernt kann man in **Kbal Spean** einen Spaziergang am Fluss zu einzigartigen, in Stein gehauenen Hindugöttern und heiligen Lingams unternehmen.

Banteay Srei ist von Siem Reap auf guter Straße bequem zu erreichen; für den Eintritt ist der Angkor-Pass erforderlich. Nach Kbal Spean sind es von hier noch 5 km bis zu einem Parkplatz auf der linken Straßenseite; Besucher benötigen kein Angkor-Ticket. Vor dem Eingang von Banteay Srei bieten einige akzeptable Restaurants Erfrischungen an.

Banteay Srei

Kein König, sondern zwei lokale **Würdenträger** ließen Banteay Srei errichten: ein Lehrer namens Yajnavaraha, der das Vertrauen des Königs besaß, sowie dessen Bruder. Rajendravarman II. übertrug ihnen das Land und erteilte die Erlaubnis zum Tempelbau, doch obwohl man das Heiligtum bereits im Jahre 967 Shiva weihte, wurde es erst unter Jayavarman V. fertiggestellt.

Der **Grundriss** des Tempels ist relativ schlicht: drei Einfassungsmauern, ein innerer Graben und drei heilige Türme im Zentrum der Anlage. Der östliche Gopuram, der gleichzeitig der Haupteingang in den Tempelbereich ist, wirkt seltsam abgelegen, weil es hier nie eine Einfassungsmauer gab, obgleich die folgenden Gebäude einer „vierten" Einfassung zugeordnet werden. Der beständige Touristenstrom lädt hier nicht gerade zu längerem Verweilen ein, etwas Zeit sollte man sich jedoch für die herrlichen, filigranen bildhauerischen Arbeiten nehmen, insbesondere die Fassade über dem östlichen Portal, wo **Indra**, der Wächter der östlichen Weltsphäre und König der Götter, auf dem dreiköpfigen Elefanten Airavana dargestellt ist.

Vom Gopuram führt ein gepflasterter **Prozessionsweg** 75 m nach Westen zum zentralen Tempelareal. Ungefähr auf halber Strecke steht nördlich ein Pavillon mit einem wundervoll gestalteten Ziergiebel, der Vishnu in seiner Inkarnation als Mann-Löwe zeigt. Kurz vor dem Gopuram der dritten Einfassung kann rechter Hand ein weiterer Giebel ohne Halsverrenkungen bewundert werden. Er liegt, Vorderseite nach oben, auf dem Boden und zeigt die ohnmächtig werdende Sita im Augenblick ihrer Entführung durch Ravana. Der Gopuram selbst ist mit seinen hoch aufragenden Spitzen und den feinen Blatt- und Blumenbändern vielleicht der interessanteste der Anlage.

Wenn die Niederschläge der Regenzeit den Graben in der dritten Einfassung füllen, spiegeln sich die Tempelkonturen malerisch auf der Oberfläche des Wassers. Sechs lange Galerien, deren untergliederte Räumlichkeiten vielleicht als Meditationshallen dienten, füllen den Bereich der zweiten Einfassung aus.

Erste Einfassung

Kaum eine Oberfläche innerhalb der ersten Einfassung ist unverziert, und alles scheint in jedem Detail perfekt zu sein. Der überwältigende Reichtum der Ausschmückungen lässt sich unmöglich auf den ersten Blick erfassen. Vor einer detaillierten Betrachtung ist es daher vielleicht nicht schlecht, bei einem lockeren Rundgang zuerst die Atmosphäre des Orts auf sich wirken zu lassen. Wegen des hohen Besucherandrangs und der geringen Größe der Kammern ist der Zutritt zu den Türmen inzwischen leider nicht mehr möglich – die niedrige Plattform, auf der sie stehen, ist zum Schutz der Steinmetzarbeiten durch Seile abgesperrt.

Die bildhauerischen Arbeiten der **Türme** präsentieren sich in nahezu verschwenderischem Überfluss. Die Nischen des zentralen Heiligtums beherbergen männliche **Wächterfiguren**, während sich in diejenigen der anderen Türme heiter wirkende **Göttinnen** schmiegen, die elegante Sampots und aufwendigen Schmuck tragen. In der Nähe der Tempelstufen kauern mythische Gestalten mit Tierköpfen und Menschenkörpern, die ebenfalls eine Wächterfunktion bekleiden, es handelt sich allerdings um Reproduktionen. Die Originale wurden wie viele der besten Skulpturen hier schon in der Kolonialzeit von den Franzosen entfernt und befinden sich noch immer im Guimet-Museum für Asiatische Kunst in Paris,

Banteay Srei

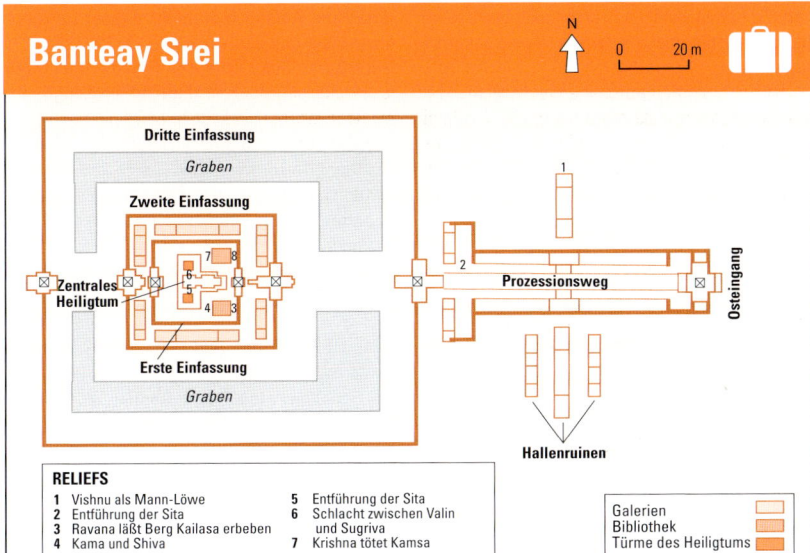

trotz diverser Versuche von kambodschanischer Seite, die Werke zurückzubekommen.

Von besonderer handwerklicher Kunst zeugen die *Ramayana*-Szenen in den Giebelfeldern des Zentralturms, die im Westen Sitas Entführung durch Ravana und im Norden den Kampf zwischen den Affenkönigen Valin und Sugriva zeigen. Die mehrstufigen Dächer des Turms sind mit kleinen Repliken der Tempeltürme verziert, die den Göttern als Heimstätten dienen sollen.

Auch die Steinmetzarbeiten der beiden flankierenden Gebäude verdienen Beachtung. Am Ostgiebel der **südlichen Bibliothek** lässt Ravana den heiligen Berg Kailash erbeben, während Shiva mit seiner Gemahlin Parvati auf dessen Gipfel sitzt und die Tiere des Waldes in panischer Angst flüchten. Am westlichen Giebelfeld ist zu sehen, dass Parvati den Liebesgott Kama um Hilfe bittet, da Shiva den von ihr angebotenen Rosenkranz ignorierte; nachdem Kama seinen Pfeil auf Shiva abgeschossen hat, zieht sie tatsächlich dessen Aufmerksamkeit auf sich und gewinnt seine Hand.

Die bildhauerischen Arbeiten der **nördlichen Bibliothek** lassen deutlich erkennen, dass dieses Bauwerk Vishnu zugeeignet ist. Eng gesetzte, parallele Striche am Ostgiebel versinnbildlichen den prasselnden Regen, der sich über den Wald ergießt, durch den Vishnus menschliche Inkarnation Krishna zusammen mit seinem Bruder und umgeben von wilden Tieren seinen Weg sucht. Eine Szene am Westgiebel zeigt Krishna, der Rache an seinem grausamen Onkel König Kamsa nimmt – der Palast ist in Aufruhr, als er ihn bei den Haaren packt und sich anschickt, ihn zu töten.

Kbal Spean

Mitten in einem verzauberten Dschungelgebiet im Westen der Kulen-Berge liegt die Anlage Kbal Spean, die von den alten Khmer in der Mitte des 11. Jhs. als Rückzugsort in den Bergen genutzt wurde. Aus dem Felsgestein des Flusses herausgemeißelte heilige Lingams und Hindugottheiten segnen das darüber fließende Wasser, bevor es seinen Lauf hinab nach Angkor nimmt. Die Szenen, die Vishnu darstellen, zeugen nicht nur von großem handwerklichem Geschick, sie sind auch in genialer Weise in das Flussbett eingepasst. Obwohl Kunstschänder einige Bereiche zerstört haben, sind die Szenen auch heute noch fast so faszinierend wie damals, als sie geschaffen wurden.

Der schmale, deutlich markierte Pfad führt mit Ausnahme von ein paar steileren Passagen leicht bergauf und erreicht nach ungefähr 40 Minuten die ersten steinernen Kunstwerke. Am Flussufer laden Felsbrocken zu einer Rast ein, bevor man die Hosenbeine hochkrempelt und unter Bäumen flussabwärts watet. Ein Stück weiter wird der Fluss tiefer: Dort kann man schwimmen oder wie die Kambodschaner eine erfrischende Dusche unter dem Wasserfall nehmen, bevor es wieder zurückgeht.

Abseits von Angkor

5 HIGHLIGHT

Tonle Sap

Neben den Tempeln besitzt Siem Reap mit dem faszinierenden Süßwassersee Tonle Sap, der die Landkarte Kambodschas beherrscht, eine weitere einzigartige Sehenswürdigkeit. Für die Menschen, die auf dem See und um ihn herum leben, ist er Wasserreservoir, Flutregulierungssystem, Verkehrsader, Speisekammer und Heimat zugleich. Selbst für weit entfernt lebende Kambodschaner bildet der Tonle Sap eine reiche Nahrungsquelle.

Bei niedrigstem **Wasserstand** kurz vor den im Mai einsetzenden Regenfällen erstreckt sich der See über eine Fläche von rund 2500 km². Wenn sich aber zum Schmelzwasser aus dem Himalaya die Niederschläge des Monsuns gesellen, schwillt der Wasserstand des Mekong so rasch an, dass der Wasserdruck am Zusammenfluss in Phnom Penh ausreicht, um den Fluss Tonle Sap, der den See normalerweise entwässert, in die entgegengesetzte Richtung fließen zu lassen. Infolge überschwemmt der See alljährlich ein Gebiet von über 10 000 km² und verwandelt sich so in den größten Süßwassersee Südostasiens. Wenn sich die Fließrichtung zwischen Ende Oktober und Anfang November wieder umkehrt, hinterlässt das zurückweichende Wasser sehr fruchtbaren Schlammboden für das Anpflanzen von Reis und genügend Nährstoffe für die Fischbrut, die als Laich zwischen überflutetem Baumbestand abgelegt wurde. Im Februar erreicht der Fischfang Rekordwerte. Große Teile des Fangs werden zu Fischpaste verarbeitet, um die schier unersättliche Gier der Kambodschaner nach *prohok* zu stillen.

Die **Fischerei** im Tonle Sap ist ein großes Geschäft. Die Regierung hat zu Lasten der lokalen Fischer weitreichende Konzessionen an reiche Geschäftsleute vergeben. Den kleinen Fischern bleibt nichts anderes übrig, als ihr angestammtes Handwerk illegal zu betreiben oder von einem Konzessionsinhaber teure Anteile zu pachten. Die Fischer gehören mehrheitlich der großen Wandergemeinde aus überwiegend staatenlosen ethnischen Vietnamesen an, die im Jahresablauf über den See ziehen und in **schwimmenden Dörfern** an wechselnden Stellen des Seeufers leben. Ihre primitiven Hütten – ein einfaches Loch im Boden (ohne Sichtschutz) dient als Toilette – sitzen auf Bambusflößen, welche aneinander festgezurrt sind. Obwohl die Vietnamesen schon seit Jahrzehnten hier ansässig sind, konnten sie sich nicht in die Khmer-Gesellschaft integrieren und werden von ihr geradezu gehasst.

1997 erklärte die UNESCO den See zum Biosphärenreservat – ein Status, der eine Balance zwischen umweltverträglicher Nutzung und Bewahrung des Ökosystems gewährleisten soll. Ein Herzstück des Reservats, **Prek Toal**, ist heute ein Schutzgebiet für zahlreiche **Wasservögel**, zu denen auch drei gefährdete Arten gehören: Graupelikan, Argala-Marabu und Malaienente. Prek Toal liegt am Nordwestufer des Sees und ist in der Trockenzeit von Siem Reap im Rahmen einer organisierten Tour zu erreichen, s. S. 218.

Am Ufer können Boote für Ausflüge auf den See gechartert werden; sie kosten US$10–15 für 2 Std. und nehmen maximal acht Passagiere auf. In der Regenzeit bietet sich das 12 km südwestlich von Siem Reap gelegene **Phnom Krom** als guter Ausgangspunkt an, in der Trockenzeit beginnen die Fahrten erst im 5 km weiter entfernten **Chong Khneas**.

Tonle Sap: Ein riesiger See für gemütliche Bootsausflüge

Mit den wechselnden Jahreszeiten wechselt auch der Standort des schwimmenden Büros von **GECKO** (Greater Environment Chong Khneas Office), einer NGO, die es sich zur Aufgabe gemacht hat, das Umweltbewusstsein der einheimischen Fischer zu schärfen, und in einer Ausstellung die lokale Flora und Fauna vorstellt; ⏱ tgl. 8.30–17 Uhr, Eintritt frei. Zur Vorbereitung auf einen Besuch am Tonle Sap lohnt sich auch der Besuch von Krousar Thmeys Ausstellung über das Leben am See; s. S. 206. Alternativ bieten Osmose und Terre Cambodge (s. S. 218) vergleichsweise teure Ausflüge auf den See mit eigenen Booten an.

Phnom Krom

Wer ein Boot am Phnom Krom mietet, sollte nicht versäumen, den 137 m hohen Hügel bis zur modernen Pagode auf dem Gipfel zu besteigen, wo sich auch ein verfallener **Tempel** Yasovarmans I. aus dem 10. Jh. befindet. Bei Sonnenuntergang sind die herrlichen **Ausblicke** auf den Tonle Sap besonders malerisch. Aufgereiht stehen auf einer niedrigen Terrasse drei zerbröckelnde Sandsteintürme, die Brahma, Vishnu und Shiva geweiht sind. Zu den noch erkennbaren Steinmetzarbeiten gehört eine Apsara an der Nordseite des Nordturms. Die steile Treppe zum Gipfel beginnt hinter der Tankstelle im Dorf am Fuß des Hügels.

Schwimmende Dörfer

Ein Besuch der schwimmenden Dörfer bei Siem Reap ist keinesfalls das authentische Erlebnis, das die Führer in der Stadt versprechen. Auf dem Fluss sind Boote der Reiseveranstalter Siem Reaps im Dutzend unterwegs, und alles ist recht touristisch. Natürlich versuchen auch die Einwohner Kapital aus dem Besucherstrom zu schlagen: Inzwischen hat ein Café eröffnet, an dem die meisten Boote anlegen.

Am interessantesten sind die Dörfer in der Trockenzeit, dann kann man sich durch schmale Kanäle bis zum See rudern lassen und Einblicke in den Alltag auf dem Wasser erhaschen. In der Regenzeit, wenn die schwimmenden Dörfer praktisch an den Hängen des Phnom Krom liegen, sind sie zu Fuß zu erreichen. Viele erhoffen sich beim Besuch eines dieser Dörfer ohne einheimischen Führer einen Einblick in das „echte" Kambodscha, aber häufig wird daraus nur ein gegenseitiges Begaffen. Wer sich dennoch auf eigene Faust auf den Weg macht, sollte sich beim Gemeindevorsteher oder denjenigen, die ihre Gastfreundschaft anbieten, finanziell erkenntlich zeigen. Generell bevorzugen die Bewohner ausländische Gäste, deren Besuch mit einem Führer abgesprochen wurde. Dann gibt's auch keine Unklarheiten bezüglich Zeiten, Örtlichkeiten und – besonders wichtig – Bezahlung.

Phnom Kulen

Es war in Phnom Kulen, dem damaligen Mahendrapura, wo sich Jayavarman II. im Jahre 802, das als Beginn der angkorianischen Periode gilt, zum obersten Herrscher ausrufen ließ und damit den Devaraja-Kult begründete (s. S. 222). Obwohl dort und anderswo in den Kulen-Bergen verborgene alte Tempelanlagen stehen, sind diese mangels Straßen und wegen der Gefahr durch Landminen unerreichbar.

Bedeutendste Sehenswürdigkeit des 50 km nördlich von Siem Reap gelegenen Phnom Kulen ist der gewaltige **liegende Buddha**, der dort im 16. Jh. aus dem Felsen gemeißelt wurde, doch mindestens ebenso beeindruckend ist die Frömmigkeit der gläubigen Buddhisten, die an den zahlreichen Schreinen huldigen.

Wer Phnom Kulen besuchen will, muss saftige US$20 Eintritt löhnen. Rechnet man noch die Kosten für die Miete eines Wagens mit Fahrer dazu (je nach Wagentyp US$20–50), ist es nicht verwunderlich, dass der Andrang eher mäßig ausfällt. Die Landschaft entlang der Strecke ist aber herrlich, und in der Nähe rauscht ein kleiner, sehr malerischer Wasserfall.

Da die Gegend von den Roten Khmer großflächig vermint wurde und noch nicht geräumt werden konnte, sollten sich Besucher auf die unten beschriebenen Anlagen beschränken und sich auf allen anderen Wegen erfahrenen Führern anvertrauen.

Der Berg

Vom Kartenschalter am Fuß des Berges führt die Straße durch Dschungel bergauf bis zu einem Sandsteinplateau. Von der ersten Abzweigung links führt ein Weg zu einem Parkplatz, von dem man zum Fluss und einem pittoresken kleinen Wasserfall gelangt. Die Lingams, für die der Fluss berühmt ist, haben dort nur eine Größe von rund 25 cm im Quadrat und sind im Flussbett schwer zu entdecken, wenn das Wasser hoch oder trübe ist. Ein schlüpfriger Pfad führt zum Fuß des Wasserfalls, doch das Becken gehört nicht gerade zu den schönsten Badestellen, weil überall Picknickmüll herumliegt.

Zurück auf der Straße führt nach 500 m eine kleine Brücke über den Fluss. Unten wurden weitere Lingams ins Flussbett gemeißelt, die aber nur mit Hilfe eines Führers zu finden sind. Die Straße endet gut 1 km weiter auf einem betriebsamen Parkplatz, an dem kleine Stände Essen, Erfrischungen und Khmer-Medizin anbieten. Ein kurzer Aufstieg führt zur viel besuchten Pagode mit dem eindrucksvollen und von den Einheimischen hochverehrten **liegenden Buddha**, der aus einem massiven Felsblock gemeißelt wurde – er befindet sich in dem wackligen Schuppen auf dem Felsen, vor dem die Besucher schon auf der Treppe Schlange stehen. Am Fuß der Treppe sind die Schuhe abzulegen, und oben muss man sich seinen Weg zwischen Einheimischen suchen, die Opfer darbringen und Erinnerungsfotos machen. Vom Felsen hat man einen herrlichen Blick auf die umliegenden Kulen-Berge. Um den Fuß des Felsens zieht sich ein schlichter, aber eindrucksvoller Fries aus Buddhaköpfen.

Kinder bringen Besucher, die ohne Führer kommen, gerne zu den **Schreinen** im Wald hinter der Pagode – in der Hoffnung, dass die Besucher ihnen vor der Rückfahrt etwas zu essen und zu trinken kaufen. Als Alternative bietet sich an, einfach den Einheimischen zu folgen, die große Mengen Räucherstäbchen mitschleppen, um nur ja genug davon für alle Schreine am Rundweg dabei zu haben. Nahezu jeder Felsblock am Weg ist mit einer Legende verknüpft – so soll auf einem Stein mit Abdrücken, die an eine Klaue erinnern, eine Bruchlandung von Hanuman erfolgt sein. Am Ende des Rundgangs waschen sich die

Einheimischen das Gesicht mit Wasser aus einer **heiligen Quelle**, die aus dem Fels sickert und zu Energie, Gesundheit und Glück verhelfen soll. Viele Besucher füllen das Quellwasser in Flaschen ab und nehmen es mit nach Hause.

Beng Mealea

Es herrscht Unklarheit darüber, wann und warum der 60 km von Siem Reap entfernte Tempel Beng Mealea errichtet wurde, doch Experten gehen anhand stilistischer Merkmale davon aus, dass der Bau im späten 11. oder frühen 12. Jh. entstand – eventuell unter Suryavarman II. Die auf nur einer Ebene erbaute Anlage mit eindrucksvollen Ausmaßen ist eindeutig hinduistisch und wartet noch auf Restaurierung. Ihr momentaner Zustand verdeutlicht, was die französischen Archäologen bei ihrer Ankunft in Angkor vorfanden.

Erst seit kurzem ist Beng Mealea durch eine Straße mit Angkor und Koh Ker verbunden, sodass die Anlage nun von Siem Reap aus in einem bequemen Tagesausflug zu erreichen ist. Beng Mealea (Eintritt US$5) ist wundervoll unerforscht, und der Ausflug hierher sollte (ohne Zwischenstopps) ungefähr dasselbe wie nach Banteay Srei kosten. Die Anlage ist zwar von Minen geräumt worden, auf eine Erkundung der Umgebung sollte man aber verzichten.

Einheimische behaupten, dass der überwiegend im Buschwerk verborgene Tempel recht gut erhalten war, bevor die Roten Khmer große Teile plünderten und zerstörten. Allerdings berichtete Glaize (s. S. 372) bereits 1944, dass die Tempelbauten in Trümmern lägen. Auf jeden Fall aber war die etwas über 1 km² große Anlage, die von einem imposanten 45 m breiten Graben umschlossen wird, von beträchtlicher Bedeutung, und längst steht die These im Raum, dass sie als Vorläufer von Angkor Wat errichtet wurde.

Auf seiner einzigen Ebene besaß der Tempel einst drei konzentrische Galerien und einen zentralen Turm, die eindrucksvollste Attraktion der Ruinen sind heute aber die Apsaras, die inmitten eines Gewirrs aus überwucherten Steinen in Nischen und Spalten zu entdecken sind. Heute führt der Weg durch Reisfelder und Unterholz,

vor wenigen Jahrzehnten jedoch regte Glaize an, den Besuch mit einer Jagdpartie zu verbinden, da der Dschungel reich an wilden Tieren sei, darunter „Tiger, Panther und Elefanten, und dazu herdenweise Ochsen und Wildbüffel".

Anlong Veng

Das staubige, heiße Anlong Veng, rund 130 km nördlich von Siem Reap in Grenznähe zu Thailand, ist nur deshalb erwähnenswert, weil **Pol Pot** eine Zeit lang in der Gegend wohnte und dort starb. Wer das Flair vom Ende der Welt sucht, kommt hier auf seine Kosten, aber die meisten finden den Ort einfach nur langweilig. Die Unterkünfte sind primitiv, das Essen ist schlecht, und außer dem Schauplatz, wo Pol Pot eingeäschert wurde, gibt's eigentlich nichts zu sehen.

Pol Pot kam 1993 oder 1996 – je nachdem, wem man Glauben schenkt – in Anlong Veng an, lebte aber bis zu seinem Tode in einem **Versteck** in den Dangkrek-Bergen, das von Anlong Veng aus in einer einstündigen Motofahrt zu erreichen ist. Nach offizieller Verlautbarung starb er an einer Herzattacke, doch in jüngerer Vergangenheit meldeten sich verschiedene Personen mit der Behauptung, Zeugen seiner Ermordung durch Kameraden aus den Reihen der Roten Khmer gewesen zu sein. Sicher ist nur, dass sein Leichnam auf einem Haufen alter Autoreifen und Möbelstücke in der Nähe seiner Hütte eingeäschert wurde, bevor irgendjemand die Details seines Todes klären konnte.

Die Stellen, an denen die Hütte stand und die hastige Verbrennung stattfand, sind ausgeschildert. Die Einäscherungsstätte wird von Einheimischen als eine Art Schrein gepflegt, obwohl nur einige geschwärzte Steine zu sehen sind. Viele Landbewohner halten das Andenken an Pol Pot hoch, weil die Roten Khmer die Menschen, unter denen sie nach ihrem Sturz 1979 lebten, wohlwollend behandelten. Kurioserweise pilgern Einheimische im Glauben dorthin, dass Pol Pot aus seinem Grab Lotterienummern verkünden, Krankheiten heilen oder in anderer Weise segensreich wirken könne.

Im Ort selbst hat **Ta Mok** – ein 2006 verstorbener, berüchtigter Kader der Roten Khmer, der

Grenzübergang von / nach Thailand

Anlong Veng ist auch von Thailand über einen Grenzübergang nördlich von **O´Smach** zu erreichen. Die beste Route von Thailand ist die über Surin nach **Sa Ngam** (so heißt der Grenzübergang auf der thailändischen Seite).
In Surin bekommt man im Pirom's Guest House aktuelle Informationen zu den billigsten und besten Transportverbindungen für die Weiterfahrt.
Auf kambodschanischer Seite befindet sich ein Markt, von dem Pick-ups den ganzen Tag über nach Anlong Veng fahren (5000 Riel).
Ab etwa 5 Uhr morgens verkehren Pick-ups von Anlong Veng zum Markt an der Grenze und brauchen rund 1 Std. für die 20 km.
Visa sowohl für Kambodscha als auch für Thailand sind an der Grenze erhältlich.

---

wegen Mittäterschaft am Mord von drei westlichen Rucksackreisenden bis zu seinem Tod im Gefängnis saß – ein Haus hinterlassen, das als „Ta Mok House" ausgeschildert ist. Der Weg dorthin zweigt am Kreisverkehr nach links und direkt hinter den verrottenden Armeepanzern nach rechts ab. Ta Mok besitzt lokales Ansehen, weil er Fischteiche anlegen ließ und die örtliche Schule stiftete. In der übrigen Welt hatte er den Beinamen „der Schlächter", weil er 1994 die Entführung der Traveller aus dem Zug von Phnom Penh nach Sihanoukville veranlasst haben soll. Als die Lösegeldverhandlungen ergebnislos blieben, wurden die drei umgebracht. Es gab jahrelange Bemühungen, Ta Mok wegen Mordes vor Gericht zu bringen, aber wie so viele Mörder aus der Ära der Roten Khmer starb auch er eines natürlichen Todes, weil dem Staat immer wieder die letzte Entschlusskraft fehlte.

Praktische Tipps
Übernachtung und Essen

Auch wenn wahrscheinlich niemand Lust hat, hier länger zu bleiben: Es gibt 3 **Gästehäuser** in Anlong Veng; am besten ist noch das altgediente und sehr einfache **Reaksmey Angkor** am nördlichen Ortsrand. Die Zimmer sind spartanisch und etwas angegammelt, aber wenigstens handelt es sich tatsächlich um ein Gästehaus und nicht um ein Bordell, was eine ruhigere Nacht verspricht, als die beiden anderen Etablissements. ❶
Alle Gästehäuser haben eigene Restaurants, und am Kreisverkehr findet man einfache Nudelküchen.

Transport

Vom Marktplatz in Siem Reap fahren Pick-ups für US$6 nach Anlong Veng, einige Gästehäuser bieten den Transport mit eigenen Kleinbussen an. Die Staubpiste ist akzeptabel, gute Fahrzeuge benötigen etwa 3 Std. Wer mit dem eigenen Fahrzeug unterwegs ist, kann von Anlong Veng zum Khmer-Heiligtum Preah Vihear (70 km, ca. 2 Std.) weiterfahren und von dort über Koh Ker (s. S. 268) nach Siem Reap zurückkehren.

Zentralkambodscha

Stefan Loose Traveltipps

Phnom Suntuk Bergheiligtum mit einem großen liegenden Buddha im Felsgestein. S. 261

6 Sambor Prei Kuk Prä-angkorianische Tempel mit einzigartigen Schmuckelementen. S. 264

Preah Khan Einst größte Tempelanlage Kambodschas mit noch vielen unentdeckten Ruinen. S. 266

7 Preah Vihear Imposanter Tempelkomplex auf einem schroffen Bergkamm an der Grenze zu Thailand. S. 269

Zentral-Kambodscha ist eine wenig bekannte und weltferne Region, die sich nördlich von Phnom Penh über spärlich besiedelte Landstriche bis zur thailändischen Grenze erstreckt. Der größtenteils sandige und karge Erdboden ist praktisch unmöglich zu bewirtschaften, umso bewundernswerter ist es, wie die Menschen hier zurechtkommen und mit winzigen Ackern, verstreuten Reisfeldern und den Ressourcen des noch verbliebenen Walds für das Nötigste sorgen. Das einzige Gebiet mit dichter Vegetation liegt im **Naturreservat Boeng Peae**, durch das die RN 64 auf ihrem Weg nach Norden führt.

Die Region ist kein Touristenziel. Nur die wenigsten Besucher sehen mehr von ihr als die Reisfelder zu beiden Seiten der RN 6, die den Süden des Gebiets durchquert und die Hauptstadt mit Siem Reap verbindet. Wer das Abenteuer nicht scheut und auf den meist grauenvollen Straßen in die unerschlossenen Gebiete vordringt, kann in Zentral-Kambodscha einige alte Tempel erkunden. Ausgangspunkt für alle Unternehmungen ist **Kompong Thom**, die einzige Stadt der Region von nennenswerter Größe und gleichzeitig der letzte Ort, der vor einer Fahrt in den Norden noch etwas Komfort bietet.

Noch ohne großen Aufwand erreicht man die hoch in Ehren gehaltene, aber recht kitschige Pagode **Phnom Suntuk** und die bedeutendste prä-angkorianische Tempelstätte des Landes, **Sambor Prei Kuk**, mit ihren drei Gruppen gut erhaltener Ziegelsteintempel. Jenseits davon gestaltet sich das Reisen allerdings viel beschwerlicher, selbst zur großen verfallenen Tempelanlage **Preah Khan**, die eigentlich nur 50 km nordwestlich von Sambor Prei Kuk liegt. Der Weg zum unbestrittenen Juwel der Region führt direkt an die Grenze zu Thailand: erhaben thront auf einem schroffen Kamm in den Dangkrek-Bergen **Preah Vihear**, ein Tempelkomplex aus dem 9. Jh., der von späteren Königen sukzessive erweitert wurde. Die stolz emporschwingenden Giebel suchen in Kambodscha ihresgleichen und entschädigen vielfach für die Mühen der Anfahrt (die im Übrigen von Thailand wesentlich bequemer ist).

Wenn sich ohnehin bereits Expeditionsstimmung breit gemacht hat, sollte man einen Abstecher nach **Koh Ker** in Erwägung ziehen: Die einzige angkorianische Hauptstadt, die sich nicht in der Nähe von Angkor befand, liegt ungefähr auf halber Strecke zwischen Preah Khan und Preah Vihear.

Angesichts des allgemeinen Straßenzustands lässt sich Kambodschas Zentralregion eigentlich nur in der **Trockenzeit** (Nov–Mai) erkunden. Sobald der Regen einsetzt, verwandeln sich alle Wege und Pfade in unwegsame Matschpisten, und tiefe, reißende Flüsse versperren plötzlich die Weiterfahrt und schneiden manch entlegenes Dorf von der Außenwelt ab.

Die RN 6 ist die einzige befestigte Straße in diesem Landesteil, und eine Fahrt von Kompong Thom nach Norden erfordert reichlich Geduld und Kraft, da die RN 64 nach **Tbeng Meanchey** ein Härtetest sowohl für Fahrzeuge als auch für Passagiere ist. Abseits der RN 6 und RN 64 ist der Norden Zentral-Kambodschas weitgehend unzugänglich. Hier müssen Reisende holprigen Dschungelpfaden folgen und immer wieder Hindernisse wie Flüsse oder eingestürzte Brücken überwinden.

Die Reise von Kompong Thom nach Preah Vihear ist nur in Etappen möglich und dauert zwei lange, ermüdende Tage, und auf dem letzten Stück gilt es eine zermürbende Motofahrt von Tbeng Meanchey zu überstehen.

Von Phnom Penh nach Kompong Thom

Die RN 6 ist nach Verlassen der Hauptstadt in brauchbarem Zustand, was die Weiterfahrt bis Kompong Thom relativ einfach macht. Die klassischen kambodschanischen Landschaften mit Nassreisfeldern und Zuckerpalmen links und rechts der Straße sind gelegentlich mit Abschnitten durchsetzt, in denen stapelweise Lateritblöcke, die zu Bauzwecken dienen, zum Verkauf angeboten werden.

Einheimische nutzen den Aufenthalt in der geschäftigen Durchgangsstation **Skone** zum Kauf der örtlichen Delikatesse *ah pieng* – 5 cm lange oder gar noch größere haarige **Spinnen**, die knusprig geröstet werden. Händler umschwärmen die Fahrzeuge der Reisenden mit ihren Bauchläden, in denen hohe Stapel der

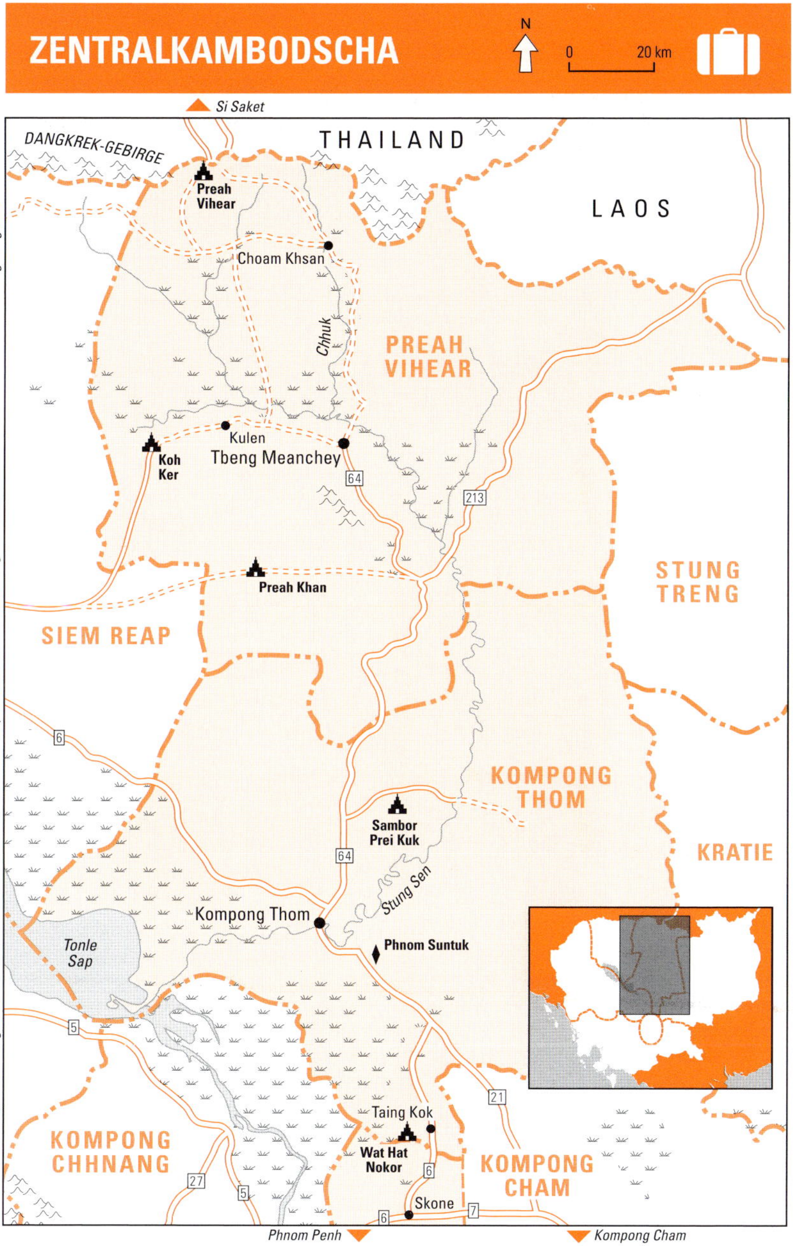

ZENTRALKAMBODSCHA

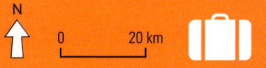

Von Phnom Penh nach Kompong Thom

Phnom Suntuk: Ein Geheimnis umgibt das genaue Alter der Buddhas in den Felsen

achtbeinigen Monster liegen, die sie in den Dschungelgebieten der Provinz Kompong Thom mit Stöcken aus Erdlöchern herausangeln. Die gerösteten Kreaturen werden hier wie auch in Stung Treng für wenige hundert Riel pro Stück verkauft. Sie schmecken ein bisschen wie knusprig gebratene Garnelen und werden ähnlich verzehrt wie Krebse: einfach den Leib aufbrechen, die Beine einzeln herausziehen und das zarte Fleisch heraussaugen – Vorsicht aber vor dem Hinterleib, der mit unappetitlichem bitterem Schleim gefüllt sein kann. Überall im Land tauchen die Spinnen auch eingelegt in Wein auf, der als Stärkungsmittel vor allem von schwangeren Frauen geschätzt wird.

Reißenden Absatz findet auch die in Bambusrohre gestopfte hiesige Spezialität *grolan* – ein Snack aus gekochtem süßem Klebreis, Kokosmilch und dunklen Bohnen –, die in Bündeln zu fünf oder zehn Stück für wenige tausend Riel verkauft werden.

Mit etwas Zeit im Gepäck bieten sich Abstecher zu zwei kleineren Sehenswürdigkeiten abseits der Straße zwischen Skone und Kompong Thom an: Rund 20 km nördlich von Skone liegt der entzückende kleine Tempel **Wat Hat Nokor** aus dem 11. Jh., und nicht weit von Kompong Thom entfernt sind am heiligen Berg **Phnom Suntuk** zahlreiche Pagoden und in Sandsteinblöcke gemeißelte Steinmetzarbeiten zu bewundern. Wer mit öffentlichen Verkehrsmitteln (und mit wenig Gepäck) von Phnom Penh nach Kompong Thom unterwegs ist, kann sich in der Nähe beider Stätten für Kurzbesuche absetzen lassen und anschließend mit einem der zahlreichen Fahrzeuge weiterfahren, die auf dieser Strecke verkehren.

Wat Hat Nokor

Auf dem ruhigen, gepflegten Gelände der kleinen ländlichen Pagode Wat Hat Nokor steht ein schlichter, charmanter **Tempel** aus Laterit und Sandstein, der auf die Zeit Suryavarmans I. (11. Jh.) zurückgeht. Er wurde nie vollendet – entweder starb der Baumeister während der Arbeiten oder ein Krieg verhinderte die Fertigstellung. Im Osten der Anlage führt ein einfacher Gopuram in den Hof, der das einzeln stehende kreuzförmige Heiligtum **Prasat Kuk Nokor** umschließt, das einst einen Lingam beherbergte und in dessen Nischen Statuen von Shiva und seinen Gemahlinnen standen.

Der Mittelteil der Südwand ist eingestürzt, in der Mauer ist aber noch eine Kammer zu sehen, zu der Kranke in der Hoffnung pilgerten, durch gesegnetes Wasser geheilt zu werden, das über den Lingam im zentralen Heiligtum floss. Das ebenfalls einzeln stehende Bibliotheksgebäude in der südöstlichen Hofecke wurde von den Roten Khmer als Gefängnis benutzt. Der Achar bittet Besucher, sich in das Gästebuch einzutragen, und die Höflichkeit gebietet es, eine Spende zu hinterlassen.

Das Wat liegt rund 2 km westlich des Dorfes **Taing Kok**. Öffentliche Verkehrsmittel setzen ihre Passagiere entweder im Dorf oder an der Abzweigung zur Pagode ab, wo in der Regel bereits Motos bereitstehen, die für die Weiterfahrt zum Tempel 5000 Riel inklusive Wartezeit verlangen. Die Weiterfahrt nach Kompong Thom erfolgt per Taxi oder Minibus, die am Markt von Taing Kok auf Handzeichen halten.

Phnom Suntuk

Am bequemsten lässt sich der Phnom Suntuk, der ein wenig an einen buddhistischen Themenpark erinnert, auf einem halbtägigen Ausflug mit einem Moto von Kompong Thom besuchen (20 000 Riel inkl. Wartezeit), aber auch auf der Fahrt zwischen Phnom Penh und Kompong Thom (RN 6) ist hier ein Zwischenstopp möglich.

Zum Hügel, der nicht zu übersehen aus der Ebene aufragt, führt eine breite Straße, auf der vor allem sonntags viel Verkehr herrscht. Steile 809 Treppenstufen bahnen sich dann ihren Weg auf den mit Buschwerk bewachsenen und arg mit Besuchermüll verdreckten Hang, vorbei an wuchtigen Felsblöcken, grellbunten Schreinen und diversen Rastplätzen. Händler säumen die Stufen und bieten **traditionelle Arzneien** an, die aus Baumrinden und Zweige, die in Wasser gekocht zu Stärkungs- und Allheilmittel werden.

Oben am Gipfel präsentiert sich die Pagode als buntes Sammelsurium aus überwiegend modernen Statuen und Pavillons. Die Zusammenstellung grell bemalter Tier- und Menschenfiguren aus Beton ist kitschig ohne Ende, aber den Kambodschanern gefällt's. Am interessantesten sind vielleicht noch die älteren Buddhabildnisse, die in verschiedene Felsen gemeißelt wurden, deren genaue Entstehungszeit aber ungeklärt ist. In der Nähe des Vihara bildet ein überhängender Felsen einen natürlichen Schrein, der mit kleinen Buddhadarstellungen ausgeschmückt ist. Weitere kleine Schreine verstecken sich in den Spalten der felsigen Hänge.

Im Westen führt ein schmaler steiniger Pfad ein Stück den Berg hinunter zu einer Gruppe von Bildnissen im Felsgestein, darunter ein beeindruckender liegender Buddha. Der Weg zurück zur Hauptstraße folgt derselben Route wie der Aufstieg. Unten am Eingang bietet ein wahres Dorf von **Verkaufsständen** frisch gepressten Zuckerrohrsaft und typische Khmer-Gerichte an.

Kompong Thom

Das 177 km nördlich von Phnom Penh und kaum näher zu Siem Reap gelegene Kompong Thom erstreckt sich zu beiden Seiten der RN 6 und des Flusses Stung Sen. Einst war die Stadt unter dem Namen *kompong pos thom* bekannt, „Ort der großen Schlange", weil die Einheimischen angeblich einer riesigen Schlange opferten, die in einer Höhle am Fluss lebte – vielleicht ist dies aber nur eine weitere kambodschanische Legende, denn niemand weiß eigentlich, wo diese Höhle sein soll. Die meisten Besucher kommen, um die 30 km nordöstlich gelegenen Tempel von **Sambor Prei Kuk** zu sehen. Für die Besichtigung der Stadt selbst reichen wenige Stunden aus. Kompong Thom ist außerdem ein möglicher Ausgangspunkt für die zweitägige Fahrt nach Norden zum abgeschiedenen **Preah Vihear**; allerdings ist es von der thailändischen Seite wesentlich leichter dorthin zu kommen.

Orientierungspunkte der Stadt sind das hohe Arunras Hotel am südlichen Ende der zweispurigen Hauptstraße und die beiden Brücken über den Stung Sen – eine aus Beton für Fahrzeuge und eine alte aus Metall für Fußgänger (was aber nicht immer so genau genommen wird).

Der **Markt** ist recht durchschnittlich, einen näheren Blick lohnen aber die Stände am westlichen Rand mit **traditioneller Medizin**, die neben Kräuterprodukten auch so Exotisches wie geschrumpfte Bärengallenblasen, aufgerollte getrocknete Schlangen und an Bambuskreuze gepfählte kleine Flugechsen anbieten.

Etwas südlich des Marktes sind die Original-Löwenstatuen aus Sambor Prei Kuk ausgestellt, die zu ihrem Schutz in die Obhut der **Kulturbehörde** der Provinz an der Ostseite der Hauptstraße gegeben wurden. ⏱ Mo–Fr 8–10.30 und 14.30–17 Uhr, Eintritt US$1.

Wer noch etwas Zeit hat, kann den **Wat Kompong Thom**, rund 500 m nördlich der Brücken, besuchen. Große, grell bemalte Tierstatuen, darunter Nashörner, Löwen, Leoparden und ein Bär, flankieren den Eingang. Ebenso farbenprächtig präsentieren sich die Pagodengebäude und Stupas.

In einer Werkstatt 7 km südlich der Stadt besteht die seltene Möglichkeit, einen Einblick in die Herstellung **traditioneller Trommeln** zu gewinnen. Der Weg dorthin führt auf der RN 6 über drei Brücken, bis rund 100 m vor einem Markt ein kleines Schild das Ziel anzeigt. Die vasenförmigen, im Mittelteil verjüngten *skor dae* sind ungefähr 50 cm hoch und werden von Hand aus dem Kernholz des Jackfruchtbaumes geschnitzt. Das gelbliche Holz besitzt beste Resonanzeigenschaften. Die Außenseite wird mit vielfältigen Ornamenten verziert, und die Trommelöffnung erhält eine Bespannung aus getrockneter Schlangenhaut. Die Instrumente sind fester Bestandteil des traditionellen *pinpeat*-Ensembles, das dem indonesischen Gamelan-Orchester ähnelt und vor allem bei Hochzeiten und klassischen Tanzvorführungen zu hören ist. Die zylindrischen *skor sang na*, die doppelt so hoch sind, werden zum Trommeln über die Schulter gehängt und bei Bestattungsprozessionen geschlagen. Die freundliche Familie, die den Betrieb leitet, lädt Besucher dazu ein, sich an den Trommeln zu versuchen, und gibt manchmal auch eigene Kostproben ihrer Trommelkünste.

Übernachtung

Arunras Hotel, ✆ 012/563091. 7-stöckiges Hotel und größte Unterkunft der Stadt, preiswerte Zimmer mit Ventilator oder Klimaanlage. ❷
Sambor Prey Kuh Hotel, ✆ 012/967300. Freundliches Haus nördlich des Flusses, Zimmer mit Bad und TV, dazu eines der besten Restaurants der Stadt. ❷
Santepheap Guesthouse, Pracheathepatay, östlich der Haltestelle, ✆ 011/882527. Traditionelles Holzhaus abseits vom Lärm und Staub der Hauptstraße. Schlicht eingerichtete Zimmer mit Ventilator, einige mit Gemeinschaftsbad; großer, ruhiger Balkon. ❶
Stung Sen Royal Garden Hotel, ✆ 062/961228. Sauberste Unterkunft der Stadt mit Blick auf den nahen Fluss. Klimatisierte Zimmer mit Bad, Warmwasser und TV. ❹

Essen:		Übernachtung:	
Arunras Hotel		Arunras Hotel	C
Restaurant	C	Sambor Prey Kuh	A
Arunras Restaurant	2	Santepheap	
Sambor Prey Kuh	A	Guesthouse	D
Stung Sen		Stung Sen Royal	
Restaurant	1	Garden Hotel	B

Essen

Alle **Restaurants** Kompong Thoms servieren kambodschanische und chinesische Gerichte.
Arunras Hotel, das Restaurant in diesem Hotel ist eines der beliebtesten der Stadt; angesichts des eintönigen Essens und der eher lustlosen Bedienung fragt man sich allerdings warum.

Arunras, der gleichnamige Ableger neben dem Hotel, serviert zum Frühstück ausgezeichnete Reis- und Nudelsuppen.

Stung Sen Restaurant, großes Lokal gleich südlich vom Stung Sen Royal Garden Hotel. Spezialitäten: Fisch süß-sauer und gebratenes Schweinefleisch mit Gemüse. Großzügige Portionen. Mehr für Gruppen, wer allein kommt, kann sich etwas verloren vorkommen.

Sambor Prey Kuh, am anderen Flussufer gelegen. Zaubert ein köstliches *sumlar mjew vietnam* (Vegetarier können es auch ohne Fisch bekommen), das nicht auf der Speisekarte steht, die ansonsten eine große Auswahl an Suppen und Gebratenem bietet.

Preiswerten **Garküchen** am Markt haben vom frühen Morgen bis in die Nachmittagsstunden geöffnet. Ab dem späteren Nachmittag sind auf dem **Nachtmarkt** vor dem östlichen Eingang zum Markt Fruchtsäfte und Süßspeisen im Angebot.

Eine kleine **Bäckerei** an der Hauptstraße nicht weit nördlich vom Markt verkauft Kuchen und Gebäck.

Sonstiges

Geld
Bargeld kann im Markt getauscht werden, Reiseschecks werden allerdings nirgends angenommen.

Informationen
Kompong Thoms freundliches **Touristenbüro** im oberen Stock eines Holzgebäudes südöstlich der Haltestelle ist – sofern besetzt – eine nützliche Infoquelle.

Medizinische Hilfe
Das **Krankenhaus** befindet sich an der Pracheathepatay.

Telefon
Internationale Telefongespräche sind bei **Camintel** im Postamt an der Ecke gegenüber vom Arunras Hotel möglich, Inlandsgespräche von den Telefonzellen am Markt.

Transport

Die zentrale **Haltestelle** befindet sich östlich der Hauptstraße (Pracheathepatay) am Platz hinter der Kulturbehörde, von wo es keine 500 m bis zu einem Hotel oder Gästehaus sind, ansonsten lässt sich auch problemlos ein Moto finden.

Sammeltaxis und Pick-ups
Taxis und Minibusse nach KOMPONG CHAM (6x tgl., 2 1/2 Std.) und PHNOM PENH (12x tgl., 3 Std.), jeweils über SKONE (12x tgl., 1 1/2 Std.), fahren von der Südseite des Platzes ab, Transportmittel nach SIEM REAP (12x tgl., 3 Std.) sowie Pick-ups nach TBENG MEANCHEY (3x tgl., 3 Std.) von der Nordseite.

Die lange Fahrt zum Tempelkomplex PREAH VIHEAR führt zunächst zur Hauptstadt der gleichnamigen Provinz Tbeng Meanchey (sprich: „t-behng me-an-chay"), die verwirrenderweise ebenfalls Preah Vihear genannt wird. Man sollte schon früh an der Haltestelle sein, da die anstrengende Reise nach Norden bis zu 7 Std. dauern kann (Sammeltaxi 20 000 Riel, Pick-up 20 000 Riel für einen Kabinenplatz, 10 000 Riel für einen Platz auf der Ladefläche).

Fahrpläne für Sammeltaxis und Pick-ups gibt es nicht; sie verkehren vom frühen Morgen bis zum frühen Nachmittag und fahren meist erst ab, wenn sie voll sind, was mitunter Stunden dauern kann.

Die Umgebung von Kompong Thom

Zwei größere Tempelanlagen abseits der RN 64 sind im Rahmen von Tagesausflügen von Kompong Thom zu erreichen. **Sambor Prei Kuk** befindet sich am Ort einer ehemaligen Hauptstadt aus der Chenla-Epoche, die einst Hunderte Tempel besaß, von denen heute allerdings viele verschwunden sind – wahrscheinlich hat sie der vordringende Urwald geschluckt. Einige Tempelgruppen sind freigelegt worden und bezaubern durch herausragend schöne Backstein-Reliefs und reiches Dekor an ihren Türstürzen und Säulen aus Sandstein. Weiter nördlich liegt Kambodschas größter eingefasster Tempelbezirk **Preah Khan**, dessen zentrales Heiligtum als erstes jenes Motiv erhielt, das später zum charakteristischen Element kambodschanischer Tempel wurde: vier riesige Gesichter, die in die vier Himmelsrichtungen blicken.

Die 5 km nördlich von Kompong Thom nach Norden abzweigende RN 64 ist nicht mehr als eine breite, staubige Piste, sodass man besonders in der Regenzeit nur langsam vorankommt. Rund 10 km nördlich der Abzweigung führt die 15 km lange und einigermaßen bequeme Zufahrtsstraße nach Sambor Prei Kuk.

Alles andere als behaglich ist die Fahrt nach Preah Khan, die nach rund 60 km hinter der Abzweigung nach Sambor Prei Kuk von der RN 64 nach Westen über eine etwa 30 km lange Nebenstrasse führt. Die Strecke ist in einem erbärmlichen Zustand und bietet reichlich Gelegenheit falsch abzubiegen. In der Regenzeit ist meist gar kein Durchkommen. Angesichts der miserablen Straße nach Preah Khan ist es nicht ratsam, beide Stätten an einem einzigen Tag besuchen zu wollen.

6 HIGHLIGHT

Sambor Prei Kuk

Die Geschichte von Sambor Prei Kuk reicht bis ins späte 6. Jh. zurück, als Kambodscha noch aus zahlreichen Kleinstaaten bestand. Zu diesen Staaten gehörte ein Königreich am Mekong, über das **Mahendravarman** herrschte, der seinen Machtbereich bis ins weit im Norden gelegene Khon Kaen im heutigen Thailand ausdehnte. Sein Bruder **Bhavavarman**, der sein eigenes Königreich gegründet und Gebiete im heutigen Zentral-Kambodscha bis nach Battambang im Norden unterworfen hatte, errichtete seine Hauptstadt in der Gegend von Sambor Prei Kuk. Als Bhavavarman 598 starb, vereinte Mahendravarman beide Königreiche und behielt Sambor Prei Kuk als Hauptstadt.

Von 610 bis 628 trug die Reichsmetropole den Namen **Ishanapura**, und der neue Herrscher, Mahendravarmans Sohn **Ishanavarman**, ließ mit den Türmen der Südgruppe des Tempels die ältesten erhaltenen Bauwerke der Stätte errichten. Nach seinem Tod zerbröckelte das Königreich in kleinere Staaten, doch Sambor Prei Kuk blieb bewohnt und war 944 Ausgangspunkt der Machtergreifung Rajendravarmans II., der den Thron von Angkor bestieg. Danach verschwand Sambor Prei Kuks Name aus den Annalen.

Teile der Stätte wurden 1962 vom Urwald befreit, mit dem Ausbruch des Bürgerkriegs 1970 mussten jedoch alle Restaurations- und Forschungsarbeiten eingestellt werden, und nach dem Sturz der Roten Khmer blieb die Anlage wegen der ständigen Gefahr von Guerilla-Angriffen bis 1998 unzugänglich. Die heute stationierten Wachen haben aber eher gegen Kunstraub als gegen Rebellentum anzukämpfen.

Die Tempel sind in **drei Hauptgruppen** unterteilt: Sowohl die Nordgruppe als auch die Südgruppe stammen aus dem 7. Jh., hingegen entstand die zentrale Gruppe erst im 9. Jh. Die Zufahrtsstraße trennt die Tempelanlagen vom zerfallenen heiligen Turm **Ashram Issey** und dem einzeln stehenden Turm des **Prasat Bos Ram**. Das Gelände ist übersät mit Trümmern ehemaliger Türme, und an vielen Stellen kann man halb vom Unterholz überwucherte oder aus irgendeinem Haufen ragende, verzierte Bruchstücke entdecken.

Die Fahrt mit einem Moto von der Haltestelle in Kompong Thom dauert ungefähr eine Stunde (US$5 hin und zurück). An den Tempeln herrscht selten Betrieb, und da die Tagesprogramme der Reisegruppen aus Phnom Penh für gewöhnlich eng geschnürt sind, haben Einzelbesucher die Anlage mit ein wenig Geduld schon nach kurzer Zeit mehr oder weniger für sich allein. Am Eingang gibt es **Imbissstände**. Der Eintritt beträgt 5000 Riel.

Nordgruppe

Die Nordgruppe, die nach ihrem zentralen Turmheiligtum zuweilen auch **Prasat Sambor Prei Kuk**

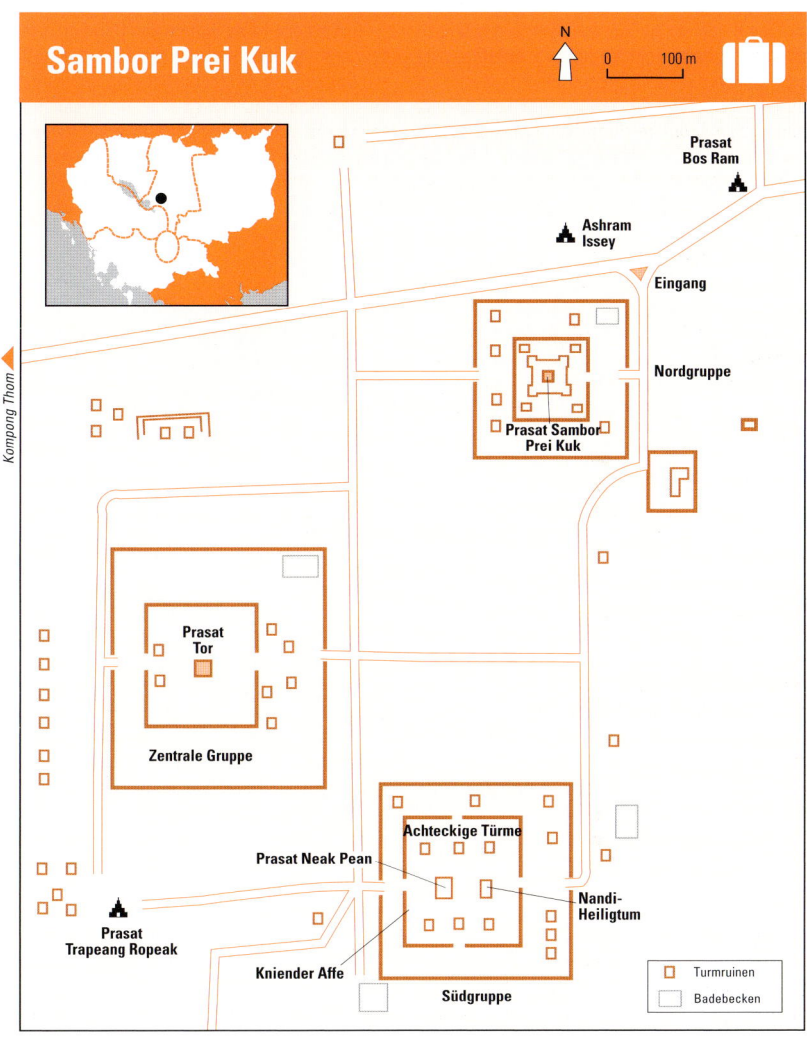

genannt wird, wurde in der angkorianischen Epoche restauriert und erweitert. Obwohl der Haupteingang im Osten liegt, klettern viele Besucher durch die Mauer in der Nordostecke der Anlage und erreichen von dort zunächst das Badebecken. Die Türme sind in Quincunx-Form angeordnet.

In die Ziegelfront der Südseite des zentralen Turmheiligtums ist ein **schwebender Palast** gemeißelt, der als Heimstatt für lokale Geister gedacht ist, die sich um die Tempel kümmern. Auf drei Ebenen des Palastes sind göttliche Wesen zu sehen. Die Südgruppe zeigt weitere Beispiele derartiger schwebender Paläste.

Das Heiligtum ist überwachsen und teilweise abgestützt, damit kein Mauerwerk auf Besucher stürzen kann. In der Nähe der Eingangstore sind die Überreste verzierter Sandsteinstürze und Säulen zu entdecken. Die Verzierungen an anderen Türmen sind erstaunlich gut erhalten – besonders schön die geflügelten Pferde und die kleinen menschlichen Gesichter. Von den einst zahlreichen Türmen dieser Stätte ist nur eine Reihe von vier an der Westseite übrig geblieben.

Auf dem Gelände verstreut stehen mehrere verzierte große **Sandsteinsockel**, die früher Lingams trugen. Diese waren nicht fest verankert und konnten zu anderen Tempeln getragen werden, um dort verehrt zu werden.

Zentrale Gruppe

Obwohl hier nur noch der Turm des zentralen Heiligtums, **Prasat Tor**, existiert, ist das Bauwerk ein tolles Fotomotiv. Kopien der einstigen Löwen flankieren die Eingangsstufen und die Türstürze der Südseite sind gut erhalten. Noch deutlich kann man die verschlungenen Blattornamente erkennen, für die die Zhenla-Epoche (s. S. 83) berühmt ist. Am eingefallenen **Prasat Trapeang Ropeak**, ungefähr 200 m südwestlich, gibt es noch elegante Ziegelbögen und, auf Bodenniveau, steinerne Blumenornamente zu sehen.

Südgruppe

Die als Staatstempel von Ishanapura errichtete Südgruppe wird nach dem Turm ihres zentralen Heiligtums **Prasat Neak Pean** genannt. Um die Haupttürme laufen zwei konzentrische Einfassungen. Die äußere Einfassungsmauer aus Laterit ist stark beschädigt, während die innere Ziegelsteinmauer die Zeiten relativ unversehrt überdauert hat. Den Mittelteil der westlichen inneren Mauer zieren kunstvolle **Reliefs** mit verschiedenen Motiven, darunter ein kämpfender Löwe und ein in Opferhaltung kniender Affe. Relativ gut die Zeit überdauert haben auch die Verzierungen der Stürze am zentralen Heiligtum, das ursprünglich mit einem nahen Gebäude verbunden war, in dem früher eine Nandi-Statue verehrt wurde – die Statue ist natürlich längst verschwunden, und von dem erhöhten Dammweg zwischen den beiden Gebäuden sind nur noch wenige Säulen zu sehen.

Gut erhalten sind jedoch das Bauwerk selbst sowie einige Verzierungen rund um den mittleren Sockel. Der *prasat* besitzt eine beschädigte Lingam-Basis, an der noch Überreste des filigranen Ornamentschmucks zu erkennen sind. Innerhalb der Einfassung stehen mehrere ungewöhnliche achteckige Türme, deren Mauern mit weiteren schwebenden Palästen und großen runden Motiven verziert sind, die an Medaillons erinnern.

Preah Khan

Nur wenig ist über die Geschichte von Preah Khan bekannt. Die Anlage wird zur Unterscheidung vom Tempel desselben Namens in Angkor zuweilen um den Provinznamen "Kompong Thom" oder den Distriktnamen "Kompong Svay" erweitert; um die Verwirrung komplett zu machen, nennen die Einheimischen sie Prasat Bakan. Die ältesten Bauwerke werden Suryavarman I. zugeschrieben, und vermutlich verbrachte Jayavarman VII. einige Zeit in Preah Khan, bevor er nach Angkor zog – der berühmte Porträtkopf des Königs aus Sandstein, der in Phnom Penhs Nationalmuseum ausgestellt ist, wurde hier gefunden.

In den 1870er Jahren brachte Louis Delaporte die wertvollsten Skulpturen des Tempels außer Landes; sie befinden sich heute im Guimet-Museum in Paris. Später haben Kunsträuber die Anlage immer wieder geplündert und sind dabei nicht zimperlich vorgegangen.

Die ausgedehnte Tempelstätte – es ist die größte Anlage der angkorianischen Epoche – hat mit ihren vier Tempelgruppen sowie zahlreichen *prasat* und Nebengebäuden dennoch viel zu bieten. Ungewöhnlich ist, dass der drei Kilometer weit nach Osten verlaufende **Baray** innerhalb der äußeren Einfassung liegt. Östlich davon wird der kleine Tempel **Prasat Preah Damrei** aus dem 9. Jh. von einer eigenen Lateritmauer umschlossen und von steinernen Elefanten bewacht. Das Interessanteste am Baray selbst ist der **Prasat Preah Thkol**, ein kreuzförmig angelegtes Heiligtum auf einer (unzugänglichen) Insel in der Mitte des Beckens.

Am westlichen Ende des Baray, gut einen halben Kilometer innerhalb der Einfassung, steht der reich verzierte **Prasat Preah Stung** aus dem

11. Jh. mit Galerien, Apsaras sowie einem zentralen Heiligtum mit vier großen Gesichtern. Solche Gesichtertürme, ein besonderes Merkmal der Epoche Jayavarmans VII., sind außerhalb Angkors nur selten zu finden. Die gut erhaltene Terrasse des Bauwerks ähnelt entsprechenden Anlagen in Angkor Thom und ist mit einem Fries aus Schwänen verziert.

Die weiter westlich im Herzen von Preah Khan stehende **Haupttempelgruppe** stammt aus dem 12. Jh. und geht wahrscheinlich auf Suryavarman II. zurück. Der Weg in den Tempelbereich führt durch den kunstvoll gearbeiteten östlichen Gopuram und zwei Sandsteingalerien zum zentralen Heiligtum, wo der Turm mit seinen vier Gesichtern im Bayon-Stil bisher von Plünderern anscheinend noch nicht angetastet worden ist.

Der Norden

An der Grenze zu Thailand schmiegt sich die wundervolle Tempelstätte **Preah Vihear** in die Dangkrek-Berge. Die Anfahrt ist mühsam und teuer, wenngleich der Bau einer neuen, nur in der Trockenzeit befahrbaren Straße von **Tbeng Meanchey** die Reisezeit deutlich verkürzt hat. In Tbeng Meanchey wird normalerweise ein Zwischenstop zum Übernachten eingelegt, bevor man den nächsten langen Streckenabschnitt zum Tempel selbst in Angriff nimmt. Eine andere Straße, die ebenfalls nur in der Trockenzeit befahrbar ist, führt von Anlong Veng (s. S. 255) nach Tbeng Meanchey. Wesentlich einfacher gestaltet sich die Anreise von **Thailand**, wo der Tempelkomplex als Khao Phra Wihan bekannt ist. Nähere Informationen über die Route via Si Saket oder Ubon Ratchathani im Stefan Loose Travel Handbuch Thailand. In der Regenzeit ist Preah Vihear normalerweise überhaupt nicht zu erreichen, ebenso wie Koh Ker.

Tbeng Meanchey ist auch Ausgangspunkt für eine weitere ziemlich abgelegene Tempelanlage: **Koh Ker** war die einzige angkorianische Hauptstadt, die nicht in der Nähe von Siem Reap lag. Die fast vollständig vom Dschungel überwucherte Anlage wurde vielfach geplündert und weitgehend ihrem Schicksal überlassen, zeugt mit ihren vielen großartigen Bauten aber bis heute von ihrer einstigen Pracht.

Tbeng Meanchey

Von Kompong Thom nach Tbeng Meanchey sind es anstrengende, lange 150 km auf der RN 64, die aber auch ihre Reize hat. Gesäumt von winzigen Siedlungen führt die Strecke auch am **Naturreservat Boeng Peae** vorbei, einem Schutzgebiet (zumindest theoretisch) für den dichten Dschungel, der einst das ganze Land überzog. Die Straße ist zwar das ganze Jahr über befahrbar, abhängig von der Jahreszeit ist aber mit einer Fahrtdauer von fünf bis acht Stunden zu rechnen.

In Tbeng Meanchey lohnt ein Besuch der **Seidenweberei-Kooperative Joom Noon**, ✆ 012/610719, 🖥 www.joomnoon.org, die von der Vietnam Veterans of America Foundation betrieben wird. Das ursprüngliche Rehabilitationszentrum für einheimische Behinderte hat sich zu einem florierenden Unternehmen entwickelt, dessen hochwertige Seidenstoffe in den Luxushotels von Phnom Penh und Siem Reap verkauft werden. Besucher können die Seidenraupenzucht sowie die Spinnereien und Webereien besichtigen, eine kleine Auswahl an Seidenschals wird außerdem zum Verkauf angeboten. Eine hier ebenfalls angesiedelte Werkstatt für Prothesen erinnert daran, dass die umliegenden Gebiete noch immer stark vermint sind.

Zur Kooperative geht man vom Kreisverkehr am südlichen Ortsrand 200 m nach Norden bis zum kleinen Hinweisschild und biegt nach rechts ab; danach ist es noch rund 1 km bis zur Kooperative auf der rechten Straßenseite. ⏲ Mo–Sa.

Orientierung

Vom Kreisverkehr im Süden der Stadt dehnt sich Tbeng Meanchey in einem einfachen Raster aus breiten, geraden und staubigen Straßen über 2 km nach Norden aus. Die Hauptstraße führt vom Kreisverkehr in die Stadt; westlich von ihr stellt eine Parallelstraße eine weitere Nord-Süd-Verbindung her. Einige von Osten nach Westen verlaufende Straßen verbinden die beiden Hauptverkehrsadern. Die **Haltestelle** der Pick-ups und Sammeltaxis liegt 1 km nördlich vom Kreisverkehr an der dritten Querstraße. Die Gästehäuser und Restaurants der Stadt befinden sich in der Umgebung des **Markts**, 200 m westlich der Haltestelle.

Übernachtung

Alle Unterkünfte der Stadt sind ziemlich einfach und unterscheiden sich kaum.
Bevor man ein Zimmer nimmt, sollte man sich über die Verfügbarkeit von Strom erkundigen – in einigen Unterkünften gibt es ihn nur abends.

27 May Guesthouse, ☎ 011/905472, an der Kreuzung westlich der Haltestelle, nahe dem Markt. Vielleicht die angenehmste Unterkunft der Stadt. Saubere Zimmer mit Bad, manche mit Klimaanlage. ❶

Phnom Meas, ☎ 012/632017, östlich der Haltestelle auf der anderen Straßenseite. Hier hat man die Wahl zwischen kleinen Zimmern mit Bad und TV oder größeren Räumen ohne Fenster. ❷

Promtep Guest House, ☎ 011/747177, nördlich vom Markt in der ersten Straße in östlicher Richtung. Helle, geräumige Zimmer mit Ventilator oder Klimaanlage. ❷

Essen

Dara Reas, 200 m westlich vom Kreisverkehr und 1 km südlich vom Markt. Das einzige Restaurant der Stadt mit englischer Speisekarte serviert gute Suppen und andere Gerichte.
An der Haltestelle bieten mehrere Restaurants gebratene Nudel- oder Reisgerichte und Kaffee an. Westlich des Marktes gibt es Garküchen.

Sonstiges

Auf dem Markt kann man **Geld umtauschen**, internationale Telefongespräche sind hingegen nirgendwo möglich und es gibt auch nirgends einen Internetzugang. Das **Touristenbüro** an der Hauptstraße, 100 m vom Kreisverkehr auf der linken Straßenseite, ist immer geschlossen.

Transport

Die Haltestelle ist der Ankunfts- und Abfahrtspunkt sämtlicher **Pick-ups** und **Sammeltaxis**.
Fahrzeuge nach KOMPONG THOM (3x tgl., 3 Std.) verkehren den ganzen Tag über.
Auch die **Motos** sammeln sich in der Nähe der Haltestelle, wo am ehesten jemand aufzutreiben ist, der ein wenig Englisch spricht.
Ein Moto für den Ausflug nach Koh Ker, Preah Khan oder Preah Vihear zu chartern, erfordert einiges Verhandlungsgeschick, da oft überzogene Preise gefordert werden.

Koh Ker

Das in felsigem und überwuchertem Gelände gelegene Koh Ker war im 10. Jh. für kurze Zeit die Hauptstadt des Khmer-Reiches, als Jayavarman IV. – der hier bereits über ein eigenes Reich herrschte – nicht nach Angkor umsiedeln wollte und den dortigen Hof hierher umziehen ließ. Berühmt ist Koh Ker insbesondere für seine wuchtigen **Skulpturen**, die als erste in der Khmer-Kunst auch Bewegung darstellen.

Die rund 70 km lange Fahrt mit dem Moto nach Koh Ker dauert ungefähr drei Stunden und ist in der Trockenzeit (Nov–Mai) am einfachsten

Drei-Tempel-Tour

Viel empfehlenswerter als die Route von Tbeng Meanchey ist die Anreise vom 100 km entfernten **Siem Reap** über eine ungeteerte, aber gut ausgebaute Straße. Ihre Ursprünge gehen auf die Zeit von Jayavarman IV. zurück, als Koh Ker mit Angkor verbunden war. Da auch die Tempelanlagen **Beng Mealea** (s. S. 255) und **Banteay Samre** (s. S. 249) an dieser Straße liegen, kann man von Siem Reap aus eine schöne Drei-Tempel-Tour unternehmen. Dies ist gut an einem Tag zu schaffen. Mit einem Auto liegt die einfache Fahrzeit bei rund 3 Std., an Kosten fallen neben der Wagenmiete von US$50–60 noch US$5 Straßengebühr an.

zu bewältigen. Möglichkeiten, etwas zu essen oder zu trinken zu kaufen, sind rar gesät, und vor Streifzügen abseits der markierten Wege wird gewarnt: In der Gegend liegen immer noch **Minen**.

Der offizielle **Eintritt** beträgt für Ausländer US$5, aber das Personal, bei dem man bezahlen müsste, glänzt oft durch Abwesenheit.

Die Anlage

Bei der Thronbesteigung Jayavarmans IV. waren die ältesten Bauwerke Prasat Thom und Prasat Kraham bereits errichtet. Die drei Einfassungen der von Osten zugänglichen Anlage **Prasat Thom** sind in einer Linie angeordnet, und das Heiligtum befindet sich im Zentrum des letzten Hofes. Der **Prasat Kraham** aus auffälligem rotem Sandstein ist zwar Teil des Haupt-Gopurams der dritten Einfassung, besitzt jedoch einen eigenen Turm, an dem Bruchstücke einer mächtigen Shiva-Statue mit fünf Köpfen und acht Armen gefunden wurden (die Hände sind im Nationalmuseum in Phnom Penh ausgestellt).

Über den breiten Graben hinter dem Gopuram führt ein Damm mit Naga-Balustraden zur engen zweiten Einfassung, wo lange schmale Gebäude eine Art Galerie bilden. Ein letzter Gopuram führt durch eine Sandsteinmauer in die erste Einfassung, in der auf einer Terrasse neun in zwei Reihen angeordnete kleine Heiligtümer stehen (fünf in der vorderen und vier in der hinteren Reihe). Verstreut im Hof sind außerdem Reste von zwölf kleinen Türmen zu sehen.

Westlich hinter dem Prasat Thom erhebt sich – ungewöhnlicherweise innerhalb derselben Mauer – eine 35 m hohe, siebenstufige Sandsteinpyramide, genannt **Prang**, zu der auf der Ostseite eine Treppe hinaufführt. Diese Pyramide war als Staatstempel Jayavarmans IV. geplant, wurde jedoch nie vollendet. Statt eines Turms als zentrales Heiligtum befindet sich oben nur ein Sockel, der eine Nandi-Statue trug.

Ebenso hoch wie die Pyramide ist ein weiter hinten aufragender künstlicher Hügel mit dem sonderbaren Namen **Phnom Damrei Saw**, Grab des Weißen Elefanten. Weitere Heiligtümer stehen östlich des **Rohal**, eines über 1 km langen Barays, das auf Geheiß Jayavarmans IV. angelegt wurde.

7 HIGHLIGHT

Preah Vihear

Die ganz aus Sandstein errichtete Tempelanlage Preah Vihear hat einen für Khmer-Tempel ungewöhnlichen Grundriss. Die vier Einfassungen sind nicht konzentrisch, sondern linear angelegt und durch breite Prachtstraßen miteinander verbunden, die zu immer komplexeren kreuzförmigen Gopurams mit kunstvollen Ziergiebeln führen. Hinter den einzelnen Gopurams lohnt der Blick zurück, da sich einige der schönsten Türstürze an deren Südseiten befinden. Vom Gipfel eröffnen sich wundervolle **Ausblicke** auf die zerklüftete Silhouette der Dangkrek-Berge sowie auf den kambodschanischen Dschungel, der sich bis zum Horizont erstreckt. Auf thailändischer Seite steht die Grenzmarkierung inmitten von Gebüsch im Niemandsland, und deutlich ist die dortige, gut ausgebaute Straße zum Tempel zu erkennen.

Noch 1995 war die Tempelanlage, die bedingt durch Krieg und die Roten Khmer über zwei Jahrzehnte unzugänglich blieb, Schauplatz von Gefechten. Um irreparable Schäden an der Anlage zu verhindern, zog die Regierung ihre Truppen ab und überließ die Kontrolle den Roten Khmer. An den Außenmauern der obersten Einfassung sind jedoch immer noch Einschusslöcher zu sehen. 1998 wurde die Anlage wieder für Besucher geöffnet, doch da die Hänge ringsum bis heute stark **vermint** sind, dürfen die deutlich markierten Pfade nicht verlassen werden.

Lange Zeit war der auf der Grenze zwischen Kambodscha und Thailand thronende Preah Vihear Gegenstand von **Grenzstreitigkeiten** zwischen beiden Ländern, die 1962 sogar vor den Internationalen Gerichtshof in Den Haag kamen und dort zugunsten Kambodschas entschieden wurden. Zwar verwalten heute beide Staaten die Tempelstätte gemeinsam, Spannungen sind jedoch geblieben, wie nicht zuletzt das mächtige Panzerabwehrgeschütz zeigt, das nahe dem Gipfel auf thailändisches Gebiet gerichtet ist.

Im Juli 2001 entließ Hun Sen einen ranghohen Tourismusbeamten, der ein Abkommen für die weitere Erschließung von thailändischer Seite

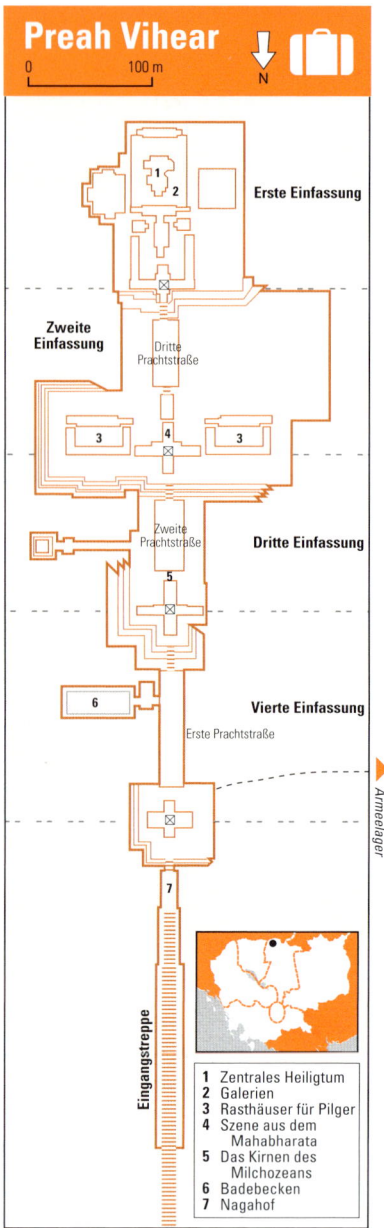

1 Zentrales Heiligtum
2 Galerien
3 Rasthäuser für Pilger
4 Szene aus dem Mahabharata
5 Das Kirnen des Milchozeans
6 Badebecken
7 Nagahof

unterzeichnet hatte, und im Dezember 2001 schloss Thailand den Zugang von seinem Gebiet wegen mangelnder kambodschanischer Kooperation bei grenzübergreifenden Fragen ab. 2003 wurde die Grenze wieder geöffnet; nun müssen Besucher aus Thailand US$5 Eintritt bezahlen, wenn sie zum Tempelkomplex wollen. Seit 2008 zählt Preah Vihear zum UNESCO-Welterbe.

Die Anlage

Preah Vihear entstand unter mehreren Dynastien zwischen dem 9. und 12. Jh., der Großteil der Anlage wird jedoch Suryavarman I. zugeschrieben, der ein altes religiöses Zentrum ausbaute, das ein Sohn Jayavarmans II. gegründet hatte. Außerdem ließ er auf dem Boden des Tempelgeländes als Gemarkung seines Territoriums einen von drei berühmten Grenz-Lingams aufstellen – die anderen beiden wurden am Phnom Chisor und an der bislang nicht identifizierten Stätte Ishanatirtha errichtet. Später erweiterten sowohl Suryavarman II. als auch Jayavarman VII. die Shiva geweihte Tempelanlage, die zu Ehren dieses Gottes auch den Namen Shikhareshavara trug, „Ort der Gottheit unter Shiva".

Der Weg in die Anlage führt zunächst über die Stufen einer langen, prächtigen **Treppe** in einen mit Naga-Balustraden verzierten Hof. Kurz dahinter erhebt sich auf einer Terrasse der stark verfallene **erste Gopuram**, von dem sich ein fantastischer Blick auf die erste Prachtstraße bietet, einen knapp 100 m langen und in monumentalen Dimensionen gepflasterten Weg, der von Säulen gesäumt ist, die einst Laternen trugen. Östlich davon wachen Steinlöwen über das große **Badebecken** Srah Srang. Vom gut erhaltenen **zweiten Gopuram** sind von der Prachtstraße zunächst nur das Eingangsportal und der eindrucksvolle Ziergiebel zu sehen.

Über der Südseite des Portals haben kunstvolle Reliefs die Zeiten in gutem Zustand überdauert: Der Türsturz zeigt einen liegenden Vishnu, der Ziergiebel eine Szene aus der Geschichte vom Kirnen des Milchozeans (s. S. 231). In dieser Szene trägt Vishnu in seiner Erscheinungsform als Schildkröte den Berg – also den Kirnstab – auf dem Rücken, während sich die Schlange Vasuki als Seil, an dem die Götter und Dämonen ziehen, um den Stab windet. Am Stab selbst

Preah Vihear: Wundervolle und ungewöhnliche Tempelanlage in den Bergen

erscheint Vishnu in der Gestalt Krishnas, der den Ablauf beobachtet.

Weiter bergauf bilden hinter der **zweiten Prachtstraße** die doppelten Vorhallen des kreuzförmigen **dritten Gopurams** den beeindruckenden Eingang zur **dritten Prachtstraße**. Auf dieser Ebene befanden sich die königlichen Gemächer, in denen der Herrscher bei seinen Tempelbesuchen wohnte. Zwei nahe Gebäude dienten als Rasthäuser für Pilger. Die Szene über dem Nordportal des Gopurams stammt aus dem hinduistischen Epos *Mahabharata* und zeigt Vishnu im Kampf mit Arjuna, einem Angehörigen des Klans der Pandava, der in der berühmten Erzählung gegen den Klan der Kaurava kämpft. Die letzte Prachtstraße, die zum **vierten Gopuram** führt, erweckt eher den Anschein eines Hofs, da sie von verfallenen Gebäuden gesäumt wird. Auf dem Boden liegt jede Menge Mauerwerk und aus dem Unterholz ragen einige gut erhaltene Teile steinerner Verzierungen.

Der vierte Gopuram führt zum stark verfallenen **Haupttheiligtum**. Die düstere und schmucklose Einfassung lässt die lebendige Ausstrahlung der unteren Ebenen vermissen, doch dafür ist die Luft vom schweren Duft brennender Räucherstäbchen erfüllt. Zu seiner Entstehungszeit war der Tempel ein Pionierprojekt – die gewölbten Galerien rings um die Einfassung gehören zu den frühesten Beispielen ihrer Art in der angkorianischen Architektur. Nur die Nordgalerie besitzt Fenster nach außen, alle anderen Galerien lassen nur den Blick nach innen zu. Durch ein Loch in der westlichen Mauern kann man draußen auf die Bergseite klettern und die wohlverdiente Aussicht genießen.

Praktische Tipps

Der **Transport** von Tbeng Meanchey nach Preah Vihear ist nicht billig. Motofahrer nehmen für die Hin- und Rückfahrt ca. US$60, verlangen zu Beginn der Verhandlungen aber auch gern mal US$100. Die 100 km lange Fahrt von der Stadt zum Armeelager am Fuß des Steilabbruchs dauert rund 3 Std., gefolgt von der halsbrecherischen Fahrt den steilen Berg hinauf.

Eine teilweise geteerte Straße führt über Koh Ker und Beng Mealea nach **Siem Reap** (180 km, ca. 5 Std.). Zudem besteht die Möglichkeit, über eine akzeptable Staubpiste nach **Anlong Veng** (s. S. 255) weiterzufahren. Für die 70 km benötigt man ca. 2 Std. Somit kann man mit eigenem Fahrzeug eine interessante Rundtour von Siem Reap über Anlong Veng, Preah Vihear, Koh Ker und Beng Mealea unternehmen.

Die **Öffnungszeiten** (tgl. ab 8 Uhr, Einlass bis 15.30 Uhr) und der Eintrittspreis gelten nicht für Besucher, die von kambodschanischer Seite kommen, diese können aber auch nicht den Ausgang am Kartenschalter nehmen, da sie sonst thailändisches Gebiet betreten würden. Wer von Tbeng Meanchey kommt, sollte Proviant und Wasser mitbringen, tagsüber sind aber auch vor Ort **Getränke und einfache Mahlzeiten** erhältlich.

Der Nordosten

Stefan Loose Traveltipps

8 Irrawaddy-Delfine Ausschau halten nach den silbernen Finnen der Geschöpfe, die bei Kampie durch die Stromschnellen tauchen. S. 287

Banlung Entspannte kleine Stadt mit einem lebendigen Chunchiet-Markt und beliebter Ausgangspunkt für Touren zu den Schönheiten Rattanakiris. S. 294

9 Yeak Laom Märchenhafter See im Krater eines erloschenen Vulkans inmitten des Dschungels. S. 299

10 Wasserfälle bei Sen Monorom Allen voran die Bou-Sraa-Wasserfälle, deren rauschende Wassermassen sich dreißig Meter tief in eine unberührte Dschungelschlucht ergießen. S. 304

Auf seinem Weg von Laos Richtung Süden gräbt sich der Mekong durch die zerklüfteten Provinzen des nördlichen Kambodschas, teilt sich, um Inseln zu umfließen, und rauscht als schäumende Stromschnellen über felsige Passagen. Weiter im Süden werden die struppigen und bewaldeten Ufer sanfter und von den winzigen Gemüsebeeten kleiner Höfe gesäumt. Östlich liegt das weltferne, bewaldete Hochland der spärlich besiedelten Provinzen Rattanakiri und Mondulkiri. Die unteren Hänge des Hochlands wurden zwar stark abgeholzt, der Dschungelteppich ist aber nicht ganz verschwunden und bietet der Tierwelt noch immer Rückzugsgebiete. Das Hochland ist auch die Heimat der **Chunchiet**-Bevölkerung (s. Kasten S. 278), die bis vor kurzem nahezu unberührt von der modernen Welt lebte. Ein beträchtlicher Teil von ihnen betreibt noch immer karge Subsistenzwirtschaft und ernährt sich wie schon seit Jahrhunderten davon, was der Dschungel ihnen gibt.

Das Tor zum Hochland ist die beschauliche Provinzhauptstadt **Kompong Cham**, über der eine Atmosphäre von verblichener Noblesse schwebt und die durch eine gute Straße mit Phnom Penh verbunden ist. In der Provinz selbst sind mehrere moslemische Cham-Gemeinschaften ansässig. Weiter nördlich werden die ursprünglich in den 1920er Jahren angepflanzten Kautschukplantagen von Chhup jetzt wieder genutzt, und weitere Landflächen sind für die Anpflanzung von Kautschukbäumen gerodet worden. Zu den herausragenden Erlebnissen in **Kratie**, einer der alten Kolonialstädte am Mekong, gehört die Beobachtung seltener **Irrawaddy-Delfine**, die in den Stromschnellen des nahen **Kampie** einen Lebensraum gefunden haben. Kambodschas nördlichste Stadt am Mekong ist der stille Provinzort **Stung Treng**, wo Touristen inzwischen rar sind, seit eine neue Straße und Brücke am Ort vorbeiführt. Obwohl es in Stung Treng selbst keine Sehenswürdigkeiten gibt, sind in der Nähe an verschiedenen Stellen Delfine zu sehen, und für Reisende, die zum oder vom Grenzübergang nach Laos in Voen Kham unterwegs sind, bietet sich das Städtchen als Zwischenstopp an.

Dschungellandschaft, nebelverhangene Berge, ein atemberaubender Vulkansee und verstreute Chunchiet-Dörfer locken zunehmend Besucher in die Provinz **Rattanakiri**. Nur einige wenige machen sich auch in die wirklich abgeschiedene Provinz **Mondulkiri** auf; schon die schwierige Anreise schreckt die meisten ab. In beiden Provinzen müssen sich Traveller notgedrungen dem langsamen Tempo des ländlichen Kambodschas anpassen. Die Straßen hier gehören zu den schlechtesten im ganzen Land und ersticken in der Trockenzeit (Nov–Mai) im Staub, während sie sich in der Regenzeit in eine klebrige Schlammsuppe verwandeln. Angesichts der schlechten Verkehrswege und einer fehlenden touristischen Infrastruktur außerhalb der Provinzhauptstädte **Banlung** (Rattanakiri) und **Sen Monorom** (Mondulkiri) begnügen sich die meisten Reisenden mit Tagesausflügen. Rattanakiri stellt sich inzwischen jedoch immer besser auf Reisende ein: Es gibt z. B. eine Ökolodge und Trekkingausflüge in den Virachey-Nationalpark mit Übernachtung. Zu den Ausflugszielen in der Umgebung von Sen Monorom gehören mehrere schöne Wasserfälle, außerdem locken Dschungelexpeditionen per Elefant.

Einheimische verwenden für die Städte Banlung und Sen Monorom gewöhnlich einfach den Provinznamen Rattanakiri bzw. Mondulkiri.

Kompong Cham

Das freundliche Kompong Cham am Westufer des Mekong bietet kaum die Betriebsamkeit, die man in der größten Stadt des Nordostens erwarten würde. Der kleine Handelshafen brummt nicht gerade vor Aktivitäten, und es ist sogar noch ruhiger geworden, seit die mit japanischen Mitteln errichtete kolossale neue Mekongbrücke die alte Fährverbindung überflüssig gemacht hat. Der verbesserte Zustand der Straßen in der Region hat überdies dazu geführt, dass der Bootsverkehr eingestellt worden ist und Traveller meist direkt durchfahren, was bedauerlich ist, da der Ort einen ganz eigenen Charme besitzt.

In den 1930er und 1940er Jahren war Kompong Cham ein wohlhabendes Zentrum des Kautschuk- und Tabakhandels und Kambodschas kosmopolitischste Stadt. Noch heute zeugen

DER NORDOSTEN

breite, schattige Alleen mit alten Geschäftshäusern von der ruhmreichen Vergangenheit, doch alles wirkt ziemlich verschlafen. Selbst das Stadtzentrum macht einen eher stillen Eindruck.

An schönen Zeugnissen der **Kolonialarchitektur** kommt man bei einem gemütlichen Bummel durch die ruhigen Straßen vorbei, besonders in der Umgebung des Markts. Auch das Flussufer, wenngleich recht funktional anmutend, lädt zu einem Spaziergang am Nachmittag und zu einem erfrischenden *tuk krolok* (Fruchtshake) ein, während der Blick die hoch aufragende Brücke inspizieren kann. Sie ist die erste Brücke in Kambodscha über den Mekong und als *Spean Kizuna* bekannt – nach dem Unternehmen, das sie erbaut hat.

Wer dem Flussufer südlich der Brücke folgt, erreicht nach etwa 1 km die Anlegestelle, von der während der Regenzeit Fähren zur Flussinsel Koh Pbain ablegen. Einen kurzen Besuch ist hier der nahe **Wat Pra Tohm Nah Day Doh** wert, auch wenn die Anlage weniger als hundert Jahre alt ist. Davor steht ein riesiger Buddha, auf dem Gelände selbst gibt es verstreute Statuen von Menschen und Tieren sowie einen Wald von Miniatur-Stupas zu sehen.

Der in einem relativ schicken gelben Gebäude untergebrachte **Markt** sprüht nicht gerade vor Leben, was auch ganz gut ist, da zwischen den dicht gedrängten Ständen ohnehin kaum ein Durchkommen ist. Auf dem Markt lässt es sich gut nach baumwollenen *kramar* stöbern, die in der Region hergestellt werden und wegen ihrer ausgezeichneten Qualität überall in Kambodscha begehrt sind. Bestimmte Farben und Muster findet man zudem nur hier. An diversen Ständen gibt es außerdem preiswerte Mahlzeiten und Kaffee.

Vor den Toren der Stadt laden die **Cham-Dörfer** der Insel Koh Pbain, der **Wat Nokor** und der **Phnom Bpros Phnom Srei** zu Abstechern ein.

Bootsausflüge von Kompong Cham

In der Umgebung von Kompong Cham gibt es einige lohnende Ziele für Bootsausflüge, darunter der Tempel **Maha Leap**, ein altes Gebäude aus Holz mit goldverzierten Teak-Säulen, das aus irgendeinem Grund von den Roten Khmer verschont blieb. Ein Stück flussaufwärts auf dem Tonle Tuok und rund 20 km südlich von Kompong Cham erreicht man das Dorf **Prei Chung Kran**, wo auf traditionellen Handwebstühlen Seidenstoffe hergestellt werden. Der **Wat Han Chay** schließlich lockt ungefähr 20 km nördlich von Kompong Cham mit Ruinen aus der Zeit des Zhenla-Reiches (7. Jh.) neben einem modernen Tempel und fantastischen Ausblicken auf den Mekong.

Wer einen solchen Ausflug unternehmen möchte, kann einheimische Bootsbesitzer entweder direkt ansprechen (die Tagesmiete für ein Boot kostet ca. US$20–30) oder sich an Lazy Mekong Daze (s. S. 278) oder Mekong Crossing (s. S. 277) wenden. Die meisten dieser Ziele lassen sich ansonsten auch mit dem (billigeren) Moto erreichen.

Übernachtung

Kompong Cham hat reichlich Gästehäuser und preiswerte Hotels, was die Zimmersuche unproblematisch macht. Besonders die Hotels können sich lohnen, da ihre großen, hellen Zimmer nicht teurer als die kleinen, schäbigen Räume einiger Gästehäuser sind.

Angkor Chum, ℡ 012/900446, 200 m westlich der Busstation. Sehr freundlicher Familienbetrieb und eines der angenehmsten Gästehäuser der Stadt. Zimmer mit Bad und TV, Klimaanlage. ❶

Phnom Brak Trochak Cheth, am Fluss, ℡ 042/941507. Freundliches Gästehaus, schöne Aussicht auf den Fluss. Schlicht eingerichtete, saubere Zimmer mit Ventilator, die meisten fensterlos. Manche Zimmer mit TV. ❶

Mekong, am Fluss, ℡ 042/941536. Bestes Hotel der Stadt, teilweise mit tollem Blick auf den Fluss, ordentlicher Komfort, aber fade Einrichtung. Alle Zimmer mit TV und Minibar, die teureren liegen nah vorne und haben auch Warmwasser-Duschen und Klimaanlage. ❷

Mittapheap, nördlich vom Markt, ℡ 042/941565. Tadelloses modernes Hotel, alle Zimmer mit TV und Kühlschrank; Klimaanlage gegen geringen Aufpreis. ❷

Nava, 457 Preah Bat Sihanouk St, ℡ 012/205615. Kleines Gästehaus in Familienbetrieb, Zimmer mit TV. Von außen leicht an der Wendeltreppe und den üppig bepflanzten Balkon zu erkennen. ❶

Phnom Pros, Kosomak Neary Roth St, ℡ 042/941444. Alle Zimmer mit Bad, TV und Kühlschrank; bessere Zimmer mit Fenster, Warmwasser und Klimaanlage. ❷

Rana, 7 km Richtung Kratie an der RN 7, ℡ 012/686240, ✉ roksrey@yahoo.com. Die Gäste (max. 5 gleichzeitig) sollen Einblick in das Landleben und den Alltag der Kambodschaner erhalten und können an Ausflügen zu Dörfern der Umgebung teilnehmen. Wer hier unterkommen will, muss per E-Mail reservieren; Kaffee, Tee und westliches Frühstück ist im Preis inbegriffen. ❸

Essen

Die Restaurants der Stadt bieten eine ordentliche Auswahl, schließen abends jedoch

▼ Koh Pbain, Wat Pra Tohm Nah Day Doh

relativ früh; nach 21 Uhr wird es schwierig, noch etwas zu essen zu bekommen.
An den Haltestellen und am Markt findet man **Nudelküchen** und **Essensstände**, und am späteren Nachmittag öffnen in der Nähe des Mekong Hotels kleine Stände mit Süßspeisen und Säften.
Auf der anderen Seite der Brücke gibt es eine ganze Ansammlung von Restaurants mit Terrassen, wo neben Khmer- und westlichen Gerichten manchmal auch Livemusik geboten wird. Abends sind diese Lokale ein beliebter Treffpunkt der einheimischen Männer.

Mekong, das Hotelrestaurant bringt westliches Frühstück in Form von Eiern und Brot auf den Tisch.

Mekong Crossing, serviert mittags und abends Khmer- und westliche Gerichte zu vernünftigen Preisen.

Raksmey Mittapheap, am Flussufer, ist ein einladendes Lokal und bietet Khmer-Speisen vom frühen Morgen bis zum frühen Abend.

Die Chunchiet

In ganz Kambodscha, Myanmar, Thailand, Laos, Vietnam und Teilen von Südostchina leben ethnische Minderheiten. In Kambodscha siedeln diese vorwiegend in abgelegenen Hochlanddörfern und werden **Chunchiet** („Nationalität") oder **Khmer Loeu** („Hochland-Khmer") genannt. Unabhängige Schätzungen beziffern die Zahl der Chunchiet auf nur 1% der Landesbevölkerung, doch in den Provinzen Rattanakiri und Mondulkiri haben Angehörige nationaler Minoritäten immer die Mehrheit der Einwohner gebildet. Durch den Zuzug von Khmer aus anderen Landesteilen ändert sich die Bevölkerungsstruktur allerdings allmählich. Kleine Chunchiet-Gemeinden gibt es auch in den Provinzen Stung Treng und Kratie, versprengte Gruppen leben außerdem zurückgezogen im Hinterland von Koh Kong in Kambodschas bergigem Südwesten.

Die Chunchiet sind auffällig klein gewachsen und von dunklerer Hautfarbe als die Khmer, zählen aber wie diese auch zu den **Ureinwohnern** des Landes. Sie unterteilen sich in über dreißig deutlich voneinander abgegrenzte Stämme. Die größten Gruppen wie die **Tampoun**, **Kreung-Brou**, **Jarai**, **Stieng** und **Phnong** besitzen jeweils einige Tausend Angehörige, während die kleinsten Stämme wie die **Kavat**, **Lun**, **Peahr** und **Meul** aus weniger als hundert Menschen bestehen.

Alle Gruppen haben eigene **Sprachen** mit wiederum verschiedenen Dialekten, was die Kommunikation untereinander und mit den Khmern schon immer erschwert hat. Keine der Chunchiet-Sprachen existiert auch in Schriftform. Äußerlich unterscheiden sich die Angehörigen der verschiedenen Gruppen nur gering, und auch die Kleidung bietet keine verlässlichen Anhaltspunkte mehr für ihre Zugehörigkeit, da traditionelle Trachten heute nur noch zu zeremoniellen Anlässen getragen werden. Im Alltag bevorzugen die Frauen heute bequeme Blusen und Sarongs, die Männer T-Shirts und Hosen.

Die traditionellen **Dörfer** der Chunchiet folgen je nach Gruppe einem unterschiedlichen Aufbau. Die Kreung bauen ihre Häuser ebenerdig in Kreisform um einen Gemeinschaftsbereich, die Tampoun setzen ihre Häuser auf Pfähle und stellen sie in Reihe und die Phnong, die größte Gruppe in Mondulkiri, decken ihre Häuser mit Schrägdächern, die bis 1 m über den Boden reichen. Eine Besonderzeit der Tampoun-Dörfer sind die winzigen Hütten, die nahe der Familienbehausungen für Mitglieder in **heiratsfähigem Alter** auf hohen Pfählen errichtet werden. Dort können die jungen Leute sich ungestört kennenlernen und umeinander werben. Die Hütten der jungen Männer sind höher und haben Fenster und Balkone, die der jungen Frauen hingegen nur Türen. Mehrere Tampoun-Dörfer gibt es in Rattanakiri.

Animismus und **Ahnenverehrung** sind zentrale Glaubensaspekte der Chunchiet, bei denen Flüsse, Seen, Felsen und Bäume als heilig gelten. Die Jarai zum Beispiel stellen geschnitzte Bildnisse an die Gräber, um ihre Verstorbenen zu schützen und ihnen Gesellschaft zu leisten. Insgesamt ist jedoch relativ wenig über Rituale und Zeremonien der Chunchiet bekannt, da Fremde normalerweise davon ausgeschlossen bleiben.

Die traditionelle Landwirtschaft beruht auf dem **Wanderfeldbau**, wobei Anbauflächen durch Brandrodung dem Dschungel abgerungen werden. Jedes Jahr werden neue Anbaufelder, sogenannte *chamkars*, angelegt, um die zuvor benutzten Flächen sieben bis zehn Jahre zur Regenerierung brach liegen zu lassen. Gewöhnlich deckt ein *chamkar* nur den Bedarf der anbauenden Familie ab, doch zuweilen werden Überschüsse geerntet, die in den Tauschhandel oder auf den Markt fließen. Den Speiseplan ergänzen Nahrungsmittel aus dem Wald, der auch Heilpflanzen liefert. Die Chunchiet gehören zu den ärmsten Einwohnern Kambodschas: **Geld** spielte traditionell keine nennenswerte Rolle, sondern diente immer nur zum Handel mit

Leuten aus anderen Gebieten, und den Wohlstand eines Chunchiet konnte man an der Zahl seiner Nutztiere wie Wasserbüffel oder Elefanten ablesen.

Schulen gibt es in den Dörfern erst seit etwa zehn Jahren. Die Lebenserwartung ist aufgrund von Armut, Mangelernährung sowie schlechten hygienischen Verhältnissen und fehlender **medizinischer Versorgung** niedrig.

Es gab wiederholt Bestrebungen, den Chunchiet die Lebensweise der Khmer aufzuzwingen. Die Franzosen zogen sie zur Arbeit auf Kautschukplantagen und im Straßenbau heran, und die Regierung Sihanouk versuchte, die Felderwirtschaft der Chunchiet auf festgelegte Bodenflächen zu begrenzen. Mitte der 1960er Jahre verschanzten sich die **Roten Khmer** in Rattanakiris Dschungelgebieten, und Regierungstruppen steckten daraufhin Chunchiet-Dörfer in Brand, die sie für Verstecke der Guerillas hielten. Anfang der 70er Jahre hatten US-Bomben und die Schikanen der Lon-Nol-Regierung die Chunchiet so stark zermürbt, dass sich viele von ihnen den Roten Khmer anschlossen – Experten sind sich jedoch einig, dass dies nicht aus ideologischen Gründen geschah, sondern aus der Überzeugung, sich gegen einen gemeinsamen Feind wehren zu müssen.

Die traditionelle Lebensweise der Chunchiet ist in Gefahr. Theoretisch gehört das Land der Chunchiet dem Staat und kann nicht an Privatpersonen veräußert werden, aber 2001 verkauften einige Dorfvorsteher Stammesland an gerissene Khmer, die es dann für die landwirtschaftliche Nutzung rodeten. Die Presse beschuldigte daraufhin die Khmer, die Chunchiet betrogen zu haben. Vor kurzem hat die Regierung sogenannte ökonomische Landkonzessionen (ELCs) ins Leben gerufen, die es erlauben, Land für Plantagen zu erschließen. Gemäß kambodschanischem Recht dürfen diese Konzessionen nur für Land genutzt werden, das nicht bewaldet ist, aber trotzdem sind inzwischen ausgedehnte Waldflächen für Kautschuk- und Cashewplantagen **gerodet** worden. Einem Bericht von Global Witness (s. S. 312) zufolge ist dieses Vorgehen ein Trick, um die Gesetze gegen illegales Roden zu umgehen. Für die Chunchiet hat das alles zur Folge, dass die Wälder, die einen Teil ihrer Ernährungsgrundlage darstellen, zerstört werden und es für sie praktisch unmöglich wird, ihrer traditionellen Lebensweise nachzugehen. Aus diesem Grund fordern die Chunchiet jetzt öffentlich die Rückgabe ihres Landes.

Auch die verbesserte Bildung bringt zunehmend spürbare Veränderungen: Mit dem Erlernen von Khmer in der Schule können immer mehr Chunchiet mit Menschen auch außerhalb ihrer Gemeinschaften kommunizieren. Gleichzeitig hat mit dem wachsenden Außenkontakt auch das Bedürfnis nach Fernsehern, Motorrädern und einem Lebensstil zugenommen, der sich mehr an dem der Khmer orientiert. Da die Chunchiet vom Staat gedrängt werden, sesshaft zu werden, um von den Schulen und der etwas verbesserten medizinischen Versorgung zu profitieren, hat sich sogar der Stil der Behausungen der Chunchiet verändert, und in Mondulkiri ist in vielen Phnong-Dörfern die Stelzenbauweise der Khmer übernommen worden. Auf lange Sicht ist es daher schwer vorstellbar, wie die Chunchiet als individuelle Stämme überleben können.

Obwohl sich einige Chunchiet schon etwas an ausländische Besucher gewöhnt haben, sind sie doch scheu und bescheiden und fühlen sich durch allzu neugierige Touristen eher belästigt. Aus diesem Grund sollte man die Dörfer immer in Begleitung eines Einheimischen besuchen, der sich mit den örtlichen Umgangsformen auskennt. Die Chunchiet lassen sich nicht gerne fotografieren und fühlen sich durch Gefühlsäußerungen in der Öffentlichkeit sowie die Zurschaustellung nackter Arme und Beine in große Verlegenheit gebracht.

Frühstück satt

Lazy Mekong Daze, bietet ein wahres Frühstücksfest mit Pfannkuchen und wechselnden Kuchen, serviert ansonsten auch den ganzen Tag über Mahlzeiten.

Hoa An, im Stadtzentrum. Bebilderte Speisekarte, ordentliche Khmer- und chinesische Gerichte, guter Fisch und ein paar Weine.
Two Dragons, beim Kreisverkehr Richtung Brücke. Abwechslungsreiche Speisekarte, empfehlenswert ist der gebratene Fisch mit Kokosnuss.

Unterhaltung

Viel unternehmen lässt sich am Abend nicht, aber das **Lazy Mekong Daze** und das **Mekong Crossing**, zugleich die beiden einzigen westlich orientierten Bars der Stadt, sind gute Adressen, um andere Traveller zu treffen.

Sonstiges

Apotheken
Es gibt zahlreiche Apotheken um den Markt.

Autovermietung
Das **Mekong Hotel** vermittelt Leihwagen mit Fahrer für rund US$30 pro Tag.

Fahrräder
Das **Bophear Thmey Guest House** vermietet Fahrräder für US$2 pro Tag.

Geld
Die **Cambodia Asia Bank** beim Markt und die **Canadia Bank** westlich des großen Boulevards wechseln Reiseschecks gegen die übliche Gebühr und zahlen Bargeld auf Visa und MasterCard aus. Bargeld tauschen die **Acleda Bank** gleich nördlich vom Touristenbüro und die Geldwechsler am Markt.

Informationen
Das **Touristenbüro** befindet sich nordwestlich des Markts hinter einem von Pflanzen überwucherten Schwimmbad, aber meist ist niemand da.

Internet
The World Centre südwestlich vom Markt und einige namenlose Läden nordöstlich vom Kreisverkehr vor der Brücke sowie an der Straße zwischen Markt und Fluss bieten Internetzugang für US$1 pro Std.

Medizinische Hilfe
Notfallaufnahme im **Krankenhaus** im Nordwesten der Stadt.

Polizei
Eine Straße vom Fluss entfernt in Marktnähe.

Post und Telefon
Nationale und internationale Telefongespräche bei **Camintel** östlich des Touristenbüros (andere Straßenseite). Im Block südöstlich davon befindet sich das **Postamt**.

Transport

Kompong Cham liegt 144 km von Phnom Penh entfernt an der RN7 und ist das Sprungbrett für die Weiterfahrt in Kambodschas Nordosten. Da sich eine hervorragende neue Straße über Snuol Richtung Norden nach **Kratie**, **Stung Treng** und zur **laotischen Grenze** schlängelt, ist die Weiterreise von Kompong Cham einfach, wenn auch zeitraubend. Die RN 78 nach **Rattanakiri** ist auf den gesamten 133 km nach **Banlung** noch immer eine Schotterpiste, was sich aber ändern könnte, wenn Vietnam die Straße von der Grenze nach Banlung für den Kautschukexport ausbaut; wann das passiert, ist allerdings ungewiss. Noch anstrengender ist die Reise Richtung **Mondulkiri** ab Snuol, da die Straße inzwischen schlimmer als ein Feldweg ist und man nur mit einem Pick-up oder geländegängigen Motorrad weiterkommt. Andererseits gibt es jetzt dank verbesserter Straßen regelmäßige Verbindungen nach Kompong Thom und weiter nach Siem Reap und Poipet.

Busse
Die Busse der Phnom Penh Sorya Transport Company fahren von der **Busstation** an der Preah Bat Monivong St, dem Boulevard nordwestlich des Markts ab.

Den ganzen Tages über verkehren regelmäßig Busse nach PHNOM PENH (11x tgl., 2 1/2 Std., 10 000 Riel) über die ausgezeichnete RN 7. Eine Reservierung ist in der Regel nicht erforderlich, an der Hauptstraße westlich des Markts gibt es aber eine Vorverkaufsstelle.

Seitdem die Straße in nördlicher Richtung ausgebessert wurde, gibt es auch Verbindungen nach KRATIE (3x tgl., 3 Std., 17 000 Riel) und STUNG TRENG (tgl., 5 Std., 34 000 Riel), während kleinere Busse die unbequeme Strecke nach BANLUNG bedienen. Außerdem verkehren Busse nach SIEM REAP (2x tgl., 5 Std., 20 000 Riel) und POIPET (tgl., 7–8 Std.).

Minibusse, Sammeltaxis und Pick-ups
Es gibt drei **Haltestellen**:
Sammeltaxis und Pick-ups nach KRATIE (6x tgl., 3 Std.) und SEN MONOROM (1–2x tgl., mind. 6 Std., ca. US$10) stehen an der Nordostseite des Kreisverkehrs gleich vor der Brücke. Wer das Sammeltaxi nach Sen Monorom verpasst hat, kann auch mit einem Pick-up oder Minibus bis Snuol fahren und dort ein Fahrzeug für die Weiterreise finden.
Fahrzeuge nach KOMPONG THOM (6x tgl., 2 1/2 Std., 8000 Riel) und SIEM REAP (6x tgl., 4–5 Std., 28 000 Riel) halten am Psar Bung Kok nördlich vom Postamt.
Fahrzeuge mit anderen Zielen, darunter PHNOM PENH (20x tgl., 2 Std., 10 000 Riel), SKONE (20x tgl., 1/2 Std.) und PREY VENG (4x tgl., 2 Std.), stehen an der Nordostseite des Markts. Es bestehen außerdem Verbindungen nach BANLUNG (mehrere tgl., 8 Std.) und POIPET (mehrere tgl., 7 Std.).

Die Umgebung von Kompong Cham

Wat Nokor

Der Wat Nokor befindet sich zusammen mit einem modernen Kloster 2 km westlich der Stadt an der RN 7; Zufahrt durch eine Abzweigung mit Torbogen und Schild zum Tempel Nokor Bachey. Der insgesamt gut erhaltene Tempel aus dem 11. Jh. ist von einer Einfassungsmauer aus Laterit umgeben (die während der Herrschaft der Roten Khmer schwarz angemalt wurde) und hat ein zentrales Heiligtum, über das ein moderner Vihara gebaut wurde. Ästheten werden sich an den grellen, wenig archaisch wirkenden Wänden und Säulen stören, doch die Einheimischen sind geradezu verzückt von diesen kitschigen Erweiterungen der 1990er Jahre.

Besonders beliebt ist der Tempel bei ethnischen Chinesen wegen einer **Legende**, über einen Jungen aus Kompong Cham, der als Säugling von einem großen Fisch verschluckt wurde. Der Fisch schwamm den Mekong hinab bis zur chinesischen Küste, wo er Fischern ins Netz ging und das noch lebende Kind entdeckt wurde. In späteren Jahren kehrte der Junge mit vielen Chinesen im Gefolge zurück nach Kambodscha. Die Chinesen ließen sich in Kompong Cham nieder und legten damit – so erzählen die Einheimischen – den Grundstein für den hohen chinesischen Bevölkerungsanteil der Region.

Ein modernes Bauwerk im Süden des Tempelbereichs beherbergt die Statue eines **liegenden Buddhas**, der unter den Roten Khmer enthauptet wurde. Der Kopf blieb jahrelang verschwunden, bis ein Arbeiter träumte, dass er an einer bestimmten Stelle in der Nähe verscharrt sei – dort wurde er tatsächlich ausgegraben und konnte der Figur wieder aufgesetzt werden. Hochzeitspaare posieren gerne vor der Tempelkulisse für ihre Erinnerungsfotos, und nicht selten sind im Gopuram Frauen anzutreffen, die gerade einer Braut helfen, nacheinander ihre verschiedenen Hochzeitsgewänder für den Fototermin anzulegen.

Koh Pbain

Die 10 km lange Insel Koh Pbain liegt südöstlich von Kompong Cham im Mekong und bietet sich als schönes Ziel für die Erkundung des ländlichen Lebens an, besonders mit einem Fahrrad. Schmale Pfade durchqueren die Insel, führen durch kleine Bäche und winden sich durch Felder, auf denen Sesam und Erdnüsse wachsen. Hauptanbauprodukt ist jedoch Tabak, dessen Blätter in hohen schmalen Gebäuden mit Lehmwänden aufgehängt, mehrere Tage lang getrocknet und schließlich in Bambuskisten verpackt werden. In der Trockenzeit ist die Insel von Sandstränden gesäumt. Die männlichen Einwohner der **Cham-Dörfer** auf der Insel sind vorwie-

Die Cham

Die Cham kamen ursprünglich aus dem **Königreich Champa**, das sich einst zwischen Hue und Phan Thiet entlang der Küste des heutigen Vietnams erstreckte. Sie stellen mit ungefähr 700 000 Angehörigen ein Drittel der Landesbevölkerung ohne Khmer-Abstammung und bilden damit Kambodschas größte ethnische Minderheit. Als sunnitische **Moslems** (die Cham konvertierten im 17. und 18. Jh. vom Hinduismus) sind sie zugleich die größte religiöse Minderheit des Landes.

Im Verlauf der Geschichte führten die Cham häufig Krieg gegen die im Westen und Süden lauernden Khmer sowie gegen ihre nördlichen Nachbarn, die Vietnamesen. 1177 fielen sie in Angkor ein, unterlagen anschließend jedoch in einer blutigen **Seeschlacht** auf dem Tonle Sap der Kriegsflotte Jayavarmans VII. – Flachreliefs am Bayon (s. S. 234) zeigen Szenen daraus. Gegen Ende des 17. Jhs. war Reich Champa praktisch nicht mehr existent, nachdem sich die Vietnamesen das Territorium Stück für Stück einverleibt hatten, und viele Cham flohen nach Kambodscha. Die **traditionellen Cham**, die viele der alten Glaubensvorstellungen und Rituale beibehalten haben und auch nicht-islamische Götter anerkennen, bilden etwa zwei Drittel der heutigen Cham-Bevölkerung Kambodschas. Sie ließen sich in der Umgebung des Tonle Sap, an den Ufern der wichtigen Flüsse und in der heutigen Provinz Kompong Cham nieder. Die **orthodoxen Cham**, die mehr mit den Moslems in anderen islamischen Ländern gemeinsam haben, siedelten um Oudong, Kampot und Takeo. Sie bildeten Dorfgemeinschaften und arbeiteten als Fischer, Wasserbüffelzüchter, Weber und Silberschmiede – Berufe, die sie noch heute ausüben. Ihre Dörfer sind leicht an den Moscheen, islamischen Schulen und dem Fehlen von Schweinen zu erkennen.

Auch die Cham blieben von den Auswüchsen der **Roten Khmer** nicht verschont. Da sie fast nur innerhalb der eigenen Gruppe heirateten, waren sie ethnisch eindeutig von den Kambodschanern abgegrenzt. Ihre typische Kleidung verriet sie überall sofort als Moslems. Viele von ihnen wurden ermordet und fast keiner entging entwürdigenden Demütigungen wie zum Beispiel dem erzwungenen Verzehr von Schweinefleisch. Es war jedoch das einzige Mal in der kambodschanischen Geschichte, dass die Cham Verfolgungen ausgesetzt waren. Obwohl sie eine eigene Sprache sprechen und eigene Traditionen pflegen, gibt es keine ethnischen Spannungen mit der Khmer-Bevölkerung, selbst als nach einer Razzia in einer islamischen Schule nördlich von Phnom Penh 2003 drei ausländische Lehrer wegen ihrer Verbindungen zur islamistischen Terrorgruppe Jemaah Islamiyah ausgewiesen wurden.

---

gend Fischer. Die Frauen weben in den Monaten der Trockenzeit *hol*-Seiden und baumwollene *kramar* an Webstühlen, die unter den Stelzenhäusern stehen.

Bei niedrigem Wasserstand führt der Weg nach Koh Pbain über eine Sandbank am südlichen Stadtrand und eine gebührenpflichtige Bambusbrücke (600 Riel). Sobald die Regenfälle einsetzen, muss man ca. 1 km südlich der neuen Brücke die kleine Fähre nehmen, die nur wenigen Passagieren und Motos Platz bietet.

Phnom Bpros und Phnom Srei

Ein beliebtes Ausflugsziel der Einheimischen sind die beiden Hügel 8 km westlich von Kompong Cham an der RN 7, die allgemein in einem Atemzug „Phnom Bpros Phnom Srei" (Mann- und Frau-Hügel) genannt werden und sich als Ergänzung nach einem Besuch des Wat Nokor anbieten. Auf dem niedrigeren **Phnom Bpros**, auf dessen Gipfel man hinauffahren kann, stehen mehrere moderne Pagoden. Die jüngste Anlage aus grauem Zement lässt Anspielungen auf Angkor Wat und Banteay Srei erkennen. Auf dem Hügel hat sich eine wilde Affenkolonie angesiedelt – die Tiere warten darauf, dass die Besucher sie mit Bananen füttern, die praktischerweise an den Verkaufsständen angeboten werden.

Der Weg zum zweiten Hügel führt unten an zahlreichen **Stupas** vorbei, die Angehörige zum Gedenken an Tausende Opfer errichtet haben, die die Roten Khmer auf den umliegenden Feldern ermordeten. Die sterblichen Überreste hatten ihre letzte Ruhe in einem kleinen Gebäude in der Nähe des großen Bodhi-Baums gefunden, doch im Jahr 2000 ließen die Behörden sie zum größten Teil nach Phnom Penh schaffen. Wohlhabende Einheimische erwarben daraufhin Parzellen, um hier private Stupas zu errichten, inzwischen hat die Verwaltung jedoch aus Gründen des Landschaftsschutzes alle Bautätigkeiten in der Umgebung untersagt.

Hinter den Stupas führt ein Pfad durch grüne Felder zum naturbelassenen **Phnom Srei**, dem höheren der beiden Hügel. Vom Fuß steigt eine steile Treppe bis zum Gipfel, wo neben der Aussicht eine Buddha-Sammlung im Vihara wartet. Die ältesten Statuen stammen aus der Kolonialzeit. Große Verehrung genießt die Nandi-Statue vor dem Altar, die gestreichelt werden darf – was die meisten einheimischen Besucher auch mit Hingabe tun.

Kratie

70 km nördlich von Kompong Cham liegt am Ostufer des Mekong die Stadt Kratie (sprich: „Kratschih"), die ihren Charme besonders bei niedrigem Wasserstand entfaltet, da sie dann höher am Hang liegt und sich von oben schöne Ausblicke auf die sandigen Strände der gegenüberliegenden Insel **Koh Troung** eröffnen. In der Regenzeit sieht die Sache ganz anders aus: Wenn der Fluss das Umland überschwemmt, wird die Stadt fast selbst zur Insel.

Dank der stromaufwärts in der Nähe von **Kampie** lebenden **Delfine** ist Kratie bei Travellern inzwischen eine beliebte Zwischenstation. Die Stadt selbst ist ein angenehmer Ort für eine Übernachtung. Die meisten Besucher treffen um die Mittagszeit mit dem Boot ein, rücken am Nachmittag zur Delfinbeobachtung aus, übernachten und reisen am nächsten Tag weiter. Wer etwas mehr Zeit mitbringt, kann mit dem Moto bequem einige Pagoden weiter nördlich besuchen: Auf dem Weg nach Kampie liegt der **Phnom Sambok** mit einer schönen Hügelpagode und 30 km weiter nördlich schmückt sich das malerische Dorf **Sambor** mit einer leicht überdimensionierten Pagoda.

Kratie blieb von Zerstörungen verschont, obwohl die Roten Khmer die Stadt schon früh einnahmen, und lässt noch deutliche französische Züge erkennen – etwa in den angejahrten, aber noch schmucken Flussterrassen. Südlich des Zentrums stehen prächtige Kolonialbauten, in denen heute Behörden untergebracht sind, und die stolze Residenz des Provinzgouverneurs, in deren Garten zahmes Rotwild äst. Das Leben in Kratie spielt sich am Fluss ab und lässt sich ausgezeichnet bei einem Zuckerrohrsaft an einem der Stände am Ufer beobachten.

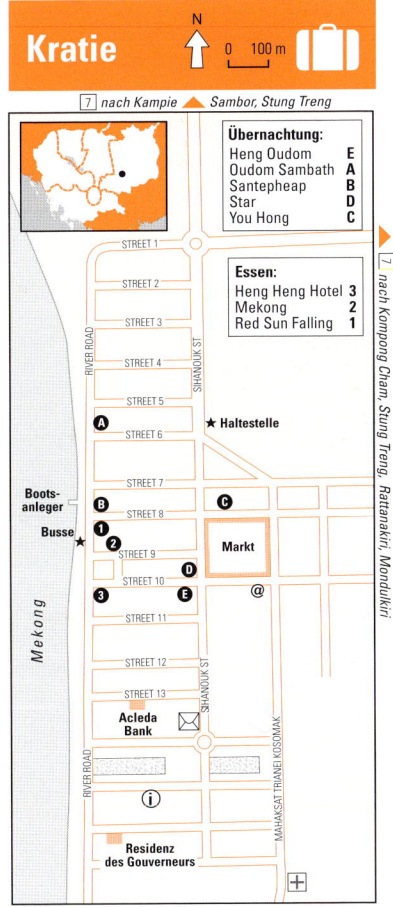

Fürsorglicher Allroundservice

Star, ✆ 012/753401, ✉ Kratiestar@hotmail.com. Sehr gut organisiertes Gästehaus mit schicken, stilvollen Zimmern mit Kabel-TV, einige mit Klimaanlage. Restaurant mit westlicher Küche, auch vegetarische und Bio-Gerichte, hausgemachter Joghurt, auf Wunsch Lunchpakete. Fahrrad- und Motorradverleih. ❶

Übernachtung

In Kratie gibt es jede Menge akzeptable Unterkünfte.

Heng Oudom, Street 10, beim Markt, ✆ 072/971629. Sauberes, geräumiges und preisgünstiges Hotel; Zimmer mit Ventilator oder Klimaanlage. ❶

Oudom Sambath Hotel, am Fluss, ✆ 012/965944. Die komfortabelste Unterkunft der Stadt; die teureren Zimmer sind geräumig und hübsch eingerichtet und bieten Klimaanlage, Warmwasser, TV und Kühlschrank, aber auch die billigen Zimmer (mit Ventilator) sind nicht schlecht. ❶–❸

Santepheap, am Fluss, ✆ 012/971537. Ordentlich eingerichtete Zimmer mit TV, manche Räume mit Klimaanlage und Warmwasser. ❷

You Hong, gleich nördlich des Markts, ✆ 012/957003, ✉ youhong_Kratie@yahoo.com. Tolles Gästehaus mit sauberen und günstigen Zimmern, Restaurant, Internet, Buchladen, Fahrrad- und Motorradverleih und Reiseservice für Traveller. ❶

Essen

Red Sun Falling, am Flussufer. Von Westlern geführtes, gemütliches Restaurant mit kleiner Auswahl an preiswerten Gerichten, mehreren Biersorten und Cocktails. ⏱ ab 6.30 Uhr.

Mekong, gleich um die Ecke, serviert ordentliche Khmer-Gerichten und hat eine englischsprachige Karte.

Heng Heng Hotel, ausgezeichnete Fischgerichte sowie gute Khmer- und China-Küche. Tipp: süß-saures Gemüse. ⏱ frühmorgens bis in die Abendstunden.

Star Guesthouse, gutes westliches Frühstück, Fruchtsäfte und Pfannkuchen.

You Hong, ähnliche westliche und asiatische Gerichte wie das Star ab US$2.

Unterhaltung

Viel los ist in Kratie am Abend nicht. Traveller kann man im **Red Sun Falling**, **You Hong** oder **Star** treffen, ansonsten bleibt nur an einem der Stände am Flussufer einen Fruchtsaft zu schlürfen oder sich unter die zwielichtigen Gäste der düsteren Karaoke-Bars in den Seitenstraßen zu mischen.

Sonstiges

Geld

In der **Acleda Bank** und auf dem **Markt** kann man Dollars in Riel wechseln, Reiseschecks werden aber nirgends angenommen.

Informationen

Im **Touristenbüro**, 500 m südlich des Zentrums am Fluss, sind nur selten Mitarbeiter anzutreffen, und selbst wenn mal jemand da ist, wird man kaum Infos bekommen, höchstens ein breites Lächeln.

Internet

Internetzugang gibt es nur begrenzt, am ehesten noch im Gästehaus You Hong oder bei Ly Kheang beim Markt (ca. 6000 Riel pro Std.); die Verbindungen sind allerdings langsam und wackelig.

Nahverkehr

Kratie lässt sich bequem zu Fuß erkunden. Keine Unterkunft ist weiter als 500 m von den Bus- und anderen Haltestellen entfernt. Für einen Ausflug zu den Delfinen stehen reichlich **Motos** bereit (US$5 für Hin- und Rückfahrt inkl. Wartezeit), ansonsten vermieten die Gästehäuser You Hong und Star auch **Motorräder** (US$6 pro Tag) und **Fahrräder** (US$2 pro Tag).

Transport

Nie war die Straßenverbindung nach Kratie besser. Die RN 7 von Kompong Cham ist ausgebessert worden, und obwohl die Route nach wie vor in einem weiten Bogen über Snuol führt, kann man jetzt die Aussicht auf

Kratie: von den Balkonen der Kolonialhäuser lässt sich prima auf anderer Leute Teller schauen

Kautschukplantagen und hügelige Maniokfelder richtig genießen. Auch weiter Richtung Norden ist die RN 7 bis Stung Treng in ausgezeichnetem Zustand.

Busse
Die Busse von Phnom Penh Sorya Transport und Hua Lian verkehren nach PHNOM PENH (3x tgl., 5–6 Std., 25 000 Riel) und KOMPONG CHAM (3x tgl., 5 Std.). Die beiden Unternehmen haben ihre Büros und Haltestellen am Fluss, nicht weit südlich von der Bootsanlegestelle.

Sammeltaxis und Pick-ups
Die Haltestelle der Sammeltaxis und Pick-ups befindet sich zwei Straßen nördlich des Markts. Verbindungen gibt's nach BANLUNG (3x tgl., 6 Std.), KOMPONG CHAM (6x tgl., 3 Std.), SNUOL (2 1/2 Std., US$5) und STUNG TRENG (6x tgl., 2–3 Std., 25 000 Riel).

Die Umgebung von Kratie

Der Ausflug zu den Delfinen bei **Kampie** dauert nicht länger als einen halben Tag, sodass auf dem Rückweg noch ein Zwischenstopp beim Meditationszentrums **Phnom Sambok** möglich ist. Wenn mehr Zeit zur Verfügung steht, lohnt sich die schöne Fahrt den Fluss hinauf ins 40 km nördlich gelegene **Sambor**, das in prä-angkorianischen Zeiten große Bedeutung hatte. Von den alten Stätten ist jedoch nichts mehr übrig und das Besucherinteresse gilt heute vorwiegend dem ländlichen Markt und der Pagode.

Es dürfte kein Problem sein, für die 40-minütige Fahrt nach Kampie ein Moto zu finden, das für die Hin- und Rückfahrt inklusive Wartezeit um die US$5 kostet. Alternativ kann man ein Motorrad oder Fahrrad mieten. Die 15 km lange und verhältnismäßig gute Straße von Kratie nach Kampie führt über einen Damm, der in der Regenzeit den Eindruck einer nicht enden wollenden Brücke erweckt. In Kratie säumen riesige tropische Dipterokarpazeen die Straße, die allesamt ein Schild mit ihrem botanischen Baumnamen tragen. Einige Kilometer weiter außerhalb flankieren prächtige, zum Teil über 100 Jahre alte Teakbäume die Straße.

Die hübschen Dorfhäuser in dieser Gegend sind aus hiesigem Teakholz gebaut, haben rote Ziegeldächer und stehen auf hohen Stelzen. Da sich die Eingangstüren auf gleicher Höhe mit dem Straßenniveau befinden, gewinnt man zwangsläufig auch ein paar Einblicke ins häusliche Leben.

Kampie
Seit jeher glauben die Kambodschaner, dass die **Irrawaddy-Delfine** *(psout)*, die in den Stromschnellen des Mekong bei Kampie leben, Zwitterwesen aus Mensch und Tier sind, und haben aus diesem Grund schon immer für das Wohl der Tiere gesorgt. Dennoch hat die Zahl der Delfine stark abgenommen, nicht zuletzt aufgrund illegaler Fischfangmethoden wie der Dynamitfischerei und dem Einsatz elektrischer Ruten, und seit 2004 stehen sie auf der Roten Liste der vom Aussterben bedrohten Arten der Weltnaturschutzunion IUCN.

Prinzipiell besteht das ganze Jahr über die Möglichkeit, dass sich die Tiere zeigen, doch die besten Chancen auf Sichtungen bietet die Trockenzeit (Nov–Mai), wenn der Wasserpegel niedrig ist. Am aktivsten sind die Delfine am frühen Morgen und späten Nachmittag, da sie zu

---

Entwicklungshilfe auf dem Land

Das in Kratie ansässige **Cambodian Rural Development Team** (CRDT) versucht in verschiedenen Projekten, die wirtschaftliche Situation von ländlichen Gemeinden in umweltverträglicher Weise zu verbessern. Zweimal im Monat können sich bis zu fünf Personen dem Team bei der Arbeit vor Ort anschließen – die Projekte sind in Bereichen wie Fischerei, Viehzucht und Ackerbau angesiedelt. Die Teilnahme muss mindestens eine Woche im Voraus gebucht werden kostet US$55 für einen zweieinhalbtägigen Besuch. Von einem Teil des Geldes werden die direkten Kosten für die Besucher wie Verpflegung, Transport und Führung beglichen, der Rest wird zwischen dem CRDT (für die Finanzierung der Projekte) und der Gastfamilie aufgeteilt. Kontakt unter ✆ 099/834353 oder 🖥 www.crdt.org.kh.

8 HIGHLIGHT

Irrawaddy-Delfine

Süßwasserflüsse wie der **Irrawaddy** (Ayeyarwady) und der **Mekong** in Südostasien sowie flache tropische Küstengewässer des **Indischen** und **Pazifischen Ozeans** bilden den Lebensraum der Irrawaddy-Delfine *(Orcaella brevirostris)*. Im Mekong gibt es sie inzwischen nur noch in einem 190 km langen Abschnitt im nördlichen Kambodscha. Am leichtesten sind sie bei Kampie und nördlich von Stung Treng nahe der laotischen Grenze zu sehen, gelegentlich auch an anderen Stellen. 2001 tauchte ein Paar nur einige Kilometer nördlich von Phnom Penh auf.

Irrawaddy-Delfine haben mehr Ähnlichkeit mit Schweinswalen als mit Meeresdelfinen. Ihr Kopf ist rundlich und ihre Stirn wölbt sich über einem geraden Maul leicht nach vorn, vor allem aber haben sie im Gegensatz zu ihren im Meer beheimateten Artgenossen keine Schnauze. Ihre Rückenflossen sind klein und mehr oder weniger dreieckig und leicht gerundet. Ihre Körperfärbung variiert von einem dunklen Graublau bis Schiefer- und Blassgrau, wobei der Rücken dunkler als der Bauch ist.

Irrawaddy-Delfine gelten mit etwa fünf Jahren als ausgewachsen und können bis zu 2,75 m lang und 200 kg schwer werden. Ihr Verhalten ist zurückhaltender als das der Meeresdelfine: Nur selten springen sie aus dem Wasser und tauchen stattdessen grazil gekrümmt kurz mit Kopf und Rücken auf. Familiengruppen oder Schulen bestehen normalerweise aus rund sechs Tieren, aber auch größere Gruppen sind keine Seltenheit. Zwar sind die Fortpflanzungsraten gut, aber es gibt auch eine hohe Sterblichkeit bei den Jungtieren; die Ursache hierfür konnte bisher noch nicht geklärt werden.

---

diesen Zeiten nach Nahrung suchen. Ein scharfes Auge braucht man trotzdem, will man nicht den Moment verpassen, wenn sie mit der Schnauze oder dem Rücken oft nur wenige Zentimeter aus den trüben Fluten des Mekong auftauchen. Die Tiere zu fotografieren ist nahezu unmöglich.

Umweltschützer befürchten, dass der zunehmende Touristenrummel die Delfine vertreiben könnte. Der World Wide Fund for Nature (WWF) hat dazu aufgefordert, nicht mit Motorbooten hinauszufahren – was manche Einheimische anbieten – und die Tiere keinesfalls mit Booten zu verfolgen. Dennoch ist genau dies die Methode, die die meisten Besucher wählen. Dabei ist es gar nicht notwendig, mit einem Boot hinauszufahren, um die Delfine zu sehen. Wer rund einen Kilometer flussaufwärts geht, kann mit etwas Geduld sicherlich ein paar der seltenen Tiere vom Ufer aus beobachten.

Phnom Sambok

Ungefähr auf halber Strecke zwischen Kratie und Kampie erhebt sich der Phnom Sambok mit einer idyllischen Pagode und schafft die perfekte Szenerie für das hier angesiedelte Meditationszentrum. Auf den bewaldeten Hängen stehen kleine Hütten, die Mönchen als Meditationsklausen dienen, während oben auf dem Gipfel der Duft von Frangipani-Blüten die Luft um den Wat erfüllt.

Die Wandmalereien im Inneren des Vihara zeigen moralisierende Szenen: Wer Unwahrheiten verbreitet, dem wird die Zunge herausgerissen, Ehebrecher werden an dornigen Bäumen gepfählt und wer lebende Tiere kocht, wird selbst im Kessel landen. Einige Wandmalereien zeigen chinesische und japanische Gestalten mit buschigen Augenbrauen und Schnurrbärten, die kurze rote Hosen, Turbane und Halstücher tragen. Vom Balkon des Vihara reicht der Blick über die schöne Umgebung bis weit hinüber zum Fluss.

Sambor

Nördlich von Kampie führt die Strecke zunächst bis zur Brücke in der Nähe der Mündung des Prek Patang in den Mekong. Wenn der Wasserstand des Mekong in der Trockenzeit fällt, kommen sandige Inseln zum Vorschein und es entsteht ein improvisiertes Erholungsgebiet (Eintritt 500 Riel), das über einen Holzsteg mit dem Uferbereich verbunden ist. Die Stromschnellen zwischen den Inseln sind nicht ungefährlich, aber es gibt geschützte Stellen zum Schwimmen.

Ungefähr 8 km nördlich der Brücke gabelt sich die Straße. Rechts führt die alte RN 7 weiter in Richtung Stung Treng (nach etwa 10 km trifft sie auf die neue RN 7), während es links weiter den Fluss entlang zum ausgedehnten Dorf Sambor geht, wo es einen kleinen Markt und mehrere Garküchen gibt.

Sambors bekannteste Sehenswürdigkeit ist der moderne **Wat Tasar Moi Roi**, die „Pagode der Einhundert Säulen", die 1986 mit dem Anspruch errichtet wurde, mehr Säulen als jeder andere kambodschanische Wat zu besitzen. Inzwischen wurde in anderen Pagoden die Zahl von einhundert Säulen übertroffen, doch die Dorfbewohner zählten die runden *und* eckigen Säulen ihres Wats erneut durch und beziffern sie nun hartnäckig mit der Rekordzahl 116. Mit besonderem Stolz zeigen die Einheimischen den Besuchern eine Säule, die 400 Jahre alt sein soll und zu einem früheren Tempel an dieser Stelle gehört haben soll. Ungewöhnlich ist der Vihara mit seiner Ausrichtung nach Norden und nicht wie sonst üblich nach Osten.

Der alte weiße Stupa auf dem Gelände soll in obskurem Zusammenhang mit einem König stehen. Gehaltreicher ist da die Geschichte, die sich um die Pagode rankt und in mehreren Bildern im Pavillon nahe dem Vihara dargestellt ist: Um sich einen Spaß zu machen, nahm eine Frau die Gestalt eines Krokodils an. Als sie einen Mönch auf dem Rücken durch die Fluten trug, näherte sich von hinten ein bösartiges Krokodil und fraß den Mönch auf. In ihrer Gestalt als Krokodil wurde die Frau schließlich in Banlung gefangen und als Trophäe – oder auch als Warnung an andere Mönche, sich nicht mit Krokodilen einzulassen – zurück zur Pagode gebracht.

Verblichener Glanz umgibt rund 500 m hinter dem Wat Tasar Moi Roi den **Wat Preah Gouk**, eine alte Fachwerkpagode mit einem prächtigen Baum im Hof, der 700 Jahre alt sein soll und einen Stammumfang von fast 10 m hat. Das Dach war einst mit goldenen Spitzen und kostbaren Statuen verziert, doch nach Plünderungen durch die Roten Khmer geriet das Bauwerk in Vergessenheit und trat in den Schatten der neu errichteten Pagode.

Stung Treng

Die freundliche Stadt Stung Treng am Sekong, 140 km nördlich von Kratie und ungefähr 200 km westlich von Banlung, macht einen etwas verschlafenen Eindruck. Die Hoffnungen, dass der Ort Reisende anziehen möge, die sich auf dem Weg nach Laos befinden, wurden enttäuscht, da der Verkehr zur Grenze auf der inzwischen gut ausgebauten RN 7 zumeist über die schicke neue Brücke einen Kilometer östlich am Ort vorbeirauscht.

Einzige echte Sehenswürdigkeit der Stadt ist der Tempel **Prasat Preah Ko** (s. S. 291), ein paar lohnende Ziele gibt es aber in der Umgebung. Die Gästehäuser können Ausflüge zu einer Seidenweberei, Obstplantagen, Wasserfällen und **Bootsfahrten** in abgelegene Dörfer organisieren. Eine der besten Touren führt den Mekong hinauf zur **laotischen Grenze**, wo man Delfine beobachten kann und die Wasserfälle sieht, die den Fluss an dieser Stelle unpassierbar machen.

Auf dem **Markt** im Zentrum werden Waren aus Laos angeboten, die nirgendwo sonst in Kambodscha erhältlich sind, darunter einfarbige Textilien mit geometrischen Randmustern oder Reisdämpfer aus Bambus. An einem Stand an der Nord-Süd-Achse gibt es handgerollte Kerzen aus Bienenwachs für religiöse Zeremonien. Sie werden nach Länge verkauft – zu den ungewöhnlichen Maßen gehören „Fingerspitze bis Achselhöhle", „Kinnspitze bis Bauchnabel" und „einmal Kopfumfang". Einige Schmuckstände verkaufen neben den üblichen Goldwaren auch Silberschmuck, der z. T. aus Laos kommt. Morgens sind rund um den Markt zahlreiche Frauen unterwegs (darunter viele Chunchiet), die im Wald gesammelten Kräuter und Wurzeln feilbieten.

In den kleinen Parkanlagen am Fluss ehrt die **Statue** eines *pasay*-Fisches eine Spezies, die als Delikatesse geschätzt und im Juni und Juli im Mekong bei Stung Treng gefangen wird. Obwohl die Statue die Ausmaße eines Wals hat, ist die Fischart selbst recht klein und bringt gerade ein-

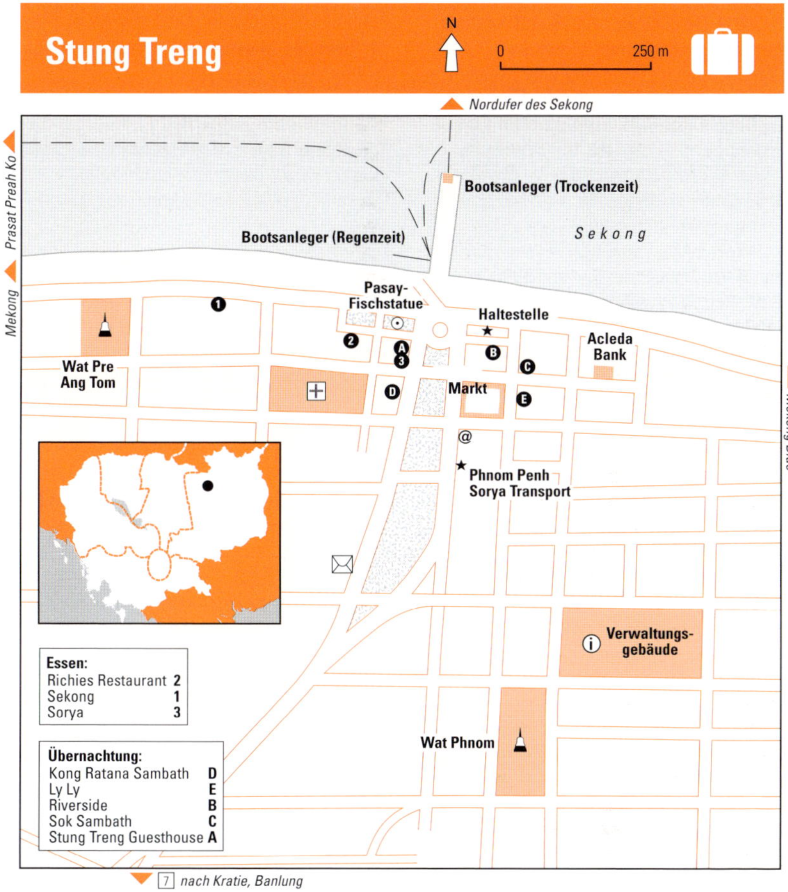

Stung Treng

Essen:
Richies Restaurant	2
Sekong	1
Sorya	3

Übernachtung:
Kong Ratana Sambath	D
Ly Ly	E
Riverside	B
Sok Sambath	C
Stung Treng Guesthouse	A

mal 1–1,5 Kilo auf die Waage. Ein Bummel am Flussufer nach Westen führt zu einigen der ältesten Gebäude der Stadt, unter denen besonders die Art-déco-Villa neben dem einstöckigen (und selbst schon über 100 Jahre alten) Bau- und Transportministerium auffällt.

Der nahe **Wat Pre Ang Thom** ist die schönste Pagode der Stadt und wurde 1992 wieder aufgebaut, nachdem die Roten Khmer ihn zerstört hatten. Statuen von weißen Elefanten, Pferden und Tigern wachen am Eingang, und in einer Hofecke beschirmt ein riesiger Bodhi-Baum die kleinen Schreine lokaler Gottheiten. Hinter dem Wat verläuft die Straße an Dorfhäusern und Gärten vorbei, bevor sie nach Süden zum Dock am Mekong abbiegt, der in der Trockenzeit genutzt wird.

Richtung Osten ist das Flussufer durch den Bau einer neuen Uferpromenade mit netten Blicken auf die neue Brücke und den Fluss verschönert worden. Wer von hier weitergeht, gelangt zum stillgelegten Flughafen, wo heute Jugendliche ihre Motorradfahrkünste testen.

Übernachtung

Stung Treng Guesthouse, an der Hauptstraße gegenüber vom Markt, ✆ 016/888177 oder

012/430033. Die schickste Unterkunft der Stadt bietet große, helle Zimmer, schweres Holzmobiliar, TV und Ventilator oder Klimaanlage, Warmwasser gegen Aufpreis. ❷–❸
Kong Ratana Sambath, nahe dem Stung Treng Guesthouse, ✆ 012/964483. Gut gepflegtes Gästehaus, ebenfalls mit viel Holz. ❷–❸
Sok Sambath, in Marktnähe, ✆ 012/327677. Der Eingang im Erdgeschoss sieht etwas abschreckend aus, aber es gibt komfortable klimatisierte Zimmer mit Bad und TV im ersten und zweiten Stock. ❷
Riverside, an der Haltestelle, ✆ 012/439454. Billigstes Gästehaus mit kleinen, aber akzeptablen Zimmern, leider ist es oft voll belegt. ❶
Ly Ly, an der Ostseite des Markts, ✆ 012/1707049. Passable Zimmer mit Bad und Ventilator, einige ohne Fenster. ❷–❸
Das **Sekong**, ein Hotel aus der Kolonialzeit, war zur Zeit der Recherche wegen Renovierungsarbeiten geschlossen.

Essen

Die Garküchen an der Westseite des Markts haben eine ausgezeichnete Auswahl an billigen Mahlzeiten und sind bis in die Abendstunden geöffnet. Ab dem späten Nachmittag werden an kleinen Ständen die üblichen Süßspeisen und Säfte angeboten.
Das **Riverside Guest House** am Fluss hat ein Restaurant mit Bar und serviert westliches Frühstück, Spaghetti und Pfannkuchen. Hier gibt's außerdem eine Bücherbörse, Fahrradverleih und andere Angebote für Reisende.
Richies Restaurant, bei der *pasay*-Statue. Chinesische und Khmer-Gerichte für ein paar US-Dollar und eine schöne Terrasse für ein abendliches Bier. Man spricht gutes Englisch.
Das kleine Restaurant im **Sekong** bereitet passable Khmer- und westliche Gerichte zu.
Sorya, an der Hauptstraße, bietet schmackhafte Khmer-Küche, ist aber ein bisschen teuer.

Sonstiges

Apotheken
In der Nähe des Markts.

Fahrräder
Im **Riverside Guesthouse** kann man Fahrräder mieten; halber Tag US$2.

Geld
Die **Acleda Bank** östlich vom Markt wechselt Reiseschecks, bietet aber bisher keine Auszahlungen auf Kreditkarte.

Informationen
Das **Touristenbüro** hat nicht nur wenig zu bieten, sondern ist auch schwer zu finden – es befindet sich nahe dem Wat Phnom im Süden der Stadt inmitten einer Ansammlung von ehemaligen UNTAC-Bürocontainern, die heute als Stadtverwaltung *(salakat)* dienen.

Internet
Ein paar Läden an der Südseite des Markts bieten Internetzugang für US$4 pro Std.

Markt
Zur Zeit der Recherche sollte gegenüber der Post ein **neuer Markt** gebaut werden. Ob die Händler jedoch dahin umziehen werden, bleibt abzuwarten.

Medizinische Hilfe
Im **Krankenhaus** zwei Straßen westlich des Markts.

Post und Telefon
Die **Post** befindet sich im Süden der Stadt an der Hauptstraße. **Telefonzellen** gibt es rund um den Markt.

Nahverkehr

Stung Treng lässt sich bequem zu Fuß erkunden. **Motos** sind mühelos zu finden, doch man muss sie heranwinken, da sie – für Kambodscha ungewöhnlich – nicht von selbst neben potenziellen Kunden anhalten.

Transport

Busse, Sammeltaxis und Pick-ups
Die **Busse** von Phnom Penh Sorya Transport und Hua Lian fahren vom jeweiligen Busdepot an der Hauptstraße beim Markt.

Die Haltestelle der **Sammeltaxis** und **Pick-ups** befindet sich nahe dem alten Bootsanleger am Sekong River im Norden der Stadt.
Sammeltaxis und Pick-ups nach BANLUNG (4x tgl., 3 Std., 25 000 Riel, bzw. 20 000 Riel auf der Ladefläche eines Pick-ups) verkehren morgens ab 7 Uhr. VIP-Busse mit 12 bis 15 Sitzen (4 Std., 25 000 Riel bei Direktbuchung, US$7 bei Buchung über ein Gästehaus) fahren etwa um dieselbe Zeit ab.
Nach KRATIE (6x tgl., Sammeltaxi 25 000 Riel, Bus 34 000 Riel) dauert die Fahrt 2–3 Stunden. Busse nach PHNOM PENH (2x tgl., 8 Std., US$9) fahren am frühen Morgen, etwas später auch Sammeltaxis (50 000 Riel). Wer zur laotischen Grenze möchte, kann über sein Gästehaus einen Platz buchen (US$5) oder an der Haltestelle ein Sammeltaxi (ca. 15 000 Riel) nehmen. Tgl. fahren außerdem Busse nach KOMPONG CHAM (5 Std.).

Boote

Es gibt keine Expressboote mehr nach Kratie oder Kompong Cham.
Für die zweitägige Fahrt von Stung Treng den Sekong und Srepok hinauf nach LUMPHAT (s. S. 300) beziehungsweise VOEN SAI (s. S. 299) in der Provinz Rattanakiri können Boote für etwa US$100 oder mehr gechartert werden (auch die lange Rückfahrt muss mitbezahlt werden); hierbei sollte man Verpflegung und Wasser mitnehmen und sich auf eine Nacht am Flussufer einstellen.
Wer sich per Boot zur laotischen Grenze bringen lassen möchte, muss hart verhandeln, da die Preise in die Höhe schießen und US$50 pro Boot keine Seltenheit sind.

Flüge

Der Flughafen liegt 7 km östlich der Stadt, ist aber derzeit außer Betrieb.

Die Umgebung von Stung Treng

In der Umgebung der Stadt gibt es einige lohnende Ausflugsziele – zu manchen kann man mit dem Rad oder Moto fahren, andere erfordern ein Boot.

Bequem zu erreichen ist die 5 km östlich der Stadt am Fluss gelegene **Seidenweberei** Mekong Blue, 🖳 www.mekongblue.com, die vom Stung Treng Women's Development Centre betrieben wird. Hier kann man sich in den Ausstellungs- und Arbeitsräumen umsehen, die Weberinnen bei ihrer Arbeit beobachten und mit dem Kauf eines bunten Schals oder etwas anderem einen unterstützenden Beitrag leisten. ⏱ So geschlossen.

Die Gästehäuser können **Bootstouren** den Mekong hinauf zur Grenze nach Laos (hin und zurück US$20–30 inkl. Mittagessen) oder einen Ausflug auf dem schmaleren Sekong (US$15 für einen halben Tag) organisieren. In der Regenzeit (Juni–Okt) führt die Fahrt auf dem **Mekong** an den Baumwipfeln überfluteter Inseln vorbei – ein wahrhaft bizarrer Anblick. Hinter dem Grenzposten ein paar Kilometer südlich von Voen Kham und nahe dem westlichen Ufer (das noch zu Kambodscha gehört), kann man eine Pause einlegen, um nach Irrawaddy-Delfinen Ausschau zu halten, bevor es weiter zu den tosenden **Khone Phapheng**-Wasserfällen geht, die eine Weiterfahrt nach Laos unmöglich machen und auf einer Breite von fast 6 km über eine riesige geologische Bruchlinie in die Tiefe stürzen.

Reizvoll ist auch Landschaft zu beiden Seiten des **Sekong**, wo breite Sandbänke in der Trockenzeit zu einer idyllischen Rast und einem Bad einladen. Mehr Informationen über diese und andere Ausflüge haben das Richies Restaurant und das Riverside Guest House.

Prasat Preah Ko

Stung Treng gegenüber liegt am anderen Mekong-Ufer das Dorf **Thalabariwat** mit den verfallenen Ziegeltürmen des Prasat Preah Ko. Die Anfahrt ist mit der regulären Fähre (einfache Strecke 1000 Riel) oder einem gecharterten Boot (hin und zurück 10 000 Riel) möglich. Vom Markt im Dorf sind es 500 m bergauf bis zum Tempel.

Am Wat Tasar Moi Roi in Sambor (s. S. 287) gefundene Inschriften deuten darauf hin, dass einst ein lokaler Fürst über die Gegend herrschte und der Prasat Preh Koh vielleicht zur Überwachung des Flussverkehrs erbaut wurde. Ganz in seiner Nähe beherbergt ein kleines Bauwerk eine Steinstatue des heiligen Bullen Nandi, die

Rattanakiri

Kambodschas nordöstliche Provinz Rattanakiri, die an Laos und Vietnam grenzt, ist von üppigem Dschungel, dunstverschleierten Flüssen und donnernden Wasserfällen geprägt. Die zentral gelegene Stadt **Banlung** ist der einzige geeignete Ausgangspunkt für Erkundungen der Region und hat sich dank verbesserter Verkehrsanbindung zu einem beliebten Touristenziel entwickelt. In den Virachey-Nationalpark werden Trekkingtouren angeboten, für Ausflüge in die Umgebung von Banlung wie den See Yeak Laom und einige Wasserfälle mietet man am besten ein Motorrad oder chartert ein Moto. Drei bis vier Tage reichen für die Erkundung vor Ort aus; wer aus Phnom Penh oder Siem Reap anreist, sollte allerdings im Kopf behalten, dass die Hin- und Rückfahrt jeweils einen Tag in Anspruch nimmt. Viele finden die entspannte Atmosphäre hier zudem so angenehm, dass sie am Ende eine Woche oder länger bleiben.

Wie es sich für eine Provinz gehört, deren Name „Juwelenberg" bedeutet, werden hier immer noch nach traditioneller Art Edelsteine gewonnen – eine schwierige und gefährliche Arbeit, da die Schürfer Erde aus tiefen Löchern hervorholen und dann penibelst nach den Edelsteinen durchsieben, die auf jedem Markt in Kambodscha angeboten werden.

Eine touristische Attraktion gleich vor den Toren von Banlung ist der **Yeak-Laom-See**, ein atemberaubender Vulkansee, umgeben von dichtem Bambusdickicht und Dschungel. Im Norden der Provinz erstreckt sich das größte Naturschutzgebiet Kambodschas, der **Virachey-Nationalpark**, in dem vermutlich viele gefährdete Arten Schutz gesucht haben. Eine Erkundung des Parks ist schwierig und nur mit einer Tour (s. S. 299) sinnvoll, echten Dschungel bekommt man aber auch schon auf einem Tagesausflug von Banlung nach **Voen Sai**, einem kleinen Ort im Park, geboten. In der Nähe des Orts gibt es außerdem einige hübsche chinesische, Lao- und Chunchiet-Dörfer. Die Fahrt von Banlung ins südliche **Lumphat** bietet ein gänzlich anderes Landschaftsbild, das von Reisfeldern, schmalen Flüssen und Buschwald dominiert wird.

Grenzübergang von / nach Laos

Wer im Besitz eines gültigen Visums für Laos (in Khmer: *Lao*) ist, kann 57 km nördlich von Stung Treng in **Dom Kralor** die Grenze zum Nachbarland passieren. Dort trifft die RN 7 auf die gut ausgebaute laotische Nationalstraße 13. Die Grenze ist tgl. von 7–20 Uhr geöffnet (außerhalb der Kernzeit von 8–16.30 Uhr und am Wochenende Überstundengebühr). Reisende werden dort problemlos abgefertigt – mit einer Einschränkung: Die Grenzbeamten beider Länder erheben **Gebühren** von US$2–3 für ihren jeweiligen Stempel im Pass. Diese Gebühren sind natürlich nicht offiziell, und wer höflich nach einer Quittung und dem Namen des Beamten fragt, kommt möglicherweise auch ohne zu bezahlen über die Grenze. Minibusse (US$5) können über die Gästehäuser in Stung Treng gebucht werden, oder man nimmt ein Sammeltaxi von der Haltestelle.

Angesichts der guten Straße **von Stung Treng** zur Grenze, mit einer neuen Brücke über den Sekong, gibt es eigentlich keinen Grund mehr, ein teures Boot zu mieten, um über den Grenzposten **Voen Kham** auf der Mekong-Insel nach Laos einzureisen (⊙ tgl. 7–17 Uhr).

Für die **Einreise nach Kambodscha** werden an der Grenze Visa (US$20) ausgestellt. Die Weiterfahrt auf kambodschanischer Seite ist inzwischen einfach: Täglich verkehren ein oder zwei Busse sowie zahlreiche Sammeltaxis (nach Stung Treng, Kompong Cham und Phnom Penh). Wer die Grenze frühmorgens passiert, sollte schnell und ohne Probleme weiterkommen.

---

früher mit Edelsteinen besetzt war. Obwohl der wertvolle Schmuck bei einem siamesischen Raubzug geplündert wurde, besitzt die Statue mit ihrer schönen Patina und dem sanften Audruck noch immer eine enorme Strahlkraft. In ihrer Nachbarschaft stehen zwei Schreine für einen alten Mann namens Dah Jouh Juet.

Alljährlich findet Ende März oder Anfang April ein einzigartiges **Fest** der Jarai (s. S. 278) statt, bei dem viel getrommelt wird, Männer Fischkörbe auf dem Kopf balancieren und große Mengen Wein verspritzt werden.

Junggesellen-Hütte der Tampoun: Hochzeitsaspiranten sollten schwindelfrei sein (s. S. 278)

Edelsteinminen in Rattanakiri

Da die Edelsteinschürfer ihre Camps und Schürfstätten häufig verlegen, erkundigt man sich vor einem Ausflug am besten in Banlung, wo gerade geschürft wird. Derzeit scheint sich die größte Aktivität auf **Chum Rum Bai Srok** im Distrikt Bokeo zu konzentrieren. Viel zu sehen gibt es hier eigentlich nicht: Hat man ein Schürfloch gesehen, kennt man sie alle, aber die 35 km lange Fahrt von Banlung ist ganz interessant – nicht nur wegen der schönen Landschaft, sondern auch wegen der haarsträubenden Strecke (und der Erleichterung, wenn man sie am Ende überstanden hat). Das Schürfercamp ist ohne Führer kaum zu finden; Hotels und Gästehaus können einen Guide organisieren, der um die US$15 pro Tag kostet.

Südlich von Ka Chhang wird die Straße zu einer schmalen Holperpiste, die sich achterbahngleich über Hügel und durch Täler windet und mal nach links, mal nach rechts in der Dschungel dringt, bis sie sich in einen noch engeren, tief ausgefahrenen Pfad verwandelt. Bei Regen kann die Strecke unpassierbar werden, und es ist schon vorgekommen, dass Besuchern dann nichts anderes übrig bleibt, als in einer der behelfsmäßig mit Planen gedeckten Hütten zu übernachten.

Die Edelsteinschürfer heben runde Löcher mit einem Durchmesser von etwa 1 m aus, die bis zu 10 m tief in den Boden getrieben, weder durch Abstützungen noch durch andere Maßnahmen gesichert und nur mit Hilfe von Kerzen ausgeleuchtet werden. Mit technisch einfachen Winden aus Bambus und Kordeln wird die abgetragene Erde in Körben aus Weidengeflecht aus der Tiefe nach oben befördert. Einfache Vertiefungen in den Seitenwänden dienen den Arbeitern als Leitersprossen.

Zu den häufigsten Funden in dem Gebiet gehört der **Zirkon**, ein Halbedelstein, der im Rohzustand wie braunes Glas aussieht und durch Erhitzung zartblau wird. Andere Steine, die in Rattanakiri (aber nicht unbedingt hier) vorkommen sind gelbgrüner **Peridot** (Chrysolith), blassvioletter **Amethyst**, klarer **Quarz** und schwarz schimmernder **Onyx**.

Banlung

Das kleine Banlung wurde 1979 bekannt, als es Voen Sai als Provinzhauptstadt ablöste. Mit seinen breiten, roten Schotterstraßen erinnert es in Aussehen und Atmosphäre an eine Wildweststadt, und obwohl die Stadt selbst keine klassischen Sehenswürdigkeiten besitzt, kann man sich in Banlung gut für ein paar Tage bequem machen und von hier die Umgebung erkunden.

Wenn überhaupt von einem Zentrum gesprochen werden kann, dann ist dies die Gegend zwischen dem Markt und dem Unabhängigkeitsdenkmal in der Mitte eines Kreisverkehrs. Der **Markt** ist auf etwas vermülltem Gelände in einem modernen Betonbau südlich des Unabhängigkeitsdenkmals untergebracht. Buntes Treiben herrscht frühmorgens, wenn Chunchiet-Frauen mit gefüllten *khapa*-Rucksäcken aus kilometerweit entfernten Orten eintreffen und ihre Stände eröffnen. Über einer Bambuspfeife oder großen Zigarre plaudern sie miteinander, während die Kundschaft das Angebot begutachtet. Das ausgebreitete Obst und Gemüse ist sehr günstig (dieselben Waren kosten in den Chunchiet-Dörfern seltsamerweise einiges mehr) und umfasst Produkte, die im Tiefland ansonsten nicht zu finden sind, etwa große rote Bananen. Essbares aus dem Dschungel wie Wurzeln und fremd aussehende Blumen kosten nur wenige hundert Riel.

Nördlich des Zentrums lockt der See **Boeung Kansaing** mit fast schon ländlicher Idylle. Zwar kann man hier nirgends sitzen, und es gibt auch keinen Zugang zum Seeufer, aber besonders am späten Nachmittag, wenn sich die Farben des Sonnenuntergangs im Wasser spiegeln, ist der See ein schönes Ziel. Reizvoll sind auch die Ausblicke gegen Tagesende vom **Phnom Svay** über die hügelige, bewaldete Landschaft; der Hügel liegt rund 1 km westlich der Flughafenkreuzung an der Straße nach Stung Treng. Hinter dem Wat Eisay Patamak führt ein Pfad von der Straße auf die Hügelkuppe. Der eindrucksvolle **liegende Buddha** des Wat ersetzt das von den Roten

Banlung

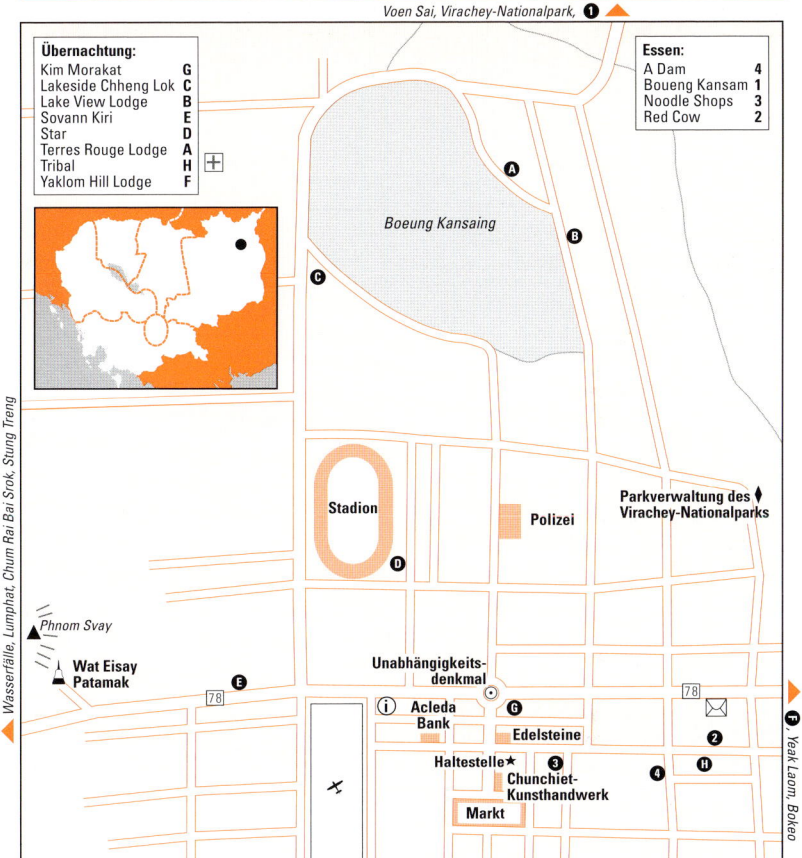

Übernachtung:
- Kim Morakat — **G**
- Lakeside Chheng Lok — **C**
- Lake View Lodge — **B**
- Sovann Kiri — **E**
- Star — **D**
- Terres Rouge Lodge — **A**
- Tribal — **H**
- Yaklom Hill Lodge — **F**

Essen:
- A Dam — **4**
- Boueng Kansam — **1**
- Noodle Shops — **3**
- Red Cow — **2**

Khmer zerstörte Original und blickt nach Norden in Richtung der dunstigen Hügel von Voen Sai.

Übernachtung

Banlung verfügt über ein ständig wachsendes Angebot an gut ausgestatteten Hotels und Gästehäusern. Die meisten scheinen jetzt rund um die Uhr mit Strom versorgt zu sein, doch es kann nicht schaden, vor dem Einchecken noch einmal nachzufragen.

Kim Morakat, ☎ 075/974121. Pfirsichfarbenes Hotel beim Unabhängigkeitsdenkmal an der Hauptstraße, preisgünstige saubere Zimmer; wer geschickt verhandelt, bekommt vielleicht warmes Wasser gratis. ❷

Lake View Lodge, ☎ 092/785259, 🖥 www.lakeviewlodge-rattanakiri.com. Freundliches Gästehaus am Stadtrand in Seenähe, früher die Residenz des Gouverneurs. Toll zum Entspannen. Einfache, aber große und geräumige Zimmer. Restaurant, Internet, kostenloser Transport in die Stadt. ❷–❸

Lakeside Chheng Lok, ✆ 075/390063, ✉ lakeside-chhenglokhotel@yahoo.com. Hotel auf eigenem Gelände am See; Budgetzimmer im Hauptgebäude, komfortablere und teurere Bungalows im Garten mit Seeblick. ❷–❹

Sovann Kiri, ✆ 075/974001, 🖥 www.sovannkiri_hotel.com. Riesiges neues Hotel in hübschen Gärten, zurückversetzt von der Straße, die in die Stadt führt. Nicht so teuer, wie es aussieht, helle und geräumige Zimmer mit viel poliertem Holz, Warmwasser, Klimaanlage und Kühlschrank. Billigere Zimmer im motelähnlichen Nebengebäude. Restaurant mit Khmer-Speisen. ❷–❸

Star, ✆ 012/958322, ✉ viraktravel@yahoo.com. Auffälliges, grün gekacheltes Hotel an einer ruhigen Nebenstraße der Hauptstraße, geführt vom einzigartigen Mr. Leng. Riesige, holzvertäfelte Zimmer mit allem modernen Komfort, Loungebereich auf einem Balkon, Sitzgelegenheiten im Hof, tolles Restaurant mit chinesischer, Khmer- und westlicher Küche, eine beliebte Bar und und umfassender Service für Traveller. Die Betreiber wechseln gern den Standort – vor Anreise am besten noch einmal rückversichern, dass sie noch da sind. ❷–❸

Die schönsten Zimmer weit und breit

Terres Rouge Lodge, Boeung Kansaing, ✆ 075/974051, ✉ terresrouges@camnet.com.kh. Stilvolles, von einem Franzosen geführtes Gästehaus ganz aus Holz mit Blick auf den See und umgeben von gepflegten Gärten. Die Zimmer, darunter jetzt auch einige Bungalow-Suiten, sind die schönsten der ganzen Provinz. Individuelle Einrichtung mit traditionellen Khmer-Stoffen und Kunstgegenständen. Das Zentrum ist zwar nicht gerade nah, aber angesichts der tollen Umgebung und des hervorragenden französischen Restaurants hier will man sich vielleicht sowieso gar nicht wegbewegen. Frühstück im Preis inbegriffen. Unbedingt reservieren. ❺–❻

Tribal Hotel, ✆ 075/974074, ✉ tribal_hotel@yahoo.com. Hübsche Anlage 1 km östlich vom Zentrum mit Zimmern für jeden Geldbeutel; die teuersten sind groß, hell und haben Klimaanlage, Warmwasser, TV, Kühlschrank und Balkon; die billigen Zimmer sind immer noch akzeptabel, und es gibt sogar Schlafsaalbetten (US$3). Gutes Restaurant. Touren und Transport können auf Wunsch organisiert werden. ❶–❹

Yaklom Hill Lodge, ✆ 012/644240, 🖥 www.yaklom.com, 6 km östlich der Stadt, hinter dem Hill Tribe Monument. Sehr ruhige Anlage am Berghang mit dem Dschungel vor der Tür. 15 Holzbungalows auf Pfählen, alle mit großer Veranda und einfachen, aber stilvollen Zimmern mit Bad, Moskitonetzen und Kerzen (eingeschränkte Stromversorgung), warme Duschen in separatem Gebäude 18–21 Uhr. Frühstück inkl.; Touren und Führer können organisiert werden. Ein Moto in die Stadt kostet allerdings 10 000 Riel. ❷–❸

Essen

Abgesehen von den Restaurants in den Hotels und Gästehäusern gibt es nur ein paar Speiselokale in der Stadt und eine Handvoll **Nudelküchen** rund 100 m östlich der Haltestelle; die beste darunter (ganz hinten, mit wuchtigen Holztischen und -stühlen) bietet zum Frühstück auch Brot und Spiegeleier an.

Sowohl das **Star Hotel** als auch das **Tribal Hotel** haben gute Restaurants.

Yaklom Hill Lodge, außerhalb der Stadt und ideal mit einem Besuch des nahen Sees zu verbinden, bietet Khmer- und westliche Küche in hübscher Umgebung.

Terres Rouge Lodge, in Boeung Kansaing. Wer gehobene französische und Khmer-Küche sucht, sollte hier fürs Abendessen einen Tisch reservieren.

Red Cow, gegenüber vom Tribal Hotel, serviert Khmer-Speisen und ist auf Suppen spezialisiert. 5 km nördlich der Stadt liegt der **Boueng Kansam**, der weniger bekannte der beiden Seen in Banlung; das gleichnamige Restaurant serviert hier Mittagessen. Danach lässt es sich prima in einer Hängematte entspannen, bis es Zeit ist für einen Drink zum Sonnenuntergang.

Super Angebot

A Dam, um die Ecke vom Red Cow. Beliebter Treffpunkt der Projektarbeiter, tolles Angebot an asiatischen, westlichen und vegetarischen Gerichten.

Unterhaltung

Das Nachtleben in Banlung ist erwartungsgemäß sehr beschränkt. Gut für ein Bier und einen Plausch mit anderen Travellern ist die Hotelbar im **Star**.

Einkaufen

Im Zentrum gibt es beim Markt ein empfehlenswertes Geschäft für **Chunchiet-Kunsthandwerk**, dessen Besitzer Sok Oeun gute Ware zu fairen Preisen anbietet. Zu den schönsten Souvenirs gehören hier *khapa,* aus Bambusstreifen geflochtene und mit festen Schulterriemen aus Rattan versehene Rucksäcke. Die Chunchiet fertigen diese Rucksäcke abends nach der Feldarbeit und benötigen für die Herstellung der besten Stücke über eine Woche Zeit. Die Stile und Muster unterscheiden sich je nach Volksstamm: Die Jarai verstärken die Basis durch einen umlaufenden Bambusring, die Tampoun durchflechten die Grundstruktur mit komplizierten Mustern und rot eingefärbten Rattanstreifen, und von den Kreung stammen unverzierte Stücke mit schwarzen Randeinfassungen. Ein großer *khapa* von guter Qualität kostet rund US$5 und ist ebenso praktisch wie dekorativ.

Die Chunchiet stellen auch **Textilien** unterschiedlicher Qualität und Gestaltung her. Stoffe der Jarai sind locker gewebt und haben gewöhnlich ein Muster aus gelben und blauen Streifen auf schwarzem Grund; die Kreung und Tampoun produzieren feste engmaschige Stoffbahnen von rund 2 m Länge, die sie als Lendentücher verwenden. Die Tampoun fertigen außerdem längere und breitere Stoffbahnen für Sampots. Da inzwischen auch synthetische Garne benutzt werden, sind die Farben recht lebendig – nach wie vor sind aber noch Stoffe in den traditionellen Farben Schwarz, Beige und Rot zu bekommen.

Ein beliebtes Souvenir sind auch die getrockneten, mit geometrischen Mustern verzierten **Kalebassen**, genannt *klok*, in denen die Chunchiet ihr Wasser kühl halten; sie sind ebenso robust wie leicht und daher problemlos zu transportieren.

Zahlreiche Händler im Zentrum bieten geschliffene und polierte **Edelsteine** an, die auf den Märkten von Phnom Penh für US$10–20 zu individuellen Schmuckstücken verarbeitet werden können. Im Angebot sind auch fertige Ringe und Anhänger. Eine gute Adresse für ungeschliffene Steine und große Kristalle sind die Läden an der Straße zum Markt. Die auf dem Markt angebotenen Steine mögen zwar nicht die großartigsten Exemplare sein, doch ihre Qualität ist untadelig und bislang gab es noch keine Berichte über etwaige Fälschungen. Dennoch sollte man nicht jeden Preis bezahlen, nur weil einem ein Stein einfach gefällt, es sei denn, man hat ein geschultes Auge (s. S. 294).

Sonstiges
Apotheken
An der Straße zwischen Unabhängigkeitsdenkmal und Markt.

Elefantenreiten
Das Vergnügen, auf dem Rücken eines Elefanten durch die Landschaft zu schaukeln, wird an mehreren Stellen außerhalb der Stadt angeboten, z. B. in Katieng. Hotels und Gästehäusern helfen bei der Organisation. Für einen 1–2-stündigen Ritt zahlt man US$15–25.

Geld
Auf dem Markt werden Dollar gewechselt. Die **Acleda Bank**, eine Straße nordwestlich vom Markt, löst Reiseschecks ein, Auszahlungen auf Kreditkarte sind aber nicht möglich.

Informationen
Das **Touristenbüro**, gleich hinter dem Schild „Welcome to Rattanakiri Province" nahe dem Flugfeld, ist hilfsbereit und hat auch einige Broschüren, von denen es sich aber scheinbar nur ungern trennen möchte. ⏲ Mo–Fr 8–11 und 14–17 Uhr.

Die besten Tipps bekommt man in den Hotels und Gästehäusern, besonders gute Infos haben das **Star** und das **Tribal**.

Internet
Internetzugang gibt es in der Post (Camintel) oder in einem der Gästehäuser (zur Zeit der Recherche z. B. in der Lake View Lodge), für US$3–4 pro Std. Manchmal gibt es tagelang Verbindungsprobleme.

Medizinische Hilfe
Das einfache **Krankenhaus** im Norden der Stadt am See ist die einzige medizinische Einrichtung.

Motorradverleih
Manche Gästehäuser verleihen 100cc-Motorräder für US$5 pro Tag; geländegängige Maschinen kosten US$10 pro Tag; bei mehrtägigem Mieten werden Rabatte gewährt.

Polizei
Nördlich des Unabhängigkeitsdenkmals, ✆ 012/308988.

Post
Postamt an der Hauptstraße östlich des Unabhängigkeitsdenkmals, ⏰ Mo–Fr 8–11 und 14–17 Uhr.

Telefon
Internationale Telefongespräche vom Postamt, Inlandsgespräche an den billigen Telefonbuden am Markt.

Nahverkehr
Mit US$15 pro Tag ist es vergleichsweise teuer, in Banlung ein **Moto** zu chartern, doch es lohnt sich, da die Fahrer sich in der Provinz auskennen und mit den schlechten Straßenverhältnissen vertraut sind. Viele Fahrer sprechen ein wenig Englisch und können interessante Einzelheiten über die Umgebung erzählen.
Über das Star Hotel, das Tribal Hotel oder die Lake View Lodge kann für US$40–50 pro Tag ein **Jeep** oder ein **Pick-up** mit Fahrer gechartert werden; auch ein einheimischer Führer kann hier angeheuert werden.

Transport
Bis vor kurzem war das **Flugzeug** das bequemste Transportmittel nach Banlung, der Flugverkehr wurde aber eingestellt. Zwar kursieren Gerüchte über eine Renovierung und Wiedereröffnung des Flughafens, zur Zeit der Recherche waren aber keine weiteren Auskünfte erhältlich.
Die 150 km lange **RN 78** von Stung Treng nach Banlung ist das ganze Jahr über befahrbar, erstickt aber in der Trockenzeit im Staub und ist in der Regenzeit von tiefen Spurrinnen durchfurcht.

Busse, Sammeltaxis und Pick-ups
Banlungs zentrale **Haltestelle**, wo die Fahrzeuge aus KRATIE (3x tgl., 6 Std.) und STUNG TRENG (4x tgl., 4 Std.) eintreffen, befindet sich gleich südlich des Unabhängigkeitsdenkmals beim Markt.
Als einziges fahrplanmäßiges Transportmittel innerhalb der Provinz Rattanakiri verkehrt am frühen Morgen ein klappriger Bus nach VOEN SAI (2 1/2 Std.).
Weitere Verbindungen bestehen nach KOMPONG CHAM (mehrere tgl., 8 Std.) und PHNOM PENH (mehrere tgl., 10–12 Std.).

Boote
In **Voen Sai** oder **Lumphat** kann man zum stolzen Preis von mindestens US$100 Boote für die zweitägige Fahrt nach STUNG TRENG chartern.

Die Umgebung von Banlung

Die Straßenverhältnisse in Rattanakiri sind höchst unterschiedlich und selbst die besseren Straßen Richtung Westen nach Stung Treng und Richtung Norden nach Voen Sai sind von schlechten Abschnitten durchsetzt. Wer allein unterwegs ist, sollte unbedingt das Hotel oder Gästehaus über die geplante Strecke informieren, um im Falle von Reifenpannen oder Motorschäden auf Hilfe hoffen zu können.

Trekking wird immer beliebter in Rattanakiri, und die Gästehäuser bemühen sich, eine Trekkingtour oder einen Elefantenritt zu organisieren. Die üblichen Touren umfassen meist eine Fahrt auf einem Bambusfloß, eine Wanderung und eine Übernachtung in einer Hängematte. Die Preise (alles inklusive) betragen US$25 pro Person und Tag für zwei Leute bzw. US$15 pro Person und Tag für eine Gruppe von vier Leuten.

Allerdings gelangt man auf diesen Touren kaum in den Dschungel. Viel besser sind die **Trekkingtouren**, die vom Eco-tourism Information Office des **Virachey-Nationalparks**, ✆ 075/974176, 🖥 www.bpamp.org.kh, organisiert werden; das Büro befindet sich auf dem Gelände des Forstministeriums drei Straßen nördlich der Post bzw. 2 km vom Stadtzentrum entfernt; ⏰ Mo-Fr. Angeboten werden 2- bis 8-tägige Touren inkl. Transport, Verpflegung, einheimische Führer und Beitrag zu einem Gemeindeprojekt. Die beliebteste Tour ist der Trek durch das O'Lapeung-Flusstal mit Wanderung auf dem Ho Chi Minh-Pfad, Kajakfahrt auf dem Fluss und Unterkunft bei einer Familie. Durch die Transportkosten können diese Touren für Einzelreisende sehr teuer werden (bis zu US$144), sodass es besser ist, eine Gruppe (maximal 8 Personen) zusammenzubekommen; dadurch können die Kosten bis auf etwa US$60-70 für drei Tage sinken.

9 HIGHLIGHT

Yeak-Laom-See

Das klare türkisfarbene Wasser des 800 m breiten und bis zu 50 m tiefen Yeak-Laom-Sees inmitten des Urwalds ist einladend warm. Am Ufer gibt es hölzerne Badestege und einen 3 km langen Weg um den See für einen verträumten Spaziergang. Die Szenerie ist wie aus dem Bilderbuch: Bambushaine säumen den See, saftige Farne sprießen aus umgestürzten Bäumen, vorüberziehende Wolken spiegeln sich im Wasser und am späten Nachmittag steigen aus dem Wasser feine Dunstschleier auf. Kein Wunder also, dass manch einer gerne wiederkommt.

Die **Tampoun** betrachten das Gebiet als heilig und verwalten es für ihre Gemeinde. Das **Cultural and Environment Centre**, 300 m gegen den Uhrzeigersinn nach den Stufen am Eingang, stellt Aspekte der Chunchiet-Kultur vor und zeigt verschiedene *khapa*, Textilien, Töpferwaren und andere Gebrauchsgegenstände (in einem leider recht dusteren Raum). Am benachbarten kleinen Stand kann man Textilwaren von hier kaufen; sämtliche Einnahmen kommen der hiesigen Gemeinde zugute.

Der Weg zum Yeak Laom führt von Banlung nach Osten und zweigt nach rund 3,5 km am Hill Tribe Monument nach Südosten ab; auf dem Weg den Hügel hinunter passiert man ein Tampoun-Dorf, zum See sind es dann noch 1,5 km. Mit dem Moto kostet die Fahrt hin und zurück inkl. Wartezeit US$5. ⏰ tgl. von Sonnenaufbis Sonnenuntergang, Eintritt 4000 Riel.

Richtung Norden nach Voen Sai

Das 35 km nördlich von Banlung am schönen Fluss San gelegene **Voen Sai** ist das größte Dorf im Virachey-Nationalpark. Es ist leicht mit einem Moto von Banlung zu erreichen. Viele Touristen kommen, um die nahen Dörfer der Chinesen, Lao und Kreung zu besuchen.

Auf dem Weg von Banlung nach Norden steigt die Straße hinter dem Boeung Kansaing stetig an und erreicht nach ungefähr 10 km die englisch ausgeschilderte Kreuzung von O Chum. Richtung Osten geht es zum 4 km entfernten **Veal Rum Plan**, einem alten **Lavafeld** mit gewaltigen flachen Steinen. Westlich der Kreuzung steht Kambodschas erstes Wasserkraftwerk, das einem kleinen Nebenfluss des San Elektrizität abgewinnt. Die Umgebung ist recht hübsch und lädt zu einem Spaziergang am Kanal mit Blick auf den 10 m tiefer gelegenen Fluss ein.

Weiter entlang der Hauptstraße wurde der Dschungel gerodet, um Platz für Ananas-, Pfeffer-, Cashew- und Bananenplantagen zu schaffen. Die Chunchiet, die dafür ihre Dörfer verlassen mussten, leben nun in neuen Siedlungen nahe der Straße. Dahinter schließt sich schon bald wieder dichterer Urwald an, in den in regelmäßigen Abständen schmale Pfade von der Straße abzweigen. Häufig begegnet man hier Familien, die zur Feldarbeit unterwegs sind.

Am Rand von Voen Sai unterhält der **Virachey-Nationalpark** ein Büro, das eine kleine Fotoausstellung über den Park und seine Tier- und Pflanzenwelt zeigt. Von hier sind es nur wenige Kilometer zum Fluss und zum Dorfzentrum, wo es rund um den Fähranleger Garküchen, Getränkestände und ein paar Läden gibt. Am Flussufer gegenüber liegen chinesische und Lao-Dörfer (einfache Fahrt 500 Riel).

Das chinesische Dorf ein paar Kilometer westlich hat eine aufgeräumte Schule und einen kleinen Lebensmittelladen. Entlang der Hauptstraße stehen hübsche hellblaue Häuser fest auf dem Boden anstatt wie sonst auf Pfählen.

Am Flussufer in Voen Sai kann man ein **Boot** chartern und einen Ausflug stromaufwärts in weiter östlich gelegene Kreung- und Kraval-Dörfer (30–60 Min.) und zu einem Chunchiet-Friedhof (90 Min.) unternehmen; die Fahrt bis zum Friedhof kostet US$15–20.

Die Wasserfälle

Mehrere malerische kleine Wasserfälle sind von Banlung aus leicht zu erreichen. Der höchste davon ist der **Chha Ong** (Eintritt 2000 Riel); hier gurgelt der Fluss durch üppigen Dschungel, bevor er in eine 30 m tiefe Schlucht stürzt. Das Becken unten ist tief genug zum Schwimmen, und Wagemutige können auf einen Felsvorsprung hinter dem Wasservorhang klettern. Der Weg nach Chha Ong führt von Banlung zunächst 2 km westwärts über die RN 78 zu einer beschilderten Abzweigung nach rechts (Nordwesten), von dort sind es noch 6 km bis zum Wasserfall.

Biegt man an der Kreuzung nach links (Süden) ab, führt die Straße an Kautschukplantagen und einer Kautschukfabrik vorbei, bevor sie in tieferes Gelände abfällt und rund 4 km von der Hauptstraße entfernt, hinter einer Reihe von Essensständen und Karaoke-Schuppen eine kleine Brücke erreicht. Kurz vor dieser Brücke führt rechts ein schmaler Pfad durch ein Tal mit Bambushainen zum 10 m hohen **Ka Chhang**, dessen Becken zu einem erfrischenden Bad einlädt.

Zum **Katieng** geht es zunächst zurück Richtung Stadt und in die erste schmale Straße nach links, die einen Hang hinaufführt. Nach rund 4 km erreicht man einen kleinen Fluss und folgt dem Pfad auf der anderen Flussseite nach rechts. Einheimische bieten hier **Elefantenritte** für US$10–15 pro Stunde an, allerdings ist es einfacher, derlei über ein Hotel oder Gästehaus organisieren zu lassen. Wer es authentischer haben möchte, ist mit den Elefantenexkursionen in Mondulkiri weit besser bedient.

Lumphat

Die Fahrt ins 35 km von Banlung entfernte Lumphat führt zunächst rund 8 km weit nach Westen Richtung Stung Treng, bevor links eine Straße (die erste nach dem englischen Wegweiser in Richtung der Wasserfälle) nach Süden abzweigt. Es ist eine schöne Strecke, auf der sich Reisfelder und Buschland abwechseln, bis die Straße schließlich den Ort am Srepok erreicht. Lumphat, das heute eher dörflich wirkt, war in der Sihanouk-Ära Provinzhauptstadt, bis die Roten Khmer diese 1975 nach Voen Sai verlegten. Alte Karten weisen noch auf den ehemaligen Flughafen hin, und von der früheren Provinzhauptstadt sind nur noch wenige Betonruinen erhalten. Mit Kratern durchsetzte Landstriche zeugen noch heute von den Angriffen der B52-Bomber, und im Gestrüpp blinken rostende Metallteile. Die auffälligsten Bombenkrater befinden sich am Ortsrand in der Nähe des Wasserturms. Obwohl keine Landminen versteckt liegen, sind **Blindgänger** noch immer eine Gefahr.

Mondulkiri

Die gebirgige, nur dünn besiedelte Provinz Mondulkiri empfängt pro Jahr weniger Besucher als Rattanakiri im Monat. Trotz beträchtlicher Abholzung besitzt Mondulkiri bis heute schier undurchdringlichen Dschungel und ist der Lebensraum von seltenen und bedrohten Tierarten, darunter Wasserbüffel, Asiatischer Wildhund, Elefant und Grüner Pfau.

Abgesehen vom Dschungel und dem kühlen Klima (ideal für Wanderungen) liegt der Reiz Mondulkiris in seiner Abgeschiedenheit, wenngleich sich die einzigen bislang zugänglichen Touristenziele auf die kompakte Provinzhauptstadt **Sen Monorom** sowie mehrere schäumende Wasserfälle, darunter der mächtige **Bou Sraa**, beschränken. Mondulkiri ist außerdem das Mekka für Elefantenfreunde: Hier gibt es authentische Elefantentreks und vielleicht sogar eine Gelegenheit, bei einem Hilfsprogramm für die Dickhäuter mitzuwirken.

Fast 80% der Einwohner dieser armen Provinz sind Chunchiet vom Stamm der Phnong. In den

Chha Ong: malerischer Wasserfall in eine 30 m tiefe Dschungelschlucht

1990er Jahren zogen vermehrt Khmer in die Region, die aus thailändischen Flüchtlingslagern zurückkehrten waren und sich das Leben in den kambodschanischen Städten nicht leisten konnten. Seit 2001 suchen außerdem Angehörige vietnamesischer Bergstämme *(montagnards)* aufgrund anhaltender Diskriminierung und Verfolgung hier Zuflucht. Ursprünglich waren sie in UN-Flüchtlingslagern untergebracht, inzwischen sind die meisten aber in ihr Heimatland zurückgeführt worden oder in die USA emigriert. Vor allem in Grenznähe schwelen die Spannungen jedoch bis heute.

Leider ist die einzigartige grüne Hügellandschaft von Mondulkiri bedroht: Bauxit ist entdeckt worden, und inzwischen ist der australische Rohstoffkonzern BHP Billiton zwecks einer möglichen, von der kambodschanischen Regierung uneingeschränkt unterstützten Erschließung vor Ort in Sen Monorom präsent. Sollte der Tagebau genehmigt werden, wird sich das Erscheinungsbild der Landschaft unwiederbringlich verändern.

Anreise nach Mondulkiri

Die meisten Reisenden gelangen von **Phnom Penh** aus nach Mondulkiri, eine anstrengende Fahrt von mindestens acht Stunden. Ein paar Sammeltaxis und Pick-ups machen sich je nach Nachfrage und Autopannen mehr oder weniger täglich auf den langen Weg von der Hauptstadt nach Sen Monorom. Auch von **Kompong Cham** und **Snuol** gibt es Verbindungen, irgendwo unterwegs zuzusteigen ist allerdings kaum möglich, denn nur selten gibt es noch freie Plätze.

Hinter **Snuol** durchqueren die Fahrzeuge in östlicher Richtung das gleichnamige Naturschutzgebiet. Danach steigt die Straße langsam an, bis sie rund 40 km vor der Provinzhauptstadt ein 900 m hoch gelegenes Plateau erreicht. Nahe Sen Monorom wechselt die Landschaft zu sanft gewellten, grasbewachsenen Hügeln – die mehr an England erinnern und wahrscheinlich das Ergebnis jahrelanger Brandrodung sind – mit eingestreuten Kiefernwaldungen, die in den 1960er Jahren auf Anordnung des Königs gepflanzt wurden.

Erfahrene Offroad-Biker stellen sich manchmal mutig der Herausforderung der grausamen Pisten und zahllosen Flüsse zwischen **Banlung** in der Provinz Rattanakiri und Sen Monorom, was aber nur in der Trockenzeit (Nov–Mai) möglich ist.

Sen Monorom

Sen Monorom wirkt mit seinen Häusern, die sich locker über ein paar Kilometer verteilen und nur um den Markt in der Ortsmitte etwas dichter stehen, mehr wie ein großes Dorf. Egal in welche Richtung man losmarschiert, schon nach kurzer Zeit findet man sich in unberührtem, einsamem Gelände wieder. Es stehen allerdings nur wenige Pfade zur Auswahl.

Die beiden Seen in Ortsnähe laden zu einem netten Spaziergang am frühen Morgen oder späten Nachmittag ein, und 2 km vom Ort entfernt erhebt sich der **Phnom Dosh Kramom** (oder Youk Srosh Phlom bei den Phnong, für die der Berg heilig ist), ein kleiner Hügel mit einer Meditationspagode und herrlicher Aussicht.

Es gibt zwar eine Acleda Bank, aber diese wechselt keine Reisechecks ein und bietet auch keine Auszahlungen auf Kreditkarte; also auf jeden Fall genügend **Bargeld** dabeihaben! Am Markt können US-Dollar in Riel getauscht werden.

Übernachtung

Angesichts der Abgeschiedenheit ist die Auswahl an ordentlichen Unterkünften überraschend groß, sodass eigentlich nur die Standortfrage entscheidend ist – im Ort nahe den Restaurants und dem Markt, am Ortsrand oder gleich ganz außerhalb.

Abgeschiedene Idylle

Arun Reah II, an der Straße nach Phnom Penh, etwa 2 km außerhalb, ✆ 012/856667 oder ✆ 012/999191, ✉ richardcambodia@yahoo.com. Am Hang eines Hügels verstreut liegende Hütten und Bungalows, die einfachsten davon mit kalter Dusche, Balkon und fantastischer Aussicht, die Deluxe-Bungalows mit Warmwasser und TV. Restaurant, Internet, kostenlose Motorräder für die Fahrt in den Ort. ❶–❸

Holiday, im Ortszentrum beim Kreisverkehr, ✆ 012/936606. Neuere und günstige Unterkunft, saubere Zimmer. ❶–❷

Mondulkiri, an der Straße zwischen Krankenhaus und Wat, ✆ 073/390139, 🖳 www.mondulkiri-hotel.com. Das Hotel ist die vornehmste Unterkunft und bietet schicke Zimmer, alle mit Warmwasser, Klimaanlage, TV und Minibar. Es gibt auch ein Restaurant. ❸

Nature Lodge, rund 4 km außerhalb, ✆ 012/230272. Einfache Hütten in hügeliger Landschaft, zu erreichen über einen schmalen Pfad. ⏱ nur in der Trockenzeit (ca. Nov–April). ❶

Oeun Sakona, in Marktnähe an der Hauptstraße, ✆ 012/950680. Funkelnagelneues Hotel mit noblen Zimmern mit Warmwasser und TV. Bald soll auch ein Restaurant eröffnet werden, einstweilen gibt es aber auch reichlich Auswahl in der Umgebung. ❷–❸

Pich Kiri, östlich vom Markt an der Straße ins Zentrum, ✆ 012/932102. Die älteste Unterkunft der Stadt, freundliche Besitzer, leicht muffige Zimmer unterschiedlicher Kategorien, einige mit Warmwasser, Restaurant, schattiger Garten mit vielen Sitzgelegenheiten. Zur Zeit der Recherche stand ein Hotelneubau hinter dem derzeitigen Gästehaus kurz vor der Fertigstellung. ❷–❸

Essen

Das Essen ist in Mondulkiri etwas teurer und die Auswahl beschränkter als anderswo in Kambodscha. Im ganzen Land berühmt ist Mondulkiri für seine Avocados – in der Obstsaison (April–Juni) kosten ganze Wagenladungen nur einen Spottpreis. Außer in den Hotels und Gästehäusern gibt es mehrere Restaurants an der Hauptstraße in Marktnähe.

Chom Nor Themei, beliebtes Lokal mit guter (übersetzter) Karte und einigen westlichen Gerichten. Ideal nach einem anstrengenden Tag in den Bergen: Huhn oder Rind mit kambodschanischen Gewürzen.

Sok Leap, ordentliche kambodschanische Küche, umfangreiche Speisekarte (nur z. T. in Englisch).

Sen Monorom, oben auf dem Hügel beim Kreisverkehr, kambodschanische Standardgerichte, Terrasse.

Elefantentrekking

Die Besitzer der Gästehäuser und Bars in Sen Monorom können bei der Organisation von Elefanten-Trekkingtouren helfen, die ausgehend von den Dörfern **Phulung**, 8 km nördlich von Sen Monorom, und **Potang**, 8 km südlich, durch den Dschungel führen. Die Preise liegen bei US$15 für einen halben Tag und US$30 für einen ganzen Tag, inklusive Transport zum jeweiligen Dorf und zurück, Phnong sprechendem Führer sowie, bei der Tagestour, Mittagessen. Auch Touren mit Übernachtung sind möglich, die meisten scheinen aber schon nach ein paar Stunden von der Schaukelei genug zu haben. Bei der Organisation sind die Besitzer der Gästehäuser und Bars behilflich.

ELIE (Elephants Livelihood Initiative Environment), ✆ 012/1613833, 🖳 www.elie-cambodia.org, ist eine NGO, die in Mondulkiri mit den Phnong und ihren Elefanten arbeitet. Zur Zeit der Recherche entwickelte ELIE 10 km von Sen Monorom ein Ökotourismusprojekt, wo es in Zukunft möglich sein soll, in einer Unterkunft im Phnong-Stil zu übernachten, Dschungeltreks zu unternehmen und sowohl etwas über die Elefanten zu lernen als auch dabei zu helfen, sie zu versorgen.

Am Markt gibt es einfache Reisgerichte und Nudelsuppe zum Frühstück.

Unterhaltung

Abends ist in Sen Monorom nicht gerade viel los, aber immerhin gibt es inzwischen ein paar Lokale zum gemütlichen Abhängen.

Bananas, neben dem Hotel Oeun Sakona. Neu eröffnete Bar, Restaurant und Travellertreff. Organisiert Ad-hoc-Veranstaltungen von Drachensteigenlassen über Dschungelpicknicks bis hin zu DVD-Doku-Abenden. Der Garten ist eine ständige Baustelle, und Besucher mit grünem Daumen dürfen gerne helfen.

The Green House, in Marktnähe an der Hauptstraße. Bier, Cocktails und Shakes ab dem späten Nachmittag. Gut als Nachrichtenbörse und um Touren zu organisieren; wackliger Internetzugang (US$2 pro Std.).

Transport

Sammeltaxis, Minibusse und Pick-ups

Die Haltestelle aller Transportmittel befindet sich im Norden der Stadt, ein Stück bergauf vom Markt. Bei der Ankunft kann man sich auf dem Weg ins Zentrum normalerweise bei einem der Gästehäuser absetzen lassen.

Es gibt Verbindungen nach KOMPONG CHAM (tgl., 6 Std.), PHNOM PENH (2–3x tgl., mind. 8 Std.) und SNUOL (1–2x tgl., 5 Std.).

Die Gästehäuser vermieten normale und geländegängige Motorräder (US$6–15 pro Tag, plus Benzin), aber der Zustand der Straßen ist extrem unterschiedlich – unbedingt vorher über die Situation informieren. Außerdem sollte man einen guten Orientierungssinn besitzen oder ein paar Brocken Khmer sprechen können, da es keine Straßenschilder gibt.

Wer sich nicht sicher ist, kann für Ausflüge für US$20 pro Tag ein Moto mieten, doch ist die Wahrscheinlichkeit gering, einen Fahrer mit englischen Sprachkenntnissen zu finden.

Die Umgebung von Sen Monorom

10 HIGHLIGHT

Die Wasserfälle

Kurz vor der vietnamesischen Grenze und 35 km von Sen Monorom entfernt stürzen sich die in einem berühmten Lied des verstorbenen kambodschanischen Sängers Sin Sisamot verewigten **Bou-Sraa-Wasserfälle** in einer wunderschönen zweistufigen Kaskade 30 m tief in eine Urwaldschlucht. Allein schon die Umgebung ist den Besuch wert, wenngleich der Weg zu den Fällen in der Trockenzeit strapaziös und in der Regenzeit praktisch unpassierbar ist – spätestens jetzt wird klar, warum die Einheimischen auf Elefanten reiten. Zu erreichen sind Wasserfälle per Motorrad von einem der Gästehäuser (Miete US$6–15 pro Tag) oder gechartertem Moto (US$20 pro Tag). Die Straße hierher ist inzwischen von einer Privatfirma ausgebaut worden und kostet rund US$2 Maut. Der Vorteil ist, dass die Wasserfälle jetzt nur noch eineinhalb Stunden Fahrt entfernt liegen.

Nicht annähernd so malerisch wie Bou Sraa, dafür jedoch bequemer zu erreichen und immer noch recht hübsch sind die **Romanea-Wasserfälle**, die über drei Stufen hinabstürzen. Der Weg dorthin führt von Sen Monorom 10 km über die Straße Richtung Snuol, überquert drei Brücken und biegt dann zweimal links ab (keine Ausschilderung!). Anfahrt wiederum am besten mit einem Motorrad oder Moto (s. o., Bou Sraa)

5 km nordwestlich von Sen Monorom gelangt man – per Moto oder auch zu Fuß – zum 10 m hohen **Monorom-Wasserfall** (auch Sihanouk-Fälle genannt). An der Strecke dorthin kommt man an den Ruinen einer (selten genutzten) königlichen Residenz vorbei, dahinter führt die Abzweigung nach links zu den Wasserfällen. Im Becken am Fuß der Fälle kann man sogar in der Trockenzeit schwimmen.

Sihanoukville und der Süden

Stefan Loose Traveltipps

Kirirom-Nationalpark Kühles Hügelland mit vielen Kiefern, Wasserfällen und Wanderwegen. S. 310

11 Sihanoukville Erholsame Tage an goldgelben Sandstränden. S. 317

12 Ream-Nationalpark Traumhafte Küstenlandschaft mit weißen Sandbuchten. S. 332

13 Bokor-Nationalpark Verlassene und von Wolken umhüllte einstige Sommerresidenz 1000 m hoch in den Elefantenbergen. S. 340

14 Kep Krebse schlemmen auf einem Markt am Strand oder beim Sundowner im elegant renovierten Luxushotel aus den 1960ern chillen. S. 343

Der Süden Kambodschas umfasst drei völlig unterschiedliche Regionen. Der **Südwesten** mit einer über 440 km langen, von Palmen gesäumten Küstenlinie lässt sich wegen seiner undurchdringlichen Wälder, der natürlichen Barriere des Kardamom-Gebirges und fehlender Straßen vergleichsweise schwer erkunden.

Ganz anders Süd-Kambodschas zentrale Region – grob die Provinzen **Kampot** und **Takeo** – mit schroffen Karstbergen inmitten fruchtbarer Ebenen, die zu den ertragreichsten des ganzen Landes gehören. Die Provinz Kampot erweckt teilweise den Eindruck eines riesigen Gartens, in dem Durian, Wassermelonen und Kokosnüsse gedeihen, während in der Provinz Takeo Nassreisfelder das Landschaftsbild prägen. Auch Salz und Pfeffer sind wichtige Erzeugnisse der Region. Das in den Salinen an der Küste gewonnene Meersalz ist ein elementarer Bestandteil der kambodschanischen *prohok* (fermentierte, salzige Fischpaste), während der Pfeffer fast wie Hopfen angebaut wird und in Reih und Glied an Seilen emporrankt.

Wiederum in starkem Kontrast dazu stehen die dicht besiedelten Provinzen **Svay Rieng** und **Prey Veng** östlich des Mekong, die zu Kambodschas ärmsten Regionen zählen. Die meisten Menschen wohnen in Häusern aus einfachen Flechtwerk-Gerippen, die mit Lehm bekleistert sind, und die Reisernten der Region sind in ständiger Gefahr durch Überschwemmungen in der Regenzeit und den gleich danach einsetzenden Dürreperioden.

Die meisten Touristen werden von den ursprünglichen weißen Sandstränden von **Sihanoukville** in den Süden gelockt. Die Stadt liegt auf einer Halbinsel, die in den Golf von Thailand ragt und von sanft geschwungenen, baumgesäumten Strandbuchten umrahmt ist, während vor der Küste dunstverschleierte Inseln verführerisch schimmern. Wer allerdings die Einsamkeit eines abgelegenen Atolls erwartet, wird denkbar enttäuscht: Seit die Besucherzahlen steigen, gibt es inzwischen an den meisten Stränden strohgedeckte Schirme und Strandbars, und selbst an den entlegensten Flecken bieten fliegende Händler ihre Snacks an. Aber keine Angst, trotz allem findet hier jeder noch einen idyllischen Winkel zum Relaxen, vor allem unter der Woche.

Auf dem Weg nach Sihanoukville bietet sich nur zwei Stunden Fahrzeit südlich von Phnom Penh im **Kirirom-Nationalpark** Gelegenheit zur Erkundung herrlicher Berglandschaft und eines verlassenen Erholungsorts. Sihanoukville selbst ist das Sprungbrett für einen Ausflug in den ebenfalls wundervollen **Ream-Nationalpark** mit Mangrovenwäldern und schönen Sandstränden. Östlich von Sihanoukville dehnt sich über dschungelbewachsene Hänge der **Bokor-Nationalpark** aus, der wie Kirirom eine verlassene Feriensiedlung besitzt. Die charmante, an einem Fluss gelegene Stadt **Kampot** ist der beste Ausgangspunkt für Ausflüge sowohl nach Bokor als auch in das zunehmend populäre Seebad **Kep**.

Östlich davon gibt es nur noch wenig Interessantes für Touristen. In der alten, heute in Ruinen liegenden Stadt **Angkor Borei** aus der Funan-Epoche gibt es ein ausgezeichnetes Museum mit frühen Skulpturen und einer faszinierenden Dokumentation der archäologischen Grabungen in der Umgebung. Das nicht weit entfernte Bergheiligtum **Phnom Da** ist am bequemsten per Boot von der tristen Kleinstadt **Takeo** zu erreichen. **Neak Leung** ist in erster Linie Durchgangsstation für die Fahrt mit der Fähre flussabwärts zur vietnamesischen Grenze. Wer weiter nach Osten vordringt, durchquert die ärmsten Provinzen Kambodschas und die aufblühende Stadt **Svay Rieng**, bevor in **Bavet** der wichtigste Ort für den Grenzverkehr nach Vietnam auf dem Landweg erreicht ist.

Die Verkehrsanbindung ist in großen Teilen des Südens vergleichsweise gut. Die Fahrt von Phnom Penh nach Sihanoukville auf der **RN 4**, einer der meistbefahrenen Straßen des Landes, dauert nur wenige Stunden. Zwei weitere wichtige Verkehrsadern führen von Phnom Penh nach Süden: Die **RN 3** nach Kampot ist in überwiegend ordentlichem Zustand, auch wenn einige Abschnitte zwischen Kep und der vietnamesischen Grenze ziemlich katastrophal sind. Dafür genügt die **RN 2** den heutigen Ansprüchen, zumindest bis Takeo; der Rest bis zum Grenzort Phnom Den erfordert wieder etwas mehr Kondition. Für Reisende aus **Thailand** führen die Wege in die Hauptstadt entweder über die **RN 48**, die später auf die RN 4 trifft, oder mit Expressbooten über die Umsteigestation Sihanoukville.

Als wäre es ein großer Garten: Der Süden Kambodschas ist die fruchtbarste Region des Landes

SIHANOUKVILLE UND DER SÜDEN

Da die in der Regenzeit anschwellenden Flüsse Bassac und Mekong das Gebiet zwischen Takeo und Neak Leung regelmäßig von August bis März überschwemmen, sind dort **Boote** die zweckmäßigsten Verkehrsmittel – auch in der Trockenzeit, in der ein Netzwerk aus Kanälen zum Vorschein kommt, das die gesamte Region durchzieht. Wer auf dem Straßenweg aus den südöstlichen Provinzen Prey Veng und Svay Rieng in andere südliche Gebiete möchte, muss den Umweg über Phnom Penh nehmen.

Der Südwesten

Auf ihrem Weg von Phnom Penh bahnt sich die **RN 4** ihren Weg zunächst durch eine typisch kambodschanische Landschaft aus Reisfeldern und Zuckerpalmen. Südlich von Kompong Speu tauchen am Horizont allmählich die Gipfel des Kardamom-Gebirges im Norden und die Elefantenberge im Süden auf und das Landschaftsbild ändert sich komplett. Etwas abseits der Strecke dehnen sich die hügeligen Kiefernwälder des wenig besuchten **Kirirom-Nationalparks** aus, der mit fast alpiner Landschaft und frischer Bergluft den Umweg aber lohnt.

Kirirom-Nationalpark

Die wogenden Hügel des Kirirom-Nationalparks sind von Pfaden durchzogen und mit Wasserfällen, Seen und üppigen Wildpflanzen durchsetzt. An den Hängen des bedeutenden Naturschutzgebietes wachsen trotz illegalen Holzeinschlags ganze Wälder der Kiefernart *Pinus merkusii*, die ansonsten nirgends in Kambodscha zu finden ist. Obwohl Wilderei ihren Tribut gefordert hat, leben bis heute seltene Rotwildarten, Wildrinder (Gaur und Banteng), Elefanten und Leoparden zurückgezogen in den Tiefen des Parks. Bei einer Bestandserfassung 1995 wurden Tigerspuren entdeckt, doch da es in der Folgezeit zu keiner tatsächlichen Sichtung kam, ist es mehr als unwahrscheinlich, dass Tiger in dieser Region überlebt haben.

In den 1940er Jahren wurde die erste Straße durch den Wald gebaut, und 1944 stattete sogar König Norodom Sihanouk dem Gebiet einen Besuch ab und gab ihm den Namen *Kirirom*, „Berg der Glückseligkeit". Eine Feriensiedlung entstand, die aber bereits 1947 wieder aufgegeben werden musste, weil sich die königsfeindlichen Guerillatruppen der Khmer Issarak in der Nähe festsetzten. Erst 1962 wurde die idyllische Bergwelt wieder für die Öffentlichkeit zugänglich gemacht.

Das kühle Klima und die Nähe zu Phnom Penh begünstigten eine rasche Erschließung und den Ausbau zu einem Feriengebiet, in dem nicht nur prächtige Sommer- und Wochenendhäuser entstanden, sondern auch eine Pagode und zwei königliche Residenzen. Als in den 1970er Jahren jedoch der Bürgerkrieg das Land spaltete und die Roten Khmer die Macht ergriffen, wurden die Hügel ein weiteres Mal entvölkert. Obwohl bereits 1993 ein 350 km^2 großes Areal als Nationalpark ausgewiesen wurde, ist das Gelände erst seit 1996 wieder zugänglich, nachdem sich die restlichen Khmer Rouge in diesem Gebiet Regierungstruppen angeschlossen hatten.

Im Park unterwegs

Vom Parkeingang steigt die Straße auf einer Länge von 16 km stetig an und erreicht dann ein ausgedehntes bewaldetes Plateau mit den meisten Sehenswürdigkeiten und den wenigen touristischen Einrichtungen. Ungefähr auf halber Strecke – auf den Wegweiser achten – führt ein schmaler Pfad zum nahen **Outasek-Wasserfall** mit seinen Kaskaden. Bis auf die allertrockensten Tage des Jahres ist dort zumindest zum Plantschen genug Wasser vorhanden.

Auf dem Plateau führt hinter dem Kirirom Guesthouse eine Nebenstraße zu einer Ansammlung verfallener Gebäude. Das noch relativ gut erhaltene weiße Haus mit rotem Dach war die neuere der beiden **königlichen Residenzen**. Nicht weit entfernt steht die ebenfalls verfallene ältere Königsresidenz. Wer sich durch den wild wuchernden Garten schlägt, bekommt die Mühe mit Ausblicken über die Wälder bis hin zum zauberhaften **See Sras Srorng** belohnt, zu dem ein steiler Pfad vom Palast hinunterführt.

Rund 1 km hinter dem Gästehaus liegt das **Parkbüro**, das aber keine Besucherinformation bereithält. Dafür steht in der Nähe ein Schwarzes Brett mit einem nützlichen Übersichtsplan und Fotos von verschiedenen sehenswerten Stellen des Parks; auch Fotos von toten Tieren, die hier illegal gefangen wurden, hängen dort aus.

Ungefähr 500 m entfernt befindet sich die einzige größere **Kreuzung** des Parks, an der Schilder zu den weit verstreuten Sehenswürdigkeiten weisen. Am lohnendsten ist der Route nordwärts, die in Abständen von jeweils rund 2 km zu drei **Wasserfällen**, nummeriert nach zunehmender Größe I, II und III, führt. In der Trockenzeit verkümmern sie zu schmalen Rinnsalen, in der Regenzeit jedoch schwellen sie zu imposanten Strömen an, allerdings ist dann der Weg auch am beschwerlichsten.

Kirirom ist ein ideales **Wandergebiet**, das ein paar Tage Aufenthalt lohnt. Das Gelände ist vollständig von Minen geräumt, die durchschnittliche Temperatur auf dem Plateau liegt tagsüber bei 25 °C, während es nachts auf 5–10 °C abkühlt. Nach Einbruch der Dunkelheit sind also lange Hosen und wärmende Kleidung unentbehrlich. Eine Übernachtung bietet vor allem unter der Woche den absolut ungestörten Genuss der ruhigen Umgebung und nach Kiefern duftenden Luft. Am Wochenende kommen scharenweise Ausflügler aus der Stadt, nur wenige bleiben aber über Nacht.

Der Parkeingang (tgl. 8–17 Uhr) liegt gegenüber dem Kirirom Hillside Resort, 10 km von der Hauptstraße entfernt. An einer kleinen Hütte zahlt man Eintritt (US$5 p. P. für Ausländer).

Übernachtung und Essen

Kirirom Hillside Resort, am Parkeingang
016/590999, www.kiriromresort.com, gegenüber dem Parkeingang am Fuß des Hügels. Das schicke, neue Ressort zählt sowohl Tagesausflügler aus der Hauptstadt als auch betuchte Touristen zu seinen Gästen, die in den luxuriösen, über einen Garten verteilten Bungalows wohnen. Die Saurier-Skulpturen und Vogelstimmen vom Band im Restaurant sind nicht unbedingt jedermanns Geschmack, dafür bietet das Ressort (Eintritt US$3) jede Menge Aktivitäten an, darunter Kanufahrten, Reiten, Angeln, Tennis, Schwimmen und Radfahren. Es gibt sogar einen kleinen Zoo. Überraschend gut ist auch das Restaurant mit einer Speisekarte, auf der Lammkeule, Lachsfilet und vorzügliche Khmer-Gerichte zur Wahl stehen. ❺

Kirirom Guesthouse and Restaurant,
012/363459, staatliches Gästehaus in sehr schöner Lage oben auf dem Plateau. 5 einfach ausgestattete und überteuerte Zimmer mit Bad, doch das Wasser ist eiskalt. Für Strom sorgt ein Generator, der von Einbruch der Dunkelheit bis ungefähr 22 Uhr in Betrieb ist. Das Restaurant serviert gute Khmer-Gerichte sowie Steaks mit Pommes frites, und von der Dachterrasse hat man eine schöne Aussicht auf die Berglandschaft. ❸

Ansonsten bieten nur einige kleine Buden hinter dem Parkbüro Mittagsmahlzeiten an.

Transport

Der Nationalpark liegt etwas über 100 km südwestlich von Phnom Penh und ist mit öffentlichen Transportmitteln zu erreichen, wenn auch etwas umständlich, da von der Abzweigung von der RN 4 noch 26 km zum Hochlandplateau zurückzulegen sind.
Anfahrt von PHNOM PENH mit einem Bus vom Psar Thmei nach TRANG TRO YEUNG (8000 Riel), dort am Markt eines der Motos für die restliche Strecke zum Park chartern (hin und zurück ca. US$10).
Von SIHANOUKVILLE fahren Minibusse und Sammeltaxis nach Trang Tro Yeung (10 000 Riel). Wer über Nacht auf dem Plateau bleibt, kann sich entweder am nächsten Tag von seinem Fahrer abholen und nach Trang Tro Yeung zurückbringen lassen oder versuchen, eine Mitfahrgelegenheit im Versorgungsfahrzeug der Unterkunft zu arrangieren.
Bequemer gestaltet sich ein Besuch des Nationalparks, wenn man in Phnom Penh oder Sihanoukville ein Motorrad mietet oder einen Wagen mit Chauffeur für rund US$60 chartert und einen Tagesausflug unternimmt.
Die Straße ist bis aufs Plateau hinauf befestigt, wenn auch voller Schlaglöcher, sodass der Park das ganze Jahr über zugänglich ist.

Kambodschas Naturschutz-Misere

Bei angemessener, nachhaltiger Bewirtschaftung könnten Kambodschas **Wälder** eine wertvolle nationale Einkommensquelle darstellen – nicht nur als Nutzholzlieferanten, sondern auch als Zielgebiet des Ökotourismus. Leider aber ist der Waldbestand in den vergangenen Jahrzehnten dramatisch geschrumpft. Laut aktuellem Bericht der Welternährungsorganisation der Vereinten Nationen soll allein in den letzten fünf Jahren knapp ein Drittel verschwunden sein. Ursprünglich brachte der (meist illegale) Kahlschlag hauptsächlich Bauholz, inzwischen aber werden riesige Flächen abgeholzt, um Platz für Plantagen zu schaffen, z. B. für Kautschuk in der Provinz Kompong Cham. Das Holz wird natürlich trotzdem gewinnbringend verhökert (s. S. 195). 2001 versuchte die von der **Weltbank** unter Druck gesetzte Regierung mit diversen Maßnahmen den schlimmsten Umweltsünden Einhalt zu gebieten. Doch schon kurz darauf kam es zu Differenzen mit **Global Witness** (www.globalwitness.org), der von der Weltbank als Öko-Wachhund eingesetzten Organisation, welche die Effektivität der Maßnahmen kritisierte. In ihrem im Juni 2007 veröffentlichten Bericht beschuldigt sie mehrere hohe Regierungsbeamte, die nationalen Ressourcen zur persönlichen Bereicherung zu missbrauchen. Empört forderten diese die Absetzung einiger Mitglieder von Global Witness. Traurige Bilanz dieses Hickhacks: Auch fast 10 Jahre nach dem offiziellen Abholzverbot ist die Lage praktisch unverändert, und die natürlichen Ressourcen des Landes nehmen mit besorgniserregender Geschwindigkeit ab.

Gegenwärtig verwaltet das Umweltministerium 23 ausgewiesene **Schutzgebiete** –sieben Nationalparks, zehn Naturschutzgebiete, drei „Zonen mit gemischter Nutzung" und drei „Landschaftszonen". Doch keines davon ist abgezäunt und kaum eines durch Schilder gekennzeichnet. Bekannte Schutzgebiete wie Kirirom, Bokor und Virachey unterstehen der Aufsicht offizieller Ranger, aber die Zahl dieser schlecht ausgebildeten (wenn auch willigen) Parkaufseher ist viel zu niedrig.

Ein symptomatisches Beispiel für die völlig unzureichenden Maßnahmen sind die Verkaufsstände an den Straßen in einigen Teilen des Landes, die bündelweise im Dschungel geschlagene Holzscheite oder in behelfsmäßigen Öfen gebrannte

Koh S'dach

Etwa auf halber Strecke zwischen Sihanoukville und Koh Kong liegt in den klaren blauen Küstengewässern der Provinz Koh Kong die kleine Felseninsel Koh S'dach (Königsinsel), deren Name auf eine Legende um die Königsquelle hinter dem Hafen zurückgeht, die auf wundersame Weise zu sprudeln begann, als ein König und seine Armee im Kampf gegen vorrückende Eindringlinge verzweifelt nach Trinkwasser suchten. Die nur wenige tausend Einwohner zählende Insel wirkt auf den ersten Blick unspektakulär, doch ihre Gewässer bieten schon im Uferbereich exzellente Schnorchel- und Angelmöglichkeiten, und in der Nähe locken weitere kleine unberührte Inseln. Verglichen mit anderen Fischerdörfern ist Koh S'dach eine recht wohlhabende Gemeinde, was in erster Linie der hiesigen Eisfabrik zu verdanken ist, die die Fischereiflotte beliefert.

Die Insel ist nur wenige Kilometer lang und einen Kilometer breit. Ein Pfad führt von der schlichten Pagode **Wat Koy Koh** zu einem felsigen **Strand** auf der Seite zum offenen Meer, wo in Ufernähe Korallen wachsen und Fischschwärme sich tummeln. Koh S'dach ist ein idealer Ort für Bootsausflüge und Erkundungstrips zu anderen nahen Inseln. Nur 1 km entfernt liegt die Insel **Koh K'Maoit** mit einem kleinen Fischerdorf und einigen kleinen Stränden. Mit einem der schmalen Fiberglasboote kann man in fünf Minuten aufs Festland übersetzen (US$1), wo es noch mehr einsame Strände gibt.

Übernachtung und Essen

Koh S'dach Guesthouse, nur ein paar Schritte vom Bootsanleger nach links (ausgeschildert), 011/983806. Charmantes Holzhaus, kleine, saubere Zimmer sowie mehrere Bungalows und ein Restaurant. ❶–❷

Holzkohle anbieten. Diese Waren finden unter einheimischen Ausflüglern (darunter viele aus Phnom Penh) reißenden Absatz – selbst in der Hauptstadt glauben noch viele Leute, dass auf traditionellen Holz- oder Holzkohleöfen zubereitete Speisen ein würzigeres Aroma liefern.

Kambodschas Wälder sind der Lebensraum einer reichen **Tierwelt**, darunter weltweit bedrohte Arten wie der Tiger. Leider hat die verbesserte Infrastruktur im Zuge der Einrichtung der kambodschanischen Nationalparks auch zum Teil Wilderern in die Hände gespielt. Die von ihnen gefangenen Tiere landen entweder auf Märkten (und später in Kochtöpfen) oder werden für die Herstellung von Arzneien oder Wundermitteln verwendet.

Bevor die Behörden 2001 entsprechende Maßnahmen ergriffen, konnte man entlang der RN 4 bei Kirirom Wildfleisch aus dem Nationalpark kaufen und überall in Phnom Penh boten sogenannte Spezialitäten-Restaurants seltene Fleischsorten wie etwa Schuppentiere an. Inzwischen scheint es derlei kaum noch zu geben und entlang der RN 4 wird auf großen Plakaten gegen das Jagen aufgerufen. Die Botschaft dürfte die Wilderer selbst allerdings nicht erreichen, da der Profit, der beim Jagen winkt, einfach zu verlockend ist.

Mit dem Verbot der Abholzung und der Ächtung des Handels mit wilden Tieren nach der internationalen CITES-Konvention hat die kambodschanische Regierung zweifelsohne erste vernünftige Schritte unternommen, doch zur Durchsetzung der Maßnahmen fehlt der politische Wille. Erst kürzlich bekamen diverse internationale Konzerne Lizenzen für Probebohrungen nach Öl und Gas (vor der Küste) sowie – nach einer entsprechenden Gesetzesänderung – für den Abbau von Bauxit, Gold und Kupfer in einem Schutzgebiet in Mondulkiri.

Auch wenn man den zuständigen Stellen zugute hält, dass sie sich vermutlich nicht bewusst sind, welchen Schaden ihr gegenwärtiges Zaudern langfristig anrichtet, muss man doch den Umweltorganisationen Recht geben, dass die Nutzung der natürlichen Ressourcen einfach zu viele Türen für persönliche Profitgier offen lässt. Die Naturschutzverbände werden auch in Zukunft harte Arbeit leisten müssen, um die Politiker von dem dringenden Handlungsbedarf zu überzeugen.

Einige kleine **Lokale** in Hafennähe nehmen Vorbestellungen fürs Abendessen entgegen (frühzeitig Bescheid geben, da eingekauft werden muss). In der Nähe des Marktes öffnen kleine Läden zum Frühstück, und abends verkaufen einige Buden *borbor* (Reisbrei) und Getränke. Der **Lebensmittelladen** ist gut bestückt mit Wasser, Softdrinks, Keksen und anderen Kleinigkeiten, die etwas mehr kosten als auf dem Festland.

Transport

Die **Expressboote** zwischen Koh Kong und Sihanoukville legen auf Koh S'dach einen kurzen Zwischenstopp ein, der gerade lange genug ist, um auf- oder abspringen.
Das Boot nach Koh S'dach verlässt SIHANOUKVILLE (tgl., 2 Std.) gegen Mittag, KOH KONG (tgl., 2 Std.) um 8 Uhr; der Fahrpreis beträgt für beide Strecken jeweils US$10.

Von Koh S'dach legt das Boot nach Sihanoukville gegen 10 Uhr und nach Koh Kong um 14 Uhr ab.
Einheimische vermieten ihre Boote für Exkursionen zu Nachbarinseln oder für Angelausflüge; Leistungen und Preise (ab US$20 pro Tag) sollten vorab ausgehandelt werden.

Koh Kong

Bis 2001 war Koh Kong nur per Boot (und dreimal wöchentlich mit dem Flieger ab Phnom Penh) erreichbar. Jahrelange Vernachlässigung gepaart mit Sicherheitsproblemen, erst durch die Roten Khmer, dann durch häufige Überfälle, hatten die alte Straße durch den undurchdringlichem Dschungel des Kardamom-Gebirges zu einer kaum befahrbaren Piste verkommen lassen. Inzwischen hat das Militär eine solide, breite

Straße in die Felsen gehauen, welche die Stadt in Kambodschas südwestlichster Ecke endlich mit der RN 4 und dem Rest des Landes verbindet. Die meisten Traveller machen hier Halt, um dann über die 2 km lange Brücke über den Fluss Kaw Bpow zum 12 km entfernten **Grenzübergang** in Cham Yeam weiterzufahren. Kaum jemand nimmt sich die Zeit und erkundet die herrliche Natur der Gegend mit ihren atemberaubenden Urwäldern, unberührten Stränden und schäumenden Stromschnellen. Zurzeit sind die Erkundungsmöglichkeiten vor Ort zwar noch etwas eingeschränkt, aber diverse Anbieter unter westlicher Leitung organisieren bereits Trekkingtouren in die Berge.

Die Stadt

Koh Kong war früher eine kleine, blühende Holzfällerstadt, inzwischen ist daraus ein eher verschlafenes Provinznest mit geradezu familiärer Atmosphäre geworden. Die Stadt dehnt sich in einem einfachen Raster am Ostufer des Flusses aus und besteht zum größten Teil aus Holzhäusern, deren Baustil stark an das benachbarte Thailand erinnert. Nur wenige Gebäude stehen traditionell-kambodschanisch auf Stelzen und koloniale Architektur gibt es überhaupt keine.

Besondere Sehenswürdigkeiten besitzt die Stadt eigentlich nicht. Die Einheimischen schicken Besucher zum eher unspektakulären **Red House**, das eigens für Norodom Sihanouk errichtet wurde, der jedoch niemals kam – immerhin ist aber der 1 km lange Weg vom Zentrum den Fluss entlang ganz schön.

Die Umgebung von Koh Kong

Ein netter Ausflug führt auf die andere Flussseite zum **Beach 2000**, der am Wochenende von Einheimischen bevölkert ist und mit strohgedeckten Hütten, Erfrischungsständen und Jetskis lockt. Zu erreichen ist der Strand mit einem gemieteten Motorrad oder mit einem Moto (30 Baht). Nachdem man die Brücke überquert hat, fährt man noch ca. 1,5 km weiter, bis links ein unbefestigter Weg abzweigt, auf dem man nach weiteren 2 km zum Strand gelangt.

Ein kurzes Stück flussabwärts von der Anlegestelle der Expressboote findet man einen **Bootsverleih** für Fahrten zu flussaufwärts gelegenen Wasserfällen oder zu Stränden auf der nahen **Insel Koh Kong**. Wenn man lange und geschickt genug verhandelt, sollte es möglich sein, ein Boot für US$20 pro Tag zu chartern; allerdings ist der Preis auch von der Anzahl der Passagiere abhängig. Die Fahrt zur überraschend großen und reizvollen Insel Koh Kong, die auf ihrer Westseite herrliche Strände besitzt, dauert rund eine Stunde.

Flussaufwärts von Koh Kong sind es kaum fünf Minuten bis zu einer **Pagode** am Westufer und Felsmalereien, die die Höllenstrafen anschaulich zeigen. Daneben sind Szenen zu sehen, die offenbar die Gräueltaten der Roten Khmer darstellen sollen und erst vor kurzem entstanden sein können, da das Gebiet bis 1997 von den Roten Khmer kontrolliert wurde.

Weiter flussaufwärts taucht die beeindruckende Kulisse des **Kardamom-Gebirges** auf. Nach etwa 50 Minuten erreichen die Boote zwischen aufragenden Felsen eine Stelle mit einem donnernden Wasserfall und ein paar Stromschnellen.

Direkt an der thailändischen Grenze liegt der Vergnügungspark **Koh Kong Safari World**, ✆ 016/800811, in dem vor allem Kinder ihren Spaß haben dürften. Den ganzen Tag über finden Shows mit Delfinen, Orang-Utans, Krokodilen, Seelöwen und Papageien statt. ⏲ tgl. 9–17 Uhr, Eintritt US$12, Kinder US$8. Da für 2008 die Verlegung des Parks nach Phnom Penh geplant war, am besten vorher anrufen, ob er noch in Betrieb ist.

Übernachtung

Die meisten Unterkünfte sind vom Bootsanleger zu Fuß zu erreichen, es gibt aber auch reichlich Motos, die ihre Dienste anbieten.
Asean, gegenüber vom Bootsanleger, ✆ 035/936667. Da hier gerne Mitarbeiter von NGOs absteigen, ist das schicke, neue Hotel oft ausgebucht. Die Zimmer sind makellos sauber, freundlich und ganz gut ausgestattet. ❷
Koh Kong City, am Flussufer nördlich der Bootsanlegestelle, ✆ 035/936777, ✉ kkcthotel@netkhmer.com. Neues, elegantes Hotel mit schick eingerichteten Zimmern und einem Bar-Restaurant mit Flussblick. ❸

Koh Kong Guesthouse, südlich der Bootsanlegestelle, ✆ 099/800200. Die Zimmer des sympathischen Familienbetriebs sind klein, aber adrett, und im darüber gelegenen Bar-Restaurant gibt es günstige westliche und asiatische Gerichte, darunter ein unvergessliches Pad Thai. ❶

Koh Kong International Resort Club, im 12 km entfernten Grenzort Cham Yeam, ✆ 016/700970. Protziger Kasten mit Kasino, luxuriösen Zimmern und Bungalow-Suiten inmitten eines tropischen Parkgeländes, das bis zum Strand reicht. ❺

Koh Kong Riverside, 500 m südlich vom Bootsanleger, ✆ 016/823221, ✉ viraksour@yahoo.com. Die billigsten Zimmer haben nur Ventilator und Gemeinschaftsbäder, für etwas mehr gibt es Warmwasser, und auch eine Klimaanlage ist zu haben. Weitere Vorteile für Traveller: Restaurant, Transportmöglichkeiten und Touren. ❶–❷

Oasis, 2 km nördlich der Stadt, ✆ 092/228342, 🖥 www.oasisresort.netkhmer.com. Das Resort bietet fünf einfache, geräumige Familienbungalows in einem Garten mit Pool, Restaurant und Blick auf die Berge, wohin auch Öko-Touren angeboten werden. ❸

Otto's, 50 m vom Pier entfernt in einer kleinen Gasse (ausgeschildert), ✆ 012/924249. Das traditionelle Stelzenhaus hatte sich als erstes Hotel der Stadt auf Rucksackreisende spezialisiert und scheint sich auf diesen Lorbeeren auszuruhen. Die kleinen Zimmer mit Gemeinschaftsbad sind entsprechend abgewohnt, aber trotzdem immer gut belegt. Preiswertes Restaurant und Bar. ❶

The Rainbow Lodge, Tatai Koh King, 25 km in Richtung Sre Ambel, ✉ therainbowlodge@netkhmer.com, 🖥 www.greenescape.netkhmer.com. Neu eröffnete Öko-Lodge mit 7 Stelzenhäusern im Grünen mit Flussblick, wo Sonnenkollektoren stehen und Regenwasser gesammelt wird. Preise inkl. Frühstück, Mittagessen und 3-gängigem Abendmenü (mehrere zur Auswahl). Bietet auch Trekkingtouren ins Kardamom-Gebirge und Bootsausflüge zu den Wasserfällen an. Buchung per E-Mail empfehlenswert. ❺

Essen

Alle oben genannten Unterkünfte haben eigene Restaurants, die ordentliche asiatische Gerichte (vor allem Thai-Küche) auftischen, meist steht auch was Westliches auf der Karte.

Koh Kong City Hotel, Restaurant mit guter Khmer-Küche, besonders attraktiv am frühen Abend, wenn die Sonne im Fluss versinkt.

Champa Inn, an der Uferstraße in östlicher Richtung, serviert von morgens bis abends kambodschanische Standardgerichte, immer gut besucht.

Baan Peakmai, drei Straßen nördlich des Markts, bietet auf einer überdachten Terrasse mit Garten Leckereien aus der Khmer-, Thai- und internationalen Küche, darunter viel Vegetarisches, zu vernünftigen Preisen. Ab und zu eröffnen Lokale unter westlicher Leitung, die aber meist schnell wieder schließen. Am besten vor Ort herumfragen, ob es gerade lohnende Adressen gibt.

Sonstiges

Geld

In der Stadt sind Baht, Riel und Dollar gängige Zahlungsmittel, doch Baht werden bevorzugt. Dollars werden in Läden am Markt und in der **Acleda Bank** nördlich vom Markt gewechselt.

Internet

Internetzugang (60 Baht pro Std.) bietet das Asean Hotel.

Medizinische Hilfe

Das **Krankenhaus** liegt 500 m nördlich des Markts, doch bessere Dienste bietet mit Sicherheit das Krankenhaus jenseits der Grenze im thailändischen Trat.

Post und Telefon

Das Postamt befindet in derselben Straße wie das Krankenhaus, nur etwas weiter nördlich. Internationale Telefongespräche sind in verschiedenen Läden in der Umgebung des Markts möglich; sie werden über das thailändische Netz geleitet und sind billiger als Telefonate von Sihanoukville.

Transport

Die sehr gut ausgebaute **RN 48** Richtung Phnom Penh und Sihanoukville ist eine landschaftlich reizvolle Strecke und führt durch das Hügelland am Fuße des Kardamom-Gebirges, wo der Straßenbau im wilden Dschungelgebiet leider breite Schneisen geschlagen hat. Unterwegs muss viermal mit der Fähre übergesetzt werden, dann geht's ab **Chamcar Luang** auf der **RN 4** weiter; die gesamte Reise bis Phnom Penh dauert sechs bis acht Stunden. Ursprünglich sollten bis Anfang 2008 zwei Brücken fertiggestellt sein, sodass sich die Fährenpassagen auf zwei reduziert haben, aber zur Zeit der Recherche sah es so aus, als ob der Brückenbau noch ein paar Jahre dauern würde – bei einem der Projekte fehlten die Pfeiler noch gänzlich.

Minibusse und Sammeltaxis

Ankunft und Abfahrt der Sammeltaxis und Minibusse ist der Markt im Südosten der Stadt, 500 m vom Fluss entfernt.
Minibusse (30 000 Riel) und Sammeltaxis (50 000 Riel) verkehren von PHNOM PENH (mehrmals tgl., 6 Std.) nach Koh Kong, ohne den Umweg über Sihanoukville.
Außerdem gibt es direkte Verbindungen mit Minibussen (30 000 Riel) und Sammeltaxis (50 000 Riel) nach SIHANOUKVILLE (6x tgl., 4–6 Std.).

Ärger an der Grenze

Der neueste Trick am Grenzübergang Cham Yeam: Travellern wird eine Gebühr von 1000 Baht (ca. US$30) oder mehr für ein kambodschanisches Visum abgeknöpft, mit der Begründung, dies sei „eine Grenzüberquerung an Land, also ein Sonderfall". Das ist Unsinn! Ein kambodschanisches Visum kostet immer US$20, egal, wann, wo und wie man einreist. Betroffene sollten eine Quittung verlangen, sich Datum, Uhrzeit und Name des Grenzbeamten notieren und den Vorfall schnellstmöglich beim Ministerium für Tourismus, 023/212837, info@mot.gov.kh, und bei der Einwanderungsbehörde, 012/581558, visa_online.com.kh, melden.

Taxis zum Grenzort CHAM YEAM fahren von der Haltestelle hinter dem derzeit stillgelegten Flughafen 2 km westlich der Stadt, sodass für den 20-minütigen Trip ein Moto besser ist.

Boote

Tgl. verkehrt ein **Expressboot** um 12 Uhr ab Sihanoukville (US$20) und erreicht Koh Kong um 16 Uhr – früh genug, um mit einem Moto oder Sammeltaxi (50 Baht oder 5000 Riel) zum 12 km entfernten **Grenzübergang** CHAM YEAM (tgl. 7–20 Uhr) zu gelangen, bevor dieser schließt. In die andere Richtung ist Abfahrt von Koh Kong tgl. um 8 Uhr via KOH S'DACH (2 Std.). Für die aus Thailand kommenden Traveller kann das knapp werden, da der Grenzposten erst ab 7 Uhr geöffnet ist – also besser eine Übernachtung einplanen oder den Landweg nehmen.

Der zentrale Süden

Von Kirirom nach Sihanoukville

Südlich von Kirirom bilden sich auf der RN 4 regelmäßig Staus an der Passhöhe **Pich Nil**, weil die meisten kambodschanischen Fahrer hier eine Pause einlegen und am **Schrein der Yeah Mao** ein Opfer darbringen. Um Yeah Mao, die „Schwarze Großmutter" und Schutzpatronin aller Reisenden und Fischer der Küstenregion, ranken sich unterschiedliche Legenden. Eine Geschichte erzählt, dass ihr Mann zur See ging und in einem Krieg kämpfte, Yeah Mao ihn aber so unsäglich vermisste, dass sie sich auf die Suche nach ihm machte und dabei in einem Sturm ums Leben kam.

Ihr Schrein, der leicht am beißenden Qualm zahlloser Räucherstäbchen zu erkennen ist, beherbergt ein Bildnis der Yeah Mao, das vom Rauch geschwärzt ist. Geschäftige Standbesitzer stellten erst in jüngerer Zeit die aufgereihten Geisterhäuser auf, um die Reisenden zum längeren Verweilen zu bewegen und damit ihre eigenen Geschäfte anzukurbeln – allen ist das bewusst, doch da die Khmer ausgesprochen abergläubisch sind, opfern sie lieber ein wenig

Zeit und Geld, als womöglich die Geister gegen sich aufzubringen.

Das hinter Pich Nil und gut 10 km nördlich der RN 4 an einem Fluss gelegene Städtchen **Sre Ambel** hat seit der Einstellung des Bootsverkehrs nach Koh Kong seine Daseinsberechtigung verloren. Das einzige halbwegs Sehenswerte ist hier die neue Pagode **Wat Angkor**, die auf den Laterit-Grundmauern des alten Tempels Prasat Chas errichtet wurde. Die zwölf verfallenen Türme des ursprünglichen Tempels, der auf die Angkor-Epoche zurückgeht, sind zu fantasievoll gestalteten Schreinen umfunktioniert worden. Leicht befremdend wirkt eine Treppe, die bewacht von 118 Gewehr schwingenden Betonsoldaten zum Fluss hinabführt und mit zahlreichen Zementpilzen und einem Krokodil-Springbrunnen geschmückt ist.

Weiter entlang der RN 4 bestimmen nun riesige Palmölplantagen das Landschaftsbild, bis sich rund 20 km vor der Küste die Straße gabelt und eine Nebenstraße zu Sihanoukvilles frisch renoviertem Flughafen und dem Ream-Nationalpark (s. S. 332) abzweigt. Auf der RN 4 sieht man wenig später von einer Anhöhe zum ersten Mal das Meer und gleich danach die modernen Fabrikgebäude der Cambrew Brauerei, aus der das allgegenwärtige Angkor Beer stammt. Von dort sind es nur noch wenige Kilometer bis ins Zentrum von Sihanhoukville.

 **HIGHLIGHT**

Sihanoukville

Kambodschas bedeutendster Badeort, Sihanoukville, liegt auf einer hügeligen Landzunge, zu deren Füßen sechs weiße Sandstrände sanft in das von vielen Inselchen durchsetzte Meer abfallen. In den heißesten Wochen der Trockenzeit (März–Mai) verschaffen die Brisen vom Meer ein wenig Abkühlung, in der kühlen Jahreszeit (Nov–Feb) hüllen wärmende Winde die Stadt ein, und in der Regenzeit (Juni–Okt) ist es warm und trocken genug, um den Vormittag am Strand zu verbringen, nachmittags zieht dann aber vom Meer regelmäßig Regen auf.

Zu Ehren des Königs, der die nationale Unabhängigkeit erstritt, lautet die offizielle Stadtbezeichnung heute Sihanoukville, doch im Volksmund hat sich der Name **Kompong Som** des kleinen Fischerdorfes gehalten, das 1956 dem neuen Hochseehafen weichen musste. Das Zentrum liegt ein Stück landeinwärts und wird von breiten Straßen mit schmucklosen Betonbauten durchzogen, die entspannte Atmosphäre aber ist die eines typischen Badeorts – in dem typischerweise natürlich auch die fliegenden Händler am Strand nicht fehlen.

Abwechslung vom müßigen Strandleben bieten einige **Wasserfälle** nördlich der Stadt sowie der 18 km östlich gelegene **Ream-Nationalpark**, ein marines Schutzgebiet, das sich über Flusslandschaften, Mangrovenwälder und Inseln erstreckt.

Die Stadt

Das Stadtzentrum hat recht wenig zu bieten: Tagsüber ist Shoppen die Hauptbeschäftigung, abends füllen sich die Bars und Restaurants mit ausländischen Touristen, die je nach Kondition auch gerne mal bis zum Morgengrauen abfeiern. Die einzige wirkliche Attraktion der Stadt, ihr quirliger Markt **Psar Leu**, ging im Januar 2008 in Flammen auf. Leider, denn neben Seeigeln, Tintenfischen und Riesenkrabben in verschiedenen Farben zappelte hier das komplette Reich Neptuns herum, von winzigsten Meeresbewohnern bis hin zu riesigen Seekreaturen mit grimmigen Augen und haarigen Borsten. Der Markt war aber auch *der* Ort, um alles von Angelschnüren über Obst und Gemüse bis hin zu Sonnenschutz für Campingausflüge auf die Inseln einzukaufen. Zurzeit der Recherche waren die Händler fest entschlossen, weiterzumachen und verkauften an provisorischen Ständen ganz in der Nähe; die Regierung hat Gelder für ein neues Dach versprochen. Ob der Psar Leu tatsächlich wieder aufgebaut wird, oder ob der Markt künftig in das unattraktive und momentan auch ungenutzte Sihanoukville Trade Center um die Ecke einziehen wird, bleibt abzuwarten.

Da Sihanoukvilles bescheidene Sehenswürdigkeiten weit über das Stadtgebiet verstreut liegen, bietet sich die Benutzung eines Motos an (oder eines gemieteten Motorrads, sofern die

Ein Platz an der Sonne: An den Stränden von Sihanoukville kann man bequem relaxen

Regierung das Mietverbot für Touristen aufhebt). Der weiteste Weg führt über einen Pfad hinter der Cambrew Brewery auf den **Phnom Sihanoukville**, der mit 132 m Höhe der höchste Punkt der näheren Umgebung ist. Hin und wieder verschönert auch eine Pagode das Stadtbild, darunter **Wat Leu** auf dem Gipfel des Phnom Sihanoukville und **Wat Krom** an einem von Felsen übersäten Hang an der Santepheap Street. Dort erinnert auch ein Heiligtum an **Yeah Mao**, die berühmte „schwarze Großmutter" vom Pich Nil.

Unübersehbar erhebt sich am nördlichen Ende des Independence Beach das einst glamouröse **Independence Hotel** (s. S. 326), das nach Jahren der Vernachlässigung inzwischen renoviert worden ist und früher Berühmtheiten wie Catherine Deneuve zu seinen Gästen zählte. Das im Ortsjargon bprahm-bpel jawn („sieben Stockwerke") genannte Hotel wurde zu Kriegsbeginn Anfang der 70er Jahre geschlossen und diente von 1975–79 hochrangigen Beamten der Roten Khmer als Aufenthaltsort. Der Swimmingpool wurde überdacht und angeblich zum Gefängnis umfunktioniert. Nach 1979 verkam es zu einem Hort für Ganoven und Schmuggler, bis Anfang der 90er Jahre Mitarbeiter der UNTAC dort einquartiert wurden. Obwohl es angeblich bis heute darin spukt, wurde es als Luxushotel und Wellnessoase wiedereröffnet.

Im ganzen Land berühmt sind Sihanoukvilles **Sonnenuntergänge**, und schöne Aussichtspunkte dafür gibt es zuhauf. Vom Independence Beach, Hawaii Beach oder einem Gästehaus-Restaurant auf dem Weather Station Hill kann man die Sonne am Horizont untergehen sehen. Am Fischerhafen am Hun Sen Beach Drive bieten sich klassische Fotomotive, wenn die kleine Flotte der Fischerboote hinaus aufs Meer in den Sonnenuntergang fährt.

Die Strände

Rund um Sihanoukville gibt es genügend herrliche Strände, um sich eine Woche lang jeden Tag in neuer Umgebung in die Sonne legen zu können. Ochheuteal Beach und Serendipity Beach sind die größten Magneten und haben

Toiletten, Duschen, Strandschirme und Restaurants. Einige Strände wie der Sokha Beach und Hawaii Beach wurden verpachtet und sind jetzt Privatstrände. Wer nicht unbedingt Wert auf Gesellschaft legt, geht am besten zum Independence oder am Otres Beach, wo es zumindest unter der Woche recht ruhig zugeht. Allerdings sind die meisten Sandstreifen so schmal, dass man sich bei Flut kaum der Länge nach auf ihnen ausstrecken kann.

Für Einheimische sind Ferien in Sihanoukville gleichbedeutend mit kulinarischen Genüssen mit dem zusätzlichen Plus gelegentlicher Hüpfer ins Meer. Ihr konservatives Naturell sowie das Streben nach Hellhäutigkeit, das bei Frauen paranoide Züge annehmen kann, verlangen, dass fast überall für Schatten gesorgt ist. An den beliebtesten Stränden stoßen die Ränder der Sonnenschirme fast aneinander, und überall werden gegen eine geringe Gebühr Liegestühle vermietet. Da Männer, Frauen und selbst jugendliche Kambodschaner in voller Bekleidung im Meer baden, ist es nur logisch, dass halb nackt in der Sonne liegende Ausländer zum Objekt verwunderter Neugierde werden oder gar als Fotomotiv herhalten müssen. Oft bitten Einheimische darum, mit ihnen gemeinsam fürs Familienalbum zu posieren. Bikinis sind beim Sonnenbad gerade noch akzeptabel, doch „oben ohne" geht gar nicht.

Überall bieten fliegende Händler **Korallen** und schillernden Muschelschmuck an; allerdings sei darauf hingewiesen, dass diese Korallen an küstennahen Riffen wenig umweltfreundlich mit Dynamit abgesprengt werden.

Victory Beach bis Independence Beach

Westlich der Stadt und nahe dem Weather Station Hill lädt der goldbraune Sand des **Victory Beach** zu einem Spaziergang am Morgen (oder Abend) ein, allerdings ist er vor der Kulisse des betriebsamen Hafens, der sich gleich nördlich anschließt, nicht gerade der schönste Strand der Stadt. Eine Grünanlage trennt zwar den Strand von der Straße, aber Strandidylle sieht anders aus, und man hat wenig Lust, den ganzen Tag zu verbringen. Das könnte sich bald ändern, da dieser Strand neuerdings verpachtet wurde. Am Nordende entstehen bereits mehrere Strandbars, und am Südende thront sogar ein ausgewachsenes Flugzeug Typ Antonov auf einem Sockel, in das anscheinend ein Restaurant einziehen soll. Weitere Lokale werden sicherlich folgen, begleitet von Duschen und Toiletten.

Gleich vor der Küste kehrt die kleine Insel **Koh Pos** der Stadt ihr felsiges Gesicht zu. Auf der Meerseite dehnen sich einsame Sandstrände aus – zumindest bis jetzt noch. Auch diese Insel haben sich Baulöwen unter den Nagel gerissen (s. Kasten S. 327), und momentan haben Fremde keinen Zutritt.

Nur 10–15 Gehminuten in Richtung Süden liegt der **Hawaii Beach**, der nach einem mittlerweile geschlossenen Restaurant benannt ist. Zur Zeit der Recherche wurde an seinem Nordende emsig gebuddelt (wahrscheinlich für das nächste Hotel). Bis zum Ende der Bauarbeiten macht man besser einen Bogen um diesen breiten, von Bäumen gesäumten Sandstreifen. Hinter der anschließenden Landzunge (über das Treasure Island Seafood Restaurant zu erreichen) verbirgt sich eine kleine Sandbucht, in der man bei einem Bier aus dem nahen Restaurant einen gemütlichen Nachmittag bis zum Sonnenuntergang verbringen kann.

Mit einem kleinen Umweg über die Straße ist von dort der **Independence Beach** zu erreichen, der trotz seines Angebots an einfachen Strandhütten und kulinarischer Versorgung weit weniger Besucher zählt als die südlichen Nachbarstrände Sokha und Ochheuteal. Dieser 1 km lange Sandstrand ist ziemlich schmal und eher bei Ebbe reizvoll. Sein Nordausläufer hinter der felsigen Landzunge ist den Gästen des Independence Hotels vorbehalten.

Sokha Beach

Sihanoukvilles vielleicht schönster Strand, Sokha Beach, erstreckt sich von Bäumen und Buschwerk gesäumt einen Kilometer die Küste entlang. Leider ist nur ein ca. 200 m langer Abschnitt im Süden (über die Landzunge am Serendipity Beach erreichbar) öffentlich zugänglich, da der Rest von den Gästen des Sokha Beach Resort in Beschlag genommen wird. Ausländer dürfen zwar seine ganze Länge abwandern, aber sobald sie sich irgendwo niederlassen wollen, werden sie zur Kasse gebeten: Mo–Fr US$4 pro Tag und

Sa, So sowie an Feiertagen US$6 – aber dafür darf man auch im Hotelpool plantschen.

Felsige Vorsprünge an beiden Enden des Strandes locken viele kleine Fische an und sind ein lohnendes Revier für Schnorchler. Besonders schön ist es hier zum Sonnenuntergang, wenn sich die Silhouetten der Inseln Koh Tre und Koh Dah Ghiel malerisch vom Horizont abheben.

Ochheuteal Beach und Serendipity Beach

Der **Ochheuteal Beach**, der längste und beliebteste Strand der Stadt, ist ein 3 km langer Sandstreifen, der von Kasuarinen gesäumt wird, die hinter den dicht gedrängten Strandbars und -restaurants hervorblitzen. Entlang der Straße hinter dem Strand gibt es einige gute Hotels und Gästehäuser, von denen aber keines direkten Zugang zum Strand hat. Angesichts der Sonnenschirme, Liegestühle, Tische, Schwimmreifen, Süßwasserduschen und Toiletten wird klar, dass hier rund um die Uhr Trubel herrscht; tagsüber wuseln kambodschanische Familien zwischen reglos bratenden Sonnenanbetern herum, die Dämmerung lockt verliebte Touristenpärchen zum lauschigen Abendspaziergang an, es folgt die Abendschicht in den Restaurants und Bars, und ab 22 Uhr geht dann die Party los – oft bis zum Morgengrauen. Wer also Ruhe und Einsamkeit sucht, ist hier definitiv fehl am Platz.

Der nördlichste Strandabschnitt, **Serendipity Beach**, versammelt etliche weitere Restaurants und Bungalows an seinem Hügel. Der Sand ist zwar weich und einladend, aber der Strand ist sehr schmal und von großen Felsen übersät und daher zum Schwimmen weniger geeignet als der Ochheuteal Beach.

Vor kurzem hat die Regierung ein Projekt zur Aufwertung des Ochheuteal Beach vorgestellt, das eine neue Promenade zwischen Straße und Strand sowie öffentliche Toiletten und Duschen vorsieht. Böse Zungen vermuten hier einen Zusammenhang mit der fast fertigen Villa von Premierminister Hun Sen Villa neben dem Seaside Hotel. Die Betreiber der Strandbars und Imbissstände scheint das jedenfalls nicht groß zu kümmern; wahrscheinlich sehen sie kein Problem darin, im Ernstfall mit ihren provisorisch zusammengezimmerten Buden an den nächsten Strand umzuziehen. Voraussichtlich wird das Projekt kaum Auswirkungen auf den Serendipity Beach mit seinen solider gebauten Bars und Restaurants haben – vom Baustellenlärm mal abgesehen.

Otres Beach und Depot Beach

Wer den ständig nervenden Händlern an den stadtnahen Stränden entfliehen möchte, findet Ruhe am **Otres Beach**, 6 km südöstlich vom Zentrum und am besten mit einem Moto zu erreichen. Obwohl das Land bereits vor Jahren verkauft wurde und die Grundstücke längst eingezäunt sind, gibt es an dem 3 km langen goldenen Sandstrand bislang keine Hotels, nur ein einziges Gästehaus auf dem Hügel in der Nähe des kleinen Fischerdorfs sowie etliche Bars und ein paar Strandbungalows.

Gut 3 km nördlich der Stadt erstreckt sich hinter dem Hafen der unberührte **Depot Beach**, den Buschwerk und Grasflächen von der Straße trennen und dessen Bäume genau im richtigen Abstand stehen, um Hängematten aufzuspannen. Unterwegs führt die Straße an einem lang gezogenen **Fischerdorf** vorbei, dessen Stelzenhäuser direkt über das Wasser gebaut sind. Am späten Nachmittag sticht dort eine kleine Flotte Fischerboote in See. An diesem Strand begegnet einem höchstens ab und zu mal ein Fischer, aber wegen des seichten Wassers macht das Schwimmen keinen so großen Spaß.

Übernachtung

In Sihanoukville stehen Unterkünfte in allen Preiskategorien zur Verfügung, vom Schlafsaalbett für US$2 bis zur Luxussuite für US$200 und mehr. Wer großen Wert auf ein bestimmtes Hotel legt, sollte für Feiertage und Urlaubszeiten **reservieren**, da viel Betrieb herrschen kann; ein Zimmer ist jedoch immer zu finden. In der Hauptsaison von November bis März und an wichtigen Feiertagen, besonders zum Khmer-Neujahr, verlangen die Hotels 25–30% mehr. Bei längeren Aufenthalten oder an Wochentagen – sogar in der Hauptsaison – räumen manche Hotels Preisnachlässe ein.

Weather Station Hill

Der Weather Station Hill, oft auch Victory Hill genannt, war einst das Revier der Rucksackreisenden; mittlerweile drängeln sich

> **Vorsicht angebracht!**
>
> Die Stadt wächst und mit ihr auch die Kleinkriminalität. Meist passiert nichts Dramatisches und keiner sollte sich deswegen von seinen Plänen abbringen lassen, aber auch hier gilt: Gelegenheit macht Diebe. Die Zeiten, in denen man seine Sachen unbeaufsichtigt am Strand liegen lassen konnte, sind definitiv vorbei. Die meisten Hotelzimmer haben Safes, und Gästehäuser nehmen normalerweise Wertsachen und Papiere in Verwahrung. Auch auf sich selbst sollte man aufpassen, auf dem **Weather Station Hill** gab es in letzter Zeit einige nächtliche Überfälle, und Prügeleien unter Betrunkenen sind ebenfalls keine Seltenheit. Außerdem häufen sich die Fälle, bei denen Motorräder absichtlich Motos mit ausländischen Fahrgästen rammen, vor allem auf der Ekareach Street in Richtung Weather Station Hill, wo es nachts ziemlich einsam ist.
>
> Wie gesagt, alles kein Grund zur Panik, aber sich in seiner Unterkunft nach derartigen Vorfällen in der letzten Zeit zu erkundigen, kann ja nicht schaden. Und Leute, die alleine unterwegs sind, sollten vielleicht jemandem Bescheid sagen, wohin sie wollen und wann sie voraussichtlich wieder zurück sein werden.

hier die Nachtclubs und es kam zu einigen unerfreulichen Moto-Überfällen. Viele Gästehäuser haben deshalb dicht gemacht, nur wenige halten eisern durch, sind dafür aber meist besonders freundlich zu ihren Gästen und tun alles, um ihnen Belästigungen durch das zweifelhafte Milieu zu ersparen.

Chez Mari-yan, nahe Victory Beach, ✆ 034/933709. Holzbungalows mit Meerblick in grünem Garten an einem steilen, mit Felsen übersäten Hang. Alle Bungalows mit eigener Veranda und traditioneller Khmer-Ausstattung, die billigeren haben nur Kaltwasser und Ventilator. Im Terrassen-Restaurant wird Khmer- und französische Küche serviert. ❷–❹

Green Gecko, ✆ 012/560944, ✉ greengecko_guesthouse@yahoo.com. Das freundliche Gästehaus liegt etwas abseits vom Rummel und bietet nette, saubere Zimmer, ein eigenes Restaurant und einen überwältigenden Blick aufs Meer. ❶

Mealy Chenda, ✆ 034/933472. Großes Gästehaus (drei Gebäude) in dominierender Lage oben am Hang. Beste Zimmer im neuen Gebäude (hell und behaglich) mit Bad und Meerblick vom Balkon, die billigeren sind schon etwas abgewohnt. Auch Schlafsaalbetten (US$2). Im Restaurant gibt es preiswerte asiatische und westliche Gerichte, der Service ist aber nicht der schnellste. Die Bar auf dem Dach ist ideal für ein Bier zum Sonnenuntergang. ❶–❸

Ramada, Port Hill, ✆ 034/393916. Die Hotelanlage in Top-Lage oben auf dem Hügel hat eine Verjüngungskur hinter sich und entspricht jetzt internationalem Standard. Die Küche verwöhnt mit ebenso internationalen Kreationen, weitere Pluspunkte sind die Gartenbar, Pool, Tennisplätze, Fitnessraum, Laufstrecke und WLAN. ❼

Sunset Garden Inn, ✆ 012/761340. Familiäres Gästehaus mit bezauberndem Garten und einfachen, aber geräumigen, makellosen Zimmern mit Blick aufs Meer. ❶

The White House, ✆ 012/913714. Schwarz, Weiß und Rot dominieren in diesem schick gestylten Holzhaus, dessen Zimmer mit Warmwasser, TV und Ventilator oder Klimaanlage ausgestattet sind. ❷

Stadtzentrum

Im Zentrum dominiert eine Mischung aus Budgetunterkünften und Gästehäusern der Mittelklasse, deren Preis-Leistungs-Verhältnis sich sehen lassen kann. Auch einige Kneipen (mit oft zweifelhaftem Ruf) bieten Zimmer an, sollten aber von alleinreisenden Frauen und lärmempfindlichen Travellern gemieden werden.

Angkor Inn, Sopheakmongkol West, nahe der Haupthaltestelle der Busse, ✆ 016/896204. Alteingesessenes Haus mit vielen Stammgästen, das von einer der nettesten Familien der Stadt geführt wird. Schlichte, aber saubere und kühle Zimmer (die nach hinten hinaus sind am ruhigsten). Im preiswerten Restaurant kann man zwischen knackigfrischen asiatischen Gerichten und einigen westlichen Angeboten wählen. ❶

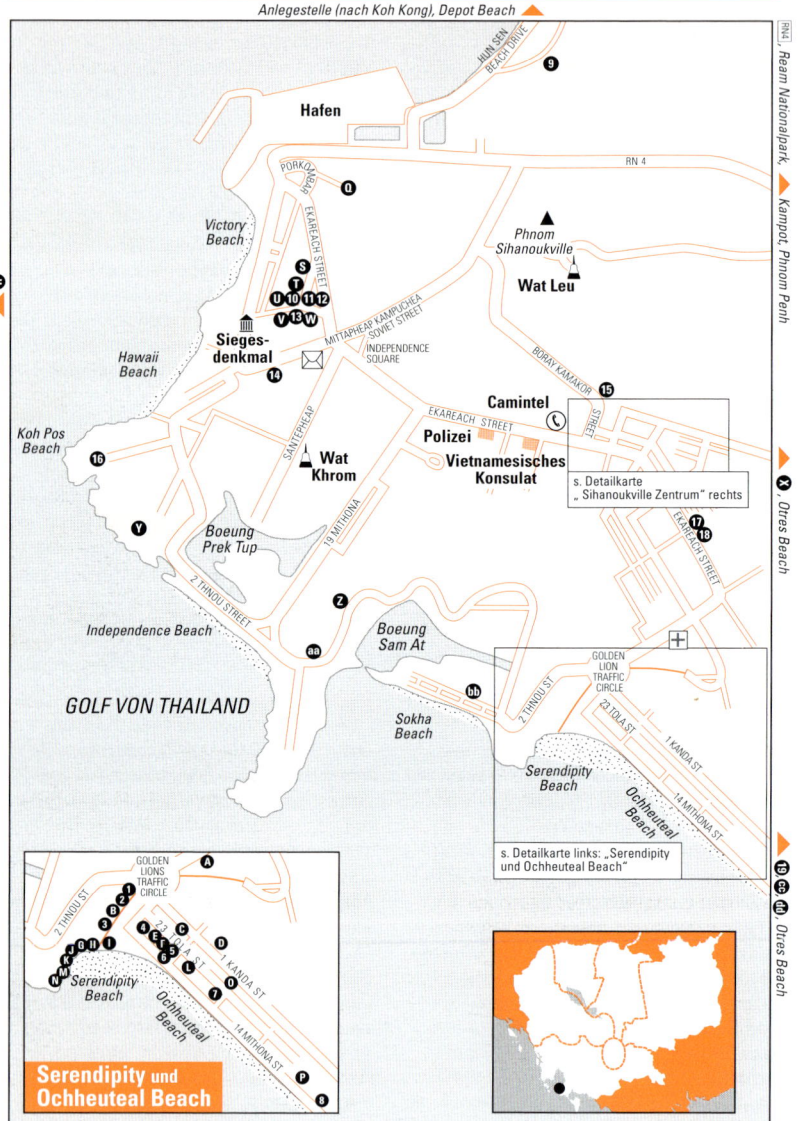

Sihanoukville Zentrum

Übernachtung:

Angkor Inn	ff
Chez Claude	Z
Chez Mari-yan	V
Chne Chulasa	A
Cloud 9	N
Coasters	J
Don Bosco	X
Eden	H
Golden Sand Hotel	C
Green Gecko	T
GST Guesthouse	E
House of Malibu	G
Independence	Y
King Gold	ee
Long Meng Beach Bungalows	I
Makara	P
Mealy Chenda	S
Mirax Resort	R
Ochheuteal Beachside Bungalows	F
Orchidee	O
Queen Hill Resort	cc
Reef Resort	B
Ramada	Q
Romny Family Bungalows	D
Seaside	L
Serenity	M
Sokha Beach Resort	bb
Star Bar Bungalows	dd
Sunset Garden Inn	U
Tespheap Poykompenh	aa
The Cove Beach Bungalows	K
The Small Hotel	gg
The Small Green Hotel	hh
The White House	W

Restaurants und Cafés:

Angkor Beach	6
Apsara	22
Chez Claude	Z
Corner Bar	10
Espresso Kampuchea	21
Gelato Italiano	28
Happa	3
Happy Herb Pizza	18
Holy Cow	17
K2	5
Indian Curry Pot	11
Le Vivier de la Paillote	13
Marlin Bar & Grill	24
Mick and Craig's	1
Monkey Republic	2
Sea Dragon	7
Snake House	15
Starfish Bakery	29
Treasure Island Seafood	16

Bars und Clubs:

Angkor Beer	15
Biba Night Club	9
Blue Storm	23
Chiva's Shack	8
Fishermans Den	27
Freedom	20
G'Day Mate	26
Oasis	25
Rainy Season	12
Snake Pit	14
Star	19
utopia	4

Don Bosco, 3 km östlich vom Psar Leu, ☎ 034/933765, 🖥 www.donboscosihanoukville.org., ✉ donboscoadmin@camshin.net. Das Hotel ist gleichzeitig eine Hotelfachschule, die Schülern aus sozial schwachen Familien das Tourismusgeschäft beibringt. Für den Preis sind die Zimmer erstaunlich groß, schick und luxuriös, dagegen präsentieren sich Bar und Restaurant eher funktionell. Aber das machen der Garten mit Pool und vor allem der aufmerksame Service von Schülern und Lehrern locker wett. Der erwirtschaftete Gewinn kommt der Schule zugute. Reservierung erforderlich. ❹

King Gold, Boray Kamakor St, ☎ 012/815708, ☎ 034/933829. Modernes, gut ausgestattetes Hotel mit Mittelklasse-Komfort zu Budgetpreisen, beliebt bei einer eingeschworenen Ausländergemeinde, von denen viele im Land arbeiten. Alle Zimmer mit Warmwasser, TV, Klimaanlage und Kühlschrank. Pool, Fitnesscenter und Sauna vorhanden. ❸

The Green Small Hotel, 7 Makara, südlich der Ekareach St, ☎ 034/399052. Zentral gelegenes, knallgrün gestrichenes Haus mit einem Dutzend heller, geräumiger Zimmer, die schon Gebrauchsspuren aufweisen. Das Terrassenrestaurant zaubert aus dem Marktangebot leckere vegetarische Spezialitäten. ❸

The Small Hotel, einen Block südöstlich der Caltex-Tankstelle in der Ekareach St, ☎ 012/716385, ✉ thesmallhotel@yahoo.com.

Wie der Name schon andeutet, handelt es sich hier um eine kleine Unterkunft; unterschiedliche Zimmer mit Ventilator oder Klimaanlage; freundliches Personal, das bei der Organisation von Touren und Weiterreise behilflich ist. Im kleinen Restaurant wird schwedisch gekocht, und die Fleischbällchen sind der Renner. ❸

Strände

Wer in Strandnähe wohnen möchte, zahlt in der Regel etwas mehr, es gibt aber auch ein paar Billigalternativen. Dem Zentrum am nächsten liegen der winzige Serendipity und der 2 km lange Ochheuteal Beach, beide rund 4 km in südöstlicher Richtung. In gleicher Entfernung auf der südwestlichen Seite hinter dem Hügel lockt der wunderschöne Sokha Beach, und noch ein paar Kilometer weiter südwestlich der bis jetzt relativ unberührte Independence Beach. Südlich des Kreisverkehrs mit den zwei riesigen goldenen Löwen gibt's eine ganze Reihe von Unterkünften, die nur 1 km vom Serendipity und Ochheuteal Beach entfernt sind. In der Umgebung findet man außerdem jede Menge Restaurants und Bars. Mit zunehmender Nähe zum angesagten **Serendipity Beach** werden Mittelklasse-Bungalows zur Norm. Zimmer sind hier oft ausgebucht – je billiger, desto schneller. Am **Ochheuteal Beach**, dem beliebtesten Strand der Stadt, gibt es Mittelklassehotels und Billigunterkünfte. Der **Sokha Beach** ist fast vollständig (wenn auch inoffiziell) für die alleinige Nutzung durch die Gäste des Sokha Beach Resorts, dem ersten Fünf-Sterne-Hotel der Stadt, reserviert. Wer etwas Schlichtes am Strand sucht, zieht am besten weiter zum 3 km langen **Otres Beach**, wo es bislang nur eine Handvoll Strandbars gibt, von denen einige auch Unterkunft in einfachen Bambushütten bieten.

Umgebung Kreisverkehr (Golden Lions)

Chne Chulasa (auch **CCS**), Ekareach St, ✆ 034/933720, ✉ hotelccs@yahoo.com. Moderner Hotelkomplex, schön eingerichtete Zimmer mit Klimaanlage und Warmwasser (gegen Aufpreis mit Wannen). Für rund US$30 gibt's einen ganzen Bungalow mit 2 Schlafräumen, Bad und Wohnzimmer mit TV und Minibar. ❹

Reef Resort, Serendipity Beach Rd, ✆ 034/934281 oder 012/315338, 🖥 www.reefresort.com.kh, ✉ rooms@reefresort.com.kh. Schickes Boutiquehotel mit viel weißem Leinen in den ansprechenden Zimmern, Rattansitzgruppen am Pool, Cocktailbar und Billard; Frühstück inkl. Im Restaurant wird Westliches mit asiatischem Pep serviert. ❺

Serendipity Beach

Cloud 9, ✆ 012/479365. Holzbungalows auf dem Hügel mit schicker, von Palmen beschatteter Strandbar und Restaurant. ❸

Eden, ✆ 034/933585, ✉ serendipityeden@yahoo.com. Beliebte Strandbar, die auch 5 Gästezimmer hat, alle mit Klimaanlage und Warmwasser, aber häufig ausgebucht. Nachts ist Party angesagt. ❸

House of Malibu, ✆ 034/933844. Schöne Anlage am Hang mit Bar-Restaurant am Strand. Elegante, aber kleine Zimmer mit Bad, Warmwasser und Klimaanlage. ❺

Leng Meng Beach Bungalows, ✆ 034/934237. Hübsche Steinbungalows in einem Garten nicht weit vom Strand, Bar und Restaurant haben Meerblick. ❹

Serenity, Richtung Sokha Beach, ✆ 011/696009, ✉ chhengsopeake@yahoo.com. Charmantes Gästehaus am Strand mit Unterkünften im Haupthaus und diversen Bungalows am Hügel. Bar und Restaurant. ❷

The Cove Beach Bungalows, Richtung Sokha Beach, ✆ 011/410446, ✉ thecovebeachbungalows@yahoo.com. Einfache Holzbungalows am Hügel, Restaurant und Bar direkt am Strand. ❶–❷

Idyllische Bungalows am Hang

Coasters, ✆ 034/933776, 🖥 www.cambodia-beach.com, ✉ coasters@camintel.com. Idyllische Bungalows, manche mit Warmwasser, die sich an die Hügelflanke über der Bucht schmiegen. Im Restaurant mit Strandbar wird asiatisch und westlich gekocht. Es werden auch Ausflüge mit Übernachtung nach Koh Russei (Bamboo Island) angeboten, s. S. 333. ❺

An ihnen führt kein Weg vorbei: die goldenen Löwen am Kreisverkehr vor dem Serendipity und Ochheuteal Beach

Ochheuteal Beach

Golden Sand, 23 Tola St, vom Strand eine Straße landeinwärts, ✆ 034/933607, 🖥 www.hotelgoldensand.com.kh. Größere Hotelburg mit komfortablen Zimmern. Deutlicher Preisnachlass in der Nebensaison; Frühstück inkl. ❺

GST Guesthouse, 14 Mithona St, ✆ 016/210222. Beliebte Unterkunft, eine der billigsten in Strandnähe; Zimmer mit Ventilator oder Klimaanlage. Wird von der Busgesellschaft GST betrieben. ❶–❷

Makara, 14 Mithona St, ✆ 034/933448, ✉ makarashv@camintel.com. Die Zimmer des Gästehauses am Südende des Strands sind meistens schnell belegt, die Bar und das Restaurant auf Wünsche der Traveller eingestellt. ❶–❸

Ochheuteal Beachside Bungalows, nur 70 m vom Strand, ✆ 016/953896. Strohgedeckte Bungalows, Zimmer mit Klimaanlage, Veranda und Bad, einige mit Heißwasser; ausgezeichnetes Restaurant. ❸

Orchidée, 23 Tola St, ✆ 034/933639 oder 012/380300, 🖥 www.orchidee-guesthouse.com. Helle, luftige Zimmer mit Klimaanlage, Bad und TV. Schattiger Hof mit bunten Orchideen; Pool, ruhiger Balkon mit Sitzgelegenheiten. Beliebt bei Ausländern, die in Phnom Penh wohnen und der Stadt entfliehen wollen, für Wochenenden und Feiertage daher am besten reservieren. ❸

Romny Family Bungalows, 1 Kanda St (100 m vom Strand), ✆ 016/861459, ✉ romnytour@yahoo.com. Nette, kleine Bungalows, dazu ein einfaches Bar-Restaurant. Das Personal ist sehr freundlich und hilfsbereit, Selbstversorger dürfen die Küche benutzen, Ausflüge und Weiterreise werden gern organisiert, Familien sind besonders willkommen. ❷

Seaside, ✆ 034/933662 und 015/340711, 📠 034/933640. Freundliches Hotel mit tempelartigem Äußeren in bester Strandlage. Zimmer mit Bad, Klimaanlage und TV; die preiswerteren sind fensterlos. Frühstück inkl. Vor allem NGO-Mitarbeiter aus Phnom Penh steigen gerne hier ab. ❹

Altes Hotel in neuer Pracht

Independence, Indpendence Beach, ✆ 034/934300, ✉ indph@online.com.kh. Sympathisch renoviertes Hotel mit reichlich Geschichte, das jetzt als Wellnessoase lockt. Viele der luxuriösen Zimmer auf den 7 Etagen haben fantastische Aussicht auf die Bucht, das Meer und die Inseln. Nach einem Cocktail in der History Bar geht's zum Gourmetdinner ins elegante Restaurant. Weitere Verwöhnfaktoren sind Pool, Wellnessangebote, Garten und ein schöner Privatstrand. ❼–❾

Independence Beach und Sokha Beach

Chez Claude, auf der Anhöhe zwischen Independence Beach und Sokha Beach, ✆ 012/824870, ✉ 012824870@mobitel.com.kh. Individuell eingerichtete Holzbungalows mit Bad und eigenem Balkon, schöne Aussicht auf Bucht und Meer. Es gibt auch ein französisches Restaurant. Organisation von Tauchtouren. ❹

Sokha Beach Resort, Sokha Beach, ✆ 034/935999, 🖳 www.sokhahotels.com. Luxushotel mit rund 200 Zimmern, verteilt über eine riesige Anlage, die fast den gesamten Sokha Beach einnimmt. Manche Zimmer mit großartiger Aussicht. Schöner Pool, Wellnessangebote, Fitnesscenter, Tennisplatz, Wassersportmöglichkeiten, mehrere Restaurants und Bars, kostenloser Shuttleservice in die Stadt und zu anderen Stränden. ❼

Tespheap Poykompenh, Independence Beach, ✆ 016/622230. Abseits vom Rummel bietet dieses einfache Gästehaus saubere Zimmer in Strandnähe. ❶

Otres Beach

Queen Hill Resort, ✆ 012/482418, 🖳 www.queenhillresortbungalows.com. Gut ausgestattete Bungalows, manche mit Warmwasser und Klimaanlage, auf der Landzunge am Otres Beach, und fast alle mit atemberaubender Aussicht. ❹

Star Bungalows, 🖳 www.starbungalow.com, bietet eine Handvoll einfach eingerichteter Bambus- und Strohhütten mit großer Glasfront in Superlage direkt am Meer. ❸–❹

Auf den Inseln

Bis Ende 2007 gab es so gut wie keine Möglichkeiten, auf den nahen Inseln zu übernachten. Einige Gästehäuser auf dem Festland organisieren aber Inselausflüge mit Übernachtung, insbesondere nach Koh Russei (zu buchen über **Coasters** oder **Romny Family Bungalows**), und das neue Luxusresort auf Koh Dek Koule dürfte auch schon bald Nachahmer finden.

Jonty's Jungle Camp, auf Koh Ta Kiev, ✆ 092/502374, 🖳 www.jontysjunglecamp.com. ❸

Mirax Resort, auf Koh Dek Koule (hinter Koh Pos), ✆ 012/763805, ✉ info@miraxresort.com, 🖳 www.miraxresort.com. Inselidylle mit allem Komfort, Restaurant, Bar, gigantischem Pool und Wellnessbereich, dazu Aktivitäten wie Power-Schnorcheln und Tauchen und ein elektronisches Teleskop, um den faszinierenden Nachthimmel zu beobachten. ❾

Essen

Es wäre eine Schande, der Stadt den Rücken zu kehren, ohne das leckere **Seafood** probiert zu haben, das nirgendwo im Land günstiger zu bekommen ist als hier.

Wer es locker angehen möchte, setzt sich einfach in einen Liegestuhl an den Strand und wählt aus dem Angebot vorbeikommender Händler oder holt sich die Leckereien an einem der vielen Stände. Wenn es ein formellerer Rahmen sein soll, sind Restaurants wie das Sea Dragon oder Treasure Island Seafood empfehlenswerte Adressen.

Die vielen namenlosen Khmer-Lokale im gesamten Stadtgebiet zaubern im Handumdrehen leckere, billige Mahlzeiten wie gebratenen Reis oder gebratene Nudeln. Eventuell lohnt sich ein Gang zum Psar Leu; die eine oder andere Imbissbude könnte mittlerweile wieder in Betrieb sein.

Am späten Nachmittag beginnt der **Nachtmarkt** in der Ekareach Street zwischen Sopheakmongkol West und East.

Verlorenes Paradies?

Wie mit der Pfeffermühle darübergemahlen schaukeln unzählige Inselchen auf den sanften Wellen vor Kambodschas Küste, und von ihren weißen Sandstränden kann man andernorts nur träumen. Aber diese Postkartenidylle ist bedroht. Seit 2006 hat die kambodschanische Regierung schon mindestens sechs dieser Tropenperlen – manche sprechen sogar von 22 – verpachtet, damit internationale Konzerne sie in **Luxusanlagen** mit Hotel und Golfplatz verwandeln. Bis jetzt sind 14 Fünf-Sterne-Hotels und ganze 18 Golfplätze geplant. Eine russische Firma will sogar eine Brücke bauen, die ihre beiden geleasten Objekte, den Hawaii Beach und die gegenüberliegende Insel Koh Pos, verbindet.

Koh Pos war 1995 schon einmal verpachtet, ohne dass Bauvorhaben realisiert worden wären. Dieses Mal ging die Regierung auf Nummer sicher und legte den Termin fest, bis zu dem die ersten Bagger anrollen müssen. Da werden die **Hotels und Resorts** in den nächsten Jahren wie Pilze aus dem Boden schießen. Das bedeutet zwar **Jobs** für die Kambodschaner, aber das Geld, das die Touristen liegen lassen, fließt schnurstracks in die Taschen der ausländischen Investoren. Außerdem stellen die Ferienanlagen auch Ansprüche und werden z. B. einen Löwenanteil der Wasservorräte verschlingen, die sowieso schon sehr begrenzt sind (nicht selten ist ganz Sihanoukville während der Sommermonate wochenlang ohne Wasser).

Aber vor Kambodschas Küste werden nicht nur Resorts gebaut. 2002 erhielt der multinationale Ölriese **Chevron** die Lizenz für Bohrungen nach Gas und Öl, die vor Sihanoukville bereits im Gange sind. Auch das hat durchaus positive Aspekte für das Land und könnte die Infrastruktur verbessern, aber die genauen Vertragsbedingungen wurden stets geheim gehalten, sogar vor der Weltbank, die Kambodschas Entwicklung finanziert. Im November 2007 berichtete die *Phnom Penh Post*, ein indonesischer Konzern hätte eine weitere Lizenz für Probebohrungen erhalten und müsse dafür 4,5 Millionen US$ in einen „Fonds zur sozialen Entwicklung" einbezahlen. Über diesen Fonds machte die Zeitung allerdings keine näheren Angaben.

Im Stadtzentrum sowie am Ochheuteal Beach gibt es preiswerte westlich orientierte Lokale, die Hamburger, Pasta und andere Schnellgerichte servieren, die Strandlokale bieten außerdem Leckeres vom Grill. Und wer es richtig krachen lassen will, findet einige Restaurants mit ausgezeichneter **französischer Küche**.

Weather Station Hill

Corner Bar, beliebte Bar mit Restaurant, das Sandwiches, leckere Pizza und andere westliche Gerichte serviert. ⏲ tgl. 12 Uhr bis spät abends.

Indian Curry Pot, indische Gerichte in großen Portionen, darunter viel Vegetarisches. Besonders lecker sind die Thalis (US$4,50) mit Curry, Gemüse, Popadoms, Reis und Chapatis. Auf dem Dach gibt's außerdem eine Bar. Der Besitzer betreibt auch das K2 am Ochheuteal Beach.

Le Vivier de la Paillote, schickes Restaurant mit Bar und eigenem Pool, die französischen Gourmetkreationen werden im bezaubernden Garten serviert. Besonders günstig sind die festen Menüs (mittags US$8, abends US$12), ansonsten eine tolle Auswahl an Fleisch- und Fischgerichten sowie Salaten.

Snake House, Seitenstraße der Soviet St. Internationale und russische Küche in außergewöhnlichem Ambiente: Hier speist man in der Gesellschaft exotischer Schlangen, die sich in Terrarien im schattigen Garten und sogar unter den Glasplatten der Tische räkeln (aber nicht auf der Speisekarte). Für US$2 darf man die Krokodilfarm besichtigen, und später am Abend mutiert das Schlangenhaus zu einer Girlie-Bar. ⏲ tgl. 11–23 Uhr.

Stadtzentrum

Apsara, Ecke Sopheakmongkol East und Street 109. Gute Khmer- und chinesische

Entspannen und genießen

Holy Cow, Ekareach St. In dem traditionellen Holzhaus kann man für US$2–3 preiswert Khmer- und westliche Gerichte schlemmen, in der *Cambodia Daily* schmökern und sich vom bunten Musikmix berieseln lassen. ⏱ tgl. 9.30–20 Uhr

Gerichte, große Seafood-Auswahl, englische Speisekarte. Ausländer müssen zwar mehr bezahlen als Einheimische (Gericht US$5), aber die Küche ist es wert. ⏱ frühmorgens bis abends.

Espresso Kampuchea, Sopheakmongkol West. Kleines Café, in dem man außer Kaffee auch Bier, Cocktails und eine kleine Auswahl an Süßspeisen und Kuchen bekommt.
⏱ tgl.10–21.30 Uhr.

Gelato Italiano, Sopheakmongkol East. Die Eisdiele verkauft köstliche italienische Eiskreationen (2000 Riel pro Portion) der Schule des Don Bosco Hotels. Besonders saisonale Sorten wie Mango oder Jackfrucht sind zum Niederknien. Filiale am Ochheuteal Beach.

Happy Herb Pizza, Ekareach St. Ein Ableger der beliebten Pizzeria in Phnom Penh, gute Pizza, Pasta und Salate.

Marlin Bar & Grill, im Marlin Guest House, Ekareach St. Beliebte Kneipe mit Restaurant, das westliches Frühstück, importierte Steaks und einige asiatische Speisen zubereitet.
⏱ tgl. 6.30 Uhr bis spät abends.

Köstliche Backwaren

Starfish Bakery, nahe Sopheakmongkol East, hinter dem Samudera Supermarkt. Die Bäckerei wird von behinderten Khmer-Frauen betrieben, die leckere westliche Brotsorten, Kuchen, Gebäck und andere Köstlichkeiten (zum Verzehr an Gartentischen oder Mitnehmen) backen. Teil des Starfish-Projekts, 💻 www.starfishcambodia.org, dessen Erlöse Bedürftigen zukommen. ⏱ tgl. 7–18 Uhr.

Strände

Angkor Beach, Ochheauteal Beach. Tagsüber ist das Bar-Restaurant von den übrigen Strandlokalen nicht zu unterscheiden, aber wenn dann bei Sonnenuntergang der Grill angeworfen wird, fallen hungrige Horden über das sehr günstige Seafood-Barbecue (US$3) her. Dazu gibt's leckere Cocktails und eisgekühltes Bier.

Chez Claude, exzellente, nicht zu teure französische Küche im gleichnamigen Hotel zwischen Independence Beach und Sokha Beach. Tipps: Grillgerichte, saftige Steaks und Schweinekoteletts mit knackig frischen Salaten. Keine große Auswahl für Vegetarier. Wunderschöne Terrasse für einen Drink zum Sonnenuntergang mit Blick auf die vorgelagerten Inseln.

Happa, Serendipity Beach Rd. Gemütliches Teppanyaki-Restaurant, in dem das Essen auf einer heißen Platte direkt am Tisch zubereitet wird, dazu gibt es eine Auswahl an würzig-scharfen Saucen. Frischer Fisch, Fleisch und Tofu werden in Tapas-ähnlichen Portionen zu US$2,50–3,50 angeboten.

K2, ein Steinwurf vom Ochheuteal Beach entfernt. Unterm Strohdach serviert der Besitzer des Indian Curry Pot leckere indische und bengalische Spezialitäten zu unschlagbar billigen Preisen.

Mick and Craig's, zwischen Golden Lions-Kreisverkehr und Serendipity Beach. Beliebtes Bar-Restaurant mit Sonderaktionen an manchen Abenden – legendär sind die Barbecues für US$4. Ansonsten gibt's Burger, Pizza aus dem Holzofen und Pastagerichte zu vernünftigen Preisen. ⏱ tgl. 8–2 Uhr.

Monkey Republic, zwischen Golden Lions-Kreisverkehr und Serendipity Beach. Das gemütliche Restaurant mit Bar serviert preiswerte Burger, Fisch- und Pastagerichte.

Sea Dragon, Ochheuteal Beach. Khmer-Restaurant, das seit Jahren verlässlich gute Qualität bietet. Die Atmosphäre ist zwar nicht berauschend, das Essen dafür umso mehr. Tellergroße Krebse und riesige Garnelen mit diversen Saucen, nach eigenen Wünschen zubereitet und zu kleinen Preisen. Betreibt auch eine Bude am Strand.

Treasure Island Seafood, auf der Landzunge am Koh Pos Beach. Idyllisch gelegenes chinesisches Spezialitäten-Restaurant für Fisch und andere Meeresfrüchte, zu erreichen über den Treppenabstieg hinter dem baufälligen Koh Pos Hotel. Krabben und Krebse sind besonders köstlich (und können bei einer Siesta am netten, kleinen Strand gleich daneben verdaut werden). Englische Speisekarte, faire Preise. ⏱ tgl. 10–22 Uhr.

Unterhaltung

Sihanoukvilles Nachtleben ist rege und bietet neben etlichen Bars nach westlichem Geschmack auch Discos und Karaoke-Bars, die primär um Einheimische Gäste buhlen.

Angkor Beer, Boray Kamakor St. Die kompakte Disco ist ein beliebter Treff der einheimischen Jugend, die Musik eine Mischung aus Thailand, den Philippinen, Indonesien und – besonders laut – dem Westen. ⏱ tgl. 20–2 Uhr.

Biba Night Club, Hun Sen Beach Drive, 2 km außerhalb der Stadt in Hafennähe. Etablierte Diskothek, die bevorzugt asiatische Popmusik spielt. Allerdings nicht der rechte Ort für Frauen ohne Begleitung, denn nebenan beginnt das Rotlichtviertel. ⏱ tgl. 20–0.30 Uhr.

Blue Storm, Ekareach St. Teurer Nachtklub für *wirklich* laute Popmusik aus Kambodscha, Thailand und anderen asiatischen Ländern; beliebter Treffpunkt von Sprösslingen reicher Familien aus Phnom Penh.

Chiva's Shack, am südlichen Ende des Ochheuteal Beach. Lebendige Strandbar, die Partys jeden Dienstag und Freitag sind legendär.

Fisherman's Den, Sopheakmongkol East, Seitenstraße der Ekareach St, nahe der Caltex-Tankstelle. Beliebter westlicher Dachterrassen-Biergarten mit Satelliten-TV (meistens laufen Sportübertragungen). Schließt erst hinter dem letzten Gast ab.

Freedom, im Freedom Hotel, Sopheakmongkol West. Eine der größten Bars der Stadt; Billard, billiges Bier und Snacks. ⏱ tgl. 20 Uhr bis in die frühen Morgenstunden.

G'day Mate, Ekareach St. Restaurant-Bar mit dem üblichen westlichen und asiatischen Angebot sowie Billard. Beliebt bei Ausländern, die in Kambodscha leben. ⏱ tgl. 24 Std.

Oasis, im Oasis Hotel, Ekareach St. Sportübertragungen, Billard (gratis) und Bier vom Fass sorgen für Kneipenatmosphäre, auf der Karte stehen thailändische und westliche Gerichte wie Pizza und Burger.

Rainy Season, Weather Station Hill. In der quirligen Bar mit Garten und Dachterrasse kostet ein frisch gezapftes Bier nur US$0,50, außerdem gibt's Billard und einen DVD-Raum.

Snake Pit, im Snake House, Seitenstraße der Soviet St. Exotische Bar mit 2 m breiter Leinwand, in der einem flotte Mädels (und träge Reptilien) Gesellschaft leisten. ⏱ tgl. 20 Uhr bis spät in die Nacht.

Star, Otres Beach, eine echte Strandbar zum Feiern oder Chillen bis in die Morgenstunden.

Utopia, Ochheuteal Beach Rd. So voll wie keine andere westliche Bar der Stadt. Das Bier läuft zwischen 12 und 19 Uhr zu Happy-Hour-Preisen aus dem Zapfhahn, ab 22 Uhr ist meist Party angesagt. Hat auch ein Restaurant und einen Schlafraum (kostenlos).

Sonstiges

Autovermietung

Hotels, Gästehäuser und Reisebüros vermitteln Wagen mit Fahrer. Wer lieber direkt mit Fahrern verhandeln möchte, wird an der großen Haltestelle der Busse und Taxis fündig.

Bücher und Zeitungen

Mr. Heinz und **Q & A**, beide in der Ekareach St, sowie **Casablanca Books** beim Golden Lions-Kreisverkehr kaufen, tauschen und verkaufen Secondhand-Bücher und bieten auch neue Bücher (d. h. Fotokopien davon) an. An Ständen am Psar Leu gibt es die *Cambodia Daily* und *Phnom Penh Post*.

Diplomatische Vertretungen

Das **vietnamesische Konsulat**, Ekareach St, nahe Independence Square, ☎ 034/933724, stellt auf Antrag noch am selben Tag Visa gegen eine Gebühr von US$35 aus.

Einkaufen

Westliche Lebensmittel, Toilettenartikel und Spirituosen bekommt man in diversen Läden und Supermärkten wie **Samudera**, 7 Makara St, nördlich der Ekareach St, **Orange**, Ecke Ekareach St und Sopheakmongkol West, **Caltex**, Ekareach St, und **Ocean Mart**, Ekareach St, nahe dem Golden Lions-Kreisverkehr.

M'Lop Tapang, 🖥 www.mloptapang.org, ist der Name einer örtlichen NGO, die mit Straßenkindern arbeitet. Die Kinder stellen Souvenirs, Kleidung und Kunsthandwerk her und werden dafür direkt bezahlt; ihre Produkte kann man im Laden auf dem Hügel beim Serendipity Beach kaufen.

In der Ekareach St bietet **Khmer Artisans** eine gute Auswahl an Seidenschals, Taschen, Kleidern und anderen schönen Dingen.

Zoco Clothes, nahe dem Golden Lions-Kreisverkehr, ist die Adresse für ein cooles Party-Outfit.

Musikfans dürften bei **Boom Boom Room** am Serendipity Beach fündig werden; ihr umfangreicher Katalog mit Titeln (je US$0,75) für iPOD und MP3 liegt in vielen Bars und Restaurants aus.

Fotografieren

Ana, Ekareach St, nicht weit vom Supermarkt Orange, brennt Digitalaufnahmen auf CD.

Geld

Die **ANZ Royal Bank**, **Canadia Bank** und **Union Commercial Bank** in der Ekareach St lösen Travellerschecks ein und zahlen Bares auf Kreditkarte aus.

Geldautomaten der ANZ Royal Bank gibt es im Ocean Mart neben dem CCS Hotel in der Ekareach St, im Golden Sands Hotel am Ochheuteal Beach und im Holiday Palace Hotel am Victory Beach.

Umtausch von Dollar in Riel in der **Acleda Bank**, Ekareach St, und in den Wechselstuben und Telefonläden rund um den Markt.

Geldüberweisungen (Western Union) erledigen die Acleda Bank und Western Union am Golden Lions-Kreisverkehr.

Informationen

Der *Sihanoukville Visitors Guide* und der *Sihanoukville Advertiser* haben aktuelle Informationen zu Unterkünften, Restaurants und Bars. Letzterer umfasst auch eine Rubrik „Volunteer" mit Adressen, wo Freiwilligenhelfer benötigt werden. Die beiden kostenlosen Blätter liegen in vielen Bars, Restaurants und Gästehäusern aus.

Das **Touristenbüro**, Ecke Street 109 und Sopheakmongkol West, ist freundlich und zuvorkommend, hält jedoch erwartungsgemäß keine nennenswerten verwertbaren Informationen für Touristen bereit. ⏱ Mo–Fr 8–11 und 14–17 Uhr.

Internet

Lokale mit Internetzugang (US$1–1,50 pro Std.) sind überall in der Stadt und sogar am Ochheuteal Beach problemlos zu finden.

Kochkurse

Traditionelle Khmer-Küche vermitteln die Kochkurse von **Traditional Khmer Cookery Classes**, 335 Ekareach St, Nähe Independence Monument, ✆ 092/738615, US$25 pro Tag. Auf der Dachterrasse stehen genug Woks herum, sodass die Teilnehmer der 1-, 2- oder 3-tägigen Kurse nicht nur zuschauen, sondern selbst aktiv werden können. Laminierte Rezeptkarten, Getränke tagsüber und Bier oder Wein zum Essen sind im Preis enthalten.

Massage und Wellness

Blinde und Sehbehinderte massieren im **Seeing Hands 3**, Ekareach St, nicht weit vom Restaurant Holy Cow, ✆ 012/799016, für US$4 pro Std.

Exklusiver ist das **Jasmine Spa**, Sokha Beach Resort, ✆ 034/935999, wo man sich ab US$30 mit allen möglichen Massagen und Anwendungen verwöhnen lassen kann.

Medizinische Hilfe

Sihanoukville Referral Hospital, Ekareach St, nicht weit vom Golden Lions-Kreisverkehr, ✆ 034/933111, bietet Basisversorgung.

International Peace Hospital, Ekareach St, beim Independence Monument, ✆ 012/794269, 24-Std.-Notaufnahme

Ansonsten kann man auch die **International SOS Medical Clinic** in Phom Penh anrufen, ✆ 023/216911.

Motorradverleih

Zurzeit der Recherche war Touristen das Mieten von Motorrädern offiziell verboten; vor Ort am besten erkundigen, ob dieses Verbot noch besteht.

Polizei

Hauptwache in der Ekareach St, 1 km westlich der Stadt Richtung Independence Square. Die **Touristenpolizei**, ✆ 012/882071, hat Stationen am Serendipity Beach und am Ochheuteal Beach (mittlerer Abschnitt).
Kindesmissbrauch kann bei der Polizei unter ✆ 012/1817281 oder bei der landesweiten Hotline ✆ 023/997919 gemeldet werden.

Post

Die **Hauptpost**, Ekareach St, nicht weit vom Independence Monument, bietet die gängigen Dienstleistungen, auch Poste restante. In der kleinen Zweigstelle gegenüber dem Psar Leu kann man Briefmarken kaufen und Briefe aufgeben.

Reisebüros

Folgende Reisebüros besorgen Visa bzw. Verlängerungen, Busfahrkarten und Mietwagen, buchen Bootsfahrten und organisieren Ausflüge:
Ana Internet and Travel, Ekareach St, beim Supermarkt Orange, ✆ 034/933929; **Romny Family Travel & Tour Service**, bei Romny Family Bungalows, 1 Kanda St, ✆ 016/861459;
Sokun Travel & Tours, Serendipity Beach Rd, ✆ 034/933791, hier auch Buchung von Inlands- und internationalen Flügen.

Sport

Mit einer Tageskarte (Mo–Fr US$4, Sa, So und Feiertage US$6) kann man im Pool des **Sokha Beach Resort** schwimmen und weitere Einrichtungen benutzen, z. B. den Tennisplatz mit Flutlicht (US$5 pro Std.).

Telefon

Internationale Telefongespräche können bei **Camintel**, Ekareach St, geführt werden, sind aber relativ teuer. Billiger geht's übers Internet, was in den meisten Internetcafés möglich ist. Telefonzellen für Inlandsgespräche gibt es in der ganzen Stadt, vor allem rund um den Markt.

Nahverkehr

Die für Touristen interessanten Gegenden liegen recht weit auseinander, und da Sihanoukville ziemlich hügelig ist, kann das zu Fuß ganz schön anstrengend werden. **Motos** und **Tuk-Tuks** gibt es zuhauf im Zentrum, am Ochheuteal Beach sowie rund um die meisten anderen Touristenziele. Eine Motofahrt vom Markt zum Strand oder Hafen kostet 3000–4000 Riel, im Tuk-Tuk etwas mehr. Touristen ist es (angeblich aus Sicherheitsgründen) verboten, Motorräder zu mieten, und die Polizei kontrolliert rigoros. Die Situation kann sich jederzeit wieder ändern, aber zurzeit bleiben nur Motos, Tuk-Tuks, Fahrräder oder die Kondition eines Marathonläufers. Ein paar geschäftstüchtige Leute vermieten jetzt auch Elektroräder für US$3–4.

Transport

Die Weiterfahrt in andere Regionen im Süden und in die Hauptstadt ist problemlos, in die südöstlichen Provinzen Prey Veng und Svay Rieng kommt man allerdings nur mit Umweg über Phnom Penh.

Busse

Alle Expressbusse aus Phnom Penh fahren zur **Hauptaltestelle** in der Street 109, nicht weit von den Unterkünften im Zentrum. Dort sind auch alle großen Busunternehmen wie Mekong Express, GST und Phnom Penh Sorya Transport vertreten; Phnom Penh Sorya hat außerdem noch eine Filiale in der Ekareach Street.
Nach PHNOM PENH (6x tgl., 3 1/2 Std., 12 000 Riel) fahren vom frühen Morgen bis zum frühen Nachmittag Expressbusse. Normalerweise ist ein Platz ohne Probleme zu bekommen, nur für Feiertage sollte man reservieren. Theoretisch schickt Phnom Penh Sorya auch täglich einen Bus nach KAMPOT (2 1/2 Std., 16 000 Riel), aber wenn sich nicht genug Fahrgäste finden, fällt der manchmal auch aus.
Das **Capitol Guesthouse**, Capitol Tours and Transport, Ekareach St, ✆ 034/934042, verkehrt mit eigenen Bussen zwischen Sihanoukville und

Phnom Penh (3x tgl.,12 000 Riel) und **G'day Mate** mit einem Minibus nach Kampot (tgl. 11 Uhr, US$6,50).

Sammeltaxis, Minibusse und Pick-ups

Sämtliche Fahrzeuge steuern (wie auch die Expressbusse) die Haupthaltestelle in der Street 109 an – mit Ausnahme der von/nach Kampot. Für sie liegt die Haltestelle in der Straße vor dem Psar Leu.
Sammeltaxis und Minibusse verkehren den ganzen Tag über nach PHNOM PENH (20x tgl., 3 1/2 Std., Sammeltaxi 12 000 Riel, Minibus 10 000 Riel) und KAMPOT (10x tgl., 1 1/2 Std., Sammeltaxi 12 000 Riel, Minibus 10 000 Riel). Nach KOH KONG gelangt man mit Sammeltaxis und Pick-ups (6x tgl., 4–6 Std., 40 000 Riel, bzw. 30 000 Riel auf der Ladefläche eines Pick-ups).

Boote

Das Expressboot nach KOH KONG (tgl., 4 Std., US$20) mit kurzem Halt in KOH S'DACH (2 Std.) fährt gegen Mittag vom Hun Sen Beach Drive, 1 km nördlich des Hafens, ab. Wer schnell seekrank wird, sollte bei stürmischem Wetter lieber darauf verzichten.

Flüge

Sihanoukvilles Flughafen (23 km außerhalb an der NR4) wurde erst kürzlich renoviert, um Touristen in Siem Reap Lust auf ein paar weitere Urlaubstage in Kambodscha zu machen. Nach dem schweren Flugzeugunglück bei Kampot im Juni 2007 wurde er auf unbestimmte Zeit geschlossen; wer fliegen will, sollte sich in einem Reisebüro nach dem aktuellen Stand erkundigen.

Die Umgebung von Sihanoukville

Das am häufigsten angesteuerte Ziel vor den Toren der Stadt ist der artenreiche **Ream-Nationalpark**, der verschiedene Lebensräume und wunderschöne Landschaft umfasst. Bei Lust auf noch mehr Strände bietet sich ein Abstecher auf eine der nahen **Inseln** (manche davon im Nationalpark) an.

Nahe der Stadt rauscht der vom Prek Toeuk Sap gespeiste Wasserfall **Kbal Chhay** über mehrere Kaskaden in die Tiefe. Was in der Regenzeit recht beeindruckend ist, gibt in den trockeneren Monaten allerdings nicht viel her. Von Sihanoukville führt der Weg zunächst über die RN 4 stadtauswärts, nach rund 10 km biegt man am Wegweiser zum Wasserfall links ab und folgt der Straße noch 7 km. Ein Moto kostet für den Hin- und Rückweg um die US$5.

12 HIGHLIGHT

Ream-Nationalpark

Der Ream-Nationalpark (auch: Preah-Sihanouk-Nationalpark) erstreckt sich über 210 km² und umfasst Küstenlandschaften, Mangrovensümpfe, immergrüne Tieflandwälder sowie die Inseln Koh Thmei und Koh Ses.

Der Vogelreichtum im Park ist mit 155 bislang gezählten Arten enorm. Für die Watvögel, die hier nisten oder als Besucher vorbeikommen, ist der mangrovengesäumte Fluss **Prek Toeuk Sap** ein wichtiger Lebensraum. Neben einer großen Population von Fischadlern versorgt der Fluss auch Milchstörche und Eisvögel mit reichlich Nahrung. Die Liste der Säugetiere umfasst Rotwildarten, Wildschweine und Fischkatzen, die allerdings alle recht scheu und daher kaum zu sichten sind, Affen hingegen lassen sich häufiger am Flussufer blicken.

Praktische Tipps

Die meisten Parkbesucher buchen einen Tagesausflug über eines der Gästehäuser oder Cafés in Sihanoukville wie **Romny Family Bungalows** oder **Q & A** (ca. US$15 pro Person, je nach Teilnehmerzahl). Der Trip umfasst eine Bootsfahrt auf dem Prek Toeuk Sap, eine Dschungelwanderung ab oder nach Thmor Tom, einem kleinen Dorf im Park, sowie ein erfrischendes Bad und ein Picknick am traumhaft schönen, weißen **Sandstrand** von Koh Sam Pouch. Zurück geht's dann wieder per Boot.
Die **Parkverwaltung** bietet ähnliche Bootstouren an (US$35 für Gruppen bis zu

Tauchen

Erstaunlicherweise kommen nur wenige auf die Idee, sich das unvergessliche Erlebnis eines Tauchgangs in Kambodschas unerforschten Gewässern zu gönnen – und die, die es tatsächlich tun, bleiben dafür fast unter sich. Mancherorts reicht die Sicht überwältigende 30 m weit, und die vielfältige Inselwelt ist ein echtes Taucherparadies. Ob von Korallen überwucherte Riffe oder exotische Meeresbewohner wie Barracudas, Kugelfische, Muränen, Riesenmuscheln und Papageienfische, bei so einem organisierten Tauchtrip gehen einem wirklich die Augen über. In der Umgebung von Sihanoukville ist **Koh Rong Samloem** das beliebteste Ziel für Tagesausflüge; man ist in zwei Stunden dort und hat Zeit für mehrere Tauchgänge, eine relaxte Mittagspause und sogar etwas Faulenzen am einsamen Strand. Erfahrenere Taucher schippern eher nach **Koh Tang** oder **Koh Prins** (6–8 Bootsstunden entfernt) und bleiben dort über Nacht, um die Riffe und auch das eine oder andere Wrack in den Tiefen des glasklaren Meers zu erforschen.

Scuba Nation, Serendipity Hill, ✆ 012/604680, 🖥 www.scubanation.com, ist Kambodschas einziges PADI-Tauchzentrum mit fünf Sternen und komplettem Versicherungsschutz und bietet 4-tägige Open-Water-Kurse, Tagestouren (US$75) und 2-tägige Ausflüge (US$195, mit nächtlichen Tauchgängen) auf einem speziell ausgestatteten Boot an. **Chez Claude**, zwischen Sokha und Independence Beach, ✆ 012/840870, hat Tauchen in Sihanoukville populär gemacht und organisiert anspruchsvolle Touren für erfahrene Taucher. **Eco Dive**, zwischen dem Golden Lions-Kreisverkehr und Serendipity Hill, ✆ 012/654104, 🖥 www.ecoseadive.com, veranstaltet PADI-Kurse, Freizeittauchen, 1–2-tägige Ausflüge sowie eine 3-tägige Expedition durch die Gewässer rund um Koh Rong Samloem und Koh Tang.

---

5 Personen, jede weitere Person US$6), sowie geführte Wanderungen (ca. 2 Std., US$6 pro Person) auf den nahen Naturpfaden.
Die Parkverwaltung, ✆ 012/875096, befindet sich in einem grünen Holzgebäude hinter der Einfahrt zum Kang Keng Airport, 23 km außerhalb von Sihanoukville; ⌚ tgl. 7.30–11.00 und 14–17 Uhr. Am besten so früh wie möglich kommen oder bereits am Tag vorher telefonisch buchen.
Ein Moto von Sihanoukville zum Park kostet rund US$5. Da die Boote an der Brücke über den Prek Toeuk Sap, 25 km von Sihanoukville auf der RN 4 in Richtung Phnom Penh starten, sollte man sich gleich dort absetzen lassen. Proviant, Trinkwasser und Sonnenschutzmittel nicht vergessen.

Inseln nahe Sihanoukville

Vor der Küste verstreut liegen Hunderte, wenn nicht Tausende kleiner Inseln. In letzter Zeit sind zwar einige davon an private Investoren verpachtet worden und daher für Touristen nicht zugänglich (s. Kasten S. 327), aber viele bieten sich nach wie vor als lohnendes Ausflugsziel an.

Entweder trifft man dafür individuelle Vereinbarungen mit Fischern und lässt sich von ihnen übersetzen, oder man schließt sich einer organisierten Tour an (rund US$10), die Gästehäuser wie das Coasters oder Romny Family Bungalows anbieten. Sehr beliebt ist **Koh Russei**, obwohl die Bars der Insel das Robinson-Erlebnis etwas beeinträchtigen. **Koh Tas** (mit dem Boot eine Stunde entfernt) hat sanft geschwungene Sandstrände und ist ein tolles Schnorchelrevier. Mit Angelausrüstung lässt sich aus den fischreichen Gewässern auch leicht ein leckerer Happen für den Grill fischen – bei Buchung nachfragen, ob im Boot Angelgerät mitgeführt wird, oder eine billige Ausrüstung auf dem Markt kaufen.

Hinter Koh Tas lockt die 2 1/2 Stunden entfernte Insel **Koh Rong Samloem** mit acht einsamen Sandstränden und einem felsigen Riff zum Tauchen (s. Kasten). Mit ebenfalls guten Schnorchelgebieten warten weiter südlich die küstennahen Inseln **Koh Khteah**, **Koh Chraloh** und vor allem **Koh Ta Kiev**, in deren Gewässern auf der Nordseite zahllose Riesenmuscheln zu entdecken sind.

Kampot: charmanter Küstenort vor der malerischen Kulisse des Bokor-Nationalparks

Wer mehr Zeit hat, kann die 5–8 Bootsstunden entfernten Inseln **Koh Tang** und **Koh Prins** ansteuern, wo das Meer schon um einiges tiefer ist (s. Kasten S. 333). Koh Tang rückte in den Blickpunkt der Weltöffentlichkeit, als die amerikanische Marine und Luftwaffe am 13. Mai 1975 mit einem Seegefecht das von den Roten Khmer gekaperte amerikanische Containerschiff *Mayaguez* befreiten. Sie trafen auf massiven Widerstand und dehnten ihre Bombardierungen im Verlauf der Schlacht auf den Flottenstützpunkt Ream und Sihanoukvilles Industriegebiete aus. Taucher können nordwestlich von Koh Prins zwei Schiffswracks erkunden, die in 40 m Tiefe liegen.

Kampot

Der charmante Ort Kampot liegt in einer der landschaftlich schönsten Gegenden Kambodschas am Nordufer des Flusses Teuk Chhou vor der Kulisse der bewaldeten Hänge des Bokor-Nationalparks und war früher ein betriebsamer Handelshafen.

Die einstöckigen Häuser der bis heute großen Chinesengemeinde stehen nicht auf Pfählen und setzen interessante Kontraste zu den Stelzenhäusern der Khmer. Auch alte koloniale Geschäftshäuser zieren noch die Straßen der Stadt.

Inzwischen zieht es viele Khmer und Ausländer aus Phnom Penh am Wochenende nach Kampot, und das nicht ohne Grund: Die Umgebung ist ebenso malerisch wie vielfältig und reicht von den wolkenumhüllten Bergen des **Bokor-Nationalparks** über Salztonebenen bis hin zu unbewohnten Inseln vor der Küste. Kampot ist ein idealer Ausgangspunkt für Abstecher nach Bokor und ins kleine Seebad **Kep**, bietet in seiner näheren Umgebung aber auch selbst einige interessante Ziele wie reißende Stromschnellen, prächtige Obstplantagen sowie von Höhlen durchlöcherte Hügel und sogar die Gelegenheit, Tiger im Teuk Chhou-Zoo zu sehen.

Die Stadt wird im Westen vom Fluss Teuk Chhou (auch Kampong Bay River genannt) begrenzt, über den im Süden eine rustikale alte Brücke für den Stadtverkehr führt, während die moderne Betonbrücke im Norden den Anschluss zur RN 3 herstellt. Am Kreisverkehr im Stadtzentrum treffen die Straßen aus allen Richtungen zusammen.

Die Stadt

Völlig zu Unrecht wird der angenehmen kleinen Stadt nur wenig Beachtung geschenkt, die meist zur bloßen Schlafstätte zwischen Ausflügen nach Bokor und Kep degradiert wird. Es stimmt, herausragende Sehenswürdigkeiten gibt es zwar nicht, aber für beschauliche Spaziergänge ist Kampot allemal gut. Südwestlich des Kreisverkehrs im Zentrum liegt das charmante **französische Viertel**, in dem die Straßen bis zum Fluss von Läden gesäumt sind, während bunte Blumen in Blechkannen, Töpfen und allen anderen denkbaren Gefäßen die Bürgersteige und Straßenecken schmücken und dem Stadtteil eine mediterrane Atmosphäre verleihen. Wunderbar entspannt lässt es sich den von Bäumen und Grünanlagen gesäumten **Uferweg** südlich der Straßenbrücke entlangschlendern, und es gibt viele Lokale, wo man sich der verträumten Stimmung voll und ganz hingeben kann. Der alte Markt hier wurde vor ein paar Jahren aufgegeben, als man ein neues Marktgebäude errichtete und die Händler mit ihren Ständen zum Umzug zwang, er macht aber immer noch einen besseren Eindruck als sein Nachfolger. Nicht weit davon liegen die Verwaltungsgebäude, die Post und, am Ende der Straße, die zu ehemaliger Pracht renovierte Gouverneursresidenz.

Ein anderer schöner Spaziergang folgt dem Fluss von der alten Straßenbrücke nach Norden zur stillgelegten Eisenbahnbrücke, wo ein betagter, rostiger Fußgängerweg über den Fluss führt und man wiederum am Ufer in die Stadt zurücklaufen kann.

Interessant ist außerdem ein Besuch der **Kampot Traditional Music School** (s. S. 339), wo man den Schülern beim Einstudieren traditioneller Tanz- und Musikstücke zuschauen kann, und im **Provincial Training Centre Kampot (PTC Kampot)** auf dem Gelände hinter der Post, wo Frauen aus der Provinz das Weben lernen. Eigentlich soll ihnen damit eine langfristige Einkommensquelle erschlossen werden, aber leider ist die Nachfrage nach ihren Erzeugnissen sehr schleppend. Wer helfen will, kann vor Ort einen Seidenstoff, Baumwollschal oder *kramar* kaufen.

Übernachtung

Kampot hat eine gute Auswahl an freundlichen Unterkünften.

Blissful, an einer ruhigen Seitenstraße, ca. 1 km südlich vom Kreisverkehr, ✆ 012/513024, ✉ blissfulguesthouse@yahoo.com. Von Westlern geführte Unterkunft mit preiswerten, hübschen Zimmern, alle ausgestattet mit Moskitonetzen, dazu ein schöner Garten mit vielen Sitzgelegenheiten, ein als Lounge dienender Balkon und ein Restaurant (Di geschl.). Wenn der Besitzer gerade nicht da ist, lässt der Service spürbar nach. ❶

bodi villa, 1,5 km außerhalb der Stadt auf der anderen Flussseite Richtung Teuk Chou, ✆ 012/728884, ✉ bodhivilla@mac.com. Individuelles, relaxtes Gästehaus inmitten eines dschungelähnlichen Gartens am Fluss, das mit seinen alten Stein- und Lateritmauern fast wie ein verlassener Tempel aussieht. Einfache Zimmer im Haupthaus, dazu schwimmende Bambusbungalows auf dem Fluss – nachts wirkt der beleuchtete Zugang richtig märchenhaft. Während der Trockenzeit gibt's auch Schlafsaalbetten für US$1,50. Ebenfalls vorhanden: Restaurant, Bar für wilde Partys, Tonstudio, Kinoleinwand und Tuk-Tuks, die einen in die Stadt kutschieren. ❶–❷

Bokor Mountain Lodge, südlich der alten Brücke am Fluss, ✆ 033/932314, 🖥 www.bokorlodge.com. Wer auf Flair Wert legt, ist in dem wunderschönen Gebäude aus der Kolonialzeit richtig, aber die Zimmer zeigen schon Gebrauchsspuren und das Hotel wirkt trotz hohem Nostalgiefaktor unpersönlich. ❹

Borey Bokor, einen Block nördlich der Hauptstraße zur Brücke, ✆ 016/960700. Solides, unauffälliges Hotel mit ordentlichen Zimmern, alle mit Klimaanlage, Bad, Warmwasser, TV und Kühlschrank. ❸

Little Garden, nördlich der alten Brücke am Flussufer, ✆ 012/256901, 🖥 www.littlegardenbar.com. Kleines Gästehaus mit netten Zimmern über einem sympathischen Restaurant, einige mit schönem Ausblick auf den Fluss. Reservierung erforderlich. ❹

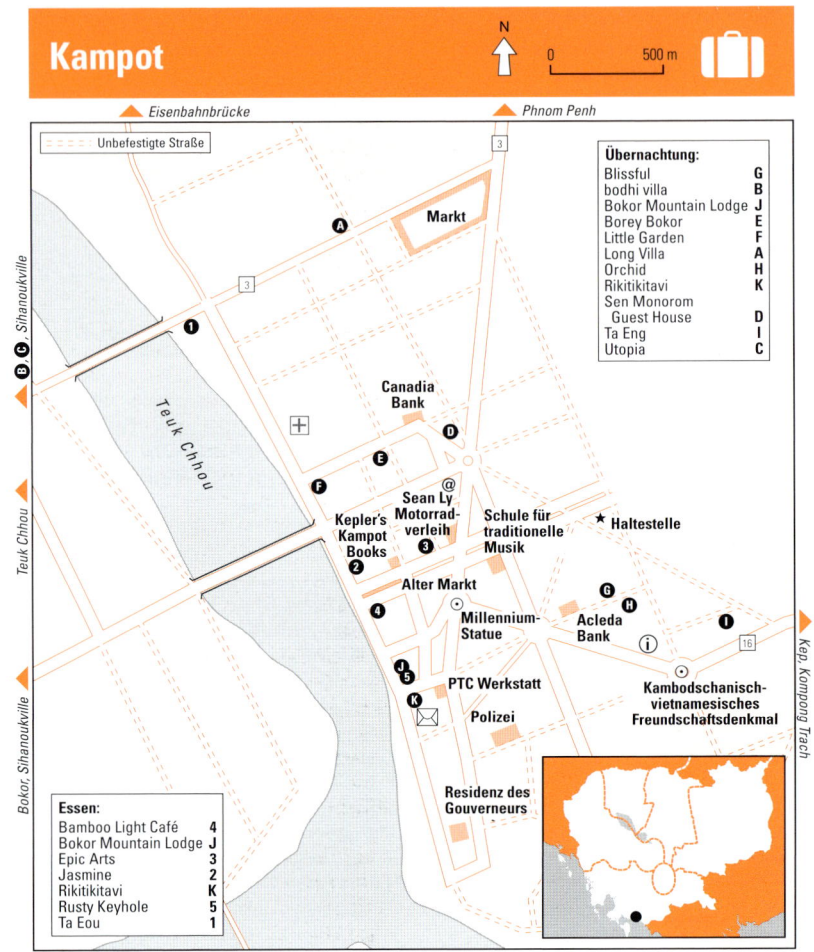

Long Villa, südwestlich des Markts in Richtung neuer Brücke, ✆ 012/210820. Familienbetrieb, der sich auf die Bedürfnisse von Travellern eingestellt hat. Einfache, saubere Zimmer mit Bad ab US$2, dazu netter Innenhof und Restaurant, in dem eine Tafel mit kambodschanischen Ausdrücken und Wendungen hängt, die für Traveller nützlich sind. ❶–❸

Orchid, gegenüber der Acleda Bank, ✆ 033/932634, ✉ orchidguesthousekampot@yahoo.com. Hübsche Bungalows mit winzigen Balkonen in einem Garten, Preise je nach gewünschter Ausstattung. Angesichts freundlicher Besitzer, Restaurant und angebotener Touren bleiben kaum noch Wünsche offen. ❷–❸

Rikitikitavi, am Flussufer südlich der alten Brücke, ✆ 012/235102, 💻 www.rikitikitavi-kampot.com. Da es nur 4 schicke, komfortable Zimmer gibt, am besten reservieren. ❹

Sen Monorom Guest House, nördlich des Kreisverkehrs, ✆ 012/650330. Wirkt mehr wie ein Hotel und bietet preiswerte große, helle Zimmer mit Bad, Ventilator oder Klimaanlage. ❷

Ta Eng, 36 Street 726, ✆ 012/330058. Liegt zwar etwas ab vom Schuss, hat aber dank der sehr netten Betreiberfamilie viele treue Stammgäste. Große, saubere Zimmer, Schlafsaalbetten für US$2. Gemütlicher Sitzbereich und Restaurant. ❶

Utopia, 8 km außerhalb von Kampot, ✆ 012/1724681. Inmitten von Obstplantagen kuschelt sich dieses Gästehaus ans Flussufer gegenüber dem Teuk Chou Zoo, von wo ab und zu Tigergebrüll herüberschallt. Nur eine Handvoll attraktiver Zimmer, deshalb unbedingt reservieren, besonders fürs Wochenende, wenn die Städter aus Phnom Penh einfallen. Bar, Restaurant und Wassersportangebot – der Besitzer bringt einem bei, wie man nach Khmer-Manier stehend rudert. ❷–❹

Essen

Neben etlichen Restaurants gibt es die üblichen Reis- und Nudelstände am Markt, an der Haupthaltestelle und entlang der Straße zwischen Kreisverkehr und alter Brücke. In dieser Straße übernehmen ab dem frühen Abend kleine Stände auch die Versorgung mit Fruchtsäften und Süßspeisen.

Bamboo Light Café, südlich der alten Brücke am Flussufer. Ceylonesische und indische Küche mit vielen vegetarischen Angeboten zu günstigen Preisen.

Bokor Mountain Lodge, tolles Flusslokal für einen Apéritif oder Absacker – essen sollte man allerdings besser anderswo.

Epic Arts, nordöstlich des alten Markts, 🖳 www.epicarts.org.uk. Das von Gehörlosen betriebene, winzige Café verwöhnt mit hausgemachtem Kuchen, Tee und Kaffee. Die Karte gibt Tipps für die lautlose Bestellung.

Little Garden Bar, nördlich der Brücke am Flussufer. Hübsches, familiäres Lokal in einem ruhigen Garten. Snacks und Getränke sind den kompletten Mahlzeiten vorzuziehen.

Rikitikitavi, am Flussufer südlich des alten Markts. Das Restaurant ist berühmt für sein leckeres Saraman Curry, eine alte,

Paradies für Feinschmecker

Jasmine, am Flussufer, einen Block nördlich des alten Markts. Ein Paradies für Foodies, die gerne asiatisch-französische Kreationen (ab US$5) wie Krebse mit Kampot-Pfeffer schlemmen. Täglich wechselndes, vom Markt bestimmtes Angebot. Wer sich vorgenommen hat, einmal in Kambodscha schick essen zu gehen, sollte es hier tun!

kambodschanische Spezialität mit vielen frischen Kräutern und Erdnüssen. Wer es schafft, nimmt hinterher noch den heißen Apfelkuchen. Müde, satt und glücklich würde man dann gerne noch auf der herrlichen Holzterrasse sitzen bleiben, aber leider scheucht einen das Personal hinaus.

Rusty Keyhole, am Flussufer südlich des alten Markts. Nirgends ist so viel los wie in diesem sympathischen Restaurant mit Bar. Relaxte Atmosphäre, kühles Bier und Spareribs vom Grill, die gut und gerne zwei Personen satt machen.

Ta Eou, am östlichen Flussufer, ✆ 012/820832. Luftiges Restaurant mit Terrasse über dem Fluss und schöner Aussicht auf Bokor; schmackhafte und preiswerte Khmer- und chinesische Gerichte, darunter gegrillte Shrimps, gedämpfte Krebse und gebratener Fisch in Kokossauce; englische Speisekarte.

Unterhaltung

Das Nachtleben in Kampot beschränkt auf ein paar Kneipen im westlichen Stil, dazu die üblichen Karaoke-Bars, welche sich vor allem auf der anderen Flussseite in der Nähe der alten Brücke angesiedelt haben.

Sonstiges

Auto- und Motorradvermietung

Autos mit Chauffeur können über die Hotels und Gästehäuser für rund US$50 pro Tag gemietet werden.

Motorräder verleiht **Sean Ly** in der Straße westlich vom Phnom Khieu Hotel; ein 100cc-Hüpfer kostet US$3 pro Tag, eine wendige 250cc-Enduro-Maschine US$10.

Chinesen in Kambodscha

Schon in der Frühgeschichte Kambodschas ist eine **chinesische Präsenz** belegt – tatsächlich ist es zum großen Teil den Berichten chinesischer Händler und Gesandter ab dem 3. Jh. zu verdanken, dass es eine aufgezeichnete Geschichte des Landes gibt –, in größerer Zahl ließen sie sich jedoch erst nach dem 15. Jh. in dem Gebiet nieder. Sie heirateten in reiche Khmer-Familien ein, übernahmen wichtige Positionen als Steuereintreiber und Bankiers, handelten mit Gold, eröffneten Wirtslokale und wurden so schon bald zur einflussreichsten Minderheit des Landes.

Chinas wirtschaftliche Krise der 1930er Jahre brachte eine weitere Einwanderungswelle nach Kambodscha. Die meisten neuen Mitbürger integrierten sich ohne Probleme und trugen zum wachsenden Wohlstand der chinesischen Gemeinschaft bei, bis diese in den 70er Jahren zunächst von der Regierung Lon Nol (aus Missgunst) und dann von den Roten Khmer (zusätzlich noch aus ethnischen Gründen) **verfolgt** wurde. Die Situation verkomplizierte sich 1979, als China nach Kambodschas Befreiung durch vietnamesische Truppen für kurze Zeit in Vietnam einmarschierte und deshalb viele kambodschanische Chinesen nach Thailand flohen. Denjenigen, die blieben, wurden später zunächst nur begrenzte wirtschaftliche Freiräume zugestanden, und erst seit den Wahlen von 1993 konnten die Auslandschinesen durch das Investitionskapital ihres weitverzweigten internationalen Netzwerks ihren früheren Einfluss auf das kambodschanische Geschäftsleben zurückgewinnen. Heute gehören Schilder chinesischer Unternehmen zum ganz normalen Straßenbild einer jeden kambodschanischen Stadt.

Kambodschas Chinesen haben sich ihre Kultur und Sprache bewahrt (die meisten sind **zweisprachig**), sich aber zugleich so nahtlos in die kambodschanische Gesellschaft eingefügt, dass sie oft nicht von der Khmer-Bevölkerung zu unterscheiden sind. Nur in Städten mit großem chinesischen Bevölkerungsanteil wie Voen Sai oder Kampot, wo es eigene chinesische **Schulen** gibt, heben sie sich deutlicher ab.

Das chinesische Neujahr ist kein offizielles Fest, wird aber in Phnom Penh und anderswo mit derselben Leidenschaft wie das Khmer-Neujahr und mit bunten Drachentänzen auf den Straßen gefeiert.

Bücher
Kepler's Kampot Books beim alten Markt hat eine Riesenauswahl an gebrauchten und fotokopierten Büchern, viele davon über Kambodscha. Auch das **Blissful Guesthouse** tauscht und verkauft Secondhand-Bücher.

Einkaufen
Einem Supermarkt am nächsten kommt **Heng Dy** am Kreisverkehr; dort gibt es Toilettenartikel, Snacks und diverse westliche Konsumgüter.

Freiwillige Hilfsdienste
Wer sich als Freiwilligenhelfer nützlich machen möchte, kann sich an Angela vom **Blissful Guesthouse** oder an Barbara oder Norman von der **Little Garden Bar** wenden. Deren Verein Tin Lid Kids organisiert Ausflüge, z. B. Zoobesuche, für die Straßenkinder, die Blechbüchsen sammeln.

Geld
Die **Canadia Bank**, eine Straße nordwestlich vom Kreisverkehr, wechselt Reiseschecks und zahlt auf Visa- oder Mastercard Bargeld aus. Geldwechsler gibt es am Markt und in Läden rund um den Kreisverkehr, eine **Acleda Bank** in der Nähe vom Blissful Guesthouse.

Informationen
Das **Touristenbüro** befindet sich 1 km vom Kreisverkehr an der Straße nach Kep. Die besten aktuellen Tipps können die Englisch sprechenden **Motofahrer** geben.

Internet
In den Straßen westlich und östlich des Kreisverkehrs findet sich immer das eine oder andere Internetcafé, aber die Fluktuation ist groß, da hilft nur Suchen. Normalerweise kostet eine Stunde um die US$1,50.

Kulturveranstaltungen
Die **Kampot Traditional Music School** am Parkzipfel südöstlich des alten Markts bringt Waisen und behinderten Kindern traditionelle Tänze und Volksmusik bei. Besucher sind willkommen, ein Unterrichts- und Veranstaltungsplan hängt aus; Eintritt frei, Spende erbeten.

Massage
Seeing Hands Massage, in der Nähe der Bokor Mountain Lodge am Flussufer; US$4 pro Stunde.

Medizinische Hilfe
Das Krankenhaus befindet sich am Flussufer zwischen der alten und der neuen Brücke.

Post
Das Postamt liegt am Flussufer südlich der alten Brücke.

Telefon
Internationale Gespräche können in Internetcafés geführt werden, Inlandsgespräche von den Buden am Markt.

Touren
Die Besitzer der größeren Gästehäuser können alle möglichen Ausflüge organisieren, etwa Exkursionen nach Bokor, Bootsfahrten flussaufwärts oder zu vorgelagerten Inseln. Ein Tagesausflug nach Bokor kostet rund US$10 p. P. (plus Eintritt für den Park); meist sind ein Picknick am Mittag und eine Wildwassertour auf dem Teuk Chhou inbegriffen. Der Preis für eine Tour zu einer der Inseln (meistens Koh Tonsay), bei der unterwegs die Höhlen von Kampot und eine Pfefferplantage besichtigt werden, liegt bei US$10–15.

Nahverkehr
Kampot lässt sich wunderbar zu Fuß erkunden, da wenig Verkehr herrscht und das angenehme Klima ohnehin zu Spaziergängen einlädt. Gästehäuser organisieren Ausflüge in die Umgebung, s. Touren. Wer lieber auf eigene Faust losziehen möchte, findet schnell einen Motofahrer, der Englisch spricht – die meisten sind außerdem gute Informationsquellen. Tagesausflüge per Moto nach Bokor oder Kompong Trach kosten US$10–12, Tagestouren nach Kep US$8–10 (Wartezeiten inkl.).

Transport
Fahrzeuge aus Phnom Penh setzen ihre Passagiere entweder am Markt an der Hauptstraße nördlich des Zentrums oder 700 m weiter an der Haltestelle ab, die auch das Ziel der Fahrzeuge aus Sihanoukville ist.

Busse
Phnom Penh Sorya Transport und **Hua Lian** haben Schalter im Restaurant gegenüber der Haltestelle und fahren via Kep nach PHNOM PENH (16 000 Riel, 5 Std.). Theoretisch fährt auch ein Bus von Phnom Penh Sorya Transport via Kep nach SIHANOUKVILLE (14.30 Uhr, US$3, 2 1/2 Std.), aber manchmal fällt er wegen zu geringer Nachfrage aus.

Minibusse, Sammeltaxis und Pick-ups
Ein privater Minibus (14 Plätze) verkehrt tgl. von der Bokor Mountain Lodge nach SIHANOUKVILLE (14 Uhr, US$6,50, 1 1/2 Std.); er wird von der G'Day Mate Bar in Sihanoukville betrieben, Fahrgäste sind jedoch nicht verpflichtet, dort abzusteigen.
Weitere Verbindungen nach PHNOM PENH (12x tgl., 3 Std.), SIHANOUKVILLE (10x tgl., 1 1/2 Std.) und TAKEO (4x tgl., 2 Std.),.

Die Umgebung von Kampot

Teuk Chhou Zoo und Stromschnellen
Zu Füßen der Elefantenberge dehnt sich 12 km nordöstlich von Kampot und umgeben von Parklandschaft und Obstplantagen der privat geführte **Teuk Chhou Zoo** am Westufer des gleichnamigen Flusses aus. Tiger und verspielte junge Elefanten zählen ebenso zu seinen Bewohnern wie Lemuren und Gibbons. Die Gehege und Käfige verteilen sich über ein großes Gelände, das leider mit Musik berieselt wird. Wie in allen Zoos machen die Tiere nicht gerade den glücklichsten Eindruck und nehmen den fast unleserlichen Lobgesängen auf den Gründer auf einem Schild am Eingang etwas von ihrer Glaubwürdigkeit. ◷ tgl. 7–17.30 Uhr; Eintritt US$4.

Nur wenige hundert Meter flussaufwärts entfaltet sich ein prächtiges Flusstal mit sprudelnden und gurgelnden **Stromschnellen** zwischen den Felsen. Für US$1 erhält man eine Tageskarte und damit Zugang zu den Stromschnellen und einem Parkplatz mit vielen Imbissbuden und Ständen, die aufgepumpte Lkw-Schläuche vermieten. Pfade führen zum Ufer, wo man ein bisschen plantschen oder schwimmen kann, sofern die Fluten nicht zu mächtig sind – Vorsicht ist zu jeder Zeit geboten, denn die Stromschnellen sind trügerisch stark und das Wasser ist eiskalt. Wenn am Wochenende am Nordufer Hochbetrieb herrscht, lohnt sich die Ausgabe von 500 Riel für die Kettenbrücke zum anderen Ufer, wo es jede Menge ruhigere Badeplätze gibt. Der Zoo und die Stromschnellen sind von Kampot in 20 Minuten zu erreichen. Ein Moto für den halbtägigen Ausflug kostet rund US$4.

Die Höhlen bei Kampot

Aus den Reisfeldern erheben sich östlich von Kampot die schroffen Kalksteinhügel **Phnom Chhnork** und **Phnom Sorseha**, die von einigen Höhlen durchlöchert sind. Ein Vormittag reicht für ihre Erkundung zwar aus, besser nimmt man sich aber für beide jeweils ein paar Stunden Zeit. An den Höhlen gibt es keinerlei touristische Einrichtungen, und robustes Schuhwerk sowie eine Taschenlampe sind als Ausrüstung zu empfehlen.

Phom Chhnork (4000 Riel Eintritt für Ausländer) liegt näher an Kampot – von der Straße nach Kep nach 5 km links abbiegen und die ungeteerte, aber unproblematische Straße in Richtung Hügel einschlagen (insgesamt ca. 14 km). Den Eingang zum Hügelgelände markiert ein Wat, wo Besucher ihr Moto für ein paar hundert Riel in der Obhut eines der Budenbesitzer stehen lassen können. Dann geht's zu Fuß rund 1 km durch Gemüsefelder bis zum Fuß des Hügels. Dort können engagierte Höhlenforscher bereits ein paar kleinere Nischen erkunden, anschließend führen wacklige Stufen an einer Handvoll Pagoden vorbei zur eigentlichen Attraktion. Mit etwas Mühe ist im Halbdunkel ein prä-angkorianischer **Ziegel-Prasat** zu erkennen, den die Felsen schier zu erdrücken scheinen. Durch das ständig von oben tropfende Wasser ist die Ruine mittlerweile von Kalkablagerungen überzogen.

Einige der Felsformationen haben Namen; am besten zu erkennen sind der **Elefant** gleich nach dem Eingang und die **Schildkröte** direkt dahinter. Wer danach noch nicht genug hat, kann diverse weitere Höhlen abarbeiten.

Der Weg zum **Phnom Sorseha** zweigt 14 km von Kampot entfernt von der Hauptroute nach Kep ab und endet nach 1 km am Fuß des Hügels. Eine Treppe führt von der dortigen Pagode auf den Hügel und zu den Höhlen, und nach der Kraxelei wird man mit einem tollen Ausblick über die Provinz bis hinüber zur vietnamesischen Insel Phu Quoc belohnt.

Der Pfad, der vom Ende der Treppe nach links führt, erreicht nach 50 m die „Weiße Elefantenhöhle", **Ruhng Dhumrey Saw**. Gleich hinter der Statue eines sitzenden Buddha am Eingang dringen wacklige Stufen in die eigentlich Höhle und zu einer großen, milchig-grauen Felsformation vor, die vage Ähnlichkeit mit einem Elefantenkopf hat und der Höhle den Namen gab.

Der von der Treppe nach rechts abzweigende Pfad führt um den Hügel herum zur 150 m entfernten „Fledermaushöhle", **Leahng Bpodjioh**, wo eine große Kolonie der ohrenbetäubend fiependen Tiere wohnt. Die Luft ist von durchdringendem Ammoniakgeruch erfüllt, und beim Blick zur Decke läuft man Gefahr, sich im nächsten Augenblick Guano aus dem Auge wischen zu müssen. Die Höhle ist kleiner und dunkler als die Weiße Elefantenhöhle, nur ein paar fahle Lichtstrahlen erhellen die Finsternis und die Baumwurzeln, die gespenstisch durch die Höhlendecke nach unten ragen. Draußen tummeln sich häufig Affen, die in den nahen Waldungen leben.

13 HIGHLIGHT

Bokor-Nationalpark

Der größte Touristenmagnet der Region ist der Bokor-Nationalpark, der über die RN 3 Richtung Sihanoukville zu erreichen ist. Der riesige Park erstreckt sich über die südlichen Elefantenberge und hat jede Menge zu bieten: dichten üppigen Dschungel, erfrischende Wasserfälle, Wanderpfade und herrliche Ausblicke bis zur Küste, das

Geisterstadt mit Halbwertszeit: Im Bokor-Nationalpark rollt vielleicht schon bald wieder die Roulettekugel

eigentliche Highlight aber ist eine Geisterstadt mit Kasino, Kirche und Hotel. Für die Tierwelt ist der Park zu einem wichtigen Rückzugsgebiet geworden, in dem über 300 Säugetier- und Vogelarten Zuflucht gefunden haben.

Der Bokor-Nationalpark wurde Anfang des 20. Jhs. von den Franzosen eingerichtet, die hier eine mondäne Siedlung bauten. Seine Blütezeit erlebte er in den 1920er Jahren, als zahlreiche Besucher in die Berge fuhren, um das kühle Klima und die luxuriösen Einrichtungen zu genießen. Zweimal wurde das Gebiet seitdem aufgegeben – erstmals in den 1940er Jahren, als im Zweiten Weltkrieg die Japaner in Kambodscha einmarschierten, und ein zweites Mal in den 70er Jahren, als die Roten Khmer das Land an sich rissen. 1979 wurde Bokor zum Schauplatz einer größeren Schlacht zwischen Vietnamesen und Roten Khmer, die sich nur 500 m voneinander entfernt im Hotel und in der katholischen Kirche verbarrikadiert hatten – beide Bauwerke zeigen noch heute die Narben der damaligen Schießereien. 1993 wurde Bokor als Nationalpark ausgewiesen, doch erst 1998 konnte das Gelände für die Öffentlichkeit freigegeben werden, nachdem letzte Banditenhorden unschädlich gemacht waren. Noch heute dringen aufgrund der fehlenden Infrastruktur nur wenige Besucher weiter als bis zum Hauptgipfel vor.

Der dichte Wald der unteren Hänge des Parks geht mit zunehmender Höhe allmählich in morastiges Buschland mit Farnen und Moosen und Grasland über. Ein Plateau nahe dem höchsten Punkt fällt in schroffen Klippen fast bis zur Küste ab. Wenn das Wetter mitspielt, hat man von oben eine fantastische Aussicht. Obwohl sich wilde Tiere nur mit viel Glück beobachten lassen, leben dem jüngsten Umweltbericht zufolge mehrere vom Aussterben bedrohte Arten im Park, darunter Tiger, Asiatische Elefanten und Grüne Pfauen. Die Parkaufseher kennen die besten Stellen für Vogelbeobachtungen. Die jährliche Niederschlagsmenge von über 5000 mm speist einige Wasserfälle sowie eine Reihe von Flüssen, zu denen auch der Teuk Chhou gehört, der durch Kampot fließt.

> **+++ Letzte Meldung +++**
>
> Die Straße nach Bokor ist seit Anfang 2008 wegen Ausbauarbeiten **gesperrt**. Sporadisch ist der Zugang wohl trotzdem möglich, die Regelungen sind allerdings etwas undurchsichtig. Mit einer Tour oder einem Guide soll der Besuch möglich sein, über die aktuelle Situation erkundigt man sich aber am besten in den Gästehäusern in Kampot.

Womöglich ist es mit Bokors Abgeschiedenheit aber schon bald vorbei. Gerüchten zufolge soll das Kasino an einen privaten Investor verpachtet worden sein, der es zu einem Resort umbauen und die Zufahrtsstraße instand setzen will (s. Hinweis). Sogar eine neue Straße hinunter zum Teuk Chhou, nördlich der Stromschnellen, ist im Gespräch. Und die Stromschnellen selbst sind ebenfalls in Gefahr: 3 km flussaufwärts bauen die Chinesen derzeit ein Wasserkraftwerk, was Folgen für den Wasserlauf haben könnte.

Ein **Tagesausflug** zum Park reicht aus, um die verlassenen Gebäude kurz zu beschnuppern und einen Abstecher zum Wasserfall Popokvil zu unternehmen. Eine **Übernachtung** bietet dagegen die Möglichkeit, die Atmosphäre der Berglandschaft wirklich aufzusaugen, sich in Ruhe die Ruinen anzuschauen und die Pfade auf dem Plateau zu erkunden.

Im Park unterwegs

Vom Parkeingang windet sich die schmale, holprige Straße steil den Dschungel hinauf, vorbei an mächtigen Bäumen, Riesenfarnen, moosbedeckten Felsen und einigen kleineren Wasserfällen. Ungefähr auf halber Strecke überragt ein verwitterter, an ein Gesichtsprofil erinnernder Felsen mit dem Namen *kbal barang* (Franzosenkopf) die Straße, an dem viele Einheimische ein Opfer für eine sichere Reise darbringen. Schon bevor man die Hauptattraktion auf dem Plateau, nämlich die gespenstischen Ruinen der alten Feriensiedlung erreicht, kommt man an einigen verlassenen Villen vorbei, die einst wunderschön gewesen sein müssen und noch immer einen fantastischen Ausblick über die Küste bieten.

Siedlung und Pagode

Auf dem Plateau führt die Straße nach wenigen Kilometern zu einer Kreuzung. Die links abzweigende Straße führt zur verlassenen Siedlung. Die **katholische Kirche** mit ihrem kleinen Altar und vielen Wandkritzeleien ist nicht zu verwechseln, doch da oft dichte Wolken die Sicht verschleiern, sieht man sie manchmal erst, wenn man schon praktisch davorsteht. Von der Anhöhe kann man das Hotel auf dem Kamm sehen und den Blick über die verlassene Siedlung schweifen lassen. Die Gebäude sind von einer seltsamen orangefarbenen Flechte überwuchert, die ihnen eine surrealistische Aura verleiht – besonders in der Regenzeit, wenn die Farbe unnatürlich grell wird und das Plateau mit Orchideen und anderen Blumen übersät ist.

Das **Kasino** ist nur als Mauerskelett erhalten, doch noch geisterhafter wirkt das **Hotel** mit seinen graffitiübersäten Wänden und herausgebrochenen Scheiben. Nebelschwaden ziehen durch die leeren Fensteröffnungen, Geräusche ebben ab und ersticken, und die Temperatur scheint auf unheimliche Weise zu fallen.

Auf der **Terrasse** hinter dem Gebäude herrscht eine verwunschene Atmosphäre, wenn von unten her Vogelgezwitscher aus Baumwipfeln zu hören ist. Zu nahe an den Abgrund sollte man sich hier nicht wagen, denn es gibt keine Abzäunung und dahinter geht es mehrere hundert Meter in die Tiefe.

Auf dem Rückweg Richtung Kreuzung führt 500 m hinter der Kirche eine unscheinbar beschilderte Abzweigung zum jüngst renovierten, aber immer noch mit orangener Patina überzogenen **Wat Sumbpo Bpram** (Fünf-Boote-Pagode). Die Pagode steht an einem Abgrund und soll ihren Namen von den großen Felsen davor erhalten haben, die mit ein wenig Fantasie an Boote erinnern. Drinnen gibt es eine Wandmalerei, die eine Szene mit den Booten darstellt. Eine Handvoll Mönche lebt hier, allerdings ist es schleierhaft, wo sie ihre tägliche Schale Reis erbetteln.

Popokvil-Wasserfall

4 km von der Kreuzung entfernt stürzt sich der Wasserfall Popokvil (Wolkenwirbel) über zwei Stufen hinab in die Tiefe. Vom Ende der Straße führt ein schmaler, 1 km langer Weg im Zickzack

über den Wasserlauf zum Kopf des Wasserfalls. Die obere Hälfte des Wasserfalls ergießt sich 15 m hinab in ein Becken, zu dem ein steiler rutschiger Pfad führt; das Becken zu Füßen der etwas höheren unteren Stufe ist hingegen nur mit viel Kraxelei zu erreichen. Der Besuch lohnt sich nicht in der Trockenzeit, da der Fluss dann nahezu austrocknet.

Übernachtung und Essen

Wer im Park übernachten will, sollte sich in der **Aufseherhütte** gleich bei Ankunft ein Bett (US$5 pro Nacht) sichern; evtl. muss auch für die Übernachtung des Fahrers gezahlt werden, manche schlafen allerdings lieber auf dem Boden oder im Wagen.

Eine einfache Küche steht zur Verfügung, Proviant und Wasser muss jeder aber selbst mitzubringen, ebenso Taschenlampen und **warme Kleidung** (vor allem im Dezember und Januar, wenn die Temperaturen am niedrigsten sind und heftige Winde über den Berg fegen). Wer duschen will, sollte sich auf eiskaltes Wasser gefasst machen.

Transport und Eintritt

Bokor ist leicht per Moto oder Geländewagen zu erreichen. Die Fahrt von Kampot führt in gut 2 Std. über eine schlechte und kurvenreiche Straße hinauf zur Aufseherhütte auf dem Plateau.

Die Abzweigung zum Park liegt 10 km westlich der Stadt an der RN 3, nach einem weiteren Kilometer erreicht man den Eintrittskartenschalter (⏰ tgl. 6–18 Uhr; Preis: 20 000 Riel p. P.). Dahinter windet sich die Straße 30 km hoch bis zum Plateau und einer beschilderten Kreuzung: Rechts geht es zum Popokvil-Wasserfall, links zur Aufseherhütte und früheren Siedlung.

Kep

Schon in den 1960er Jahren, als Sihanoukville noch ein Dasein als kleines Fischerdorf fristete, war Kep ein blühendes Seebad. Doch die Herrschaft der Roten Khmer bereitete der Idylle ein jähes Ende. Obgleich Kep inzwischen von Sihanoukville deutlich in den Schatten gestellt wurde, gewinnt der Ort wieder zunehmend an Bedeutung als Tagesausflugsziel von Phnom Penh. Kambodschaner kommen weniger wegen des schmalen schwarzen und steinigen Strandes als vielmehr in Erwartung kulinarischer Genüsse – vor allem die Krebse gelten als Delikatesse. Angelockt von der angenehmen Atmosphäre und einer wachenden Zahl hübscher Unterkünfte finden inzwischen auch immer mehr ausländische Besucher den Weg nach Kep. Die größte Attraktion sind derzeit Touren zu Inseln vor der Küste, die über eines der Hotels oder Gästehäuser organisiert werden können.

Aber auch der Geschichte lässt sich in Kep noch nachspüren. Wie in Bokor ist die Umgebung übersät mit leeren Hüllen alter Kolonialvillen, die der Zerstörungswut der Roten Khmer zum Opfer fielen. Bis vor Kurzem dümpelten sie verlassen vor sich hin, von Unkraut überwuchert und gelegentlich als Unterschlupf von Leuten genutzt, die ein Dach über dem Kopf brauchten. Mittlerweile wurden einige Häuser restauriert und weitere werden wohl folgen. Allerdings ist es oft schwierig, die Besitzverhältnisse zu klären, weshalb die Restaurierungsarbeiten nur im Schneckentempo vorankommen.

Östlich von Kep stößt Kambodschas Küste beim neu eröffneten **Grenzübergang Prek Chak** (in Richtung Ha Tien und Phu Quoc) an Vietnam.

Die Stadt

Von Kampot führt die gut ausgebaute RN 33 zur 25 km entfernten, relativ ausgedehnten Stadt Kep. Vom Kreisverkehr mit der großen weißen Pferdestatue sind es gut 5 km bis zur Abzweigung nach rechts zum **Psar K'Dam**, dem Krebsmarkt. Von dort folgt die Straße einen weiteren Kilometer dem steinigen, schmalen Ufer zum kaum breiteren Strand von Kep Thmei, erkennbar an seinen Parkplätzen, Imbissbuden, Duschen und Toiletten. Am Wochenende bevölkert sich der Strand mit Ausflüglern aus Phnom Penh, unter der Woche ist es hier dagegen sehr ruhig. Am anderen Ende von Kep Thmei thront die große weiße Statue einer nackten Frau –

Kep

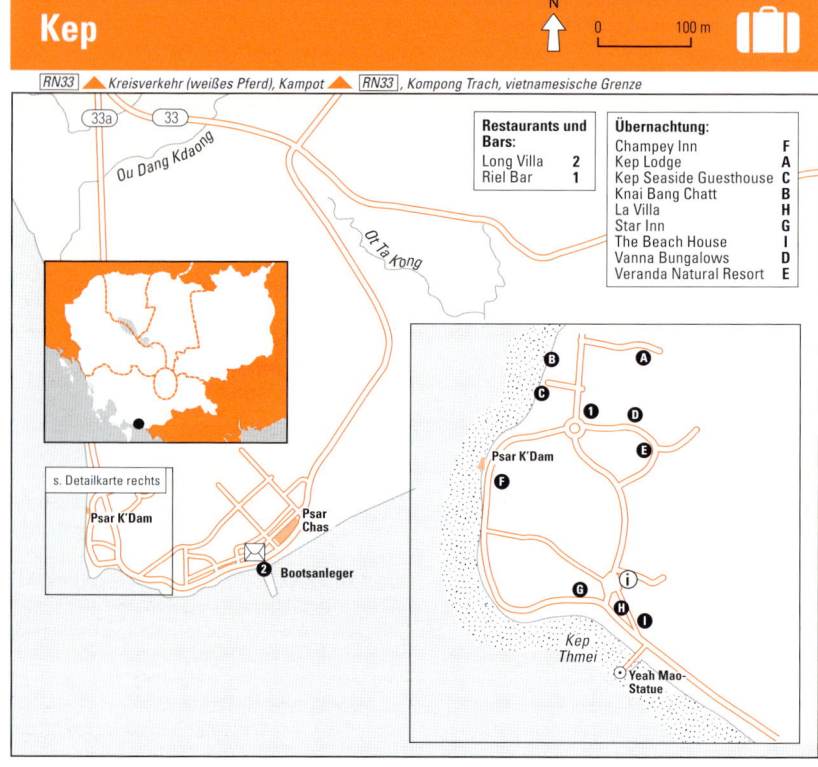

es ist die bereits vom Pich Nil (s. S. 316) bekannte **Yeah Mao**, die in sehnsüchtiger Erwartung der Rückkehr ihres Mannes hinaus aufs Meer schaut. Zwischen der Statue und dem Psar Chas, dem winzigen Markt am Ostende von Kep, stehen ein paar alte, dem Verfall überlassene Villen, die von den Roten Khmer zerstört wurden. Dazwischen hat die Regierung einige prestigeträchtige Gebäude hingepflanzt; die protzige Residenz auf dem Hügel gehört einem Minister.

Der Hügel hinter Kep ist ein schönes Ziel für alle, die mal raus aus dem Gewusel wollen. Ein Dschungelpfad beginnt hinter dem Veranda Natural Resort und führt hoch zur Kuppe (rund 1 1/2 Std.), wo ein fantastisches Panorama der Bucht und der Provinz wartet.

Inseln

Ein Ausflug zu den Inseln vor der Küste lohnt sich auf jeden Fall. Am nächsten liegt **Koh Tonsay** (Kaninchen-Insel) mit drei schönen Stränden. Weiter draußen liegt **Koh Poh** (Korallen-Insel) mit sauberen weißen Sandstränden, türkisblauem Wasser und faszinierenden Korallenriffen zum Schnorcheln. Die große Insel am Horizont ist **Phu Quoc** und liegt bereits in vietnamesischen Gewässern, viele Einheimische halten aber immer noch an ihrem kambodschanischen Namen Koh Kut fest. Gästehäuser und Hotels arrangieren gerne Trips nach Koh Tonsay und Koh Poh, man kann aber auch direkt am Strand eines der langen, schlanken Boote mieten: einfach bei den Budenbesitzern oder am neuen Kai in Richtung Psar Chas nachfragen.

Die Fahrt nach Koh Tonsay dauert 40 Minuten und kostet hin und zurück US$10, bis nach Koh Poh zwei Stunden und US$40 (bei stürmischem Wetter nicht empfehlenswert).

Übernachtung

Das Angebot an guten Übernachtungsmöglichkeiten reicht von prächtigen, restaurierten Villen bis zum einfachen Gästehaus. Die teuren Adressen sind richtig schick und komfortabel, in den Billigunterkünften ist es zumindest sauber, aber Strom gibt's oft nur ein paar Stunden am Tag.

Champey Inn, in der Einbahnstraße westlich des Strands, ✆ 012/501742, 🖵 www.nicimex.com. Schön für sich gelegene, elegant gestylte Bungalows mit guten Bädern in einem ruhigen Garten mit Pool, Restaurant mit französischer und Khmer-Küche, Strandbar (auf der anderen Straßenseite) für den Sonnenuntergang. Tagesgäste können den Pool gegen eine Gebühr von US$5 nutzen. ❻

Kep Lodge, Pepper St, ca. 3 km vom Zentrum, ✆ 092/435330, 🖵 www.keplodge.com. Individuell eingerichtete Bungalows am Hügel, manche mit Originalaquarellen, jeder mit kleinem Vorgarten, in dem die Pflanze wächst, nach der er benannt ist. Bäder nur mit Kaltwasser, die Küche des Restaurants verarbeitet die eigenen Gartenprodukte, die Bar bietet Sonnenuntergänge im Breitwandformat. Anfahrt: Ein paar Kilometer nach der Statue des weißen Pferds links abbiegen – wer an Waisenhaus Aspeca vorbeifährt, ist schon zu weit, die Abzweigung liegt 500 m davor. ❸

Kep Seaside Guesthouse, Seitenstraße rechts der Hauptstraße in die Stadt (am Beginn der Einbahnstraße), ✆ 012/684241. Freundliche Besitzer mit einigen Englischkenntnissen. Direkt am Strand gelegen. Saubere, komfortable Zimmer mit Kaltwasserdusche. Kleines Restaurant mit westlicher und Khmer-Küche. ❶–❷

La Villa, im Zentrum gleich hinter dem Strand, ✆ 012/1702648, 🖵 www.lavilla-kep.com. Die abgestorbenen Baumruinen, die sich immer noch an die Mauern der 1908 erbauten französischen Villa klammern, sorgen für nostalgisches Flair, obwohl inzwischen kräftig

Exklusive Villen am Strand

Knai Bang Chatt, an einem Küstenpfad kurz vor der Einbahnstraße, ✆ 012/349742, 🖵 www.knaibangchatt.com. Exklusives Resort mit 11 modern eingerichteten Zimmern, verteilt auf 3 Villen, eine davon wurde 1962 von einem Schüler des Khmer-Architekten Vann Molyvann entworfen. Innen verbreiten blank gewienerte Steinböden, kühles Leinen und Dekoobjekte aus Treibholz gemütliche Landhausatmosphäre. Das Grundstück reicht bis ans Meer, wo ein kleiner Strand aufgeschüttet wurde (mit Baumwollzelten, wo die Gäste der Gluthitze entkommen können). Das Mittagessen wird an einem 8 m langen, aus einem Stück gearbeiteten Holztisch am Strand serviert. Pool, Bar, und Segelangebote, Sonnenuntergänge gibt's gratis dazu. Reservierung erforderlich. ❾

renoviert wurde. Bei Bar und Restaurant im offenen Erdgeschoss fehlt das Dach, aber die auf dem Gelände verstreuten Bungalows sind topmodern und geräumig mit kühlen Terrakottaböden, Dusche im Freien (mit Sichtschutz) und allem Komfort. Internetanschluss vorhanden. ❺

Star Inn, Am Strandende der Einbahnstraße, ✆ 012/765777, 🖵 www.starinnkepcity.com. Das als rosa Geburtstagstorte verkleidete Hotel am Strand verwöhnt mit großen, sauberen Zimmern (etwas altmodisch), einem ganztägig geöffneten Restaurant und Karaoke-Abenden. ❺

The Beach House, im Zentrum gleich hinter dem Strand, ✆ 012/240090, 🖵 www.thebeachhousekep.com. Schicke, moderne und komfortable Zimmer mit Meerblick in neuem Hotel am Hang, dazu Pool, Wellnessangebote und Terrassencafé. ❺

Vanna Bungalows, Kep Mountain Hillside Road, gegenüber dem Waisenhaus Aspeca, ✆ 012/755038, 🖵 www.vannabungalows.com. Ein sympathisches Resort, das besonders bei Expats beliebt ist. Einfache, gemütliche Bungalows mit Veranda und traumhaftem Meerblick sowie billigere Zimmer in einem Terrassenbau, außerdem gibt es eine Bar und ein Restaurant. ❷–❸

Frischer geht's nicht: Keps Krebse sind ein köstlicher Leckerbissen

Veranda Natural Resort, Kep Mountain Hillside Road, gegenüber dem Waisenhaus Aspeca, ✆ 012/888619, 💻 www.veranda-resort.com. Spektakuläre Aussicht und Natur pur sind die unschlagbaren Vorzüge dieser Anlage oben auf dem Hügel, dazu strohgedeckte Bungalows mit Zimmern in allen Preislagen (auch Suiten), ein gutes Restaurant und die Jungle Bar. ❹–❻

Essen und Unterhaltung

Die meisten Gästehäuser haben ihr eigenes Restaurant mit westlicher und Khmer-Küche, besonders empfehlenswert ist das Restaurant im **Veranda Natural Resort**.
Auch die Essensstände und Lokale im Strandbereich und am Krebsmarkt **Psar K'Dam** lohnen. Seafood steht natürlich im Mittelpunkt, es gibt aber auch alle gängigen Khmer-Gerichte. Die Lokale sind zum Frühstück und Mittagessen geöffnet, schließen jedoch bei Einbruch der Dunkelheit, da sich die Tagesausflügler spätestens dann auf den Rückweg in die Hauptstadt machen.
Das **Long Villa Restaurant**, auf dem Weg zum Psar Chas in der Nähe des neuen Kais, serviert Khmer- und westliche Gerichte, in denen Krebs, Fisch und Meeresfrüchte dominieren; besonders lecker: gebratener Reis mit Krebsen.
Abgesehen von den Hotels und Gästehäusern gibt es nur eine Bar, die **Riel Bar** (⏰ tgl. 18 Uhr bis spät nachts) an der Hauptstraße, nicht weit von der Abzweigung zu den Resorts am Hügel. Gäste können dort zu Livemusik tanzen, und wer in Riel bezahlt, bekommt Rabatt.

Sonstiges
Geld
Banken gibt's keine in Kep, aber auf dem Markt werden Dollar in Riel getauscht.

Informationen
Das **Touristenbüro** in der Nähe der Strandduschen hält nur dürftige Information bereit.

Post
Das **Postamt** liegt auf dem Weg zum Psar Chas gegenüber dem neuen Kai.

Transport
Ein **Moto** von Kampot (25 km) kostet 10 000 Riel, Tagestouren sind für ca. US$6 zu haben.

Die Umgebung von Kep

Kompong Trach und Wat Kirisehla

Östlich von Kep liegt inmitten einer grandiosen Karstlandschaft die freundliche, kleine Stadt **Kompong Trach**. Die größte Sehenswürdigkeit ist der 5 km außerhalb gelegene **Wat Kirisehla** mit einem liegenden Buddha in einer großen Höhle. Der Weg zum Wat führt rund 100 m nördlich des Markts von der Abzweigung an der Hauptstraße nach Norden, vorbei am Krankenhaus und durch Reisfelder, wo schon bald ein großer zerklüfteter Hügel zu sehen ist. Am Tempel ist eine der Nonnen oder ein Laiengehilfe zur Stelle, um den Weg zum Durchgang zu weisen, der mitten ins Herz des Hügels führt. Der Tunnelgang ist nur 100 m lang, aber recht düster, sodass eine Taschenlampe ganz hilfreich ist.

Die fast runde Aushöhlung mitten im Berg misst ungefähr 50 m im Durchmesser ist von hohen Felsen umringt, hinter denen sich kleinere Höhlen verbergen. Der **liegende Buddha** hat erst in jüngerer Vergangenheit eine frühere Statue ersetzt, die von den Roten Khmer (die hier jahrelang einen Unterschlupf hatten) zerstört worden war.

Kompong Trach liegt 30 km östlich von Kampot und 15 km von Kep entfernt an der relativ gut ausgebauten RN 33. Proviant und Getränke gibt es am Markt, wo sich auch mehrere kleine Restaurants befinden. Gleich gegenüber steht die Pagode der Stadt.

Der Südosten

Takeo

Die Provinz Takeo ist flach wie ein Pfannkuchen und versinkt jährlich unter den Fluten des Mekong und des Bassac. Die Stadt Takeo liegt dann wochenlang isoliert am Ufer eines großen Binnensees, während die Dörfer der Umgebung zu

Inseln werden. Wenn das Wasser zurückweicht, wird ein Kanalnetzwerk aus alter Zeit sichtbar, das die Gegend einst mit dem Handelshafen Oc Eo (heute eine Ruinenstätte in Vietnam) verband. Die alten Kanäle sind auch heute noch wichtige Verbindungs- und Handelswege. Die Fahrt mit dem Boot ist in diesem Gebiet das effektivste Transportmittel und für einen großen Teil des Jahres sogar die einzige Alternative.

Takeo selbst ist unscheinbar und dient eigentlich nur als Ausgangspunkt für Besuche der einzigen Stätten der **Funan-Epoche**, die bislang auf kambodschanischem Boden entdeckt wurden: **Angkor Borei** und **Phnom Da**, s. S. 349. Auf einer Bootsfahrt von Takeo lässt sich der Besuch beider Orte gut kombinieren. Das interessante Museum in Angkor Borei zeigt Ausgrabungsfunde von beiden Stätten. Da Takeo nur eine gute Stunde Fahrt von Phnom Penh entfernt liegt, ist auch ein Tagesausflug von dort möglich.

Takeo (sprich: „ta-kao") ist ein wichtiger Umschlagsplatz für den Warenhandel mit Vietnam. Das städtische Leben konzentriert sich auf zwei Gegenden: die Umgebung des staubigen (oder je nach Jahreszeit auch matschigen) Markts im Süden mit der Haltestelle an der RN 2 – ein Gebiet, das abgesehen von den Karaoke-Schuppen nichts zu bieten hat – und ein interessanteres Viertel im Norden, das sich um den See, Kanal und Hafen schmiegt.

Das **Seeufer** südwestlich des Kanals ist aufpoliert und um ein schmuckes Parkgelände mit Blick auf den morastigen, von Lilien bedeckten See erweitert worden. Im Hafen kann man ein bisschen Zeit vertrödeln und beobachten, wie die großen, mit billigen Terrakottaziegeln für Phnom Penhs Märkte beladenen Holzkähne aus Vietnam eintreffen – die Schiffe sind leicht an einem alles sehenden, schützenden Auge am Bug zu erkennen. Ein etwas verwahrloster Platz in Hafennähe zeugt von Takeos kolonialer Vergangenheit. Hier ist auch der kleine Markt **Psar Nat** angesiedelt, auf dem am frühen Morgen und späten Nachmittag Fischer und Bauern frische Ware anbieten. Auch die alten Geschäftshäuser der Stadt bieten leider ein vernachlässigtes Bild und lassen nur noch einen Hauch französischer Eleganz durchschimmern.

Übernachtung

Takeos Übernachtungsmöglichkeiten sind nicht berauschend, aber im Großen und Ganzen akzeptabel.

Angkor Borei Guesthouse, einen Block vom Kanal entfernt am Psar Nat, ✆ 032/931340. Einfache Zimmer mit Bad, Ventilator und TV. ❶

Beung Takeo Guesthouse, direkt am See, ✆ 032/931306. Zimmer mit Bad, Kabel-TV, Balkon, Ventilator oder Klimaanlage. ❷

Mittapheap Guesthouse, etwas zurückgesetzt an der Straße beim Kreisverkehr mit dem Unabhängigkeitsdenkmal, ✆ 032/931205. Freundliche Unterkunft, in der häufig Geschäftsleute und Mitarbeiter von NGOs absteigen. Akzeptable Zimmer, einige mit Warmwasser und Klimaanlage. Kein Restaurant, aber viele billige Essensstände in der Nähe. ❷–❸

Phnom Da, am Kanal beim Bootsanleger. Ganz neu eröffnet, schöne Zimmer, Bootsvermietung (US$25 für 1 Pers., US$27 für 2 und mehr Pers.), und manchmal wird man zu einer Partie Karten oder Domino eingeladen. ❶

Essen

Das Angebot an Restaurants ist sehr beschränkt. An der Straße vom Markt zum Unabhängigkeitsdenkmal gibt es einige namenlose Lokale, aber keines hat eine Speisekarte in Englisch. Am Kanal südlich des Hafens thront das Stelzenhaus des **Thmor Sor Restaurant** mit einer großen Auswahl an Khmer-Gerichten und einigen Fisch- und Hummerspezialitäten, die allerdings ihren Preis haben (US$10 pro Kilo). Aber wenigstens gibt es eine englische Karte. Ansonsten bleiben nur die üblichen Essstände am Markt.

Sonstiges

Geld

Am Markt tauschen Geldwechsler US-Dollar; eine **Acleda Bank** gibt's am Unabhängigkeitsdenkmal. Travellerschecks werden nirgends akzeptiert.

Informationen

Das **Touristenbüro** liegt ein paar Straßen vom Hafen entfernt, ✆ 032/931323, ⏰ Mo–Fr 7–11 und 14.30–17 Uhr.

Internet
Internetzugang für 5000 Riel pro Std. bietet das Mittapheap Guesthouse neben der Acleda Bank.

Transport
Alle Wege in die Stadt führen über die RN 2. Kurz hinter der Ortseinfahrt gabelt sich die Straße: links geht es zum See und zum Hafen, rechts führt die RN 2 zum Unabhängigkeitsdenkmal am Kreisverkehr und weiter zum 1 km entfernten Markt mit der **Haltestelle**. Etliche Busse verkehren von hier nach PHNOM PENH (10x tgl., 2 Std.), und es gibt auch Verbindungen ins 30 km entfernte Phnom Den (zur Weiterfahrt nach Tinh Bien in Vietnam, Grenze ⏰ tgl. 7–20 Uhr, Visa für Vietnam sind dort nicht erhältlich).

Minibusse, Sammeltaxis und Pick-ups
Takeo ist von PHNOM PENH (12x tgl., 2 Std., 8000 Riel) ohne Umwege auf der RN 2 zu erreichen.
Von Süden kommend nimmt man ab KAMPOT (6x tgl., 2 Std., 10 000 Riel) ein Sammeltaxi.

Boote
Boote für Tagesausflüge nach ANGKOR BOREI und PHNOM DA können in Takeo gechartert werden (US$20–25). Sie bieten 6–8 Personen Platz, sind mit starken Außenbordmotoren ausgerüstet und legen die Strecke nach Angkor Borei in rund 40 Min. zurück (nach Phnom Da sind es weitere 15 Min.). Zwischen Juni und Januar geht die Fahrt über offenes Gewässer, in den anderen Monaten über Kanäle und Flüsse.
Gelegentlich verkehren auch **Boottaxis** nach Angkor Borei (einfache Strecke: 3000 Riel p. P.), aber die Wartezeiten für Hin- und Rückfahrt können sehr lang sein.

Die Umgebung von Takeo

Die gut 25 km von Takeo entfernten prä-angkorianischen Anlagen **Angkor Borei** und **Phnom Da** sind ganzjährig mit dem Boot zu erreichen. Die Fahrt dorthin ist eine interessante Tour durch Feuchtgebiete, in denen eine Vielzahl von Wasservögeln lebt. Hauptgrund für einen Besuch ist das ausgezeichnete **Museum**, wer möchte, kann aber auch die Ausgrabungsstätten aus der Funan-Zeit besichtigen (die allerdings während der Regenzeit geschlossen sind). Wer beiden Stätten gerecht werden möchte, sollte einen ganzen Tag einplanen, für ein kurzes Beschnuppern ist auch ein halber Tag ausreichend. Bootsverbindungen s. Transportabschnitt Takeo.

Angkor Borei
Die einladend grüne Stadt Angkor Borei liegt am Ufer des Prek Angkor, einem Nebenfluss des Bassac. In Expertenkreisen ist sie als der Ort berühmt, an dem die bislang ältesten Khmer-Inschriften gefunden wurden. Archäologische Ausgrabungen konnten zahlreiche Details der Stadt bestimmen, die sich einst hier befand, darunter ein 22 m breiter Graben, eine hohe Ziegelmauer und etliche Wasserreservoirs. Viel zu sehen gibt es aber leider trotzdem nicht – die interessanten Fundstücke sind alle im Museum ausgestellt.

Die Boote legen am Flussufer nahe der Brücke an, von der es nur ein kurzes Stück flussabwärts zum ausgezeichneten **Museum** ist, das inmitten ausgedehnter Gartenanlagen in einem weißen Kolonialgebäude seine abwechslungsreiche Sammlung präsentiert. Dazu gehören Keramiken, Perlen, Steinstatuen und verzierte Giebelfelder aus der Funan-Epoche sowie eine Fotoausstellung über die Ausgrabungsarbeiten. An den Wänden sind mehrere schöne Statuen von Vishnu und Shiva aufgereiht, doch der von einem Bogen umgebene achtarmige Vishnu ist nur eine Reproduktion des Originals, das heute im Nationalmuseum von Phnom Penh steht. Zu den schönsten Stücken der Ausstellung gehört ein Ziergiebel vom Phnom Da mit einer Darstellung Vishnus, der auf einem Drachen ruht. Auf Luftaufnahmen kann man die Ausdehnung der ehemaligen Stadt sehen und viele Details der ausgegrabenen Bereiche erkennen. ⏰ tgl. 7–11 und 14–16.30 Uhr, Eintritt: US$1.

Phnom Da
Für eine Stätte, nach der ein gesamter Stil in der Bildhauerkunst benannt wurde (s. S. 105),

macht Phnom Da einen relativ kargen Eindruck, denn alle wertvollen Funde befinden sich heute in den Museen von Phnom Penh und Angkor Borei. Die Ruinen des Tempels selbst, die zum Schutz vor Überschwemmungen auf zwei 40 m hohen Erdhügeln errichtet wurden, sind jedoch recht eindrucksvoll. Experten sind sich über das Alter des Tempels uneins; manche datieren ihn auf die Regierungszeit Rudravarmans im frühen 6. Jh., andere auf eine spätere Epoche im 7. Jh.

Boote legen beim kleinen Dorf zu Füßen des Phnom Da an, wo recht schnell Kinder zur Stelle sind, um Besucher auf verschlungenen Pfaden auf den Hügel zu führen und mindestens drei der hiesigen fünf Höhlen zu zeigen. Auf der höheren der beiden Hügelkuppen steht der **Prasat Phnom Da** (Eintritt US$2), ein einzelner, weithin sichtbarer Lateritturm, der die Landschaft dominiert. Die vier Portale des Turms sind mit reich verzierten Sandsteinsäulen und Giebelfeldern mit Naga-Köpfen geschmückt, allerdings sind alle Portale bis auf das östliche nur Scheintüren.

Auf der niedrigeren Hügelkuppe weiter westlich steht der einzigartige Hindutempel **Ashram Maha Russei** aus grauem Laterit, der Vishnu geweiht ist. Das Bauwerk aus dem 7. Jh. ist eine Tempelminiatur, deren Einfassungsmauern so dicht nebeneinander stehen, dass kaum ein Mensch zwischen ihnen hindurchpasst. An der Außenseite ist bis heute eine durch die Mauer führende Leitung zu erkennen, die einst das gesegnete Wasser ableitete, das drinnen über den Lingam des Tempelheiligtums floss.

Neak Leung und Prey Veng

Nur selten verschlägt es Einheimische aus anderen Landesteilen in die äußerst armen südöstlichen Provinzen **Prey Veng** und **Svay Rieng**, und auch ausländische Touristen lassen sich eigentlich nur auf der Durchreise auf der RN 1 zur **vietnamesischen Grenze** sehen. Die Bewohner führen ein karges Leben, das kaum ein Auskommen bietet. Nicht selten schwemmen die Fluten des Mekong in der Regenzeit die Reisernten weg, während in der Trockenzeit der

Grenzübergang von / nach Vietnam

Die meisten Reisenden, die nach **Chau Doc** in Vietnam wollen, haben in Phnom Penh eine organisierte Tour gebucht (um die US$8); in diesem Fall wird sich ein Reiseleiter um sämtliche Transfers zwischen den verschiedenen Stationen der Reise kümmern.

Wer auf eigene Faust unterwegs ist, wird in Neak Leung am Fähranleger am Westufer des Mekong abgesetzt. Von hier geht man zu Fuß ein kurzes Stück nach Süden das Flussufer entlang und erkundigt sich, wo die Boote nach **K'am Samnar** ablegen (10 000 Riel, 1 1/2 Std.). Die diversen Stellen der Einreisebehörden und der Zoll am Grenzübergang (⏱ tgl. 7–20 Uhr) sind relativ weit voneinander entfernt, sodass man am besten ein Moto mietet (3000 Riel). Auf der vietnamesischen Seite der Grenze in **Vinh Xuong** mietet man sich ein Xe Om (ein vietnamesisches Moto), das für die Fahrt bis nach Chau Doc (US$4) ungefähr eine Stunde benötigt.

Boden unter der sengenden Sonne hart wie Stein wird.

Neak Leung ist mit seinen Schiffsverbindungen das Sprungbrett nach Vietnam: Die Fähren sind ein wichtiges Bindeglied auf der Route zwischen Phnom Penh und der Grenze in **Bavet**, und Boote fahren den Mekong hinunter zum zweiten Grenzübergang bei **Chau Doc**.

Mangels einer Brücke ist die vom Mekong zweigeteilte staubige Transitstadt ständig von Fahrzeugschlangen verstopft, die im üblichen Chaos Richtung Fähre ruckeln. Reisende aus Phnom Penh werden am Westufer abgesetzt. Die Restaurants und der Markt befinden sich am östlichen Ufer. Tickets für die Fähre gibt es am Schalter vor der Verkehrssperre am Straßenende (500 Riel p. P.).

Wer über die Provinzstadt **Prey Veng** nördlich von Neak Leung nach **Kompong Cham** (s. S. 274) reisen will, muss mit der Fähre zum Ostufer übersetzen und findet dort am Kreisverkehr diverse Transportmittel. Die ruhige Stadt Prey Veng liegt inmitten schöner Reisfeldlandschaften und hat einige ordentliche Unterkünfte.

Essen

Neak Leungs Restaurants befinden sich wie auch der Markt am östlichen Flussufer. Weit über die Region hinaus bekannt ist Neak Leung für seine Spezialität *bong kong*, große Flusshummer, die es in den Restaurants an der östlichen Fährstation gibt. Eine weitere Spezialität sind die Spatzen, die gerupft und aufgehängt zum Verzehr angeboten werden.

Transport

Minibusse, Sammeltaxis und Pick-ups
Verbindungen **von Neak Leung**: BAVET (12x tgl., 1 1/2 Std.), PHNOM PENH (20x tgl., 1 1/2 Std.), PREY VENG (4x tgl., 2 Std.) und SVAY RIENG (4x tgl., 1 Std.).
Von Prey Veng: KOMPONG CHAM (4x tgl., 2 Std.) und NEAK LEUNG (4x tgl., 2 Std.)

Fähren
Boote nach CHAU DOC in Vietnam (6x tgl., 3 Std.)

Svay Rieng

Die nette Provinzstadt Svay Rieng liegt etwas abseits der RN 1, aber nur die wenigsten Reisenden, die von der vietnamesischen Grenze nach Phnom Penh unterwegs sind, nehmen sie überhaupt wahr. Abgesehen vom Uferbereich beim auffälligen Tonle Waikor Hotel, das nach dem Fluss benannt ist, gibt es als „Sehenswürdigkeit" nur das baumüberwucherte Heiligtum **Preah Bassac**, 8 km außerhalb, zu entdecken. Vom Prasat ist zwar nur eine Ziegelwand erhalten, aber die schattige Lage am Fluss mit dem Blick auf Reisfelder (in der Trockenzeit) und kleine Siedlungen ist ganz reizvoll. Anfahrt in der Trockenzeit mit einem Moto, in der Regenzeit per Boot.

Übernachtung

Tonle Waikor Hotel, 300 m weiter östlich, ✆ 044/945718. Seit der 1999 durchgeführten Restaurierung die beste Adresse der Stadt. Geräumige einfache Zimmer mit Klimaanlage, Bad, TV und Kühlschrank. ❷–❸
Santapheap, bestes von mehreren Gästehäusern an der Hauptstraße, die ähnliche und durchweg etwas abgewohnte Zimmer

Grenzübergang von / nach Vietnam

Der Übergang, der die kambodschanische Provinz Svay Rieng mit der vietnamesischen Nachbarprovinz Tai Nieng verbindet, ist tgl. von 7–20 Uhr geöffnet. Sämtliche Transportmöglichkeiten enden und beginnen direkt an der Grenze.

Nach Kambodscha
Sammeltaxis verkehren von der Grenze nach Phnom Penh (20x tgl., 3 Std., 20 000 Riel). Wer nicht gleich in die Hauptstadt reisen will, findet auch Verbindungen nach Neak Leung (12x tgl., 1 1/2 Std.) und Svay Rieng (6x tgl., 30 Min.).

Nach Vietnam
Wer in einem Gästehaus-Bus aus Phnom Penh nach Ho-Chi-Minh-Stadt unterwegs ist, muss sein Gepäck zu Fuß über die Grenze bringen und kann auf der anderen Seite in ein Fahrzeug der Partnergesellschaft umsteigen. Wer nur bis zur Grenze gebucht hat und auf der vietnamesischen Seite eine Anschlussverbindung benötigt, findet problemlos einen Motofahrer, der das Gepäck kostenlos die 300 m Fußweg transportiert und dafür vom vietnamesischen Fahrer eine Provision für den gebrachten Fahrgast einstreicht. In Moc Bai ist mühelos ein Motorradtaxi oder Minibus ins 10 km entfernte Go Dau zu finden, wo Direktverbindungen nach Ho-Chi-Minh-Stadt bestehen – die gesamte Fahrt dauert keine 2 Std.

Wer spät nachts an der Grenze nach Kambodscha ankommt oder ganz früh morgens nach Vietnam will, findet nur 100 m von der Grenze entfernt im neuen wie eleganten Gästehaus **Nouveau Pho de Paris**, ✆ 044/946044, eine Unterkunft und ein Restaurant; ❷–❸. Abends warten die sieben Kasinos der Stadt auf Besucher, die nicht unbedingt spielen müssen, sondern dort auch essen und sich eine Show anschauen können (Reklametafeln werben für das aktuelle Programm). In Nachbarschaft zum Nouveau Pho de Paris gibt es ein Internetcafé (8000 Dong pro Std.).

anbieten. Freundliches Management. Fensterlose Zimmer im Untergeschoss, helle und luftige Zimmer oben. ❶

Essen

Boueng Meas Restaurant, 200 m hinter dem Tonle Waikor Hotel in Richtung Bavet. Ordentliche Khmer-Küche.

Thunthean Sathea Restaurant, 100 m östlich der Gästehäuser. Schmackhafte Khmer-Gerichte. Sehr lecker ist die *sumlar ngam ngouw* (Limonenhuhn-Suppe).

Unterhaltung

Abgesehen von einem *tuk kralok* am Ufer, bleibt am Abend nur die Möglichkeit in das schicke, neue Kino westlich des Tonle Waikor Hotel zu gehen, das Khmer-Filme zeigt.

Transport

Minibusse, Sammeltaxis und Pick-ups
Die Fahrzeuge von und nach PHNOM PENH (20x tgl., 2 1/2 Std.), BAVET (6x tgl., 30 Min.) und NEAK LEUNG (6x tgl., 1 Std.) halten am Markt, rund 1 km vom Zentrum entfernt, wo Motos den Transport zu den Gästehäusern übernehmen.

Wer von der Grenze kommt, kann sich beim Tonle Waikor Hotel, nahe den Gästehäusern, absetzen lassen.

Bavet

Der Ort Bavet ist unter seinem eigentlichen Namen kaum ein Begriff und wird angesichts seiner Grenzlage entweder nur als *viut-nahm* bezeichnet oder einfach mit der vietnamesischen Grenzstadt **Moc Bai** gleichgesetzt. Die RN 1 befand sich mehr oder weniger im Begriff der Auflösung, bis Premierminister Hun Sen seine Minister Anfang 2001 in einen Bus verfrachtete, zusammen mit ihnen die gesamte Strecke bis zur Grenze fuhr und sie auf demselben Weg zurückschickte, während er selbst mit dem Hubschrauber nach Phnom Penh heimwärts flog. Kurz darauf begann der Ausbau der RN 1, der inzwischen abgeschlossen ist. Abwechslung entlang der Strecke gibt es aber kaum, da sich die Provinz von den schweren amerikanischen Bombardierungen im Vietnamkrieg bis heute nicht erholt hat. Immerhin haben die neue Straße und ein ebenso neuer, schnieker Grenzposten Bavet um 100 % aufgewertet.

Anhang

Sprache S. 354
Reisemedizin zum Nachschlagen S. 361
Glossar S. 366
Bücher S. 369
Index S. 374
Bildnachweis S. 382
Impressum S. 383
Kartenverzeichnis S. 384

Sprache

Kambodschas Landessprache ist das zu der austroasiatischen Sprachenfamilie gehörende **Khmer**, das auch im Mekong-Delta und in Teilen von Thailands Nordosten gesprochen wird – es bildete zudem die Grundlage der thailändischen Hofsprache. Viele Khmer-Begriffe gehen auf zwei klassische indische Sprachen zurück: Sanskrit, das sich in der Funan-Epoche mit der Ausbreitung des Hinduismus etablierte, sowie Pali. Im Laufe der Zeit trugen Elemente des Malaiischen, Chinesischen, Vietnamesischen, Siamesischen, Französischen und Englischen zur Weiterentwicklung der Sprache bei.

Obwohl die Bewohner größerer Städte und vor allem die Einheimischen in den Touristenzentren in zunehmender Zahl ein wenig Englisch beherrschen, erschließt das Erlernen auch nur weniger Khmer-Wörter die Herzen der lokalen Bevölkerung, und abseits der Touristenpfade sind ein paar Brocken Khmer überaus hilfreich.

Die Khmer-Sprache hat eine relativ einfache Struktur und Grammatik – und im Gegensatz zu den Nachbarsprachen ist sie **nicht tonal**. Der Satzaufbau entspricht der Subjekt-Verb-Objekt-Anordnung des Deutschen, die Adjektive werden aber wie im Französischen den Substantiven nachgestellt. Die Verben werden nicht konjugiert und Zeitbezüge lediglich durch eine Hinzufügung vor dem Verb kenntlich gemacht: Zum Beispiel weist das Wort *nung* auf eine in der Zukunft stattfindende Handlung hin. Es gibt weder Artikel noch einen Plural (die Menge wird durch die vorangestellte Zahl oder Wörter wie „einige" oder „viele" näher bestimmt).

Wer sich in der Anwendung des Khmer versucht, wird von den Kambodschanern alle erdenkliche Hilfe erhalten und geduldig Wörter zum besseren Erlernen wiederholt bekommen. Wer Khmer auch verstehen will, wird allerdings auf harte Proben gestellt, denn die regionalen Dialekte weichen zum Teil stark vom Standard-Khmer ab, das in Phnom Penh gesprochen wird. Ein anderes Problem besteht darin, dass die Einheimischen eine starke Neigung zur Bildung verkürzter, komprimierter Sätze haben – viele Wörter werden einfach ausgelassen, um die Konversation kurz und knapp zu halten.

Die Khmer-**Schrift** ist eine kunstvolle Mischung aus Schleifen und Schnörkeln, die aus 33 **Konsonanten** und 23 **Vokalen** besteht. Die Vokale sind über, unter und zu beiden Seiten neben den Konsonanten angeordnet. Geschrieben wird von links nach rechts ohne Freiräume zwischen den Buchstaben, und die Sätze enden mit einem kleinen Satzzeichen, das ein wenig an die Zahl 7 erinnert.

Es gibt **Lehrbücher** zum Selbststudium des Khmer. Von Multilingual Books (www.multilingualbooks.com) gibt es Grundkurse auf CD-ROM und Kassette speziell für Reisende, aber auch einen Intensivkurs für diejenigen, die tiefer in die Materie vordringen wollen. Beide Kurse sind gut, aber nicht gerade billig. Eine Alternative ist David Smyths *Colloquial Cambodian* (Routledge) mit optionaler Begleitkassette. Auf den Märkten Psar Thmei und Psar Toul Tom Pong in Phnom Penh ist das ausgezeichnete Taschenwörterbuch *Seam & Blake's English–Khmer* (US$3–4) zu finden, das Begriffe in Khmer-Schrift und lateinischer Transliteration wiedergibt. Dieselben Läden halten das nützliche *United Nations English–Khmer Phrase Book* bereit, dessen phonetische Angaben jedoch ein wenig zu wünschen übrig lassen. In deutscher Sprache gibt es *Kauderwelsch: Khmer für Globetrotter* von Claudia Götze-Sam und Sam Samnang, in derselben Reihe ist auch ein Aussprachetrainer auf CD erschienen.

Aussprache

Einige Laute des Khmer haben kein westliches Äquivalent und erfordern zu ihrer Beherrschung ein wenig Zeit und Übung. Die beste Art des Erlernens besteht darin, den Muttersprachlern genau zuzuhören und ihnen nachzusprechen. Kambodschaner nutzen das Instrument der Intonation, um einer Aussage Nachdruck zu verleihen, doch beim Erlernen des Khmer sollte man auf eine eher monotone Aussprache achten, um eventuelle Missverständnisse zu vermeiden.

Die **Transliteration** des Khmer in die lateinische Umschrift wurde bislang nicht standardisiert, sodass unterschiedliche Ansatzpunkte zu zahlreichen verschiedenen Schreibweisen auf Landkarten oder Speisekarten der Restaurants führen. Ein rudimentäres System wurde zur Zeit des französischen Protektorats entwickelt, doch es blieb in den Kinderschuhen stecken und findet heute nur selten Anwendung.

Konsonanten

Die meisten Konsonanten werden ähnlich wie im Deutschen ausgesprochen. Doppelkonsonanten werden deutlich voneinander getrennt gesprochen. Zu beachten ist die Aussprache folgender Konsonanten:

dj	wie in **Dsch**ungel
gn	wie in Champi**gn**on
ng	wie in si**ng**en
k	gutturaler unbehauchter Laut wie in frz. **c**omment
p	stimmloser, unbehauchter Laut wie in frz. **p**olice
t	stimmloser, unbehauchter Laut wie in s**t**ark
tsch	wie in Rä**dch**en

Vokale

a	kurz wie in m**a**tt
aa	wie in B**a**r
aä	kurzes „a" übergehend in „ä"
ai	wie in **Ei**
ao	wie in M**ao**
aö	von a zu ö übergehend, Lippen nicht gerundet
á	wie „o" in K**o**ch
e	wie in B**e**tt
ee	wie in B**ee**t
eä	wie in „m**äh**en"
ey	wie in engl. p**ay**
i	wie in F**i**nnland
ia	wie in **ih**r
ii	langes „i" wie in v**ie**l
o	wie in H**o**ngkong
ö	dunkles „ö", weiter hinten als das deutsche „ö" gesprochen
öa	dunkles „ö" zu „a" übergehend
ó	kurz wie in m**o**chte
œ	wie **ö**, aber weiter hinten gesprochen
u	kurzes „u" wie in Sch**u**ck
uu	langes „u" wie in Fl**u**t
ü	dunkles „ü", weiter hinten das deutsche als „ü" gesprochen

Nützliche Begriffe und Sätze

Die höfliche **Anredeform** für Männer lautet *look*, die für Frauen *look srey*. In formellen Situationen stellen sich Kambodschaner meist vor, indem sie diese Termini dem vollen Namen (wobei der Familienname zuerst genannt wird) voranstellen. Obwohl Reisende unterwegs oft nach ihren Namen gefragt werden, verwenden Kambodschaner im alltäglichen Umgang eher selten die Namen anderer Menschen und bevorzugen eine Spannbreite von respektvollen Höflichkeitsformen. Die bei der Anrede verwendeten Begriffe sind je nach Situation entweder distanziert höflich oder vertraulich und familiär werden selbst bei einem ersten Zusammentreffen mit einem fremden Menschen benutzt. Die Wahl der Anredeform hängt vom Geschlecht des Gegenüber ab, aber auch die Altersdifferenz spielt eine Rolle. Eine ältere Person wird meist mit *yiay* oder *ta* (Großmutter oder Großvater) angesprochen, doch je nach Altersabstand finden auch die Anredeformen *miing* und *puu* (Tante und Onkel) sehr häufig Verwendung. Verbreitete Anredeformen für jüngere Menschen sind *kmuay proh* und *kmuay srey* (Neffe und Nichte) oder im familiäreren Sprachgebrauch *p-oon proh* und *p-oon srey* (jüngerer Brüder und jüngere Schwester). Man sollte in dieser Beziehung gut zuhören, welche Wörter die Kambodschaner verwenden, und sich nach ihrem Vorbild richten.

Begrüßungs- und Höflichkeitsfloskeln

Hallo (formell / informell)
   djum riap sua / sua-sdey
Willkommen
   swa-kum
Wie geht es Ihnen?
   neak sok sa bay tee?
Es geht mir gut.
   khgnom sok sa bay tee.
auf Wiedersehen (formell / informell)
   djum riab lia / lia haöy
bis später / auf ein anderes Mal
   djuab knia thngai kraoy
Könnten Sie bitte …
   agn-djögn …

Entschuldigung
som toh
bitte
som
danke
ákun

Grundbegriffe und Redewendungen

ja (ausgesprochen von Mann / Frau) — *baat / djah*
nein — *tee*
groß — *thom*
klein — *toodj*
kommen / gehen — *mau / töw*
haben (auch für dort ist / sind) — *mian*
schlafen — *keeng*
nehmen — *yook*
Wie ist Ihr(e) …
neak … ey?
   Name — *tschmuah*
   Nationalität — *djun-djiat*
Woher stammen Sie?
neak mau pii próteh naa?
Ich komme aus …
khgnom mau pii próteh …
   Deutschland — *allömang*
   Schweiz — *swih*
   Österreich — *otrih*
Sind Sie verheiratet?
neak riab kaa haöy rüü nöw?
Wie viele Kinder haben Sie?
neak mian koon pon maan neak?
Ich habe (noch) keine Kinder.
khgnom át toan mian koon.
Ich habe ein Kind / zwei Kinder.
khgnom mian koon muay / pii.
In welcher Unterkunft wohnen Sie?
neak snak nöw ey na?
Sprechen Sie Englisch / Kambodschanisch?
neak djeh niyiay phiasa ángleh / khmaä rüü tee?
Ich spreche ein wenig …
khgnom djeh tick-tick
Ich verstehe nicht.
khgnom sdab men baan / khgnom át yul.
Wie alt sind Sie?
neak ayu pon-maan tschnam?
noch nicht
át toan
Ich weiß nicht.
khgnom át döng.
Es gibt keine … / Wir haben nicht …
át mian …
ausverkauft / nicht mehr da
áh haöy
Es geht nicht. / Nicht zu machen.
át baan.
Kein Problem!
át pagnaha!
Einen Moment bitte.
som djam pon tick.

Transport und Orientierung

Wohin wollen Sie? (auch als Grußform)
töw naa?
Ich gehe zum / zur …
khgnom töw …
Ich möchte zum / zur … gehen
khgnom djáng töw …
Wo ist (der / die / das)?
nöw aä naa?
   Apotheke — *farmasii*
   Bahnhof — *sthanii roteh phlööng*
   Bank — *thoniakia*
   Botschaft von Laos — *sthaantuut law*
   Botschaft von Thailand — *sthaaantuut thai*
   Botschaft von Vietnam — *sthaantuut viatnaam*
   Busbahnhof — *sthaanii laan krong*
   Flughafen — *djomnát yun-hóh*
   Gästehaus — *phtiah somnak*
   Geschäft — *haang*
   Hotel — *santhaakia/ootaäl*
   Landungsbrücke, Pier — *kómpung phaä*
   Markt — *phsaa*
   Museum — *saara-muntii*
   Polizeistation — *poh poolih*
   Postamt — *preysanii*
   Restaurant — *phoodjaniyathaan / restorang*

Taxistand	sthaanii laan taksii
Wechselstelle	kanleäng doo luy
geradeaus	töw tráng
Bitte anhalten.	som tschub tii nih.
nach links / rechts (abbiegen)	(bát) tschweeng / sdam
Norden	tih khaang djöng
Osten	tih khaang kaöt
Süden	tih khaang tboong
Westen	tih khaang lek
Bus	laan thom
Cyclo	siikloo
Minibus	laan dáb-pii kanleäng
Motorradtaxi	motodub / moto
Taxi	taksii
Expressboot	kaanoot löän
Bummelboot	kaanoot
kleines Boot	tuuk

Wo bekomme ich ein Ticket?
khgnom tröw tign sámbot nöw aä naa?
Was kostet es nach …?
töw … pon maan?
Fahren Sie nach …?
töw … tee?
Pro Person?
muay neak?
Fährt dieses (Fahrzeug) nach …?
laan nih töw … rüü tee?
Wann fährt … ab?
… nih djegn töw maong pon maan?
Wie lange dauert es bis nach …?
dál … áh pon maan maong?
Ist … weit entfernt?
… djngay tee?
Es ist (kein) ein weiter Weg
(át) tschngay
Wie teuer ist der Charter des …?
tschnuol … tiang áh neak yoo pon maan?
Keine anderen Passagiere mitnehmen!
kom totuoel neak dámnaö tiat
Sind Sie mit dem Preis einverstanden?
támlai nih baan tee?
Ist dieser Platz frei?
kánlaäng nih tumnee rüü tee?
Er ist frei.
tumnee tee.
Er ist besetzt.
min tumnee tee.
Was ist mit dem Fahrzeug?
laan nih kaöt tee?
Bitte einen Toilettenstopp!
khgnom som tschub bát djööng!

Übernachtung

Sind Zimmer frei?
neak mian bántub rüü tee?
Einzelzimmer
bántub sámrab muay neak
Zweibettzimmer
bántub kraä pii
mit …
mian …

Badezimmer	bántub tœk
Fenster	báng-uadj
Klimaanlage	masin trádjeh
Toilette	bángkun
Ventilator	dánghal
Warmwasser	tœk kdaow

Was kostet eine Übernachtung?
muay yup pon maan?
Kann ich das Zimmer sehen?
khgnom som mööl bántub baan tee?
Können Sie einen Rabatt einräumen?
djoh bántick baan tee?
Kann ich … haben?
khgnom som …?

eine Bettdecke	phuay
ein Moskitonetz	mung
den Zimmerschlüssel	sao bántub
Toilettenpapier	krádah bángkun
ein Handtuch	kánsaäng puah koo

Wie viele Nächte bleiben Sie?
neak snak nöw tii nih pon maan yub?
Können Sie das Zimmer fertig machen?
som sámat bántub nih?
Kann ich das Zimmer wechseln?
khgnom som doo bántub baan tee?
Dieses Zimmer ist …
bántub nih …

voller Moskitos	mian muh djraön
zu laut	thláng peek

Haben Sie einen Wäscheservice?
mian baok khao-aw?
Verleihen Sie Fahrräder / Motorräder?
mian káng / moto sámrab djual?

Einkaufen und Geldwechsel

Wo gibt es … zu kaufen?
kee mian luk … nöw aä naa?
Haben Sie …?
neak mian …?

Kerzen	*tian*
Kleidungsstücke	*kaow-aw*
Medizin	*thnam*
Räucherstäbchen gegen Mücken	*thub-muh*
Seide	*soot*
Seife	*saabu*
Souvenirs	*robáh anusavrii / suuveniir*
Waschpulver	*saabu baok khaow-aw*
Zahnpasta	*thnam doh thmegn*
Zigaretten	*baarey*

Wie heißt das hier?
nih haw awey?
Wie viel kostet dies?
thlai pon maan?
Sehr teuer!
thlai nah!
Können Sie ein wenig Rabatt einräumen?
djoh bon tick baan tee?
Ich habe nur Riel / Dollars.
khgnom mian taä rial / doolaa.
Ich möchte Geld wechseln.
khgnom djáng doo luy.

Notfälle und Krankheit

Hilfe!
djuay pháng!
Dieb
djao
Mein Pass wurde gestohlen.
kee baan luadj paspoor khgnom.
Ich habe … verloren.
khognom bat … .
Mein Rucksack / Koffer ist weg.
kaaboob / vaalii khgnom bat.
Es gab einen Unfall.
mian kruah- thnak.
Bitte bringen Sie mich ins Krankenhaus.
som djuun khgnom töw muntii peet.
Bitte rufen Sie einen Krankenwagen.
som haw laan peet.
Ich fühle mich nicht wohl.
khgnom min sruol khluon tee.
Ich brauche einen Arzt.
khgnom tröwkaa kruu peet.
Ich habe …
khgnom …

Durchfall	*riak*
Fieber	*krun*
Schmerzen	*tschüü*

Wo ist die Toilette?
báng-khun nöw aä naa?
Gibt es hier Landminen?
nöw tii nih mian miin rüü tee?
Ich habe mich verirrt.
khgnom vung-veeng phlöw.

Zahlen

0	*soon*
1	*muoy*
2	*pii*
3	*bey*
4	*buon*
5	*pram*
6	*pram-muoy*
7	*pram-pii/pil*
8	*pram-bey*
9	*pram-buon*
10	*dáp*
11, 12, …	*dáb-muoy, dáb-pii, …*
20	*moophey*
21, …	*moophey-muoy, …*
30	*saamseb*
40	*saäseb*
50	*haaseb*
60	*hokseb*
70	*djetseb*
80	*paätseb*
90	*kawseb*
100, 200, …	*muoy-rooy, pii-rooy, …*
101	*muoy-rooy muoy*
1000, 2000, …	*muoy-poan, pii-poan …*
10 000	*muoy-möön*
100 000	*dáp-möön*
1 000 000	*muoy-lian*
erste/r, zweite/r, …	*tii-muoy, tii-pii, …*

Uhrzeit und Datum

Die Uhrzeit wird üblicherweise in folgender Reihenfolge ausgedrückt: Nennung des Wortes für Stunde, gefolgt von der Stundenzahl selbst, dann die Anzahl der Minuten und abschließend die Nennung des Wortes für Minute. 05.05 Uhr heißt diesem Schema zufolge *maong pram, pram niatii*. Hinzugefügt werden noch die Wörter morgens, nachmittags oder nachts, um die korrekte Tages- oder Nachtzeit zu definieren. Im Geschäftsbereich verwendet man gewöhnlich die 24-Stunden-Zählung, und die Monate werden in Zahlen ausgedrückt – Oktober heißt somit *khaä dáb*.

Wie viel Uhr ist es?	*maong pon maan?*
Stunde	*maong*
Minute	*niatii*
Morgen	*peel præk*
Mittag	*thngai tráng*
Nachmittag	*peel roosial*
Abend	*peel yub*
Nacht	*peel yub*
Tag	*thngai*
heute	*thngai nih*
morgen	*thngai sa-aäk*
gestern	*msel-megn*
Montag	*thngai djan*
Dienstag	*thngai áng-kia*
Mittwoch	*thngai put*
Donnerstag	*thngai próhóh*
Freitag	*thngai sok*
Samstag	*thngai saw*
Sonntag	*thngai atit*
letzte / nächste / diese …	*… mun / kraoy / nih*
Woche	*atit*
Monat	*khaä*
jetzt	*eylöw nih*
später	*peel kraoy*
noch nicht	*át toan*
soeben	*ámbagn mign*
schon	*haöy*

Essen und Trinken

Da es zur Bestellung der meisten Khmer-Gerichte genügt, das gewünschte Nahrungsmittel und die Zubereitungsart zu nennen (gebratenes Schweinefleisch mit Ingwer heißt also *sadj djruuk tscha khgney*), sind im Folgenden die Khmer-Bezeichnungen für verschiedene Zutaten sowie die üblichen Garmethoden aufgelistet. Auch einige landestypische Gerichte sind aufgeführt. Um darauf zu verweisen, dass eine bestimmte Zutat nicht im Essen oder im Getränk enthalten sein soll, muss ihr *át dak* (nicht hineintun) vorangestellt werden – wer keinen Zucker im Getränk haben möchte, muss also sagen: *át dak ská*.

Zubereitungsarten und allgemeine Begriffe

(heiß) **gebraten**	*… tschaa*
süß-sauer	*… djuu aäm*
gegrillt	*… ang*
geschmort	*… dot*
gebratene Zutat mit Ingwer	*… tschaa khgney*
Speise (zubereitet)	*ma-hoob*
Brot	*num-pang*
Ei (Huhn)	*pong moan*
Ei (Ente)	*pong tia*
Glutamat	*bii djeeng / msaw sub*
Pfeffer	*mrik*
Salz	*ámbel*
Zucker	*ská*
Dessert	*báng-aäm*
nicht süß (sehr nützlich für Getränke)	*át p-aäm*
Ich bin Vegetarier.	
khgnom át gnam sadj.	
Ich möchte abends essen (nützlich für Vorbestellungen in Restaurants, die gewöhnlich spätnachmittags schließen).	
thngai nih khgnom, djáng gnam bay l-ngiat.	

Fleisch, Geflügel und Fisch

Ente	*sadj tia*
Fisch	*trey*
Frosch	*kángkaäb*
Huhn	*sadj moan*
Innereien, Eingeweide oder **Magen**	*kröäng knong*
Krebs	*kdaam*
Rindfleisch	*sadj koo*
Schweinefleisch	*sadj djruuk*
Tintenfisch	*trey mök*

Gemüse *(bonlaä)*

Aubergine	tráb
Blumenkohl	phka katnaa
Bohnen	sándaäk
Bohnensprossen	sándaäk bándoh
Chilischoten	mteh
Erdnüsse	sándaäk dey
Gurke	trásák
Kartoffel	dámloong barang
Knoblauch	khtöm
Kohl	spey
Kopfsalat	sal-lat
Küchenkräuter	djii
Mais	poot
Möhren	karot
Paprika	mteh phlaok
Pilze	phset
Tomate	peng poh
Winde	trákuon
Zwiebel	khtöm barang

Suppen *(sámláá/sub)* und Currygerichte *(karii)*

amok trey
  in Bananenblättern gekochtes mildes Fischcurry
khá
  Suppe mit karamellisiertem Zucker
sub tschnang dey
  Fondue-ähnliches Gericht, wird im Tontopf am Tisch gekocht
sámláá mdjuu krööang
  leicht scharfe Suppe mit Rindfleisch, Wildbret oder Huhn, gewürzt mit Zitronengras, Kurkuma (Gelbwurz) und Galgant.
sámláá mdjuu viatnaam
  vietnamesische süß-saure Suppe, gewöhnlich auf der Basis von Fisch (oder Huhn) mit Ananas, Tomaten, Lotosstängeln und (gelegentlich) Ei
sámláá ngam ngöw
  Hühnersuppe mit Limonen und Kräutern
sámláá tráyoong djek sadj moan
  Hühnersuppe mit Bananenmehl (gelegentlich auch mit Fisch oder Ente statt mit Huhn)

Nudel- *(mii)* und Reisgerichte *(baay)*

baay sadj moan / sadj djruuk
  Reis mit gebratenem Huhn / Schweinefleisch
báábáá sáá
  ungewürzter Reisbrei
kuitiaw
  Reisnudeln
kuitiaw sub (sadj …)
  Reisnudelsuppe (mit …-fleisch)
loot tschaa
  gebratene Nudeln
mii kágndjáb
  Fertignudelgericht (aus der Tüte)
num bagn djok
  flache weiße Nudeln, kalt aufgetragen mit Currysauce

Beliebte Fleisch- und Gemüsegerichte

tschaa bánláä krupmuk
  gebratenes Gemüse (gemischte Sorten)
tschaa khatnaa djiamuay phset
  gebratener Pak-Choi (Senfkohl) mit Pilzen
tschnang phnum phlööng
  dünne Fleischstreifen, gegrillt am Tisch über Kohlebrennern
dámloong barang djian
  Pommes frites
djey yáá
  Frühlingsrollen
moan dot
  gebratenes Hühnerfleisch
sadj koo ang
  gegrilltes Rindfleisch mit Gemüse und Kräutern

Obst *(phlaä tschö)*

Ananas	mnoah
Apfel	phlaä paom
Banane	djeek
Drachenfrucht	phlaä srákaa neak
Durian	thuureen
Guava (Guajave)	trábaäk
Limone (Limonelle)	krodj tschmaa
Longan (Drachenauge)	mian
Lychee	kuleän
Mango	svay
Mangosteen	móngkhut
Orange	kroodj poosat
Papaya	le-hong
Pomelo	kroodj thlong
Rambutan	saw maw

Sapotill (Breiapfel)	*le-mot*
Stachelannone	*tiab barang*
Tamarinde	*ámpil*
Wassermelone	*öwlök*
Weintrauben	*tum peang baay djuu*
Zimtapfel	*tiab*

Snacks *(djám ney aahaa)* und Kuchen / Gebäck *(num)*

bagn tschaäw
   pikante Pfannkuchen mit Bohnensprossen, Schweinefleisch und Garnelen
bok le-hong
   Papaya-Salat
tschuuk
   Lotossamen
krolan
   Klebreis im Bambusrohr
kröäng khlaäm
   abendlicher Snack aus Fleisch und Gemüse
djeek ang
   gegrillte Bananen
djruak
   eingelegtes Gemüse
num paow
   gefüllte Teigtaschen
num dong dot
   Kokoskuchen
num eclair
   Eclair (französisches Gebäck)
num ánsám djeek
   Klebreiskuchen mit Banane
num kdaam
   Croissant (wörtlich: Krebskuchen)
num pang patey
   Sandwich mit Pastete
num barang
   französischer Kuchen
num sruay
   Keks, Plätzchen
pong tia brey
   „1000-jährige Eier" (in Salzlake konservierte Enteneier)
pong tiakoon
   angebrütete Enteneier
práhok
   fermentierte Fischpaste
sadj kriam
   Trockenfleischstreifen

sdaw
   bitterer Salat aus der Region Siem Reap
tœk králok
   eine Art Fruchtdessert, oft sehr süß und, wenn ein Ei dazugeschlagen wird, schaumig

Getränke *(pheese-djeak)*

Eis	*tœk kák*
Tee	*taä*
Eistee mit Zitrone	*taä tœk kák kroodj tschhmaa*
heißer Zitronentee	*taä kdaw kroodj tschmaa*
starker Khmer-Tee	*taä krolab*
Kaffee	*kaafee*
schwarzer (Eis-) **Kaffee**	*kaafee khmaw (tœk kák)*
weißer (Eis-) **Kaffee**	*kaafee tœk dáh koo (tœk kák)*
Milch	*tœk dáh koo*
Sojamilch	*tœk sándaäk*
Sirup	*siiro*
Zuckerrohrsaft	*tœk ámpöw*
Kokosnusssaft	*tœk doong*
Coca-Cola	*coocaa*
Bier	*sraa bia*
Palmwein	*tœk thnaut djuu*
Fruchtshake	*tœk králók*
gemischter Früchteshake	*tœk králók dak krupmuk*
Flasche	*dááb*
Dose	*kámpong*

Reisemedizin zum Nachschlagen

Aids

In Kambodscha stellt Aids ein großes Problem dar, denn 1 % der männlichen Bevölkerung zwischen 15 und 49 Jahren ist mit dem HIV-Virus infiziert. Es ist nicht bekannt, auf welchem Weg das Virus nach Kambodscha gelangte, doch eine tragende Rolle dürfte der gravierende Anstieg der Zahl der Prostituierten in den Jahren der UNTAC gespielt haben. Ein hoher Prozentsatz der männlichen Khmer besucht Prostituierte, und die Aversion gegen die Benutzung von Kondomen konnten selbst Aufklärungsprogramme nicht ausräumen. Diese Tatsache und der steigende Drogenmissbrauch führten zu einer unkontrollierten Ausbreitung des Virus in der Bevölkerung.

Cholera

Die Cholera wird vom Bakterium *Vibrio cholerae* verursacht und durch direkten Kontakt mit infizierten Personen, deren Ausscheidungen oder durch verunreinigte Nahrungsmittel übertragen. Die Symptome – wässrige Durchfälle und Erbrechen – treten nach ein bis fünf Tagen auf und können schnell zur Dehydrierung führen. Wer erkrankt, muss umgehend zum Arzt und die verlorene Flüssigkeit ersetzen sowie die Infektion mit Antibiotika behandeln lassen.

Die Impfung gegen Cholera wird von der WHO nicht mehr empfohlen. Solange man auf eine saubere Umgebung und hygienische Nahrungsmittel achtet und nicht geschwächt ist, wird man kaum gefährdet sein.

Dengue-Fieber

Im Sommer 2007 starben mehr als 300 Menschen (die meisten davon Kinder) an den Folgen des Dengue-Fiebers. Diese Viruskrankheit kann überall epidemieartig auftreten, am ehesten während der Regenzeit an der Küste. Sie wird durch die Mücke *Aedes aegypti* übertragen, die an ihren schwarz-weiß gebänderten Beinen zu erkennen ist. Sie sticht während des ganzen Tages. Nach der Inkubationszeit von bis zu einer Woche kommt es zu plötzlichen Fieberanfällen, Kopf- und Muskelschmerzen. Nach 3–5 Tagen kann sich ein Hautausschlag über den ganzen Körper verbreiten. Bei Stufe 1 klingen die Krankheitssymptome nach 1–2 Wochen ab.

Ein zweiter Anfall (Stufe 2) kann zu Komplikationen (inneren und äußeren Blutungen) führen. Wie bei der Malaria ist ein Moskitonetz und der Schutz vor Mückenstichen die Vorsorge. Es gibt keine Impfung oder spezielle Behandlung, aber Paracetamol oder andere fiebersenkende Mittel und Wadenwickel lindern die Symptome. Keinesfalls sollten ASS, Aspirin oder ein anderes acetylsalicylsäurehaltiges Medikament genommen werden, da diese einen lebensgefährlichen hämorrhagischen Verlauf herausfordern.

Durchfallerkrankungen und Verstopfung

Häufige Verursacher von **Durchfällen** (Diarrhöe) sind verdorbene Lebensmittel, ungeschältes Obst, Salate, kalte Getränke oder Speiseeis. In harmlosen Fällen reicht eine Elektrolyt-Lösung (*Elotrans,* für Kinder *Oralpädon*) völlig aus, um die verlorene Flüssigkeit und Salze zu ersetzen. Man kann sich selbst eine Lösung herstellen aus 4 gehäuften Teelöffeln Zucker oder Honig, 1/2 Teelöffel Salz und 1 l Orangensaft oder abgekochtem Wasser. Zur Not, etwa vor langen Fahrten, kann auf *Imodium*, das die Darmtätigkeit ruhig legt, zurückgegriffen werden (Beipackzettel beachten!). Wer Durchfälle mit Fenchel, Kamille und anderen uns bekannten Kräutertees lindern möchte, sollte sich einen Vorrat mitnehmen. Zudem hilft eine Bananen- oder Reis-und-Tee-Diät und Cola in Maßen, denn es enthält Zucker, Spurenelemente, Elektrolyte und ersetzt das verloren gegangene Wasser. Generell sollte man viel trinken und die Zufuhr von Salz nicht vergessen. Bei länger anhaltenden Erkrankungen sollte ein Arzt aufgesucht werden – es könnte auch eine bakterielle oder eine **Amöbenruhr** (Dysenterie) oder eine **Lamblienruhr** sein.

Verstopfungen können durch eine Portion geschälter Früchte, z. B. Ananas oder eine halbe Papaya (mit Kernen essen), verhindert werden.

Geschlechtskrankheiten

Gonorrhöe und die gefährlichere **Syphilis** sind in Asien weitverbreitete Infektionskrankheiten, vor allem bei Prostituierten. Bei Anzeichen einer Erkrankung (Ausfluss / Geschwüre) nach der Rückkehr sofort einen Arzt zum Anlegen einer Kultur und zur Blutentnahme aufsuchen. Die Benutzung einwandfreier Kondome (bevorzugt westliche Marken) verringert die Infektionsgefahr.

Hepatitis

Hepatitis ist eine Infektion der Leber, die von verschiedenen Virus-Typen verursacht wird (inzwischen sind die Typen A–G bekannt). Während in Kambodscha die meisten Menschen nach einer harmlosen Hepatitis-A-Infektion im Kindesalter gegen diese Krankheit immun sind, trifft dieses nur auf ein Drittel aller Europäer zu. Ob die Impfung notwendig ist, zeigt ein Antikörpertest.

Hepatitis A wird durch infiziertes Wasser und Lebensmittel oral übertragen – zu den besonderen Gefahrenherden gehören in Kambodscha von Straßenhändlern verkaufte Schalentiere, unbehandeltes Wasser und Kontakte mit infizierten Personen. Die Symptome ähneln am Anfang denen einer Grippe: Übelkeit, Erbrechen, gelegentliche Durchfälle und allgemeine Abgeschlagenheit. Später kommt es zu einer Gelbfärbung der Haut, der Stuhl wird heller und der Urin dunkler. Eine vorbeugende Impfung ist möglich und zu empfehlen.

Die ernstere **Hepatitis B** wird vor allem durch sexuellen Kontakt und durch Blut (ungenügend sterilisierte Injektionsnadeln, Bluttransfusionen, Tätowierung, Piercen, Akupunktur) übertragen. Die Symptome ähneln denen einer Hepatitis A, jedoch kann eine Hepatitis B chronisch werden. Im schlimmsten Fall führt sie nach einigen Jahren zu einer schweren Leberzirrhose und zum Tod. Eine immunisierende Impfung gibt es auch für Hepatitis B und ist in jedem Fall anzuraten.

Insektenstiche

Insekten und Fliegen sind allgegenwärtig und zu Beginn der Trockenzeit eine wahre Plage. Auch in der heißen Jahreszeit (März–Mai) lassen sie sich in Scharen von Lichtquellen und Wärme anlocken, doch die meisten sind eher lästig als gefährlich. Vorsicht ist vor **Moskitos** geboten, da gewisse Arten Dengue-Fieber und Malaria übertragen.

An einigen Sandstränden treten vor allem am späten Nachmittag und Abend **Sandfliegen** auf, deren gemeine Stiche sich erst einige Stunden später durch juckende, extreme Hautrötungen bemerkbar machen. Kratzen erhöht die Gefahr einer Entzündung, die mitunter erst nach einem Monat abklingt und hässliche Narben hinterlässt. Da sich die kleinen Plagegeister nur in begrenzten Bereichen aufhalten, sollte man sich von diesen Stränden fern halten, ansonsten ist ein Insektenschutzmittel die beste Wahl.

Japanische Enzephalitis (Hirnentzündung)

Diese Krankheit wird durch Moskitos in Agrarregionen übertragen. Zwischen Mai und Oktober ist das Risiko am höchsten. Eine Vorbeugung empfiehlt sich nur bei längerfristigen Aufenthalten in ländlichen Gebieten in der genannten Risikoperiode. Der Impfstoff der Firma *Biken* kann nur über wenige große Impfzentren (Landesimpfanstalten und Tropeninstitute) direkt aus Japan mit Kühlkette importiert werden und soll kaum Nebenwirkungen haben.

Kinderlähmung

Selbst in Europa treten immer noch Epidemien auf. Wer während der letzten zehn Jahre die Impfungen versäumt hat, sollte sich vom Hausarzt den Impfstoff verschreiben lassen.

Malaria

Malaria, die häufigste Todesursache bei Kindern und Erwachsenen, stellt mit Ausnahme von Phnom Penh und der unmittelbar an den Tonle Sap angrenzenden Gegenden landesweit eine ganzjährige Bedrohung dar. Als Risikogebiete gelten nach wie vor Siem Reap und Angkor Wat.

Übertragen wird die Krankheit von der weiblichen Anopheles-Mücke, die vorwiegend in den Dämmerungs- und Nachtstunden unterwegs ist. Die Malariaerreger gelangen über die Blutbahn in die Leber, vermehren sich dort und vernichten die roten Blutkörperchen.

Über die beste **medikamentöse Vorbeugung** ist in den vergangenen Jahren immer wieder heftig debattiert worden. Allen Mitteln gemeinsam ist, dass sie unangenehme Nebenwirkungen hervorrufen können. Zu den am häufigsten verschriebenen Präparaten gehöre Resochin/Paludrine, Lariam und Malarone. Reisende sollten sich auf jedem Fall vor der Reise von einem Arzt beraten lassen.

Die beste Vorbeugung gegen Malaria besteht darin, nicht gestochen zu werden (**Expositionsprophylaxe**): Am Abend schützen lange Hosen, langärmlige Hemden, engmaschige Socken und ein Mücken abweisendes Mittel. Sanfte Mittel basieren auf Zitronella- und Nelkenöl. Bewährt hat sich der Wirkstoff Permethrin, mit dem Kleidung und Moskitonetz eingesprüht werden. Er verbindet sich mit dem Gewebe und bleibt wochenlang wirksam. In Deutschland ist er in den Handelsmarken NO BITE, 💻 www.nobite.com, und TYRA-X, 💻 www.tyrax.de, enthalten.

In den Provinzen und in besonders gefährdeten Gebieten – beispielsweise in der Umgebung von Seen – stellen die meisten Gästehäuser Moskitonetze zur Verfügung, nach denen man unbedingt fragen sollte, wenn keine im Zimmer vorhanden sind. Am sichersten ist ein eigenes Netz, Löcher verschließt man mit Klebeband. Manche Gästehäuser besitzen keine Moskitonetze, wenn die Fenster mit Gitternetzen abgeschirmt sind, doch diese bieten keinen absoluten Schutz, da Moskitos auch durch Ventilationslöcher oder Spalten an Türen eindringen können. Vor dem Abendessen sollte man darum bitten, die Zimmer aussprühen zu lassen, um nach der Rückkehr nicht durch summende Störenfriede belästigt zu werden. Notfalls verringern das Risiko auch *Coils*, grüne Räucherspiralen, die wie Räucherstäbchen abbrennen und für zirka acht Stunden die Luft verpesten. Oft werden sie abends in offenen Restaurants unter die Tische gestellt, um die herumschwirrenden Moskitos zu vertreiben.

Wer sich in einem Gebiet ohne ärztliche Versorgung infiziert hat, kann zur Überbrückung mit einer Standby-Therapie mit Mefloquin (Lariam), Atovaquon/Proguanil (Malarone) oder Artemether/Lamefantrin (Riamet) beginnen. Wer aus Kambodscha zurückkehrt und an einer nicht geklärten fieberhaften Erkrankung leidet, auch wenn es sich nur um leichtes Fieber und Kopfschmerzen handelt und erst Monate nach der Rückkehr auftritt, sollte dem Arzt unbedingt über den Tropenaufenthalt berichten und auf einem Bluttest bestehen. Die ersten Symptome einer Malaria können denen eines banalen grippalen Infektes ähneln und werden daher häufig verkannt. Bereits eine Woche nach einer Infektion und bis zu mehrere Monate danach können Schüttelfrost, Gelenkschmerzen, Erbrechen, Durchfall oder Krämpfe auf Malaria hinweisen.

Pilzinfektionen

Frauen leiden im tropischen Klima häufiger unter Pilzinfektionen. Vor der Reise sollten sie sich entsprechende Medikamente verschreiben lassen. Eine Creme oder Kapseln sind besser als Zäpfchen, die bei der Hitze schmelzen. Ungepflegte Pools sind Brutstätten für Pilze aller Art.

Schlangen- und Skorpionbisse, Giftige Meerestiere

Die weit verbreitete Angst steht in keinem Verhältnis zur realen Gefahr, denn **Giftschlangen** greifen nur an, wenn sie attackiert werden. Gefährlich ist die Zeit nach Sonnenuntergang zwischen 18 und 20 Uhr, vor allem bei Regen. Einige Schlangen töten durch ein Blutgift, in diesem Fall benötigt man sofort ein Serum, andere töten durch ein Nervengift, dann ist außerdem eine künstliche Beatmung wichtig.

Skorpionstiche sind in dieser Region generell nicht tödlich. Kräutertabletten und Ruhigstellen des Körperteils lindert den Schmerz, Wasserkontakt meiden. Normalerweise lassen die anfangs starken Schmerzen nach 1–2 Tagen nach.

Durchaus real ist in den Tropen die Gefahr, mit nesselnden und giftigen Meerestieren in Kontakt zu kommen. Nur zwei Arten von Fischen können gefährlich werden, die man nur schwer vom Meeresboden unterscheiden kann: zum einen **Stachelrochen**, deren Gift fürchterliche Schmerzen verursacht, zum anderen **Steinfische**, die sehr giftige Rückenstacheln besitzen. Beim Schnorcheln führt die Berührung von **Feuerkorallen** zu stark brennenden Hautreizungen, während giftige Muränen, Rotfeuerfische und Seeschlangen nur ganz selten gefährlich werden. **Seeigel** sind zwar nicht giftig, ein eingetretener Stachel verursacht aber lang eiternde Wunden.

Wie überall auf der Welt breiten sich auch in Kambodschas Meeren vermehrt **Quallen** aus, so dass Badende immer häufiger ihre giftigen Tentakel streifen. Gehen die schmerzhaften Bläschen nach der Behandlung mit hochprozentigem Essig, Cortisonspray oder säurehaltigem Pflanzenbrei nicht innerhalb einer Stunde zurück, muss ein Arzt aufgesucht werden. Allergiker sind besonders gefährdet.

Sonnenbrand und Hitzschlag

Auch wenn der Himmel bedeckt ist, sollte die Kraft der kambodschanischen Sonne nicht unterschätzt werden. Eine Sonnencreme mit hohem Lichtschutzfaktor, ein Kopfbedeckung und die reichliche Aufnahme von Flüssigkeit gehören zu den vorbeugenden Standardmaßnahmen, die man sich unbedingt zu Herzen nehmen sollte.

Thrombose

Aufgrund des Bewegungsmangels verringert sich bei langen Flugreisen der Blutfluss im Körper, vor allem in den Beinen. Dadurch kann es zur Bildung von Blutgerinnseln kommen, die, wenn sie sich von der Gefäßwand lösen und durch den Körper wandern, eine akute Gefahr darstellen (Lungenembolie). Gefährdet sind vor allem Personen mit Venenerkrankungen oder Übergewicht, aber auch Schwangere, Raucher und Frauen, die die Pille nehmen. Das Risiko verhindern Bewegung, viel trinken (aber keinen Alkohol) und notfalls Kompressionsstrümpfe der Klasse 1–2.

Tollwut

Wo streunende oder verendete Hunde zu sehen sind, ist Vorsicht geboten. Wer von einem Hund, einer Katze oder einem Affen gekratzt oder gebissen wird, muss sich sofort, am besten innerhalb von 24–48 Std., impfen lassen, da eine Infektion tödlich endet. Eine vorbeugende Impfung ist teuer und nur bei längerem Aufenthalt sinnvoll.

Tuberkulose

Tuberkulose wird durch Tröpfchen übertragen, die infizierte Personen aushusten. Die Krankheit ist in Kambodscha weitverbreitet und gehört zur Haupt-Todesursache bei Kindern. Man sollte daher prüfen, ob man im Kindesalter gegen Tuberkulose geimpft worden ist. Bei Unsicherheiten klärt ein Hauttest (Heaf), ob Immunität besteht.

Typhus / Paratyphus

Typhus ist eine bakterielle Infektion des Darms, die wie Cholera über verunreinigte Lebensmittel und kontaminiertes Wasser übertragen wird. Zu typischen Symptomen gehören ansteigendes Fieber, das mit einem eher langsamen Puls und Benommenheit einhergeht, sowie ein fleckiger Hautausschlag am Oberkörper nach ca. einer Woche. Empfehlenswert für Reisende ist die gut verträgliche Schluckimpfung mit Typhoral L. Drei Jahre lang schützt eine Injektion der neuen Typhus-Impfstoffe Typhim VI oder Typherix.

Wundinfektionen

Unter unhygienischen Bedingungen können sich schon aufgekratzte Moskitostiche zu beträchtlichen Infektionen auswachsen, wenn sie unbehandelt bleiben. Wichtig ist, jede noch so kleine Wunde sauberzuhalten, zu desinfizieren und evtl. mit Pflaster zu schützen. Es ist sinnvoll, für den Notfall eine Antibiotika-Salbe mitzunehmen.

Wundstarrkrampf (Tetanus)

Wundstarrkrampf-Erreger findet man überall auf der Erde. Verletzungen kann man nie ausschließen, und wer evtl. noch keine Tetanusimpfung hatte, sollte sich unbedingt zwei Impfungen im 4-Wochen-Abstand geben lassen, die nach einem Jahr aufgefrischt werden müssen. Danach genügt eine Impfung alle 10 Jahre. Am besten ist die Impfung mit dem Tetanus-Diphterie-(Td-)Impfstoff für Personen über 5 Jahre, um gleichzeitig einen Schutz vor Diphterie zu erhalten.

Wurmerkrankungen

Winzige oder größere Exemplare, die überall lauern können, setzen sich an verschiedenen Körperstellen bzw. -organen fest und sind oft erst Wochen nach der Rückkehr festzustellen. Die meisten sind harmlos und durch eine einmalige Wurmkur zu vernichten, andere sind gefährlich, z. B. Hakenwürmer. Sie bahnen sich den Weg durch die Fußsohlen, deshalb auf feuchten Böden unbedingt Sandalen tragen. Nach einer Reise in abgelegene Gebiete ist es empfehlenswert, den Stuhl auf Würmer untersuchen zu lassen. Notwendig ist das, wenn man über längere Zeit auch nur leichte Durchfälle hat.

Weitere Risiken

SARS (Severe Acute Respiratory Syndrome) ist ein hoch ansteckendes Virus, das 2002 entdeckt wurde und durch engen Kontakt mit einer infizierten Person übertragen wird. Auffällige Symptome sind Fieber (über 38 °C), trockener Husten und schwere Atemnot (wobei es sich bei Atembeschwerden auch um eine Lungenentzündung handeln kann). SARS-Fälle sind bislang aus China, Vietnam und Thailand gemeldet, nicht jedoch aus Kambodscha.

Die **Vogelgrippe** trat erstmals 2003 bei Geflügel in Südostasien auf. Das unter frei lebenden Vögeln und domestiziertem Geflügel vorkommende Virus ist unter den Tieren hoch ansteckend und tödlich. Auf den Menschen kann es sich durch Kontakt mit infizierten Vögeln übertragen. Zurzeit besteht laut WHO keine Gesundheitsgefährdung durch den Verzehr von Geflügel oder Geflügelprodukten, auch nicht von Eiern. In den meisten bekannten Fällen wurde das Virus von Vögeln auf Menschen übertragen, nach Ansicht von Experten nehmen jedoch Fälle zu, in denen es von Mensch zu Mensch übertragen wird. Bisher wurden aber nur engste Familienmitglieder von betroffenen Personen infiziert. Die Symptome (Fieber, Halsschmerzen und Husten) ähneln denen der Grippe. Das Virus hat auch in Kambodscha mehrere Todesopfer gefordert, die letzten Fälle gab es Anfang 2007, die Vogelgrippe gilt aber nicht als ernsthafte Gefahr für Touristen.

Glossar

A
Abacus – flache Kapitelldeckplatte
Achar – ausgebildeter Laienpriester in der Pagode
Airavata – dreiköpfiger Elefant
Ananta – „Unendlichkeit", Beiname der Weltenschlange Shesha
Aow – traditionelle Oberbekleidung für Männer und Frauen
APSARA – Behörde zum Schutz und zur Verwaltung von Angkor und der Region um Siem Reap
Apsara – himmlische Nymphe in der buddhistischen Tradition; auch bekannt in der hinduistischen Mythologie; geboren aus dem Kirnen des Milchozeans
Arjuna – König und Chef der Adelsfamilie Pandava; Schüler der Hindu-Gottheit Krishna
ASEAN – (Association of Southeast Asian Nations) politischer und wirtschaftlicher Verband südostasiatischer Staaten
Asura – Dämon aus dem Ramayana
Avatara – Verkörperung göttlicher Wesen beim Herabsteigen auf die Erde

B
Banteay – Zitadelle, befestigte Anlage
Barang – umgangssprachliche Bezeichnung für Franzosen, die jedoch auch generell für Ausländer angewendet wird
Baray – Wasserreservoir, Stausee, künstliches Becken
Basrelief – Flachrelief, bei dem die aus dem Stein gemeißelten Figuren oder Gegenstände nur ein wenig aus der als Hintergrund dienenden Fläche herausragen
Bodhisattva – im Buddhismus ein Wesen, das die vollständige Erleuchtung erlangt hat, jedoch auf den Einzug ins Nirwana verzichtet, um den Menschen ebenfalls auf diese hohe Stufe zu verhelfen
Brahma – Schöpfergott, eine der drei zentralen Gottheiten des Hinduismus
Brahmane – Angehöriger der höchsten Kaste des Hinduismus, hinduistischer Priester
Buddha – „Der Erwachte"; einer, der zur Erleuchtung gelangt ist

C

Chedi – glockenförmiger Stupa, Beisetzungsort von Verbrennungsasche
Chook – grüne Samen der Lotosblume
Chunchiet – Angehörige der Bergstämme
CPP – Cambodian People's Party (Kambodschanische Volkspartei)
Cyclo – dreirädrige Fahrradriksha mit Sitzbank für Fahrgäste vor dem Fahrer

D

Deva – Gott (Sanskrit)
Devaraja – Kult des Gottkönigs, bei dem der Monarch absolutistische Macht innehat; von Jayavarman II. etabliert; dem Kult zufolge verschmilzt der König im Augenblick des Todes mit einer Gottheit

F

Frangipani – *Plumeria rubra*, auch: Tempelbaum oder Pagodenbaum
FUNCINPEC – Front Uni National pour un Cambodge Independent Neutre, Pacific et Cooperatif, die royalistische politische Partei

G

Gamelan – traditionelles indonesisches Instrumentalensemble, zu dem u. a. Gongs, Xylophone und Trommeln gehören
Garuda – mythisches Wesen, halb Mensch, halb Vogel; das Tragtier des Hindugottes Vishnu
Giebel (auch: Ziergiebel) – Teil über dem Türsturz eines Eingangs
Gopuram – Tempeleingang mit Turm

H

Harihara – das zur Einheit der göttlichen Essenz verschmolzene Götterpaar Shiva und Vishnu
Heng – mythischer kambodschanischer Vogel
Hol – Seidenhemd, Seidenstoff und diesbezügliche Webmethode
Howdah – Sitz auf dem Rücken des Elefanten

I

Indochina – Kambodscha, Laos und Vietnam

J

Jambudwipa – „Süßes Fruchtland", bester der sieben Kontinente aus Indiens Mythologie

Jataka – Erzählungen aus den früheren Leben Buddhas

K

Kabun – Kombination aus Oberteil und Rock
Kala – Gott der Zeit und somit des Todes und Verfalls, meist dargestellt mit vorstehenden Augen und Klauen sowie ohne Unterkiefer
Kapokbaum – „Baumwollbaum" (liefert Polstermaterial)
Kaurava – Adelsfamilie, Kontrahentin der Adelsfamilie Pandava in dem frühhinduistischen Epos Mahabharata
Khapa – Chunchiet-Korb mit Schulterriemen, der auf dem Rücken getragen wird
Khmer – die einheimische Bevölkerung Kambodschas (austauschbar mit „Kambodschaner") und zugleich Name ihrer Sprache
Koh – Insel
Koki-Baum – auch: Kokir-Baum *(Hopea odorata)*
Kompong – Dorf an einem Fluss oder See
Kramar – karierter Schal, Umschlagtuch
Krishna – achte Inkarnation des Hindugottes Vishnu in menschlicher Form

L

Lakshmi – Gattin des Vishnu in all ihren Inkarnationen; Göttin des Glücks und Reichtums
Laterit – weiches poröses Gestein, das in der Sonne zu hartem, widerstandsfähigem Material trocknet; viele kambodschanische Tempelanlagen wurden aus Lateritgestein errichtet.
Leahng – Höhle
Lingam – phallisch geformte Steinsäule; Symbol für die Hindu-Gottheit Shiva
Lokesvara – Bodhisattva des Mitgefühls und Erbarmens

M

Mahabharata – eines der beiden bedeutendsten altindischen Epen (das zweite: Ramayana); wichtige Quelle des Hinduismus; erzählt von den Auseinandersetzungen der Familienklane Kaurava und Pandava um die Macht im Norden Indiens
Mahout – Elefantenführer
Makara – mythologisches Meeresungeheuer mit dem Leib eines Krokodils und einem Elefantenrüssel, Stilelement der Bildhauerei

Meru – goldener Berg als Heimat der Götter und Zentrum des Universums in der hinduistischen Kosmologie
Mudra – Hand- und Fingerhaltung in der buddhistischen Ikonographie

N
Naga – mythische, oft vielköpfige Schlange, ein Schutz gewährendes Symbol, das in der Architektur von Angkor häufig verwendet wird
Nandin – Sanskrit: Nandi; Tragetier Shivas
NGO – (Non-governmental Organization) nichtstaatliche Hilfs- oder Entwicklungsorganisation
Nirvana – Endziel des Buddhismus, Status der Loslösung von den Begierden und Befreiung aus der Abfolge der Wiedergeburten

P
Pandava – Adelsfamilie, Kontrahentin der Adelsfamilie Kaurava in dem frühhinduistischen Epos Mahabharata
Phnom – Berg oder Hügel
Phum – Dorf
Pinpeat – traditionelles Musikensemble
Popael – Baumart aus der Familie der Geißblattgewächse *Caprifoliaceae*
Prajnaparamita – buddhistische Göttin der weisen Voraussicht
Prang – Pagode im Stil von Bayon
Prasat – Tempelturm
Preah – Bezeugung des spirituellen Respekts für Götter und heilige Männer, auch in der Bedeutung von „heilig"

Q
Quincunx-Form – Gestalt der Zahl fünf auf dem Würfel, nach der die Tempeltürme mancher kambodschanischer Anlagen arrangiert sind

R
Rahu – Dämonisches Ungeheuer mit Monsterkopf und ohne Leib, das regelmäßig Sonne und Mond verschlingt
Rakshasa – böser Geist, riesenhafter Dämon
Rama – siebte Inkarnation des Hindugottes Vishnu und Held des Ramayana
Ramayana – eines der beiden bedeutendsten altindischen Epen (das zweite: Mahabharata), das etwa um 300 v. Chr. verfasst wurde. Es erzählt die Geschichte von König Rama, einer Inkarnation des Gottes Vishnu, und seiner Gemahlin Sita
Reamker – vereinfachte kambodschanische Version des Ramayana

S
Sampot – Seidenrock, traditionelles Beinkleid
Sangka – gebildeter Mönch
Shiva – gleichzeitig Zerstörer und Erneuerer; eine der drei zentralen Gottheiten des Hinduismus
Sita – Gemahlin des Rama im Ramayana, die nach Lanka entführt und wieder befreit wurde
Skanda – hinduistischer Kriegsgott
Spean – Brücke
Srolao – endemische Holzart
Staatstempel – Haupttempel für den persönlichen Gott des Gottkönigs; Tempelberg
Stele – senkrecht stehender Stein mit Inschrift
Stuck – gut formbare, schnell härtende Masse aus Gips, Kalk, Sand und (Leim-) Wasser, die für Dekorationen an Ziegelbauten verwendet wird
Stung – Fluss mittlerer Breite, schmaler als ein Tonle
Stupa – s. Chedi

T
Tempel – im kambodschanischen Kontext ein antikes Gebäude oder eine Gruppe von Bauwerken, die von Königen zur Ahnenverehrung oder Beherbergung eines Devaraja-Gottes errichtet wurden
Tempelberg – Tempelanlage als Repräsentation des heiligen Berges Meru
Tonle – breiter Strom
Toul – niedriger Erdwall

V
Vihara – buddhistischer Tempel, Hauptgebäude eines Wat; Sanskrit: Kloster
Vishnu – Welterhalter; eine der drei zentralen Gottheiten des Hinduismus

W
Wat – buddhistische Klöster und angeschlossene religiöse Bauwerke, in der gängigen Literatur als „Pagode" bezeichnet

Y
Yaksha – männliche Waldgottheiten, die Naturkräfte symbolisieren; der Ikonografie dienen sie

als Tempelwächter, dargestellt mit vorquellenden Augen, Fangzähnen und grimmigem Blick
Yama – Herrscher über die Unterwelt, Todesgott
Yeak – Riesen als Torwächterfiguren
Yuan – geringschätzige Khmer-Bezeichnung für Vietnamesen

Bücher

Bis vor kurzem gab es eigentlich nur zwei Kategorien von Büchern über Kambodscha: trockene Faktensammlungen über Angkors Tempel und erschütternde Autobiografien aus der Ära der Roten Khmer. Publikationen über die übrige Geschichte und Kambodschas Kultur waren hingegen dürftig gesät, und Romane gab es so gut wie gar nicht. Inzwischen ist die Auswahl an neueren Titeln gewachsen, aber bei Interesse an der Geschichte vor den Roten Khmer lohnt es sich nach wie vor, nach älteren Büchern Ausschau zu halten. Vergriffene oder nicht in Kambodscha veröffentlichte Titel sind am ehesten im Internet aufzustöbern – 🖥 www.AbeBooks.com und 🖥 www.amazon.com sind gute Startpunkte für die Suche.

Einige der unten genannten englischsprachigen Bücher sind leichter in Phnom Penh oder Bangkok aufzutreiben als daheim. Viele in Kambodscha angebotene Bücher sind reine Fotokopien, die jedoch ordentlich gebunden und manchmal sogar mit Farbseiten ausgestattet sind. Vergriffene deutschsprachige Titel sind über Bibliotheken erhältlich und vielleicht in Antiquariaten oder im Internet über 🖥 www.zvab.com zu finden.

Titel mit * finden wir besonders lesenswert.

Erlebnisberichte und allgemeine Titel

A Blessing Over Ashes von Adam Fifield (HarperCollins, US) ist der offenherzige Bericht des Autors über seine Jugend im Amerika der 1980er Jahre, als er zusammen mit seinem kambodschanischen Adoptivbruder Soeuth aufwächst. Besonders berührend ist die Schilderung der Reise nach Kambodscha, wo Soeuth entdeckt, dass seine Khmer-Familie noch am Leben ist.

A Dragon Apparent: Travels in Cambodia, Laos and Vietnam von Norman Lewis (Eland Books, UK) befasst sich nur knapp mit Kambodscha, doch die das Land betreffenden Abschnitte vermitteln mitreißende und seltene Eindrücke aus der Zeit der Entlassung in die Unabhängigkeit. Eine aufmerksame Beobachtung des Alltags der einheimischen Bevölkerung.

***** **Cambodia Now: Life in the Wake of War** von Karen J. Coates (McFarland & Company, US). Tolle, relativ neue Sammlung von aufschlussreichen Anekdoten aus der Zeit der Autorin in Kambodscha als Journalistin bei der *Cambodia Daily*. Einfühlsam porträtiert sie das Leben der normalen Kambodschaner, beleuchtet die Ereignisse, die ihr Leben beeinflussen, und schildert, wie sie unter oft katastrophalen Bedingungen überleben.

Dance in Cambodia von Toni Samantha Phim und Ashley Thompson (Oxford University Press) ist eine tolle Einführung in die Entwicklung und verschiedenen Stile des kambodschanischen Tanzes mitsamt einem bebilderten Glossar der traditionellen Musikinstrumente.

***** **DuMont Kunstreiseführer Vietnam, Kambodscha und Laos** von Martin Petrich (DuMont) widmet sich eingehend der Kultur und Geschichte der Khmer in Kambodscha und stellt mit fundiertem Fachwissen die sehenswerten Stätten und Kulturdenkmäler des Landes vor.

***** **Four Faces of Siva** von Robert Casey (Simon Publications) ist ein kurzweiliger Reisebericht aus den 1920er Jahren, in dem der Autor Fakten und Fiktion zu einer persönlichen Entdeckung der verborgenen Städte Kambodschas verflicht. Mit einer mitreißenden Beschreibung seiner wagemutigen Reise zur damals abgelegenen Tempelstätte Preah Khan in der Provinz Kompong Thom.

Gecko Tales von Carol Livingstone (Weidenfeld & Nicholson, UK) ist eine leichtfüßige Darstellung des Lebens eines Möchtegern-Auslandskorrespondenten in Kambodschas ungebremster UNTAC-Epoche. Etwas Politik und Geschichte sowie viel Allzumenschliches, verpackt in eine einfühlsam erzählte Geschichte.

Off the Rails in Phnom Penh von Amit Gilboa (Asia Books, Bangkok) ist ein Kultbuch und do-

Erkundung der asiatischen Seele aus Sicht eines renommierten italienischen Journalisten, der Asien wie kein anderer kannte und mit diesem Buch einen faszinierenden Einblick in asiatische Lebensweisen bietet.

Geschichte Kambodschas von Karl-Heinz Golzio (C.H. Beck) ist eine komprimierte, sehr informative Landesgeschichte von den Anfängen bis in die Neuzeit.

History, Buddhism and New Religious Movements in Cambodia von John Martson und Elizabeth Guthrie (University of Hawaii, US) beleuchtet in verschiedenen Essays, welchen Einfluss die Religion auf die persönliche und nationale Identität der Khmer und das Rollenverständnis von Mann und Frau hat.

Kambodscha – Reisen in einem traumatisierten Land von Alexander Goeb (Brandes & Apsel) zieht Bilanz der jüngeren Geschichte Kambodschas und beleuchtet anhand der Eindrücke des Reporters, der das Land ab 1979 oft bereist hat, in verschiedenen Themenschwerpunkten Ursachen, Wirkung und Erbe der Roten Khmer.

* **River of Time** von Jon Swain (Vintage) ist teils eine Liebeserklärung an Indochina und teils ein Augenzeugenbericht über den Fall von Phnom Penh, geschrieben von einem angesehenen Kriegsberichterstatter.

Sideshow: Kissinger, Nixon and the Destruction of Cambodia von William Shawcross (Simon & Schuster, US) erzählt die Geschichte der Bombardierung Kambodschas durch die USA, die mit dem Auftrag begann, eine in Kambodscha vermutete nordvietnamesische Kommandozentrale zu zerstören. Das Buch verfolgt auf spannende Weise die Entwicklung der amerikanischen Intervention und die späteren Verschleierungsmaßnahmen.

* **Sitten in Kambodscha** von Chou Ta-Kuan (Angkor) ist die einzige Überlieferung aus dem Kambodscha des 13. Jhs. aus der Feder eines chinesischen Gesandten. Anschauliche Beschreibung über die Sitten und Hofzeremonien jener Zeit.

The Civilization of Angkor von Charles Higham (Weidenfeld & Nicholson, UK) ist eine trocken präsentierte, aber äußerst detaillierte Beschreibung der kambodschanischen Geschichte, von den Ausgrabungen der prähistorischen Stätten bis zu den letzten Tagen des Khmer-Reichs.

Voices from S-21 von David Chandler (University of California Press) untersucht anhand von Archivmaterial aus dem Verhör- und Folterzentrum Toul Sleng die Gründe, wie es zu den Gräueltaten kommen konnte (mitunter wussten weder Verhörte noch Verhörer, welche Vergehen eigentlich vorlagen).

Angkor

* **Ancient Angkor** von Michael Freeman und Claude Jacques (River Book Guides). Toller bebilderter Führer zu den Monumenten von Angkor, ideal für Leute, die Angkor nicht nur durch den eigenen Kamerasucher sehen möchten, oder als Inspiration für eine Reise nach Angkor.

Angkor von Claude Jacques (Hirmer) ist ein prächtiger Bildband mit guten Plänen und Tempelbeschreibungen.

Angkor von Donatella Mazzeo und Chiara Silvi Antonini, aus der Reihe „Monumente großer Kulturen" (Wiesbaden 1974, Ebeling), ein großformatiger Bild- und Textband, der neben fantastischen Aufnahmen der Tempel auch einige Fotos von Skulpturen aus dem Musée Guimet (Paris) enthält, alle in Farbe.

Angkor von Madeleine Giteau (Stuttgart 1976, Kohlhammer), ein gewichtiger Bild- und Textband mit einer Fülle von Farb- und Schwarzweißfotos, der anhand von Reliefs, Inschriften und anderen Dokumenten ein lebendiges und umfassendes Bild der Kultur von Angkor zu Beginn des 13. Jhs. unter der Regierung von König Jayavarman VII. entwirft und das Alltagsleben in den Dörfern und Städten, im Palast und in den Tempeln rekonstruiert.

Angkor, Heart of an Asian Empire von Bruno Dagens (Thames & Hudson) ist die Geschichte der Wiederentdeckung von Angkor Wat und der Entdecker, die die Aufmerksamkeit der westlichen Welt auf die grandiosen Tempelstätten rückten. Illustriert mit alten Fotografien und detaillierten Skizzen.

* **Angkor: Cambodia's Wondrous Khmer Temples** von Dawn Rooney und Peter Danford (Odyssey) ist ein übersichtlicher Führer mit guten Hintergrundinformationen sowie Übersichtsplänen von allen wichtigen Tempelstätten.

kumentiert die sehr subjektive wie faszinierende Sicht eines amerikanischen Journalisten auf die schäbige Seite Phnom Penhs zur Mitte der 90er Jahre.

One Step Beyond von Chris Moon (Pan Books, UK), der Autor, selbst Landminenopfer und bekannter Vertreter von Minenopfern, erzählt seine Geschichte mit Humor und ohne Anflug von Selbstmitleid. Über die Hälfte des Buches handelt von seiner Zeit in Kambodscha, in der er zusammen mit zwei einheimischen Kollegen bei einer Minenräumungsaktion im Dschungel von den Roten Khmer entführt wurde.

Red Lights and Green Lizards von Liz Anderson (Green Print) liefert ein spannendes Bild von Kambodscha zu Beginn der 90er Jahre aus der Sicht einer britischen Ärztin, die freiwillig in Phnom Penhs Bordellvierteln am Flussufer arbeitete und die erste Klinik des Landes für Prostituierte gründete.

Reise durch Kambodscha von Mario Weigt und Hand H. Krüger (Stürz) ist ein Bildband, der nicht nur die Tempel von Angkor zeigt, sondern die Bandbreite des ganzen Landes zum Inhalt hat. Besonderheit dieses opulent bebilderten Bandes sind vier Specials mit reportageartigen Texten zu Themen wie Seidenproduktion, Apsara-Tanz und Pol Pot.

* Surviving the Killing Fields von Haing S. Ngor und Roger Warner (James Bennett, US) ist der bestürzende Bericht eines Arztes, der die Folterungen der Roten Khmer überlebte, jedoch nicht verhindern konnte, dass seine Frau bei der Entbindung starb. Der Autor floh über Thailand in die USA, wo er einen Oskar für seine Rolle im Film *The Killing Fields* erhielt.

The Food and Cooking of Cambodia von Ghillie Basan (Southwater, UK) ist ein bebildertes Kochbuch mit über 60 authentischen kambodschanischen Rezepten. Obwohl viele der Gerichte nicht in den Küchen und auf den typischen Speisekarten des Landes zu finden sind, bietet das Buch eine gute Auswahl an einfachen Rezepten mit appetitanregenden Fotos.

The Gate von François Bizot (Vintage). Packender Bericht des Autors über seine Entführung durch die Roten Khmer 1971. Seine Freilassung nach drei Monaten verdankte der Autor nicht zuletzt dem Verhältnis, das er zu Duch aufbaute, dem Mann, der das berüchtigte Folter-Gefängnis Toul Sleng leitete.

Traditional Textiles of Cambodia: Cultural Threads and Material Heritage von Gillian Green (River Books, Thailand). Gut recherchiertes Buch über kambodschanische Textilien, mit farbigen Abbildungen.

* Travels in Siam, Cambodia, Laos and Annam von Henri Mouhot (White Lotus, Thailand) ist der erste Reisebericht über Kambodscha. Mouhots Tagebuch, ein mitreißender Bericht über Angkor Wats „Entdeckung" im Jahr 1856, löste in Europa ein fieberhaftes Interesse an den alten Tempeln des exotischen Landes aus.

Geschichte, Politik und Gesellschaft

* A History of Cambodia von David Chandler (Westview, US) ist eine gut zu lesende und knapp gehaltene Geschichte Kambodschas von prähistorischer Zeit bis in die frühen 90er Jahre von einem der bedeutendsten Kenner Kambodschas.

A Cambodian Prison Portrait: One Year in the Khmer Rouge's S-21 von Vann Nath (White Lotus, Bangkok) schildert die Verhältnisse in Toul Sleng aus dem Blickwinkel eines der wenigen Überlebenden. Die Bilder des ausgebildeten Künstlers dokumentieren heute im Genozidmuseum Toul Sleng die unmenschlichen Verbrechen an den Insassen des Gefangenenlagers.

Battambang during the Time of the Lord Governor von Tauch Chhuong (Cedoreck, Phnom Penh), das kurz vor der Ära der Roten Khmer recherchierte und publizierte Buch vermittelt wertvolle Einblicke in Battambangs kulturellen und sozialen Alltag zur Zeit der thailändischen Herrschaft.

Cambodia: The Years of Turmoil von Roland Leveu (Asia Horizons Books) ist ein schöner und teurer Bildband über die Jahre 1973–99 mit vielen Aufnahmen von Phnom Penh zur Zeit der Übernahme durch die Roten Khmer.

Der Traum von Angkor von Heinz Kotte und Rüdiger Siebert (Horlemann) beschreibt in Reportagen, Porträts und Kurzgeschichten die Befindlichkeit dieser Region und ihrer Menschen.

Fliegen ohne Flügel: Eine Reise zu Asiens Mysterien von Tiziano Terzani (Goldmann) ist eine

Angkor Wat – Time, Space and Kingship von Eleanor Mannikka (University of Hawaii Press) ist eine sorgfältige Analyse von Angkor Wat mit dem Versuch, eine Verbindung zu Sonne, Mond und astrologischen Konstellationen nachzuweisen. Schwierige Lektüre, da reich an metaphysischen Theorien.

* **Die Schätze von Angkor** von Mariala Albanese (National Geographic Art Guide) ist ein handlicher, reich bebilderter und mit zahlreichen Karten versehener Kunstreiseführer, der neben den Schätzen Angkors auch dessen Geschichte und Kultur vorstellt und erklärt. Enthält außerdem Vorschläge für verschiedene Besichtigungstouren zu den Tempeln.

Die Welt der Tempel und Pagoden. Kunst und Kultur Südostasiens unter dem Einfluß Angkors von Henri Stierlin (Bayreuth 1979, Gondrom) präsentiert sachkundige Beschreibungen von südostasiatischen Tempeln mit Schwerpunkt auf Angkor. Reich bebildert.

Guide to Angkor von Henri Parmentier (EKLIP, Phnom Penh) ist ein klassischer Tempelführer aus den 1940er Jahren im Taschenformat, geschrieben von einem ausgewiesenen Experten der Khmer-Architektur.

Sacred Angkor: The Carved Reliefs of Angkor Wat von Vittorio Roveda (River Books Press). Perfekt für Tempelfreaks: eine detaillierte Studie der Reliefs mit Alternativvorschlägen für deren Interpretation.

Sanctuary: The Temples of Angkor von Steve McCurry (Phaidon). Magische Tempelaufnahmen von diesem begnadeten Fotografen – auch als Paperback erhältlich.

* **The Ancient Civilization of Angkor** von Christopher Pym ist ein faszinierendes Werk über das Leben und die Zeit der antiken Khmer mit einer Vielzahl von Darstellungen, vom Handel über die damaligen Sitten bis hin zur Kultur. Sorgfältige Beschreibungen über so spezielle Themen wie den Fang von Eisvögeln oder die Beförderung gewaltiger Steinblöcke für den Tempelbau.

* **The Monuments of the Angkor Group** von Maurice Glaize ist ein zeitlos klassischer Führer zu den Tempeln und wurde 1944 erstmals veröffentlicht. Neben detaillierten Karten sind auch Fotografien enthalten. Kostenloser Download unter www.theangkorguide.com.

Belletristik

Das Verschwinden des Michael Langford von Christopher J. Koch (Fischer); der Roman handelt vom Krieg in Kambodscha und Vietnam, der durch die Erlebnisse des Protagonisten, eines unerschrockenen Kriegsfotografen, menschliche Züge erhält.

Der Preis der Leichtigkeit – Eine Reise durch Thailand, Kambodscha und Vietnam von Andreas Altmann (National Geographic) ist die Geschichte eines jungen Schweizers, der in Südostasien nach dem Geheimnis der Leichtigkeit sucht und dabei einige interessante Entdeckungen macht. Er erzählt von Begegnungen mit Menschen, ihrem Schicksal und nicht zuletzt von sich selbst.

* **Der weite Weg der Hoffnung** von Loung Ung (Fischer) ist die bestürzende persönliche Erzählung einer Frau über die Vernichtung ihrer Familie unter dem Regime der Roten Khmer.

Die Tränen meines Herzens von Sokreaksa S. Himm und Jan Greenough (Brunnen-Verlag) erzählt die autobiografische Geschichte eines Kambodschaners, der die Schreckensherrschaft der Roten Khmer überlebt hat.

Durch die Stille der Nacht von Bree Lafreniere (Nymphenburger). Die wahre Geschichte des Musikers Daran Kravanh, der die Inhaftierung während der Herrschaft der Roten Khmer überlebte, da die Parteikader seine Musik lieben lernten und ihn oft für sich Akkordeon spielen ließen.

* **The King's Last Song** von Geoff Ryman (Harper Collins, US). Roman über die Entdeckung eines uralten Tagebuchs, der die Intrigen am angkorianischen Hof des 12. Jhs. geschickt mit dem Leben der modernen Romanhelden, eines ehemaligen Rote-Khmer-Soldaten und eines jungen Motofahrers, verknüpft.

The Reckoning von Jeff Long (Simon & Schuster). Roman mit Hang zum Übernatürlichen: Ein Suchtrupp durchkämmt das ländliche Kambodscha auf der Suche nach vermissten Kameraden, während tief im Dschungel ein verlassener Tempel langsam die Geheimnisse um eine verschwundene GI-Patrouille preisgibt, allerdings nicht ohne Rache an jenen zu üben, die es wagen, in sein Innerstes einzudringen.

Biografien

Brother No. 1: A Political Biography of Pol Pot von David Chandler (Westview Press, US) ist ein sorgfältig erarbeitetes Werk über das Leben von Pol Pot mit jedoch zum Teil kritikloser und wenig hilfreicher Übernahme von zweifelhaften Details über andere führende Gestalten der Roten Khmer.

* Das Schweigen der Unschuld von Somaly Mam (Ullstein) ist die ergreifende Lebensgeschichte einer Frau, die als Kind von ihrer Familie verkauft wird und als Kinderprostituierte die Abgründe menschlichen Daseins erleben muss. Später gründete die Autorin die Hilfsorganisation AFESIP für Frauen in Not und gegen Kinderprostitution und Menschenhandel.

The Lost Executioner: A Story of the Khmer Rouge von Nic Dunlop (Bloomsbury Publishing, UK). In diesem flüssig geschriebenen Werk wird die Lebensgeschichte von Duch erzählt, jenem berüchtigten Kommandanten des Foltergefängnisses S-21, der in einem abgelegenen Gebiet Kambodschas an der thailändischen Grenze aufgespürt wurde. Aufstieg und Philosophie der Roten Khmer werden mit der Geschichte der französischen Revolution und Stalin verglichen.

Hun Sen, Strongman of Cambodia von Harish C. Mehta und Julie B. Mehta (Graham Brash, Singapur) ist ein offenes und akkurates, wenn auch ausgesprochen höflich gehaltenes Porträt, auf der Grundlage von Interviews mit Hun Sen persönlich sowie mit Familienangehörigen und Mitstreitern.

Sihanouk, Prince of Light, Prince of Darkness von Milton Osborne (University of Hawaii Press) ist eine sachkundige Bewertung des widersprüchlichen Naturells des ehemaligen Königs und Würdigung seines nur allzu menschlichen Charakters.

Pol Pot: Anatomy of a Nightmare von Philip Short (John Murray). Recht langatmige, aber tief gehende und von Primärquellen gestützte Analyse von Pol Pot und den Bedingungen, die den Roten Khmer die Machtübernahme ermöglichten.

Index

A
Aberglaube 116
Ahnenverehrung 116
Aids 361
Aktivitäten 26
Alkoholische Getränke 47
Ang Chan, König 86, 87
Ang Duang, König 88
Ang Eng, König 87
Ang Mei, Königin 88
Angkar padevat 93, 95
Angkor 220
   Angkor Thom 233
   Angkor Wat 227
   Bakong 248
   Banteay Kdei 243
   Banteay Srei 249
   Baphuon 238
   Bayon 234
   Chau Say Tevoda 240
   Kbal Spean 249
   Lolei 249
   Neak Pean 246
   Östlicher Mebon 245
   Phimeanakas 238
   Phnom Bakheng 232
   Prasat Baksei Chamkrong 232
   Prasat Kravan 243
   Prasat Suor Prat 239
   Pre Rup 243
   Preah Khan 246
   Preah Ko 248
   Preah Palilay 239
   Roluos 248
   Srah Srang 243
   Ta Keo 240
   Ta Prohm 241
   Ta Som 245
   Tep Pranam 239
   Thomannon 240
   Westlicher Mebon 248
   Westliches Baray 248
Angkor Borei 349
Angkor National Museum 205
Angkor Thom 233
Angkor Wat 227
Angkor-Wat-Stil 110
Animismus 116
Anlong Veng 255
Anreise 32
   Flugzeug 32
   Landweg aus Laos 34
   Landweg aus Thailand 33
   Landweg aus Vietnam 33
Apotheken 53
Apsara-Tanz 214
Auslandskrankenversicherung 79

B
Bakheng-Stil 107
Bakong 248
Bamboo Train 188
Banken 52
Banlung 294
Banteay Chei 180
Banteay Chhmar 197
Banteay Kdei 243
Banteay Samre 249
Banteay Srei 249
Banteay-Srei-Stil 108
Banteay Tuop 198
Baphuon 238
Baphuon-Stil 108
Bargeld 51
Battambang 181
Bavet 352
Bayon-Stil 110
Beer Girls 48
Begrüßung 77
Behinderte 63
Behindertenorganisationen 63
Beng Mealea 255
Betel 23
Bhavavarman I. 83
Boeng Peae 267
Bokor-Nationalpark 340
Bonn Chaul Chhnam 22, 48
Bonn Chroat Preah Nongkoal 22
Bonn Om Tuk 22, 48, 50
Bonn Pchum Ben 22, 48
Bootstouren 26
Botschaften 34
Bou-Sraa-Wasserfälle 304
Bücher 369
Buddhismus 23, 111
Busse 67

C

Cham 84, 86, 115, 282
Chau Doc 350
Chau Say Tevoda 240
Chey Chettha, König 87
Chha-Ong-Wasserfall 300
Chinesen 338
Choeung Ek 168
Cholera 362
Choob 198
Christentum 115
Chroy Chung Va 163
Chum Rum Bai Srok 294
Chunchiet 278
CPP 98, 99
Cyclos 73

D

Daun Penh 120, 138
Dengue-Fieber 362
Devaraja-Kult 84, 111, 222
Dharanindravarman I. 85
Dharanindravarman II. 85
Dom Kralor 292
Drogen 65
Duch, *siehe* Kang Kek Leu

E

Edelsteinminen 194, 294
Einkaufen 35
   Antiquitäten 38
   Bambus und Rattan 39
   Gold 39
   Handeln 37
   Kleidung und Stoffe 37
   Holzschnitzereien 38
   Körbe 39
   Kunsthandwerk 38
   Musikinstrumente 38
   Schmuck 39
Einreiseformalitäten, *siehe* Visa
Eisenbahn 69
Elefantentrekking 26, 300, 303
Elektrizität 39
ELIE 303
E-Mail 58
Essen 40
Etikette 77
e-Visa 79

F

Fähren 70
Fahrräder 74
Feiertage 48
Fernsehen 62
Feste 22, 48
Flüge 70
Fotografieren 50
Französisches Protektorat 88
Frauen 50
Freiwilligenarbeit 58
Fremdenverkehrsämter 56
Funan 82
FUNCINPEC 96, 98, 101

G

Geautieuv 43
Gefahren 64
Geld 51
   Bargeld 51
   Geldautomaten 52
   Geldwechsel 52
   Kreditkarten 52
   Reiseschecks 51
   Überweisungen 53
   Währung 51
   Wechselkurs 51, 52
Geldautomaten 52
Geldwechsel 52
Gepäck 53
Gepäck-Checkliste 54
Gepäckversicherung 79
Geschichte 82
Geschlechtskrankheiten 362
Gesundheit 53
   Gesundheitstipps 56
   Impfungen 55
   Reisemedizin 361
   Tropeninstitute 56
Getränke 46
Gifitge Meerestiere 364
Glossar 366
Grenzübergang von/nach Laos 34
   Dom Kralor 292
Grenzübergang von/nach Thailand 33
   Aranyaprathet/Poipet 199
   Ban Paakard/Pailin 194
   Cham Yeam 316
   Sa Ngam/Anlong Veng 256

Grenzübergang von/nach Vietnam 33
    Bavet/Moc Bai 351
    Chau Doc/Vinh Xuong 350
Grolan 43, 260
Gruppenreisen 74

H

Handeln 30, 37
Handys 67
Harshavarman I. 84
Harshavarman II. 84
Hepatitis 363
Höhlen 340
Hinduismus 111
Hirnentzündung 363
Hitzschlag 365
HIV 361
Hun Sen 98

I

Ieng Sary 91, 93, 94, 99, 100
Impfschutz 55
Indravarman I. 84
Informationen 56
    Fremdenverkehrsämter 56
    im Internet 56
Inlandsflüge 70
Insektenstiche 363
Inseln nahe Sihanoukville 333
Internet 58
Irrawaddy-Delfine 287
Ishanapura 83, 264
Ishanavarman I. 83
Ishanavarman II. 84
Islam 115

J

Japanische Enzephalitis 363
Jarai 278
Jayadevi 83
Jayavarman I. 83
Jayavarman II. 83, 84
Jayavarman IV. 84
Jayavarman V. 85
Jayavarman VI. 85
Jayavarman VII. 86
Jayavarman VIII. 86
Jayaviravarman 85
Jobben 58

K

Ka-Chhang-Wasserfall 300
Kambodschanische Küche 41
Kambodschanische Volkspartei 98
Kampie 286
Kamping Poy 191
Kampot 334
Kang Kek Leu 99, 100
Kardamom-Gebirge 180
Katieng-Wasserfall 300
Kavat 278
Kbal-Chhay-Wasserfall 332
Kbal Spean 251
Kep 343
Khieu Ponnery 94
Khieu Samphan 93, 94, 99, 100
Khleang Muong 180
Khmer
    Schrift 354
    Sprache 354
    Volk 82
Khmer Issarak 90
Khmer Loeu 278
Khmer National United Front for
    National Salvation 94
Khmer-Reich 84
Khmer Rouge, s. Rote Khmer
Khmer Serei 91
Khmer-Tempel 101
Khone Phapheng 291
Kien Svay 164
Kinder 59
Kinderlähmung 363
Kinderprostitution 64
Kirirom-Nationalpark 310
Kirnen des Milchozeans 231
Kleang-Stil 108
KNUFNS 94
Koh Chraloh 333
Koh Dait 164
Koh Ker 268
Koh-Ker-Stil 107
Koh Khteah 333
Koh K'Maoit 312
Koh Kong 313
Koh Kong, Insel 314
Koh Kut 344
Koh Pbain 281
Koh Poh 344

Koh Prins 334
Koh Rong Samloem 333
Koh Russei 333
Koh S'dach 312
Koh Ta Kiev 333
Koh Tang 334
Koh Tas 333
Koh Tonsay 344
Koki Beach 164
Kolonialarchitektur 182
Kommunistische Partei Kambodschas 91, 94
Kompong Cham 274
Kompong Chhnang 174
Kompong Luong 166, 180
Kompong-Preah-Stil 106
Kompong Som 317
Kompong Thom 261
Kompong Trach 347
Konsulate 34
KPNLF 96
Krankenversicherung 79
Kratie 283
Kreditkarten 52
Kreung-Brou 278
Krom Pracheathipodei 90
Kultur 78
Kunst 101
Kunstepochen 104
   Angkor 106
   Angkor-Wat-Stil 110
   Bakheng-Stil 107
   Banteay-Srei-Stil 108
   Baphuon-Stil 108
   Bayon-Stil 110
   Kleang-Stil 108
   Koh-Ker-Stil 107
   Kompong-Preah-Stil 106
   Phnom-Da-Stil 105
   Phnom-Kulen-Stil 107
   Prasat-Andet-Stil 106
   Preah-Ko-Stil 107
   Prei-Kmeng-Stil 105
   Pre-Rup-Stil 108
   Sambor-Prei-Kuk-Stil 105

L

Landessitten 78
Landkarten 58
Landminen 65, 189

Leahng Bpodjioh 340
Lesben 63
Literaturempfehlungen 369
Lolei 249
Lon Nol, General 92
Lovek 86, 168
Lumphat 300
Lun 278

M

Magenerkrankungen 362
Maha Leap 276
Mahayana-Buddhismus 112
Malaria 363
Medien 61
Medizinische Versorgung 53
Meul 278
Mietwagen 73
Milchozean 231
Minen 65
Minibusse 68
Mobiltelefone 67
Moc Bai 352
Mondulkiri 300
Monorom-Wasserfall 304
Moskitos 363
Motorräder 73
Motorradfahren 26
Motos 71
Museen 25

N

Nahverkehr 71
Nationale Befreiungsfront
   des Khmer-Volkes 96
Nationalparks
   Bokor 340
   Kirirom 310
   Ream 332
   Virachey 299
Naturschutz 312
Neak Leung 350
Neak Pean 246
Norodom I. 88
Norodom Ranariddh Party 101
Norodom Sihamoni 100, 127
Norodom Sihanouk 89, 90, 93, 99
Norodom Suramarit 91
Nuon Chea 95, 99, 100

Trails of Asia

Journey through lost kingdoms and
hidden history of Southeast Asia
and let Asian Trails be your guide!

Choose Asian Trails, the specialists in Southeast Asia.
We will organise your holiday, hotels, flights and tours to the region's
most fascinating and undiscovered tourist destinations.
Contact us for our brochure or log into
www.asiantrails.travel or www.asiantrails.info or www.asiantrails.net or www.asiantrails.com

CAMBODIA
No.22, St. 294, Sangkat Boeng Keng Kong I, Khan Chamkarmorn, P.O. Box. 621, Phnom Penh
Tel: (855 23) 216 555, Fax: (855 23) 216 591, asiantrails@online.com.kh

INDONESIA
JL. By Pass Ngurah Rai No. 260, Sanur, Denpasar 80228, Bali
Tel: (62 361) 285 771, Fax: (62 361) 281 514-5, renato@asiantrailsbali.com

LAOS
Unit 10, Ban Khounta Thong, Sikothabong District, Vientiane, Lao P.D.R.
Tel: (856 21) 263 936 Fax: (856 21) 262 956, vte@asiantrails.laopdr.com

MALAYSIA
11-2-B Jalan Manau off Jalan Kg. Attap 50460 Kuala Lumpur, Malaysia
Tel: (60 3) 2274 9488, Fax: (60 3) 2274 9588, res@asiantrails.com.my

MYANMAR
73 Pyay Road, Dagon Township, Yangon, Myanmar
Tel: (95 1) 211 212,223 262, Fax: (95 1) 211670, res@asiantrails.com.mm

THAILAND
9th Floor, SG Tower, 161/1 Soi Mahadlek Luang 3, Rajdamri Rd, Bangkok 10330
Tel: (662) 626 2000, Fax: (66 2) 651 8111, res@asiantrails.org

O

O Chrah-Wasserfall 194
Öffnungszeiten 62
Ondoung Rossey 178
Östlicher Mebon 245
Ou Dah 180
Oudong 86, 166

P

Pailin 192
Peahr 278
Phimeanakas 238
Phnom Bakheng 232
Phnom Bpros 282
Phnom Brasat 165
Phnom Chhnork 340
Phnom Ching Chok 194
Phnom Chisor 171
Phnom Da 349
Phnom-Da-Stil 105
Phnom Krom 253
Phnom Kropeu 189
Phnom Kulen 254
Phnom-Kulen-Stil 107
Phnom Penh 117
   Bars 151
   Chroy-Chung-Va-Brücke 140
   Clubs 151
   Einkaufen 153
   Essen 146
   Französisches Viertel 139
   Geschichte 120
   Königspalast 125
   Kultur 151
   Nahverkehr 159
   Nationalbibliothek 139
   Nationalmuseum 131
   Silberpagode 125, 129
   Sisowath Quay 134
   Sonstiges 157
   Toul Sleng 137
   Transport 160
   Übernachtung 140
   Völkermordmuseum 137
   Wat Botum 136
   Wat Lanka 136
   Wat Ounalom 134
   Wat Phnom 138
   Wat Preah Keo Morokot 129
Phnom Sambok 287
Phnom Sampeu 188
Phnom Sarok 198
Phnom Sorseha 340
Phnom Srei 282
Phnom Suntuk 261
Phnom Tamau 172
Phnong 278
Phulung 303
Pich Nil 316
Pick-ups 68
Pilzinfektionen 364
Poipet 199
Pol Pot 91, 93, 94, 99, 255
Ponhea Yat 86
Popokvil-Wasserfall 342
Post 62
Potang 303
Prasat-Andet-Stil 106
Prasat Bakan,
   siehe Preah Khan (Kompong Thom)
Prasat Baksei Chamkrong 232
Prasat Kravan 243
Prasat Preah Ko 291
Prasat Suor Prat 239
Pre Rup 243
Pre-Rup-Stil 108
Preah Khan (Angkor) 246
Preah Khan (Kompong Thom) 266
Preah Ko 248
Preah-Ko-Stil 107
Preah Palilay 239
Preah-Sihanouk-Nationalpark 332
Preah Vessandaa 166
Preah Vihear 269
Preak G'dam 166
Prei Chung Kran 276
Prei-Kmeng-Stil 105
Preise 30
Prek Toeuk Sap 332
Prey Veng 350
Pursat 178

Q

Quincunx-Form 105, 368

R

Radfahren 74
Radio 62

Rajendravarman I. 84
Rama III. 87
Ramayana 130
Rattanakiri 292
Raubbau 195, 312
Ream-Nationalpark 332
Reamker, *siehe* Ramayana
Reisegepäckversicherung 79
Reisemedizin 361
Reisen mit Behinderung 63
Reisen mit Kindern 59
    Checkliste 59
Reiserouten 27
Reiserücktrittskostenversicherung 78
Reiseschecks 51
Roluos 248
Romanea-Wasserfälle 304
Rote Khmer 92, 93, 94, 98, 100
Routenvorschläge 27
Ruhng Dhumrey Saw 340

S

Saloth Sar, *siehe* Pol Pot
Sam-Rainsy-Partei 98
Sambor 287
Sambor Prei Kuk 83, 264
Sambor-Prei-Kuk-Stil 105
Sammeltaxis 68
Sandfliegen 363
Sangkum Reastr Niyum 91
SARS 366
Sarus-Kranich 199
Satha, König 87
Schattenpuppen 216
Schiffe 70
Schlangenbisse 364
Schwimmende Dörfer
    Kompong Chhnang 176
    Kompong Luong 180
    Umgebung Siem Reap 253
Schwule 63
Seidenraupenzucht 198
Sen Monorom 302
Sicherheit 64
Siem Reap 204
    Einkaufen 215
    Essen 211
    Nahverkehr 218
    Sonstiges 216

    Transport 219
    Übernachtung 208
    Unterhaltung 212
Sihanouk, *siehe* Norodom Sihanouk
Sihanouk-Wasserfall 304
Sihanoukville 317
    Essen 326
    Nahverkehr 331
    Sonstiges 329
    Strände 318
    Transport 331
    Übernachtung 320
    Unterhaltung 329
Sisophon 195
Sisowath, König 89
Sisowath Monivong, König 89
Skone 258
Skorpione 364
Sneng 194
Sonnenbrand 365
Sprache 354
Sprachführer 355
Srah Srang 243
Sre Ambel 317
Stadtpläne 58
Stieng 278
Stromspannung 39
Stung Treng 288
Suryavarman I. 85
Suryavarman II. 85
Svay Rieng 351

T

Ta Keo 240
Ta Mok 99, 100, 255
Ta Prohm 241
Ta Som 245
Taing Kok 261
Takeo 347
Tampoun 278, 299
Tauchen 26, 333
Taxi Girls 48
Taxis 73
Tbeng Meanchey 267
Telefonieren 66
Telefonvorwahlen 66
Tempelarchitektur 101
Tep Pranam 239
Tetanus 365

Teuk Chhou Zoo 339
Thalabariwat 291
Theravada-Buddhismus 112
Thomannon 240
Thrombose 365
Tischetikette 41
Toiletten 46
Tollwut 365
Tonle Bati 169
Tonle Sap 252
Toul Sleng 95, 137
Touren 74
Touristenbusse 69
Transport 67
Trapeang Thmar 199
Trekking 26, 298
Tribhuvanadityavarman 86
Tropenmedizinische Institute 56
Tuberkulose 365
Tuk-Tuks 73
Typhus 365

U

Übernachtung 75
Überweisungen 53
Udayadityavarman II. 85
Umweltschutz 195, 312
UNTAC 97, 124
Unterkünfte 75
Unterkunftspreise 77

V

Veal Rum Plan 299
Veganer 45
Vegetarier 45
Verhaltenstipps 77
Versicherungen 78
Vietnamesen 177
Vinh Xuong 350
Virachey-Nationalpark 299
Visa 79
   e-Visa 79
   Verlängerung 80

Voen Kham 292
Voen Sai 299
Vogelgrippe 366
Völkermordmuseum 137
Vorwahlen 66

W

Währung 51
Wald
   Raubbau 195, 312
Wandern 26
Wäschereien 53
Wat 113
Wat Banan 191
Wat Ek Phnom 192
Wat Han Chay 276
Wat Hat Nokor 260
Wat Jum Pos Ka-aik 164
Wat Kirisehla 347
Wat Nokor 281
Wechselkurs 51, 52
Westlicher Mebon 248
Westliches Baray 248
Wundinfektionen 365
Wundstarrkrampf 365
Wurmerkrankungen 366

Y

Yasovarman I. 84
Yasovarman II. 85
Yeah Mao 316, 344
Yeak-Laom-See 299

Z

Zeit 80
Zeitschriften 61
Zeitungen 61
Zhenla 83
Zimmerpreise 77,
   siehe auch Umschlagklappe
Zoll 80
Zoo Phnom Tamau 172
Zuckerpalme 187

Bildnachweis

Umschlag:
Titelfoto: **laif: hemis / laif**
Klappe vorn: **Travel Ink / getty / Gallo Images**
Klappe hinten: **laif / Jörg Modrow**

Farbteil:
alle **Rough Guides**, außer
Sabine Bösz: S. 7 oben links, **Jan Düker:** S. 3. unten rechts, **AFP/getty images/Tang Chhin Sothy:** S. 11 oben, **Volker Klinkmüller:** S. 12, **laif / Jörg Modrow:** S. 13 unten, **Mario Weigt:** S. 14 unten, S. 16 unten.

schwarz/weiß:
Sabine Bösz: S. 24, 31, 36, 49, 60, 230, 237, 242, 353
Jan Düker: S. 21, 136, 154, 182, 213, 221, 318, 325
Nicolas Gaube: S. 103
Rough Guides: S. 23, 30, 72, 81, 109, 117, 128, 135, 169, 173, 187, 190, 201, 253, 257, 260, 271, 285, 301, 334, 341, 346
Volker Klinkmüller: S. 28, 29, 273, 293, 305, 307
Renate Loose: S. 114

Impressum

Kambodscha
Stefan Loose Travel Handbücher
3., vollständig überarbeitete Auflage **2009**
© DuMont Reiseverlag, Ostfildern

Alle Rechte vorbehalten – insbesondere die der Vervielfältigung und Verbreitung in gedruckter Form sowie die zur elektronischen Speicherung in Datenbanken und zum Verfügbarmachen für die Öffentlichkeit zum individuellen Abruf, zur Wiedergabe auf dem Bildschirm und zum Ausdruck beim Nutzer (Online-Nutzung), auch vorab und auszugsweise.

Die in diesem Buch enthaltenen Angaben wurden von den Autoren nach bestem Wissen erstellt und vom Lektorat im Verlag mit großer Sorgfalt auf ihre Richtigkeit überprüft. Trotzdem sind, wie der Verlag nach dem Produkthaftungsrecht betonen muss, inhaltliche und sachliche Fehler nicht vollständig auszuschließen.
Deshalb erfolgen alle Angaben ohne Garantie des Verlags oder der Autoren. Der Verlag und die Autoren übernehmen keinerlei Verantwortung und Haftung für inhaltliche und sachliche Fehler. Alle Landkarten und Stadtpläne in diesem Buch sind von den Autoren erstellt worden und werden ständig überarbeitet.

Das Buch basiert auf der englischsprachigen Originalausgabe
Cambodia von Beverley Palmer und Steven Martin,
ISBN 978-1-85828-677-8, © Rough Guides Ldt,
62-70 Shorts Gardens, London WC2H 9AH

Gesamtredaktion und -herstellung
Bintang Buchservice GmbH
Zossener Str. 55/2, 10961 Berlin
www.bintang-berlin.de
Übersetzung: Dagmar Klotz, Gunter Mühl
Redaktion: Thomas Rach
Karten: The Rough Guides, Anja Krapat
Grafisches Konzept: Groschwitz, Hamburg
Layout und Herstellung: Anja Linda Dicke
Farbseitengestaltung: Jan Düker

Printed in China

Kartenverzeichnis

Reiserouten 27

Angkor 224/225
Angkor Wat 229
Banlung 295
Banteay Srei 251
Battambang 184
Battambang und der Nordwesten 175
Bayon 235
Der Nordosten 275
Kampot 336
Kep 344
Kompong Cham 277
Kompong Chhnang 176
Kompong Thom 262
Kratie 283

Phnom Penh 122/123
  Königspalast und Silberpagode 126
  Umgebung 119
  Zentrum 142/143
Pre Rup 244
Preah Khan 247
Preah Vihear 270
Sambor Prei Kuk 265
Siem Reap 206/207
Siem Reap und die Tempel von Angkor 203
Sihanoukville 322/323
Sihanoukville und der Süden 308/309
Sisophon 196
Stung Treng 289
Tonle Bati – Ta Prohm 170
Zentralkambodscha 259